LES

GRAVEURS DE PORTRAITS

EN FRANCE

1095

8° V

PARIS

TYPOGRAPHIE DE FIRMIN-DIDOT ET Cie

56, RUE JACOB, 56

LES

GRAVEURS DE PORTRAITS

EN FRANCE

CATALOGUE RAISONNÉ

DE LA

COLLECTION DES PORTRAITS DE L'ÉCOLE FRANÇAISE

APPARTENANT A

AMBROISE FIRMIN-DIDOT

de l'Académie des Inscriptions et Belles-Lettres

PRÉCÉDÉ D'UNE INTRODUCTION

OUVRAGE POSTHUME

—

TOME SECOND

—

PARIS

LIBRAIRIE FIRMIN-DIDOT ET Cⁱᵉ

56, RUE JACOB, 56

—

1875-1877

CATALOGUE RAISONNÉ

DES

PORTRAITS

ÉCOLE FRANÇAISE

LA FOSSE (Jean-Baptiste de),

graveur au burin, né en 1721, à Paris, où il mourut vers 1775.
Élève d'Étienne Fessard.

991. Chauvelin (Henri-Philippe), abbé de Montiéramey, conseiller du parlement de Paris, mort en 1770. — In-fol. H. 0,270. L. 0,171. (Le B., 13.) *

> Assis sur un banc, dans une salle, près d'une fenêtre. Vu de profil, tourné à gauche, tête nue, en costume d'abbé ; il tient entre les mains un livre ouvert. Devant lui, et à sa droite, sont placés d'autres bancs. Par la fenêtre, on aperçoit, de profil, un bâtiment flanqué de deux tourelles. — Sous le tr. c., à g. : *L. C. De Carmontelle del.* ; — à dr. : *Delafosse sculp.* 1762. — Plus bas et au milieu : *Non sibi, sed Patriæ natus.*
>
> Belle épreuve.

992. Fontenay (Gasp.-Fr. de), homme politique. — In-fol. H. 0,269. L. 0,158. (Le B., 15, *s. n.*) *

> Il est représenté sous un vestibule, assis sur une chaise, vu de profil, tourné à gauche, tenant son tricorne sous son bras gauche, et, de la main droite, sa canne passée entre ses jambes. — Sous le tr. c., à g. : *L. C. De Carmontelle Del.* ; — à dr. : *De Lafosse Scul.* 1765. ; —

II.   1

au milieu : *Gaspar-François de Fontenay* || *Lieutenant Général, Ministre Plenipotentiaire de l'Electeur de Saxe,* || *an :* 1765.

Belle épreuve.

993. Hérault ET DE **Séchelles** (Mmes DE). — In-fol. H. 0,288. L. 0,199. (Le B., 16.)*

Assises sur une terrasse d'où l'on découvre la campagne. Mme Hérault est à gauche, dans un fauteuil, vue de profil, tournée à droite; elle est coiffée d'un bonnet et est occupée à tirer le fil d'une bobine qu'elle tient de la main droite. Vis-à-vis d'elle, sa bru, Mme de Séchelles, est sur une chaise ; vue de profil, tournée à gauche, les cheveux bouclés, une frileuse en dentelle sur la tête. Elle tient sur ses genoux ses deux mains cachées par une étoffe. — Sous le tr. c., à g. : *L. C. De Carmontelle Delineavit.; —* à dr. : *De Lafosse sculpsit.* 1763.

Très-belle épreuve.

994. Lambert (Charles-Guillaume), magistrat et administrateur français, 1726-1793. — In-fol. H. 0,271. L. 0,172. *

En pied, assis dans un fauteuil, devant une table-bureau placée près d'une fenêtre d'où l'on découvre la campagne. Vu de profil, tourné à gauche et écrivant ; ses jambes sont croisées l'une sur l'autre. — Sous le tr. c. à g. : *L. C. De Carmontelle del.* 1761.; — à dr. : *Delafosse Sculpsit : ;* — plus bas et au milieu : *Vir et civis.*

Belle épreuve.

995. Mozart (Léopold), 1719-1787, avec son fils : **Jean-Chrysostome-Wolfgang-Amédée**, célèbre compositeur, 1756-1791, et sa fille : **Marie-Anne**, virtuose, 1751-1830. — In-fol. H. 0,324. L. 0,199. (Le B., 19.) *

En pied, dans un salon d'où l'on découvre la campagne. Mozart père est représenté tête nue, vu de profil, tourné à droite, jouant du violon; debout, les jambes croisées. Il est appuyé au dossier d'une chaise sur laquelle est assis son fils âgé, de sept ans, vu de profil, tourné à droite, tête nue, jouant du clavecin sous les yeux de son père qui l'accompagne. A sa gauche, et lui faisant presque face, sa sœur, âgée de onze ans, vue de profil, tournée à gauche, tête nue; elle tient dans ses mains une partition de musique et chante.

1er état, NON DÉCRIT, avant toute lettre. Fort rare. — Très-belle épreuve — 120 à 150 fr. — Il existe de cette gravure une lithographie moderne, avec la lettre, exécutée par Llanta.

— **Séchelles** (Mme DE). — Voir plus haut, n° 993.

996. Waldner (le comte de), lieutenant général. — Pet. in-fol. H. 0,296. L. 0,174.

En pied, dans une campagne. Vu de profil, tourné à gauche, tête nue, en costume de son grade, le bras droit étendu; la main gauche dans la poche de sa culotte, l'épée au côté. Derrière lui, deux gros chênes étendent leurs rameaux au-dessus de sa tête. Sur la rive opposée d'une rivière qui coule à ses pieds, on voit les tentes d'un camp. — Sous le tr. c., à g. : *L. C. De Carmontelle del.* 1765. ; — à dr. : *Delafosse Sculpsit. ;* — au milieu : *C. F. D. Comte de Waldner* || *Lieutenant général des armées du Roi,* || *Grand-Croix de l'ordre du Mérite Militaire.* || *Colonel d'un Régiment Suisse.* — Cette inscription est séparée en deux par ses armoiries : *D'argent à trois pointes de sable, accostées et mouvantes de la pointe, supportant chacune un oiseau de gueules;* autour de l'écu, sur un ruban, à l'extrémité duquel est attachée une croix, on lit la devise : *Pro Virtute Bellica.*

Belle épreuve.

LA HAYE (Charles de),

graveur au burin, né à Fontainebleau en 1641.

997. Marchetti (Dom.), savant italien. — In-4°. H. 0,130. L. 0,102.

A mi-corps, dans un ovale équarri, appuyé sur un socle et dont les dehors sont teintés de tailles horizontales. Vu de 3/4, tourné vers la gauche, regardant de face; la tête couverte d'une calotte ; longs cheveux bouclés ; vêtu d'une robe noire, avec rabat. — Autour de l'ovale : *Dominicvs de Marchetis, Prim. Practicæ Extraor. Prof.* — Sur la tablette du socle : *MDes Bois del : — CDe la Haye fe.* (Les initiales des prénoms des artistes sont accolées à la première lettre de leur nom.) — Au bas du portrait, et sur le milieu du socle, un petit médaillon avec un écusson armorié.

Belle épreuve. — Collection Guichardot.

LA HOUVE (Paul de),

peintre, graveur et éditeur, du xvie et du commencement du xviie siècle. Nous enregistrons sous son nom les portraits ci-dessous, dont il ne fut peut-être que l'éditeur.

998. *France :* **Marie de Médicis,** 1575-1642. — In-4°. H. 0,125. L. 0,100. *

A mi-corps, dans une bordure ovale, équarrie, autour de laquelle on lit : *Marie de Medicis Princesse de Florance* 1600. — Vue de 3/4, tournée vers la gauche, regardant à droite. Coiffure en pyramide. Pendant d'oreille. Vêtue d'une robe à ramages avec garniture de trois rangs de perles. Grande collerette. — Sous le tr. c., le quatrain suivant :

> *Princesse dont le nom honnora ta naissance*
> *Le ciel ayant ton cœur de ses graces uestu*
> *Augmente tellement le los de la vertu*
> *Qu'on te desir voir bien tost Royne de France.*

— Au-dessous, au milieu : *Pauls de la houue ex :.*
Très-belle épreuve.
Copie d'un portrait gravé par Th. de Leu (voir Robert-Dumesnil, t. X, n° 451).

999. *France :* **Henri de Bourbon**, duc **de Montpensier,** appelé *prince de Dombes* du vivant de son père, 1573-1608. — In-8°. H. de la planche, 0,155. H. de l'ovale, 0,126. L. 0,101. (Le B., 17, *s. n.*)

A mi-corps, dans une bordure ovale, équarrie, autour de laquelle on lit : *Henry Dvc de Montpensier Pair de France.*— Vu de 3/4, tourné vers la droite ; tête nue, cheveux relevés et rejetés en arrière. Il porte barbe et moustaches. Pendant d'oreille de forme allongée. Vêtu d'un pourpoint entièrement boutonné. Les épaules couvertes par un manteau sur le côté droit duquel sont brodés les insignes de l'ordre du Saint-Esprit, en partie cachés par le revers du manteau. La croix et le collier d'un ordre, accompagnés de la croix du Saint-Esprit, retenue à un ruban passé en écharpe. — Sous le tr. c., le quatrain suivant :

> *Lecteur voi* (sic) *ce grand Duc sacre sang de noz Rois*
> *Qui de son ieune auril donne toute esperance*
> *Et promet supporter les droicts de noz francois*
> *Ordre des Cheualiers et prince auec l'Enfance.*

— Au-dessous, à droite : *Pauls de la houue ex :.*
Belle épreuve.

1000. **Lorraine** (Henri II ᴅᴇ), dit *le Bon,* duc **de Bar** du vivant de son père, 1563-1624.— In-8°. H. de la pl., 0,156. H. de l'ovale, 0,129. L. 0,103. *

A mi-corps, dans une bordure ovale, équarrie, autour de laquelle on lit : *Henry Prince de Lorraine Marqvis dv Pont.* — Vu de 3/4, tourné vers la gauche, regardant de face ; tête nue, les cheveux relevés sur le devant et rejetés sur les côtés en arrière Collerette festonnée. Pendant d'oreille de forme allongée. Il porte barbe et moustaches. Vêtu d'un pourpoint entièrement boutonné, avec manches à épaulettes. — Sous le tr. c., le quatrain suivant :

Prince qui vas suiuant les ayeulx en ton Pere
Aye touiours le Ciel fauorable pour toy
A tes braues desseins rien ne soit Jmprospere
Augmente tes lauriers des lauriers de la foy.

— A dr., à la hauteur du second vers : *Pauls : de la ‖ houue ex :*. Très-belle épreuve.

1001. *Orange* : **Philippe-Guillaume de Nassau**, 1554-1618. — In-4°. H. de la pl., 0,195. H. du cadre, 0,173. L. 0,140. (Le B., 19, *s. n.*)

Jusqu'aux genoux, debout. Vu de 3/4, tourné vers la droite ; tête nue, cheveux courts et relevés. Il porte barbiche et moustaches. Large collerette festonnée. Couvert d'une cuirasse damasquinée ; manchettes de dentelles. Maillot et pantalon à pieds. La main droite appuyée sur la hanche ; le bras gauche orné d'une écharpe frangée, la main posée sur la garde de l'épée. — A gauche, près de lui, sur un meuble, un casque damasquiné, orné d'un panache. — A droite, une colonne avec socle. — Dans le haut, de chaque côté, des draperies retombantes. — Sous le tr. c., sur toute la largeur : *Philippus D. G. Princeps Orangiæ, Comes a Nassau, Buren, Vianæ, ‖ Dietz, et Catzenelleboghen, D. Bredæ et Diest, Tonneræ, Charny, &c.* — Au-dessous, vers la dr. : *Paulcs de la Houue excudebat.*
Belle épreuve.

LALIVE DE JULLY (ANGE-LAURENT DE),

amateur distingué, dessinateur et graveur au burin et à l'eau-forte, fils du fermier général Lalive de Bellegarde. Les biographes le font naître en 1725 et mourir en 1775, ce qui est une erreur. Il décéda le 19 mars 1779, « en son hôtel, rue d'Artois, » à Paris, âgé de 53 ans, ce qui met la date de sa naissance à l'année 1726. Dans l'acte de son décès, il est qualifié de : « Messire Ange-Laurent De La Live, chevalier, baron du Châtelet, marquis de Removille, etc. » (Voir *Actes d'état civil d'artistes français,* publiés par Herluison.)

1002. **Fénelon** (Fr. DE SALIGNAC DE LA MOTHE), 1651-1715. — In-4°. H. 0,245. L. 0,183.

En buste, dans un ovale équarri, supporté par un socle. Vu de 3/4, tourné à gauche, où il regarde ; le corps dirigé vers la droite. Tête nue, cheveux longs et bouclés. En costume d'ecclésiastique, avec la croix pectorale. — Sur la tablette du socle : *Francois (sic) de Salignac de*

Fenelon || *Archevesque de Cambray.* — Sous le tr. c., à dr. : *A. L. De la Live sculp.*

Eau forte. — Belle épreuve.

1003. La Borde (Jean-Joseph, marquis DE), financier français, 1724-1794. — In-fol. H. 0,333. L. 0,219.

En buste, dans un médaillon ovale, entouré de guirlandes de fleurs, et supporté par une tablette architectonique, surmontée de deux pommes de pin. Vu de 3/4, tourné à gauche, regardant de face. Tête nue, cheveux relevés sur le devant, bouclés sur les côtés et retenus derrière par un ruban. Vêtu d'un habit à collet de velours, entr'ouvert et laissant voir son jabot de dentelle. — Sur la tablette, le quatrain suivant :

> *Vray Citoyen, vertueux Pere,*
> *Sensible Epoux fidel amy ;*
> *Son plus grand bonheur sur la terre*
> *Est de faire celuy d'autruy.*

— Sous le tr. c., à g. : *Roslin. P.* ; — à dr. : *Lalive. Sc.*

Eau-forte. — Très-belle épreuve.

1004. Lalive de Bellegarde (L.-D. DE), fermier général. — In-fol. H. 0,303. L. 0,223. (Le B., 1.) *

En buste, dans un ovale équarri, supporté par un socle. Vu de 3/4, tourné à gauche ; en longue perruque bouclée. L'épaule gauche cachée par un manteau. — Autour de l'ovale : *Ludovicus Dionisius Lalive de Bellegarde.* — Sur le dessus du socle, à g. : *Rigaud pinxit ;* — à dr. : *Lalive D. J. Sculpsit.* — Sur la tablette du socle :

> *O Felicem, qui sic aliquem vereri potest, ut ad memoriam*
> *Quoque ejus se componat atque ordinet.*
> *Seneque. de Virtute.*

Eau-forte. — Très belle épreuve.

1005. Lalive de Jully (Ange-Laurent), fils du précédent, graveur auquel cet article est consacré, 1726-1779. — In-4°. H. 0,169. L. 0,121. (Le B., 3.) *

En buste, dans un médaillon équarri, retenu dans le haut par un nœud de ruban. Vu de profil, tourné à droite, tête nue, cheveux relevés sur le devant, bouclés sur les côtés et attachés derrière par un ruban. — Au-dessous du médaillon, dans la gravure : *A. L. de Lalive* || *de Jully.* — Sous le tr. c., à g. : *C. N. Cochin filius Del.* ; — à dr. : *A. L. De Lalive de Jully Sc.*

Belle épreuve.

Le P. Lelong indique la date de 1754 comme étant celle de la gravure.

1006. Massillon (J.-B.), prélat et orateur français, 1663-1742. — In-4°. H. 0,246. L. 0,183.

A mi-corps, dans un ovale équarri, supporté par un socle. Vu de 3/4, tourné vers la gauche. La tête couverte d'une calotte ; cheveux longs et bouclés. En prêtre de l'Oratoire, soutane avec collet. — Sur la tablette du socle : *Jean Baptiste Massillon,* || *Prêtre de l'Oratoire.* — Sous le tr. c., à dr. : *A. L. De la Live Sculp.*
Eau-forte. — Belle épreuve.

1007. La Rochefoucauld (Alex. duc DE), arrière petit-fils de l'auteur des *Maximes,* 1690-1762. — In-fol. H. 0,265. L. 0,181.

A mi-corps, dans un ovale équarri, supporté par un socle. Vu de 3/4, tourné vers la gauche. En perruque bouclée. Couvert d'une armure, avec le grand cordon en sautoir. — Autour de l'ovale, dans le haut : *Alexandre Duc de La Rochefoucaud, Pair de France.* — Sur la tablette du socle, le quatrain suivant :

> *Réunir, inspirer les plus doux sentimens*
> *Ami solide, et tendre Pere*
> *Tel fut son heureux caractere*
> *Et si vous en doutez consultés ses enfans.*

— Sous le tr. c., à g. : *A L. De Lalive Sculp.*
Eau-forte. — Belle épreuve.

LANDRY (Pierre),

peintre, graveur au burin et éditeur, né vers 1630, à Paris, où il mourut le 11 décembre 1701, âgé de 71 ans, selon son acte de décès.

1008. Ari (Jérôme), prieur général de l'ordre des Carmes. — In-fol. H. 0,330. L. 0,256.

En buste, dans une bordure ovale, équarrie, supportée par un socle. Vu de 3/4, tourné vers la droite, regardant vers la gauche. Tête nue, dénudée sur le sommet. En costume de carmélite, la figure encadrée par le capuchon. — Autour de l'ovale : *R. P. M. Hyeronimvs Ari. Astensis. Prior. Gen^{lis}. Ord. Carm^{ru}. Commiss^{ri}. et Visitator Apostolic^{us}.* — Sur le dessus du socle, à g. : *S Gribelin deline.;* — à dr. : *P. Landry sculp.* 1663. — Au milieu du socle, un petit ovale à fond blanc, recouvrant la bordure, renferme les armoiries : *De sable, mantelé-ployé d'argent, au lis de jardin terrassé, surmonté d'une étoile ; l'angle dextre de l'écu chargé d'une tête de chérubin, entourée de nuages, soufflant sur le lis, le tout d'argent ;* l'écu surmonté du chapeau d'évêque.
Belle épreuve.

1009. Arnauld (Henri), évêque d'Angers, 1597-1694. — In-fol. H. 0,363. L. 0,280.

A mi-corps, dans une bordure ovale, équarrie, supportée par un socle. . Vu de 3/4, tourné à droite, regardant de face. Le sommet de la tête couvert d'une calotte ; cheveux tombant sur le front, et légèrement bouclés par derrière. En costume d'évêque ; les épaules couvertes de la pèlerine à capuchon, avec la croix pectorale suspendue à un large ruban. Il porte de légères moustaches et la barbiche. — Autour de l'ovale : *Henricvs Arnavld Andegavensivm Episcopvs Abbas Sancti Nicolai.* — Sur le dessus du socle, à g. : *P. Landry scul. parisiis.* 1671. — Au milieu du socle, couvrant le bas de l'ovale, un cartouche avec ces armoiries : *D'azur à un chevron accosté en chef de deux palmes adossées, et accompagné en pointe d'un mont isolé de six coupeaux, le tout d'argent;* l'écu surmonté de la crosse et de la mitre accompagnées du chapeau d'archevêque.

Belle épreuve.

1010. Bourgneuf de Cucé (Henri), marquis d'Orgères, premier président au Parlement de Rennes, 1590-1660. — In-4°. H. 0,178. L. 0,150. (Le. B., 17. *s. n.*) *

En buste, dans un ovale équarri ; la bordure est blanche, et les dehors sont teintes de tailles horizontales, parsemées de larmes. Vu de 3/4, tourné vers la droite, regardant de face ; le sommet de la tête couvert d'une calotte ; cheveux longs et relevés sur le devant. Il porte barbe et moustaches. Vêtu du costume de sa charge. — Sur le dessus du couronnement du socle, à g. : *Petrus Landry Sculpsit* 1661.

Belle épreuve.

1011. Bourlon (Charles DE), évêque de Soissons, 1613-1685. — In-fol. H. 0,363. L. 0,274. *

En buste, dans un ovale formé d'une guirlande de feuilles d'olivier, placée dans un cadre rectangulaire à coins marbrés, et supporté par un socle. Le haut de l'ovale est orné d'une banderole. Vu de 3/4, tourné à droite, regardant de face. Le sommet de la tête couvert d'une calotte ; cheveux couvrant le front. En costume d'évêque, avec la pèlerine à capuchon et la croix pectorale. Large col de chemise rabattu. Il porte moustaches et barbiche. — Sur le dessus du socle, une guirlande de feuilles d'olivier, entourée de ruban, couvre en partie le dessus de la corniche. — Au milieu du socle, un cartouche renferme les armoiries : *D'or à une bande d'azur, chargée de trois annelets du champ;* l'écu timbré d'une couronne accompagnée de la mitre et de la crosse, surmontées du chapeau d'archevêque. — Sur la plinthe du socle, à g. : *Joannes Lamiel Delineauit.;* — à dr. : *Petrus Landry sculpsit,* 1660.

Avant le nom du personnage. — Très-belle épreuve.

1012. Brulart (Nic.), marquis DE LA BORDE, maître des requêtes, puis premier président au parlement de Bourgogne,
mort en 1627. — In-fol. H. 0,353. L. 0,267. (Le B., 19.) *

A mi-corps, dans un ovale équarri, supporté par un socle et orné dans
le haut d'une banderole. Vu de 3/4, tourné vers la droite, regardant
de face. En longue perruque retombant sur les épaules. Vêtu du
costume de sa charge, avec rabat et épitoge d'hermine. — Autour
de l'ovale : *Nicolavs Brvlart Senatvs Divionensis Princeps.* — Sur le
dessus du socle, à g. : *J. Dieu pinxit.*; — à dr : *P. Landry sculp. Parisiis*
‖ 1665. — Au milieu du socle, dans un cartouche, les armoiries : *De
gueules à une bande d'or, chargée d'une trainée de sable, accompagnée
de cinq barillets du même;* l'écu timbré d'une couronne de marquis,
surmontée d'un casque taré de face, coiffé d'une toque et orné de
ses lambrequins ; supports : deux lions.
Belle épreuve.

1013. Brulart (Fl.), marquis DE GENLIS, lieutenant des gen-
darmes d'Orléans, 1602-1685. — In-fol. H. 0,337. L. 0,262.
(Le B., 18.)*

A mi-corps, dans une bordure ovale, ornée dans le haut de trompettes
et soutenue par des trophées d'armes. Vu de 3/4, tourné à gauche,
regardant de face ; tête nue, cheveux longs. Couvert d'une armure,
avec écharpe passée en sautoir, cachée en partie par un col garni
d'une large et magnifique dentelle. — Autour de l'ovale : *Messre. Flo-
rimond Brvlart Che*lier*. Marqvis de Genlis Baron de Rovvré Seignevr
Dabecovrt &c.* — Sur la partie blanche intérieure de l'ovale, sous le
personnage : *S. Gribelin deline — P. Landry sculp.* 1663. — Dans le
bas, un petit ovale à fond blanc, couvrant la bordure, et accompagné
de deux palmes, renferme les armoiries décrites au numéro précédent;
l'écu timbré d'une couronne de marquis ; supports : deux lions.
Belle épreuve.

1014. Brulart de Genlis (Ch.), archevêque d'Embrun, fils
du précédent, 1628-1714. — In-fol. H. 350. L. 0,278. *

A mi-corps, dans une bordure ovale, équarrie, supportée par un socle.
Les coins sont ornés de médaillons emblématiques. Vu de 3/4, tourné
à gauche, regardant de face. Une calotte sur le sommet de la tête ;
cheveux assez longs couvrant le front. En costume d'archevêque, avec
pèlerine à capuchon et une croix pectorale. — Autour de l'ovale :
Carolvs Brvlart de Genlis Ebredvnensivm Archiepiscopvs et Princeps.
— Sur le dessus du socle, à g. : *P. Landry ad Vivum sculpebat. parisiis* 1669. — Les médaillons du haut représentent le soleil entouré

des signes du zodiaque ; les devises au bas des médaillons sont, pour celui de gauche : *hic decus omne Suis.* ; pour celui de droite : *Sedis medius Spectabitur astris* ; ceux du bas représentent, à gauche : Le soleil éclairant un parterre, avec balustrade derrière laquelle se trouve une rangée de lis ; la devise est : *ardens euexit ad cætera Virtus.* ; à droite : une montagne derrière laquelle est une ville, surmontée, à gauche, du soleil dans son déclin ; à droite, de la lune dans son premier quartier ; on lit comme devise : *totis iam Spoliabitur Vmbris.* — Sur le milieu du socle, un cartouche renfermant les armes décrites au numéro 1012 ; l'écu timbré d'une couronne de marquis, surmontée du chapeau de cardinal.

Belle épreuve.

1015. Cars (Ch., comte DES), 1617-v. 1669.— In-fol. H. 0,327. L. 0,257. *

A mi-corps, dans une bordure ovale, équarrie, supportée par un socle. Vu de 3/4, tourné à droite, regardant de face. En longue perruque retombant par devant sur les épaules. Légères moustaches. Couvert d'une armure, avec une écharpe en sautoir. Magnifique cravate de dentelle formant rabat, et retenue par un cordon à glands. — Fond noir. — Autour de l'ovale : *Messire Charles Comte d'Escars, et de S*. *Bonnet, Baron de la Reinavl*^{die}. — Sur le dessus du socle, à g. : *J. Dieu pinxit.* ; — à dr. : *P. Landry sculp. Parisiis.* 1663. — Au milieu du socle, un petit ovale à fond blanc, couvrant le bas de la bordure, renferme les armoiries : *De gueules au pal de vair* ; supports : deux sauvages armés d'une massue ; l'écu timbré d'une couronne surmontée d'un casque taré de face et orné de ses lambrequins.

Belle épreuve.

1016. *France :* Louis XIV, 1638-1715. — In-fol. H. 0,345. L. 0,270.

A mi-corps, dans une bordure ovale, équarrie, supportée par un socle. Vu de 3/4, la tête tournée vers la droite, regardant de face, le corps étant à gauche. En longue perruque bouclée retombant sur les épaules ; la tête ceinte d'une couronne de laurier. Couvert d'une armure, avec écharpe passée en sautoir. Nœud de cravate formé d'un ruban. — Autour de l'ovale : *Lvdovicvs XIIII Dei Gratia Franciæ et Navaræ Rex.* — Sur le dessus du socle, à g. : *F. P. Ioan. François Franciscanus Pinxit.* ; — à dr. : *P. Landry sculp. Parisiis. C. P. Regis.* 1666. — Au milieu du socle, couvrant le bas de l'ovale, un cartouche renfermant les armoiries de *France,* environnées des colliers des ordres de Saint-Michel et du Saint-Esprit, dont la croix est en partie cachée par la volute du cartouche.

Belle épreuve.

1017. *France* : **Louis-Armand Ier de Bourbon Conti**, comte de Pézénas, 1661-1685. — In-fol. H. 0,325. L. 0,248.*

En buste, dans un ovale équarri, orné de coins et supporté par un socle. Une banderole surmonte l'ovale. Représenté à l'âge de neuf ans, vu de 3/4, tourné vers la droite, regardant de face ; tête nue, longs cheveux. Couvert d'une cuirasse, avec une écharpe frangée en sautoir ; cravate de dentelle. — Autour de l'ovale : *Lvdovicvs Borbonivs Prin-ceps de Conty*. — Au milieu du socle, un cartouche couronné, accompagné de banderoles et de palmes, renferme les armoiries des *Bourbon-Condé*. — Sous le tr. c., à g. : *S. Gribelin pingebat.* ;— à dr. : *P. Landry sculpebat, Parisiis.* 1670.
Très-belle épreuve.

1018. Godeau (Ant.), prélat et littérateur français, 1605-1672. — In-fol. H. 0,290. L. 0,195. (Le B., 25.) *

A mi-corps, dans une bordure ovale, équarrie, supportée par un socle. Vu de 3/4, tourné à gauche, regardant de face. Le sommet de la tête couvert d'une calotte ; cheveux grisonnants. Il porte de légères moustaches et une barbiche. Verrues, à gauche, au-dessus de la lèvre, et, à droite, au-dessus du menton. Vêtu du costume d'évêque, avec la pèlerine à capuchon et la croix pectorale. — Autour de l'ovale : *Messire Antoine Godeav Evesqve et Seignevr de Vence Agé de 67 Ans.* — Sur le dessus du socle, à g. : *Ardisson Pinxit.* ; — à dr. : *P. Landry sculp. Parisiis.* 1672. — Sur la tablette du socle, les vers suivants :

> *Son Esprit, son savoir, son Zéle,*
> *Son Eloquence naturelle,*
> *Sa Douceur, son Humilité*
> *Luy font, par sa Plume immortelle,*
> *Meriter l'Immortalité.*

— Au-dessus de la tablette, couvrant le milieu de la corniche du socle, un petit médaillon ovale renferme les armoiries : *D'azur au chevron d'or, accompagné en pointe d'une ancre d'argent;* l'écu timbré de la crosse et de la mitre surmontées du chapeau d'archevêque.
Très-belle épreuve.

1019. Harcourt (Henri DE LORRAINE, comte D'), dit *Cadet la Perle*, grand écuyer de France, 1601-1666. — In-fol. H. 0,326. L. 0,254. *

A mi-corps, dans une bordure ovale, formée d'une guirlande de feuilles d'olivier,'ornée dans le haut de deux trompettes de Renommée, et soutenue dans le bas par des trophées d'armes placés sur le dessus d'un socle. Personnage vu de 3/4, tourné à gauche, regardant vers

la droite. En perruque bouclée, avec deux longues frisures ornées d'un
nœud de ruban retombant par devant sur les épaules. Il porte moustaches et barbiche. L'oreille gauche ornée d'une perle en forme de
poire. Couvert d'une cuirasse, avec écharpe en sautoir cachant en partie
la croix du Saint-Esprit placée sur le côté gauche. Magnifique collerette de dentelle retenue par un cordon à glands. — Au bas du portrait,
fixée à la guirlande et couvrant deux palmes, une feuille de papier
sur laquelle sont les armes de *Lorraine;* l'écu, environné du manteau
d'hermine et du collier de l'ordre du Saint-Esprit , est timbré d'une
couronne de marquis ; les attributs de sa charge accompagnent l'écu.
— A g., sur la face du socle : *Landry sculp.* || 1660.
   Belle épreuve, mais rognée au trait carré.

1020. Le Tellier (Fr.-Mich.), marquis **de Louvois**, homme
   d'État français, 1639-1691. — In-fol. H. 0,350. L. 0,273. *

   A mi-corps, dans une bordure ovale, équarrie, supportée par un
socle. Vu de 3/4, tourné à droite, regardant de face. En longue perruque
bouclée. Enveloppé dans un manteau à ramages. Magnifique rabat de
de dentelle. — Autour de l'ovale : *Franciscus Michael Le Tellier Mar-*
chio de Lovvoys. &c. — Sur le dessus de la corniche du socle, à g. :
P. Landry parisiis. — Au milieu du socle, couvrant le bas de l'ovale,
un cartouche oblong avec ses armoiries : *D'azur à trois lézards d'ar-*
gent, posés en pals, rangés en fasce; au chef cousu de gueules, chargé
de trois étoiles d'or; l'écu timbré d'une couronne surmontée d'un
casque taré de face et orné de ses lambrequins ; supports: deux lions.
   Belle épreuve.

1021. Monchy d'Hocquincourt (Armand DE), fils du maréchal de France, évêque de Verdun en 1665, mort en 1679.
   — In-fol. en travers. L. 0,391. H. 0,336. *

   En pied, debout au haut d'un perron terminé par une balustrade
supportant deux colonnes. Vu de 3/4, cheveux bouclés. En costume
d'évêque. Le bras droit plié est caché, ainsi que l'épaule, par un manteau dont le pan rejeté derrière le personnage recouvre un fauteuil
placé sur le perron. Aux pieds du personnage, trois hommes sont
couchés dans différentes poses, et leurs physionomies expriment la souf-
france. — Dans le haut, à gauche, couvrant la colonne, trois anges,
environnés de nuages, tiennent le signe de l'*Espérance,* d'où s'échappent des rayons qui éclairent l'évêque.— Sur le socle de la colonne, une
mître ; au-dessous, on lit : *Hos infula* || *terret.* — Devant le socle, sur la
première marche du perron, un livre ouvert ; un autre livre fermé se
trouve au bas de la marche. — Dans le haut, vers le milieu, au-dessus
et à gauche du personnage, une banderole avec cette inscription :

Unvm, et si tres cernat, adorat. — Sur le socle de la colonne placée à droite, un écusson surmonté d'une couronne de marquis, renferme les armoiries : *De gueules à trois maillets d'or; à la bordure dentelée d'argent.* Au-dessous de l'écu, on lit: *Faciunt unam* ‖ *tria fulmina parmam.* Devant le socle, près de l'angle de la marche, une crosse appuyée sur un livre fermé. Un autre livre ouvert est au bas placé entre les bras du personnage couché. Derrière cette colonne, on aperçoit le haut du fronton d'un monument, au-dessus duquel, à droite, on lit, tracé à la pointe, dans le ciel : *P. Landry efigiem* (sic) *Sculp.* 1666. — A gauche, près de l'angle de la première marche et au bas de la balustrade : *Le Brun* ‖ *inue.* — Sur le devant de l'estampe, au-dessus du tr. c., à g.: *Tres tribvs immolat.* — à dr.: *vnvs.*

Rare. — Belle épreuve, sans marges.

1022. Nebout de la Brousse (P.), prélat français — In-fol. H. 0,346. L. 0,275. *

A mi-corps, dans une bordure ovale, posée sur un socle. Vu de 3/4, tourné à droite, regardant de face; le sommet de la tête couvert d'une calotte ; cheveux longs par derrière. Légères moustaches. En costume d'évêque, les épaules couvertes de la pèlerine avec capuchon. Croix pectorale retenue à un ruban passé sous le rabat — Autour de l'ovale : *Petrvs Nebovt de la Brovsse Leonensivm Episcop^us. et Comes.* — Sur le dessus de la corniche du socle, à g. : *Pigeon pinxit.;* — à dr. : *Petrus Landry sculp., parisiis* 1674. — Au milieu du socle, un cartouche orné de banderoles contient les armoiries : *Écartelé : aux 1 et 4, de gueules à six billettes d'argent, posées 3, 2 et 1 ; aux 2 et 3, d'azur à trois fusées accolées d'or;* l'écu timbré d'une couronne de comte, accompagnée de la mitre et de la crosse surmontées du chapeau d'archevêque.

Belle épreuve.

LANGLOIS (Jean),

dessinateur et graveur au burin, né à Paris en 1649, mort vers 1712.

1023. Jansenius (Corneille JANSEN, plus connu sous le nom DE), théologien flamand, 1585-1638. — In-12. H. 0,075. L. 0,061.

En buste, dans une bordure ovale, équarrie et tronquée sur les côtés. Vu de profil, tourné à droite ; un bonnet carré sur la tête. Couvert d'une pélerine à capuchon dont le premier bouton du haut est dégrafé. — Autour de l'ovale : *Scuto Circumdabit et Veritas eius. Ps XC.* — Sous le tr. c., sur toute la largeur : *l'Ill^me. et Reu^me. Cornelius Jansenius,* ‖ *Euesque d'Ipre, decedé le 6. May* 1638. ‖ *âgé de 53 ans.*

Pièce anonyme. — Belle épreuve.

1024. Law de Lauriston (Jean), fameux financier, 1671-1729. — In-fol. H. 0,340. L. 0,278.*

A mi-corps, dans une bordure ovale, équarrie, supportée par un socle. Vu presque de face, le corps tourné vers la droite. En longue perruque bouclée. Cravate de dentelle. Vêtu d'un habit boutonné, avec manches à parements ; manchettes de dentelle. L'épaule gauche couverte par un manteau. — Autour de l'ovale : *Monsieur Law Conseiller du Roy en tous ses Conseils Controlleur* (sic) *General des Finances, Inspecteur General de la Banque et de la Compagnie des Indes*. — Sur le dessus du socle, à g. : *J. Hubert pinxit;* — à dr. : *J. Langlois Sculpsit*. — Au milieu du socle, couvrant la bordure de l'ovale, un petit médaillon à fond blanc contient les armoiries : *D'argent à trois coqs crétés de gueules, la patte dextre en l'air;* l'écu surmonté d'une couronne ; supports : deux coqs. — Sous le tr. c., au milieu : *AParis Chez Maillot,* etc.

Très-rare. — Belle épreuve.

1025. Richelet (César-Pierre), lexicographe français, 1631-1698. — In·8°. H. 0,107. L. 0,080.*

En buste, dans une bordure ovale, équarrie, tronquée à gauche et à droite. Vu de 3/4, tourné à droite, regardant de face. En longue perruque frisée retombant sur les épaules. Vêtu d'une robe de chambre à grands ramages. — Dans la gravure, au-dessus du tr. c., à g.: *Viuien Pinxit;* — à dr. : *J. Langlois sculp*. — Sous le tr. c., au milieu, ce quatrain :

> *A quoy bon nous faire paroistre,*
> *d'apres nature, Richelet.*
> *Ses Ouurages le font connoistre,*
> *Mille fois mieux que Son Portrait.*

Belle épreuve.

1026. *Rome :* **Alexandre VII,** pape, 1599-1667. — Très-gr. in-fol. H. 0,505. L. 0,428.

A mi-corps, dans une bordure ovale, équarrie, tronquée sur les côtés et dont les coins sont ornés d'une étoile. Vu de 3/4, tourné à droite, regardant de face. Sur la tête, un bonnet garni de fourrure, descendant jusqu'aux oreilles. Il porte moustaches et barbiche. Couvert d'une pèlerine à capuchon, bordée, sur le devant, de fourrure, et garnie d'une large broderie où figurent les clefs de St-Pierre, surmontées de la tiare. Elle est retenue par un cordon noué en boucles. — Autour de l'ovale : *Alexandre VII Pontifex Optimvs Maximvs*. — Au bas du personnage, sur la partie blanche intérieure de l'ovale : *Se vend A Paris rue St. Jacques a la belle Image*. — Dans la gravure du coin, à droite, un peu au-dessus du tr. c. : *Langlois sculp.*

Très-belle épreuve.

LANGLOIS (peut-être PIERRE-GABRIEL),

graveur au burin du xviii⁰ siècle.

1027. Jolly (M.-El.), comédienne française, 1761-1798. — In-fol. H. 0,228. L. 0,161.

A mi-corps, dans l'ovale d'un cadre rectangulaire. Dans le rôle de l'Anglaise du *Conteur*. Vue presque de face, le corps tourné vers la gauche. Coiffée d'un large chapeau, relevé sur le devant et garni de rubans sur le dessus ; de longues brides nouées sur le devant. Sous le chapeau, un bonnet de dentelle. Magnifiques cheveux noirs bouclés, tombant sur les épaules. Pendants d'oreille. Fichu blanc croisé, sur la poitrine. Robe à grandes raies. Elle a, sur la pommette de la joue gauche, un signe. — Sur le dessus de la tablette du cadre, parmi des fleurs, des attributs de la comédie. — Sur la tablette, l'inscription suivante : *Marie Elizabeth Joly* (sic), *du Théâtre Français,* || *Morte à Paris en l'An 6 agée de 37 ans.*

> *Éteinte dans sa fleur, cette Actrice accomplie,*
> *Pour la première fois, a fait pleurer Thalie.*
>
> *Le Brun.*

— Sous le tr. c., à g. : *Dessiné par M**** ; — à dr. : *Gravé par Langlois;* — au milieu : *Costume de l'Anglaise du Conteur.;* — au-dessous : *Collection des Portraits des principaux Acteurs du Théâtre-Français.* N⁰ 1er. || *A Paris chez Jaufret,* etc.

Belle épreuve.

LANTE (JOSEPH),

graveur à la manière noire, de la seconde moitié du xviii⁰ siècle.
Il travaillait en Russie.

1028. *Russie :* **Catherine II**, impératrice, 1729-1796. — Gr. in-fol. H. 0,470. L. 0,297.

A mi-corps, debout. Vue de 3/4, tournée vers la gauche ; la tête ceinte de la couronne impériale. Deux longues frisures de cheveux retombent sur les épaules. Vêtue d'une robe décolletée jusqu'à la moitié des seins, et ornée d'une magnifique parure. Manteau d'hermine sur les épaules. Un grand cordon passé en sautoir sur l'épaule droite, et le collier d'un autre ordre, sur l'épaule gauche. — Devant elle, se voit l'angle d'une console, sur laquelle sont posés, à plat, trois volumes portant ces titres : *Etablisse* || *ments —* *L'éducation* || *du* || *Prince — Cod* ., ainsi qu'un cadre contenant le portrait de son fils Paul Pétrovitch, représenté jeune, à mi-corps. Vu de 3/4, tourné à gauche, regardant

de face; tête nue, les cheveux relevés sur le devant, bouclés sur les
côtés et retenus derrière par un nœud de ruban. Le grand cordon en
sautoir. Un tricorne sous le bras gauche ; la main droite passée sous
son habit. — Au-dessous de l'impératrice, sur une tablette entourée
d'un cadre, une médaille, avec revers, représentant un monument avec
dôme et colonnade, sur le fronton duquel on lit : *Foeminis* || *Illustri-*
bvs || *Dicatvm.* Le revers porte l'inscription suivante : *Catherina. II* || *Mag-*
na || *Felix* || *Avgvsta;* et en exergue : *Micat Inter Omnes Velvt Inter*
Ignes Lvna Minores. — Sur le cadre de la tablette, au bas, à dr. :
Joseph Lante scul.

A la manière noire. — Très-belle épreuve.

1029. Voltaire (Marie-François Arouet de), **1694-1766**, et
le P. **Adam**, jésuite. — Gr. in-fol. H. 0,475. L. 0,292.

En pied tous les deux. Voltaire assis dans un fauteuil, devant une
table recouverte d'un tapis à grands ramages. Vu de 3/4, tourné à
droite, coiffé d'un bonnet; perruque bouclée. Vêtu d'un habit ouvert,
garni de peluche, laissant voir son gilet dont les boutons du haut sont
dégrafés. Manchettes de dentelle. Le bras gauche levé en l'air, la
main ouverte ; le bras droit appuyé sur la table, où est un livre ouvert dont il suit de l'index les lignes qu'il lit. Les jambes croisées, il
est chaussé de pantoufles. Près de la table, debout et regardant Voltaire, le P. Adam, jésuite. Vu de profil, tourné à gauche, la tête
couverte d'une calotte ; cheveux retombant sur le front. Vêtu d'une
longue robe noire, les épaules couvertes d'un manteau. Les bras
croisés sur la poitrine. — A dr., sur le côté des personnages, formant
le fond, les rayons d'une bibliothèque chargés de livres. — Derrière
Voltaire, à gauche, une draperie frangée et relevée sur le côté forme
portière. Au-dessous des personnages, sur une tablette entourée d'un
cadre, une médaille, avec revers, représentant saint Michel sur un
cheval ailé, le bras droit levé, tenant dans la main le caducée, et terras-
sant le dragon ; on lit en exergue : *Exaeqvat Victoria Cœlo;* — dans le
bas, au-dessus du petit module : *Locatellus fe.* — Sur le revers, au
milieu : *Voltaire,* et, en exergue, entouré d'une couronne de laurier :
Omnia tanquam singula absolvit. — Sur le cadre de la tablette, au
bas, à dr.: *Joseph Lante Scul.*

A la manière noire. — Très-belle épreuve, avec grandes marges.

LARMESSIN (les frères Nicolas de).

Les articles biographiques consacrés aux artistes de ce nom sont bien insuffisants
et inexacts. Les actes de l'état civil permettent de rétablir la vérité, quoique
d'une manière incomplète. — Le plus ancien membre connu de cette famille est
un Philippe de Larmessin, peintre, mort en 1654. Il eut, entre autres enfants,
Nicolas Ier, qui fut libraire, et qui eut de sa femme Jeanne Michou, plusieurs

enfants, dont deux portèrent le prénom de Nicolas. L'aîné, Nicolas II, né vers 1636, qualifié de « marchand graveur en tailles-douces », épousa, le 20 juillet 1654, Marie Bertrand, et décéda le 23 juillet 1694. Le cadet, Nicolas III, graveur en taille-douce, né vers 1640, vivait encore en 1716. Il avait épousé, le 9 mai 1683, Catherine Pineau, et en eut, entre autres, Nicolas IV, qui devint graveur de talent et dont il est question à l'article suivant. — On voit qu'à la fin du XVIIᵉ siècle il y eut deux frères Nicolas de Larmessin qui exerçaient l'art de la gravure. C'est au cadet, Nicolas III, que les iconographes attribuent toutes les pièces qui portent ce nom, tandis qu'il me paraît incontestable, au contraire, que la majeure partie est du burin de son frère aîné. Pour ne s'occuper que des portraits décrits ci-dessous, celui d'*Adhémar de Monteil* porte la date de 1658, époque à laquelle Nicolas III n'avait que dix-huit ans, et il accuse une main plus exercée que celle d'un commençant. Or, Nicolas II, l'aîné, avait au moins quatre ans de plus que son frère, et, par conséquent, il paraît plutôt en avoir été l'auteur. L'adresse de Pierre Bertrand qu'on lit sur quelques portraits ci-dessous est celle du beau-père de Nicolas II. — Quoi qu'il en soit, la question de savoir lequel des deux frères a gravé telle pièce ou telle autre ne saurait encore être résolue d'une manière certaine, faute de preuves. Je me borne donc à attirer l'attention sur ce point.

1030. Adhémar de Monteil de Grignan (François-Jacques D'), évêque de Saint-Paul-Trois-Châteaux, puis archevêque d'Arles, 1603-1689. — In-fol. H. 0,341. L. 0,254. *

A mi-corps, dans une bordure octogonale, équarrie, formée de feuilles de chêne et placée sur un piédestal. Vu de 3/4, tourné à gauche, regardant de face. La tête couverte d'une calotte ; front légèrement dénudé. Il porte de petites moustaches avec barbiche. Les épaules couvertes de la pèlerine avec capuchon. Une croix d'argent suspendue à un large ruban. — Sur le couronnement du piédestal, à g.: *Stresor, pinxit.*; — à dr. : *N. Larmessin. sculpebat.* 1658.— Sur la tablette du piédestal, au milieu, un écusson avec les armoiries : *Écartelé : au 1, d'*Adhémar ; *au 2, de* Castellane ; *au 3, de* Montfort-Campabosse ; *au 4, d'azur* (au lieu de gueules) *à la croix alisée d'argent* (au lieu d'or), *cantonnée de quatre roses de même ;* l'écu couronné et surmonté d'un chapeau d'évêque.

Fort rare. — Belle épreuve.

1031. Arnauld (Henri), évêque d'Angers, 1597-1694. — In-fol. H. 0,329. L. 0,261. *

A mi-corps, dans un ovale équarri, supporté par un socle. Vu de 3/4, tourné vers la droite, regardant de face ; tête nue, cheveux couvrant le front. En costume d'évêque, les épaules couvertes d'une pèlerine chinée ; un crucifix attaché par un large ruban passé sous le col de chemise, qui est rabattu. — Au milieu du socle, couvrant le bas de l'ovale, un petit ovale renfermant les armoiries décrites au nº 1009. — Sur la partie

II. 2

blanche extérieure de l'ovale, de chaque côté des armoiries: *Mignard Pinx.* — *NDe, L'armessin, Sculpebat,* 1662.

Rare. — Belle épreuve.

1032. **Bouillon** (Emm.-Th. DE LA TOUR D'AUVERGNE, cardinal DE), 1644-1715. — Gr. in-fol. H. 0,387. L. 0,331. *

Jusqu'aux genoux, debout, dans une bordure ovale, équarrie, dont les coins du haut sont ornés de draperies relevées par des anges. Un socle supporte l'ovale. Vu de 3/4, tourné à droite, une calotte sur la tête; cheveux abondants, couvrant le front, et bouclés par derrière. En costume de cardinal, avec camail d'hermine sur les épaules. Le bras gauche étendu, il tient dans la main un livre appuyé sur l'angle d'une table recouverte d'un tapis. Le bras droit pendant, il relève de la main le pan de sa robe qui couvre le bras gauche jusqu'au poignet.—Au bas du portrait, sur la bordure ovale : *Emmanuel Theodose de la Tour d'Auvergne* - || *Duc Dalbret, Cardinal de Bouillon.*— Au milieu du socle, couvrant l'ovale, un médaillon renfermant les armoiries : *Écartelé : aux 1 et 4, de* la Tour; *au 2, de* Boulogne; *au 3, de* Turenne ; *sur le tout, parti : au 1, d'*Auvergne ; *au 2, de* Bouillon (les émaux ne sont pas indiqués) ; l'écu timbré d'une couronne de marquis, surmontée d'un chapeau d'archevêque ; le tout environné du manteau d'hermine. — A g., près du socle, dans l'angle, un ange appuyé sur une sphère tient dans la main gauche un compas. Près de la sphère, des instruments de mathématiques : un rapporteur sur lequel sont tracés les degrés, une équerre et une règle portant: *L'armessin Sculpsit,*. Près de ces objets, sur le socle, deux livres couchés l'un sur l'autre et un rouleau de papier déroulé sur lequel est tracé un plan de fortifications. L'extrémité du rouleau couvre en partie le premier livre. — A dr., appuyé sur le bras droit, à l'extrémité du socle, un ange tient dans ses mains un chapeau de cardinal; derrière lui, on voit un manuscrit. — Sur le socle, près des armoiries. une crosse et une mitre couchées, près desquelles, à dr., un rouleau de papier et un livre ouvert.

Rare. — Très-belle épreuve avec grandes marges.

1033. **Colonna** (Victoire), femme auteur italienne, 1490-1547. — In-4°. H. 0,173. L. 0,139.

A mi-corps, debout, près d'un meuble. Vue de 3/4, la tête inclinée et tournée vers la droite, le corps à gauche. En cheveux retombant sur les épaules. Vêtue d'une robe dont le corsage est décolleté. Manche retroussée, laissant l'avant-bras gauche à nu. Elle prend, de la main gauche, le bras étant plié, un objet placé sur le meuble.— Sous le tr. c., vers la g. : *Vittoria Colona.* — Au-dessous, à g. : *sebastano, del piombo, pinxit.;* — à dr. : *De, L'armessin, sculp.* — Le verso de l'estampe est imprimé.

Belle épreuve.

Extrait d'un livre.

1034. *France :* **François II**, 1543-1568. — In-4°. Dim. de la pl., H. 0,230. L. 0,160.

A mi-corps, dans une bordure ovale, ornée dans le haut d'un ruban formant banderole entre les nœuds duquel est le n° 59. Vu de 3/4, tourné vers la droite, regardant de face. Coiffé d'un chapeau garni de perles et surmonté d'une plume. Pendant d'oreille de forme allongée; collerette tuyautée. Les épaules couvertes d'un vêtement bordé d'hermine ; collier de l'ordre de Saint-Michel. — Au bas du portrait, sur la partie intérieure blanche de l'ovale : *De L'armessin, Sculp,.* — La bordure de l'ovale est cachée, dans le bas, par un petit médaillon qui semble retenu à l'ovale par un ruban et qui renferme les armes de *France;* l'écu surmonté de la couronne royale et entouré du collier de Saint-Michel. Une inscription, composée de dix-sept lignes, accompagne le portrait; elle commence par : *Francois, IIe, Roy de* || *France, Fils de Henrÿ IIme,* etc., et finit par : *il mourut le 5e X^{bre}, 1560, nayt point dEnfans,.* — Au-dessus du tr. c., à g.: *A Paris Chez P Bertrand,* etc.; — à dr.: *Auec Priuil. du Roÿ.*

Rare. — Belle épreuve.

1035. *France :* **Charles IX**, 1550-1574. — In-4°. Dim. de la pl., H. 0,235. L. 0, 167.

A mi-corps, dans une bordure ovale, disposée comme au portrait précédent, et au haut de laquelle est le n° 60. Vu de 3/4, tourné à droite, regardant vers la gauche, coiffé d'une toque garnie de perles et ornée d'une plume. Boucle d'oreille avec pendant. Collerette tuyautée. Fines moustaches avec barbiche. Vêtu d'un pourpoint. Collier d'un ordre. Les épaules couvertes d'un manteau à ramages. — Sur la partie blanche intérieure de l'ovale, au bas du portrait: *De L'Armessin, Sculp,.* — Le bas de la bordure est orné d'un petit médaillon comme au numéro précédent. — Une inscription de dix-neuf lignes accompagne le portrait; elle commence par : *Charles, IXe. Roy de France, Fils de* || *Henr" IIe,* etc., et se termine par : *dont il eut vne fille vnique, &c,.* — Au-dessus du tr. c,, à g.: *A Paris Chez P Bertrand,* etc.; — à dr.: *Auec Priuil, du Roÿ.*

Rare. — Belle épreuve.

1036. *France :* **Marie de Médicis**, 1576-1642. — In-4°. Dim. de la pl., H. 0,135. L. 0,165.

A mi-corps, dans une bordure ovale, ornée dans le haut d'un ruban formant banderole, et dans le bas, d'un petit médaillon retenu par un ruban fixé à l'ovale, renfermant les armoiries : *De France, parti de Médicis*; l'écu est timbré de la couronne royale et entouré de deux palmes. Vue de 3/4, tournée vers la gauche, regardant de face. Tête nue, les cheveux bouclés et entremêlés de brillants; superbe parure sur le devant. Large collerette montante de dentelle. Magnifique corsage, décolleté jusqu'à la naissance des seins. Collier de perles avec croix en brillants. — Sur la partie blanche intérieure de l'ovale, au bas du portrait : *De L'Armessin, Sculpsit,.*— Une inscription de quatorze lignes accompagne le portrait; elle commence par : *Marie de Medicis, Reyne de France,* || *Fille de François de Medicis*, etc., et finit par : *Au grand regret du Roy, son fils, son Corps gist à St-Denis, en france,.*— Au-dessus du tr. c., sur toute la largeur : *A Paris Chez la Veuue Bertrand,* etc. *Auec Priuil du Roy.*

     Rare. — Belle épreuve.

1037. *France :* **Louis XIV**, 1638-1715. — In-fol. H. 0,341. L. 0,220. *

     A mi-corps, dans un médaillon équarri, entouré par douze génies dans différentes poses, tenant chacun une banderole avec un quatrain. Vu de 3/4, tourné à droite, regardant vers la gauche. En longue perruque retombant sur les épaules, et dont les mèches, sur le devant, couvrent en partie le front. Cravate de dentelle, en forme de rabat, retenue par des cordons à glands. Couvert d'une armure damasquinée. — Sur la bordure blanche du médaillon, dans le bas, à g. : *NDe L'Armessin, Sculpebat,* 1663. — Les douze quatrains tenus par les génies sont :

Si le Ciel parut exorable
Quand le Don en fut accordé,
Il nous fut bien plus fauorable
Quand il le donna tel qu'on l'auoit demandé.

Le Ciel auoit raison de nous le faire attendre
Pour nous le donner si parfait ;
Le Present qu'il nous en a fait
Est d'un prix qu'on ne peut comprendre.

Il est Sage, Vaillant et Iuste,
Ne merite-t'il pas les honneurs qu'on luy rend ?
On le prendroit pour un nouuel Auguste,
Si ses rares vertus ne le rendoient plus Grand.

Sa Gloire n'a point de seconde
Chacun le dit, chacun le croit ;
Peut on douter de ce qu'on voit,
A son âge il instruit les plus Sages du Monde.

Qui pourroit s'opposer aux illustres proiets
D'un Prince à qui le Ciel à promis tant de gloire ?

Il remporte sur luy la premiere victoire,
Et met ses Passions au rang de ses Suiets.

Qui peut s'étonner auiourdhuy
Que le bruit de sa Gloire à sa Vertu reponde?
L'on ne sçauroit flatter les plus grãds Roys du Mõde
Si l'on ne les compare a luy.

Qu'on ne nous parle plus de ces Heros fameux
Qu'on admiroit autrefois dans la Fable,
Tout ce qu'elle a pû dire d'eux
Se connoit en luy veritable.

Quoy que d'vn grand eclat sa Courõne etincelle,
Celle que ses Vertus luy font est bien plus belle,
Et comme la façon ne s'en peut imiter,
Autre que luy ne la sçauroit porter.

Comme il voit son peuple soumis,
Il se fait admirer dans son lit de Iustice,
Et comme il n'a plus d'ennemis,
Il déclare la guerre au vice.

N'estce pas estre heureux de viure souz les Loix
D'vn Prince dont le Nom remplit la Terre et l'Ondé ;
Si la Vertu faisoit les Roys,
Il seroit Roy de tout le Monde.

C'est le plus Grand de tous les Roys
Son Mérite l'eleue à ce Degré supreme ;
La Raison fait toutes ses Loix
Et sa Raison loblige à les subir luy même.

Doit on pas admirer la Mere qui la fait?
C'est l'honneur de son Sexe, il est l'honneur du nôtre,
Vne Reyne parfaitte a fait vn Roy parfait,
Vn Phœnix en produit vn autre.

Très-belle épreuve.

Le portrait de Mlle de La Vallière, décrit ci-dessous, n° 1045, est le pendant de celui-ci.

1038. *France :* **Louis XIV.** — In-fol. H. 0,395. L. 0,325.*

A mi-corps, dans un médaillon ovale, entouré d'une draperie frangée, fleurdelisée, relevée sur les côtés par des rubans en banderoles qui cachent en partie l'inscription. L'ovale est supporté par un monde aux armes de *France,* surmonté de la couronne royale qui couvre le bas de l'ovale et qu'accompagnent le sceptre et la main de justice, placés au milieu de palmes et de branches de laurier. Personnage vu de 3/4, tourné à droite, regardant de face. En perruque bouclée retombant par devant sur les épaules. Cravate de dentelle formant rabat, retenue par des cordons à glands. Couvert.d'une armure dont les brassards sont semés de fleurs de lis. Grand cordon passé en sautoir. Manteau flottant. — Autour de l'ovale : *Lvdovicvs. XIIII. Dei Gratia. Franciæ et Navarræ. Rex.*—Sur la partie blanche intérieure, à dr., au-dessus de la couronne. royale : *De L'armessin Sculpsit;.*

Rare. — Très-belle épreuve.

1039. *France :* **Marie-Thérèse d'Autriche**, épouse du précédent, 1638-1683. — In-fol. H. 0,397. L. 0,327. *

A mi-corps, dans un médaillon ovale, entouré d'une draperie frangée, fleurdelisée, relevée par des cordons à glands. Le médaillon est soutenu par deux anges assis sur le dessus du socle qui supporte le médaillon. Vue de 3/4, tournée à gauche, regardant de face. Tête nue, les cheveux bouclés sur le devant, dont une boucle retombe au milieu du front, et terminés derrière en chignon sur lequel est posée la couronne royale; sur les côtés de longues frisures descendent sur ses épaules nues. Magnifiques pendants d'oreilles. Collier de perles. Vêtue du manteau fleurdelisé doublé d'hermine, entr'ouvert, laissant voir un corsage garni sur le devant de brillants avec perles. Le haut du manteau est recouvert d'une large dentelle garnie de velours rehaussé de perles. — Autour de l'ovale : *Maria. Theresæ. Austriacæ. Infans. Hisp. Francor? Reginæ.* —Au bas du portrait, au milieu du socle, un écu entouré de palmes et de rubans, surmonté de la couronne royale, contient les armoiries : *De France, parti d'Espagne.* — Sur la partie blanche intérieure de l'ovale, à droite de la couronne : *De L'armessin Sculpsit.*

Rare. — Très-belle épreuve.

Pendant du portrait précédent.

1040. *France :* **Philippe de France**, tige de la maison d'Orléans et frère de Louis XIV, appelé en 1660 duc d'**Orléans**, 1640-1701. — In-fol. H. totale, 0,352. L. 0,272. (Le B., 6). *

A mi-corps, dans un ovale équarri, dont les dehors sont échiquetés, et supporté par un socle. Vu de 3/4, tourné à droite, regardant de face. En longue perruque bouclée retombant sur les épaules, et dont les frisures couvrent en partie le front. Longue cravate de dentelle formant rabat, retenue par des cordons à glands. En armure.—Autour de l'ovale: *Philippvs de Bovrbon, Dvx Avreliæ, Frater vnicvs Regis,.*—Au milieu du socle et au bas du portrait, couvrant l'ovale, un cartouche renfermant les armoiries : *De France, au lambel d'argent en chef;* l'écu timbré d'une couronne et environné des colliers des ordres de Saint-Michel et du Saint-Esprit. — Sur la partie blanche extérieure de l'ovale, à droite du cartouche : *N. De L'armessin, Sculpsit,.*

Rare. — Belle épreuve.

1041. *France* : **Louis de France**, surnommé le **Grand Dauphin**, 1661-1711. — In-fol. H. 0,397. L. 0,333. *

Jusqu'aux genoux, debout, dans une bordure ovale, équarrie, dont les angles portent dans le haut deux fleurs de lis, et, dans le bas, deux coins marbrés. L'ovale est supporté par un socle. Représenté jeune, vu de 3/4, tourné à gauche, regardant de face. En perruque bouclée. Cravate de dentelle avec nœud de ruban. Vêtu d'un habit à manches ornées de bouffettes. Écharpe, avec bouts frangés, passée en sautoir. Épée au côté. Mains gantées. Il s'appuie de la main droite sur une canne. Le bras gauche est pendant. Sur le devant du personnage, un meuble recouvert d'un tapis, avec la couronne du Dauphin dessus. Derrière le meuble, une porte, sur le panneau de laquelle est un *L* couronné, entouré de palmes. Derrière le Dauphin, retombant du haut, une draperie frangée, retenue à gauche par des cordons à glands et relevée, à droite, par un nœud bouffant.—Autour de l'ovale : *Lovis cinqviesme dv nom, vintiesme Davphin de France.* — Au milieu du socle et au bas du portrait, couvrant la bordure de l'ovale, un cartouche renfermant les armoiries : *Écartelé : aux 1 et 4, de* France; *aux 2 et 3, d'or au dauphin d'azur ;* tenants : deux anges vêtus de dalmatiques et portant chacun une bannière ; l'écu timbré d'une couronne et entouré des colliers des ordres de Saint-Michel et du Saint-Esprit; le tout environné du manteau d'hermine avec pavillon frangé que surmonte une banderole avec les cris : *Mon-Ioye, St. George.* — Sur la partie blanche extérieure de l'ovale, à g. des armoiries : *Beaubrun Pinxit;* — à dr. : *De L'Armessin, Sculpsit, Cum Priuilo, Regs,.*

Rare. — Très-belle épreuve.

1042. *France :* **Louis de France**, duc de **Bourgogne**, fils du précédent, 1682-1712.— In-4°. Dim. de la pl., H. 0,247. L. 0,167. *

A mi-corps, dans une bordure ovale, disposée comme au n° 1036. Le médaillon au bas de l'ovale ne contient que les armes de *France,* entourées des colliers des ordres de Saint-Michel et du Saint-Esprit; l'écu timbré d'une couronne fleurdelisée. Représenté jeune. Vu de 3/4, tourné vers la droite, regardant de face. Coiffé d'un tricorne bordé de peluche, d'où s'échappent les boucles frisées de sa perruque. Vêtu d'un habit galonné, avec manches à parements et le grand cordon passé en sautoir. Longue cravate dont les bouts sont passés dans l'une des boutonnières de l'habit. Le corps ceint d'une écharpe. La main droite gantée, appuyée sur la hanche. Le bras gauche étendu, la main cachée par l'ovale. —Sur le milieu de l'ovale, au-dessus du ruban retenant les armoiries, à g. : *De LArmessin, Sculp,.*— Une inscription de huit lignes accompagne le portrait ; elle commence par : *Monseignevr Lovis De*

France, Dvc de Bovrgogne, &c || *Fils Aisné de Monseignevr, Louis-D'au-
phin de France,* etc., et finit par : *et Nommé Louis, par Sa Majesté,*. —
Plus bas, sur toute la largeur de l'estampe : *A Paris Chez N de LArmessin,* etc. *Avec Privil du Roy,*.

Rare. — Belle épreuve.

1043. *France :* **Philippe de France,** duc **d'Anjou**, plus
tard roi d'Espagne sous le nom de **Philippe V**, frère du
précédent, 1683-1746. — In-4°. Dim. de la pl., H. 0,245.
L. 0,168. *

A mi-corps, dans une bordure ovale, disposée comme ci-dessus. Les
armoiries renfermées dans le médaillon sont celles des ducs d'Anjou :
De France, *à la bordure cousue de gueules;* l'écu est timbré et entouré
des mêmes insignes que celui de son frère. Représenté jeune. Vu de 3/4,
la tête tournée vers la gauche, où il regarde, le corps étant à droite.
Coiffé d'un chapeau à larges bords, relevés et garnis de peluche, d'où
s'échappent les boucles frisées de sa perruque. Vêtu d'un habit galonné
avec manches à parements et le grand cordon passé en sautoir. Cravate disposée comme celle de son frère. Le bras droit pendant, le
gauche étendu. Les mains sont cachées par la bordure. Sur la partie
blanche intérieure de l'ovale, à g., au-dessus du ruban retenant les
armoiries : *De L'Armessin, Sculp.* — Une inscription de six lignes accompagne, au-dessous de l'ovale, le portrait; elle commence par : *Monsei-
gnevr Philipe* (sic) *de France Dvc d'Aniov* || *Second Fils, de Monseig.,* etc. :
et se termine par : *et tenu par S, A, R, Mr, le duc d'Orléans, Frere
Vnique du* || *Roy, et par Mad^elle, et Nommé Philipe,*. — Plus bas, sur
toute la largeur : *A Paris Chez N de LArmessin,* etc. *Avec Privil du
Roy.*

Belle épreuve.

1044. **La Vallière** (Franç.-L. DE LA BAUME LE BLANC, duchesse DE), maîtresse de Louis XIV, 1644-1710. — In-fol.
H. 0,402. L. 0,327. *

A mi-corps, dans une bordure ovale, placée dans un cadre dont les
montants sont marbrés et les coins échiquetés. L'ovale est retenu dans
le haut par un ruban formant banderole, entrelaçant des guirlandes
d'olivier retombant de chaque côté de l'ovale; la banderole porte cette
inscription : *Lovise Francoise de La Bavme Le Blanc Dvchesse de La
Valiere.* Elle paraît être assise. Vue de 3/4, tournée à gauche, regardant de face. Coiffure formée de plumes. Cheveux frisés, retombant
en longues boucles. Pendant d'oreille, de forme allongée. Collier
de perles. Vêtue d'une robe à corsage décolleté jusqu'à la naissance
des seins. Manches courtes garnies de perles dans le haut, et de den-

telle avec bouffettes dans le bas. Un ruban est passé en sautoir sur l'épaule gauche, couvrant en partie le haut du sein. Elle tient dans la main droite une pomme, le bras étant plié et orné d'un bracelet. Derrière elle s'aperçoit le dossier d'un siége.—Au bas du portrait, couvrant de ses volutes la bordure de l'ovale, un cartouche contenant les armoiries : *Coupé d'azur* (au lieu de gueules) *sur or; au léopard lionné coupé de sable* (non indiqué) *sur argent, brochant sur le coupé;* l'écu timbré d'une couronne. — De chaque côté des armoiries, couchées sur le dessus d'une tablette, des cornes d'abondance d'où s'échappent des fruits. — Sur la partie blanche intérieure de l'ovale, à droite de la volute du cartouche, on lit : *N. De LArmessin. Sculpsit, C ? P°. Regis.*

1er état, avant les contre-tailles sur le corps du lion (150 à 200 fr.). Très-belle épreuve.

1045. La Vallière (duchesse DE), la même que la précédente. — In-fol. H. 0,333. L. 0,216. *

A mi-corps, dans un médaillon ovale, équarri, entouré par huit génies et trois déesses, placés dans des poses différentes et tenant chacun une banderole avec quatrain. Copie réduite du portrait précédent. Vue de 3/4, tournée à gauche, regardant de face. Même coiffure qu'au précédent. Les cheveux sont ornés, à droite, de trois perles et les frisures disposées différemment; de longues beucles retombent derrière sur les épaules. Pendant d'oreille, de forme ronde. Collier de perles. Vêtue d'une robe à corsage décolleté et à manches garnies de perles. Le ruban, mis en sautoir sur l'épaule gauche, passe entre les seins. Les bras sont cachés par le médaillon à la hauteur du coude. — Les onze quatrains tenus par les génies et les déesses sont les suivants :

Elle s'est eleuée au dessus des louanges
Que la voix publique luy doit
Et lon ne s'enquier plus côme sont faits les Anges
Puis qu'en la voyant on le voit.

On cour (sic) en vain la Terre et l'Onde
Pour admirer leur Raretez
Il n'est rien de si rare au Monde
Que ses vertus, et ses Beautez.

A voir sa cruauté tout le monde s'etône
Mais on a tort de l'en blasmer
Comme elle a raison de s'aimer,
Elle s'aime si fort, qu'elle n'aime persône.

Elle eut en naissant pour partage
Et toutes les vertus, et toutes les Beautez
Que peut on ajoutter (sic) a ses felicitez
Son Sexce (sic) ne sçauroit desirer dauantage.

Je veux que sa Beauté n'ait jamais de semblable
Que tout le Monde en soit Epris
Sa vertu n'est pas moins aymable
L'vne rauit les Cœurs, et l'autre les Esprits.

Voit on rien de beau qui l'egale
Puis qu'Elle a merité
Le Prix de la Beauté
De la bouche de sa Riuale.

Comme elle a remporté
Le Prix de la beauté
Celluy de la vertu qu'elle mesme luy donne
Fait aujourdhuy sa plus riche couronne.

Sa Beauté passe pour merueille
De toutes parts on vient la voir
En vain l'on cherche sa pareille
On ne la peut trouuer que dedans son miroir.

J'ay sujet maintenant d'apaiser ma colere
En voyant couronner cette jeune Ciprix
La raison luy donne le Prix
La raison me doit satisfaire.

Les Dieux l'ont fait naistre si belle
Qu'on l'apele (sic) *par tout la nouuelle Cipris*
Et comme sa vertu la rendue jmmortele (sic)
Je n'ay point de regret de luy céder le Prix.

Si Venus aujourdhuy ne peut sans jalousie
Voir le Prix qu'on luy vient d'oster
J'ai suict de me contenter
Puis que je suis vengée en la voyant punie.

Ce dernier quatrain est tenu par Junon, couronnée à l'antique et accompagnée du paon qu'on voit perché derrière elle, le cou tendu et le bec sur la banderole. — Sous le tr. c., à g. : *I. Baudemont. excudit.*

Fort rare. — Très-belle épreuve.

1046. Mazarin (Armand-Charles, marquis DE LA PORTE, marquis DE LA MEILLERAYE, puis duc DE), général français, grand maître de l'artillerie, 1632-1713. — In-fol. H. 0,344. L. 0,278.*

A mi-corps, dans une bordure ovale, ornée d'étoiles et supportée par un socle. L'ovale est entouré d'une draperie frangée dont les pans cachent les côtés. Personnage vu de 3/4, tourné à gauche, regardant de face. En longue perruque bouclée. Cravate de dentelle retenue par des cordons à glands. Couvert d'une armure sur laquelle une écharpe est passée en sautoir. Il semble avoir le bras droit étendu. — Au milieu du socle, un cartouche retenu par des volutes à la bordure de l'ovale, renferme les armoiries : *D'azur à la hache consulaire d'argent, posée en pal; à la fasce de gueules brochante sur le tout et chargée de trois étoiles d'or* (l'émail n'est pas indiqué); l'écu timbré d'une couronne, environne du manteau de pair et soutenu par les insignes de grand maître de l'artillerie, qui sont deux canons, montés sur leur affût, placés en croix de Saint-André, et qu'entourent des barils de poudre et des boulets. —Sur le socle, à gauche des armoiries: *N. De L'armessin, Sculpebat,* 1663,. Rare. — Très-belle épreuve.

1047. Montespan (Franç.-Athénaïs DE ROCHECHOUART, marquise DE), maîtresse de Louis XIV, 1641-1707. — In-4°. H. de la planche, 0,230. L. 0,165. H. de l'ovale pris en haut du ruban jusqu'au bas des armoiries, 0,207. L. 0,150. *

A mi-corps, dans une bordure ovale, armoriée, ornée dans le haut d'un nœud de ruban formant banderole. Elle est vue de 3/4, tournée à gauche, regardant de face. Tête nue, cheveux retombant sur le devant et les côtés en longues frisures, et terminés derrière en chignon. Pendant d'oreille, de forme allongée. Collier de perles. Vêtue d'une robe à corsage décolleté jusqu'à la naissance des seins; il est orné dans le haut d'une large dentelle rehaussée d'une bordure de pierreries et de perles.—Au bas du portrait, couvrant la bordure ovale, un petit médaillon à fond blanc, surmonté d'un nœud de ruban, renferme les armoiries : *Parti : au 1, écartelé; sur le tout : d'argent, à trois tourteaux de gueules senestrés d'une clé du second, qui est* Montespan; *au 2, fascé-nebulé d'argent et de gueules, qui est* Rochechouart; l'écu timbré d'une couronne et entouré de deux palmes. — De chaque côté du nœud de ruban retenant les armoiries, dans le blanc intérieur de l'ovale, on lit : *De L'Armessin. Sculp.*—Dans la marge, l'inscription suivante séparée en deux par les armoiries : *Françoise Athenaiste* (sic) || *de Rochechovart Marq^se de Montespan.* — Plus bas, un peu au-dessus du tr. de la planche : *A Paris Chez P Bertrand,* etc. *Avec Priuil. du Roij.* Rare. — Belle épreuve.

1048. *Pologne :* **Éléonore-Marie de Hongrie,** épouse de Michel-Coribut WISNIOWIECKI, roi de Pologne, 1653-1697. — In-4°. H. de l'ovale depuis le haut du ruban jusqu'au bas du médaillon, 0,207. L. de l'ovale, 0,150.

A mi-corps, dans une bordure ovale, disposée comme celle du numéro précédent. Le médaillon, au bas de l'ovale, renferme les armoiries : *De* Pologne, *parti, d'*Autriche; l'écu timbré de la couronne royale. Vue de 3/4, tournée à droite, regardant de face. Cheveux bouclés sur le devant, terminés derrière en longues frisures ; la tête ornée de plumes, avec un rang de perles et une aigrette sur le côté droit. Boucles d'oreille avec pendants. Collier de perles. Les épaules couvertes d'un manteau fourré, à ramages, avec pèlerine de fourrure ; le manteau est retenu par une agrafe en brillant, et entr'ouvert sur le devant, laisse voir la manche du corsage à ramages garnie de perles et de pierreries. — Sur la partie blanche intérieure de l'ovale, au bas du portrait : *De LArmessin Sculpebat.* — Sous l'ovale, séparée par les armoiries, l'inscription suivante : *Eleonor.* (sic) *Marie. Ioseph d'Avstriche. Reyne. de. Pologne* || *Fille de lEmpereur Ferdinant IIIe, et de Eleonor de Gonzague* || *Nacquit à   le 2j^e. Maij—de l'annéé,*(sic) *1653. et à Espousé* || *Michel Koribut Vuiesnouuisky, Roij de Pologne,à Czestakoua,*|||*le 26e Febvrier,* 1670,.

Rare.—Belle épreuve, mais rognée au-dessus du tr. de la planche.

1049. Sade (Laure DE NOVES, épouse de Hugues DE), plus connue sous le nom de la *belle Laure*, l'amante de Pétrarque, 1308-1348. — In-4°. H. 0,183. L. 0,137.

A mi-corps, debout, vue presque de face, tournée légèrement à droite. Tête nue, cheveux longs et abondants, retombant derrière les épaules ; ils sont séparés au milieu de la tête par une raie. Vêtue d'une robe décolletée, à larges raies longitudinales. Manches à gigot. La taille ornée d'un rang de perles. La main droite, dont l'index porte une bague, est appuyée sur une tablette munie, à droite, d'un petit socle sur lequel est sa main gauche, le bras replié.—Sous le tr. c., sur toute la largeur : *La, Bella, Lavra, Del, Petrarca.*—Au-dessous, à g.: *Palma, pin.;*— à dr.: *N, De L'armessin, Sculp.*

Belle épreuve.
Extrait d'un livre.

LARMESSIN (Nicolas IV DE), le jeune, neveu du précédent,

dessinateur et graveur au burin, fils de Nicolas III et de Catherine Pineau, né le 28 janvier 1684, à Paris. Épousa, le 8 septembre 1704, Louise MARCHAND ; dans l'acte de mariage, il est qualifié de « garçon graveur ». Il se remaria, le 26 janvier 1716, à Marie SCUDRE, et décéda le 28 février 1755, âgé de 71 ans. Il était graveur du cabinet du roi et de son Académie royale.

1050. Carondelet (Frédéric), archidiacre de Bitonto, chargé des affaires d'Espagne près du Saint-Siége, protecteur des arts et des lettres. — In-fol. H. 0,311. L. 0,235. *

Placé sur la gauche de l'estampe, à mi-corps, sous un portique à

colonnade; au fond, une porte surmontée d'un fronton, avec cette inscription : *Nosce oportvn.....m* (la tête du personnage cache en partie la
fin du mot). Assis devant une table recouverte d'un tapis sur laquelle
sont des papiers épars et un encrier. Vu de 3/4, tourné à droite, regardant de face ; coiffé d'un bonnet qui lui couvre entièrement la tête. Vêtu
d'une robe doublée d'hermine laissant le cou à nu. Les bras appuyés sur
la table, il tient dans la main droite une feuille de papier sur laquelle
on lit : *Honorabili devoto ‖ nobis dilecto ‖ Invico Caron- ‖ delet Archidia- ‖
cone Bisuntino ‖ Consiliario et ‖ Commissario ñro ‖ in Urbe.* — A dr., sur
la gauche du personnage, un secretaire, également assis devant la table
et écrivant. — Derrière, à g., se tient un homme dont on ne voit que
le buste. —Dans le fond, à dr., un groupe de maisons avec des arbres.
— Sous le tr. c., au milieu : *Portrait de Carondelet ‖ D'après le Tableau
de Raphaël qui est dans le Cabinet du Duc de Grafton. ‖ haut de 45.
pouces, large de 35. pouces, peint sur bois, gravé par Nicolas de Larmessin.*
    Belle épreuve.

1051. Coustou (Guill.), sculpteur français, 1678-1746. — In-fol. H. 0,352. L. 0,242. (Le B., 57.) *

A mi-corps, dans une bordure ovale, équarrie, posée sur un socle.
Vu presque de face, regardant à gauche, le corps tourné vers la droite.
En perruque bouclée. Vêtu d'un habit entr'ouvert laissant voir sa chemise. La main droite, appuyée sur la hanche, tient le pan d'un manteau. — Sur le dessus du socle, à g., des ciseaux de sculpteur et un
maillet ; — à dr., un buste de femme, accompagné d'un compas et d'une
pointe, avec une feuille de papier placée derrière et sur laquelle est
reproduit le croquis du buste. — Sur la tablette du socle : *Guillaume
Coustou ‖ Natif de Lion, Sculpteur ordinaire du Roy, ‖ Adjoint à Recteur en son Academie Royale.* — Sur la plinthe du socle, à g.: *Peint par
J. de Lien.; —* à dr.: *Gravé par N. de l'Armessin pour ‖ Sa Reception a l'A-
cademie en* 1730.
    Très-belle épreuve, avec grandes marges.

1052. Duguay-Trouin (René), amiral français, 1673-1736. — In-4º. H. 0,159. L. 0,106. *

A mi-corps, dans une bordure ovale, équarrie, supportée par un socle.
Vu de 3/4, la tête tournée à gauche, où il regarde, le corps étant tourné
vers la droite. En longue perruque frisée retombant sur les épaules.
Cravate de dentelle. Vêtu d'un habit galonné, ouvert, laissant voir dessous une cuirasse avec le grand cordon passé en sautoir. — Au milieu
du socle, retenu à l'ovale, un cartouche avec les armoiries : *D'argent à
l'ancre de sable ; au chef d'azur chargé de deux fleurs de lis d'or ;* l'écu
est entouré des insignes de l'ordre du Saint-Esprit. Sur le dessus du

cartouche, une couronne de vicomte, accompagnée d'une banderole avec cette devise : *Dedit Hæc Insignia Virtus.* — Sous le tr. c., à g. : *De Larmessin Graveur du Roy.*

Très-belle épreuve.

1053. *France* : **Louis XV**, 1710-1774. — In-fol. H. 0,334. L. 0,227. (Le B., 59.)

A mi-corps, dans une bordure ovale, entourée d'une draperie frangée fleurdelisée, couvrant en partie le haut de la bordure. A gauche, la draperie est retenue par un nœud bouffant. L'ovale est supporté par un socle. Représenté à l'âge de dix ans. Vu de 3/4, la tête tournée à droite, où il regarde, le corps étant à gauche. En longue perruque bouclée. Collerette de dentelle. Couvert d'une cuirasse avec le grand cordon en sautoir. Sur ses épaules, un manteau d'hermine fleurdelisé, retenu, sur le devant, par un brillant. —Autour de l'ovale : *Lvdovicvs XV Rex Christianissimvs Anno M.DCC.XX.* — Sur le milieu du socle, un cartouche orné de palme et de branche de laurier, renferme les armoiries de *France*, entourées des insignes des ordres de Saint-Michel et du Saint-Esprit ; l'écu surmonté d'une couronne royale, qui couvre le bas de l'ovale. — Sous le tr. c., à g. : *Hyacinthe Rigault Pinxit ;* — à dr. : *N. Larmesin* (sic) *fils Sculpsit ;*—au milieu : *A Paris Chez I. F.Cars*, etc.

Très-belle épreuve.

1054. *France :* **Louis XV**. — In-fol. H. 0,358. L. 0,240. (Le B., 60, *s. n.*)

A mi-corps, dans une bordure ovale, équarrie, supportée par un socle. Vu de 3/4, tourné à droite, regardant de face ; tête nue, cheveux relevés et bouclés, retenus derrière par un nœud de ruban. Couvert d'une armure dont les brassards sont rehaussés de fleurs de lis. Grand cordon en sautoir. Les épaules couvertes d'un manteau d'hermine fleurdelisé, retenu par des brillants. — Au bas du portrait, au milieu du couronnement du socle, couvrant la bordure de l'ovale, un cartouche renfermant les_écussons accolés de *France* et de *Navarre* surmontés d'une couronne fermée. Les insignes des ordres de Saint-Michel et du Saint-Esprit entourent les écus.—Sur la tablette du socle : *Louis Quinze*|| *Roy de France et de Navarre.* — Sous le tr. c., à g. : *Peint par Venloo* (sic) *et grave* (sic) *par N. de L Armessin graveur du Roy rue des Noyers a Paris.* 1735 (cette date est à l'encre).

Très-belle épreuve, avec grandes marges.

1055. *France :* **Louis XV**.— Gr. in-fol. H. 0,461. L. 0,349. *

En pied. Debout, dans un cadre rectangulaire. Représenté jeune, Vu de 3/4, tourné vers la gauche, regardant de face. Tête nue, les cheveux relevés, bouclés sur les côtés et retenus derrière par un nœud de ruban. Vêtu d'un habit brodé, par-dessus lequel est une cuirasse dont les brassards sont ornés de fleurs de lis ; le grand cordon passé en sautoir avec la croix du Saint-Esprit. Épée au côté. Chaussé de bottes montantes jusqu'au-dessus des genoux, boutonnées sur les côtés et garnies d'éperons. La main gauche appuyée sur la hanche. Le bras droit étendu, la main soutenue par le bâton de commandement fleurdelisé, qu'il tient par l'une des extrémités, l'autre étant appuyée sur le manteau royal, placé sur une table qu'il recouvre en partie, et dont la traîne forme draperie derrière le personnage. Sur le manteau est posé le sceptre près d'un casque, orné d'une couronne de chêne, surmonté d'un dragon et rehaussé d'un panache. — Sous la table, un ange, assis sur les traverses, retire une flèche d'un carquois qu'il tient sous son bras. — Derrière Louis XV, à droite, une colonne près d'une draperie frangée. — Sous le tr. c., à g. : *Vanlo* (sic) *pinxit*; — 'à dr. : *N De Larmessin sculpsit*; — au milieu, sous les traits du cadre, un petit cartouche renfermant les armes de *France*; l'écu timbré de la couronne royale et entouré des colliers des ordres de Saint-Michel et du Saint-Esprit. — De chaque côté des armoiries, l'inscription suivante : *Louis Quinze Roy de France et de Navarre.* — Plus bas : *Se Vend a Paris chez N. de Larmessin graveur du Roy,* etc.

1er état. — Belle épreuve.

2e état. — La tête du personnage est changée, elle est plus âgée, tournée à droite, vue presque de profil, le corps étant à gauche. Les cheveux sont différemment arrangés. Les fleurs de lis ornant les brassards de la cuirasse sont modifiées ; les broderies du pan de l'habit, à gauche, sont changées. La colonne derrière le personnage est à rainures. Le cartouche renfermant les armoiries est plus grand et retenu, par des volutes, aux baguettes du cadre. Les fleurs de lis de l'écu sont plus grandes, et les colliers qui l'entourent sont supprimés. — Belle épreuve.

1056. *France :* **Louis XV.** — Gr. in-fol. H. 0,467. L. 0,385.

A cheval. Représenté jeune, vu de 3/4, regardant de face, tourné à gauche. Coiffé d'un tricorne galonné et bordé de peluche. Les cheveux retenus derrière par un nœud de ruban. Couvert d'une cuirasse, avec le grand cordon en sautoir et un habit brodé par-dessus. Épée au côté, les mains gantées. Il tient de la main gauche les rênes du cheval, dressé sur ses pieds de derrière, la main droite posée sur l'extrémité du bâton de commandement fleurdelisé qui est appuyé sur sa cuisse. Chaussé de bottes montantes jusqu'au-dessus des genoux, boutonnées sur les côtés et garnies d'éperons. Pistolets dans les fontes. — Le roi est suivi de cavaliers, vus de face, l'épée nue. — Le fond représente une plaine dans laquelle est établi un camp. Dans le troisième plis de terrain, sous les pieds de devant du cheval, on voit trois cavaliers, dont l'un, vu de profil, a le bras droité tendu dans la direction des tentes.— Ciel nuageux. — A gauche, les rayons du soleil sortant d'un nuage. — Au-dessus du tr. c., à g., et à dr., ainsi que près du pied droit du cheval, des plantes. — Sous le tr. c., à g. : *Parrocel pinxit.*; — à dr. : *N. De Larmessin Sculpsit.* — Dans la marge, sur toute la largeur, séparée au milieu par un écusson couronné, aux armes de *France*, se trouve l'inscription suivante: *Louis Quinze Roy de France et de Navarre.* — Plus bas: *Se Vend a Paris Chez N. De Larmessin graveur du Roy*, etc. *Avec Privilege du Roy.*

     Très-belle épreuve.

1057. *France:* **Marie Leszczynska** (Catherine-Sophie-Félicité), épouse du précédent, 1703-1768. — Gr. in-fol. H. 0,461. L. 0,350. (Le B., 63, *s. n.*) *

En pied, dans un cadre rectangulaire. Debout près d'une table dont on ne voit que l'angle orné de mascarons et sur le pied de laquelle est un oiseau fantastique les ailes ouvertes. Sur la table, un coussin fleurdelisé supporte la couronne royale. Vue de 3/4, tournée à droite, regardant de face, tête nue, cheveux bouclés avec une longue frisure ramenée sur l'épaule gauche. Coiffée d'un diadème. Pendants d'oreilles. Vêtue d'une robe à traine semée de fleurs de lis, garnie sur le devant d'une bande d'hermine rehaussée de perles et de broderies. Corsage en pointe, décolleté, avec garniture de dentelle. Manches courtes en dentelle bouillonnée, laissant les bras, garnis de bracelets, à demi nus. Les épaules couvertes d'un manteau d'hermine fleurdelisé, recouvrant un fauteuil placé derrière la reine, et dont on ne voit que le dossier semé de fleurs de lis. Le bras gauche étendu, elle prend de la main la couronne; le bras droit pendant, elle relève de la main le pan de sa robe. — A droite, deux colonnes avec piédestal. — A gauche, une draperie relevée par des cordons à glands. — Sous le tr. c., à g. : *Vanloo pinxit;* — à dr. : *N. de lArmessin Sculp.* — Dans la marge, sur toute la largeur, séparée au milieu par un cartouche, surmonté d'une couronne fermée, et contenant les écussons accolés de *France* et de *Pologne*, se lit l'inscription suivante: *Marie Princesse de Pologne Reine de France.* || *Et de Navarre.*— Plus bas, sur toute la largeur: *Se vend à Paris Chez N. de Larmessin graveur du Roy*, etc.

     Très-belle épreuve.

     Cette planche a en outre servi pour le portrait de MARIE-ANTOINETTE, reine de France. On y a d'abord substitué une autre tête. Elle est vue de 3/4, tournée à gauche, où elle regarde. En cheveux, relevés sur le devant et rehaussés d'un diadème; une boucle retombe sur l'épaule droite. Le vêtement a été conservé ainsi que l'entourage du personnage et les dispositions du fond. — Dans les armoiries, dont le cartouche a été conservé, on a remplacé l'écusson d'*Autriche* par celui de *Pologne.*—On a supprimé les noms des artistes, sous le tr. c., et à l'ancienne inscription, on a substitué la suivante: *Marie Antoinette Josh. Jeanne d'Autriche.* || *Reine de France et de Navarre. Née à Vienne le 2. Nov. 1755.*— Plus bas, au lieu et place de l'adresse de Larmessin, on lit: *Tiré du Cabinet du Roy d'après le Buste et Modele de M. Boizot. A Paris chez Crepy,* etc.

1058. *France:* **Marie Leszczynska** (la même que la précédente). — In-fol. H. 0,356. L. 0,236. *

A mi-corps dans une bordure ovale, équarrie, dont les dehors simulent des pierres; l'ovale est placé sur un socle. Vue de 3/4, tournée à gauche regardant de face. Tête nue, les cheveux bouclés; deux longues frisures retombent sur les épaules. Diadème orné de perles sur le sommet de la tête. Magnifiques pendants d'oreilles. Vêtue d'un corsage décolleté, à grands ramages, garni de dentelle dans le haut. Superbe agrafe. Manche courte en dentelle bouillonnée. L'épaule gauche couverte par le manteau fleurdelisé doublé d'hermine. — Derrière le personnage une draperie relevée.—A gauche, dans le fond, sont figurés des pilastres.—Sur le milieu du couronnement du socle, couvrant le bas de l'ovale, un cartouche contenant les armoiries accolées de *France* et de *Pologne;* les écus sont surmontés de la couronne royale et entourés des colliers des ordres de Saint-Michel et du Saint-Esprit.—Sur la tablette du socle: *Marie Princesse de Pologne* || *Reine de France et de Navarre.* — Sous le tr. c., à g.: *Peint par Venloo* (sic) *et gravé par N. de l'Armessin graveur du Roy ruë des Noyers à Paris.*

Très-belle épreuve, à toutes marges.

1059. *France:* **Louis de France**, Dauphin, fils de Louis XV, 1729-1765. — Gr. in-fol. H. 0,445. L. 0,336. (Le B., 61.)

En pied, debout près d'une table sur laquelle est un livre ouvert entre les feuillets duquel dépasse un plan de fortifications tracé sur une feuille de papier couvrant un porte-crayon et un compas; sur le recto du livre, est placé un instrument de mathématiques. Personnage vu de 3/4, tourné à gauche, regardant de face. Tête nue, cheveux relevés sur le devant, bouclés sur les côtés et retenus derrière par un nœud de ruban. Vêtu d'un habit brodé, recouvert d'un pardessus rehaussé de broderies avec la croix du Saint-Esprit; manches à parements. Le grand cordon passé en sautoir. Il porte au cou les insignes de la Toison d'or. La main gauche, appuyée sur la hanche, tient relevé le pan de son pardessus. Le bras droit à demi plié, la main vue du côté de la paume, montre de l'index les objets qui sont sur la table. Épée au côté. En culotte courte; chaussé de souliers à boucles.— Derrière le personnage, une balustrade en pierres, surmontée de deux colonnes dont le fût est recouvert en haut, d'une draperie retenue par des cordons à glands. Sur la tablette de la balustrade, sont des losanges renfermant une fleur de lis. A g., d'autres accessoires. — Ciel nuageux. — Sous le tr. c., à g. : *Tocqué pinxit De la Tour Effigiem.; —* à dr. : *De Larmessin Sculp.; —* au milieu, un cartouche entouré de roseaux et surmonté d'une couronne, renferme les armoiries : *Écartelé : aux 1 et 4, de* France ; *aux 2 et 3, d'or au dauphin d'azur;* supports : deux dauphins. Ces armoiries divisent en deux l'inscription suivante: *Louis Dauphin de France.* — Plus bas, sur toute la largeur : *a Paris chez De Larmessin graveur du Roy,* etc. *A. P. D. R.*

2e état, avec les insignes de la Toison d'or et la tête rendue plus âgée. — Belle épreuve.

1060. *France:* **Marie-Josèphe de Saxe,** fille d'Auguste II, électeur de Saxe et roi de Pologne, et seconde épouse du précédent, 1731-1767. — Gr. in-fol. H. 0,445. L. 0,342. (Le B., 62, *s. n.*)

En pied, debout près d'un fauteuil dont les bras figurent des dauphins, et placé devant une table supportant une couronne posée sur un coussin. Vue de face, le corps légèrement tourné vers la droite. Tête nue, les cheveux relevés et entremêlés de perles. Une frisure retombe sur l'épaule droite. Collier en brillants; pendants d'oreilles. Vêtue d'une robe à grands ramages, avec corsage à basques garnies d'hermine; décolletée jusqu'à la naissance des seins. Le corsage est garni de dentelle dans le haut, et rehaussé sur le devant de pierres précieuses entourées de perles. Manches courtes avec petits volants de dentelle, laissant les bras, garnis de bracelets, à demi nus. Les épaules couvertes d'un manteau doublé d'hermine formant traîne. Le bras gauche étendu, la main appuyée sur le dossier du fauteuil recouvert par le manteau. Le bras droit pendant, elle tient dans la main un des plis du manteau. — A droite, au dessus de la table, une colonne à rainures avec piédestal, derrière laquelle passe une draperie formant fond. — Dans le fond, à gauche se voit un bâtiment relié par une terrasse bordée d'une balustrade à jour en pierres, à la salle où est la dauphine. Un arbre ombrage la terrasse. — Sous le tr. c., à g.: *Vanloo pinxit.; —* à dr.: *De Larmessin Sculp.; —* au milieu, un cartouche posé sur un dauphin et entouré de roseaux contient les armoiries : *Écartelé : aux 1 et 4, de* France ; *aux 2 et 3, d'or au dauphin d'azur;* accolées à celles de *Pologne,* écartelées de *Lithuanie ;* sur le tout : de *Saxe ;* une couronne placée sur une volute du cartouche surmonte les écussons. Ces armoiries séparent en deux l'inscription suivante: *Marie Josephe de Saxe Dauphine ||De France.* — Plus bas, au-dessus du tr. de la planche, sur toute la largeur : *a Paris chez De Larmessin Graveur du Roy*, etc. *Avec Privilege du Roy.*

Belle épreuve.

—*France:* **Marie-Antoinette d'Autriche** (Josèphe-Jeanne), épouse de Louis XVI, 1755-1793.—Voir ci-dessus, le n°1057, note.

1061. **Hallé** (Cl.-Gui), peintre français, 1652-1736. — In-fol. H. 0,352. L. 0,240. (Le B., 65, *s. n.*) *

A mi-corps, dans une bordure octogonale, dont les dehors figurent des pierres, et supportée par un socle. Vu de 3/4, la tête tournée à gauche, où il regarde, le corps étant à droite. En perruque bouclée retombant sur les épaules. Vêtu d'un habit entr'ouvert dans le haut. L'épaule et le bras gauche couverts d'une draperie. Le bras droit à demi plié, la main posée sur un portefeuille de dessin. — Derrière le personnage, sur un chevalet, une grande toile formant fond et sur laquelle on voit l'esquisse d'une statue. — Sur la tablette du socle : *Claude Hallé.* || *Natif de Paris, Peintre ordinaire du Roy.*|| *Adjoint à Recteur en son Academic Royale.* — Sur la plinthe du socle, à g. : *Peint par le Gros.* ; — à dr. : *Gravé par N. de l'Armessin pour* || *Sa Reception à l'Academie en* 1730.

Belle épreuve.

1062. **Lamet** (Phil. DE), curé de Saint-Laurent, à Paris. — In-fol. H. 0,413. L. 0,320. (Le B., 66, *s. n.*) *

A mi-corps, dans une bordure ovale, équarrie, dont les dehors simulent des pierres, et placée sur un socle. Vu de 3/4, tourné à droite, regardant de face. Cheveux longs, bouclés sur le devant et relevés; le sommet de la tête couvert d'une calotte. Les épaules, ainsi qu'une partie du rabat, cachées par le camail d'hermine.—Autour de l'ovale : *Philippus de Lamet, S. F. Th. P. Decanus, E Regiâ Societate, nec non Ecclesiæ Parochialis S^{ti}. Laurentii Pastor.* — Sur la tablette du socle : *Offerebant M.M. Franciscus le Jeune, et Joannes Bruté, Doctores* || *Theologi, et Amantissimi Vicarii.* — Sous le tr. c., à g. : *Merelle pinxit.* ; — à dr. : *De Larmessin Sculp.*

Belle épreuve.

1063. **Lorraine** (Ch.-H. DE), fils de Charles IV, duc de Lorraine, 1642-1723. — Gr. in-fol. H. 0,422. L. 0,336. (Le B., 73.) *

Jusqu'aux genoux, debout devant un tertre sur lequel est un casque

renversé. Vu de 3/4, tourné à droite, regardant de face. En longue
perruque frisée, retombant par derrière sur les épaules.Couvert d'une
armure. Cravate de dentelle.Il porte autour du cou le collier de la
Toison d'or. Le corps ceint d'une écharpe ; épée au côté, dont on ne
voit que la poignée. Le bras gauche allongé, il tient dans la main le
bâton de commandement dont l'extrémité est appuyée sur le tertre
près du casque. La main droite sur la hanche tenant le nœud de l'é-
charpe. — Derrière le personnage, à gauche, des arbres étendent
leurs rameaux au-dessus de la tête du prince. — A droite, dans le
pli d'un terrain, on voit des cavaliers, dont l'un tient un drapeau.
Dans le fond, une ville fortifiée, des remparts de laquelle on tire sur
la cavalerie cachée dans les plis du terrain. Derrière la ville, des montagnes forment l'horizon. — Ciel nuageux. — Sous le tr. c., à g. :
Banc pinxit. ; — à dr.: *N.de Larmessin sculp?.*—Au milieu, sous le portrait interrompant la baguette formant le cadre, un écusson couronné,
renfermant les armoiries de *Lorraine ;* l'écu entouré du collier de la Toison d'or ; supports : deux aigles couronnées, le vol abaissé et colletées
de patenôtres ; le tout environné du manteau d'hermine. Ces armoiries sont accompagnées de l'inscription suivante : *Charles Henri
de Lorraine Prince de Vaudemont* ‖ *Souverain de Commercy. &c.* ‖ *Nec
Virtute feit nec Bello major et armis.* — A g., un peu au-dessus du
tr. de la planche : *Offerebat Joann. Bapt. Louvain.*
    Très-belle épreuve.

1064. Mayeur (Pierre), abbé de Clairvaux. — Gr. in-fol.
H. 0,511. L. 0,373. *

    Jusqu'aux genoux, dans une bordure ovale, placée dans un cadre
rectangulaire, supporté par un socle. L'ovale et le cadre sont couverts
à droite par une tenture tombante, retenue dans le haut par des cordons, et dont le pan, ramené sur le dessus du couronnement du socle
et sous le portrait, forme draperie et couvre, à gauche, le socle. Personnage assis dans un fauteuil, près d'un meuble sur lequel sont placés
debout des volumes dont l'un porte, au dos, ce titre : *Histoire* ‖ *des* ‖
Concile (*s*). Vu presque de face, le corps tourné légèrement vers la
gauche. La tête couverte de la calotte. Large mèche de cheveux tombant sur le front. Deux verrues sur le côté droit de la figure, l'une
près de l'œil et l'autre près du pli de la joue. Vêtu d'un surpli de dentelle, les épaules couvertes d'une pèlerine. Autour du cou, suspendue à
un large ruban, la croix pectorale. Il tient sur ses genoux, un livre
entr'ouvert par l'index de la main droite, tandis que la main gauche,
dont l'annulaire est orné d'un anneau, tient le poignet de la main
droite. — Sur le côté, à gauche, autour de l'ovale: *Petrus Mayeur
Abbas Clarævallis Alix^{us}*. — Sur le milieu du socle, un cartouche,
dont une partie est cachée sous la draperie, renferme les armoiries :

Écartelé : aux 1 et 4, d'azur à la fasce d'argent chargée de trois étoiles de gueules, accompagnée en chef d'un soleil d'or ; aux 2 et 3, d'azur à la bande chargée de deux cotices potencées et contrepotencées (sans indication d'émaux); *sur le tout : de sable à la bande échiquetée de sinople et d'argent;* au bas de l'écu, la mitre et la crosse, accompagnées d'un livre ouvert placé sur des branches de feuillage. — Sous le tr. c., à g.: *M. Loir pinxit ;* — à dr.: *De Larmessin graveur du Roy.*
Belle épreuve.

1065. *Pologne :* **Stanislas Ier Leszczynski,** 1677-1766. — Gr. in-fol. H. 0,455. L. 0,318. (Le B., 69, *s. n.*) *

En pied, dans un cadre rectangulaire. Debout sur la plate-forme d'un escalier. Sur le dessus de la balustrade, près de l'angle formé par la rampe, un casque surmonté d'un dragon ailé, et entouré d'une couronne de chêne. Vu de 3/4, tourné à gauche, regardant de face. En perruque bouclée, dont l'extrémité par derrière forme un nœud. Vêtu d'un pardessus ouvert, doublé de fourrure, avec manches brodées. et les insignes du Saint-Esprit. Sous son pardessus, une cuirasse. Grand cordon en sautoir, avec la croix du Saint-Esprit retenue par une chaînette. Épée au côté. Chaussé de bottes montantes jusqu'au-dessus des genoux, garnies d'éperons et boutonnées sur les côtés. La main gauche appuyée sur la hanche, il tient dans la main droite un bâton de commandement. — Sous la baguette du cadre, au bas, à g. : *Venloo* (sic) *pinxit ;* — au milieu, un cartouche surmonté d'une couronne, renferme les armoiries : *Écartelé : aux 1 et 4, de* Pologne ; *aux 2 et 3, de* Lithuanie; *sur le tout : d'argent à la tête de buffle de sable bouclée d'or, qui est* Leszczynski; l'écu entouré des colliers de Saint-Michel et du Saint-Esprit; supports : deux aigles. Ces armoiries séparent en deux l'inscription suivante : *Stanislas* 1er. *Roy de Pologne.*‖ *Grand Duc De Lithuanie.* — Plus bas, sur toute la largeur: *A Paris chez N. de Larmessin graveur du Roy,* etc. *A. P. D. R.*
Belle épreuve.

1066. *Pologne:* **Opalinska** (Cath.), épouse du précédent, 1680-1747. — Gr. in-fol. H. 0,457. L. 0,324. (Le B., 68, *s. n.*) *

En pied, dans un cadre rectangulaire. Debout près d'un meuble recouvert d'une draperie, sur laquelle est placé un coussin avec glands supportant une couronne fermée. Vue de 3/4, tournée à droite, regardant de face. Tête nue, cheveux frisés, deux boucles ornent de chaque côté le front: une longue frisure retombe sur l'épaule gauche. Vêtue d'une robe à grands ramages, garnie de perles et de brillants. La ceinture ornée d'un rang de perles. Corsage décolleté, laissant voir la dentelle de la chemisette. Manches d'anges, ornées d'un brillant, laissant passer l'avant-bras que recouvre en partie des manchettes en dentelle. Les épaules couvertes d'un manteau doublé d'hermine formant traine et dont elle tient de la main droite un pan relevé. La main gauche est appuyée sur le meuble. — A droite, deux pilastres forment le fond. — A gauche, derrière le personnage, une draperie frangée retombante. —Sous la baguette du cadre, à g.: *Vanloo pinxit.*; —à dr.: *N. de l'Armessin Sculp.*—Au milieu, un cartouche surmonté d'une couronne renferme les armoiries: *De gueules à la nacelle d'or*, qui est *Opalinski*, accolées à celles de *Leszczynski;* supports: deux aigles. — L'inscription suivante accompagne les armoiries: *Catherine Opalinska Reine de Pologne.* — Plus bas, sur toute la largeur: *Se vend a Paris chez N de Larmessin Graveur du Roy*, etc.

Belle épreuve.

1067. **Raphaël**, 1483-1520.— In-fol. H. de la planche, 0,340. L. 0,250.

A mi-corps, debout, derrière un petit mur. Au premier plan, à gauche, un homme à barbe. Vu presque de profil, la tête nue et tournée à droite ; cheveux frisés. La main droite posée sur la garde de son épée et désignant de l'autre main un objet en dehors du tableau. — A droite, derrière ce personnage, Raphaël, vu presque de face, avec de la barbe, tête nue, cheveux séparés sur le front et tombant jusque sur les épaules. Vêtu d'une tunique. La main droite posée sur l'épaule droite du premier personnage ; le bras gauche à demi plié. —Sous le tr. c., au milieu, dans la marge: *Portrait de Raphaël‖D'après le Tableau de ce peintre qui est dans le Cabinet du Roy.‖ haut de 3.pieds 8. pouces, large de 3. pieds 4. pouces, peint sur bois gravé par Nicolas Larmessin.* — Dans l'angle de la planche, au bas, à droite, le chiffre 9.

Gravé pour le *Cabinet Crozat.*

Belle épreuve.

On n'est encore d'accord ni sur les personnages représentés sur ce tableau conservé au musée du Louvre, ni sur l'artiste qui l'a peint. Il a été attribué à Séb. del Piombo, à Pontormo, mais le plus généralement à Raphaël. Quant aux personnages, il semble hors de doute que celui du fond représente Raphaël, tandis que dans le premier on a voulu voir tantôt le maître d'armes de ce dernier, tantôt l'artiste Pontormo. Consulter : Passavant, *Raphaël d'Urbin*, t. II, pp. 355-356.

1068. **Sallé** (Mlle), danseuse de l'Opéra. — Gr. in-fol. en travers. L. 0,550. H. 0,410. (Le B., 71, *s. n.*)

En pied, dans un parc. Vue de 3/4, tournée vers la droite. Tête nue, cheveux ornés d'un bouquet de fleurs; une longue frisure retombe par derrière sur l'épaule droite. Robe à double jupe ornée de guirlandes

de fleurs ; corsage décolleté laissant le sein gauche en partie à découvert; manches courtes, ornées de dentelle. Les bras écartés, elle exé-
cute le pas d'une danse. — Derrière elle, à gauche, sous l'ombrage
des arbres, trois jeunes filles, se tenant par la main dansent une
ronde ; — à droite, près d'un temple orné de la statue d'une Diane
assise, s'appuyant de la main droite sur un arc, on voit quatre jeunes
garçons jouant de la flûte. — Sous le tr. c., à g. : *N. Lancret pinxit.*,
— à dr. : *N. De l'armessin Sculpsit.* — Au milieu, dans la marge :
Mlle Sallé. — A droite de ce nom, six vers anglais, et à gauche, ce
sixain :

> *Maitresse de cet Art que guide l'Harmonie,*
> *Je peins les Passions, j'Exprime la Gaieté :*
> *Je joins des Pas brillants au feu de mon Genie,*
> *Les Graces, la justesse, a la legereté,*
> *Sans offenser l'aimable Modestie,*
> *Qui de mon Séxe augmente la Beauté.*

— Sous le nom, au milieu, entre les vers français et anglais : *Se vend
a Paris chez l'auteur,* etc. *Et chez le S^r. De Larmessin rüe,* etc.‖ *Et chez
la Vve de F. Chereau, rüe,* etc. *A. Vec* (sic) *Privilege du Roy.*
Belle épreuve.

1069. **Vleughels** (Phil.), peintre français, v. 1622-1694. — In-fol. H. 0,352. L. 0,243. (Le B., 76, *s. n.*) *

A mi-corps, dans une bordure ovale, équarrie, supportée par un socle.
Vu de 3/4, tourné à droite, regardant vers la gauche. Tête nue, cheveux longs, légèrement bouclés et séparés au milieu par une raie. Verrues sur la figure, l'une au bas de la joue droite près du menton, et
l'autre sous la lèvre inférieure, non loin l'une de l'autre. Cravate en
forme de rabat. Il est drapé dans son manteau. — Autour de l'ovale :
Philippus Vleughels Antuerpiensis Regius Pictor. — Sur le dessus du
couronnement du socle, à g. : *Champagne pinx.; —* à dr. : *De l'Armessin. Sculp.* — Sur la tablette du socle : cette dédicace : *Nicolaus
Vleughels Filius.*‖ *Sancti Michaelis Eques, et Academiæ Gallicæ in Urbe*‖
Præfectus, Parentis optimi effigiem incidi curavit. A°. 1732.
Belle épreuve.

1070. **Wignacourt** (Alof ou Adolphe DE), cinquante-deuxième grand maître à Malte, 1547-1622. — In-fol. H. 0,364. L. 0,253. (Le B., 74, *s. n.*)

En pied, debout. Vu de 3/4, tourné à gauche, où il regarde, le corps
étant à droite; tête nue, cheveux courts. Il porte toute sa barbe.
Armé de pied en cap, tenant dans ses mains le bâton de commandement. Il est accompagné, à gauche, d'un page qui porte son casque

orné d'un panache. — Sous le tr. c., sur toute la largeur : *Portrait d'Adolphe de Vignacourt Grand Maître de Malthe.*‖ *Tableau de Michel-Ange Merigi, dit le Caravage, qui est dans le Cabinet du Roy.*‖ *Peint sur toile, haut de* 6. *piéds, large de* 3. *piéds* 11.*pouces, gravé par Nicolas de Larmessin.*

Gravé pour le *Cabinet Crozat.*

Belle épreuve.

LA RUE,

graveur à l'eau-forte de la seconde moitié du XVIIIᵉ siècle.

1071. Rosa (Salvator), poëte, musicien et peintre italien, 1615-1673. — In-fol. H. 0,357. L. 0,247.

A mi-corps, dans un médaillon équarri, accompagné des attributs de peinture et de musique. Dans les angles du haut, un ange et un faune armé d'une trompe tiennent une couronne de laurier. Personnage vu de profil, tête nue tournée à gauche, le corps presque de face ; longs cheveux retombant sur les épaules. Habit boutonné à la ceinture. L'épaule droite couverte d'un manteau qui l'entoure. Il tient dans la main droite une plume d'oie. — Sous le cadre, un faune assis et un ange tiennent une longue feuille de papier en blanc destinée à recevoir une inscription. — Sous le tr. c., à dr., écrit à la main : *La rüe Sculp.* — Gravé à l'eau-forte.

1ᵉʳ état, avant toute lettre. Rare. — Belle épreuve.

LASNE (Michel),

dessinateur et graveur au burin, né à Caen vers 1595, mort à Paris le 4 décembre 1667, avec la qualité de « graveur et dessinateur ordinaire du Roy ». — Dans les portraits décrits ci-dessous, l'initiale M du prénom de l'artiste est généralement liée à celle de son nom ; nous les figurons ici en les accolant : ML.

1072. Aubespine (Gabriel DE L'), évêque d'Orléans, frère aîné du garde des sceaux, Charles de l'Aubespine, marquis de Châteauneuf, 1579-1630. — In-fol. H. 0,271. L. 0,210. (Le B., 31, *s. n.*)*

A mi-corps, vu de 3/4, tourné à droite, regardant de face, tête nue, légèrement dénudée sur le sommet. Cheveux bouclés, moustaches et barbiche. Vêtu de la pèlerine à capuchon. Large col de chemise ra-battu. Grand cordon avec la croix du Saint-Esprit. — Fond noir figu-

rant une légère draperie derrière laquelle se voient des barreaux. —
Sous le tr. c., sur toute la largeur ces deux vers :

> *Qvi veteres ritvs, sacriq. oracvla ivris*
> *Panderet, hic patrvm lingva, animvsq. fvit.*

Ces deux vers sont séparés au milieu par un écusson armorié : *Écar-*
telé : aux 1et 4, d'azur au sautoir d'or (émail non indiqué) *accompagné de*
quatre billettes de même, qui est de l'Aubespine moderne ; *aux 2 et 3, de*
gueules (non indiqué) *à la croix ancrée de vair, qui est de* La Châtre ;
l'écu timbré d'une crosse et d'une mitre, et entouré du grand cordon
avec la croix du Saint-Esprit. — Au-dessous et à droite des armoiries : *MLasne deli. et fecit.* — Au verso de l'estampe, huit lignes d'im-
pression : *Sancti* || *Optati* || *Milevitani* || *Opera* || *Cvm observationibvs* || *et*
Notis Reverendissimi D.D. || *Gabrielis Albaspinæi* || *Avrelianensis Episcopi.*
Belle épreuve.

1073. **Bassompierre** (François, baron DE), marquis d'Ha-rouel, maréchal de France, 1579-1646. — In-fol. H. 0,313. L. 0,237. (Le B., 37, *s. n.*) *

A mi-corps, dans une bordure ovale, équarrie, tronquée à gauche
et à droite, et dont les coins sont ornés, ceux du haut, de palmes et de
branches de laurier entrelacées de banderoles sur lesquelles on lit :
Mihi Gloria Frvctvs ; ceux du bas, d'une palme passée dans une couronne de laurier. Vu de 3/4, tourné à droite, regardant vers la gauche.
Tête nue, cheveux longs. Vêtu d'une armure ; col en dentelle ; écharpe
en sautoir. La main gauche couverte d'un gantelet. — Au bas, cachant
la bordure de l'ovale, un écusson aux armoiries : *D'argent à trois che-*
vrons de gueules ; l'écu timbré d'une couronne de marquis surmontée
d'un casque taré de front, avec cimier. Les colliers de Saint-Michel et
de Saint-Louis, accompagnés de six drapeaux, environnent l'écu. Deux
bâtons fleurdelisés mis en croix de Saint-André derrière les armoiries. — Sous le tr. c., sur toute la largeur et séparée en deux par le
blason armorié, l'inscription suivante : *Franciscvs de Bassompierre* ||
Marchio d'Harovel Gal-liarvm Polemarchvs || *Generalis Helvetiorvm et*
Rhætorvm Præfectvs. — Au-dessous : *Delineauit & sculp. eiq ; quanta*
maxima potest aii demissione offert. servus obsequentissimus MLasne.
Très-belle épreuve.

1074. **Binet** (Étienne), jésuite et auteur ascétique français, 1569-1639. — Pet. in-4°. H. 0,179. L. 0,124. (Le B., 46, *s. n.*) *

A mi-corps, vu de 3/4, tourné à gauche, regardant vers la droite ;
tête chauve, cheveux rares par derrière. Il porte toute sa barbe. Vêtu

d'une aube, garnie de dentelles, laissant voir le collet de la soutane.—
Fond noir. — Sous le portrait, sur une tablette tenant toute la largeur : *Reuerendus Pater Stephanus Binet Societatis Iesu obijt die‖
IIII mensis Iulij Anno M. DC XXXIX Ætatis suæ Septuagesimo.* — Au
dessous, à g. : *C. le Brun pinxit.;* — au milieu : *MLasne f. A Boudan
ex. Cum Priuil. Regis.*

Belle épreuve.

1075. Brulart, marquis **de Sillery** (Nicolas), chancelier
de France, 1544-1624. — In-fol. H. 0,246. L. 0,208. *

A mi-corps, vu presque de face, légèrement tourné vers la gauche.
Tête nue, cheveux relevés, formant une houppe sur le devant. Il porte
barbe et moustaches. Large col de chemise rabattu. Vêtu d'une houppelande garnie de fourrure. — A droite, à la hauteur de la moitié de
la tête du personnage, une petite tablette retenue à un clou. Sous le
tr. c., ces deux vers :

> *Ora coronabit laurus victricia Regis,*
> *Sed Regni Facies ista loquentis erit.*
>
> *Borbonius.*

La partie gauche du fond de l'estampe, à partir du derrière de la tête
du personnage, a deux tailles croisées ; à droite, il n'y a qu'une taille
horizontale jusqu'à la partie au-dessus de l'épaule gauche indiquant
l'ombre projetée par la tête du personnage où les tailles sont croisées.

NON CITÉ par Le Blanc et rare.

Très-belle épreuve.

1076. Callot (Jacques), célèbre graveur français, 1593-1635.
In-8°. H. 0,154. L. 0,106. (Le B., 55.) *

A mi-corps, dans une bordure ovale, surmontée d'un mascaron dont
les côtés de la tête forment des volutes qui se terminent en une large
feuille découpée entourant l'ovale. Vu de 3/4, tourné à gauche, regardant de face. Tête nue, cheveux longs, légèrement bouclés et séparés
par une raie sur le côté droit. Vêtu d'un pourpoint avec manches à crevets. Collerette. Il porte en sautoir une chaînette à laquelle un médaillon est attaché par un nœud de ruban. — Autour de l'ovale, à dr. :
Iacob' Calottus Nobilis; à g. : *Lotharingus Calcographus.* Au-dessous du
portrait, parallèlement à l'ovale intérieur : *An. Æt. suæ* 36. 1629. —
Un cartouche, attenant à la bordure de l'ovale, dans le bas, renferme
les armoiries : *D'azur à cinq étoiles d'or posées en sautoir* (les émaux ne
sont pas indiqués) ; le cartouche est accompagné de palmes qui entourent l'ovale.— Un second cartouche oblong, attenant à celui des

armoiries, et surmonté de pattes terminées comme le mascaron qui orne l'ovale, contient ces quatre vers :

En Miraculum Artis, et Naturæ; Hic delineat, et incidit
in ære parûo quidqvid magnificum Natura fecit; unô
perficit illa omne opus suûm cum dextera tanti viri;
undê meritô creditur cælestium Idearum vnicus hæres.

— Au-dessous : *Israel amicus optimus excudit.* — Sous le tr. c., au milieu : *MLasne delineauit et fecit.*

Belle épreuve.

1077. Choart de Saint-Hilaire (N. DE), porte-arquebuse de Louis XIII. — In-fol. H. de la pl., 0,323. L. 0,215. *

A mi-jambes, debout, dans une bordure ovale, tronquée et équarrie. Vu de 3/4, tourné à droite, regardant de face. Tête nue, longs cheveux bouclés. Vêtu d'un pourpoint; manchettes plissées. L'épaule gauche couverte d'un manteau. Baudrier à ramages et frangé, après lequel est attachée, par un nœud de ruban, une médaille blanche. Il tient dans ses mains, les bras à demi pliés, un fusil à pierre. Épée au côté, dont on ne voit que la poignée. — Sous la bordure ovale, les armoiries : *Écartelé : aux 1 et 4, d'or* (non indiqué) *au chevron d'azur, accompagné de trois merlettes de sable qui est* Choart; *aux 2 et 3, de... semé de croisettes de... au lion de... brochant;* l'écu timbré d'un casque taré de front orné de lambrequins; cimier : une merlette ; tenants : deux guerriers armés, l'un, d'un arc et l'autre, d'une arquebuse; deux fusils à pierre en sautoir derrière l'écu ; un collier à chaînettes avec médaille en blanc environne les armoiries.

Avant toute lettre. Le canon du fusil est prolongé par trois traits au delà de la bordure ovale jusque dans la marge.

NON CITÉ par Le Blanc et rare.

Très-belle épreuve.

1078. Corneille (Pierre), 1606-1684. — In-4°. H. 0,203. L. 0,146. (Le B., 64, *s. n.*) *

A mi-corps, dans une bordure ovale, formée d'une guirlande de feuilles de chêne, ornée dans le haut d'un mascaron terminé en volutes s'enroulant sur les côtés autour de la guirlande, et soutenue dans le bas par un cartouche oblong avec volutes. Vu de 3/4, tourné vers la droite ; la tête couverte d'une calotte, longs cheveux légèrement bouclés. Large col de chemise rabattu. Enveloppé dans un manteau entr'ouvert dans le haut, laissant voir la main gauche à demi fermée. — Sur le milieu du cartouche, entre les volutes, un petit médaillon ovale renfermant les armoiries : *D'azur à la fasce d'or, chargée de trois têtes de lion de gueules accompagnée de trois étoiles d'argent, posées*

2 *et* 1 (les émaux ne sont pas indiqués) ; l'écu timbré d'un casque taré de profil avec lambrequins. — Sur toute la longueur du cartouche, séparée au milieu par les armoiries, l'inscription suivante : *Petrvs Cornelivs Rothomagensis‖Anno Dñi.* 1643.— A droite, dans le bas, sur une volute : *MLasne deli. et fe.*
Très-belle épreuve.

1078 *bis.* **Corneille** (P.), le même que le précédent. — In-12. H. 0,091. L. 0,072. (Le B., 65, *s. n.*)

Copie réduite du précédent, à l'exception de la guirlande entourant le personnage qui n'existe pas dans celui-ci.— Sous le tr.c., séparée au milieu par les armoiries décrites ci-dessus, l'inscription suivante : *Petrvs Cornelivs‖Rothoma-gensis‖Anno Dñi.* 1644. — *ML fe.*
Très-belle épreuve.

1079. Créquy (Charles II DE BONNE, sire DE), mestre de camp du régiment des Gardes, second fils du maréchal de Créquy, duc de Lesdiguières ; mort en 1630.— In-4°. H. de la pl., 0,223. L. 0,155. (Le B., 70, *s. n.*) *

A mi-corps, dans une bordure blanche, ovale, placée dans un cadre rectangulaire blanc, dont les coins sont teintés et les côtés ornés de cariatides. Sur le dessus du cadre, entre des ornements architectoniques, un ange, à genoux, les ailes déployées, souffle dans deux trompettes de Renommée. Personnage vu de 3/4, tourné à droite, regardant vers la gauche. Tête nue, cheveux bouclés. Collerette. Vêtu d'un pourpoint à petits ramages et à crevets.—Autour de l'ovale: *Charles, Sire de Crequy, et de Canaples. Æt.* 25.— Sur la tablette du socle, ces six vers :

> *Pinximus hos oculos, et apertæ frontis honorem,*
> *Cætera sunt nostrâ non imitanda manu.*
> *Ingenium probitas-que manent, manet ardua virtus,*
> *Quâ studeat Patrum fortia facta sequi.*
> *Sic satus, vt dicas nascentem hausisse triumphos,*
> *Ac peperisse virum sit quoque Martis opus.*

— A g. du socle, au-dessus du tr. c. : *Michel ;* — à dr. : *Lasne fe.*
Belle épreuve.

1080. Duperron (Jacques DAVY), cardinal français, 1556-1618. — In-fol. H. 0,286. L. 0,213. *

En buste, tourné à droite, regardant vers la gauche. Coiffé d'un bonnet carré. Il porte toute sa barbe. Col de chemise rabattu sur le grand cordon passé autour du cou auquel est suspendu la croix du Saint-Es-

prit. Les épaules couvertes de la pèlerine à capuchon. — Sous le tr. c.,
le quatrain suivant :

> *Tel estoit Du Perron, mais son diuin sçavoir*
> *A surpassé l'humain auec tant d'auantages,*
> *Que la posterité s'offensera de voir*
> *La face d'vn mortel au front de ses ouurages.*

— Au-dessous, à dr., Le monogramme ML.

Non cité par Le Blanc et rare.

Belle épreuve.

1081. Foix (Gaston DE), duc **de Nemours**, célèbre général
français, 1489-1512. — In-fol. H. 0,393. L. 0,273. (Le B.,
84, *s. n.*)*

En pied, vu de face, le corps tourné vers la droite. La tête entourée
d'une auréole. Cheveux longs légèrement ondulés, retombant sur les
épaules. Couvert d'une armure de pied en cap. Épée au côté gauche. Le
bras droit pendant le long du corps. La main droite tient une lance appuyée sur son épaule. — Derrière le personnage, contre un pilastre, figuré par deux traits verticaux blancs, un bouclier posé debout, orné tout
autour, de têtes de clous, et chargé au milieu d'une croix pattée, cantonnée
de quatre fleurs de lis. — A droite, se voient deux autres pilastres, près
desquels au haut, à gauche, est figurée, dans le fond, une feuille de papier
portant ces armoiries : *D'argent, à la croix d'azur, chargée de neuf
coquilles d'or* ; l'écu timbré d'une mitre et d'une crosse. — Au-dessous
du bouclier, à gauche, entre les deux premières lignes horizontales et
parallèles formant le dallage, on lit : *R. V.* (Raphaël d'Urbin) *pinx.*
MLasne fe.

Très-belle épreuve.

1082. *France :* **Anne d'Autriche**, épouse de Louis XIII,
1601-1666. — Pet. in-fol. H. 0,240. L. 0,197. (Le B., 98-107,
s. n.)*

Jusqu'aux genoux, assise dans un fauteuil, près d'une fenêtre ouverte,
sur l'appui de laquelle est perché un perroquet. Représentée jeune,
vue de 3/4, tournée à gauche. La tête ceinte d'une couronne. Cheveux
bouclés sur le devant. Collier de perles ; collerette montante, festonnée.
Vêtue d'une robe semée de fleurs de lis, dont le corsage en pointe est
garni et bordé de perles. Sur les épaules, un manteau fleurdelisé, dont
elle tient, de la main gauche, un pan recouvrant le bras du fauteuil.
Dans sa main droite, appuyée sur ses genoux, est un mouchoir. — Derrière et au-dessus du personnage, à dr., une draperie formant rideau ;
sur la partie retombante, on lit : *M. Lasne inuen et fe.*

Belle épreuve.

1083. *France* : **Anne d'Autriche.** — In-fol. H. 0,324. L. 0,241. (Le B., 98-107, *s. n.*)*

Jusqu'aux genoux, assise sur une chaise derrière le dossier de laquelle retombe une draperie relevée, formant portière, et qui masque en partie une ouverture. A droite du montant de cette ouverture, le fond est semé du chiffre entrelacé de la reine, accompagné de fleurs de lis. Vue de 3/4, tournée à droite, regardant vers la gauche. Cheveux séparés par une raie transversale, relevés en chignon derrière la tête, et forment, sur les côtés, de longues frisures. Le sommet de la tête est recouvert par la pointe d'un voile retombant derrière. Collier de perles ; pendant d'oreille de forme allongée. Vêtue du costume de veuve, robe noire dont les manches sont garnies de manchettes. Les épaules couvertes d'une large collerette de mousseline unie à travers laquelle on aperçoit la garniture du corsage de la robe. Sur le devant du corsage, au haut, est attachée à une bouflette une croix en brillants dont les bras sont ornés de perles aux extrémités. Le bras gauche replié, avec bracelet de velours, elle tient entre le pouce et l'index la perle suspendue à l'extrémité de la croix. La main droite, vue du revers, placée en dehors du socle, tient un pli de papier. — Sur le dessus du socle, à g. : *C. Champaigne* (sic) *pinxit.* — Sur la face du socle, au-dessus du tr. c., à g. : *Cum priui. Regis C.;* — à dr. : *Michael Lasne fe.*

Belle épreuve, rognée au trait carré.

1084. *France* : **Anne d'Autriche.** — In-fol. H. 0,322. L. 0,225. (Le B., 98-107, *s. n.*) *

A mi-corps, dans une bordure ovale, équarrie. Vue de 3/4, tournée à droite, regardant de face. Même coiffure qu'au portrait précédent. Pendants d'oreilles ornés de trois perles. Vêtue du costume de veuve. Col et guimpe de mousseline couvrant les épaules, et à travers lesquelles on voit un collier de perles. Vêtue d'une robe noire avec bouffette sur la manche droite. Manchettes recouvrant la robe. Bracelet de velours au bras droit. Croix de perles accompagnées de brillants, retenue sur le devant du corsage à une rosette. — Au bas du portrait, couvrant l'ovale, un petit médaillon à fond blanc renferme le chiffre couronné de la reine. — Sous l'ovale, à g. : *Nocret Pinxit* (sans point sur le second i) 1645.; — à dr. : *MLasne fecit et ex. Cum pri. Regis.*

Belle épreuve avec marges.

1085. *France* : **Anne d'Autriche.** — In-fol. H. 0,402. L. 0,316. (Le B., 98-107, *s. n.*)

Jusqu'aux genoux, dans un cadre sculpté, dont les côtés, au milieu, sont ornés d'un cartouche au chiffre couronné de la reine, et les coins du cadre rehaussés de deux lettres entrelacées. Elle est assise dans un fauteuil près d'une fenêtre donnant sur un parterre, où l'on voit une allée de peupliers et au fond des massifs de verdure. Vue de 3/4, tournée à droite. Même coiffure qu'au portrait précédent. Vêtue du costume de veuve. Agrafe formée d'un brillant à laquelle est attachée, par un cordonnet, une croix également en brillants. Manchettes bouffantes. Les poignets ornés d'un velours rehaussé d'un brillant. Elle relève de la main gauche le pan d'un voile blanc, placé transversalement sur ses genoux, et sur lequel est posée la couronne royale, et dans la main droite, elle tient l'autre extrémité du voile.— Une draperie garnissant le haut, retombant derrière le fauteuil de la reine, est retenue, à droite, par un cordon à gland au-dessus de la fenêtre dont elle cache une partie de l'ouverture. — Sur la tablette du cadre, au bas, à g., entre les volutes des cartouches : *MLasne del. et fe. et ex.*

Fort rare. — Très-belle épreuve. Collection Mariette.

1086. *France:* **Louis XIV**, 1638-1715. — In-fol. H. 0,335. L. 0,127. (Le B., 92-95, *s. n.*) *

A mi-corps, dans une bordure ovale, équarrie. Représenté jeune, vu de 3/4, tourné à gauche, regardant de face. Cheveux longs, couvrant le front et formant de longues frisures sur les côtés. La tête ornée d'une longue plume retombant sur l'épaule gauche. Collerette de dentelle retenue par un cordon à gland. Vêtu d'un pourpoint à raies tortueuses longitudinales, avec manches à crevets garnies de manchettes, et dont la ceinture est formée de bouffettes. Grand cordon en sautoir, retenant la croix du Saint-Esprit. — Au bas de l'ovale, dans un petit cartouche oblong à fond blanc, et dont les contours ne sont définis que par les tailles horizontales, un L couronné. — A droite, dans le coin, au-dessus du tr. c. : *MLasne fe.*

Belle épreuve.

Selon le P. Lelong, ce portrait aurait été gravé d'après Boudan.

1087. *France:* **Louis XIV.** — In-fol. H. 0,360. L. 0,259. (Le B., 92-95, *s. n.*)

A mi-corps, dans une bordure ovale, blanche, entourée de trophées. L'ovale est placé sur un socle d'où partent des palmes et des branches de laurier en guise d'encadrement. Vu de 3/4, tourné à gauche, regardant de face. Tête nue, cheveux longs, retombant en boucles sur les épaules. Couvert d'une cuirasse. Grand cordon en sautoir, retenant sur le côté gauche la croix du Saint-Esprit. — Sur le dessus du socle, à g., sous les palmes : *MLasne fe. et ex. Cum priuil. Regis.*

Très-belle épreuve, avant la lettre.

1088. *France:* **Louis II de Bourbon-Condé**, duc d'Enghien

et de Châteauroux, appelé *Monsieur le Prince,* 1588-1646.—
In-fol. H. 0,391. L. 0,290.

A mi-corps, dans une bordure ovale, tronquée sur les côtés, et autour
de laquelle on lit : *Semper Prvdentia Victrix.* Vu de 3/4, tourné à
gauche, regardant de face. Cheveux longs, légèrement ondulés et rejetés en arrière. Il porte moustaches et barbiche en pointe. Collerette
en dentelle couvrant les épaules et retenue par des cordons à glands.
Couvert d'une armure avec grand cordon en sautoir. — Sous le tr. c.,
sur toute la largeur : *Henry de Bourbon Prince de Conde, Duc d'An-
guien et Chaūroux, premier Prince du sang, & ‖ premier Pair de France
Gouuerneur & Lieutenant gñal pō. le Roy en ses pâis et Duché de Berry ‖
Bourbonnois & Bourgongne &a. A Paris graué* (ce mot a été ajouté
au-dessus après coup) *Par Michel Lasne.* — Dans le coin à dr., sous
l'inscription : *Mariette excud. Auec priuil. du Roy* 1632.

Non cité par Le Blanc ni le P. Lelong.

Rare.— Belle épreuve.

1089. *France* : **Louis II de Bourbon-Condé**, surnommé le
Grand Condé, 1621-1686. — Pet. in-fol. H. 0,235. L. 0,181.*

Jusqu'aux cuisses, debout. Représenté jeune. Vu de 3/4, tourné à
droite, regardant vers la gauche. Tête nue, cheveux longs, abondants
et ondulés. Collerette de dentelle couvrant les épaules et retenue par
des cordons à glands. Vêtu d'un justaucorps galonné, orné de bouffettes à la ceinture ; manches à crevets ; hautes manchettes de dentelle. La main droite appuyée sur la hanche, il tient dans la gauche
une canne dont on ne voit que la pomme. — Sous le tr. c., sur toute
la largeur : *Lvdovicvs Borbonivs Engviennensivm Dux. Æ. an.* 12. —
Au-dessous, sur deux colonnes, deux quatrains, dont l'un est en latin,
et l'autre en traduction française :

> *Dum vultus Lodoice tuos Ars œmula fingit,*
> *Natura ingenio vincitur Artis opus ;*
> *Os pulchrum illa quidem : ingenium sed pulchrius ore*
> *Abdidit hæc, certe est ingeniosa magis.*

> *C'est a ce coup Louis que l'Art est surmonté*
> *N'ayant iamais mieux fait : pour auoir lauantage*
> *La Nature a cachè sous vostre beau visage*
> *Vn esprit mille fois plus rare en sa beautè.*
>
> *MLasne f.*

Non cité par Le Blanc et rare.
Belle épreuve.

1090. *France :* **Louis II de Bourbon-Condé**, surnommé le
Grand Condé. — In-fol. H. 0,342. L. 0,248. *

A mi-corps, dans un ovale formé de palmes, dont les extrémités en haut sont passées dans la gueule d'un lion; la peau duquel entoure l'ovale. Trophées des deux côtés de la tête. Vu de 3/4, tourné à droite, regardant de face. En perruque bouclée. Vêtu à l'antique. L'épaule gauche couverte d'un manteau agrafé sur l'épaule droite qui est ornée de larges bandelettes pendantes, à ramages, retenues par des têtes de lions. — Au milieu, sous le portrait, un bouclier, accompagné des pattes de derrière du lion, garni tout autour de têtes de clous et portant en son milieu l'écusson armorié des *Condé*, timbré d'une couronne. — De chaque côté de ce bouclier, sont éparses différentes pièces d'une armure; à gauche, un cuissard près d'une cuirasse surmontée d'une bannière portant les trois lettres *S. P. Q.*; à droite, un casque surmonté d'un panache, près d'un gantelet et d'une épée, la pointe en l'air, appuyée contre le tr. c. — A g., sous le cuissard : *MLasne fecit et ex.*

Non cité par Le Blanc et rare.

Belle épreuve.

1091. *France :* **Henri II de Bourbon-Condé**, le même que le précédent. — In-fol. H. 0,324. L. 0,227. *

A mi-corps, dans une bordure ovale, équarrie. Vu de 3/4, tourné à droite, regardant de face. Il porte moustaches retroussées en pointe et barbiche. Les cheveux rejetés en arrière et légèrement ondulés. Collerette de dentelle. Couvert d'une cuirasse, sur laquelle sont passés en sautoir le grand cordon et une écharpe nouée sur l'épaule droite. — Sous le portrait, au milieu, couvrant la bordure, un médaillon ovale à fond blanc, contenant les armoiries des *Condé*, surmontées d'une couronne et environnées des colliers de Saint-Michel et du Saint-Esprit. — Sous l'ovale, dans la gravure, à g. des armoiries : *MLasne deline. ad viuum cum priuil.*; — à dr. : *Regis* 1645.

Non cité par Le Blanc et rare.

Belle épreuve.

1092. Gondy (J.-Fr. DE), 1584-1654. — In-8°. H. 0,120. L. 0,082. *

A mi-corps, dans une bordure ovale, équarrie, et tronquée sur les côtés, autour de laquelle on lit : *Iean Franc. de Gondy Prem. Archev. de Paris.* Vu de 3/4, tourné à droite, regardant vers la gauche. Coiffé du bonnet carré. Cheveux bouclés; moustaches et barbiche. Col de chemise rabattu; les épaules couvertes de la pèlerine à capuchon. —Dans la gravure, au-dessus du tr. c., dans le coin gauche, au bas de l'ovale : *MLasne fecit.* — Sous le tr. c., le quatrain suivant :

Pour honnorer a jamais le merite
Qu'en ce Prelat Dieu nous auoit caché

II. 4

Paris estoit en gloire trop petite
S'elle n'eust pris le nom d'Archeuesché.

— Au-dessous, à dr. : *Cum Priuilegio Regis Mariette ex.*
NON CITÉ par Le Blanc et rare.
Belle épreuve.

1093. Gondy (Jean-François-Paul DE), appelé le *cardinal* de Retz, 1614-1679.—In-fol. H. 0,313. L. 0,238. (Le B., 112, *s. n.*) *

A mi-corps, dans une bordure ovale, équarrie, supportée par un socle. Vu de 3/4, tourné à droite, regardant vers la gauche. La tête couverte de la calotte. Cheveux longs légèrement bouclés. Col de chemise rabattu. Les épaules couvertes de la pèlerine à capuchon. Autour du cou, suspendu à un large ruban, un crucifix. Au bas du portrait, couvrant la bordure et au milieu du socle, un médaillIon ovale, dont les contours ne sont pas parfaitement arrêtés, renferme un écusson armorié : *D'or* (non indiqué) *à deux masses de sable posées en sautoir et liées de gueules ;* l'écu est timbré d'une couronne surmontée d'une croix archiépiscopale, sommée d'un chapeau d'archevêque. — Sur le dessus du socle, à g. : *P. C. P. MLasne fé.* 1646.

Très-belle épreuve.

Le Blanc indique une seconde fois ce portrait sous le n° 180, *le Cardinal de Retz.*

1094. Harlay (François DE), archevêque de Rouen, 1585-1653. — In-fol. H. 0,280. L. 0,209. (Le B., 118, *s. n.*). *

En buste. Vu de 3/4, tourné à droite, regardant de face. Coiffé du bonnet carré. Cheveux bouclés ; légères moustaches et barbiche en pointe. Col de chemise rabattu. Les épaules couvertes de la pèlerine à capuchon. — Au-dessus de l'épaule gauche du personnage, à dr.: *D. du Monstier* || *Pinx.* 1625. — Derrière le personnage, à g., le monogramme du graveur *ML.* — Sous le tr. c., ces vers sur trois colonnes :

Hic ille, magnis non minor Maioribus,
Harlævs, è Bulloniá eᶽⱣ Ambasiá
Repullulascens surculus propagine :
Qui vel Ioëusæ (sed Ioëusá et auspice)
Suffectus alter alteri Atlanti Hercules :
Ingentis heres vnicus Perronii,
Dum Quæstiones, Gorgiæ instar, quaslibet,
Vel imparatus, est paratus soluere :

Sorbona cuius voce blandũm fulminat :
Græcè explicantem quem poli mysteria

Franciscus ex ámbone quóndam vt audiit ;
In œdem Athenas admigrasse credidit ;
Linguaǭ; fari patriá Dionysium :
Orbis Monarchas edocet qui reddere
Ecclesiæ Pacem, atǭ; Litteris decus :
Per quem Trivmphat Roma, Pavlus Prædicat.

Nec vota meliùs Africani Prœsulis
Vllus reprœsentauerit, quàm qui modò
Apollinari Prœses in Panegyri,
Fauente Clero ac comprobante Gallico,
Denso adstupente litteratorum choro,
Ipsos Alumnos inter, ipsos in lares
Viuum reduxit Africanum Prœsulem.

Io. Bapt : Bilotius.

Belle épreuve.

1095. Jabach (E.), grand amateur de dessins. — In- ol. H. 0,287. L. 0,241. (Le B., 121, *s. n.*)

Jusqu'aux genoux, debout, adossé à une muraille, terminée, à droite, par un tronçon de colonne supporté par un socle. Vu de 3/4, tourné à gauche, où il regarde, le corps étant de face. Tête nue, cheveux longs et bouclés. Col de chemise rabattu, retenu par un cordon à glands. Vêtu d'un pourpoint. Il tient appuyé contre sa poitrine, de la main droite, le pan d'un manteau dont il est entouré ; la main gauche passée derrière le dos. — Sous le tr. c. : *Nobilis et orna=tissimi Domini* || *Everadi Iabach.* Cette inscription est séparée au milieu par une banderole avec la devise : *Vivit post fvnera virtvs,* placée au haut d'un petit médaillon ovale, à fond blanc, renfermant les armoiries : *D'argent à deux bras opposés, mouvant chacun d'une nuée et supportant ensemble une pensée au naturel, accompagnés en chef de deux piles d'azur, et en pointe d'un annelet ;* l'écu timbré d'un casque taré de front, avec cimier et lambrequins. — A g. et à dr. des armoiries, un peu au-dessus du trait de la planche : *Michael Asinius delineauit ad viuum et sculpsit. Anno* 1652.

Très-belle épreuve.

1096. Joseph (François LECLERC DU TREMBLAY, dit le *Père*), capucin, fameux confident du cardinal de Richelieu, 1577-1638. — In-4°. H. 0,170. L. 0,133. *

A mi-corps, debout dans une grotte. Vu de 3/4, tourné à gauche. Cheveux couvrant le front. Il porte une longue barbe. Vêtu d'une robe de bure, serrée à la taille par un cordon ; le capuchon relevé cache en partie la tête. Les mains jointes, dans l'attitude de la prière. Le coude droit appuyé sur un bloc de rocher placé devant lui, sur lequel est posé un crucifix ; le pied de la croix est fiché dans une grosse pierre.

— Sous le tr. c., l'inscription suivante : *Vraye effigie du R. P. Joseph de Paris predicateur Capucin, Prouincial* || *de Touraine superieur des missions estrangeres et de Poitou fondateur* || *des Religieuses de Caluaire. A rendu lesprit entre les mains de ses* || *superieurs le* 18 *decembre* 1638. — Au-dessous, à dr. : *MLasne deli. fe. Cum p. Reg.*

Non cité par Le Blanc et rare.

Belle épreuve.

1097. Laffemas (J. DE). — In-fol. H. 0,259. L, 0,176. (Le B., 127, *s. n.*) *

A mi-corps, dans un ovale orné de volutes et placé entre deux pilastres chargés de mascarons, représentant des têtes de lions supportant un entablement au milieu duquel se voit un cartouche, placé au-dessus de l'ovale, et contenant un écusson armorié : *D'argent à un arbre arraché ;* le cartouche est timbré d'un casque taré de front, orné de lambrequins. Derrière le cartouche, et dans le bas, deux trompettes de Renommée sont attachées par un ruban en croix de Saint-André. Le tout repose sur un socle. Personnage vu presque de face, tourné à droite, la tête couverte d'une calotte. Cheveux longs et légèrement bouclés; moustaches retroussées et barbiche en pointe. Large col de chemise rabattu et couvrant les épaules. Vêtu du costume de sa charge; robe noire boutonnée et serrée par une ceinture. — Au milieu du socle, sur une tablette accompagnée de deux enfants nus, assis et accoudés sur les angles formés par le retrait de la tablette, tenant chacun une palme et armés, celui de gauche, d'une massue, celui d droite d'une épée, on lit l'inscription suivante: *Messire Isaac* || *De L'affemas Coner. du Roy en ses Conseilz* || *d'Estat ₰ priué Mᶜ des Requestes ordinaires* || *de son hostel, Lieutenant Ciuil en la Ville* || *Preuosté ₰ Vicomté de Paris Aagé de* || 50. *ans.* 1639. — Au milieu de la plinthe sur laquelle sont assis les deux enfants : *MLasne delinea. Sculp. & excudit Cum priui. Reg.*

Belle épreuve.

1098. La Rochefoucauld (François DE), prélat français, 1558-1645. — In-fol. H. 0,321, y compris une marge de 0,022. L. 0,207. (Le B., 185.) *

En buste, vu de 3/4, tourné à gauche, regardant de face. Coiffé du bonnet carré; le bord de sa calotte dépasse par derrière. Sur le front, une petite touffe de cheveux. Il porte moustaches et barbiche. Col de chemise rabattu. Les épaules couvertes de la pèlerine à capuchon. Autour du cou, suspendue à un large ruban, la croix du Saint-Esprit retombant sur la petite marge entourée d'un simple trait qui la rattache à l'estampe. — Sous le portrait, à g. de la croix : *Peint par D.*

du ‖ *Monstier.;* — au-dessous : *Graué par ML.*—A droite de la croix, un quatrain sur deux lignes, séparées entre elles par deux traits verticaux:

> *C'est l'Image d'vn Immortel,*
> *Que son renom fait toujours viure :*
> *Paris la met dedans ce liure,*
> *Et Rome dessus vn Autel.*

2ᵉ état, où l'inscription latine est remplacée par des vers français. — Belle épreuve.

1099. La Serre (Jean Puget de), littérateur français, 1600-1665. — In-4°. H. 0,222. L. 0,165. (Le B., 173, *s. n.*) *

A mi-jambes, debout, adossé au socle d'une colonne. Vu de 3/4, tourné à gauche, regardant de face. La tête couverte d'une calotte, cheveux longs et abondants, séparés au milieu par une raie. Il porte moustaches et petite barbiche. Col de chemise rabattu, attaché par des cordons à glands. Vêtu d'une robe noire entièrement boutonnée et serrée à la taille par une ceinture. Manchettes relevées sur les poignets de la robe. Les épaules couvertes d'un manteau dont les pans relevés passent sous le bras gauche et cachent la main appuyée du revers sur la hanche. Il tient de la main droite le dossier de la chaise sur laquelle il s'appuie. — A gauche, dans le haut, une draperie frangée. — Sous le tr. c. : *Illustrissimus vir'Ioannes Pvget de la Serre a Supremis Consilijs Regis* ‖ *Christianissimi Consiliarius Dignissimus : Galliæ Historiographus E'loquentissimus, et* ‖ *Quinquaginta librorum Author Celeberrimus.* — Au-dessous à g. : *Ant. van Dyck pinxit;* — à dr. : *MLasne sculpcit* (sic).

Belle épreuve.

Le Blanc indique sous les nᵒˢ 194-195 deux autres portraits du même personnage dûs au burin de M. Lasne.

1100. Le Tellier (Michel), chancelier de France, 1603-1685. — In-fol. H. 0,326. L. 0,247. (Le B., 133-134, *s. n.*) *

A mi-corps, dans une bordure ovale, équarrie, supportée par un socle. Vu de 3/4, tourné à droite, regardant de face. Cheveux longs et abondants, relevés en l'air sur le devant. Le sommet de la tête couvert d'une calotte. Rabat attaché par un cordon à glands. Vêtu d'un pourpoint avec manches à crevés. Le grand cordon en sautoir, retenant la croix du Saint-Esprit. L'épaule gauche couverte d'un manteau sur lequel sont brodés les insignes du même ordre. — Autour de l'ovale : *Michael Le Tellier Regi a Sanctioribvs Consiliis Secretis et Mandatis.* — Sur le dessus du socle, à g. : *MLasne sculp. d.* 12. *Iulij.* 1661. — Au milieu du socle, une sphère sur le sommet de laquelle est assise une Renommée, le bras gauche élevé, et tenant dans la main droite une trompette dont l'embouchure cache l'une des étoiles de l'écusson, ainsi qu'un ruban auquel est suspendu un médaillon ovale renfermant les armoiries : *D'azur à trois lézards d'argent, posés en pals, rangés en fasce ; au chef cousu de gueules, chargé de trois étoiles d'or* (non indiqué) ; l'écu timbré d'un casque taré de front, orné de lambrequins, et entouré des colliers de Saint-Michel et du Saint-Esprit. — Sur la face du socle, à g. de la sphère : *Tibi Vovisse* || *Gloriatvr ;* — à dr. : *Carolvs Avgvstvs* || *de Boissy.*

Belle épreuve.

1101. Loménie (Antoine DE), seigneur de la Ville-aux-Clercs, 1560-1638.—In-4°. H. 0,189. L. 0,148.- (Le B., 135, *s. n.*)*

A mi-corps, vu de 3/4, tourné à droite, regardant vers la gauche. Coiffé d'une calotte. Il porte toute sa barbe. Collerette bouillonnée. Vêtu d'une houppelande ouverte par devant, recouvrant un pourpoint boutonné.—Sous le tr. c., au milieu: *Ant^e. de Lomenie*||*Con^{er}. et Secretaire dEstat.*—Au-dessous, à g.: *Ferdinand pinxit* 1622. ; — à dr.:*MLasne sculp.*1637.

Belle épreuve.

1102. Loret (Jean), écrivain français, mort à Paris en 1665. — In-4°. H. 0,190. L. 0,132. (Le B., 136, *s. n.*) *

A mi-corps, debout. Vu de 3/4, tourné à droite, regardant de face ; la tête couverte d'une calotte, cheveux longs retombant sur les épaules; moustaches et petite barbiche. Col de dentelle retenu par un cordon à glands. Vêtu d'un pourpoint. Drapé dans un manteau. — Sur la face du couronnement du socle, on lit, à g., le millésime 1656.;— à dr.: *MLasne f. ad ui.*— Sur la face du socle, le quatrain suivant:

> *C'est icy, de Loret la belle, ou laide Image.*
> *Bien, ou mal, dans la France il eut quelque renom ;*
> *Et lecteur et lectrice en lisant son Ouurage,*
> *Iugeront s'il auoit vn peu d'esprit, ou non.*

Belle épreuve.

C'est sans doute par suite d'une erreur typographique que le P. Lelong indique ce portrait avec la date de 1646.

1103. Lorraine (Charles DE), duc **de Guise**, grand maître de France, fils aîné de Henri 1er *le Balafré*, 1571-1640. — In-fol. H. 0,296. L. 0,240. *

A mi-corps, dans un ovale équarri, tronqué sur les côtés. Vu de 3/4, tourné à droite, regardant de face. En perruque bouclée. Il porte moustaches en crocs et barbiche. Collerette festonnée recouvrant les épaules.

En armure, avec une large écharpe dentelée en sautoir. — Sous le tr. c.: ‾*Charles de Lorraine Duc de Guise, Prince de Ioinuille* || *Conte* (sic) *d'Eu, Pair de France, Gouuerneur et Lieutenant General pour* || *le Roy en Prouence.âgé de* 73 *ans.*

Non cité par Le Blanc et rare.

Belle épreuve, mais rognée au-dessus du tr. de la planche.

1104. Lorraine (Henriette-Catherine DE JOYEUSE, veuve de Henri de Bourbon-Montpensier, et épouse de CHARLES DE), 1585-1656. —In-fol. H. 0,326. L. 0, 273. *

A mi-corps, dans une bordure ovale, équarrie, dont les coins du haut sont ornés de médaillons emblématiques. L'ovale est supporté par un socle. Vue de 3/4, tournée à droite, regardant de face. En costume de veuve ; large col formant béguin, retenu par des cordons. Robe noire. — Au milieu du socle, sous l'ovale, deux anges debout, soufflant dans des trompettes de Renommée garnies d'une petite bannière flottante, attachée par des rubans, et portant le chiffre entrelacé de la duchesse, surmonté d'une couronne. Ces anges tiennent chacun l'une des extrémités du manteau d'hermine environnant l'écusson des armoiries : *Parti : de* Lorraine *et de* Joyeuse, *coupé de* Saint-Didier (les émaux ne sont pas indiqués) ; l'écu est timbré d'une couronne et entouré des lacs de veuve. — Sur le dessus du socle, à g. : [*MLas*] *ne deline. et fe. ad ;* — à dr.: *viuum.* 1650. — Les médaillons emblématiques contiennent, celui de gauche, un monument circulaire, surmonté d'un dôme ; en avant, se trouve un pic posé sur une pierre de taille, couchée sur une banderole portant cette devise : *Ictibvs ;* celui de droite, un rocher s'élevant au milieu d'une mer orageuse dont les lames se brisent contre lui; la banderole placée au-dessus porte: *Illisit Flvctvs Illæsa Tvmentes.* — Sous le tr. de la planche, l'inscription suivante, écrite à la main : *Mᵉ Catherine Henriette de Joieuse Duchesse de Guise & de Joieuse Princesse de Joinville Comtesse d'Eu.*

Non cité par Le Blanc et rare.

Belle épreuve, mais coupée sur les côtés, au point que la moitié des inscriptions à g. a disparu.

1105. — Marcassus (P. DE), littérateur français, 1584-1664. — In-4°. H. 0,170. L. 0,139. (Le B., 143, *s. n.*) *

En buste, dans une bordure ovale, équarrie. Vu de 3/4, tourné à droite, regardant de face ; tête nue, cheveux longs et légèrement bouclés ; moustaches et barbiche. Collerette tuyautée. Vêtu d'un pourpoint boutonné et orné de crevés sur le devant. L'épaule gauche couverte d'un manteau. — Au-dessus du tr. c., dans la gravure, à g. de l'ovale: *D. du Monstier*

Pinx.; — à dr.: *MLasne fecit.*— Sous le tr. c., dans la marge au milieu : *Pierre de Marcassvs.*

Belle épreuve.

1106. Marillac (M. DE), ministre français, 1563-1632. —
Pet. in-fol. H. 0,257. L. 0,212. *

A mi-corps, vu de 3/4, tourné à gauche, regardant vers la droite.
Coiffé d'une calotte. Il porte moustaches et large barbiche. La figure
marquée de verrues, l'une au-dessous de l'œil droit, au haut de la
joue, et l'autre à la naissance du nez. Large col de chemise rabattu.
Vêtu d'une houppelande ouverte, garnie sur le devant de fourrure et
sous laquelle on voit une soutane fermée par des boutons rangés par
quatre. — Sous le tr. c., l'inscription suivante : *Michael de Marillac*‖
Franciæ Pro = cancellarivs. ‖ *Obijt Ann. C. N. M. DCXXXII. Suæ,*
LXVIII. Mens X.7. Id. Aug.— Au-dessous à dr.: *MLasne deli. et f.*—
L'inscription ci-dessus est séparée, au milieu, par un écusson d'armoiries : *D'argent maçonné de sable de sept pièces, celle du milieu d'azur*
chargée d'un croissant d'argent et chacune des six autres chargées d'une
merlette de sable ; l'écu timbré d'un casque taré de front, orné de ses
lambrequins.

NON CITÉ par Le Blanc et rare.

Superbe épreuve.

1107. Marillac (M. DE), le même que le précédent.— In-8°.
H. 0,115. L. 0,094. *

Copie réduite du précédent, et mêmes dispositions, sauf les quelques
modifications ci-après: la verrue au-dessous de l'œil droit, au haut de
la joue, a disparu; les plis de la manche gauche de la houppelande sont
disposés différemment ; la soutane est fermée par des boutons rangés
d'une seule file.

Belle épreuve.

1108. Marillac (L. DE), maréchal de France, frère du précédent, 1572 ou 1573-1632. — In-fol. H. 0,272. L. 0,208.
(Le B., 145, *s. n.*) *

A mi-corps, vu de 3/4, tourné à droite, regardant vers la gauche.
Tête nue, les cheveux frisés. Il porte moustaches en crocs et barbiche.
Couvert d'une cuirasse. Large collerette en dentelle festonnée couvrant
les épaules. — Sous le tr. c.: *Mre. Lovis de Marillac* ‖ *Mareschal de*
France. Cette inscription est séparée en deux, au milieu, par un écusson
d'armoiries : *D'argent, maçonné de sable de sept pièces, celle du milieu*
chargée d'un lion couronné ; chacune des six autres chargée d'une mer-

lette de sable; l'écusson timbré d'une couronne de comte, surmontée d'un casque taré de front, orné de ses lambrequins. Derrière l'écu, deux bâtons fleurdelisés, en sautoir, insignes de sa charge. — Sous l'inscription, à dr.: *MLasne fecit et excud.*

Belle épreuve.

1109. Mazarin (Jules), cardinal et célèbre homme d'État français, 1602-1661. — In-fol. H. 0,325. L. 0,233. (Le B.; 147, *s. n.*) *

En pied. Représenté dans son cabinet, assis dans un fauteuil près d'une table recouverte d'un tapis portant ces armoiries: *D'azur à la hache consulaire, liée d'argent, posée en pal; à la fasce de gueules, brochant sur le tout et chargée de trois étoiles d'or;* le cartouche surmonté du chapeau de cardinal. Sur la table, on voit des livres épars à côté d'une sonnette et d'une pendule quadrangulaire surmontée d'un dôme. Vu de 3/4, tourné à droite, regardant de face. La tête couverte d'une calotte; longs cheveux bouclés. En petit costume de cardinal; large col de chemise retenu par des cordons à glands et rabattu sur la pèlerine dont ses épaules sont couvertes. Les deux bras posés sur les bras du fauteuil, la main gauche appuyée sur l'angle de la table; il tient dans la droite un livre entr'ouvert. — Derrière le personnage, à gauche, une colonne avec socle, accompagnée d'une draperie frangée, retenue à droite par un cordon à glands. — Sous le personnage, à gauche, au-dessus de la marche formant le carrelage du cabinet, on lit: *MLasne deline. et fe.cum p. R.;* — à dr., sous les pieds du cardinal: *Ioan Valdor excud. cum priuil.Regis.* — Sur la face du montant de la marche: *Ivlivs Masarinvs : S : R : C.*

Très-belle épreuve.

1110. Mesmes (Henri de), magistrat et homme d'État français, 1531-1596. — In-fol. H. 0,280. L. 0,207. (Le B., 148, *s. n.*) *

A mi-corps, vu de 3/4, tourné à droite, regardant de face. Coiffé du bonnet carré; cheveux bouclés. Il porte moustaches et barbiche. En costume de président à mortier, une fraise autour du cou et l'épitoge couvrant l'épaule gauche. — Sous le tr. c., au milieu, ces quatre vers:

Os Peitho, vvltvm Charites finxere, Minerva
Ingenivm, mentem phœbvs et alma themis.
Vvltvm ars expressit, MemmI; sed cætera pingi
Nescia, te præter pingere nemo potest.

— Au-dessous, à dr.: *MLas.deline.et fecit.*

Belle épreuve.

1111. Metezeau (Clément), ingénieur français, 1581-
v. 1650. — In-fol. H. 0,278. L. 0,227. (Le B., 150.) *

A mi-corps, dans un cadre octogone, équarri. Vu de 3/4, tourné à
gauche, regardant de face; tête nue, cheveux formant toupet sur le
devant et légèrement bouclés sur les côtés. Il porte moustaches et
barbiche. Large col de chemise rabattu. Il est enveloppé dans un manteau relevé sur le devant et entr'ouvert dans le haut, laissant voir une
robe noire entièrement boutonnée. — Au bas du portrait, recouvrant
le cadre, est figurée une feuille de papier en blanc, repliée à droite sur
elle-même.

1ᵉʳ état, avant toute lettre. — Très-belle épreuve.

2ᵉ état. — Autour du cadre, on lit : *Clement Metezeav : Druide:
Architecte.et.Ingenievr. dv Roy: Inventevr de la digue.faicte.av travers.
dv canal de la Rochelle: es annees: MDCXXVII: et XXVIII: qvelle
fvt prize* (sic) *et desmantelee: par Lovis Le Ivste XIIIᵉ Roy de France
et de Navarre:.*—Sur la feuille de papier, couvrant le cadre, au bas du
portrait, ces quatre vers :

> *Hæretico palmam retulit Metezeus ab hoste,*
> *Cum ruppellanas aggere cinxit aquas ;*
> *Dicitur Archimedes, terram potuisse mouere,*
> *Æquora qui potuit Sistere, non minor est.*

— Sous le cadre, dans la marge entourée d'un simple trait, on voit
le profil de la Rochelle et l'emplacement de la digue devant la ville.—
Très-belle épreuve.

Pièce anonyme.

1112. Muis (Sim. MAROTTE DE), hébraïsant français, 1587-
1644. — In-fol. H. 0,269. L. 0,221. (Le B., 157, *s. n.*) *

A mi-corps, dans une bordure blanche, ovale, équarrie. Vu de 3/4,
tourné à droite, regardant vers la gauche. La tête couverte d'une calotte, cheveux longs et relevés sur le devant, moustaches en crocs et
barbiche. Col de chemise rabattu sur une houppelande à larges
manches, ouverte par devant et laissant voir une robe noire boutonnée
dans le haut et attachée, au milieu du corps, par une ceinture. —
Autour de l'ovale : *Simeon de Mvis Avrelian. SS. Hebræarvmq. Literar.
apvd Paris. Professor Regivs. An. Æta.* 57 *obijt* || 1644. — A dr. de
l'ovale, au bas, dans la gravure : *MLasne f.* 1649. — Sous le
portrait, dans la marge, au milieu, sur une tablette, deux mots hé-
breux. — Au-dessous, sur toute la largeur, une inscription hébraïque
sur deux lignes.

Belle épreuve.

1113. Niceron (le Père Jean-François), mathématicien français, 1613-1646. — In-fol. H. 0,292. L. 0,226. (Le B., 160, *s. n.*) *

A mi-corps, debout près d'une table recouverte d'un tapis sur le pan duquel à gauche on lit : *MLasne fc*. Vu de 3/4, la tête tournée à droite, où il regarde, le corps étant à gauche. Tête nue, cheveux courts. Vêtu d'une robe de bure à larges manches, serrée à la taille par une corde faisant deux fois le tour du corps, et nouée sur le devant. Sur la table, près de lui, est placée verticalement une tablette rectangulaire sur laquelle sont tracés trois prismes superposés les uns au-dessus des autres, et dont la projection est indiquée par des lignes géométriques. Au-dessous de ces figures, à g., sur une partie blanche de la tablette, on lit : *F. Ioan. Franciscus Niceron* || *delinea. Romæ ano Sal.* 1643 || *Ætatis suæ* 29. — Dans la main droite, appuyée sur le dessus de la tablette, il tient un compas avec lequel il semble prendre des mesures sur les figures géométriques. Près de la main gauche sur la table, une équerre et une règle. Derrière le personnage, à dr., une draperie frangée formant fond, relevée à gauche, laissant voir un arbre et un monument orné d'un perron et flanqué de deux tours carrées, surmontées de clochetons. — Sous le tr. c., l'inscription suivante : *R. P. Joannes Franciscus Niceron ex Ordine Minimorum, egregijs animi dotibus et* || *singulari Mathesws peritia celebris, Obijt Aquis Sextijs 22 Septembris an. Dñi* 1646, *Ætat* 33.

Ære micat mentis vis ignea, vultibus ore :
Ars tibi quid fingis ? Lux Niceronus erat.

Belle épreuve.

1114. Paget (Jacques), mort doyen des maîtres des Requêtes en décembre 1695. — In-fol. H. 0,327. L. 0,225. (Le B., 165.)*

A mi-corps, dans une bordure ovale, placée dans un cadre en pierre. Vu de 3/4, tourné à gauche, regardant de face. Tête nue, cheveux longs et bouclés ; moustaches et barbiche. Col de chemise rabattu et attaché par des cordons à glands. Vêtu d'une robe ouverte à parements et à larges manches, sous laquelle on voit une soutane entièrement boutonnée et serrée à la taille par une ceinture. — A g. de l'ovale, sur le dessus du côté du cadre formant tablette, on lit : *MLasne ad viuum sculp.* 1658. — Au milieu, sur la face du cadre formant tablette, un médaillon à fond blanc renferme les armoiries : *D'argent fretté de sinople ; au chef parti d'or et de gueules à trois mâcles de l'un à l'autre ; à un annelet de gueules, au milieu, sous le chef ;* l'écu timbré d'une couronne avec cimier ; soutenants : deux lévriers.

2ᵉ état. — Belle épreuve.

Le 1ᵉʳ état est daté de 1656.

1115. Petau (Denis), jésuite et érudit français, 1583-1652. —
In-4°. H. 0,155. L. 0,123. (Le B., 166, *s. n.*) *

A mi-corps, vu de 3/4, tourné à gauche. Tête nue et légèrement inclinée en avant ; cheveux courts. Vêtu d'une redingote à revers, croisée
sur le devant et laissant voir dans le haut sa robe noire de jésuite, entièrement fermée. Le bras droit plié, la main contre la poitrine, tenant
un livre entr'ouvert par l'index. — Sous le tr. c.: *P. Dionysius Peta-*
uius Aurelianensis e societate Iesu || *obijt Parisijs die XI. Decembris. An.*
1652. ætatis suæ 70.— Au-dessous à g.: *MLasne ·fecit.;* — à dr.: *ABou-*
dan ex cum priuilegio.
Belle épreuve, avec marges.

1116. Richelet (Nic.), avocat au parlement de Paris, mort
le 11 mai 1624. — Pet. in-4°. H. 0,164. L. 0,117. (Le B.,
181, *s. n.*) *

A mi-corps, dans une bordure blanche, ovale, placée dans un cadre
rectangulaire, et autour de laquelle on lit : *Nicolas Richelet. Parisien.*
Vu de 3/4, tourné à droite, regardant vers la gauche. Tête nue, cheveux plats, formant toupet sur le devant; moustaches en crocs et barbiche. Col de chemise rabattu. Vêtu d'une robe à revers, croisée sur le
devant et laissant voir, dans le haut, un autre vêtement à ramages, entièrement boutonné. Larges manches. La main droite appuyée sur un socle
placé devant lui. — A g., entre l'ovale et la tête du personnage, on voit
une feuille de papier, piquée par des épingles et dont l'angle gauche du
bas est replié sur lui-même, avec cette inscription grecque: Ψῆφον μὴ ||
ψόφον. — Sur la bordure du bas du cadre, à dr.: *MLasne delin.et fe.*
— Au bas du cadre, sur une tablette, ces deux vers :

> *Lauri habeat partem, cuius solertia toto*
> *Ronsardi genium supplet ab ingenio.*

Belle épreuve.
Le Blanc et le P. Lelong indiquent la date de 1600 comme celle de
la gravure.

1117. Richelieu (Armand-Jean DU PLESSIS, cardinal duc DE),
1585-1642. — In-fol. en travers. L. 0,492. H. 0,354. (Le
B., 182-183, *s. n.*)

A mi-corps, représenté sur une toile placée sur un chevalet entouré
d'anges,dont trois sont munis de pinceaux et de palettes chargées de couleurs, et semblent participer à la confection du portrait. L'un de ces
anges est assis à gauche, en face du chevalet, le pied gauche posé sur la
traverse, le bras droit levé et tenant dans la main gauche tous les usten-

siles nécessaires pour peindre. Au-dessus de lui, étendu sur un nuage, le bras droit avancé vers le portrait, un second ange, tient dans la main gauche palette et pinceaux. A gauche de celui qui est assis, une sphère, près de laquelle un autre ange muni d'un compas, prend des mesures en regardant son compagnon incliné vers lui et portant sur le bras droit une draperie. A droite du chevalet, près du haut de la toile, le troisième ange, éclairé par des rayons du soleil et muni d'une palette et de pinceaux dans la main gauche, vole vers le portrait. Il tient dans la main droite un pinceau, le bras étant plié. Au-dessous, deux autres anges, dont l'un tient une sphère avec les signes du zodiaque, sur laquelle l'autre prend des mesures avec un compas. A côté d'eux, et contre le chevalet, un ange à genoux près des toiles contenant les portraits de personnages célèbres, la main gauche appuyée sur l'une d'elles, au-dessous desquelles on lit : *Et quœ diuisa Beatos Efficiunt, collecta tenes.* Le cardinal est représenté vu de 3/4, tourné à gauche, regardant vers la droite. Coiffé du bonnet carré. Large col de chemise rabattu et sous lequel est passé le grand cordon avec la croix du Saint-Esprit. Les épaules couvertes de la pèlerine à capuchon. Au-dessous du portrait, sur le dessus de la traverse mobile du chevalet supportant la toile, ces deux vers :

Quas Deus Ideas, qualesq : impenderit illi,
Discere ab ore potes, discere ab orbe potes.

— Sous le chevalet, au milieu, l'inscription suivante : *Eminentissimo ||* *Cardinali Dvci de Richeliev || Pari Franciæ.* — A gauche, au-dessus du bord du dallage : *MLasne fecit aux galleriie* (sic).— A droite, au-dessous du dallage, dans la partie plus ombrée, le monogramme *ML*.

Belle épreuve.

1118. **Richelieu.** — In-fol. H. 0,316. L. 0,220. (Le B., 182-183, *s. n.*) *

A mi-corps, représenté sur un bouclier entouré de têtes de clous et orné d'une frange. Le bouclier est placé dans les airs, enveloppé de nuages et accompagné d'anges. Il est supporté par un homme jeune, le corps étendu et en partie caché par une draperie; il semble tenir appuyée sur son avant-bras gauche, une sphère armillaire, autour de laquelle on lit : *Totam Infvsa Per Artus Mens Agitat Molem.* A gauche, sous les jambes de ce jeune homme, un ange tenant un rameau dans la main droite. Sur les côtés du bouclier, vers le milieu, se tiennent deux anges : celui de gauche porte dans ses mains, relevées au-dessus de sa tête, une couronne de duc ; celui de droite, regardant Richelieu, tient le chiffre du cardinal. Dans le haut, à gauche, un chapeau d'évêque que tient un ange au-dessus de sa tête. A droite, au-dessus du bouclier, deux autres anges l'un près de l'autre ; l'un ayant sur ses épaules une ancre, qu'il retient de la main droite par l'anneau, et

dont l'une des dents accroche le bouclier ; l'autre ange tient de la
main gauche les franges du bouclier. Personnage vu de 3/4, tourné à
gauche, regardant de face. Coiffé de la calotte ; cheveux relevés sur le
devant. Large col rabattu, attaché par des cordons à glands, et sous
lequel passe le grand cordon avec la croix du Saint-Esprit. Les épaules
couvertes de la pèlerine. — A dr., sous la sphère armillaire, un peu
au-dessus du tr. c.: *MLasne delineauit fecit et ex Cum pri.*

Belle épreuve, sans marges,

Portrait exécuté pour la thèse de Brisacier.

1119. Richelieu. — In-fol. H. 0,294. L. 0,253. *

En buste, dans un carré entouré d'un simple trait. Vu de 3/4, tourné
à gauche, regardant vers la droite. Coiffé du bonnet carré, sous lequel
on aperçoit, derrière, un peu de sa calotte. Cheveux légèrement bouclés.
Vêtu de même que sur le portrait précédent, sauf que dans celui-ci le
col n'est pas attaché par des cordons à glands. On ne voit que le
haut de la croix du Saint-Esprit. — A droite, entre la tête du personnage et le tr. c., un cartouche contenant les armoiries: *D'argent à trois
chevrons de gueules;* l'écu entouré du grand cordon avec la croix du
Saint-Esprit, et timbré d'une couronne ducale, surmontée d'une croix
archiépiscopale, qui est sommée d'un chapeau d'évêque. Une ancre
passe derrière l'écusson. — Sur la pointe du cartouche, au-dessus de
la croix du Saint-Esprit, se voit le monogramme *ML.*

Rare. — Très-belle épreuve.

1120. Richelieu. — In-fol. H. 0,337. L. 0,208.

En pied, debout dans un cabinet près d'un meuble couvert d'une
housse frangée. Vu de 3/4, tourné vers la droite, regardant de face. La
tête couverte de la calotte. Vêtu du petit costume de cardinal; large
col rabattu, attaché par des cordons à glands. Longue robe par dessus
laquelle est une aube garnie de dentelle ; les épaules couvertes de la
pèlerine. Grand cordon en écharpe avec la croix du Saint-Esprit.
Le bras droit en avant, la main posée sur un livre couché sur le
meuble, près d'une statuette représentant une Minerve coiffée d'un
casque et armée d'une lance et d'un bouclier; ces objets sont accompagnés du caducée, qu'on voit derrière le livre. Le bras droit est plié,
et de la main, il désigne le volume. — Derrière le personnage, à g., un
fauteuil en partie caché par le pan frangé d'une draperie relevée,
attachée sur la droite par un cordon à glands, garnissant le haut d'une
ouverture qu'on voit un peu au-dessus du meuble. A g., sur la draperie, dans le haut, deux anges tenant des trompettes de Renommée,
ornées de bannières aux armoiries du cardinal; l'un de ces anges souffle
dans la trompette et l'autre la tient au-dessus de sa tête. — A dr., sous la
frange du meuble, et l'extrémité du trait formant le carrelage, le mo-

nogramme *ML.* — Au milieu, sur une tablette dont les extrémités terminées en volutes s'enroulent sur elles-mêmes et qui sont accompagnées de coquilles marines, le quatrain suivant :

> *J'admire son esprit, ie reuere son Nom*
> *L'esclat de sa grandeur, mesblouit et m'estonne*
> *Tout le monde est remply, du bruit de son renom*
> *Mais ses seules vertus luy seruent de Couronne,*
>
> *la Serre.*

Rare. — Belle épreuve, mais rognée.

1121. Richelieu, — In-fol. H. 0,301. L. 0,231.

A mi-corps, dans un cadre. rectangulaire, bordé d'oves. Vu de 3/4,
tourné à droite, regardant de face. Coiffé de la calotte; cheveux rele-
vant sur le devant. Large col rabattu, attaché par des cordons à glands;
sous le col, la croix du Saint-Esprit attachée à un ruban. Les épaules
couvertes de la pèlerine. — Fond noir formé d'une draperie frangée
sur la droite. — Sous le cadre, dans la marge, l'inscription suivante :
Eminentissimo Principi Cardinali || Dvci de Richeliev.

> *Sic ille ora gerit tacitum spirantia numen*
> *Richelius; terris, et metuendus aquis.*
>
> *Addictissimus cliens MLasne.*

Rare. — Belle épreuve.

1122. Richelieu. — In-4°. H. 0,167. L. 0,134.

A mi-corps, dans une bordure ovale, équarrie. Représenté plus jeune
que dans les portraits précédents. Vu de 3/4, tourné à droite, regardant de face. Coiffé du bonnet carré; les cheveux bouclés sur les côtés.
Large col rabattu. Les épaules couvertes de la pèlerine à capuchon,
attachée par un rang de boutons rapprochés deux par deux. La main
droite est appuyée sur le dessus de la bordure ovale, les doigts en
dehors.—A dr. de l'ovale, un peu au-dessus du tr. c. : *MLasne feci.* —
Sous le tr. c., dans la marge, l'inscription suivante : *Ill[mus] : et R[mus] :*
D. D. Armandus Ioanēs de Plessis. Ep[ūs] || Luçonensis S R E Presbiter
Cardinalis de Richelieu. || Christ[mi] : Gallię. et Nauę. Regis à Secretis
Consiliarius P[s].
Rare. — Belle épreuve.

1123. Seguier (P.), chancelier de France, 1588-1672. — Pet. in-fol. H. 0,268. L. 0,191. (Le B., 191-193, *s. n.*)

A mi-corps, dans un cadre dont les angles du haut sont à pans
coupés et les dehors d'une teinte plus claire. Vu de 3/4, tourné à
gauche, regardant vers la droite. Coiffé de la calotte; cheveux touffus,

relevés sur le devant et bouclés sur les côtés. Large col de chemise
rabattu. En costume de sa charge ; robe ouverte, garnie de fourrure
sur le devant, avec manches plissées dans le haut, laissant voir une seconde robe entièrement boutonnée. — Fond noir. — Sous le portrait,
un cartouche oblong, garni de volutes, contient, en son milieu, un
écusson armorié : *D'azur au chevron d'or, accompagné en chef de deux
étoiles du même, et en pointe d'un mouton passant d'argent* (les émaux
ne sont pas indiqués); l'écusson entouré de deux palmes, est timbré d'un
casque taré de front, orné de ses lambrequins : ces armoiries sont
accompagnées de l'inscription suivante, qu'elles séparent en deux :
*Petrus Seguier Senatoria primum dignitate, libellorùm || de inde sup-
plicum Magister varijs in Prouincias legationibus fŭctus, ac || demum
Consistorianus Comes & supremœ Regni Curiœ Prœses || Illustrissimus, a
Christianissimo Rege Ludouico XIII Franciœ || Nomophylax & sacri
sigilli Custos creatur. Anno œtat 45 || R. S. M. DC XXXIII.* — Un peu
au-dessous : *Specimen Artis addictiss Cliens || Micael Lasne. offereb.* —
Plus bas : *Cum priuil. Regis Chri.*

Très-belle épreuve.

1124. **Strozzi** (Bernard), dit le *Capuccino* ou le *Prete geno-
vese*, peintre italien, 1581-1644.—In-4°. H. 0,162. L. 0,128.

A mi-corps, dans une bordure blanche, ovale, équarrie. Vu de 3/4,
tourné à droite, regardant à gauche. Tête nue, cheveux ébouriffés sur
le dessus et bouclés sur les côtés. Il porte moustaches en crocs et
barbiche. Enveloppé dans un manteau posé sur l'épaule droite et passant sous l'aisselle gauche. — Sous le tr. c. : *In Voeli manv pictam
Strozzœ imaginem*

> *Quod licuit fatis, audax natura peregit*
> *Quicquid naturœ, mens facit Artificis.*

— Au-dessous, à g. : *Simon Voüet deline. Venetie* 1627. ; — à dr. : *Mi.
Lasne. fecit·Paris.*

Non cité par Le Blanc et rare.

Belle épreuve.

1125. *Suède :* **Gustave-Adolphe**, dit *le Grand*, 1594-1632.
— In-fol. H. 0,377. L. 0,291.

A mi-corps, dans une bordure ovale, tronquée sur les côtés, et dont
les coins sont chinés. Vu de 3/4, tourné à droite, regardant de face.
Tête nue, cheveux relevés sur le devant ; raie sur le côté. Il porte moustaches en crocs et barbiche. Couvert d'une armure. Col de dentelle retenu par des cordons à glands. Écharpe dentelée passée en sautoir. —
Fond noir.—Autour de l'ovale : *Gloria Altissimo svo Refvgio.* —A g. de
l'ovale, un peu au-dessus du tr. c., dans la gravure : *M. Lasne, et*

I. Briot, excudit; — à dr. : *Auec Priuilege du Roy* 1632. — Au bas du portrait, couvrant l'ovale, et au milieu de la marge, un cartouche contenant les armoiries : *Écartelé: aux 1 et 4, d'azur* (non indiqué) *à trois couronnes d'or; aux 2 et 3, d'azur à trois barres d'argent; au lion d'or, brochant sur les barres; sur le tout : d'argent à une aigle de sinople;* le cartouche est surmonté d'une couronne royale et environné de trophées d'armes. Ces armoiries sont accompagnées, sous le tr. c., de l'inscription suivante qu'elles séparent en deux : *Le Serinissime et Trespuissant Prince* || *Gustaue Adolph, par la grace de Dieu* || *Roy, des Suedois, Goths, et Vandales Grand prince* || *de finland, Duc d'Esthonie* (sic) *& Carelie, seigneur d'Ingrie &ᵃ.*

Non cité par le Blanc et fort rare.

Belle épreuve.

1126. *Suède:* **Christine**, fille du précédent, 1626-1689. — Gr. in-fol. H. 0,534. L. 0,390.

A mi-corps, dans un médaillon ovale, accompagné de deux personnages allégoriques et supporté par deux lions couchés sur un socle. Vue de 3/4, tournée à droite, regardant de face; tête nue, cheveux terminés derrière en chignon orné de perles, et retombant sur les côtés en longues frisures. Collier de perles. Corsage décolleté, garni de dentelle, laissant voir en partie les seins, et orné d'une berthe en fourrure rehaussée d'un rang de perles. Agrafe formée d'un nœud de fourrure de pattes de lion, avec brillant et perles. — Le médaillon est appuyé sur la face principale d'un monument dont les côtés en retour sont concaves. Sur le dessus, trois anges, dont deux debout, qui soufflent dans des trompettes de Renommée et tiennent étendu, avec le troisième ange suspendu dans les airs, un manteau d'hermine au milieu duquel est l'écusson de Suède : *D'azur à trois couronnes d'or;* l'écu timbré de la couronne royale ; supports : deux lions. — Au bas des armoiries, couvrant le manteau d'hermine et cachant le haut du médaillon, une couronne de laurier placée sur deux ailes étendues, accompagnées chacune d'un caducée. La couronne est entourée d'une banderole sur laquelle on lit : *Æter* || *Nam* || *Hanc* || *Avrea* || *Spreta* || *Dedit.* Les personnages allégoriques placés de chaque côté du médaillon représentent : celui de gauche, le dieu *Mars* ; celui de droite, la *Science,* sous les traits d'une jeune mère, regardant jaillir le lait de son sein droit, qu'elle presse de la main gauche ; elle est entourée de divers objets ayant trait aux arts et aux sciences. — Sur la tablette du socle, en trois lignes, ces six vers :

> *Falluntur cum te credant fugisse coronam,*
> *Longe nobilius te manet Imperium :*
> *Spreto namque tuo, cunctis dominabere sœclis,*
> *Virtute in doctos, magnanimosque viros.*

Mens corpus superat quanto, ignarumque peritus,
Clarior est tanto parta corona tibi.

— Au-dessous de ces vers, un peu plus bas : *Imaginem hanc tabula æenea ifcisam in æternum erga Reginam augustissimam obsequentiæ et deuotionis monumentum fecit Michael Asinius ‖ sculptor et delineator regius Parisiis Anno Dñi.* 1656. — Sur le socle, aux extrémités de la tablette, deux médailles avec inscriptions au milieu ; sur celle de g. : *Tv me sola ‖ refers ;* sur celle de dr. : *His ‖ vires natvra ‖ ministrat.*

Non cité par Le Blanc et fort rare.

Belle épreuve, sans marge.

1127. Toiras (J. de Saint-Bonnet, seigneur de), maréchal de France, 1585-1636. — In-fol. H. 0,392. L. 0,292. (Le B., 187, s. n.) *

A mi-corps, dans une bordure ovale, équarrie, tronquée sur les côtés, dont les coins sont chinés. Vu de 3/4, tourné à droite, regardant de face. Tête nue, cheveux abondants et bouclés, relevés sur le devant ; moustaches en crocs et barbiche. Col de dentelle attaché par des cordons à glands. Couvert d'une cuirasse, avec écharpe en sautoir. — Autour de l'ovale : *Protegit et Perdit.* — Sous le tr. c. : *Messire Jean de St. Bonnet Seigneur de Toyras Mareschal de France.* — Au-dessous : *A Paris Par Michel L'asne, et Ysaac Briot excud. ‖ Et se vendent chez le d' Briot,* etc., *Auec priuil. du Roy.* 1632.

Très-belle épreuve.

1128. Tremblet (Barth.), sculpteur français. — Pet. in-fol. Dim. de la planche, H. 0,266. L. 0,192. H. du portr., non compris la bordure ovale, 0,064. (Le B., 202.) *

En buste, dans une bordure ovale, placée au haut d'un tombeau. Vu de 3/4, tourné à gauche, regardant de face. Tête nue, cheveux relevés sur le devant. Il porte toute sa barbe. Collerette ; pourpoint entièrement boutonné. — Autour de l'ovale : *Bartelemi Trenblet Scvlptevr dv Roy. Æ 61.* — Au milieu du tombeau, sur une tablette, on lit cette épitaphe :

Louure me donna l'estre & Paris la fortune
J'eus l'honneur destre au Roy St. Hustache (sic) *à mes-os*
Passant au nom de Dieu si ie ne timportune
Durant ce mien sommeil prie pour mon repos.

— Dans le bas, à dr. de la pomme de pin qui termine le monument : *MLasne fecit.* *A Paris chez P. Mariette.*

1er état, NON DÉCRIT. — Belle épreuve.

Les portraits qui suivent ont été décrits dans le t. X du *Peintre-Graveur*, de Robert-Dumesnil, publié par M. G. Duplessis, à l'article d'Isaac Briot, auquel ils ont été attribués, parce que son nom s'y trouve à côté de celui de Michel Lasne. Il n'y avait pas de raison pour ne pas en faire autant pour les portraits décrits ci-dessus aux nᵒˢ 1125 et 1127. Il me semble pourtant que le texte des souscriptions désigne Briot exclusivement comme éditeur. La gravure d'ailleurs porte le cachet du burin de Lasne; c'est pourquoi je les place ici.

1129. **Coligny** (Gaspard III DE). général français, appelé *le maréchal de Châtillon*, 1584-1646. — In-fol. H. 0,398. L. 0,292.

> Voir Rob.-Dum., 180.
> Très-belle épreuve.

1130. **Créquy de Blanchefort de Canaples** (Charles Iᵉʳ DE BONNE, marquis DE), maréchal de France, mort en 1638. — In-fol. H. 0,401. L. 0,292. *

> Voir Rob.-Dum., 181.
> Le personnage porte sous l'œil gauche au haut de la joue, une large cicatrice dont il n'est pas fait mention dans Robert-Dumesnil.
> Très-belle épreuve.

1131. **Nogaret** (Jean-Louis DE LA VALETTE DE), duc **d'Épernon**, 1554-1642. — In-fol. H. 0,400. L. 0,301.

> Voir Rob.-Dum., 182.
> Très-belle épreuve.

LAUGIER (JEAN-NICOLAS),

peintre et graveur au burin, né à Toulon en 1785. Élève de Girodet.

1132. **Staël-Holstein** (A.-L.-G. NECKER, baronne DE), célèbre écrivain français, 1766-1817. — In-fol. H. 0,322. L. 0,251. (Le B., 18, *s. n.*)

> Jusqu'aux genoux, debout. Vue de 3/4, la tête tournée vers la droite, où elle regarde, le corps à gauche. Coiffée d'un turban, les cheveux bouclés. Vêtue d'une robe à corsage très décolleté et dont les man-

ches très courtes laissent les bras à nu. Serrée à la taille par une ceinture ornée d'un camée. Elle s'appuie du bras droit sur un socle en marbre, la main pendante, et elle tient dans la main gauche une petite branche garnie de feuilles, le bras plié, caché en partie par les pans d'un châle qui lui entoure la taille. — Fond noir. — Sous le tr. c., à g.: *Peint par Gérard.*; — à dr.: *Gravé par Laugier.*; — au milieu, le millésime 1818. — Plus bas, dans la marge: *Anne Louise Germaine Necker,* ‖ *Baronne de Staël Holstein.* — Au-dessous: *A Paris, chez Bénard,* etc.

Belle épreuve, à grandes marges.

LAUNAY (Nicolas de),

graveur au burin, né en 1739, à Paris, où il mourut le 2 avril 1792. Élève de
L. Lempereur.

1133. Dorat (Cl.-Jos.), poëte français, 1734-1780. — In-12.
H. 0,083. L. 0,047. *

En buste dans une bordure ovale sur socle, entourée dans le haut d'une guirlande de fleurs. Vu de profil, tourné à gauche. Tête nue, cheveux relevés, bouclés sur les côtés et ornés d'un nœud de ruban par derrière. Vêtu d'un habit duquel dépasse la dentelle de son jabot. — Sur le dessus du socle, à g. de l'ovale, deux colombes se becquètent; — à dr.: un carquois muni de flèches. — Au-dessus de la tablette, on lit: *Claude Joseph Dorat.* — Sur la tablette incrustée dans le socle, deux jeunes enfants, nus, assis par terre, se tiennent entrelacés et s'embrassent. — Sur la plinthe, à g.: *Denon Del.*; — à dr.: *N. De Launay Sculp.* — Sous le tr. c., au milieu, ce quatrain:

> *Hélas! sa Lyre enchanteresse,*
> *Brillante même en ses écarts,*
> *Sa Lyre chere au Dieu des Arts,*
> *Ne chantera plus la Tendresse.*
> *Par Madame la Comtesse de B.*

Belle épreuve, avec marges.

1134. Leclerc (Seb.), fils, peintre français, 1676-1763. — In-fol. H. 0,345. L. 0,229. (Le B., 10, *s. n.*)

A mi-corps, dans une bordure ovale, équarrie, supportée par un socle. Il semble être assis. Vu de face, le corps légèrement tourné vers la droite. En perruque bouclée; l'extrémité est nouée et ramenée sur l'épaule droite. Vêtu d'un habit ouvert, laissant passer le jabot de sa chemise; les manches de l'habit sont à parements garnis de boutons. — Sous le tr. c., à g.: *Nonnotte Pinxit.* — à dr., *N. De Launay Sc.*

Ces inscriptions sont faites à la pointe.— Au milieu du tr. c.: *Sebastien Le Clerc.*

1er état, NON CITÉ, avant l'inscription sur le socle. — Très-belle épreuve, à grandes marges.

2e état. — Sur la tablette du socle, on lit cette inscription: *Sebastien Le Clerc, Fils.* || *Peintre du Roi,* || *Ancien Professeur d'Histoire, de Perspective et de Géométrie.* || *Né aux Gobelins, ou il est mort le 29 Juin 1763 âgé de près de 87 Ans.*— Sous le tr. c., au milieu: *Peint par Nonnotte, et Gravé par N. De Launay, pour sa réception à l'Académie.*

Très-belle épreuve à toutes marges.

1135. Raynal (Guill.-Th.-François), historien français, 1713-1796. — In-4°. H. 0,212. L. 0,146. (Le B., 13, *s. n.*)*

A mi-corps, dans un cadre rectangulaire. Il semble être assis devant un meuble chargé d'in-folios et de divers objets d'art. Vu de 3/4, tourné à gauche. Coiffé d'un mouchoir à raies. Vêtu d'une sorte de blouse, ouverte sur le devant, laissant voir le col déboutonné de sa chemise. Les bras appuyés sur le meuble, il écrit. Sous le personnage est un socle, sur la face du couronnement duquel on lit : *Guillaume Thomas Raynal.*—Sur la tablette encadrée du socle se voit un bas-relief. — Sous le cadre de la tablette : *Au Defenseur de l'Humanité, de la Verité, de la Liberté. — Eliza Draper.*—Sous le tr. c., à g.: *Dessiné par C. N. Cochin, Chevalier de l'Ordre du Roi Secretaire Perpetuel de l'Académie Royale de Peinture et Sculpture.* 1780.; — à dr.: *Gravé par N. De Launay, de la même Académie, Membre de celle des beaux-Arts de Danemarck.*

Belle épreuve, avec marges.

1136. Tressan (L.-Élis. DE LA VERGNE, comte DE), littérateur français, 1705-1783. — In-12. H. 0,137. L. 0,080.

A mi-corps, dans une bordure ovale, équarrie, avec clé de voûte en saillie. Cette clé est accompagnée d'une banderole sur laquelle on lit : *Labor et Honor,* ainsi que de deux couronnes dont celle de gauche est de laurier, celle de droite, de fleurs. Personnage vu presque de profil, tourné à gauche ; tête nue, cheveux relevés et bouclés, retenus derrière par un nœud de ruban. Vêtu d'un habit ouvert, laissant passer le jabot de sa chemise, et orné de deux croix.—Sous l'ovale, une tablette avec cette inscription : *Louis Elisabth. de la Vergne,* || *Comte de Tressan,* || *Lieutenant Général des Armées du Rois. &c* || *L'un des Quarante de l'Académie. Francse. &c* || *Né au Mans le 5 Octbre. 1705. Mort à Paris le 1 Novbre. 1783.*— Au-dessus de la tablette, à g. de l'ovale, une lyre ; à dr.: une épée. — Au-dessous de cette tablette, et sur le dessus d'un rectangle terminant l'estampe, sont différents objets tels que : un rapporteur et un compas placés à gauche, sur une feuille de papier, sur laquelle sont tracées des figures de géométrie ; au milieu du rectangle, deux colombes qui se becquètent, et à droite, un écusson armorié : *D'argent; au chef de gueules, chargé de trois coquilles du champ.* L'écusson est appuyé contre une palette munie de couleurs et posée sur des pinceaux. — Sous le tr. c., à gauche : *A Borel. Del. ;* — à dr.: *N. De Launay, Sculp.*

Très-belle épreuve.

1137. Troy (Jean-François DE), fils, peintre français, 1679-1752. — H. 0,364. L. 0,246.

A mi-corps, dans une bordure ovale, équarrie, supportée par un socle, le tout simulé en pierre. La partie supérieure de l'ovale ainsi que le côté, à droite, sont recouverts d'une tenture retombante. Personnage vu de 3/4, tourné à droite, regardant de face. En perruque bouclée. Vêtu d'un habit ouvert, laissant voir un gilet à revers brodés, sur lequel passe, par-dessus l'épaule gauche, le grand cordon en sautoir. Dans la main gauche, il tient un pinceau avec lequel il prend de la couleur sur la palette qui est dans son autre main. Devant lui, une grande toile placée sur un chevalet, et portant l'esquisse d'une femme.

Pièce anonyme. — Très-belle épreuve.

1138. Troy (J.-Fr. DE), fils, le même que le précédent. — In-fol. H. 0,346. L. 0,229. (Le B., 14.)

A mi-corps, dans une bordure ovale, placée sur un socle. Vu de 3/4, tourné à droite, regardant de face. En perruque bouclée, retombant par derrière. Vêtu comme dans le précédent, avec changement de côté du grand cordon, qui, dans celui-ci, passe sur l'épaule droite, sous le châle du gilet. Le côté apparent de l'habit a été modifié ; à la place des boutonnières, ce sont les boutons qu'on voit sous le pan rabattu. — Devant le personnage, est une grande toile, placée sur un chevalet, portant une esquisse de femme tracée en blanc. — Sous le tr. c., à g. : *Aved Pinxit. ;* — à dr.: *N. De Launay Sculpsit.* Ces deux inscriptions sont tracées à la pointe. — Au milieu du tr. c.: *Iean Francois De Troy.*

1er état, NON CITÉ, avant l'inscription sur le socle. — Très-belle épreuve, à toutes marges.

2e état. — Sur la tablette du socle, on lit: *Iean Babtiste*(sic)*François de Troy, Fils.* || *Peintre du Roi, Chevalier de son Ordre,*|| *Ancien Recteur de l'Académie, ancien Directeur de celle de France à Rome,*|| *Ancien Prince de celle de St. Luc en la même Ville, ou il est mort en Janer. 1752, âgé de 74 Ans.* — Sous le tr. c., au milieu: *Peint par Aved, et Gravé par N. De Launay, pour sa réception à l'Académie en* 1789.

Très-belle épreuve, à grandes marges.

LAUNAY (ROBERT DE), le jeune,

graveur au burin, né à Paris en 1754, mort en 1814. Frère et élève du précédent.

1139. Montgolfier (Joseph-Michel, 1740-1810, et Jacques-Étienne, 1745-1799), inventeurs des aérostats à air échauffé. — In-4°. H. 0,173. L. 0, 107.

Portraits en bas-relief dans un médaillon placé sur un bloc de forme rectangulaire, évasé dans le bas. Vus de profil, tournés à droite. — Sur le module du médaillon, dans le haut : *Etienne et Joseph Montgolfier frères, Nés à Annonay en Vivarais.;* — dans le bas du module : *Inventeurs en Société du Globe Aérostatique.*— Sur le bloc, ce quatrain :

> *Mongolfier que l'Europe entiere*
> *Ne sauroit assez révérer,*
> *A, des airs franchi la carriere.*
> *Quand l'œil de ses rivaux cherche a la mesurer.*

— Au-dessous : *Dessiné et Gravé par De Launay le jeune,* || *d'Après le Bas-relief de M*r. *Houdon Sculpteur du Roi, fait en* 1783 || *pour servir de Modele a la Médaille qui a été frappée en leur honneur.* — Sous le tr. c., au milieu : *A Paris chez l'Auteur,* etc.

Belle épreuve, avec marges.

LE BAS (JACQUES-PHILIPPE),

peintre et graveur à l'eau-forte et au burin, né le 8 juillet 1707, à Paris, où il mourut le 14 avril (et non le 12 mai) 1783, âgé de 76 ans. Il avait la qualité de premier graveur du cabinet du Roi.

1140. Grandval (François-Charles RACOT, *dit*), acteur français et littérateur, 1710-1784. — Gr. in-fol. en travers. L. 0,550. H. 0,409. (Le B., 167, s. n.) *

En pied, dans un parc aux arbres touffus. Debout près du bassin d'une fontaine surmontée d'un groupe de statues. Vu de 3/4, tête nue et tournée à gauche, le corps à droite. Vêtu d'un pardessus ouvert laissant voir un habit à grands ramages. Il tient, sous le bras droit, son tricorne, et de la main gauche, le bras à demi plié, un livre. Épée au côté. Culotte courte et souliers à boucles. — Sous le tr. c., à g. : *Lancret pinxit.:* — à dr.: *J. Ph. Le Bas sculp.* — Au milieu: *Grandval.* || *Peint en* 1742, *gravé en* 1755, — Dans la marge, le quatrain suivant placé des deux côtés du nom :

> *D'attendrir, d'égayer, également capable*
> *Tantôt Héros, tantôt Petit-Maître galant,*

Il représente l'un, en Copiste excellent
L'autre, en Original aimable.

— A g., sous les deux premiers vers : *A Paris chez J. Ph. Le Bas Graveur du Cabinet du Roy rue de la Harpe.*
Belle épreuve.

1141. Le Lorrain (Rob.), sculpteur français, 1666-1743. — In-fol. H. 0,366. L. 0,243. (Le B., 168,)

A mi-corps, dans un ovale équarri, simulé en pierre et supporté par un socle. Vu de 3/4, tourné à droite, regardant de face. Coiffé d'un bonnet de velours orné d'un gland. Vêtu d'un habit ouvert dans le haut et laissant voir le jabot de sa chemise. Entouré par derrière d'un manteau dont l'un des pans, placé sur le dessus du socle, forme draperie. Les mains appuyées sur un carton à dessin ; il tient dans la gauche un porte-crayon.—Sur la tablette du socle : *Robert Le Lorrain,|| De Paris. Sculpteur ordinaire du Roy, Recteur en son || Académie de Peinture et de Sculpture.* — Sur la plinthe, à dr. : *Gravé par Jacques Philippe Le Bas || pour sa Récéption à l'Académie en* 1741. — Sous le tr. c., à g. : *Peint par Drouais.*
Belle épreuve.

LE BEAU (PIERRE-ADRIEN),

dessinateur et graveur au burin, né en 1744, à Paris, mort en ..... (Voir Renouvier, *Histoire de l'art pendant la Révolution.*)

1142. *Allemagne :* Marie-Thérèse d'Autriche, impératrice, 1717-1780. — Pet. in-4°. H. 0,156. L. 0,103.

A mi-corps, dans un médaillon ovale, retenu dans le haut par un nœud de ruban, accompagné de guirlandes de fleurs ; une palme et une branche d'olivier entourent dans le bas le médaillon qui est supporté par le socle concave d'un piédestal. Vu de 3/4, tournée à gauche, regardant de face. Les cheveux relevés et parsemés de perles, bouclés sur les côtés et ornés sur le sommet par des rubans. De longues frisures retombent sur les épaules. Pendant d'oreille de forme allongée. Collier de perles. Robe à grands ramages avec corsage décolleté jusqu'à la naissance des seins. — Au milieu de la partie concave du socle, un écusson ovale aux armoiries de *Hongrie*, surmonté d'une couronne et environné du manteau d'hermine. — Au-dessous des armoiries, sur une tablette rectangulaire régnant sur toute la largeur : *Marie Therese || Imperatrice — Douairière, Reine de Hongrie et de Bohême. || Mère de Marie-antoinette. Reine de France.* — Sous le tr. c., à g. : *Dessiné et Gravé ;* — à dr. : *par le Beau.* — Plus bas, sur deux lignes : *A Paris chez le Beau*, etc. || A. P. D. R.
Belle épreuve.

1143. Desbrosses (Marie), artiste dramatique, née à Paris en 1764. — Pet. in-4°. H. 0,154. L. 0,105.

A mi-corps, dans une bordure ovale, retenue dans le haut par un ruban formant banderole. L'ovale est placé dans un cadre rectangulaire et entouré de fleurs. Une tablette évasée dans le bas, sur le dessus de laquelle une torche et une flèche sont posées en sautoir, supporte l'ovale. Vue presque de face, le corps légèrement tourné vers la droite. Cheveux relevés sur le devant et terminés en boucles ramenées sur les côtés. Coiffée d'un chapeau de paille. Un voile posé sur la tête retombe derrière. Une croix au cou. Robe à corsage en pointe, décolleté jusqu'à la naissance des seins. Manches courtes laissant les bras à demi nus. Une rose est attachée au côté gauche du corsage. Elle tient dans la main droite, dont le poignet est orné d'un bracelet, un éventail fermé. — Sur la face de la tablette : *Mlle Desbrosses Actrice* || *de la Comédie Italienne.* || *Dessinée et gravée par Le Beau.* — Sous le tr. c., au milieu : *A Paris chez Esnauts et Rapilly,* etc.|| *A. P. D. R.*

Belle épreuve.

1144. *France :* **Victoire - Louise - Marie - Thérèse de France**, fille de Louis XV, 1733-1799. — Pet. in-4°. H. 0,177. L. 0,125.

A mi-corps, dans une bordure ovale, entourée d'oves et surmontée d'une couronne ; l'ovale, orné de roses et de lis, est supporté par le socle d'un cadre rectangulaire. Vue de 3/4, assise, tournée à gauche, regardant de face ; tête nue, cheveux relevés, nattés et retenus par un ruban sur le sommet de la tête. Cravate formée d'un nœud de ruban, et un boa au cou. Robe très-décolletée, avec manches garnies de dentelle bouillonnée. — Fond noir. — Sur la tablette du socle : *Madame Victoire-Louise-Marie-* || *Thérèse de France, Fille de Louis XV.* || *Née à Versailles le.* 11. *de Mai,* 1733. — De chaque côté de la tablette, sur les montants du socle, des médaillons ; celui de gauche, porte le chiffre entrelacé de la princesse ; celui de droite, les armes de *France.* — Sous la tablette, une guirlande de fleurs, dont les extrémités entourent les médaillons. — Sous le tr. c., à g.: *Dessiné et Gravé;* — à dr.: *par le Beau.* — Plus bas, sur toute la largeur : *A Paris chez le Beau,* etc.|| *Avec Privilege du Roi.*

Belle épreuve.

1145. *France :* **Louise-Marie de France**, dernière fille de Louis XV, 1737-1787. — Pet. in-4°. H. 0,158. L. 0,104.

Jusqu'aux genoux, dans une bordure ovale, entourée d'oves, surmontée d'un soleil rayonnant et ornée de roses et de lis. L'ovale est supporté par le socle concave d'un cadre rectangulaire. Vue de 3/4, tournée à gauche. Assise sur une chaise près d'un meuble portant une croix. En costume de carmélite; la tête ceinte d'un long .voile retombant par derrière. Elle tient dans ses mains un livre ouvert. — Sur le dessus du socle, de chaque côté de l'ovale, des encensoirs où brûle l'encens. — Sur la partie concave du socle servant de tablette, on lit : *M*. *Louise Marie de France,*||*Née à Versailles le* 13, *Juillet* 1737.|| *Religieuse Carmelite sous le nom de S*. *Therese* || *de S*^t *Augustin au Cou- vent de S*^t. *Denis en* 1770. Cette inscription est accompagnée de deux médaillons retenus par des rubans et posés sur les montants du socle ; celui de gauche, renferme le chiffre entrelacé de la princesse ; celui de droite, les armes de *France*. — Sous l'inscription, une guirlande de fleurs, dont les extrémités reposent sur les médaillons. — Sous le tr. c., à g.: *Queverdo del.;* — à dr.: *Le Beau Sculp.* — Plus bas, sur deux lignes, ce quatrain :

> *La Vertu se dévoue et la Grand*^r. *s'immole :*
> *Sacrifice éclatant, digne de l'Immortel!*
> *Louise de l'Orgueil confond, brise l'Idole*
> *Abandonne le Trône, et s'enchaîne à l'Autel.*

— Au-dessous du quatrain: *A Paris chez Hénaut et Rapilly*, etc. Belle épreuve.

1146. *France :* **Louis XVI,** 1754-1793. — In-4°. H. 0,217. L. 0,157.

A mi-corps, dans un double cadre rectangulaire, formé de deux traits. Vu de profil, tourné à droite. Tête nue, les cheveux relevés sur le devant, bouclés sur les côtés et ornés par derrière d'un nœud de ruban. Habit avec épaulettes ; le grand cordon en sautoir; autour du cou, les insignes de la Toison d'or. Il est enveloppé du manteau royal fleur- delisé, doublé d'hermine. Le bras gauche étendu. — Sous le portrait, sur un rouleau de papier déplié, on lit: *Louis XVI. Roi de France.* — Au-dessous, ce quatrain séparé au milieu par un monde couronné aux armes de *France:*

> *Aux vains attraits d'une brillante gloire*
> *Preferant les douceurs d'une solide Paix,*
> *Louis vient d'enchaîner le char de la Victoire*
> *Pour ne songer qu'au bonheur des français.*
>
>   *B. D.*

—Sous le tr. c., du deuxième cadre, à g.: *Dessiné par B. A. Nicollet.;* — à dr., tracé à la pointe : *fait par Lebeau. Graveur de Monseigneur Le Duc de* (le *d* retourné à l'envers) *Chatres* (sic). Belle épreuve.

1147. *France :* **Louis XVI.** — Pet. in-4°. H. 0,156. L. 0,102.

A mi-corps, dans une bordure ovale, entourée de rosaces et placée dans un cadre orné, dans le haut, de guirlandes de fleurs retenues par de petites patères. Vu de profil, tourné à droite. Coiffé comme le précédent. Habit entr'ouvert dans le haut, laissant voir un jabot de dentelle. Manches à parements. Il porte les mêmes insignes que le précédent. L'épaule gauche couverte d'un manteau sur lequel est brodée la croix du Saint-Esprit et qui lui enveloppe entièrement le bras. — Fond noir. — Sous l'ovale et au milieu du dessus d'une tablette tenant toute la largeur de l'estampe, un médaillon aux armes de *France;* surmonté de la couronne royale. Deux anges accompagnent l'écusson; ils tiennent chacun d'une main un oriflamme aux armes de *France;* de l'autre main, celui de gauche, une épée, et celui de droite, la main de justice. Des cornes d'abondance sur les côtés. — Sur toute la face de la tablette, on lit : *Louis XVI. Roi de France et de Navarre.* — Sous le tr. c., sur toute la largeur : *Né à Versailles le 23 Août 1754, marié le 16 mai 1770, sacré le 11 Juin 1775.* —Au-dessous et au milieu : *Gravé par le Beau. Graveur de Mgr.le Duc de Chartres.* — Plus bas : *A Paris chez Esnauts et Rapilly,* etc. *A. P. D. R.*

Belle épreuve, avec marges.

1148. *France :* **Marie-Antoinette d'Autriche,** épouse du précédent, **1755-1793.** — Gr. in-8°. H. 0,164. L. 0,113.

En buste, dans un médaillon ovale, attaché à un cadre rectangulaire par un nœud de ruban, et supporté par un socle sur la face duquel est clouée une tablette évasée au bas. Vue de profil, tournée à gauche. Tête nue, les cheveux relevés sur le devant et les côtés ,forment derrière de gros rouleaux, ornés d'une aigrette et de rubans. Sur le dessus de la tête, sont des fleurs formant couronne. Corsage décolleté garni de dentelle. — Sur le dessus du socle, des branches d'olivier et de lis entourent le médaillon. — Sur la tablette: *Marie Antoinette‖ Reine de France‖Née à Vienne le 2 9bre. 1755.‖Mariée à Versailles le 16 de Mai 1770.* Cette inscription est séparée au milieu par un cartouche renfermant un écusson aux armes de *France,* parti d'*Autriche-Lorraine;* l'écu timbré de la couronne royale. — Sous le tr. c., à g.: *Dessiné et gravé par le Beau Graveur de Mgr. le Duc de Chartres.*— Au-dessous : *A Paris chés Esnauts et Rapilly,* etc. *A. P. D. R.*

Belle épreuve.

1149. *France :* **Élisabeth-Philippine-Marie-Thérèse de France,** appelée *Madame Élisabeth,* fille de Louis, Dauphin, et sœur de Louis XVI, **1764-1794.** — Pet. in-4°. H. 0,155· L. 0,104.

A mi-corps, dans un médaillon ovale, entouré de fleurs de lis, et

placé dans un cadre rectangulaire. Le haut du médaillon est surmonté d'une houppe accompagnée de guirlandes de fleurs. Vue de
profil, tournée à gauche, tête nue, cheveux ornés sur le dessus d'un
nœud de ruban, et relevés sur le devant, forment en arrière quelques
boucles. Une longue frisure retombe sur l'épaule gauche. Robe décolletée, avec manches garnies de ruban bouillonné. Une écharpe en sautoir. — Fond noir. — Le médaillon ovale est supporté par un cartouche oblong retenant de ses volutes un écusson aux armes de *France*,
surmonté d'une couronne qui couvre le bas de l'ovale. Sur la face du
cartouche, l'inscription suivante accompagne les armoiries: *Elisabeth
Philippe* ‖ *Marie Helene de France* ‖ *Née à Versailles le* ‖ 3 *May* 1764. —
De chaque côté du cartouche, deux branches de lis. — Sous le tr.
c., à g. : *Fontaine del. ;* — à dr.: *Le Beau Sculp. ;* — au milieu:
Sœur de Mgr, le Dauphin. — Plus bas : *A Paris Chez Hénaut et Rapilly,*
etc. ‖ *Avec Privilége du Roi.*

Belle épreuve, avec marges.

1150. *France :* **Marie-Thérèse de Savoie**, comtesse **d'Artois**, épouse de CHARLES X, 1756-1805. — Pet. in-4°.
H. 0,153. L. 0,102.

A mi-corps, dans un médaillon ovale, bordé de roses, placé au milieu
d'un pilastre et retenu dans le haut par un nœud de ruban à une patère. Vue de 3/4, tournée à droite, regardant de face. Les cheveux
relevés sur le devant; coiffure étagée. Collier de deux rangs de perles.
Robe décolletée jusqu'à la naissance des seins et laissant les épaules
à demi nues. Manches en dentelle superposée. — Au milieu du socle
du pilastre, sur le dessus d'une tablette surmontée de guirlandes de
fleurs, un cartouche renfermant les armoiries: De *France*, écartelé
d'*Artois;* accolées à celles de *Savoie ;* les écussons sont surmontés de
deux ailes d'oiseaux soutenant une couronne accompagnée de torches
et de carquois garnis de flèches. — Sur la tablette, l'inscription suivante accompagne les armoiries: *Marie Therese* ‖ *Comtesse d'Artois* ‖
Née le 31 *Janvier*, 1756. ‖ *Mariée à Versailles le* 16 *Novembre* 1773. —
— Sous le tr. c., à g.: *J. Ferdink pinx ;* — à dr. : *le Beau.*—Plus bas:
A Paris, chez Esnauts et Rapilly, etc. *A. P. D. R.*

Belle épreuve.

1151. *France :* **Louis-Philippe**, duc **d'Orléans**, fils du duc
Louis et aïeul du roi Louis-Philippe, 1725-1785. — Pet.
in-4°. H. 0,179. L. 0,125.

A mi-corps, dans un médaillon ovale, placé dans un cadre rectangulaire qui est supporté par un socle. Au haut du médaillon, est un
cartouche orné de branches de laurier, et de guirlandes de fleurs qui

retombent, soutenues sur les côtés par des patères. Vu de 3/4, tourné
à gauche, regardant de face. Tête nue, cheveux relevés sur le devant,
bouclés sur les côtés et terminés par un nœud de ruban. Habit ouvert,
avec la croix du Saint-Esprit; grand cordon en sautoir.'Au cou, les insignes de la Toison d'or. — Sur le dessus du socle, deux branches
d'olivier entourent l'ovale. — Sur la tablette du socle: *Louis Philippe*‖*Duc d'Orléans.*‖ *Né a Versailles le* 12 *May* 1725. — Sous cette
inscription, couvrant le bas de la tablette et dépassant le tr. c., un
écusson aux armes des *d'Orléans*, timbré d'une couronne et entouré
des colliers de Saint-Michel et du Saint-Esprit; tenants: deux anges
assis sur des nuages. — Sur un petit rectangle blanc, à g. de la tablette, tracé à la pointe: *Delorme..* ‖ *.pinxit;* — à dr.: *Le Beau.* ‖.
Sculp.‖1775. — Sous le tr. c., séparé par les soutenants des armoiries:
A Paris chés Mondhare rue S. *Jacques.* — A gauche, dans le haut,
au-dessus du cadre, on lit: *collection de le beau.*
   Belle épreuve,avec marges.

1152. *France :* **Louis-Philippe-Joseph**, duc d'Orléans,
appelé *Philippe-Égalité*, père du roi Louis-Philippe, 1747-
1793. — Pet. in-4°. H. 0,158. L. 0,102.

   A mi-corps, dans un médaillon ovale, placé au milieu d'un pilastre
avec socle, et retenu, dans le haut, par un ruban formant banderole à
une patère. Vu de 3/4, tourné à droite, où il regarde, le corps étant à
gauche. Tête nue, cheveux courts et relevés sur le devant. Boucles
d'oreilles. Habit ouvert laissant voir sa cravate de dentelle. Sur le côté
gauche de l'habit, la croix du Saint-Esprit. — Sur la tablette placée au
milieu du socle, un cartouche contenant un écusson aux armes des
d'Orléans; le cartouche est surmonté d'une couronne et entouré d'une
guirlande dont les extrémités reposent sur le dessus de la tablette.
L'inscription suivante accompagne les armoiries: *Louis Philippe* ‖ *Joseph
Duc d'Orléans.*‖*Né le* 13 *Avril* 1747. — Sous le tr. c., au milieu: *Gravé
par Lebeau, Graveur de S. A. S. Monseigneur le Duc d'Orléans.*— Plus
bas: *A Paris chez Esnauts et Rapilly*, etc. *Av. Priv. du Roi.* — A droite,
dans le haut, au-dessus du cadre: *N°.* 239.
   Belle épreuve,à toutes marges.

1153. *France :* **Louise-Marie-Adélaïde de Bourbon-
Penthièvre**, duchesse *de Chartres*, épouse du précédent,
1753-1821. — Pet. in-4°. H. 0,155. L. 0,101.

   A mi-corps, dans un médaillon disposé comme au portrait précédent.
Vue de 3/4, tournée à droite, où elle regarde. Tête nue, cheveux relevés
sur le devant et terminés, derrière et sur les côtés, par des frisures.
Un ruban avec nœud les retient attachés. Autour du cou, un ruban de

velours avec un cœur. Robe à corsage très-décolleté, laissant les seins à demi nus. Manches bouillonnées. — Sur la tablette, au milieu du socle, un cartouche contient les armoiries : *De* France, *au bâton de gueules en barre, qui est* Penthièvre ; il est surmonté d'une couronne et entouré d'une guirlande de roses dont les extrémités reposent sur le dessus de la tablette. — L'inscription suivante accompagne les armoiries : *Louise Marie || Adelaïde de Bourbon || Penthièvre Duchesse || de Chartres.|| Née le* 13 *Mars* 1753, *Mariée le* 5 *Avril* 1769. — Sous le tr. c., à g. : *Dessiné par Le Clere ;* — à dr. : *Gravé par Le Beau Graveur de Mgr. le Duc de Chartres.*— Plus bas : *A Paris chés Enauts et Rapilly*, etc., *A. P. D. R.*

Belle épreuve, à toutes marges.

1154. *France :* **Louis-Joseph de Bourbon-Condé**, appelé le *Prince de Condé,* 1736-1818. — Pet. in-4°. H. 0,156. L. 0,104.

A mi-corps, dans un médaillon entouré d'un cadre rectangulaire et de branches de laurier ; il est attaché à une patère. Vu de 3/4, tourné à gauche, regardant de face. Tête nue, cheveux relevés, bouclés sur les côtés et ornés derrière d'un nœud de ruban. Couvert d'une armure avec le grand cordon en sautoir. L'épaule droite cachée par un manteau. — Au-dessous du médaillon, sur le dessus du bas du cadre élargi et formant tablette, on voit des drapeaux dont l'un, avec l'écusson armorié des *Condé,* est orné au haut de sa hampe d'une couronne de laurier. Sous ces drapeaux, des canons cachés en partie. A droite, un enfant coiffé d'un casque, appuyé de la main droite sur l'écusson aux armoiries : *De* France, *au bâton de gueules en bande, qui est* Condé ; il tient dans la main gauche une épée. — Sur la face de la tablette du cadre et dans toute la largeur : *Louis . Joseph de Bourbon Prince de Condé.|| né à paris le* 9 *aoust* 1736 (le chiffre 9 est à l'envers). — Sous le tr. c., à g.: *desine* (sic) *et Gravé ;* — à dr.: *par le Beau.* — Un peu au-dessous et au milieu : *A Paris. Chez le Beau,* etc. || *Veuve Duchêsne Libraire,* etc.

Belle épreuve, avec marges.

1155. *France :* **Louis-Henri-Joseph de Bourbon-Condé**, appelé *Monsieur le Duc de Bourbon,* fils du précédent, 1756-1830. — Pet. in-4°. H. 0,177. L. 0,123.

A mi-corps, dans une bordure ovale, équarrie, entourée d'un cadre et supportée par un socle étagé dont la face de la partie supérieure est ornée de fleurs de lis. Au-dessus de l'ovale, dans le haut, une couronne de laurier accompagnée de fleurs, retenues par un large ruban attaché à des patères. Vu de 3/4, regardant de face, tourné à droite. Tête

nue, les cheveux relevés et bouclés sur les côtés, ornés derrière par
un nœud de ruban. Habit galonné, laissant passer le jabot de dentelle;
grand cordon en sautoir. Il tient son chapeau sous le bras gauche. —
Derrière le personnage est un bouquet d'arbres. — Fond demi-clair et
demi-noir. Sur le dessus du socle, une épée, un casque avec panache;
un étendard accompagné d'une branche de laurier. Un écusson ovale
aux armes des *Condé* ; un bâton de commandement derrière l'écusson.
Un vase contenant des roses et des lis entourent l'ovale. — Sur la
tablette, encadrée d'une bordure, l'inscription suivante : *Louis-Henri-
Joseph de Bourbon-Condé* || *Duc de Bourbon, né, le 13 Avril. 1756.*— Sur
la plinthe: *Gravé par le Beau, d'après le Tableau Original, Peint, par le
Noir. Appartenant à son* || *Altesse, Monseigneur de Bourbon.* — Sous le
tr. c., sur toute la largeur: *Présenté à Mr̄g. le Duc de Bourbon. par son
Soumis serviteur, le Beau. très protegé de son Altesse.* || *A Paris chez, le
Beau,* etc. *Avec Priviléye du Roi.*
    Belle épreuve, à toutes marges.

1156. **Pompadour** (Jeanne-Antoinette POISSON, marquise DE), maîtresse de Louis XV, 1721-1764. — In-8°. H. 0,157. L. 0,105.

    A mi-corps, dans un médaillon ovale, orné au milieu d'un ruban
en spirale, entouré d'un cadre rectangulaire, et retenu par un nœud
de ruban qu'accompagnent deux branches de feuillage retombantes.
Vue de face, tête nue, cheveux relevés et bouclés. Tunique très-décolletée, laissant à nu les épaules et en partie les seins, et retenue sur
l'épaule gauche par un ruban. — Sur une tablette, dont le dessus est
recouvert par des guirlandes de fleurs dont les extrémités sont attachées au médaillon, on lit l'inscription suivante : *Madame la Marquise
de* || *Pompadour.* — Sous le tr. c., à g.: *Queverdo del ;.* — à dr.: *Le Beau
Sculp.*
    Belle épreuve.

1157. **Raucourt** (Françoise CLAIRIEN, *dite* SAUCEROTTE, *dite*), actrice française, 1753-1815. — Pet. in-4°. H. 0,157. L. 0,104. *

    A mi-corps, dans une bordure ovale, entourée d'un cadre rectangu-
laire,superposé au-dessus d'un autre cadre oblong contenant la repré-
sentation d'une scène de *Mithridate.* Vue de 3/4, tournée à gauche, le
corps de face. Tête nue, cheveux relevés sur le devant, formant de
grosses frisures et terminés derrière en une longue natte ramenée sur
l'épaule gauche. Les épaules couvertes d'un fichu à ramages, croisé
sur le devant, bordé de dentelle et légèrement décolleté. — Sur le
dessus de la traverse supérieure du cadre oblong, à gauche, une

couronne de laurier et les divers attributs de comédie ; à droite, un diadème. — Sous le tr. c., à dr., tracé à la pointe : *Gravé par Le Beau.* — Au milieu : *F. A. M. de Raucour ‖ Née à Paris, le 3. Mars 1756* (sic). *Débuté à la Coméd. Franc. le 23 X*ᵇʳᵉ. *1772. ‖ reçue le 23. Mars 1773.* — A g. de cette dernière ligne : *A. P. D. R.* — à dr.: *A Paris chez Hénault et Rapilly.*

Belle épreuve, avec marges.

1158. *Russie :* **Catherine II d'Anhalt-Zerbst,** impératrice, .1729-1796. — Pet. in-4°. H. 0,158. L. 0,104.

A mi-corps, dans un médaillon ovale, entouré d'un cadre rectangulaire et attaché à une patère par un nœud de ruban accompagné de guirlandes de fleurs dont les extrémités sont retenues par des anneaux. Vue presque de face, le corps tourné à droite, tête nue, cheveux relevés sur le devant, ornés de fleurs et frisés sur le côté droit. Pendants d'oreille. Robe décolletée jusqu'à la naissance des seins ; les épaules couvertes d'une large fourrure. Grand cordon en sautoir. Elle tient, de la main gauche, appuyée sur le sein, les insignes d'un ordre. — Au bas du médaillon, dans un cartouche oblong, les armoiries : *une aigle éployée à deux têtes, sommées d'une couronne impériale et tenant dans sa patte dextre un sceptre, et dans la senestre, un monde du même, qui est* Russie ; *chargée en cœur d'un écusson d'argent à l'aigle d'azur, mi-parti de* Saxe, *qui est* Anhalt. Ce cartouche est timbré de la couronne impériale et accompagné d'un sceptre et d'un sabre, mis en sautoir. — Sous le tr. c., à dr., tracé à la pointe : *Lebeau scup* (sic). — Au milieu et sur toute la largeur, cette inscription : *Catherine Alexiewna II. ‖ Née le 2 Mai 1729, Impératrice et autocratrice de toutes les Russies ‖ le 28 Juin 1762. Couronnée à Moscou le 3 Octobre 1762.* — Au-dessous : *A Paris chez Hénaut et Rapilly,* etc. *Avec Priv. du Roi.*

Belle épreuve, avec marges.

1159. Terray (Joseph-Marie, abbé), 1715-1778. — Pet. in-4°. H. 0,157. L. 0,103. *

A mi-corps, dans un médaillon ovale, entouré d'un cadre rectangulaire sur un socle et retenu par un nœud de ruban. Assis sur un fauteuil. Vu de 3/4, regardant de face, tourné à droite ; tête nue, cheveux relevés et bouclés sur les côtés. Vêtu d'une soutane avec rabat ; la croix du Saint-Esprit au cou. Dans le fond, en partie caché par une draperie, les rayons d'une bibliothèque. — Sur le dessus du socle, deux branches de chêne entourent le médaillon, au bas duquel est un petit cartouche accompagné de guirlandes renfermant son chiffre entrelacé. — Au milieu du socle, sur une tablette encadrée : *Mʳ. L'Abbé Terray. ‖ Ministre détat. Conseiller Ordinaire au Conseil ‖ Royal. Contrôleur Général. des finances. ‖ &c. &c. &c….* — Sous le tr. c., à g. : *desiné* (sic) *et Gravé ;* — à dr. : *par le Beau.* — Au-dessous, au milieu, sur deux lignes : *A Paris. Chez le Beau. rue,* etc.|| *Veuve.Duchêsne,* etc.

Belle épreuve, avec marges.

LEBERT,

dessinateur et graveur de la seconde moitié du dix-huitième siècle.

1160. Delorme (Marion), célèbre courtisane, 1612-1650. — In-8°. H. 0,113. L. 0,065.*

A mi-corps, dans une bordure ovale, équarrie, supportée par un socle. Vue de 3/4, la tête tournée à droite, où elle regarde, le corps étant à gauche. Tête nue, ornée de fleurs; cheveux retombant en longues frisures sur les épaules. Corsage décolleté, garni de dentelle avec un nœud de ruban. L'épaule droite couverte d'une draperie ramenée sur le devant et qui cache sa taille. — Sur la tablette du socle: *Marion de Lorme.*||*Née en* 1606. *Morte à*|| *Paris le* 5 *Janvier* 1741. — Sous le tr. c., à g.: *Déssine* (sic) *par du Gour d'après Champagne;* — à dr. : *Gravé par Le Bert.*

Rare. — Belle épreuve.

1161. *France :* Marie-Antoinette d'Autriche, 1755-1793. — In-8°. H. 0,141. L. 0,095.

En buste, dans un médaillon ovale, équarri, accroché à un clou et orné de guirlandes de fleurs ; entouré dans le bas de palmes et de branches d'olivier nouées ensemble avec un ruban. Vue de profil, tournée à gauche, tête nue, cheveux relevés sur le devant; de longues frisures retombent sur les épaules. Pendant d'oreille. Corsage décolleté. — Autour de l'ovale: *Marie Antoinnette* (sic) *Archiduchesse Sœur de l'Empereur, Dauphine. Née à Vienne* 2. *Nobre.* 1755. — Sous le tr. c., sur toute la largeur: *Lebert del. et Sculp. d'Après le Tableau original peint à Vienne par Kernosckii Polonois.* — Au-dessous : *A Paris chez Niquet,* etc.

Rare. — Belle épreuve.

LEBLOND (Jean),

peintre, graveur et éditeur de la seconde moitié du dix-septième siècle. Il ne fut peut-être que l'éditeur des portraits ci-dessous, qui sont peu communs.

1162. Boulainvilliers (Cath. DE), première épouse de Jean III DE COURTENAY, seigneur de Bleneau, mort en 1511. — In-fol. H. 0,308. L. 0,233. *

A mi-corps, vue de 3/4, tournée à gauche, regardant de face; tête

nue, cheveux bouclés. Pendant d'oreille ; fraise de dentelle tuyautée.
Riche robe avec manches à crevés ; bouffette au haut du corsage. Collier à deux rangs de perles retombant sur le devant du corsage. —
Sous le tr. c., dans la marge, cette inscription : *Catherine de Boulain-
uilliers de Courtenai Dame de Vic* ; — un peu au-dessous à dr. : *Vostre*‖
tres humble seruiteur Jehan le Blond. — A g.; un peu au-dessus du tr.
de la pl. : *Auec Priuilege du Roy.*

Très-belle épreuve.

Au verso, on lit cette mention écrite à l'encre : *Première inscription*
(*Très-rare*).

Le P. Lelong signale cette pièce comme étant l'œuvre de David et
de Le Blond.

1163. Harcourt (Henri DE LORRAINE, comte D'), dit *Cadet la
Perle*, capitaine français, 1601-1666. — In-fol. H. 0,443,
y compris une marge de 0,035. L. 0,292. *

A mi-corps, dans un médaillon ovale, entouré d'une banderole de feuilles
de chêne liée avec des rubans, et accompagné dans le haut de deux
anges placés au milieu des palmes. Ces anges soufflent dans des trompettes de Renommée et tiennent, au-dessus de la tête du personnage,
une couronne de laurier. Représenté jeune. Vu de 3/4, tourné à droite,
regardant de face. Il porte moustaches et barbiche. En perruque on-
dulée, terminée par deux longues tresses ramenées sur les épaules
et ornées de bouffettes. Large collerette de dentelle. En armure ; écharpe
par-dessus le grand cordon passé en sautoir avec la croix du Saint-Esprit
dont on n'aperçoit que la branche du haut.—Au bas du portrait, un cartouche, sur lequel repose le médaillon, contient les armoiries de *Lorraine*,
timbrées d'une couronne surmontée d'un casque couronné, taré de front,
orné de lambrequins et accompagné de chaque côté de couronnes
dont celle de droite est murale. L'écu est environné des colliers de
Saint-Michel et du Saint-Esprit.—A gauche et à droite des armoiries,
deux femmes assises, personnifiant la bravoure et la gloire.— Sous le
socle, dans la marge, douze vers sur deux colonnes :

> *Les Haures Estrangers, nos Isles. et nos Ports,*
> *De puissans Ennemis afoiblis dans leurs Forts,*
> *Leurs Escadrons rompus, ou reduits à la fuite ;*
> *Le Siege de Cazal, la prise de Thurin*
> *Tesmoignent, Grand Harcourt, que ta Valeur merite ·*
> *Le Globe de la Terre, et l'Empire marin.*

> *Tu scais si vaillamment Ataquer et Defendre,*
> *Que pour te Couronner comme vn autre Alexandre,*
> *Les Espines de Mars se changent en Lauriers ;*
> *L'Italie au jourdhuy te doit sa desliurance,*

Et par toy sur ses Monts nos Valeureux Guerriers
Ne cessent de cueillir des Palmes à la France.

la Motte de Broquart.

— Au milieu, un peu au-dessous de ces vers : *Chez Iean le Blond Peintre ordre. du Roy ; Auec Priuilege.*
Très-belle épreuve.

1164. Jodelet (Julien BEDEAU, *dit*), comédien, mort en 1660. — In-fol. H. 0,289. L. 0,210.

En pied, debout sur la scène. Vu de face, la tête et le torse inclinés vers la gauche. Encapuchonné et vêtu en arlequin ; petite veste rayée, ornée de gros boutons ; la taille serrée par une ceinture retenant une batte sur le côté; pantalon rayé descendant jusqu'à mi-jambes et bouffant dans le haut. Chaussé de patins ornés de rubans. Les épaules couvertes d'un manteau. Il tient dans la main droite une bourse ; le bras gauche est plié, la main fermée et l'index en l'air. — Sous le tr. c., ces quatrains sur deux colonnes :

On peut dire de Jodelet,
Quil scait ioüer son personnage,
Aussi bien qu'homme de son âge,
Faisant le Maistre ou le Valet.

Sa harangue est tousiours polie ;
Et sans auoir rien d'affetté (sic),
Par sa grande naifueté,
Il guerit la Melancholie.

— Entre ces deux quatrains, au milieu: *Iodelet ; —* au-dessous, un peu plus bas que les vers : *le Blond excud. auec Priuilege du Roy.*
Très-rare. — Belle épreuve.

LE BRUN (GABRIEL),

peintre et graveur au burin, né le 21 octobre 1621, à Paris, où il mourut après 1657.
Frère puiné de Ch. Le Brun.

1165. *France :* **François de Bourbon-Vendôme,** duc de **Beaufort,** surnommé le *Roi des Halles,* fils de César de Vendôme et petit-fils de Henri IV, 1616-1669. — In-fol. H. 0,268. L. 0,233. (Le B., 5.)*

En buste, dans un ovale formé d'une guirlande de feuilles de chêne entourée de ruban. Le haut de la guirlande est passé dans la gueule d'un lion dont la peau étendue et clouée aux angles contient les vers suivants:

> *Encor que le graueur qui tracea cette jmage,*
> *Ayt peint mars et Beaufort desoubz un seul visage,*
> *Ne le soupçonne point de mensonge ou de fart,*
> *Tous deux ilz-ne sont qu'n (sic), comme en cette peinture.*
> *Et son burin debuoit vn chef deuure de l'art*
>   *a ce miracle de nature.*

Les pans de cette peau formant draperie retombent de chaque côté de l'ovale et sont accompagnés de lances. Personnage vu de 3/4, tourné à gauche, regardant de face; tête nue, longs cheveux bouclés retombant sur les épaules; col de dentelle. Vêtu d'un pourpoint avec écharpe en sautoir. — Au bas du portrait, au milieu, un écusson armorié: *De France, au bâton de gueules en bande, chargé de trois lionceaux d'argent;* l'écu timbré d'une couronne et environné d'un manteau d'hermine. — A gauche et à droite de ces armoiries, deux médaillons emblématiques avec légendes; celui de gauche porte: *Et jpsa tyrannis finiat jn patria;* sur celui de droite, on lit: *Ipugno patriam ipriosque penates.* — Entre ces médaillons et les armoiries, dans la gravure: *Humbelot ex. cum priuilegio.* — Sous le tr. c., sur toute la largeur: *A tres hault et tres puissant prince Francois de Vandosme duc de‖Beavfort et pair de France dédié par son tres humble serviteur G. le Brun.*

Belle épreuve.

1166. Haro (Don Louis MENDEZ DE), homme d'État espagnol, 1599-1661. — In-fol. H. 0,325, y compris une tablette servant de marge de 0,033. L. 0,218.

En pied, debout dans une campagne représentant, à la droite du personnage, l'embouchure de la rivière la Bidassoa, avec l'île des Faisans dans laquelle s'élève un monastère et où fut signé le traité de paix des Pyrénées. Vu de 3/4, tourné à droite; tête nue, cheveux longs, légèrement bouclés et relevés sur le devant, laissant le front à découvert. Moustaches en crocs et barbiche. Pourpoint entièrement boutonné, culotte courte; jarretières et souliers ornés de rosettes. Les épaules couvertes d'un manteau dont le pan est ramené sur le bras droit et le cache en partie; il tient dans la main un rouleau de papier. La main gauche est appuyée sur la poitrine. — Derrière le personnage, dans l'angle gauche supérieur, une main senestre, sortant des nuages, tient une banderole sur laquelle on lit ce quatrain:

> *Si ce premier Crayon que le peintre en a fait*
> *Ne nous peint pas au vif les traits de son visage*
> *Son nom et son merite en acheuent l'ouurage.*
> *L'vn et l'autre nous font son fidele portrait.*

— Au-dessous de cette banderole, une arche, d'où s'envole une colombe tenant dans son bec un rameau d'olivier, vogue sur l'Océan. — Entre l'Océan et le premier pli du terrain, une cabane et des arbres. — Dans le bas, au-dessus du tr. c., à g. , un tertre avec un tronc d'arbre garni de branches feuillées. — Sous le tr. c., dans la marge, une tablette entourée d'un simple trait qui la rattache à l'estampe, est cachée en partie par une banderole repliée sur elle-même à ses extrémités, et portant ces vers :

Cest l'Illustre D'Haro ce Ministre de Paix
Dont le Nom et la gloire ont consacre les faits
L'vn se rend Immortel, et l'autre est sans seconde
Fut il jamais destin plus beau ny plus charmant
Le Ciel ne l'a fait naistre au monde
Que pour luy seruir d'ornement.

Puget De la Serre.

— Les extrémités de la tablette jusqu'à la banderole sont teintées d'une taille horizontale.

Pièce anonyme. — Belle épreuve.

1167. Mazarin (Jules), cardinal et célèbre homme d'État français, 1602-1661. — In-fol. H. 0,324, y compris une tablette servant de marge de 0,039. L. 0,221.

En pied, debout dans une campagne identique avec celle de l'estampe précédente, mais en contre-partie et avec quelques modifications dans le terrain; la cabane placée près de l'Océan a disparu et a été remplacée par un arbre ; le tertre ainsi que le tronc d'arbre ont été également enlevés; les plis du terrain ne sont plus les mêmes. Personnage vu de 3/4, tourné à gauche; coiffé de la calotte. Cheveux bouclés. En costume de cardinal. La traîne du manteau est relevée par le bras gauche qu'elle cache en partie; il tient dans la main un livre fermé. Le bras droit pendant, la main à demi fermée, l'index écarté. — A droite, derrière le personnage, dans l'angle du haut, une main dextre, sortant des nuages, tient une banderole avec ces vers :

Je n'auois pas dessein de faire son Portrait
En nous donnant la Paix Il s'est tiré luy mesme
Et l'ouurage en est si parfait
Qu'on n'en verra jamais de mesme
Il s'est peint dans nos Cœurs
Et sans pinceaux et sans couleurs .|.

— Sous le tr. c., dans la marge, une tablette disposée comme au portrait précédent, et une banderole portant ces vers :

Ne doit on pas le couronner
Puis qu'il a sceu faire donner
Et Marie a Louis et la Paix à la France

Qui ne seroit jaloux de son heureux D'estin
Il acomplit nos vœux, et pour toute esperance
Il ne nous a laissé que celle d'vn Dauphin .|.

— Les extrémités de la tablette jusqu'à la banderole sont blanches,
Pièce anonyme. — Belle épreuve.

LE CHARPENTIER (Étienne),

graveur au burin de la fin du dix-huitième siècle. Élève de J.-Jos. Baléchou.

1168. Chevert (Fr. de), général français, 1695-1769. — Gr.
in-4°. H. 0,242. L. 0,187. *

A mi-corps, dans une bordure ovale, équarrie, supportée par un
socle, et entourée d'un cadre rectangulaire. Vu de 3/4, tourné à droite,
regardant de face. En perruque bouclée. Il porte le costume de lieutenant
général, avec deux décorations étrangères. Le grand cordon en sautoir
sur l'épaule droite, et le ruban de grand-croix sur l'épaule gauche.
La main droite posée sur la hanche, le bras gauche étendu, la main
cachée par la bordure de l'ovale. — Sur la tablette du socle, un bas-
relief représentant le siége de la ville de Prague ; au milieu de ce bas-
relief, un écusson avec les armoiries : *D'azur à un chevron accom-*
pagné en chef de deux étoiles et en pointe d'une gerbe de blé, le tout
d'or. — Au bas du socle, couvrant la plinthe, une tablette portant l'inscription suivante : *François de Chevert‖ Commandeur Grand-Croix de*
l'Ordre de St. Louis,‖Chevalier de l'Ordre Royal de l'Aigle Blanc de Po-
logne,‖ Gouverneur de Givet et Charlemont, Lieutenant Général‖ des
Armées du Roy. —Au-dessous : *Né à Verdun sur Meuse le 2. Fer. 1695.*
Décédé à Paris le 24. Jer. 1769.— Sous le tr. c., sur toute la largeur :
Peint par Hischbein premier peintre du Prince de Hesse Cassel en 1762.
et gravé à Paris par le Charpentier.
Belle épreuve.

LE CLERC (Jean), le jeune,

graveur au burin du dix-septième siècle, fils de Jean Le Clerc, éditeur. (Voir
Actes d'état civil d'artistes français, publiés par Herluison.)

1169. Arc (Jeanne d'), dite *la Pucelle d'Orléans,* 1412-1431.
— In-8°. H. 0,133. L. 0,095. *

Jusqu'aux genoux, dans une bordure blanche, ovale, équarrie, à coins
noirs, dont ceux du bas sont ornés de cornes d'abondance, et ceux
du haut, d'une fleur de lis de jardin, chargée d'un écusson ; celui de
gauche, aux armes de *France,* surmonté de la couronne royale ; celui de
droite : *d'argent à une épée accostée de deux fleurs de lis.* Elle est repré-

sentée debout, vue de 3/4, tournée à gauche, où elle regarde. Coiffée d'un chapeau garni de plumes et attaché sous le menton par des rubans. Cheveux couvrant les épaules. Le corsage de sa robe est orné de broderies. Elle tient dans la main gauche, le bras pendant, un mouchoir; dans la main droite, le bras plié, une épée, la pointe en l'air. — Autour de l'ovale: *Ieanne Darc Appellee* (sic) *La Pvcelle Dorleans*. — Sous le tr. c., au milieu: *Iean le Clerc. le Ieune f.* 1612.

Belle épreuve.

1170. *France :* **Marie de Médicis**, seconde épouse d'HENRI IV, 1575-1642. — In-4°. H. 0,162. L. 0,120.

En pied, debout dans une pièce carrelée et dont le fond est tapissé d'une tenture semée de larmes d'argent, ornée sur les côtés d'une draperie frangée formant rideaux; celui de droite est relevé. Elle est vue de 3/4, tournée à droite, regardant de face. En costume de veuve. Dans la main droite, elle tient un mouchoir. La main gauche est appuyée sur un meuble recouvert d'une housse frangée sur lequel est posé un livre. Sur le côté de la housse, sont brodées les armoiries couronnées de *France*, parti de *Médicis;* l'écusson entouré de palmes, et accompagné du chiffre couronné de la reine placé dans les quatre coins de la housse. — A gauche, sur les deux premiers carreaux, on lit : *I. || le Clerc || excudit — Auec || priuilege || du Roy*. — A droite, au bas de la frange de la housse, sur deux carreaux: *I. le || Clerc — Le|| Ieune || f*. — Dans le haut, au-dessus du personnage, sur une petite tablette blanche, l'inscription suivante : *Marie.de.Méd.Royne.Reg.de. France.et.de.Navarre*.

Fort rare. — Belle épreuve sans marges.

LE CLERC (A.),

graveur au burin du commencement du dix-huitième siècle.

1171. *Espagne :* **Marie-Louise-Gabrielle de Savoie**, fille de Victor-Amédée II, et épouse de PHILIPPE V, 1688-1714. — Gr. in-fol. H. 0,552. L. 0,432.

A mi-corps, dans une bordure ovale, équarrie. Vue de 3/4, tournée à droite, debout devant une table recouverte d'un tapis et supportant une couronne. Tête nue, cheveux bouclés, deux longues frisures retombant sur les épaules. Pendant d'oreille. — Robe à ramages ; corsage un peu decolleté, attaché par des brillants. Elle tient de la main droite le pan d'un manteau qui lui couvre les épaules. — Autour de l'ovale : *Maria Lvisa Gabriela de Savoya Reyna de Espana, Na, Cio'en* 1688. — Sur la bordure intérieure de l'ovale, sous le portrait : *A. le*

Clerc, fecit. —Au milieu, retenu à l'ovale, un cartouche accompagné de palmes, renferme les armoiries d'*Espagne*, parti de *Savoie*. — Sous le tr. c., entre les branches des palmes : *a Paris chez de Poilly et a lion chez de Poilly rue Merciere.*
Belle épreuve.
Le portrait de Philippe V, faisant pendant à celui-ci, a été gravé par Poilly (voir plus loin).

LE FEBVRE (Claude),

peintre et graveur à l'eau-forte, né à Fontainebleau en 1633, mort, selon les uns, à Paris, le 5 avril 1675, selon d'autres, à Londres, le 26 avril de cette même année. Il fut membre de l'Académie royale de peinture. Élève d'E. Le Sueur et de Ch. Le Brun. Son œuvre est décrit dans Robert-Dumesnil, t. II, pp. 94-95, et t. XI, p. 119.

1172. **Boudan** (Alexandre), graveur en taille-douce et éditeur, mort en 1671. — In-4°. H. 0,205. L. : par en haut, 0,168, et par en bas, 0,163. (Le B., 1, *s. n.*)*

Voir Rob.-Dum., t. II et XI, 2.
2e état. — Belle épreuve.

1173. **Patin** (Charles), médecin et numismate, 1633-1693. — Pet. in-fol. H. 0,278. L. 0,191. (Le B., 3.)*

Voir Rob.-Dum., 3.
1er état. — Sur le dessus de l'appui, à dr. de l'ovale, on lit : *Le Febure pinxit et sculpsit.*—Sur la tablette de l'appui : *In Effigiem Caroli Patin,*‖ *Operibus Fulvii vrsini A se Editis et Avctis Præfixam.*

> *Vrsini et faciam, Lector, si forte roquiris,*
> *Desine Pictoris sollicitare manum.*
> *Persimilem Vrsino se præstitit ecce Patinvs,*
> *Vtrumvis videas, semper utrumque uides.*
>
> *Franc. Ogervs.*

Le fond de l'estampe, à droite et au bas de la gauche, est teinté de deux tailles croisées en diagonale, et à droite, derrière le personnage, dans le bas, sur une hauteur de 0,048, mesurée suivant l'ovale, le fond est recouvert d'une taille perpendiculaire.
Belle épreuve.

LEFÈVRE (Désiré-Achille),

graveur au burin, né à Paris en 1798. Fils et élève de Sébastien Lefèvre.

1174. **Foy** (Maximilien-Sébastien), général et orateur français, 1775-1825. — In-fol. H. 0,293. L. 0,243. (Le B., 12, *s. n.*)

A mi-corps, dans une bordure ovale, équarrie. Vu de 3/4, tête nue et tourné à gauche où il regarde, le corps étant à droite. En tenue de général, entr'ouverte, avec trois décorations sur la poitrine, et une au cou. Le bras droit plié, la main sur son cœur, sous l'uniforme. L'épaule gauche couverte d'un manteau avec collet de fourrure. — Sous le tr. c., à g.: *Horace Vernet pinx*. ; — à dr.: *Achille Lefèvre Sculp*. Ces noms sont en lettres blanches. — Au-dessous du tr. c., et au milieu, dans la marge, la table de la Loi sur laquelle on lit: *Charte*|| *Constitutionnelle*, est placée au milieu d'un rayonnement et accompagnée d'une couronne murale et d'une épée couchée en travers, reposant sur des branches d'olivier disposées en couronne autour de la table de la Loi. Les décorations du général sont retenues à l'épée, par leur ruban.

Gravé en 1827.

Avant la lettre.—Belle épreuve, à toutes marges, sur papier de Chine.

LEGRAND,

graveur au burin de la fin du dix-huitième siècle

1175. Pilâtre de Rozier (Jean-François), aéronaute français, 1756-1785. — In-4°. H. 0,185. L. 0,127.

A mi-corps, dans un ovale équarri, supporté par une tablette. Vu de 3/4, tourné à gauche, regardant de face ; tête nue, cheveux relevés sur le devant, bouclés sur les côtés et ornés d'un nœud de ruban par derrière. Habit, avec boutons placés au milieu des brandebourgs, entr'ouvert et laissant passer un jabot de dentelle. — Sur la tablette : *F. Pilatre de Rozier.*|| *Premier Navigateur Aérien* || *et Pensionaire du Roy.* — Sous le tr. c., à g.: *Pujos Delineavit ad vivum ;* — à dr.: *Legrand G.* — Plus bas, au milieu, dans la marge : *et se trouve chez M*. *Pujos Peintre*, etc.

Belle épreuve, à toutes marges.

LEISNIER (Nicolas-Auguste),

graveur au burin, né en 1787, à Paris, mort en 187 .

1176. Cervantes Saavedra (Michel), 1547-1616. — In-fol. H. 0,301. L. 0,241.

A mi-corps, dans un cadre rectangulaire dont les angles sont ornés de divers attributs. Vu presque de face, tourné vers la gauche ; tête nue, cheveux abondants et légèrement bouclés. Moustaches en crocs et barbiche. Large col couvrant les épaules. Pourpoint rayé, entièrement boutonné ; manches avec crevés. — Sur la tablette du cadre : *Michel ||* *Cervantes.* — Sous le tr. c., à g.: *Vélasquez pinx.*; — au milieu : *B. Desnoyers del.*; — à dr. : *Leisnier sculp. Paris*, 1853. — Dans la marge, au milieu, les armes impériales, accompagnées de cette inscription qu'elles séparent en deux : *Dedié à sa Majesté Eugénie Impératrice des Français.* —Au-dessous, à dr.: *par son très humble Serviteur ||* *Leisnier.*

Très-belle épreuve, à toutes marges, sur papier de Chine.

LE MIRE (Noel),

dessinateur et graveur à l'eau-forte et au burin, né à Rouen le 20 novembre 1724 (et non en 1723), mort à Paris le 30 ventôse an IX (21 mars 1801). Élève de Le Bas. Son œuvre a été décrit par M. Jules Hédou : *Noël Le Mire et son œuvre, suivi du catalogue de l'œuvre gravé de Louis Le Mire ;* Paris, 1875, in-4.

1177. *France :* **Louis XV**, 1710-1774. — In-8°. H. 0,117. L. 0,080. (Le B., 20, *s. n.*)

Voir Hédou, 33. — D'après lui-même.

Nous rectifions l'inscription donnée par M. J. Hédou, qui se trouve au bas dans la marge: *Gravé par N. le Mire Graveur de leur* (sic) *Majesté Impériale et Royale de Vienne, || de l'Académie des Sciences et Arts de Rouen. || A Paris chés l'Auteur*, etc.

2e état. — Belle épreuve, avec marges.

1178. *France :* **Louis XVI**, 1754-1793. — In-4°. H. 0,183. L. 0,124.

Voir Hédou, 36. — D'après J.-Ph. Duplessis.
Très-belle épreuve.

1179. *France :* **Louis XVI.** — In-fol. H. totale de la pl. gravée, 0,321. L. 0,231.

Voir Hédou, 39. — D'après J.-M. Moreau, le jeune. -
Très-belle épreuve.

1180. *France :* **Marie-Antoinette**, 1755-1793. — In-fol. H. totale de la pl. gravée, 0,321. L. 0,231.

Voir Hédou, 41.— D'après J.-M. Moreau, le jeune.
Pendant du précédent. — Sur les tablettes de la *Poésie*, on lit: *N. Le Mire sculp.* 1774, inscription que M. Jules Hédou ne signale point.
Très-belle épreuve.

1181. La Fontaine (Jean DE), 1621-1695. — In-8°. H. 0,138. L. 0,087.

> Voir Hédou., 180. — D'après H. Rigaud.
> Très-belle épreuve.
> Ce portrait figure en tête des *Fables* de La Fontaine (Bayonne, 1776, in-8).

1182. Rouëlle (Hilaire-Marin), chimiste français, 1718-1779. — In-4°. H. 0,193. L. 0,120. *

> Voir Hédou, 44. — D'après Fredou.
> Très-belle épreuve.

1183. Rousselet (Claude), historien français et abbé de Sainte-Geneviève, 1725-1807. — In-fol. H. 0,376. L. 0,275. (Le B., 26, *s. n.*)

> Voir Hédou, 45. — D'après J.-B.-C. Robin.
> Très-belle épreuve.

LEMPEREUR (Louis-Simon),

graveur au burin, né le 16 mai 1728 (et non vers 1725), à Paris, où il mourut le 6 avril 1807 (et non en 1796). Élève de P. Aveline.

1184. Belloy (Pierre-Laurent BUYRETTE DE), auteur de la tragédie : *Le Siége de Calais,* membre de l'Académie française, 1727-1775. — In-fol. H. de la pl. gravée, 0,424. L. 0,315. (Le B., 17.)

> En buste, dans un petit médaillon ovale. Vu de profil, tourné à droite ; tête nue, cheveux relevés sur le devant, bouclés sur les côtés et attachés derrière par un nœud de ruban. — Au-dessus de la tête du personnage, on lit : *Pe. L. Buirette de Belloy.* — Le buste est entouré dans le bas par deux branches d'olivier. — A gauche du portrait, *la Poésie* assise sur des nuages, les ailes étendues, tient le médaillon, ainsi que des feuilles de papier, dans la main droite ; sur l'une, est écrit : *Le Siége || de Calais, || Tragédie. ||* 1765. — A droite, une femme personnifiant la ville de Calais, la tête ceinte d'une couronne murale, pose, de la main droite, sur le dessus du médaillon, une couronne de chêne. A ses pieds, un chien épagneul couché par terre. Près de lui, un Amour assis, le pied droit appuyé sur le cou du chien, tient de la main gauche l'écusson des armoiries de la ville. — Derrière cette scène, une pyramide, avec cette inscription sur la face principale :

Eu^{che} St Pierre J. Daire ‖ *P. Vuissant J Vuissant* ‖ *Tan..... mi.....;* cette dernière ligne est effacée par la désagrégation de la pierre. Sur la base de cette pyramide, est un bas-relief reproduisant un épisode du siége de Calais. — A gauche, on voit dans le fond la mer et une flotte bloquant un port. — Sous le tr. c., à g. : *N. R. Jollain Pinx.* ; — à dr. : *L. Lempereur Sculp.* — Dans la marge, au milieu, les armoiries des Bethune : *D'argent à la fasce de gueules, accompagnée en chef d'un lambel du second ;* l'écusson timbré d'une couronne, environné du manteau de pair et de trophées. Ces armoiries sont accompagnées de l'inscription suivante qu'elles coupent en deux : *Dédié à Monseigneur Armand .Joseph de Bethune,* ‖ *Duc de Charost, Pair de France, Gouverneur des Villes et* ‖ *Citadelle de Calais. &c. &c. Par son très humble et très Obéissant Serviteur, Lempereur.* — Sous l'écusson armorié, au milieu : *A Paris, chez Lempereur, Graveur du Roy,* etc.

Belle épreuve.

1185. Châtelet (Gabrielle-Émilie LE TONNELIER DE BRETEUIL, marquise DU), 1706-1749. — In-4°. H. 0,237. L. 0,170. *

En buste, dans un médaillon ovale, équarri, suspendu à un clou par son anneau et supporté par un appui sur la face duquel est clouée une tablette avec l'inscription : *Mme. du Chastelet.* Vue presque de face, où elle regarde. Tête nue, cheveux relevés sur le devant et bouclés; une longue frisure retombe sur l'épaule gauche. Corsage bordé de fourrure; laissant à nu la poitrine jusqu'à la moitié des seins. — Sous le tr. c., à g. : *Monnet del.;* — à dr. : *Lempereur Sculp.*

Belle épreuve.

Estampe gravée pour la *Gallerie française,* cahier IV.

1186. Lecomte (Marguerite), graveur français, née vers 1719, morte à la fin du XVIIIe siècle. — In 4°. H. de la planche, 0,195. L. 0,140. (Le B., 23, *s. n.*) *

En buste, dans un médaillon, équarri, retenu à un nœud de ruban. Vue de profil, tournée à droite, tête nue, cheveux bouclés et nattés. Un ruban ruché autour du cou. Corsage décolleté. Elle tient de la main droite, dont on n'aperçoit que le pouce, une fleur sur son sein. — Autour du médaillon : *Marguerite Le Comte, des Académies de Peinture, et de Belles Lettres de Rome, Boulogne, Florence.* — Sous le médaillon, sur une tablette ornée de guirlande de fleurs, ce sixain :

> *L'heureux talent de plaire, en n'y pensant jamais ;*
> *Un bon cœur, un sens droit et le don d'être amie ;*
> *Une humeur franche et libre embellissant tes traits ;*
> *La grace enfin à la raison unie :*
> *Le Comte, c'est pour Toi ce que nature a fait ;*
> *Et que l'Art ne peut rendre en gravant ton Portrait.*

— Sous le tr. c., à gauche : *C. H. Watelet* / *delin.* ; — à dr. : *L. Lempereur scul.*

Belle épreuve, avec marges.

1187. *Sardaigne* : **Charles-Emmanuel III,** 1701-1773. — In-8° en travers, L. 0,121. H. 0,067. (Le B., 26-30.)

En buste, dans une médaille posée sur un appui recouvert d'une guirlande de feuillage. Vu de profil, tourné à droite, cheveux relevés sur le devant et bouclés; attachés derrière par un nœud de ruban. On lit en exergue : *Carolus.Em.Rex.Sardiniæ.*—La médaille est placée entre deux colonnes devant un mausolée, sur la base duquel sont représentées trois figures allégoriques; l'une personnifie la Sardaigne, et l'autre, la Savoie. — Sous le tr. c., à g.: *J. M. Moreau. bel* (sic);— à dr.: *L. lempereur Sculp.* Inscriptions faites à la pointe.

Belle épreuve.

Cette gravure est une des cinq vignettes destinées à orner la *Description du mausolée de la pompe funèbre, faite... le 25 mai 1773. Pour... Charles Emmanuel III, roi de Sardaigne...* Paris, Ballard, 1773, in-4°.

LENFANT (JEAN),

peintre et graveur au burin, né à Abbeville vers 1615, mort à Paris le 8 mars 1674. Cousin et élève de Cl. Mellan. Il épousa Marguerite Boudan, fille d'Alexandre Boudan, imprimeur en taille-douce (voir plus haut). Sa veuve se remaria au graveur Gantrel.

1188. Baudrand de Pradel (Étienne), substitut de la cour des Aides de Paris.— In-fol. H. de la pl., 0,364. L. 0,277. *

A mi-corps, dans une bordure ovale, équarrie, formée d'une guirlande de feuilles d'olivier attachée par des rubans,et ornée dans le haut d'une banderole retombant de chaque côté. Vu de 3/4, tourné à droite, regardant de face ; tête nue, cheveux longs et légèrement bouclés. En costume de sa charge, rabat retenu par des cordons à glands dont on ne voit que l'extrémité ; robe entièrement boutonnée, serrée à la taille par une ceinture. — A gauche et à droite de la bordure ovale, au-dessus de l'appui sur lequel elle repose,se voit le chiffre entrelacé du personnage. — Au bas de l'ovale, et sur le milieu de l'appui, un médaillon à fond blanc renferme les armoiries: *D'azur à la bande d'or, accompagnée de trois môlettes d'éperon de même, posées une en chef, une à chaque flanc, et un croissant d'argent à la pointe de l'écu;* le médaillon est orné, dans le bas, de palmes, à l'extrémité desquelles, sur la face de l'appui, on lit, à g.: *I. Dieu Pinxit.;* — à dr.: *Ioan. Lenfant* || *Sculpebat* || 1661.

Belle épreuve.

1189. Blasset (Nic.), architecte. — In-fol. H. 0,329. L. 0,222. (Le B., **18,** s. n.) *

A mi-corps, debout derrière un appui sur le dessus duquel est posé un porte-crayon et une feuille de papier roulée portant le tracé d'une figure géométrique et dont l'extrémité retombe sur la face de l'appui. Il est vu de 3/4, tourné à droite, regardant vers la gauche; tête nue, cheveux longs et légèrement bouclés. Col de chemise rabattu, attaché par des cordons à glands. Enveloppé dans un manteau entr'ouvert dans le haut. La main gauche est appuyée sur le pan du manteau. — Sur la face de l'appui : *Nicolaus Blasset* ‖ *Ambianensis Architectus et sculptor Regius.* — Au dessous, sur une tablette blanche, ce quatrain

> *L'art fait presqu'en cette graueure*
> *Viure Blasset vne autrefois ;*
> *Mais l'art est icy toutefois*
> *Moindre, qu'en luy n'est la nature.*

— Cette tablette est accompagnée de l'inscription suivante qu'elle coupe en deux : *Io. Lenfant Abbauilloeus sculp. Parisijs.* 1658. Belle épreuve.

1190. Bonzy (Pierre DE), archevêque de Toulouse, puis cardinal, 1638-1703.— In-fol. H. de la pl., 0,360. L. 0,282. *

A mi-corps, dans une bordure ovale, équarrie, ornée de coins et supportée par un appui. Vu de 3/4, tourné à droite, regardant vers la gauche. Une calotte sur la tête ; cheveux abondants et légèrement bouclés, séparés par une raie, ombragent en partie le front. Il porte de fines moustaches. En costume ecclésiastique, avec pèlerine à capuchon. Sous le rabat, un large ruban avec la croix pectorale. — Sous le portrait, couvrant le bas de la bordure de l'ovale et le milieu de l'appui, un médaillon à fond blanc renferme les armoiries : *D'azur à une roue à huit rayons, sans jantes, d'or ;* l'écu timbré d'une couronne surmontée d'une mitre et d'une crosse soutenant un chapeau d'archevêque ; le médaillon est accompagné de palmes, à l'extrémité desquelles, sur la face de l'appui, on lit, à g. : *I. Dieu Pinxit.;* — à dr. : *Io. Lenfant sculpebat*‖1661. Belle épreuve.

1191. Coislin (Pierre DE CAMBOUT DE), cardinal français, 1636-1706. — In-fol. H. de la planche, 0,286. L. 0,230. (Le B., 20, s. n.) *

A mi-corps, dans un cadre à angles coupés, placé au milieu d'une feuille de papier figurée sur un fond rectangulaire teinté de tailles horizontales. Il est vu de 3/4, tourné à gauche, regardant de face. La

tête coùverte de la calotte, longs cheveux bouclés, séparés au milieu
par une raie. En costume d'abbé ; rabat attaché par des cordons à
glands, soutane entièrement boutonnée et serrée à la taille par une
ceinture. Les épaules couvertes d'un manteau. — Au bas du portrait,
sur la bordure du cadre : *Nanteuil. Effigiem. del.* — *Lenfant, sculpebat.*
1861. — Au-dessous du cadre, dans la marge de la feuille de papier,
un écusson armorié : *De gueules à trois fasces échiquetées d'argent et
d'azur* ; l'écu, timbré d'une couronne de marquis, accompagnée d'une
mitre et d'une crosse, est entouré de palmes.

Très-belle épreuve.

1192. **Cousebans de Harlem,** député de Hollande. — In-fol. H. 0,360. L. 0,284.

En buste, dans une bordure ovale, équarrie, à angles, supportée
par un socle. Vu de 3/4, tourné à droite, regardant de face ; tête nue ;
barbiche et moustaches. Large col. L'épaule droite entièrement couverte
par le manteau dans lequel il est drapé. — Au bas du portrait, au
milieu, couvrant l'ovale et le socle, un médaillon contient les armoiries : *De gueules à la bande d'or, chargée de trois croisettes du
champ ;* l'écu surmonté d'un casque taré de face, orné de ses lambrequins. — Sur le dessus du socle, à g. : *Verspronck Pinxit.* ; — à dr.:
Io. Lenfant sculp. 1661.

Très-belle épreuve, sans marges.

1193. **Decontes** (J.-Bapt.), doyen de l'église de Paris. — In-fol. H. de la planche, 0,326. L. 0,261. *

A mi-corps, dans une bordure ovale, équarrie, ornée de coins et
supportée par un appui. Vu de 3/4, tourné à droite, regardant de
face. Coiffé d'une calotte ; cheveux longs et grisonnants. En costume
ecclésiastique ; sur les épaules un manteau. — Autour de l'ovale :
*Ioan. Bap. Decontes Eccl. Metropol. Paris. Decanvs Regi Abint.
et Secret. Consiliis.* — Au bas du portrait, couvrant l'ovale et le milieu
de l'appui, un médaillon ovale, à fond blanc, renferme les armoiries :
*D'argent à un soleil rayonnant d'or, accompagné de trois coquilles d'azur,
posées deux en chef et une en pointe ;* l'écu surmonté d'un chapeau
d'évêque. — Sur le dessus du couronnement de l'appui, à dr. : *Io. Lenfant faciebat.* 1666.

Très-belle épreuve.

1194. **Darly** (François), marchand de soie à Paris. —In-fol. H. 0,364. L. 0,277. (Le B., 16.) *

En buste, dans une bordure ovale, équarrie, soutenue par un piédestal, et dont les dehors figurent des assises de pierre. Il est vu de

3/4, tourné vers la droite, regardant vers la gauche ; tête nue, longs cheveux bouclés retombant sur les épaules et séparés au milieu par une raie. Rabat de dentelle. Il est drapé dans son manteau. — Au bas du portrait, un médaillon à fond blanc, appuyé sur le dessus de la corniche du piédestal, couvre la bordure de l'ovale et contient l'écusson de ses armoiries : *D'azur à trois dars d'or rangés en pal ; à la fasce brochante de gueules, chargée de deux fleurs de lis au naturel ;* l'écu timbré d'un casque taré de profil, orné de ses lambrequins ; cimier : une fleur de lis de jardin.

1er état, avant toute lettre. — Belle épreuve. Collection Guichardot.

Le P. Lelong indique que cette estampe a été gravée d'après J. Dieu, en 1657.

1195. Forcoal (Jean), évêque de Seez en 1670, mort le 27 février 1682. — In-fol. H. de la planche, 0,400. L. 0,323.*

En buste, dans une bordure ovale, équarrie, supportée par un appui. Vu de 3/4, tourné à droite, regardant de face. La tête couverte d'une calotte ; cheveux grisonnants. En costume ecclésiastique, avec pèlerine à capuchon. Large ruban passé sous le rabat avec la croix pectorale. — Autour de l'ovale : *Ioannes Forcoal Episcopvs Sagiensis.* — Sous le portrait, couvrant l'ovale et le milieu de l'appui, un médaillon à fond blanc renferme les armoiries : *D'azur à l'aigle éployée d'or, couronnée de même ;* l'écu timbré d'une couronne surmontée d'une mitre, et d'une crosse supportant un chapeau d'évêque. — Sur le dessus du couronnement de l'appui, à g. : *Ioannes Dieu Pinxit. ;* — à dr. : *Ioannes Lenfant Sculpebat* 1672.

Très-belle épreuve.

1196. Harlay (Franç. DE), archevêque de Rouen, 1585-1653. — In-fol. H. de la planche, 0,366, L. 0,282. (Le B., 23, *s. n.*)*

A mi-corps, dans une bordure ovale, équarrie, supportée par un appui. Vu de 3/4, tourné à droite, regardant de face. Coiffé d'une calotte. Cheveux longs par derrière et bouclés. En costume d'archevêque ; les épaules couvertes de la pèlerine à capuchon. — Autour du cou, sous son rabat, le grand cordon avec la croix du Saint-Esprit. — Autour de l'ovale : *Franciscvs de Harlay Rothomagensivm Archiepiscopvs, Normaniæ Primas, Regiorvm Ordinvm Commendator.* — Au bas du portrait, couvrant la bordure de l'ovale et le milieu de l'appui, un médaillon à fond blanc renfermant un écusson armorié : *Parti de trois traits, coupé d'un, qui font huit quartiers ; sur le tout ; d'argent à deux pals de sable, qui est* Harlay ; l'écu timbré d'une couronne surmontée d'une croix épiscopale soutenant un chapeau d'archevêque ; un grand cordon avec la croix du Saint-Esprit entoure l'écu. — Sur le dessus du couronnement de l'appui, à g. : *Champaigne* (sic) *Pinxit* ; — à **dr.** : *Lenfant Sculpebat* 1664.

Très-belle épreuve, avec marges.

1197. Jegou de Kervillio (Cl.), magistrat français. — In-fol. H. de la planche, 0,360. L. 0,283. (Le B., 25, *s. n*) *

A mi-corps, dans une bordure ovale, équarrie, supportée par un socle. Il est vu de 3/4, tourné à droite, regardant de face. En longue perruque bouclée ; légères moustaches. En costume de sa charge ; rabat attaché par des cordons à glands. Surtout à larges manches froncées dans le haut, sous lequel il porte une robe noire entièrement boutonnée, serrée à la taille par une ceinture. — Autour de l'ovale : *Clavdivs Iegov Vice=Comes de Qverian et in Svprema Aremoricorvm Cvria Præses.* — Au milieu du socle, un médaillon à fond blanc renferme un écusson armorié : *Parti et coupé de deux traits, qui font six quartiers ; sur le tout : d'argent au huchet de sable, accompagné de quatre bannières d'azur, chargées chacune d'une croisette d'argent ;* l'écu timbré d'une couronne et accompagné de deux palmes. L'inscription suivante est divisée en deux par ces armoiries : *Io. Lenfant faciebat* 1664.

Belle épreuve.

1198. Le Maistre (Gilles).— In-fol. H. de la planche, 0,354. L. 0,271. (Le B., 26, s. n.) *

A mi-corps, dans une bordure ovale, équarrie, ornée dans le haut d'un nœud de ruban dont les extrémités forment banderoles et retombent de chaque côté de la bordure ; l'ovale est supporté par un appui. Il est représenté jeune, vu de 3/4, tourné à droite. Tête nue, cheveux longs et bouclés, séparés au milieu par une raie. Collerette de dentelle formant rabat par devant et attachée par des cordons à glands. Pourpoint presque entièrement boutonné ; manches à crevés. — Autour de l'ovale : *Ægidivs Le Maistre Dominvs de Ferrieres, Ægidii Illvstrissi. Galliarvm Senatvs Principis Pronepos.* — Sous le portrait, couvrant le bas de la bordure et le milieu de l'appui, un médaillon à fond blanc renferme les armoiries : *D'azur à trois soucis d'or ;* l'écusson timbré d'une couronne surmontée d'un casque taré de front, orné de ses lambrequins ; supports : deux sauvages armés de massues. Des palmes accompagnent dans le bas le médaillon et couvrent en partie la face de l'appui, sur laquelle, à dr., extrémité des palmes, on lit : *Io. Lenfant ad vivum ‖ faciebat‖*166. .

Belle épreuve.

1199. Le Maistre (Jér.), président aux enquêtes, mort en

décembre 1669. — In-fol. H. de la planche, 0,354.
L. 0,274.*

A mi-corps, dans une bordure ovale, équarrie, supportée par un
appui. Vu de 3/4, tourné à droite, regardant de face. En longue perruque bouclée, retombant sur les épaules. Il porte de fines moustaches.
Rabat attaché par des cordons à glands. Surtout ouvert, avec manches
plissées dans le haut, et sous lequel on voit une robe noire entièrement
boutonnée, serrée à la taille par une ceinture. — Autour de l'ovale :
*Hieronymvs Le Maistre D. de Belleiâme in Svprema Galliarvm Cvria
Præses.* — Au bas du portrait, couvrant la bordure ovale et le milieu
de l'appui, un médaillon à fond blanc renferme les armoiries décrites au numéro précédent ; l'écu timbré d'un casque orné de ses
lambrequins ; supports : deux aigles. — Sur le dessus du couronnement de l'appui, à dr. : *Io. Lenfant ad viuum faciebat* 1669.

Belle épreuve.

1200. **Mariliac** (René DE), avocat général au Grand Conseil, 1639-1719. — In-fol. H. de la pl., 0,366. L. 0,277.
(Le B., 27.)*

A mi-corps, dans une bordure ovale, équarrie, supportée par un
socle. Vu de 3/4, tourné à droite, regardant de face. En perruque bouclée, retombant sur les épaules. En costume de sa charge ; rabat attaché par des cordons à glands, dont on ne voit que l'extrémité. Robe
noire entièrement boutonnée et serrée à la taille par une ceinture ;
surtout à larges manches plissées dans le haut. — Autour de l'ovale :
*Renatvs de Marillac, Comes Consistorianvs, et in Magno Consilio Advo-
catvs Catholicvs.* — Au bas du portrait, couvrant la bordure de l'ovale
et le milieu du socle, un médaillon à fond blanc renferme les armoiries : *D'argent, maçonné de sable de sept pièces, chargées chacune d'une
merlette de sable ;* l'écu timbré d'un casque taré de front, orné de ses
lambrequins ; cimier : une merlette de sable posée de face ; supports :
deux aigles. — Sur le dessus du socle, à g. : *Lenfant, ad viuum ;* —
à dr. : *faciebat,* 1663.

Très-belle épreuve.

1201. **Martineau** (Nic.), lieutenant général de la ville d'Angers. — In-fol. H. de la pl., 0,355. L. 0,275. (Le B., 29, *s. n.*)*

A mi-corps, dans une bordure ovale, équarrie, soutenue par un
appui. Vu de 3/4, tourné à droite, regardant vers la gauche ; la tête
couverte d'une calotte. En longue perruque retombant sur les épaules.
Vêtu comme le précédent ; rabat, surtout, et robe noire boutonnée,
retenue à la taille par une ceinture. — Autour de l'ovale : *Nicolavs*

Martineav Eqves, Ivdex Præfectvs Vrbis Andegavensis Integerrimvs. — Au bas du portrait, couvrant l'ovale et le milieu de l'appui, un médaillon à fond blanc renferme les armoiries : *D'argent au chevron d'azur, accompagné de trois merlettes de sable ; au chef de gueules, chargé de deux étoiles d'or* (les émaux ne sont pas indiqués); l'écu timbré d'un casque de profil orné de ses lambrequins. — Sur le dessus du couronnement de l'appui, à dr. : *Io. Lenfant ad viuum faciebat.*1666.

Très-belle épreuve, sans marges.

1202. **Matignon** (Léonor GOYON DE), évêque de Lisieux, 1604-1680. — In-fol. H. de la planche, 0,356. L. 0,280. *

A mi-corps, dans une bordure ovale, équarrie, supportée par un appui. Le haut de la bordure est orné d'un nœud de ruban dont les extrémités retombent en banderoles de chaque côté de l'ovale. Il est représenté jeune. Vu de 3/4, tourné à gauche, regardant vers la droite. Tête nue, cheveux longs, couvrant en partie le front. Il porte de fines moustaches. En costume d'abbé. Rabat de dentelle sous lequel on aperçoit les cordons à glands qui l'attachent. Les épaules couvertes d'un manteau. — Au bas du portrait, couvrant le bas de la bordure et le milieu de l'appui, un médaillon à fond blanc renferme les armoiries : *Écartelé : aux 1 et 4, d'argent au lion de gueules, couronné d'or, qui est* Goyon ; *aux 2 et 3, de* France, *au lambel d'argent en chef ; à la barre de gueules brochante, qui est* Orléans-Longueville ; l'écusson est timbré d'une couronne, surmontée d'une mitre et d'une crosse ; supports : deux lions. Des palmes accompagnent dans le bas le médaillon, et couvrent en partie la face de l'appui, sur les extrémités de laquelle on lit, à g. : *I. Dieu, Pinxit. ;* — à dr. : *Lenfant, sculpebat* ‖ 1661.

Très-belle épreuve.

1203. **Nesmond** (Guill. DE), maître des requêtes, mort le 19 mars 1693.— In-fol. H. de la planche, 0,364. L. 0,279.*

A mi-corps, dans une bordure ovale, équarrie, supportée par un appui. Vu de 3/4, tourné à droite, regardant vers la gauche. Il porte de légères moustaches et une longue perruque. En costume de magistrat; rabat attaché par des cordons à glands, robe noire, sous un surtout, retenue par une ceinture. — Autour de l'ovale : *Gvillelmvs de Nesmond Libellorvm Svpplicvm in Regia Magister* (les *N* de cette inscription sont à l'envers). — Sous le portrait, couvrant la bordure et le milieu de l'appui, un médaillon à fond blanc renferme les armoiries : *D'or à trois cors de chasse de sable, liés, enguichés et virolés d'azur ;* l'écusson timbré d'une couronne ; supports : deux lions. — Sur le dessus du couronnement de l'appui, à g. : *Jo. Lenfant ad viuum faciebat* 1664.

Belle épreuve, sans marges.

1204. Neufville (Ferdinand DE), évêque de Chartres, mort à Paris le 7 janvier 1690, âgé de 82 ans. — Gr. in-fol. H. de la planche, 0,500. L. 0,450.

En buste, dans une bordure ovale, formée d'une couronne de laurier dont les rubans, dans le haut, se terminent en banderoles sur lesquelles on lit : *Ferdi = nan=dvs de Nev = fville = Car = notensi = vm . Episcopvs.* Vu de 3/4, tourné à droite, regardant de face. Le sommet de la tête couvert d'une calotte ; cheveux légèrement bouclés. Il porte de légères moustaches avec une petite barbiche. Sur les épaules, une pèlerine avec capuchon. Croix pectorale. — Les angles du bas sont ornés de médaillons ayant en exergue, celui de gauche : *Conseruat Legem Excelsi*; — celui de dr. : *Pandens Iter Ante Eos.* — Plus bas, au-dessus du tr. c., on lit, à g., l'inscription suivante : *Offerebat F. R. Cadiou Mantanus,.* — à dr. : *Ord. ss. Prædicatorum* 1677.

Belle épreuve.

1205. Pajot (André DE), premier président en la Cour des monnaies.— In-fol. H. de la pl., 0.368. L. 0,288. (Le B., 30.)*

A mi-corps, dans une bordure ovale, équarrie, supportée par un socle. L'ovale est orné dans le haut d'un nœud de ruban formant banderole. Vu de 3/4, tourné à droite, regardant vers la gauche. En longue perruque ; le sommet de la tête couvert d'une calotte. Il porte de légères moustaches. En costume de magistrat. — Autour de l'ovale : *Andræas de Paito Regi a Sanctioribvs Consiliis, Svpremi Rei Monetalis Senatvs Princeps. &c.* — Au bas du portrait, couvrant la bordure et le milieu du socle, un cartouche contenant un médaillon à fond blanc avec les armoiries : *Écartelé : au* 1, *d'azur à la fasce d'or, accompagnée de trois aiglettes éployées d'argent, posées deux en chef et une en pointe; au* 2, *d'or à trois têtes de coq contournées de sable; au* 3, *d'hermines à la bande de gueules, chargée de trois coquilles d'argent ; au* 4, *d'azur à trois épées d'argent rangées en barres ; sur le tout: d'azur au chevron accompagné de trois roses et d'un lambel en chef, le tout d'argent;* supports : deux lions ; l'écusson est timbré d'une couronne surmontée d'un casque taré de front, avec cimiers, et orné de ses lambrequins. Le haut du cartouche est orné d'une banderole avec cette devise: *Omnia cvm Deo.* De chaque côté des armoiries placées sur le socle, des branches d'olivier encadrent l'ovale. — Sur la plinthe du socle, à droite : *Io. Lenfant, faciebat.* 1663.

Belle épreuve.

1206. Phelypeaux (Balth.), marquis de Châteauneuf-sur-Loire, homme d'État français, 1638-1700. — In-fol. H. de la planche, 0,365. L. 0,285. *

A mi-corps, dans une bordure ovale, équarrie, supportée par un appui. Le haut de la bordure est orné d'un nœud de ruban dont les extrémités forment banderoles. Vu de 3/4, tourné à gauche, regardant vers la droite. En longue perruque bouclée. Il porte de fines moustaches. Magnifique rabat de dentelle retenu par des cordons à glands. Les épaules couvertes d'un manteau sur lequel sont brodées les insignes de l'ordre du Saint-Esprit. Il porte en sautoir, passé sous le manteau, le grand cordon avec la croix. — Autour de l'ovale : *Messire Baltazar Phelypeavx Marqvis de Chasteavnevf Secretaire d'Estat.* — Au bas du portrait, couvrant la bordure et le milieu de l'appui, un cartouche retenu par des rubans attachés à des patères clouées au-dessus du couronnement de l'appui, dans les dehors de l'ovale, près de la bordure. Ce cartouche contient les armoiries : *Écartelé : aux 1 et 4, d'azur semé de quartefeuilles d'or, au canton d'hermines, qui est* Phelypeaux ; *aux 2 et 3, d'argent à trois lézards de sinople, qui est* Cottereau ; l'écusson timbré d'une couronne de marquis et environné des colliers des ordres de Saint-Michel et du Saint-Esprit. — Sur le dessus du couronnement de l'appui, à g., on lit : *Io. Dieu Pinxit ;* — à dr.: *Io. Lenfant sculpebat* 1672.

Très-belle épreuve.

1207. Prouville (N. DE), seigneur des Deux-Tracy, général des vivres au siége de Perpignan. — In-fol. H. de la planche, 0,360. L. 0,275. *

A mi-corps, dans une bordure ovale, équarrie, formée d'une guirlande de feuilles d'olivier entourée de ruban. Vu de 3/4, tourné à droite, regardant vers la gauche. En longue perruque, le sommet de la tête couvert d'une calotte. Rabat de dentelle attaché par des cordons à glands. En armure ; écharpe en sautoir. — Au bas du portrait, couvrant le bas de la guirlande, ainsi que le milieu de l'appui qui supporte l'ovale, un médaillon à fond blanc, accompagné de palmes, renferme les armoiries : *De sinople à la croix denchée d'argent ;* l'écusson timbré d'une couronne de marquis. Autour du médaillon, on lit en exergue cette devise : *In hoc signo vinces.* — Sur le dessus de l'appui, de chaque côté de la guirlande, des trophées d'armes. — A g., sur la face de l'appui et sous la poignée d'une épée, on lit: *Io. Lenfant del.‖ et sculp.*‖1660.

Très-belle épreuve.

1208. Souvré de Courtenvaux (Jac. DE), chevalier de

⁴ Malte, grand Prieur de France, mort à Paris le 22 mai 1670. — In-fol. H. de la planche, 0,370. L. 0,288. *

A mi-corps, dans une bordure ovale, équarrie, dont le haut est orné d'un nœud de ruban, et le bas entouré de trophées d'armes; l'ovale est supporté par un appui. Vu de 3/4, tourné à gauche, regardant vers la droite. En longue perruque, avec raie au milieu. Rabat de dentelle retenu par des cordons à glands. Couvert d'une armure ornée de la croix de Malte. — Autour de l'ovale : *Iacobvs de Sovvré Melitensivm in Gallia Princeps*. — Au bas du portrait, couvrant le bas de l'ovale et le milieu de l'appui, un cartouche contenant un écusson avec les armoiries : *D'azur à cinq cotices d'or ; au chef des chevaliers de Malte* ; l'écusson timbré d'une couronne et entouré du collier et de la croix de l'ordre. Sur la face de l'appui, à g. : *Petrus Mignard. Pinxit. ;*— à dr. : *Ioan. Lenfant sculpebat.* 1667 .

Très-belle épreuve.

1209. **Spinola** (Ambroise, marquis DE), célèbre capitaine italien, 1569-1630. — In-fol. H. 0,399. L. 0,308.

A mi-corps, dans une large bordure ovale, équarrie, formée de feuilles de laurier entourées de ruban, sur lequel sont inscrits les noms des familles suivantes, dont les écussons armoriés sont placés tout autour de la bordure ; les noms inscrits sur le côté droit, sont : *Arenberghe — Croy — La Marcq — Hallvin — Berghves — Croy — Egmont — Lannoy* ; ceux du côté gauche sont : *Spinola — Renty — L'Oporio — Recovrt — Valgarnea — Grovches — Corbino — Fovrcelles*. Les extrémités du ruban qui entoure la bordure se terminent dans le haut en banderoles. Personnage vu de 3/4, tourné à droite, regardant vers la gauche. En longue perruque ; le front en partie caché par les cheveux. Moustaches et barbiche. Rabat de dentelle. Couvert d'une armure ; large écharpe en sautoir passée sous le rabat. — Au bas du portrait, couvrant la bordure de l'ovale et le milieu de l'appui qui supporte l'ovale, un médaillon à fond blanc renferme les armoiries : *D'or à une fasce échiquetée de gueules et d'argent de trois tires ; surmontée d'une espile ou robinet en forme de fleur de lis de gueules, fichée dans la fasce* ; l'écusson timbré d'une couronne. Des palmes accompagnent le médaillon et couvrent en partie le dessus et la face de l'appui sur lequel à g., on lit : *B. D. Ponchel, Pinxit. ; — à dr. : Io. Lenfant, sculpebat* || 1663.

Très-belle épreuve. Collection Mariette.

1210. **Tillet** (Franç. DU), greffier en chef du parlement de Paris. — In-fol. H. de la pl., 0,356. L. 0,274. (Le B., 32, *s. n.*)*

En buste, dans une bordure ovale, équarrie, supportée par un piédestal.

Vu de 3/4, tourné à droite, regardant de face. Tête nue, cheveux très-longs et bouclés. Vêtu du costume de sa charge. — Autour de l'ovale : *Franciscvs du Tillet, Regis Consilliarivs, Protonotarivs, et in Svpremo Galliarvm Senatv Commentariensis.* — Sur le dessus du piédestal, à g. : *Lenfant, ad viuum;* — à dr. : *faciebat.* 1663. — Au milieu du piédestal, couvrant la frise de la tablette, un ovale oblong à fond blanc, retenu par des rubans cloués aux angles de la tablette du piédestal, contient un écusson armorié : *Parti de trois traits, coupé d'un, qui font huit quartiers ; sur le tout du tout, d'or à la croix pattée et alésée de gueules ;* l'écu timbré d'une couronne surmontée d'un casque couronné, orné de cimier et de ses lambrequins ; supports : deux sirènes.

Belle épreuve.

1211. *Toscane :* **Cosme III de Médicis,** sixième grand-duc, 1642-1723. — Gr. in-fol. H. 0,508. L. 0,420. (Le B., 33.)

En buste, dans un ovale équarri dont les côtés sont échancrés ; les angles ornés de cartouches aux armes des *Médicis* et surmontés d'une couronne. Vu de 3/4, tourné à gauche, regardant de face. Longue perruque. Magnifique rabat de dentelle. Vêtu d'un pourpoint à ramages avec manches à crevés. — Autour de l'ovale : *Cosmvs tertivs Etrvriæ Princeps.* — Sur la bordure blanche intérieure de l'ovale, au bas du portrait : *Ionnes Lenfant Abbauillœus sculpebat Parisiis.*1673.

Très-belle épreuve.

LÉPICIÉ (Bernard),

peintre, graveur et écrivain d'art français, né le 6 (et non le 8) octobre 1698, à Paris, où il mourut le 17 janvier 1755. Il était fils de Robert Lépicié, maître écrivain, et de Françoise-Gabrielle Gavot. Sa femme, Renée-Élisabeth Marlier, exerça aussi la profession de graveur et décéda le 26 mars 1773. Leur fils, Nicolas-Bernard, né le 16 juin 1735, peintre et graveur, professeur de l'Académie de peinture et de sculpture, mourut le 14 septembre 1784.

1212. Bertin (Nic.), peintre français, 1667-1736. — In-fol, H. 0,364. L. 0,253. (Le B., 18.)*

A mi-corps, dans une bordure ovale, équarrie, supportée par un socle. Vu de 3/4, tourné à droite, où il regarde, le corps étant à gauche. Tête nue, cheveux longs et bouclés, rejetés en arrière et retombant sur les épaules. Le col de la chemise dégrafé et ouvert laissant voir la poitrine. Drapé dans un manteau qui lui couvre l'épaule gauche et dont les pans retombent en dehors de l'ovale et forment draperie. Il tient de la main gauche une palette chargée de couleurs, le pouce passé dans le doigté. — Sur le dessus du socle, à g., un volume, un porte-crayon et un rouleau de papier ; — à dr., un appui-main. — Au milieu du socle, sur un cartouche oblong, l'inscription suivante: *Nicolas Bertin* || *de Paris* || *Peintre ordinaire du Roy, Adjoint* || *a Recteur en son Academie de* || *Peinture et Sculpture* || *Mort le* 11 *Avril* 1736. — Sur la plinthe, à g. du cartouche: *Peint par De Lien.*; — à dr. : *Gravé par Bernard Lépicié pour sa reception à l'Academie en* 1746.

Belle épreuve.

1213. **Boucon**, amateur. — In-fol. H. 0,289. L. 0,227. (Le B., 19, *s. n.*)

A mi-corps, assis sur une chaise à dossier devant une table. Vu de 3/4, tourné à gauche, où il regarde, le corps étant à droite. Coiffé d'un bonnet orné de broderie. Il a la tête rasée ; le col de sa chemise dégrafé. Robe de chambre garnie de brandebourgs sur le devant. Il tient verticalement de la main gauche un livre ouvert. Sur le recto et le verso des feuillets, on lit: *Horat-Ad* || *Lydiam*. De l'index de la main droite, l'avant-bras appuyé sur la table, il montre une partition de musique dont le chant commence par ces mots: *La Liberté.* Cette partition recouvre en partie une autre feuille de papier sur laquelle on voit une académie.—Sous le tr. c., à g.:*Peint par de Troy.*; — à dr. :*Gravé a l'Eau forte par S. Thomassin, et terminé au burin par Lépicié.*—Au-dessous, sur toute la largeur, ces deux vers :

L'étude fut toujours l'objet de mes desirs,
Et ces trois arts faisoient mes uniques

Belle épreuve.

1214. **Capperonnier** (l'abbé Cl.), philologue français,.1671-1744. — Gr. in-fol. H. 0,448. L. 0,345. (Le B., 21.)*

Jusqu'aux genoux, dans l'embrasure d'une fenêtre architecturale, figurée en pierre, cintrée dans le haut. Il est assis devant une table recouverte d'un tapis, et portant plusieurs volumes dont un in-folio, sur le dos duquel on lit ce titre : *Quintilien de* || *Oratore ;* un encrier et une plume d'oie. Vu de 3/4, tourné à gauche, regardant à droite ; tête nue, cheveux bouclés. Soutane avec rabat, manchettes de dentelle ; les épaules couvertes d'un manteau d'abbé. Il est accoudé du bras droit, appuyant sa tête sur sa main fermée. La main gauche repose sur le volume. — Derrière le personnage, formant le fond, une draperie relevée à gauche laisse voir un rayon avec des in-folios. — Sur le dessus de l'appui de la fenêtre, un rouleau de papier porte ces inscriptions : Γηράσκω δ' ἀιεὶ πολλὰ διδασκόμηνος. — ΜΑΝΟΥΗΑ || ΤΟΥ ΠΑΛΑΙΟΛΟΓΟΥ ΔΙΑΛΟΓΟΣ. — A droite de ce rouleau de papier, au bord de l'appui: *Lépicié Sculp.* 1741. — Au bas du montant gauche, sur le bord de l'appui: *Aved pinxit.* — Sur une tablette placée sous l'appui et au-dessus d'une corniche, cette inscription : *Claud. Cap-*

peronnier Mondesiderianus || *Licentiat.Theolog.Paris. et Regius*||*Græcar. Literar. Professor.* || *An. Ætat.* 68. — A droite de cette inscription, sur le dessus de la corniche, des in-folios et des manuscrits placés les uns sur les autres; celui qui est dessous est ouvert, et on lit sur les feuillets : *Thesaur.Ling.Lat.* ; — deux autres volumes portent en titre: l'un *Synodicæ* || *Lectiones.* ; l'autre : ΕΠΙΣΤΟΛΑΙ || ΙΑΚΩΒΟΥ || ΜΟΝΑΧΟΥ.

Très-belle épreuve, avec marges.

1215. Desmares (Christine-Antoinette-Charl.), actrice française, 1682-1753. — In-fol. H. 0,402. L. 0,285. (Le B., 23.)*

A mi-jambes, dans une bordure ovale, équarrie, supportée par un socle. Elle est représentée dans le rôle de *Thalie*, debout, vue presque de face, en cheveux, dont une longue mèche retombe sur l'épaule droite ; la tête ornée de fleurs. Robe à raies, la taille serrée par une ceinture ; le corsage laisse la gorge à découvert; un manteau, attaché par une agrafe ornée d'une perle, lui couvre les épaules. Elle est accoudée du bras droit sur un meuble recouvert d'une draperie, et, de la main gauche, elle tient un masque et un poignard, la pointe en l'air, passée dans l'œil du masque. — Autour de l'ovale, dans le haut: *Charlote* (sic) *Desmares*. — Sur le dessus du couronnement du socle, à g.: *C. C.*; — à dr. : *Lépicié Sculp.* 1733. — Sur la tablette du socle, ce quatrain :

> *Touchante dans les pleûrs, piquante dans les ris,*
> *De l'une et l'autre scene également maitresse,*
>> *Au Théatre, tu réunis*
>> *Les dons partagés au Permesse.*

—Sur toute la longueur de la plinthe : *a Paris chez L. Surugue graveur du Roy*, etc. *Avec privilege du Roy.*

Très-belle épreuve, sans marges.

1216. Dufresne (Cath. DE SEINE, Mme), actrice française. — — In-fol. H. 0,400. L. 0,278. (Le B., 24.)*

A mi-jambes, dans une bordure ovale, équarrie, supportée par un socle. Elle est représentée dans le rôle de *Didon*, debout, vue de 3/4, la tête inclinée à gauche, les yeux levés au ciel; le corps de face. La tête ceinte d'un diadème, les cheveux entremêlés de perles. Tunique à manches courtes, serrée à la taille par une ceinture ornée de perles. Le corsage ouvert et baissé laisse à nu l'épaule gauche et le sein sur lequel se voit une blessure. Le bras gauche pendant, orné d'un bracelet de deux rangs de perles, elle tient dans la main un poignard. Elle est enveloppée d'un riche manteau, dont l'un des pans retombe en dehors de l'ovale, et forme draperie sur le socle. — A droite.

est un bûcher sur lequel elle s'appuie du coude gauche, tenant de la main le haut de son corsage. Près de son bras, sur le bûcher, une épée, dont on ne voit que la garde, et un casque orné d'un panache. — A gauche, dans le fond, des galères voguant à la voile. — Autour de l'ovale, dans le haut : *Catherine de Seine Epouse du S*ʳ*. Dufresne.* — Sur la tablette du socle, ce quatrain :

> *L'art ne vous prête point sa frivole imposture,*
> *Dufrêne, vos attraits, vos talens enchanteurs*
> *N'ont jamais dû qu'à la nature*
> *Le don de plaire aux yeux et d'attendrir les cœurs.*

— Sur la plinthe du socle, à g.: *peint par Aved.* ; — à dr.: *gravé par Lépicié.*

Très-belle épreuve.

1217. **Molière** (Jean-Baptiste POQUELIN DE), 1622-1673. — In-4°. H. 0,193. L. 0,142. (Le B., 26.)*

A mi-corps, assis devant une table portant deux volumes, au dos desquels on lit : *Plavte-I. Frence.* Il est vu de 3/4, tourné à gauche, où il regarde, le corps étant de face. En perruque bouclée, retombant sur les épaules. Vêtu d'une robe de chambre boutonnée à la taille et laissant voir le col de sa chemise dégrafé : les manches de sa robe sont légèrement retroussées. Il écrit de la main droite. Le bras gauche accoudé sur les volumes, la tête appuyée sur la main.

Eau-forte, d'après Ch. Coypel.

1ᵉʳ état, avant toute lettre. — Très-belle épreuve.

1218. **Orry** (Philibert), comte DE VIGNORY, financier et ministre français, 1689-1747. — Gr. in-fol. H. 0,515. L. 0,372. (Le B., 28).*

Presque entier, dans un cadre rectangulaire dont la baguette du bas est plus large. Il est représenté debout, devant une table magnifiquement sculptée sur laquelle est une écritoire avec canif et plume d'oie. Vu de 3/4, tourné à droite, regardant de face. Longue perruque bouclée. En costume de contrôleur général; cravate de dentelle ; vêtu d'un habit avec manches à parements garnis de boutons. L'épaule et le bras gauche couverts d'un manteau qui entoure le personnage, et dont les pans reposent sur un fauteuil placé derrière. Les deux bras en avant, les mains appuyées sur un livre, qu'il tient debout sur la table et près duquel est une enveloppe dont le cachet est brisé. Il tient dans la main gauche un pli sur lequel est la suscription : *Au Roy.* — Sur la gauche du personnage, formant le fond, des pilastres avec deux colonnes, derrière lesquelles passe une draperie attachée, dans l'angle gauche, par des cordons à glands.— Au milieu de la tablette du cadre, au bas du portrait, un médaillon renfermant un cartouche armorié : *De pourpre au lion d'or rampant contre un rocher d'argent ;* supports : deux lions. Ces armoiries sont accompagnées de l'inscription suivante qu'elles séparent en deux: *Messire Philbert* (sic) *Orry, Ministre Et‖ Conseiller d'Etat, Contrôleur General des Finances,‖ et Directeur General des Batiments du Roy.* — Sous le tr. c., à g. : *Peint par Hyacinthe Rigaud Ecuyer Chevalier de l'Ordre de S^t. Michel* (en 1735).; — à dr. : *Gravé par Lépicié* 1737.

Belle épreuve.

1219. **Richer de Roddes de la Morlière** (Ch.). — In-fol. H. 0,340. L. 0,231. (Le B., 28.) *

A mi-corps, dans une bordure ovale, équarrie, supportée par un socle. Vu presque de face, coiffé d'un turban orné d'une aigrette retenue par un brillant. Nez bourgeonné ; verrue au-dessous de l'œil droit. Veste à collet et bordures de fourrure ; manches courtes garnies également de fourrure. La veste est agrafée dans le haut et laisse voir un gilet à ramages entièrement boutonné. Derrière le personnage, à gauche, deux rayons d'une bibliothèque; sur le dos de trois livres placés dans le rayon le plus bas, on lit, sur le premier renversé sur les deux autres: *Alco ‖ ram ;* — sur les deux suivants : *Cvisin ‖ France‖ Tom. ‖ XXXI‖ XXXII.*— Sur le dessus du couronnement du socle. à g. : *Peint par la Tour ;* — à dr. : *gravé par Lépicié.* — Au milieu du socle, un médaillon ovale contenant un cartouche armorié : *D'or au chevron de gueules chargé de trois croix recroisettées d'argent, posées une à la pointe du chevron, les autres sur les branches ; le chevron accompagné de trois roses, tigées et feuillées d'argent ; au chef cousu d'argent, chargé d'une croix de Jérusalem ;* le cartouche est surmonté d'une couronne de marquis. Ces armoiries sont accompagnées de l'inscription suivante qu'elles séparent en deux : *Charles Richer ‖ De Roddes de la Morlierre.*

Belle épreuve.

1220. **Watteau** (Jean-Ant.), peintre français, 1684-1721. — In-8°. H. 0,133. L. 0,106. (Le B., 30.) *

A mi-jambes, debout, vu de 3/4, tourné à gauche, regardant de face. En perruque frisée, retombant sur les épaules. Habit boutonné à la taille par deux boutons. Il tient dans la main droite, le bras en avant, des pinceaux avec sa palette chargée de couleurs, le pouce passé dans le doigté. Dans la main gauche, est son appui-main, sur lequel il s'appuie en guise de canne. A gauche, sur un chevalet, est placée une toile, où l'on voit des arbres ; le milieu de la peinture est caché par la palette de l'artiste. Devant le personnage et près du chevalet, une table, divers objets, entre autres un buste et un compas. —Sous la tr. c., à g.: *Se jpsum*

Pinx. ; — à dr. : B. Lépicié Sculp. ; — au milieu : Antoine Watteau‖ de L'Acad. Royale de Peinture. — Au-dessous, sur toute la largeur : *Né à Valenciennes. Mort à Nogent près de Paris, le 18 Juillet 1721. Agé denviron 37.ās ‖ AParis chez Odieuvre Md. d'Estampes,* etc. C. P R
Belle épreuve.

LE RAT (Paul),

graveur à l'eau-forte contemporain.

1221. Drevet (Pierre), graveur français, 1663-1738. — In-8°. H. 0,116. L. 0,091.

A mi-corps, debout, vu de face. En perruque bouclée retombant sur les épaules. Le col de sa chemise dégrafé. L'épaule droite couverte d'un manteau qui l'entoure. Les deux mains appuyées sur une plaque de cuivre placée verticalement. Il tient un burin dans la main droite. — Au fond, on voit la silhouette de Rigaud. — Sous le tr. c., à g. : à la pointe : *Le Rat. sc.*
Eau-forte.
1er état, avant la lettre. — Belle épreuve, sur papier de Chine.
2e état. — Sous le tr. c., à g. : *Le Rat sc. ; —* à dr. : *Imp. A. Salmon. —* Au milieu : *Pierre Drevet‖ (1663-1738) ‖ d'après le tableau de H. Rigaud. —* Belle épreuve.
Ce portrait, exécuté d'après une esquisse gravée par M. Danguin, professeur à l'école de gravure de Lyon, figure en tête de l'ouvrage posthume de M. Ambroise Firmin-Didot : *Les Drevet.* Le tableau de Rigaud est conservé au musée de Lyon.

1222. Taschereau (Jules-Antoine), littérateur français, 1801-1874.— In-fol. Dimension de la planche : H. 0,199. L. 0,153. H. de la gravure, 0,140. L. 0,104.

A mi-corps, dans un cadre rectangulaire formé d'un trait. Vu presque de face, le corps tourné à gauche. Tête nue, cheveux courts et séparés par une raie sur le côté gauche. Il porte la barbe courte. Verrue au milieu de la joue gauche. Vêtu d'une redingote boutonnée. Le ruban de la Légion d'honneur à la boutonnière. — Sous le tr. c., au milieu et tracé à la pointe : *P. Le Rat.* 75 (la lettre *a* du nom est à l'envers).
Eau-forte.
Très-belle épreuve, sur papier de Chine, doublé de papier blanc, à grandes marges.

LEROUX (Jean-Marie),

graveur au burin, né à Paris le 6 janvier 1788. Élève de David.

1223. Dumont.— In-fol. H. de la pl., 0,377. L. 0,296. H. du portrait 0,190.

A mi-corps, vu de 3/4, tourné à gauche, regardant de face; tête nue, les cheveux relevés. Il porte de légers favoris. Redingote boutonnée; ruban de la Légion d'honneur. — Sous le portrait, à g.: *Ingres del.* || 1830 ; — à dr. : *Leroux Sculp.*1838.|| *à son ami Dumont.*
1er état, avant le nom du personnage.— Belle épreuve.

LE ROY (Jacques),

graveur au burin, né à Paris en 1739, mort en....

1224. Voltaire (Marie-François Arouet de), 1694-1778. — In-4°.H. totale, 0,162. L. 0,091.— H. de l'ovale renfermant le portrait, 0,070. L. 0,061.

En buste, dans un petit médaillon de forme ovale, placé au milieu d'un second cadre renfermé dans un cadre rectangulaire. Il est vu de profil, tourné à droite. En perruque bouclée, retombant sur les épaules. Habit brodé, laissant passer le jabot de dentelle. — Au-dessous de l'ovale, dans la gravure: *M. F. A. de Voltaire.* || *Mort a Paris en* 1778. *agé de* 84. — Sous ce portrait, dans un autre cadre avec appui, placé également dans le cadre rectangulaire, est représenté le profil de l'église de Ferney; devant le portail se voient plusieurs personnes; sur le fronton du monument est inscrit: *Deo erexit*||*Voltaire*||*MDCCLXI.* — Sur le côté droit de l'église, dans un espace réservé, s'élève son mausolée ayant la forme d'une pyramide surmontée d'une urne. Deux personnes sont assises sur la base de la pyramide. A l'angle de l'église et de l'emplacement du tombeau, est représenté un curé donnant le bras à un homme vêtu d'une redingote et accompagné d'un petit chien. — Au-dessous, sur l'appui, cette inscription : *Le Tombeau de M. F. Arouet de Voltaire.* || *A Ferney.* — A dr., dans l'angle de l'appui, au-dessus du tr. : *J. le Roy Scu.* — Au-dessous du tr. c., sur deux lignes, le quatrain suivant :

> *Vois de ce monument la Structure sans faste,*
> *A combien de Tombeaux il présente un contraste,*
> *Le poids des attributs souvent illustre un nom,*
> *Le tien seul ô Voltaire est rebelle à Houdon.*
>
> *de Gaigne.*

— Au-dessous : *Se Vend AParis chez Bligny Peintre et Doreur*, etc.||
A Présent chez Esnauts et Rapilly, etc. ||*A. P. D. R.* — Au-dessus de
la planche gravée, dans la marge à dr., le chiffre 167.

Belle épreuve, avec marges.

LE ROY (P.),

graveur au burin du milieu du dix-huitième siècle.

1225. **Masson** (Antoine), dessinateur et graveur français,
1636-1700.— In-fol. H. 0,315. L. 0,200. (Le B., 2, *s. n.*)

A mi-corps, debout, appuyé du bras droit sur un socle. Vu de 3/4,
tourné à droite, regardant de face. En longue perruque. Vêtu d'une
robe de chambre garnie de fourrure. La main gauche passée sous
le revers de la robe ; il tient dans la main droite un burin appuyé sur
une plaque de cuivre, placée devant lui sur le socle. — Sous le tr.
c., à dr. : *P. le Roy fecit.*

Très-belle épreuve.

LETELLIER (CHARLES-FRANÇOIS),

peintre et graveur au burin, né en 1743, à Paris, où il mourut en 1800. Élève de
Fr. Boucher.

1226. **Vallayer-Coster** (Anne), peintre de fleurs. — In-4°.
H. 0,207. L. 0,165. (Le B., 4, *s. n.*)*

A mi-corps, dans un médaillon équarri, entouré de feuillages et
orné dans le haut d'un nœud de ruban. Elle est représentée de profil,
tournée à droite ; cheveux relevés sur le devant et étagés, formant de
grosses frisures sur les côtés ; ils sont retenus derrière par des rubans
et recouverts à leur sommet d'une mousseline formant bonnet. Vêtue
d'une robe dont le corsage garni d'une ruche, avec nœud de ruban
sur le devant, est décolleté et laisse voir les seins en partie. — Plus
bas, au-dessous du médaillon, une tablette clouée, sur le dessus de
laquelle sont placés en sautoir une palette munie de couleurs et un
appui-main. — Sur la face de la tablette, cette inscription : *Anne
Vallayer Coster.* || *De L'Académie Royale de Peinture* ||*et de Sculpture en
1770.* || *Dessiné par elle-même.*—Sous le tr. c., à g. : *Anne Vallayer Del. ;*
— à dr. : *C. F. Letellier Sculp.*—Au milieu : *A Paris, chez Letellier*, etc.

Rare. — Belle épreuve.

LEÜ (Thomas de),

graveur au burin d'origine flamande, d'un grand talent, né vers le milieu du seizième siècle, mort vers 1620. Élève de Jean Rabel, et d'Antoine Caron, dont il épousa la fille. Son œuvre a été décrit par M. Georges Duplessis, dans le *Peintre-Graveur* de Robert-Dumesnil, t. X, pp. 7 à 164, et t. XI, pp. 123 à 127.

1227. *Angleterre :* **Jacques I**er, 1566-1625. — In-8°. H. totale de la planche, 0,130, dont une marge de 0,025. L.0,084.

> Voir Rob.-Dum., 421.
> Belle épreuve.

1228. **Argentré** (Bertrand d'), célèbre jurisconsulte, 1519-1590. — In-4°. H. de la planche gravée, 0,175. L. 0,127. (Le B., 149, *s. n.*) *

> Voir Rob.-Dum., 300.
> Les armoiries gravées dans l'angle gauche du haut, non décrites, sont : *D'azur à la croix pattée d'argent ;* l'écusson timbré d'un casque taré de profil, orné de ses lambrequins ; cimier : une croix pattée. Au-dessous de l'écusson, est un petit médaillon avec le monogramme du personnage.
> 1er état, avant les rides sur le front. — Très-belle épreuve.
> 2e état. — Le front chargé de rides. — Sous le tr. c. de la planche indiqué par un trait noir horizontal, on lit ce quatrain, non indiqué par Robert-Dumesnil :
>
> > *Hæc hominis non tam facies, quàm Numinis æqui est,*
> > *Cui & tota Themis iunxit, & hæc peperit.*
> > *Parcite, municipum fessi sartagine legum,*
> > *Hæc Argentræi scriptio nempe satis.*
> >
> > > *N. Richelet, Paris.*
>
> Le texte qui se trouve au dos est ainsi disposé : huit vers grecs, séparés, par un trait horizontal, de quatorze vers latins, suivis de cinq autres vers latins que séparent un trait horizontal. Le dernier vers est coupé. — Très-belle épreuve.

1229. **Arlensis** *de Scudalupis* (Pierre), astrologue et alchimiste, de la fin du seizième siècle. — In-8°. H. totale, 0,126, dont une marge de 0,017. L. 0,086.

> Voir Rob.-Dum., 301.
> 1er état, avant que l'oreille ait été ombrée, et avec le mot *sculpcit.* Très-rare. — Très-belle épreuve.
> 2e état. L'oreille ombrée et avec le mot *sculpxit.*—Superbe épreuve. Collection Buckingham.

1230. **Aubert** (Henri), avocat. — In-8°. H. de la planche, 0,136. L. 0,101.

Voir Rob.-Dum., 302.
1er état, avant toute lettre et avant les inscriptions sur les banderoles. — Très-rare. — Superbe épreuve.

1231. **Ayrail** (Pierre), poëte. — In-8°. H. de la planche gravée, 0,116. L. 0,063. (Le B., 150.)*

Voir Rob.-Dum., 305.
Rare. — Très-belle épreuve.

1232. **Beaugrand** (Jean DE), écrivain du Roi. — In-4°. H. totale de la pl., 0,149. L. 0,129. (Le B., 152.)*

Voir Rob.-Dum., 313.
2e état, avec les inscriptions. — Belle épreuve.

1233. **Biron** (Charles DE GONTAUT, duc DE), maréchal de
France, 1562-1602.— In-4°. H. totale de la pl., 0,144, dont
une marge de 0,028. L. 0,096. (Le B., 154.)

Voir Rob.-Dum., 318.
Le premier vers du quatrain sous le tr. c., est ainsi orthographié:

Au Frond de ce Vainceur (sic) *de ce filz de Bellonne.*

Le Blanc et Robert-Dumesnil le citent avec le mot écrit *vaincœur.*—
Le nom du graveur est placé à droite du second vers, et non à la fin
comme le laisserait croire la disposition donnée dans Robert-Dumesnil.
Très-belle épreuve, avant la retouche.

1234. **Borromée** (Saint Charles), cardinal et archevêque de
Milan, 1538-1584. — In-8°. H. de la pl. gravée, 0,116, y
compris une marge de 0,027. L. 0,071.

Voir Rob.-Dum., 320.
1er état. Très-rare. — Superbe épreuve.

1235. **Boursier** (Louise BOURGEOIS), sage-femme qui assista
Marie de Médicis dans toutes ses couches. — In-8°. H. totale
de la pl., 0,135. L. 0,082. (Le B., 165.)*

Voir Rob.-Dum., 324.
Très-belle épreuve.

1236. **Brach** (Pierre DE), sieur de la Motte-Montussan, avocat et poëte, né à Bordeaux en 1549. — In-8°. H. totale de la pl., 0,130. L. 0,094. (Le B., 166.)*

Voir Rob.-Dum., 325.
2ᵉ état. — Très-belle épreuve.

1237. **Brisson** (Barnabé), jurisconsulte français, 1531-1591. —In-4°. H. totale de la planche, 0,175, dont 0,034 de marge. L. 0,122. (Le B., 167.)*

Voir Rob.-Dum., 327.— D'après N. Richelet.
Les armoiries gravées dans l'angle du haut, à gauche, non décrites, sont: *D'azur à trois fusées d'argent, rangées en fasce;* l'écusson timbré d'un casque taré de profil, orné de ses lambrequins.
2ᵉ état. — Superbe épreuve.

1238. **Broé** (Bon DE), magistrat français, mort à Paris le 1ᵉʳ mars 1588. — Gr. in-4°. H. totale de la planche, 0,187, dont une marge de 0,027. L. 0,130. *

Voir Rob.-Dum., 328.
1ᵉʳ état. — A la dernière ligne, contenant la dédicace de P. de Montchal, on lit sur mon épreuve: *memor. C. C.,* et non pas: *memo. C. C.,* comme cela est rapporté dans Robert-Dumesnil, peut-être par erreur, à moins qu'il n'existe réellement un état avec cette faute. — Les armoiries gravées dans l'angle du haut, à droite, non décrites, sont: *D'azur à l'étoile d'or ; au chef d'argent, chargé de trois trèfles de sinople* (non indiqué). — Très-belle épreuve.

1239. **Caron** (Antoine), peintre français, 1520-1598. — In-12. H. totale de la planche, 0,118, dont une marge de 0,025. L. 0,072. (Le B., 169.)*

Voir Rob.-Dum., 330.
Superbe épreuve. — La planche existe encore.

1240. **Choppin** (René), célèbre jurisconsulte français, 1537-1606. — In-4°. H. totale de la planche, 0,193, dont une marge de 0,021. L. 0,136. (Le B., 170.) *

Voir Rob.-Dum., 339.
Les armoiries gravées dans l'angle gauche du haut, et non décrites,

sont : *D'azur au cerf ailé d'or passant sur un épieu du même posé en fasce à la pointe de l'écu* (les émaux ne sont pas indiqués).

Très-rare. — Magnifique épreuve. Collections Mariette et Buckingham.

1241. Érard (Jean), ingénieur français, mort vers 1620. — Gr. in-4°. H. de la planche gravée, 0,206. L. 0,158.

Voir Rob.-Dum., t. X et XII, 364.

2e état. — Fort rare. — Très-belle épreuve.

On ne connait qu'une seule épreuve du 1er état (avant la lettre); elle se trouve dans la collection de M. Meaume.

Pièce anonyme.

1242. *Espagne :* **Philippe II,** 1527-1598. — In-8°. H. totale de la planche, 0,155, dont une marge de 0,029. L. 0,101. (Le B., 175).

Voir Rob.-Dum., 474.

Très-belle épreuve, avec marges.

1243. Estrées (Gabrielle D'), marquise de Monceaux et duchesse de Beaufort, maîtresse de Henri IV, v. 1571-1599. — In-8°. H. totale de la planche, 0,150, dont une marge de 0,030. L. 0,096.

Voir Rob.-Dum., 365.

Épreuve faible d'impression et retouchée.

1244. Estrées (Gabr. D'), la même que la précédente. — In-8°. H. totale de la planche, 0,152, dont une marge de 0,025. L. 0,102. (Le B., 177.)*.

Voir Rob.-Dum., 366.

Rare. — Très-belle épreuve, avec marges (150 à 200 fr.).

1245. Fauchet (Claude), historien français, 1530-1601. — Gr. in-4°. H. 0,174. L., dans le haut, parallèlement aux fleurs de de lis, 0,160 ; dans le bas, suivant la tablette, 0,150. *

Voir Rob.-Dum., 369.

Très-belle épreuve, sans marges sur les côtés.

1246. *France :* **François Ier**, 1494-1547.— In-8°. H. totale,
0,155, dont une marge de 0,031. L. 0,098 (Le B., 184.) *

> Voir Rob.-Dum., 372.
> 2e état: l'ovale équarri et les angles chargés de tailles horizontales.
> — Très-belle épreuve (100 à 150 fr.).

1247. *France :* **Éléonore d'Autriche**, sœur de Charles-Quint
et seconde épouse de FRANÇOIS Ier, morte le 18 février 1558.
—In-8°. H. totale de la planche, 0,156, dont une marge
de 0,030. L. 0,102. (Le B., 180). *

> Voir Rob.-Dum., 357.
> Épreuve avant la retouche.

1248. *France :* **François de Valois**, dauphin, fils aîné de
François Ier, 1518-1536.— In-8°. H. totale, 0,153, dont une
marge de 0,033. L. 0,094. *

> Voir Rob.-Dum., 371.
> Très-rare. — Superbe épreuve.

1249. *France :* **Henri II**, 1518-1559. — In-8°. H. totale de
la planche, 0,152 , dont une marge de 0,028. L. 0,100.
(Le B., 186.)*

> Voir Rob.-Dum., 387.
> 1er état. Rare. — Très-belle épreuve.
> 2e état, retouché et avec texte au verso. — Belle épreuve.
> Pièce anonyme.

1250. *France :* **Catherine de Médicis**, épouse du précédent, 1519-1589. — In-8°. H. totale de la pl., 0,150, dont
0,026 de marge. L. 0,097. (Le B., 181.)*

> Voir Rob.-Dum., 332.
> 2e état. — Très-belle épreuve, avec grandes marges.
> 3e état. — La planche retouchée, et avec les contre-tailles. En cet
> état elle sert de frontispice au livre intitulé: *Les Misèr (es)|| De ce
> temps. || Par P. de Ronsar (d) || Gentil-homme Vendomois. || Dediez || à
> Catherine de Médicis, R:..|| (Me)re des Roys François (II)|| Charles IX.
> et Henry III.|| A) uec vn esclaircissement des choses plus difficil (es) ||
> Par le S^r. Clavde Garnier.*
> Belle épreuve, sans marges.

1251. *France :* **Marie Stuart,** épouse de FRANÇOIS II, 1542-1587. — In-8°. H. totale, 0,150, dont une marge de 0,026. L. 0,097. (Le B., 208.) *

> Voir Rob.-Dum., 457.
> 1ᵉʳ état. Très-rare. — Superbe épreuve.

1252. *France :* **Charles IX,** 1550-1574. — In-8°. H. totale, 0,152, dont une marge de 0,028. L. 0,098. (Le B., 182.) *

> Voir Rob.-Dum., 338.
> Nous complétons ainsi qu'il suit la description de la quatrième ligne: Une chaîne formée de brillants et de perles. Le portrait est entouré d'une bordure ovale, dont le bas est caché par le buste du personnage, et sur laquelle on lit: *Charles IX,* etc.
> 1ᵉʳ état. Très-rare. — Magnifique épreuve.
> 2ᵉ état. — La planche retouchée ; le coup de lumière entourant la tête est chargé de points, et l'on remarque, sur la bordure ovale, à gauche, entre les lettres *H* et *A* du mot Charles, et à droite, près de la lettre *F* du mot France, des petits traits échappés.
> Belle épreuve.

1253. *France :* **Élisabeth d'Autriche,** épouse du précédent, morte le 22 janvier 1592. — In-12. H. de l'ovale, 0,086. L. 0,067.

> Voir Rob.-Dum., 359.
> Les mots de l'inscription autour de la bordure sont séparés entre eux par des étoiles.
> Rare. — Épreuve faible de tirage.

1254. *France :* **Élisabeth d'Autriche** (la même que la précédente). — In-8°. H. totale, 0,151, dont une marge de 0,027. L. 0,099. (Le B., 183, *s. n.*) *

> Voir Rob.-Dum., 360.
> Le mot *Élisabeth* est écrit avec un *z*. Le second vers du quatrain est ainsi orthographié :
>
> > *Sur Ceste Reyne ycy, lhonneur des Loyautez ;*
>
> La dernière lettre du mot *Loyautez* est surchargée d'une *s.*
> Très-rare. — Superbe épreuve.
> Pièce anonyme.

1255. *France :* **Henri III**, 1551-1589. — In-12. H. de l'ovale, 0,075. L. 0,060. (Le B., 188.) *

Voir Rob.-Dum., 390.
Sans l'adresse de *Rabel*, et par conséquent antérieure à celle décrite dans Robert-Dumesnil.
Très-belle épreuve.

1256. *France :* **Louise de Lorraine de Vaudemont**, épouse du précédent, 1554-1601. — In-4°. H. totale de la planche, 0,166, dont une marge de 0,030. L. 0,110. *

Voir Rob.-Dum., 446.
Belle épreuve.

1257. *France :* **François de Valois**, duc d'Alençon, d'Anjou et de Brabant, lieutenant général des armées du roi, frère puîné de Henri III, 1554-1584. — In-8°. H. de la planche, 0,146, dont une marge de 0,026. L. 0,094. *

Voir Rob.-Dum., 296.
Le second vers du quatrain est ainsi orthographié :
    Le seul vent de son Nom, étoufoit leurEnuye:
— et le mot *Sien* à la fin du troisième vers est écrit avec une majuscule.
2e état, avec la plate-bande au bas du portrait recouverte de tailles transversales. L'ouvrage de Robert-Dumesnil ne mentionne pas que dans cet état il y a un texte de quinze lignes au verso. — Belle épreuve.
Pièce anonyme.

1258. *France :* **Jean de Bourbon-Vendôme**, comte de Soissons et d'Enghien, duc d'Estouteville, oncle du roi Henri IV, 1528-1557. — In-8°. H. totale de la planche gravée, 0,120. L. 0,095.

Voir Rob.-Dum., 362.
Épreuve très-retouchée et sans aucune marge.
Pièce anonyme.

1259. *France :* **Henri IV**, 1553-1610. — In-8°. H. totale, 0,149, dont une marge encadrée de 0,025. L. 0,100. (Le B., 196.)

Voir Rob.-Dum., 399.
Magnifique épreuve, avec une petite marge.

1260. *France :* **Henri IV.** — In-8°. H. de la planche, 0,159, dont une marge de 0,029. L. 0,102. (Le B., 194.) *

Voir Rob.-Dum., 400.
Très-belle épreuve, avec marge.

1261. *France :* **Henri IV.** — In-8°. H. de la planche, 0,162, dont 0,028 de marge. L. 0,110. (Le B., 201.)

Voir Rob.-Dum., 403.
La lettre *R* du mot *Henry*, dans l'ovale, est surchargée d'un *Y*, et l'on remarque sur la bordure, tant à gauche qu'à droite, plusieurs traits échappés.
Épreuve avec marge, mais faible de tirage.

1262. *France :* **Henri IV.** — Gr. in-4°. H. totale, de la planche, 0,203. L. 0,137. (Le B., 199.) *

Voir Rob.-Dum., 406. — D'après Fr. Quesnel.
Très-belle épreuve, avec marges.

1263. *France :* **Henri IV.** — In-8°. H. totale, 0,116, dont une marge de 0,024. L. 0,068.

Voir Rob.-Dum., 407.
Les angles du bas sont garnis de palmes qui entourent l'ovale.
Très-belle épreuve.

1264. *France :* **Henri IV.** — Pet. in-fol. H. de la planche gravée, 0,203. L. 0,137. (Le B., 199.) *

Voir Rob.-Dum., 409. — D'après Fr. Quesnel.
Le quatrain inscrit sur la tablette dont les milieux des petits côtés sont convexes, est ainsi orthographié :

> *Ce monarque francois tout graue de Victoire,*
> *Apres auoir chassé l'ennemy de chez-Soy)*
> *Donne la paix, au peuple et puis haussaut* (sic) *sa gloire*
> *Vray Phœnix, de son sang, fait naistre vn aultre Roy.*

— A droite, à la hauteur des deuxième et troisième vers, dans la partie convexe de la tablette : *Thomas de Leu, fe.‖ F. Quénet,* (sic) *pinxit* (au lieu de *Quesnel).*
Belle épreuve.

1265. *France :* **Henri IV.** — In-fol. H. 0,160. L. mesurée dans la partie la plus large du fronton, 0,192, et dans le bas suivant la tablette supportant le piédouche, 0,183. (Le B., 192.) *

Voir Rob.-Dum., 410. — D'après Bunel.
2ᵉ état. — Sur la plinthe du monument, au milieu, dans le bas, on lit: *Bunel.pein.*1605.*Thomas de Leu.scu.* au lieu de *scul.*—Belle épreuve.
C'est sans doute par erreur que le P. Lelong indique la date de 1606.

1266. *France :* **Henri IV.** In-fol. H. de la planche, 0,430. L. 0,288. (Le B., 202.) *

Voir Rob.-Dum., 412. — D'après Isaïe Fournier.
La description donnée dans Rob.-Dum., assez succincte, n'indique pas que dans le bas, à gauche et à droite du monument, on voit des montagnes.
Le premier vers du quatrain est :

En vain ayie icy paint sous differends visages

et non pas :

En vain ay icy ic paint, etc.

Très-belle épreuve.

1267. *France :* **Henri IV.**— In-4º. H. de la planche gravée, 0,166. L. 0,134. *

Voir Rob.-Dum., 414.
Le casque et les gantelets sont à droite sur une table recouverte d'un tapis fleurdelisé.
1ᵉʳ état. Très-rare. — Superbe épreuve.

1268. *France :* **Henri IV.**— In-8º. H. de la planche gravée, 0,175. L. 0,108.

Voir Rob.-Dum., 415.
Nous complétons la description ainsi qu'il suit :
Vêtu des habits royaux, il est assis sur un trône, surmonté de deux palmes, dont les extrémités jointes en croix de Saint-André sont passées dans une couronne de laurier tenue par deux anges. Une draperie, disposée en forme de tente, retombe derrière le trône. Il est tourné vers la droite, vu de 3/4, les pieds posés, etc.
1ᵉʳ état. — Très-belle épreuve, avec marges.

1269. *France :* **Henri IV.**— In-4º. H. de la planche gravée, 0,159. L. 0,106. (Le B., 200.)

Voir Rob.-Dum., 417.
Le roi, coiffé d'un chapeau dont le bord de devant est relevé et orné

de plumes, avec aigrette, monte un cheval dont la tête est empana-
chée. Il est couvert d'une armure, avec écharpe en sautoir; de la main
droite, il tient son sceptre et se dirige, etc.

2º état. — Belle épreuve.

Le texte au verso se compose de sept lignes, commençant par:
du mal-heur public, etc., et finissant par: *Fin du premier Livre & du
Regne d'Henry III.*

1270. *France :* **Marie de Médicis,** seconde épouse du précédent, 1576-1642.— In-4º. H. totale, 0,156, dont une marge
de 0,029. L. 0,102. (Le B., 231.) *

Voir Rob.-Dum., 452.
1er état. — Très-belle épreuve.
2º état, NON CITÉ. — La planche a été reprise, et le coup de lumière
à droite est semé de points. — Belle épreuve.

1270 *bis.* *France :* **Marie de Médicis.** — In-8º. H. totale,
0,142, dont une marge de 0,020. L. 0,097.

Copie anonyme du précédent. — Sur la bordure, qui est moins large
et moins encadrée, on lit : *Serenissima Domina Maria Medicæa, Regina
Cristianissima Franciae et Navarrae. Año. MDCI.* — Sous l'ovale, dans
la marge, les vers suivants :

> *Aspectus potuit varios qui pingere pictor*
> *Iridis, is lucem fingere non poterit :*
> *Sic Mariæ vultus radij aspiciuntur : at eius*
> *Cernere præclarum quis queat ingenium!*

Belle épreuve, rognée sur les côtés.

1271. *France :* **Marie de Médicis.** — In-4º. H. de la planche
gravée, 0,160. L. 0,107. (Le B., 205.) *

Voir Rob.-Dum., 453.
Très-belle épreuve, avec petites marges.

1272. *France :* **Marie de Médicis.**— Pet. in-fol. H. totale,
0,190. L. 0,145. (Le B., 207.) *

Voir Rob.-Dum., 456. — D'après Fr. Quesnel.
Nous complétons la description sommaire donnée dans Robert-
Dumesnil par ce qui suit:
Elle est représentée en pied, vue de 3/4, tournée à droite, assise
sur un lit de justice, surmonté d'un baldaquin fleurdelisé, dont les ri-
deaux sont relevés par des anges. Elle tient une épée, etc.

1er état, avant le texte au verso. — Belle épreuve, sans marges et coupée dans le bas au tr. c., en sorte que le quatrain, placé sur deux colonnes égales dans la marge, ne s'y trouve point.

1273. *France :* **Louis XIII**, dit *le Juste.* 1601-1643. — In-4°. H. de la planche gravée, 0,202. L. 0,141.*

Voir Rob.-Dum., 443.

Compléter ainsi qu'il suit la description à partir de la deuxième ligne :

Il tient de la main droite une pique, ornée dans le haut d'un cordon à glands, et de l'autre, le bras appuyé sur une table, recouverte d'un tapis, semé de fleurs de lis et de dauphins, une branche de fleurs de lis naturelles. Des draperies relevées sur les côtés encadrent le personnage. Il est dans une bordure ovale, etc.

Ajouter à la septième ligne, après le mot *dauphins:*

Les coins du haut sont garnis d'écussons armoriés ; celui de gauche renferme les armoiries des *Dauphins*, timbrées d'une couronne et entourées de deux palmes ; à droite, autour d'un petit ovale renfermant *l'aigle de l'Empire*, on lit en exergue : *Crescit spes altera Romæ.*—Deux branches d'olivier encadrent l'ovale. Au bas, sur une tablette dont les milieux des petits côtés sont convexes, on lit ce quatrain:

> *France cerchant,* etc.

— A droite, dans la partie convexe, à la hauteur du second vers : *Thomas de ‖ Leu. fecit.* — Plus bas, entre le troisième et le dernier vers: *Iohannes ‖ blasmez pinxit.*

Fort rare. — Magnifique épreuve (100 fr. et plus).

1274. *France :* **Louis XIII.** — In-4°. H. de la planche gravée, 0,195. L. 0,123. (Le B., 203.)*

Voir Rob.-Dum., 444.
1er état. Très-rare. — Superbe épreuve.

1275. *France :* **Élisabeth de France**, appelée *Madame*, sœur du précédent, 1602-1644.— In-4°. H. de la pl. gravée, 0,200. L. 0,138.*

Voir Rob.-Dum., 361. — D'après Jean Blasmez.
L'inscription qui se trouve autour de l'ovale est orthographiée comme il suit :

Povrtraict de Madame Fille vniqve de Henry IIII. Roy de France et de Navarre. nee à Fontainebleau le 22. de Novembre à 9. heures du matin. 1602 (date séparée en deux par une petite rosace).

— Au deuxième vers du quatrain, remplacer la *virgule* par un *point et virgule*.

Belle épreuve.

1276. *France :* **César de Bourbon**, duc DE VENDÔME, fils légitimé de Henri IV, 1594-1665.— In-8°. H. de la pl. gravée, 0,150. L. 0,094. (Le B., 251.) *

> Voir Rob.-Dum., 499.
>
> Il est en pied, vu de 3/4, debout, etc. — Dans le dernier vers, les mots : *cœur* et *tiennent* n'en forment qu'un, ainsi écrit : *cœurtiennent.*
>
> Très-belle épreuve.

1277. *France :* **Charles de Bourbon**, comte de Montpensier et dauphin d'Auvergne, appelé *le connétable de Bourbon,* 1490-1527. — In-4°. H. de la planche, 0,152, dont une marge de 0,032. L. 0,101. (Le B., 158.)

> Voir Rob.-Dum., 323.
>
> 1er état. — Superbe épreuve, avec marges.

1278. *France :* **Charles II de Bourbon**, appelé *le cardinal de Bourbon,* proclamé roi pendant la Ligue, sous le nom de CHARLES X, 1523-1590.— In-4°. H. de la pl., 0,152, dont une marge de 0,030. L. 0,098. (Le B., 161.) *

> Voir Rob.-Dum., 321.
>
> A la fin du premier vers du quatrain, ajouter une *virgule.*
>
> Rare. — Superbe épreuve, avec grandes marges.

1279. *France :* **Charles II de Bourbon**, le même que le précédent.— In-4°. H. de la pl. gravée, 0,136. L. 0,110.

> Voir Rob.-Dum., 322.
>
> Les mots de l'inscription autour de la bordure ovale sont séparés entre eux par un *point.*
>
> Fort rare. — Superbe épreuve, mais coupée au-dessous du tr. c. de sorte que le quatrain qui se trouve dans la marge est enlevé.

1280. *France :* **Louis Ier de Bourbon**, prince **de Condé**, frère cadet du précédent, 1530-1569. — In-8°. H. totale de la planche, 0,151, dont une marge de 0,029. L. 0,095. (Le B., 164.)*

> Voir Rob.-Dum., 345.
>
> 2e état. — Épreuve faible de tirage.

1281. *France :* **François de Bourbon**, prince **de Conty**, fils du précédent et grand-oncle du grand Condé, 1558-1614. — In-8°. H. totale de la planche, 0,153, dont une marge de 0,027. L. 0,103. (Le B., 162.)*

Voir Rob.-Dum., 348.

Le dernier mot du quatrain *Couronne* est écrit avec une majuscule, et le nom du graveur suit immédiatement après, au lieu d'être au-dessous, comme on l'indique dans Robert-Dumesnil.

Magnifique épreuve. — Collection Buckingham.

1282. *France :* **Jeanne de Coëme**, veuve de Louis, comte de Montafié, et première épouse du précédent, morte le 26 décembre 1601.— In-8°. H. totale de la pl., 0,156, dont une marge de 0,023. L. 0,110. (Le B., 172, *s. n.*)*

Voir Rob.-Dum., 350. — D'après Fr. Quesnel.

Le mot *siècle* dans le second vers n'est pas écrit avec une majuscule. Le nom du graveur est à droite, à la hauteur de l'avant-dernier vers, et celui du peintre, au-dessous.

Très-rare. — Magnifique épreuve.

1283. *France :* **Louise-Marguerite de Lorraine**, fille de Henri Ier, duc de Guise, et seconde épouse du précédent, 1577-1631.— In-4°. H. totale de la planche, 0,164, dont une marge de 0,029. L. 0,108. *

Voir Rob.-Dum., 352.

1er état. — Épreuve faible de tirage.
2e état. — Belle épreuve.

1284. *France :* **Henri de Bourbon**, duc de Montpensier, gouverneur de Normandie, appelé le *Prince de Dombes* du vivant de son père, 1573-1608.— Gr. in-8°. H. totale, 0,154, y compris une marge de 0,027. L. 0,103. (Le B., 236.)

Voir Rob.-Dum., 464.

Les mots *Indompté* et *Immortel* du premier et du second vers commencent par une majuscule.

Superbe épreuve.

1285. *France :* **Charles III de Bourbon**, archevêque de Rouen et cardinal, appelé successivement *cardinal de Ven-*

dôme et *cardinal de Bourbon*, 1562-1594. — In-8°. H. totale, 0,154, dont une marge de 0,031. L.0,100.(Le B.,159.)*

Voir Rob.-Dum,, 500.
1er état, avant toute inscription; inconnu à Robert-Dumesnil.— Très-rare. — Superbe épreuve (200 fr. et plus).
2e état. H. de l'ovale, 0,123. L. 0,099. —Épreuve faible de tirage et coupée au-dessous du tr. c., de sorte que le quatrain qui se trouve dans la marge a été enlevé.

1286. *France :* **Charles de Bourbon**, comte **de Soissons**, grand maître de France, 1566-1612. — In-4°. H. totale, 0,150, dont une marge de 0,028. L. 0,100. (Le B., 160.) *

Voir Rob.-Dum., 488.
Ajouter à la deuxième ligne, après le mot *gauche*. Son chiffre couronné et environné de feuillage se voit sur le brassard droit de son armure; celui qui se trouve sur le brassard gauche est caché par une écharpe mise en sautoir. Au troisième vers du quatrain, l's finale du mot *demi-dieus* est à moitié effacée.
Superbe épreuve.

1287. *France :* **Henri II de Bourbon**, prince **de Condé**, appelé *Monsieur le Prince*, père du grand Condé, 1588-1646. — In-4°. H. 0,162, dont une marge de 0,027. L. 0,106.*

Voir Rob.-Dum., 340.
Rectifier ainsi la fin de l'inscription autour de l'ovale : *Agé de 8..Ans.*
1er état. Très-rare. — Très-belle épreuve.

1288. *France :* **Henri II de Bourbon**, prince **de Condé**, le même que le précédent. — In-4°. H. totale, 0,149, dont une marge de 0,026. L. 0,100. (Le B., 163.) *

Voir Rob.-Dum., 342.
A la première ligne, après le mot *manteau*, ajouter: posé sur l'épaule gauche. A la quatrième ligne après le mot *bâton*, ajouter: appuyé sur le côté droit. Le mot *age* dans le quatrain n'est pas écrit avec un accent grave, mais avec un accent aigu : *áge*.
Très-rare. — Magnifique épreuve. Collection Buckingham.

1289. *France :* **Henri II de Bourbon**, prince **de Condé**,

le même que le précédent. — In-4°. H. totale, 0,135.
L. 0,086. (Le B., 163.) *

Voir Rob.-Dum., 344.
La première ligne de l'inscription de la marge supérieure n'est pas
très-lisible : elle est en partie effacée.
Superbe épreuve, sans texte au verso.

1290. **Gondi** (Pierre DE), évêque-cardinal de Paris et frère du
maréchal-duc de Retz, 1533-1616. — In-8°. H. totale, 0,116.
y compris une marge de 0,027. L. 0,070. (Le B., 209.) *

Voir Rob.-Dum., 375.
Très-belle épreuve.

1291. **Habicot** (Nicolas), anatomiste français, 1550-1624. —
In-8°. H. 0,124. L. 0,093. *

Voir Rob.-Dum., 384. — D'après Daniel Dumonstier.
1er état, avant l'adresse de Mariette. — Superbe épreuve.

1292. **Hays** (Jean DE), et non **Hausée** (Jean), poëte français,
conseiller et avocat du roi, vivait à la fin du xvie siècle. —
In-12. H. totale, 0,095, dont une marge de 0,010. L. 0,069.

Voir Rob.-Dum., 385.
Superbe épreuve.

1293. **Hervet** (Gentien), controversiste et fécond traducteur
français, 1499-1584. — In-4°. H. 0,162. L. 0,130. (Le B.,
212.) *

Voir Rob.-Dum., 419.
1er état. — Superbe épreuve. Collection Mariette.

1294. **Hopil** (Claude), poëte français du xviie siècle. — In-12.
H. 0,093, dont une marge encadrée de 0,023. L. 0,057.

Voir Rob.-Dum., 420.
2e état, très-rare. — Superbe épreuve.
Frontispice d'un ouvrage de cet auteur, intitulé : *Œuvres chres-*
tiennes, avec un mélange de poésies; Lyon, chez Ancelin, 1604, in-12.

1295. **Joyeuse** (Anne, duc DE), amiral de France, 1561-1587.

— In-8°. H. de la planche, 0,155, dont une marge de
0,031. L. 0,100. (Le B., 214.) *

Voir Rob.-Dum., 424.

1er état, avant la retouche, et avant le trait fort coupant en deux la
joue gauche. — Belle épreuve.

3e état. — La planche entièrement retouchée. Le coup de lumière,
à gauche, est semé d'un pointillé, et les ombres, à gauche et à droite
du portrait, sont chargées d'une troisième grosse taille qui couvre
les deux premières. Le fond extérieur teinté de tailles horizontales
dans le premier état, l'est dans celui-ci de tailles perpendiculaires se
croisant avec les premières. — Belle épreuve.

1296. Joyeuse (Marguerite DE LORRAINE , duchesse DE),
épouse du précédent, 1564-1625. — In-8°. H. totale, 0,149.
Le. 0,097. (L. B., 229.) *

Voir Rob.-Dum., 425.

Le mot *Jeunesse* de la fin du troisième vers commence par une majuscule, ainsi que le mot *Portrait* dans le vers suivant.

Très-rare. — Superbe épreuve; l'adresse du graveur est un peu
coupée.

1297. La Framboisière (Nicolas-Abraham), médecin français, né à Guise. — In-8°. H. de la planche, 0,126, y compris une marge de 0,022. L. 0,083. *

Voir Rob.-Dum., 429.

Le dernier mot de la devise des armoiries est *Ambrosiam.*

Les armes, non décrites, sont: *D'argent à un compas ouvert, placé
en chevron, accompagné de trois abeilles couronnées* (les émaux ne sont
pas indiqués).

1er état. — Superbe épreuve.

1298. Laval (Antoine DE), sieur de BELAIR, littérateur français, 1550-1631. — In-8°. H. de la planche, 0,098. L. 0,066.

Voir Rob.-Dum., 431.

Pièce anonyme. — Rare. — Très-belle épreuve.

1299. Leblanc (Guillaume), prélat français et camérier du
pape Sixte V, 1561-1601. — In-8. H. de la planche, 0,142.
L. 0,100. *

Voir Rob.-Dum., 433.

1er état. — Très-belle épreuve.

1300. Lorraine (Philippe-Emmanuel DE), duc de Mercœur, frère de Louise de Lorraine de Vaudemont (épouse de Henri III), 1558-1602. — In-4°. H. de la planche, 0,133, dont une marge de 0,024, L. 0,093. (Le B., 228.) *

Voir Rob.-Dum., 458.

1er état, inconnu à Robert-Dumesnil.—Dans le premier vers, le mot *depeint* est écrit : *depeinct*, et le mot *indompté*, qui termine le quatrain, est orthographié : *Jndonté*. — Très-belle épreuve.

1301. Lorraine (Henri DE), comte de Chaligny, frère du précédent, 1570-1601. — In-8°. H. de la planche, 0,156, dont une marge de 0,031. L. 0,100. (Le B., 223.) *

Voir Rob.-Dum., 335.

Magnifique épreuve. Collection Buckingham.

1302. Lorraine-Chaligny (Louise DE), fille du précédent, épouse de FLORENT de Ligne, marquis de Roubaix, 1594-1661. — In-4°. H. totale, 0,165, y compris une marge de 0,027. L. 0,106.

Voir Rob.-Dum., 441. — D'après Fr. Quesnel.

Le quatrain commence par : *Ceste*, au lieu de : *Cette*.

Belle épreuve.

1303. Lorraine (Henri II DE), dit *le Bon*, duc de Bar et marquis de Pont du vivant de son père, puis duc de Lorraine, 1563-1624. — In-4°. H. totale de la planche gravée, 0,206. L. 0,141. (Le B., 222.) *

Voir Rob.-Dum., 307 et 442.

Le nom du graveur est inscrit à droite, entre le second et le troisième vers, dans la partie convexe de la tablette.

1er état, avec les plis entre les deux sourcils. — Très-belle épreuve. Collection Marshall.

2d état. — Les plis presque effacés et l'ombre de la partie supérieure du front éclaircie. — Très-belle épreuve.

1304. Lorraine (Henri II DE), le même que le précédent. — In-8°. H. de la planche, 0,158, dont une marge de 0,028. L. 0,104.

Voir Rob.-Dum., 306.

Dans le quatrain, lire : *Pere, Jmprospere*, et non *Pére, improspère*.

Belle épreuve.

1305. **Lorraine** (Catherine DE BOURBON, première épouse de HENRI II DE), duchesse de Bar, sœur d'Henri IV, 1559-1604. — In-8°. H. totale de la planche, 0,148, dont une marge de 0,028. L. 0,095.

Voir Rob.-Dum., 309.
Très-belle épreuve, avant la retouche.

1306. **Lorraine** (Catherine DE BOURBON, épouse de HENRI II DE), la même que la précédente. — In-4°. H. totale de la planche, 0,160, dont une marge de 0,024. L. 0,108. (Le B., 157.)

Voir Rob.-Dum., 310.
Le mot *Fecit*, dans l'adresse, est écrit avec une majuscule.
Très-rare. — Superbe épreuve.

1307. **Lorraine** (Catherine DE BOURBON, épouse de HENRI II DE), la même que la précédente. — In-4°. H. 0,107. L. 0,135.(Le B., 156.)

Voir Rob.-Dum., 311. — D'après Darlay.
Le mot *vnicqve*, de l'inscription autour de l'ovale, n'est point séparé en deux par un trait d'union, comme on l'indique dans Robert-Dumesnil.
L'estampe étant coupée au-dessous du tr. c., on ne peut apprécier à quel état elle appartient, cependant il nous semble qu'elle est du second.
Superbe épreuve.
C'est le pendant du n° 1303, ci-dessus.

1307 *bis*. **Lorraine** (Catherine DE BOURBON, épouse d'HENRI II DE), la même que la précédente. —In-8°. H. 0,153, y compris une marge de 0,027. L. 0,104.

A mi-corps, dans une bordure ovale, équarrie, autour de laquelle est inscrit : *Catherine de Bovrbon soevr vnique dv Roy.* — Vue de 3/4, tournée à gauche, tête nue, cheveux ondulés, ornés d'une aigrette. Collerette bouillonnée. Le corsage de sa robe est garni d'un collier à trois rangs de perles. — Dans la marge, au-dessous du portrait, ce quatrain :

> *Qui void ce beau portrait cette Auguste aparãce*
> *Void tout l'honeur du Monde et l'abregé des cieux*
> *Cest le plaisir de l'ame, et le mirouer des yeux*
> *Princesse des Vertus aussi bien que de france*

— Au-dessous, à dr. : *Jean le clerc ex.*
Très-belle épreuve.
Copie du portrait précédent par un graveur anonyme.

1308. Lorraine (Claude DE), abbé du Bec, chevalier de
Malte, dit le *Chevalier d'Aumale,* fils de Claude II de Lor-
raine, oncle de Henri Ier, *le Balafré*, 1563-1591. — In-8°.
H. totale, 0,136, y compris une marge de 0,029. L. 0,082. *
Voir Rob.-Dum., 303.
Belle épreuve, avant la retouche.

1309. Lorraine (Henri Ier DE), duc de Guise, surnommé *le
Balafré,* grand maître de France, 1550-1588. — In-12.
H. 0,093. L. 0,075.
Voir Rob.-Dum., 380.
Belle épreuve, un peu coupée dans le bas.

1310. Lorraine (Henri Ier DE), le même que le précédent. —
In-4°. H. totale de la planche, 0,156, dont une marge de
0,032. L. 0,100. (Le B., 225.)
Voir Rob.-Dum., 381.
Au dernier vers du quatrain, le mot *craint* est suivi d'une *virgule.*
3e état. — Belle épreuve.
En cet état, ce portrait figure au titre du volume intitulé: *Les Mas-
carades et cartels de P. de Ronsard, gentilhomme vendomois.*

1311. Lorraine (Charles DE), duc de Mayenne, lieutenant
de la couronne et chef de la Ligue, frère du *Balafré*, 1554-
1611. — In-4°. H. de la planche, 0,155, dont une marge de
0,033. L. 0,098. (Le B., 220.)
Voir Rob.-Dum., 448.
Au premier vers, il y a un *point et virgule,* et non une *virgule.* — Au
troisième vers, les mots *à ces* sont orthographiés *a cés.*
Très-rare. — Superbe épreuve. Collection Marshall.

1312. Lorraine (Louis DE), cardinal de Guise, frère du précédent, 1555-1588. — Pet. in-4°. H. de la planche, 0,150,
dont une marge de 0,027. L. 0,096.
Voir Rob.-Dum., 382.
2e état, avec le second quatrain et la planche planée.
Épreuve faible d'impression.

II. 9

1313. Luillier (Jean), sieur D'ORVILLE, conseiller d'État, maître des comptes et prévôt des marchands de Paris. — In-4°. H. de la planche gravée, 0,162. L. 0,141. *

Voir Rob.-Dum., 447.

Les armes non décrites, placées dans l'angle du haut, à droite, sont : *D'azur au lion rampant, accompagné de trois coquilles, le tout d'argent;* l'écu timbré d'un casque taré de profil, avec cimier, et orné de ses lambrequins ; soutenants : deux sauvages.

1er état, avant le quatrain dans la marge et avec le mot *Maistre* au lieu de *Président*, dans l'inscription sur la bordure.— Superbe épreuve. Collection Buckingham.

1314. Montaigne (Michel EYQUEM DE), célèbre moraliste français, 1533-1592. — Gr. in-8°. H. de la planche gravée, 0,147. L. 0,091. (Le B. 234.) *

Voir Rob.-Dum., 461.

Le mot *Nature*, qui termine le troisième vers, est orthographié : *Naturé*.

Très-belle épreuve.

1315. Montmorency (Henri Ier, comte DE DAMVILLE, puis duc DE), connétable de France, 1534-1614. — In-8°. H. totale de la planche, 0,151, dont une marge de 0,027. L. 0,100. (Le B., 235.) *

Voir Rob.-Dum., 462.

Très-belle épreuve, avant la retouche.

1316. Moulin (Pierre DU), célèbre théologien protestant français, 1568-1658. — In-8°. H. 0,159, dont 0,018 de marge. L. 0,110. (Le B., 232-233.) *

Voir Rob.-Dum., 356.

Très-belle épreuve.

1317. Murat (Antoine DE), conseiller au Parlement de Paris. — In-4°. H. totale, 0,163, dont une marge de 0,028. L. 0,111. (Le B., 237.)*

Voir Rob.-Dum., 465.

Les armoiries, non décrites, placées dans le haut de l'angle gauche, sont : *D'argent au chevron, accompagné en chef de deux lions affrontés et en pointe d'une fontaine* (les émaux ne sont pas indiqués); l'écu timbré d'un casque taré de profil et entouré de deux branches de laurier.

● Le dernier mot du second vers est orthographié : *tuφ.*

Très-belle épreuve; la marge un peu rognée dans le bas.

1318. Nauticæus (Guillelmus), *Castelfrancus,* géographe du roi. — H. de l'ovale, 0,125. L. 0,098.

A mi-corps, dans une bordure ovale. Tourné à droite, regardant de face. Tête nue, cheveux relevés du côté gauche, et ramenés vers le front du côté droit. Vêtu d'un pourpoint entièrement boutonné, avec collerette tuyautée. — Autour de l'ovale : *Gvillelmvs Navticævs Castelfrancvs Geographvs Regivs Anno Ætat.L.*

Pièce anonyme, NON DÉCRITE, que nous attribuons à Th. de Leu.

Superbe épreuve, découpée parallèlement à l'ovale.

1319. *Navarre :* **Marguerite de Valois**, sœur de François Iᵉʳ, et épouse en secondes noces d'HENRI D'ALBRET, roi de Navarre, 1492-1549. — In-12. H. 0,070. L. 0,052.

Voir Rob.-Dum., 450.

A mi-corps, vue de 3/4, dirigée vers la gauche, dans une *double* bordure rectangulaire. — Au bas du portrait, entre les deux bordures, on lit: *Margverite de Valois* ‖ *Royne de Navarre. Tho. de L.*

Très-rare. — Belle épreuve.

1320. *Navarre :* **Antoine de Bourbon,** père d'Henri IV, 1518-1562. — In-12. H. 0,067. L. 0,045. *

Voir Rob.-Dum., 299.

On lit au bas, entre le double encadrement: *Anthoine de Bourbon Roy de Navarre.* — Au-dessous, au milieu: *T. de Leu fe.*

Fort rare. — Très-belle épreuve.

1321. *Navarre :* **Jeanne d'Albret**, épouse du précédent, 1528-1572. — In-8°. H. 0,123. L. 0,098. (Le B., 147.) *

Voir Rob.-Dum., 422.

Superbe épreuve, avant la retouche et le nom d'*Et. Fessard.*

1322. Nemours (Jacques DE SAVOIE, duc DE), célèbre capitaine français, 1531-1585. — In-4°. H. totale, 0,156, dont une marge de 0,033. L. 0,105. (Le B., 239.) *

Voir Rob.-Dum., 467.

1er état, avec les cheveux relevés sur le devant. — Très-rare.
— Magnifique épreuve (200 fr. et plus).
2e état, avec le dessus de la tête rasée. — Belle épreuve.

1323. Nemours (Henri DE SAVOIE, duc DE), fils du précédent, 1572-1632. — In-4°. H. totale, 0,151, dont une marge de 0,025. L. 0,098. (Le B., 238.)*

Voir Rob.-Dum., 466.
Dans le dernier vers, le mot *audatieux* est suivi d'une *virgule*.
Très-belle épreuve.

1324. Nevers (Charles DE GONZAGUE-CLÈVES, duc DE), duc de Mantoue en 1627, pair de France, mort en 1637. — Gr. in-8°. H. totale, 0,151, dont une marge de 0,031. L. 0,098. (Le B., 211.)

Voir Rob.-Dum., 468.
Autour de l'ovale, le mot *Champa* est suivi de trois points disposés verticalement sur une ligne.— L'âge du personnage est exprimé en deux lignes : *Aage de* 18 || *ans*.—Le quatrain est orthographié comme il suit :

> *Voy ce Ieune Seigneur a lAuril de lenfance*
> *Qui promet a son Roy vn seruice Loyal*
> *Désireux de seruir le noble sang Royal*
> *Et battre lestranger pour aidera* (sic) *la France.*

2e état. — Belle épreuve.

1325. Nevers (Charles DE GONZAGUE-CLÈVES, duc DE), le même que le précédent. — In-8°. H. de la planche, 0,130, dont une marge de 0,015. L. 0,090. (Le B., 210.)

Voir Rob.-Dum., 469.
Superbe épreuve, avec marges. Collection Buckingham.

1326. Nogaret (Jean-Louis DE), duc D'ÉPERNON, colonel général de l'infanterie, 1554-1642. — In-8°. H. 0,121. L. 0,097. (Le B., 176.) *

Voir Rob.-Dum., 363.
3e état, avec le fond marbré à gauche, à l'endroit du coup de lumière.
Belle épreuve.

1327. Papillon (Marc DE), seigneur DE LASPHRISE, poëte et

capitaine français, né à Amboise en 1555. — In-8°. H. totale, 0,098. L. 0,073.

Voir Rob.-Dum., 471.
Très-rare. — Superbe épreuve.

1328. **Passerat** (Jean), poëte français, 1534-1602. — In-8°.
H. de la planche, 0,117, dont une marge de 0,015. L. 0,080.
(Le B., 240, s. n.)

Voir Rob.-Dum., 473.
Très-belle épreuve, avec marges.

1329. **Pigray** (Pierre), chirurgien français, mort à Paris le
15 novembre 1613. — In-8. H. de la planche, 0,137, dont
une marge de 0,016. L. 0,095.

Voir Rob.-Dum., 475.
Le quatrain est ainsi orthographié :

      Virtutem res gesta canit, Genus arguit alma
      Virtus, ingenium litera docta suum ;
      Hæc stet in æternuum (sic), *mentis uiuacis jmago,*
      Vllo nec uultus, Sole cadente ruat.

Dans les deux derniers vers, les mots *uiuacis* et *cadente* ont les
lettres *c* surchargées.
1er état, avant la date de 1608. — Très-belle épreuve. Collection
Mariette.
Dans l'ouvrage de Robert-Dumesnil, il n'est pas mentionné qu'en
cet état ce portrait fait partie d'un volume et qu'au verso il y a quatre
lignes de texte avec les lettres PP. placées au-dessus d'un cul-de-
lampe.

1330. **Poncet** (Simon), trésorier et secrétaire du chevalier
d'Aumale vers 1590, et auteur de quelques poésies, né à
Melun. — In-8°. H. de la planche, 0,137, dont une marge
de 0,030. L. 0,082. *

Voir Rob.-Dum., 476.
Le dernier mot *petitte*, du premier vers, est suivi d'une *virgule*. Le
mot *J'ayme* du dernier vers commence par une majuscule.
Très-belle épreuve.

1331. *Portugal :* **Christophe**, prince, fils naturel du roi titulaire Antoine ; mort à Paris en 1638, à l'âge de 66 ans. —

In-8°. H. de la planche, 0,136, dont une marge de 0,018. L. 0,093.

Voir Rob.-Dum., 477.
Superbe épreuve, avec petites marges.

1332. Raleigh ou **Ralegh** (sir Walter), célèbre navigateur et écrivain anglais, 1552-1618. — Pet. in-4°. H. de la planche gravée, 0,148. L. 0,101.

Voir Rob.-Dum., 479.
Dans la description, après les mots : se trouve une flotte, ajouter : au bas de laquelle est écrit : *English fleete* ; à droite, près du bord de l'ovale, deux villages, au-dessus on lit : *S. Puerte. Reall.*
A la deuxième ligne de l'inscription, après le mot *Cornubiæ*, les mots qui suivent sont orthographiés : *et Chancellarij utriusq_i. ducœtus Cornubiæ* ‖ *Et Exoniæ*, etc. — La troisième ligne est terminée par une *virgule*. — A la quatrième ligne, le mot *capit* est écrit *cœpit*, et au commencement de la dernière ligne il est écrit avec une majuscule ; ce qui suit le mot *pluerima*, est orthographié : *maximœq_i ; prœtitit terra mariq_i.*
Extrêmement rare. — Superbe épreuve (200 fr. et plus).

1333. Ranchin (François), médecin français, 1564-1641. — In-8°. H. de la planche, 0,119, dont une marge de 0,021. L. 0,081.

Voir Rob.-Dum., 480.
Superbe épreuve.

1334. Roulliard (Sébastien), savant littérateur, né à Melun, mort à Paris en 1639. — In-4°. H. totale, 0,181, y compris une marge de 0,016. L. 0,127.

A mi-corps, dans une bordure ovale, équarrie. Vu de 3/4, tourné à droite ; tête nue, cheveux relevés sur le devant. Il porte toute sa barbe. Large col de chemise rabattu sur sa robe entr'ouverte et laissant voir un gilet à ramages entièrement boutonné. — Autour de l'ovale : *Sebastianvs Rolliardvs Melodvnensis Ivrisconsvltvs* 1608. — Sous le tr. c., dans la marge, les deux vers suivants :

> *Exteriora meœ placeant spectacula formœ :*
> *Dum magis ipse lubens interiora probes.*

—Au-dessous et au milieu : *Daniel du Moustier pinx.;* — sur la droite : *Thomas de Leu. scup.* (sic).
Inconnu à Robert-Dumesnil.
Très-belle épreuve.

1335. (?) Roulliard (Sébastien), le même que le précédent.
— In-8°. H. 0,108. L. 0,086.

Voir Rob.-Dum., 482.
Magnifique épreuve.

Portrait de toute rareté et dont on ne connaît pas d'épreuve avec
la lettre. M. Georges Duplessis, auteur du catalogue de l'œuvre de Th.
de Leu, dans l'ouvrage de Robert-Dumesnil, déclare n'avoir vu qu'une
seule épreuve de ce portrait. Sur la foi d'une inscription manuscrite,
il l'a catalogué au nom de S. Rouillard, mais la comparaison avec le
portrait authentique de ce personnage, portrait qu'il n'avait pas connu
et qui est décrit au numéro précédent, permet de constater qu'il n'y a
presque aucune ressemblance entre les deux, d'où il faut conclure que
l'identification avec celui-ci est douteuse.

1336. Saint-Germain (Denis DE), maître des comptes. —
In-4°. H. totale, 0,194, dont une marge de 0,022. L. 0,132.
(Le B., 242.) *

Voir Rob.-Dum., 483.

Les armoiries, non décrites, placées dans l'angle droit du haut,
sont : *D'argent à un nuage chargé d'un cœur, surmonté en chef d'un
lambel à trois pendants; à la bordure engreslée* (les émaux ne sont
pas indiqués) ; l'écu entouré de deux branches de laurier.

Dans l'inscription au tour de l'ovale, le mot *Roy*, est suivi d'une *virgule.*

2e état, avec l'âge et la date de 1594. — Superbe épreuve.

1337. *Savoie :* **Charles-Emmanuel I**er, dit *le Grand*, 1562-
1630. — In-8°. H. totale, 0,151, dont une marge de 0,028.
L. 0,100. (Le B., 243.)

Voir Rob.-Dum., 484.
Belle épreuve, quoique retouchée.

1338. Servin (Louis), magistrat français, v. 1555-1626. —
Pet. in-4°. H. totale, 0,157, y compris une marge de 0,024,
dans le haut, contenant les armoiries. L. 0,095.(Le B., 245,
s. n.) *

Voir Rob.-Dum., 486.

Les armoiries, non décrites, placées au-dessus de l'ovale, dans la
marge contenant les noms et qualités du personnage, sont: *D'azur
à l'aigle éployée d'argent;* l'écu timbré d'un casque taré de profil avec
cimier, et orné de ses lambrequins ; supports : deux lions.

1er état avant les noms et qualités du personnage, accompagnant les armoiries, et avant l'adresse de Mariette. — Très-belle épreuve.

1339. Sorbin de Sainte-Foi (Arnaud), prélat français, 1532-1606. — In-4°. H. de la planche, 0,197, y compris une marge de 0,020. L. 0,135. *

Voir Rob.-Dum., 490.
2e état. — Très-belle épreuve. Collection Buckingham.

1340. Strozzi (Philippe), colonel général de l'infanterie française, 1541-1582. — In-8°. H. totale, 0,126, dont une marge de 0,025. L. 0,070. (Le B., 246.) *

Voir Rob.-Dum., 491.
Rare. — Très-belle épreuve (150 à 200 fr.).

1341. Thyard (Pontus DE), seigneur de Bissy, poëte et évê-que de Châlon-sur-Saône, 1523-1605. — In-4°. H. totale, 0,175. L. 0,136. *

Voir Rob.-Dum., 496.
4e état, avec l'inscription suivante au verso : *Nec tvrbæ,* || *Nec in tvr-bam.* — Plus bas *d ij.* — Belle épreuve.

1342. Verneuil (Catherine-Henriette DE BALZAC D'ENTRAI-GUES, marquise DE), maîtresse d'Henri IV, 1579-1633. — In-4°. H. de la planche, 0,164, y compris une marge de 0,028. L. 0,106. *

Voir Rob.-Dum., 501. — D'après Fr. Quesnel.
La première ligne du quatrain est terminée par une *virgule.*
2e état, avec le trait d'union entre les mots *nom-pareil,* du second vers. — Très-belle épreuve, avec marges.

1343. Vigenère (Blaise DE), littérateur français, 1523-1596. — Gr. in-8°. H. de la planche gravée, 0,134. L. 0,104. (Le B., 252, *s. n.*) *

Voir Rob.-Dum., 502.
1er état, avant toute lettre. — Superbe épreuve, sans marges.

1344. Villeroi (Nicolas DE NEUFVILLE, seigneur DE), secrétaire d'État, 1542-1617. — In-8°. H. de la planche, 0,146, y compris une marge de 0,021. L. 0,094.

Voir Rob.-Dum., 504.

Dans l'inscription autour de l'ovale, le mot *dEstat* ne porte pas d'accent.

Superbe épreuve. Collection Buckingham.

LEVACHEZ (Charles-François-Gabriel),

graveur à la manière du lavis et éditeur, de la fin du dix-huitième siècle et du commencement du dix-neuvième. (Voir Renouvier, *Histoire de l'art pendant la Révolution*, p. 262.)

1345. **Corday** (Charlotte), 1768-1793. — In-4°. H. 0,177. L. 0,174.

En buste, dans un médaillon équarri. Vue de 3/4, tournée à droite ; coiffée d'un bonnet attaché dans le haut par un ruban et sous lequel s'échappent ses longs cheveux, retombant en boucles sur les épaules ; elle est vêtue d'une chemisette. — A gauche, dans le blanc formé par le cadre entourant le médaillon: *Le Vachez Sculp.* — Sous le portrait, une eau forte oblongue représentant l'intérieur de la chambre où Charlotte Corday, assise sur une chaise, près de Marat assassiné dans son bain, est arrêtée par l'autorité républicaine.— Sous le tr. c., à g.: *Duplessi-Bertaux inv. & del.* — A dr.: *Duplessi-Bertaux aqua forti.* — Au milieu : *An 6 de la Rep^c.* — Au-dessous : *Marie Anne Charlotte Corday d'Armans ‖ Native de la paroisse de St Saturnin des Lignerets,‖ Département du Calvados, Jugée le 17 Juillet* 1793.

Belle épreuve.

Cette estampe fait partie des *Tableaux historiques de la Révolution française*, où les portraits au lavis sont de Levachez et les petites scènes au bas de Duplessis-Bertaux.

LE VASSEUR (Jean-Charles),

graveur au burin, né à Abbeville en 1734, mort en 1804. Élève de Daullé et de Beauvarlet.

1346. **Luynes** (Paul d'Albert de), prélat français, 1703-1788. — In-8°. H. 0,138. L. 0,173. (Le B., 34.)

A mi-corps. dans une bordure ovale, équarrie. Vu de 3/4, tourné à droite ; tête nue, cheveux relevés sur le devant. En costume d'archevêque, les épaules couvertes du camail d'hermine ; la croix du Saint-Esprit suspendue au cou par un large ruban moiré, passé sous le rabat.

Il tient un livre ouvert de la main droite. — Sous l'ovale, placé sur le dessus d'une tablette, un coussin avec glands supportant les attributs archiépiscopaux: la mitre, le chapeau, la croix et la crosse d'arche-vêque. — Au milieu de la tablette, renfermées dans un petit cartouche, les armoiries: *Écartelé: aux 1 et 4, d'azur à deux chaînes de chaînons carrés d'argent passées en sautoir et attachées en cœur à un annelet du même, qui est* Albert de Roquevaux; *aux 2 et 3, d'or au lion de gueules, armé, lampassé et couronné d'azur, qui est* Albert; l'écu timbré d'une couronne de marquis et environné du cordon de l'ordre du Saint-Esprit.

1er état, avant toute lettre. — Belle épreuve.

LEVESQUE (Pierre-Charles),

graveur à l'eau-forte et érudit, né à Paris le 28 mars 1736 (et non en 1727), mort le 12 mai 1812.

1347. Balland d'Augustebourg (J.-Fr.), officier fran-çais. — Gr. in-fol. H. 0,602. L. 0,431. (Le B., 7.) *

Jusqu'au-dessous des genoux, dans un cadre rectangulaire, figuré en pierre. Il est représenté debout, près d'un parapet, vu de 3/4, tourné à gauche, où il regarde, le corps étant à droite. Tête nue, cheveux re-levés sur le devant, bouclés sur les côtés et terminés derrière par un nœud de ruban. Habit ouvert, avec manches à parements. Gilet fermé à grands ramages. Manchettes de dentelle. Épée au côté, dont on ne voit que la poignée. Il tient de la main gauche sa canne sur laquelle il s'appuie. Le bras droit étendu, dans l'attitude du commandement. —Près de lui, à gauche, un nègre coiffé d'un magnifique turban, orné d'un plumet et vêtu d'une veste galonnée, porte sur l'épaule gauche un drapeau dont l'extrémité est ramenée sur le bras droit.—A droite, par-dessus le parapet, l'on voit la mer avec des navires à voiles accompa-gnés de chaloupes. — Sous le portrait et sur le dessus du cadre, à g.: *F. G. Colson pinx.* ;— à dr.: *P. Car. Levesque Sculpsit.*— Au milieu de la tablette du cadre, un médaillon renfermant les armoiries: *D'azur à une bande d'or accompagnée de.... et chargée d'une lance d'argent;* l'écu surmonté d'une couronne de marquis; supports: deux dragons ailés, portant chacun un Indien tirant de l'arc. Ces armoiries divisent en deux l'inscription suivante: *Jean François Balland d'Augustebourg.‖ Marquis de Varambon, Baron de Richemont, Seigneur de la Palu &c. Ancien Capitaine ‖ de Cavalerie, et commandant les Milices du port de Paix dans l'isle de St. Domingue.*

Très-belle épreuve.

1348. Graffigny (Françoise d'Issembourg - d'Happoncourt, dame de), auteur dramatique et romancière française,

1695-1758. — Pet. in-fol. H. 0,236. L. 0,169. (Le B., 9, s. n.) *

En buste, dans un médaillon équarri, accroché à une pointe et soutenu par un appui au milieu duquel est clouée une tablette échancrée sur laquelle on lit : *Mme. de Grafigni*. Vue de 3/4, tournée à gauche, regardant de face. Cheveux relevés ; coiffée d'un bonnet de dentelle, orné sur le dessus d'un petit nœud de ruban. Col de dentelle. — Vêtue d'une veste bordée de fourrure. — Fond noir. — Sous le tr. c., à dr. : *Levêque sculp.* (et non *exc.* comme l'indique Le Blanc).

Belle épreuve.

Le P. Lelong indique la date de 1772 comme celle de la gravure. Portrait faisant partie de *la Gallerie française*, 2e édition, cahier VI.

LIEUTAUD (SOLIMAN),

graveur au burin contemporain et iconographe.

1349. Prudhomme (L.), 1752-1830. — In-4°. H. 0,149. L. 0,120.

En buste. Vu de 3/4, tourné vers la gauche, regardant de face ; tête nue, cheveux longs et relevés sur le devant. Vêtu d'une redingote. — Sous le tr. c., sur toute la largeur, l'inscription suivante : *Louis Prudhomme né à Lyon en* 1752 ‖ *mort à Paris en* 1830 *littérateur, imprimeur, journaliste*.

Belle épreuve.

LIGNON (ÉTIENNE-FRÉDÉRIC),

graveur au burin, né en 1779 (et non en 1781), à Paris, où il mourut le 25 avril 1833.
Élève d'A. Morel.

1350. *France* : **Marie-Thérèse-Charlotte de France**, duchesse d'Angoulême, fille aînée de Louis XVI et épouse de LOUIS-ANTOINE D'ARTOIS, 1778-1851. — In-fol. H. 0,343. L. 0,276. (Le B., 11, s. n.)

A mi-jambes, dans un médaillon équarri, mis dans un cadre rectangulaire dont le bas est caché par un socle supportant le médaillon qu'entourent des branches de fleurs de lis. Elle est représentée debout, vue du 3/4, tournée à gauche, regardant de face. Coiffée d'une couronne de diamants surmontée de plumes, avec un long voile retombant par derrière. Pendants d'oreille. Rivière de diamants. Vêtue d'une robe blanche, ornée de bande de feuillage, à corsage décolleté jusqu'à la naissance des seins. Manches courtes, laissant les bras à nu. Le bras gauche pendant; la main est couverte d'une mitaine ; le bras droit plié, la main posée sur le sein gauche.— Sur la droite du personnage, à g., deux colonnes sur piédestal, recouvertes dans le haut d'une draperie frangée formant le fond. — Au milieu du couronnement du socle, au bas du médaillon, deux écus accolés aux armes d'*Artois* et de *France*, surmontés d'une couronne et entourés d'une branche de laurier et d'une branche de fleurs de lis.— Sur toute la largeur du socle, l'inscription suivante : *S. A. Royale Madame, Duchesse d'Angoulême,* || *Née le 19 Décembre 1778.* — Sous le tr. c., à g. : *Peint par J. B. J. Augustin.* ; — à dr. : *Gravé par F. Lignon.* — Dans la marge, au milieu, on lit : *Dédié a Sa Majesté Louis XVIII* || *Roi de France et de Navarre,* || *par son très humble très obeissant Serviteur & fidèle Sujet* || *Augustin, Peintre du Cabinet du Roi & des Affaires Etrangères.* — Plus bas, à g.: *Imprimé par Durand* ; — au milieu : *Se vend à Paris, chez M^r. Augustin,* etc. ; — à dr. : *Déposé à D^{on}. de la Lib^{ie}.*

Magnifique épreuve, à grandes marges.

1351. Genlis (Félicité, née Ducrest, comtesse de), célèbre femme de lettres, 1746 - 1830. — Gr. in - 4°. H. 0,202. L. 0,173. (Le B., 18, *s. n.*)

A mi-corps, dans un cadre rectangulaire. Elle est assise. Vue de 3/4, tournée à gauche, où elle regarde, le corps étant à droite. Coiffée d'un bonnet de dentelle, garni sur le côté d'un nœud de ruban ; cheveux bouclés sur le devant. Robe à corsage, avec parements rabattus ; ceinture à la taille. L'épaule et le bras gauche couverts d'un châle. — Fond noir. — Sous le cadre, dans la marge, à g. : *Peint par Mme Cheradame.* ; — à dr. : *Gravé par F. Lignon.* — Plus bas : *Madame la Comtesse De Genlis.*

Belle épreuve, avec marges.

1352. Mars (Anne - Françoise - Hippolyte Boutet - Monvel, *dite* Mlle), célèbre actrice française, 1779-1847. — Pet. infol. H. 0,250. L. 0,208. (Le B., 20, *s. n.*)

A mi-corps, dans un cadre rectangulaire. En *Desdémone,* dans *le More de Venise.* Vue de 3/4, tournée à droite, regardant de face. Coiffée d'une espèce de turban, surmonté d'un chapeau rond, orné de broderies. Cheveux frisés. Pendants d'oreille. Autour du cou, une chaînette retenant une croix. Corsage de velours, très-décolleté. Manches de mousseline. Les bras croisés à la taille. — Fond noir. — Sous le cadre, à g. : *F. Gerard pinxit.* ; — à dr. : *F. Lignon sculp^t.* — Dans la marge, au milieu : *Mlle. Mars.*

Belle épreuve.

1353. Poussin (Nicolas), célèbre peintre français, 1593 ou 1594-1665. — Gr. in-fol. H. 0,354. L. 0,270. (Le B., 23, s. n.)

A mi-corps, debout dans une salle où l'on voit des toiles encadrées posées par terre ; sur l'une d'elles, à gauche, est peint le buste d'une femme (le reste du corps est caché par une balustrade), coiffée d'un diadème, au milieu duquel est fixé un œil. Personnage vu de 3/4, tourné à droite, regardant de face ; tête nue, cheveux abondants et séparés au milieu par une raie. Il est enveloppé d'un manteau dont le pan gauche est rejeté sur l'épaule droite. Il tient la main droite appuyée sur l'extrémité d'un gros rouleau attaché au milieu par un ruban. A droite du personnage, sur un large tableau surmonté d'un cadre, on lit l'inscription suivante, tracée en lettres grises : *Effigies Nicolai Povssini Andel || yensis Pictoris Anno Ætatis* 56. || *Romæ Anno Ivbilei ||* 1650. — Sous le tr. c., à g. : *Peint par N. Poussin* 1650. ; — à dr. : *Grav !* *par F., Lignon* 1824. — Dans la marge, au milieu, en lettres blanches : *N. Poussin. || XVIIᵉ Siècle.* — Plus bas, au-dessous : *Publié par Henri Laurent, Editeur et Directeur des Gravures du Musée Royal, Graveur du Cabinet du Roi. || Rue Neuve des Mathurins Nᵒ. 20.*

Superbe épreuve sur papier de Chine, doublé de papier blanc, à grandes marges.

1354. Richelieu (Armand-Emmanuel-Sophie-Septimanie DU PLESSIS, duc DE), fils du duc de Fronsac, 1766-1822. — In-fol. H. 0,240. L. 0,203. (Le B., 25, s. n.)

A mi-corps dans un ovale équarri. Vu de 3/4, tête nue, tournée à gauche, où il regarde ; le corps à droite. Cheveux bouclés. Redingote boutonnée, avec la croix du Saint-Esprit. — Fond noir. — Sous le tr. c., à g. : *Dessiné d'après Lawrence, par Laguiche, Dessʳ. du Ministère des Affaires Etrangères.; —* à dr. : *Gravé par F,, Lignon, 1824.* — Au milieu, dans la marge, en lettres gothiques, entourées de paraphes : *Le Duc de Richelieu.* — Un peu au-dessous : *Né le* 25 7ᵇʳᵉ. 1766, *Mort le* 17 *Mai* 1822. — Plus bas : *Imprimé par Durand et Sauvé.*

Très-belle épreuve, à toutes marges.

1355. *Russie* : **Alexandre Iᵉʳ Pawlowicz**, 1777 - 1825. — In-4ᵒ. H. de la planche, 0,205. L. 0,155. H. de l'ovale, 0,149. L. 0,115.

A mi-corps, dans un ovale tracé par un simple trait. Vu de profil, tourné à gauche. En costume de général, avec décoration ; chapeau empanaché et retenu sous le menton par la jugulaire. La taille ceinte d'une écharpe, et le bras gauche orné d'un nœud de ruban. — Des nuages entourent le personnage à gauche et à droite. — Fond blanc. — Sous le portrait, parallèlement à l'ovale, à g. : *Vigneron del.;* — à dr. : *Frédéric Lignon Sculp.* — Au milieu, dans la marge *Alexandre Ier||Empereur de toutes les Russies. || Né le 23, Décembre,*1777. Le nom du personnage est entouré de paraphes, et la date de la naissance est placée entre deux traits.

Belle épreuve, avec marges.

1356. Talma (François-Joseph), célèbre tragédien français, 1763-1826. — In-fol. H. 0,254. L. 0,209. (Le B., 27, *s. n.*)

A mi-corps, dans un cadre rectangulaire. Vu de 3/4, tourné à gauche, regardant vers la droite. Coiffé d'une toque à crevets. Vêtu d'un corsage décolleté, laissant voir sa chemisette bordée de dentelle. Les épaules couvertes d'un manteau garni de fourrure dont il tient de la main droite le pan gauche. — Sous le cadre, à g. : *Peint par Picot.*, — à dr. : *Gravé par F. Lignon*, 1824. — Au milieu, dans la marge, un masque antique entouré d'une couronne. — Au-dessous : *Imprimé par Durand & Sauvé.*

Belle épreuve, avec marges.

LINGÉE (Charles–Louis),

graveur au burin, né en 1748 (et non en 1751), à Paris, où il mourut le 5 juillet 1819.

1357. Raucourt (Françoise CLAIRIEN, *dite* SAUCEROTTE, *dite*), actrice française, 1753-1815. — In-fol. H. totale de la pl., 0,296, y compris une marge de 0,026. L. 0,188. (Le B., 2.) *

En buste, dans un ovale équarri, entouré d'un cadre sculpté, supporté par un socle. Les coins du haut de l'ovale sont ornés de branches de laurier passées dans des couronnes. Représentée dans le rôle de *Monime.* Vue de 3/4, tournée à droite, où elle regarde, le corps étant de face. Tête nue, cheveux dentelés et relevés sur le devant, formant de larges boucles sur le côté, et terminés en une longue tresse retombant sur l'épaule droite. Corsage décolleté. Les épaules couvertes d'un fichu à ramages, retenu sur le devant par une petite chaînette. — Sur le dessus du socle, à g., un diadème ; — à dr., une couronne antique, près d'une urne qu'accompagnent deux couronnes de laurier. — Au milieu du socle, dans un petit cadre en bas-relief, est représentée une scène de Mithridate, où l'artiste, debout, prend de la main gauche une tasse empoisonnée que lui présente un personnage habillé à l'antique la tête couverte d'un casque empanaché. A gauche, près d'elle, une autre personne dans une position suppliante. Au-dessous, sur la bordure du cadre : *Donnez*..........*Mitr. Act. V. Scc. 2.* —A g. et à dr., sur le socle, accompagnant ce cadre, deux couronnes formées de fleurs et de laurier entourent deux inscriptions ; celle de gauche est : *F^sc. A. M.‖De‖Raucour* (sic) ‖ *Née à Paris‖le 3. Mars‖1756.* (sic). — celle de droite : *Débuté‖à la‖Coméd. Frans^e.‖le 23. X^bre.‖1772.‖Reçue‖ le 23. Mars‖1773.* — Sous le tr. c., à g. *J. H. E. inv. S. Freudeberg Effigiem, J. M. Moreau Ornam^ta. delin^t. ;* — à dr. : *Car. L. Lingée sculp.* — Dans la marge, au milieu, un cartouche surmonté d'une couronne de baron, renferme deux écussons accolés, accompagnés dans le haut d'une banderole avec cette devise : *Boutez en avant.* Des branches de feuillage environnent le cartouche. Les armoiries sont accompagnées de l'inscription suivante, qu'elles coupent en deux : *A Madame la Comtesse Du Barri ;* — Au-dessous et à dr. des armoiries : *Par son très-Humble et très-Obéissant ‖ serviteur Lingée.* — A g. des armoiries, sur deux lignes : *chez M. Buldet,* etc.;‖*Avec Privilege du Roi.*

3e état. — Belle épreuve.

LINGÉE (Thérèse-Éléonore ÉMERY ou HÉMERY, Mme), épouse du précédent,

graveur au burin, née à Paris vers 1753, morte en .....

1358. Colardeau (Ch.-P.), poëte français, 1732-1776. — In-4°. H. 0,188. L. 0,129. (Le B., 4, *s. n.*)

En buste, dans un médaillon entouré d'un cadre rectangulaire, accroché, et soutenu par un socle échancré dans le bas. Vu de profil, tourné à droite. Tête nue, cheveux relevés sur le devant, bouclés sur les côtés et terminés derrière par un nœud de ruban. Vêtu d'une redingote laissant voir le haut du jabot. — Sur la tablette du socle : *Charles Pierre Colardeau.‖De l'Académie Françoise‖Né à Janville près d'Orleans, Mort à Paris le 7 Avril 1776. Agé de 42. Ans.* — Sous le tr. c., à g. : *Dessiné par L. R. Trenquesse* (sic) *en* 1775. ; — à dr. : *Gravé par T. E. H^ry. F^me. Lingée en* 1777.

Belle épreuve, avec marges.

1359. Petit (Ant.), médecin français, 1718-1794. — In-4°. H. 0,225. L. 0,156. *

A mi-corps, dans un cadre rectangulaire. Il est assis, vu de 3/4, tourné à gauche, où il regarde ; tête nue, cheveux longs, bouclés et rejetés en arrière. Vêtu d'une redingote à large collet, couvrant les épaules, agrafée dans le haut et laissant voir un gilet entièrement boutonné. Le bras gauche à demi plié, il semble avoir les mains dans les poches de son pantalon. — Au-dessous du portrait, sur une tablette encadrée : *Antoine Petit.*||*Docteur Régent et ancien Professeur de la Faculté de Medecine de Paris.* — Sous le tr. c., à g. : *Dessiné par C. N. Cochin Cher. de l'Ordre du Roi* ; — au milieu le millésime 1786 ; — à dr. : *Gravé par Mme. Lingée de l'Académie Rle. de Marseille.*

Belle épreuve, à grandes marges.

LIOTARD (Jean-Étienne),

peintre et graveur à l'eau-forte et à la manière noire, surnommé *le peintre turc*, né en décembre 1702, à Genève, où il mourut en 1790.

1360. Hérault (René), administrateur français, 1691-1740. — In-fol. H. 0,370. L. 0,275. (Le B., 4, *s. n.*) *

A mi-corps, dans une bordure ovale, équarrie, supportée par un socle. Vu de 3/4, tourné à droite, regardant de face. Tête nue, cheveux longs et bouclés, séparés au milieu par une raie. Robe entièrement boutonnée ; long rabat blanc. Les épaules couvertes d'un manteau. Autour de l'ovale : *René Herault Conseiller d'Etat Lieutenant General de Police.* — Au bas de l'ovale, sur le milieu du couronnement du socle, un médaillon de forme ovale renferme un cartouche surmonté d'une couronne de marquis, et contenant les armoiries : *D'argent à trois canettes contournées de sable, becquées et membrées d'or;* supports : deux lions assis se faisant face. — Sur le dessus du couronnement du socle, à g. : *Peint et grave* (sic) *par Jean Etienne Liotard.;* — à dr. : *Avec Privilégé* (sic) *du Roy.* — Sous le tr. c., au milieu : *Se vend a Paris chez la veuve Chereau, rüe,* etc.

Eau-forte. — Très-belle épreuve.

1361. Liotard (Jean-Étienne). — In-4°. H. 0,194. L. 0,158. (Le B., 5.)

A mi-corps, assis sur une chaise. Vu de 3/4, tourné à gauche, regardant de face. Coiffé d'un béret, cheveux longs. Vêtu d'une redingote. Il se tient le menton de la main gauche. — Sous le tr.c., à g. : *N° 1.* ; — au milieu : *I. E. Liotard* || *Effet. Clair obscur sans sacrifice.;* — à dr. : *Gravé par lui-meme.*

Belle épreuve.

LIOTARD (Jean-Michel),

dessinateur et graveur à l'eau-forte et au burin, frère jumeau du précédent, mort à Genève vers 1760. Élève de Benoit Audran.

1362. Rosalba (Rosa-Alba Carriera, plus connue sous le

nom de la), femme peintre, 1671-1757. — In-4°. H. de la planche, 0,219. L. 0,162. (Le B., 9, *s. n.*)

Voir de Goncourt, 19. — D'après Watteau.
Belle épreuve.

LITTRET DE MONTIGNY (Claude-Antoine),

dessinateur et graveur au burin, né à Paris en 1735, mort à Rouen en 1775.

1363. Belloy (P.-L. Buyrette de), membre de l'Académie française, 1727-1775. — In-4°. H. 0,174. L. 0,124. (Le B., 5, *s. n.*) *

En buste, dans un médaillon équarri, retenu dans le haut par un nœud de ruban. Vu de profil, tourné à droite. Tête nue, cheveux relevés sur le devant, bouclés sur les côtés et ornés derrière d'un nœud de ruban. — Fond noir. — Sous le médaillon, dans la gravure : *Pierre Laurent || De Belloy.* — Sous le tr. c., au milieu : *Dessiné et Gravé par C. A. Littret en* 1765. — Au-dessous, sur toute la largeur : *à Paris chez Bligny,* etc.
Très-belle épreuve, avec marges.
Ce portrait figure en tête de la première édition du *Siége de Calais* (Paris, 1765, in-8), tragédie due à la plume de de Belloy.

1364. Favart (Charles-Simon), auteur dramatique français, 1710-1792. — In-8°, H. 0,150. L. 092. (Le B., 6, *s. n.*)

A mi-corps, dans un médaillon, entouré d'un cadre rectangulaire et supporté par un socle. Vu de 3/4, tourné à droite, où il regarde ; tête nue, cheveux relevés sur le devant, bouclés sur les côtés et terminés derrière par un nœud de ruban. Vêtu d'une robe de chambre. Il a les bras croisés. — Sur la tablette du socle, ce quatrain :

> *Dans les Vers de Favart on voit les fleurs éclore :*
> *C'est le Fleuriste d'Apollon ;*
> *Vrai Successeur d'Anacreon,*
> *Il cueille des Lauriers enrependant* (sic) *des Roses.*
>
> *V.......*

— Sous le tr. c., à g. : *J. E. Liotard pinx.;* — à dr. : *C. A. Littret Sculp.*
Belle épreuve, avec marges.

1365. Hénault (Ch.-J.-Fr.), historien français, membre de l'Académie française, 1685 - 1770. — In - 4°. H. 0,174. L. 0,125. (Le B., 9, *s. n.*) *

En buste, dans un médaillon équarri, et attaché dans le haut par un nœud de ruban. Vu de 3/4, tourné à gauche, regardant de face. En perruque bouclée. Habit ouvert, laissant passer un jabot de dentelle. — Sous le médaillon, dans la gravure : *Charles Jean || François Henault.* — Plus bas, un peu au-dessus du tr. c., au milieu : *Dessiné et Gravé par C. A. Littret* 1765.

Belle épreuve sans marges.

Le P. Lelong cite un état avec la date de 1767 : c'est peut-être une faute d'impression.

1366. **Pompadour** (Jeanne-Antoinette Poisson, marquise de), 1721-1764. — In-4°. H. 0,170. L. 0,130. (Le B., 11.) *

En buste, dans un médaillon équarri, entouré d'une guirlande de fleurs ; retenu dans le haut par un ruban et supporté par un socle. Vue de profil, tournée à gauche. Tête nue, cheveux relevés et bouclés sur les côtés, terminés par une natte ramenée sur le sommet, et y formant houppe. Collier de deux rangs de perles, attaché par un velours. — Sur le dessus du socle, et retenue par le médaillon, une torche enflammée est inclinée. — Sur une tablette clouée au socle : *M^{dc}. d'É. Marq^{se}||de Pompadour.* — Sous le tr. c., à g. : *Schénau del.;* — à dr. : *Littret Sc* 1764. — Plus bas, au milieu : *à Paris chez Quillau Libraire ruë,* etc.

Belle épreuve, avec marges.

LOCHON (René),

dessinateur et graveur au burin, né à Boissy vers 1632, mort à Paris avant 1675.

1367. ***, magistrat. — In-fol. H. 0,329. L. 0,262. (Le B., 27.)

A mi-corps, dans une bordure octogone, formée de feuilles de chêne entourées de rubans et supportée par un socle. Vu de 3/4, tourné à gauche, regardant de face. Tête nue, cheveux longs, couvrant les épaules. En costume de sa charge, avec rabat retenu par des cordons à glands. — Au milieu du socle, couvrant en partie la bordure octogone, un cartouche ovale renferme ces armoiries : *Écartelé : aux 1 et 4, de sable à la fleur de lys de jardin d'argent ; au chef cousu d'azur, chargé de deux coquilles d'argent ; aux 2 et 3, contrécartelé d'azur et d'or ;* l'écu timbré d'une couronne de comte, surmontée d'un casque taré de face, orné de ses lambrequins ; supports : deux lions. — Sur le dessus du socle, à g. : *R. Lochon ad viuum delineabat et sculpebat ;* — à dr., à l'extrémité du socle, le millésime 1657. Très-belle épreuve.

1368. Bochart (Samuel), philologue et théologien français, 1599-1667. — Pet. in-fol. H. 0,233. L. 0,167. *

A mi-corps, dans une bordure ovale, équarrie, supportée par un appui. Vu de 3/4, tourné à droite, regardant de face. Légèrement chauve ; le sommet de la tête couvert d'une calotte ; cheveux assez longs par derrière. Il porte moustaches et barbiche. Col formant rabat attaché par des cordons à glands. Vêtu d'une robe à ramages, entièrement boutonnée, avec petite pèlerine de même étoffe. Les manches sont ornées d'un rang de boutons. — Autour de l'ovale : *Samvel Bochartvs Rhotomagensis Anno Ætatis Sexagesimo Qvarto.* — Au bas du portrait, couvrant la bordure, un petit médaillon blanc, ovale, renferme les armoiries : *D'azur au croissant d'or, surmonté d'une étoile du même.* — Sur le dessus de l'appui, à dr. : *R. Lochon faciebat.* 1663. — Sur la tablette de l'appui, ces vers :

> *Neustria se tanti matrem miratur alumni,*
> *Quem stupet vt rarum Numinis orbis opus.*
> *Quidquid Arabs, Phœnix, Graius docuit'que Latinus*
> *Inclusum vasto pectore solus habet.*
>
> P. du Bosc. A°. 1663.

Très-belle épreuve.

1369. Fouquet ou Foucquet (Louis), frère du surinteñ-dant, évêque et comte d'Agde, maître de l'oratoire du roi, mort en 1703. — In-fol. H. 0,323. L. 0,254. *

A mi-corps, dans une bordure ovale, équarrie, supportée par un appui. Vu de 3/4, tourné à droite, regardant vers la gauche. Cheveux longs et bouclés, couvrant le front. La calotte sur le sommet de la tête. En petit costume d'évêque ; les épaules couvertes d'une pèlerine moirée. Grand cordon passé sous son rabat avec la croix du Saint-Esprit. — Fond noir. — Sur le dessus de l'appui, à g. : *R. Lochon ad viuum sculpebat ;* — à dr. : 8° *Jul.* 1659. — Sur le milieu de l'appui, couvrant en partie la bordure de l'ovale, un médaillon, à fond blanc, ovale, renferme les armoiries : *D'argent à l'écureuil rampant de gueules ;* l'écu timbré d'une couronne de baron, surmontée d'un chapeau d'archevêque, et entouré du grand cordon avec la croix du Saint-Esprit.

Belle épreuve, sans marges.

1370. Harlay-Chanvallon (François de), archevêque de

Rouen, puis cinquième archevêque de Paris, 1625-1695. — In-fol. H. 0,327. L. 0,253. *

A mi-corps, dans un médaillon ovale, sculpté et entouré de perles; il est supporté par un appui. Les dehors du cadre sont teintés de tailles horizontales. Vu de 3/4, tourné à gauche, regardant vers la droite. Calotte; cheveux longs. En petit costume d'archevêque; les épaules couvertes d'une pèlerine moirée à capuchon. Large ruban passé sous le rabat, avec une croix d'argent rehaussée d'un crucifix avec l'inscription : *Inri*. — Fond noir. — Sur le dessus de l'appui, à g. : *Loyr Pinxit*.; — à dr. : *Renatus Lochon Sculpebat*. 1659. — Au milieu de l'appui, couvrant la bordure du médaillon, un ovale à fond blanc renferme les armoiries: *Parti de trois traits, coupé d'un, qui font huit quartiers ; sur le tout: d'argent à deux pals de gueules;* l'écu timbré d'une couronne ducale, accompagnée d'une croix archiépiscopale à deux branches, soutenant le chapeau d'archevêque.

Belle épreuve.

1371. Lamoignon (Guillaume DE), premier président du parlement de Paris, 1617-1677.— In-fol. H. 0,333. L. 0,261

A mi-corps, dans un cadre octogone, équarri, formé de feuilles de chêne entourées de rubans, et supporté par un appui. Vu de 3/4, tourné à droite, regardant de face. Tête nue, cheveux longs et séparés au milieu par une raie. En grand costume de sa charge ; l'épaule gauche couverte de l'épitoge. — Sur le dessus de l'appui, à dr. : *R. Lochon faciebat ad viuum* 1659. 12º. *Auti*. — Au milieu de l'appui, couvrant en partie le bas du cadre, un ovale oblong, à fond blanc, renferme les armoiries: *Losangé d'argent et de sable; au franc quartier d'hermines* l'écu timbré d'un casque taré de front, orné de ses lambrequins; cimier : une toque de président; supports : deux cerfs ailés. Le tout environné du manteau de pair.

Très-belle épreuve.

1372. Le Prestre (Cl.), conseiller au parlement de Paris. — In-fol. H. 0,287. L. 0,195. *

A mi-corps, dans une bordure ovale, équarrie, tronquée sur les côtés et supportée par un appui. Vu de 3/4, tourné à droite, regardant vers la gauche. Tête nue, cheveux courts. Il porte barbe et moustaches. Large col rabattu. Il est vêtu du costume de sa charge. — Autour de l'ovale: *Mre. Claude Le Prestre Conseiller dv Roy en sa Covr de Parlement*. — Sur le dessus du couronnement de l'appui, à g. : *R. Lochon faciebat*. 1657. — Au milieu de l'appui, couvrant le bas de la bordure un ovale à fond blanc renferme les armoiries : *D'azur au chevron*

*accompagné en chef de deux besants, et en pointe d'une couronne, le tout
d'or.* Le fond de l'écu, entre les branches du chevron, est de gueules.
·L'écusson est timbré d'un casque taré de profil, orné de ses lambrequins.

Belle épreuve.

1373. Longueville (Henri II D'ORLÉANS, duc DE), gouverneur de Normandie, 1595-1663. — In-4°. H. 0,213.
L. 0,159. *

A mi-corps, dans une bordure ovale, équarrie, formée d'une guirlande de feuilles de chêne, liée dans le haut par un ruban. La guirlande repose sur un appui. Vu de 3/4, tourné à droite, regardant de
face. Tête nue, cheveux longs ; deux longues frisures ornées de bouffettes de ruban retombent sur les épaules. Col de dentelle attaché par
des cordons à glands. Couvert d'une armure avec écharpe et grand
cordon en sautoir. — Au bas du portrait, couvrant la guirlande et le
milieu de l'appui, un cartouche à fond blanc renferme les armoiries des
d'*Orléans-Longueville*. — Sur le dessus de l'appui, on lit, à g. : *R. Lochon deli. et sculp.;* — à dr. : *Cu Pri.* La face de l'appui est cachée par
une draperie attachée par des rubans formant des nœuds bouffants qui
cachent la fin de l'inscription.

Belle épreuve.

1374. Lorraine (Claude DE), duc **de Chevreuse,** grand
chambellan, gouverneur d'Auvergne, frère puîné de Charles
de Lorraine, duc de Joyeuse, 1578-1657. — In-fol. H. 0,327.
L. 0,252. (Le B., 15.) *

A mi-corps, dans une bordure ovale, équarrie, supportée par un
appui. Vu de 3/4, tourné à gauche, regardant de face. Tête nue, cheveux longs et bouclés. Collerette de dentelle retenue par des cordons à
glands. Couvert d'une armure, le grand cordon en sautoir. Le bras
droit étendu. — Sur la bordure blanche intérieure de l'ovale, au bas
du portrait : *Just d'Egmont Pinx.* — *R. Lochon sculp.* 1654. — Au milieu de l'appui, couvrant le bas de la bordure, un ovale à fond blanc
renferme un écusson d'armoiries, timbré d'une couronne ducale et environné des.colliers des ordres de Saint-Michel et du Saint-Esprit.

Belle épreuve. Collection Mariette.

·**1375. Retz** (Jean-François-Paul DE GONDI, cardinal DE),
1614-1679. — In-fol. H. 0,327. L. 0,244. *

A mi-corps, dans une couronne d'olivier, reposant sur un piédestal,
entourée de rubans dont les extrémités, munies de glands, forment

des banderoles dans le haut ; les dehors teintés de tailles horizontales. Vu de 3/4, tourné à gauche, regardant de face. Il porte moustaches et barbiche. Le sommet de la tête couvert de la barrette. Cheveux longs. En petit costume de cardinal ; les épaules couvertes d'une pèlerine moirée à capuche. — Sur le dessus du couronnement du piédestal, à dr. : *R. Lochon sculpebat* 1663. — Au milieu du piédestal, un ovale à fond blanc renferme les armoiries environnées du manteau d'hermine : *D'or à deux masses de sable, passées en sautoir, liées de gueules ;* l'écu timbré d'une couronne ducale, accompagnée d'une croix archiépiscopale à deux branches, soutenant le chapeau de cardinal.

Belle épreuve.

Le P. Lelong indique ce portrait avec la date de 1664.

1376. **Sainte-Beuve** (Madeleine LUILLIER DE). — In-4°. H. 0,196. L. 0,132. *

A mi-corps, dans une chambre. Vue de 3/4, tournée à droite, regardant vers la gauche. Elle a une verrue sur la joue droite, près de l'aile du nez. En costume de religieuse Ursuline, la tête couverte d'un long voile. Cheveux relevés. Large col avec rabat ; croix d'argent sur la poitrine. A droite, dans l'angle du haut, par une ouverture, on voit un arbre accompagné de ruches d'abeilles. — Au bas du portrait, sur une large banderole, dont les extrémités sont repliées sur elles-mêmes, un petit médaillon, entouré des cordelières de veuve, renferme les armoiries : *Mi parti : de gueules au chevron accompagné de trois têtes tortillées d'enfants, le tout d'or, qui est* Sainte-Beuve, *et d'azur à trois coquilles d'or, au lion de même, en abime, qui est* Luillier. Ces armoiries sont accompagnées de l'inscription suivante, qu'elles séparent en deux : *Madeleine Lvillier De S^tc. Bevve || Institutrice des Religieuses Vr=||sulines, et Fondatrice de leur premier Monastere || au faubourg S^t. Jaques de Pa=ris, Decedée le 29e d'Aoust* 1630.— Un peu au-dessous à dr. : *R. Lochon f.* — Au milieu, sous les extrémités de la cordelière : *Madeleine Luillier de S^tc. Beuue.||Anagramme.|| Vnie a Dieu ell'est mere D'Abeille.*

Belle épreuve. Collection Mariette.

1377. **Thou** (J.-Aug. DE), magistrat et historien français, fils de Christophe, 1553-1617. — In-fol. H. 0,295, y compris une marge de 0,034. L. 0,204. *

A mi-corps, vu de 3/4, tourné à droite, regardant de face. Tête nue, cheveux courts, relevés sur le devant en toupet. Collerette bouillonnée. En robe noire, entièrement boutonnée, avec parements et collet de fourrure. — Sous le tr. c., dans la marge, l'inscription suivante : *Iacqves Avgvst. de Thov Conseiller* (sic) *|| En ses Conseils d'Estat et*

Privé ‖ *President au Parlement de Paris.* — Au-dessous, à g. : *Du Monstier Pinxit.;* — à dr. : *R. Lochon sculp.*
Belle épreuve.

1378. Vialart (Félix), évêque de Châlons-sur-Marne, mort le 10 juin 1680, âgé de 67 ans. — In-fol. H. 0,330. L. 0,251. (Le B., 25, *s. n.*)*

A mi-corps, dans un cadre ovale, sculpté, orné de perles ; les dehors teintés de tailles horizontales. Un appui supporte l'ovale. Vu de 3/4, tourné à gauche, regardant vers la droite. La tête couverte de la calotte ; cheveux bouclés. La figure marquée de trois verrues, l'une au bas du front, entre les deux sourcils ; la seconde au bas de la joue gauche ; la troisième sur le côté gauche de la lèvre inférieure au-dessus du menton. Il porte moustaches et barbiche. En petit costume d'évêque, les épaules couvertes d'une pèlerine moirée. Large ruban passé sous le rabat, avec une croix d'argent rehaussée d'un crucifix.— Sur le dessus du couronnement de l'appui, à dr. : *Renatus Lochon ad viuum delinea. et sculp. C.* (P. R.) (ces deux lettres sont coupées). — Sur le milieu de l'appui, couvrant le bas du cadre, un ovale à fond blanc renferme un écusson armorié, timbré d'une couronne de baron, accompagnée d'une mitre et d'une crosse soutenant un chapeau d'archevêque.
Belle épreuve ; le côté droit rogné.

LOIR (Alexis);

orfévre et graveur à l'eau-forte, né en 1640, à Paris, où il mourut le 14 avril 1713, âgé de soixante-treize ans, selon l'acte de son décès. Élève de son frère Nicolas.

1379. Mabillon (Jean), célèbre érudit français, 1632-1707. — In-4°. H. 0,171. L. 0.138. (Le B., 26, *s. n.*)*

A mi-corps, assis devant une table. Vu presque de face, le corps tourné à droite. Verrues sur la figure. En costume de bénédictin, la tête rasée et couverte du capuchon. Les mains appuyées sur la table, il écrit. — Sous le tr. c., à g. : *Hallé pinx.;* — à dr. : *Loir sculp ? ;* — au milieu, ce quatrain :

> *Cet air simple et modeste, où rien n'est affecté,*
> *J'offre de Mabillon l'exacte ressemblance ;*
> *Et dans vn tresor de science,*
> *Vn prodige d'humilité.*
>
> Bosquillon.

— Un peu au-dessous du dernier vers : *Il mourut le 27. Decembre 1707. agé de 76 ans.* — Plus bas, à g. : *Chez Berey rue St Jacques.*
Belle épreuve.

LOMBART (Pierre),

graveur au burin, né vers 1620, à Paris, où il mourut le 30 octobre 1681, âgé de soixante et un ans ou environ, selon l'acte de son décès. Élève de Simon Vouet.

1380. Arundel (Henri Howard, comte d'), fils du célèbre collectionneur d'antiquités. — In-fol. H. totale de la planche, 0,358. L. 0,265. H. de la planche gravée, 0,317. L. 0,252. (Le B., 25-36.)

A mi-jambes, dans un cadre rectangulaire, formé de feuilles de chêne. Vu de 3/4, debout près d'un piédestal, tourné vers la droite ; tête nue, cheveux longs. Couvert d'une armure ; épée au côté. De ses deux mains, il prend son casque placé sur le piédestal, près d'un bâton de commandement. — Sur la face du piédestal, au-dessous du casque, on lit : *Droit et Avant*. — Dans l'angle du haut, à droite, par une ouverture, on aperçoit le ciel nuageux. — Sous le cadre, dans la marge : *Henricvs Arvndelliæ Comes*. — Au-dessous, à g. : *Antonius Van Dyck Eques* ; — au milieu : *pinxit. P. Lombart sculpsit* ; — à dr. : *londini, auec Priuileige* (sic) *du Roy ;* — au-dessous : *et ex. parisis.*

Belle épreuve.

1381. Bedford (Anne Carr, épouse de William Russel, comte de). — In-fol. H. totale de la planche, 0,350. L. 0,245. H. de la pl. gravée, 0,321. L. 0,238. (Le B., 25-36.)

Jusqu'aux genoux, dans un cadre rectangulaire, recouvert de fleurs entrelacées de rubans. Vue de 3/4, tournée vers la droite. Tête nue, cheveux frisés. Collier de perles. Robe de soie à manches courtes, et dont le corsage décolleté laisse les seins à moitié nus. Le haut du corsage, au milieu, est orné d'un bouton de rose. Ceinture de perles. L'épaule droite, en partie cachée par une écharpe, dont une extrémité est passée sous l'aisselle gauche. Les mains posées sur le devant de la robe, la gauche gantée à moitié. — Derrière le personnage, à droite, une draperie frangée, formant fond, est relevée à gauche, et laisse voir une ouverture avec feuillages et un socle. — Sous le cadre : *Anna. Comitissa de Bedford.* — Plus bas : *Antonius. Van Dyck Eques pinxit.* — *P. Lombart sculpsit — londini, auec Pri. du Roy∥et ex. parisis.*

Belle épreuve.

1382. Carlisle (Lucie, comtesse de). — In-fol. H. de la plan-

che, 0,349. L. 0,261. H. de là gravure, 0,317. L. 0,255.
(Le B., 25-36.)

A mi-jambes, dans un cadre rectangulaire, recouvert de feuillages
de fantaisie. Vue de 3/4, debout, près d'une fontaine, tournée à gauche,
regardant vers la droite. Tête nue, cheveux longs et frisés. Le côté
gauche de la tête orné d'une couronne de fleurs. Collier de perles.
Robe à corsage décolleté jusqu'à la naissance des seins. Manches
pagodes, fendues sur le côté, relevées et attachées à un bouton ; les
bras sont à demi nus. Le haut du corsage, au milieu, est orné d'une
fleur. Les épaules couvertes d'une sorte de pelisse garnie de fourrure et retenue devant par des brillants avec perles. Le bras gauche
pendant. Le bras droit étendu, elle plonge la main dans une fontaine adossée à un rocher ombragé d'arbustes, et dont l'eau tombe
de la gueule d'un dauphin sur lequel un amour est assis à califour-
chon. — Dans l'angle du haut, à droite, on voit le ciel nuageux.
— Sous le cadre : *Lvcia. Comitissa de Carlile.* — Au-dessous, sur
presque toute la largeur : *Antonius Van Dyck Eques pinxit — P. Lom-
bart sculpsit — londini. auec Pri. du Roy* || *et ex. parisis.*
Belle épreuve.

1383. Carlisle (Marguerite, comtesse DE), et sa petite fille.
— In-fol. H. de la planche, 0,352. L. 0,259. H. de la gravure, 0,315. L. 0,250. (Le B., 25-36.)

A mi-jambes toutes les deux, dans un cadre rectangulaire, recouvert
de guirlandes de fruits, entremêlées d'oiseaux. La mère est assise dans
un fauteuil, vue de 3/4, tournée vers la gauche, regardant de face.
Tête nue ; les cheveux, relevés sur le devant, forment par derrière un
chignon orné de perles. Sur les côtés, de longues frisures. Pendants
d'oreille en perles, de forme allongée. Collier de perles. Robe à corsage décolleté, laissant les seins à demi nus. Manches à crevés avec
attaches en diamants et perles. Sur les épaules, un collier de perles
retenu au côté gauche du corsage par une agrafe en brillants accompagnés de trois grosses perles. — Ceinture de pierres précieuses avec
une grosse perle de forme allongée. Le bras gauche appuyé sur le
bras du fauteuil. L'épaule droite couverte d'une écharpe, le bras passé
autour du cou de sa petite fille, qui est debout, près d'elle, appuyée
contre sa jambe. Elle est vue de 3/4, tournée à droite, regardant vers
la gauche. Cheveux longs ; coiffée d'un petit bonnet retenu par un nœud
de ruban. Collier de perles. Robe avec manches à crevés. Manchettes
relevées. Chaînette en écharpe. Manteau agrafé derrière les épaules.
Elle tient dans ses mains l'extrémité de l'écharpe de sa mère. — Sous
le cadre : *Margarita de Carlile Comitissa.* — Au-dessous : *Antonius*

*Van Dyck Eques pinxit. — P. Lombart sculpsit — londini. auec Priui-
leige du Roy* || *et ex. parisis.*
Belle épreuve.

1384. Carnarvon (Anne-Sophie, comtesse DE). — In-fol,
H. de la planche, 0,320.|L. 0,244. H. de la gravure, 0,292.
L. 0,230. (Le B., 25-36.)

A mi-jambes, dans un encadrement rectangulaire, recouvert de
feuilles de laurier, entremélées de petites fleurs. Vue de 3/4, debout,
tournée à droite, regardant de face. Tête nue, cheveux relevés en un
chignon orné de perles. De longues frisures retombent sur les côtés.
Collier de perles. Robe décolletée laissant les seins à demi nus.
Corsage orné d'une agrafe en brillants et perles. Chaîne formée de
pierres précieuses et de perles. Larges manches pagodes retroussées.
L'épaule droite couverte d'une draperie dentelée. Elle tient une rose
dans la main gauche. L'avant-bras droit nu et orné d'un bracelet
de perles, et de la main elle retient des fleurs posées sur un socle.
— Fond noir. — Sous l'encadrement : *Anna Sophia, Comitissa De
Canaruaen,.* — Au-dessous, à g. : *Anton, Van Dyck, pinxit,;* — à dr. :
P. Lombart. sculpsit et parisis ex. londini. (Les mots *et parisis* sont
intercalés entre *sculpsit* et *ex.*) ; — au milieu : *auec Priuileige du Roy.*
Belle épreuve.

1385. Castelhaven (Élis., comtesse DE). — In-fol. H. de la
planche, 0,351. L. 0,263. H. de la gravure, 0,315. L. 0,253,
(Le B., 25-36.)

Jusqu'aux genoux, dans un cadre rectangulaire, recouvert de feuilles
d'alicanthe. Vue de face, debout. Tête nue, cheveux relevés et frisés
sur les côtés ; le sommet de la tête orné de perles en guirlandes. Pendants d'oreille formés de quatre grosses perles allongées. Collier de
perles. Robe très-décolletée laissant les seins presque à nu. Manches
courtes. La main droite, appuyée contre la poitrine, retient une draperie flottante. Du bras gauche, elle relève le pan de sa robe. — Sous
le cadre: *Elizabeth* (le *z* est retourné) *Castlchaven Comitissa.* —Au-dessous : *Antonius Van Dyck Eques pinxit — P. Lombart sculpsit. — lon-
dini. auec Priuileige du Roy* || *et ex. parisis.*
Très-belle épreuve.

1386. Devonshire (Élis., comtesse DE). — In-fol. H. de la
planche, 0,348. L. 0,242. H. de la gravure, 0,315. L. 0,234.
(Le B., 25-36.)

Jusqu'au-dessous des genoux, dans un cadre rectangulaire, recouvert de guirlandes de fleurs, et portant sur les côtés deux cartouches accompagnés de palmes et contenant des personnages allégoriques. Vue presque de face, debout, tournée vers la gauche. Tête nue, cheveux relevés ; de longues frisures retombant sur les côtés. Le front est ombragé de légères boucles. Pendants d'oreille formés de quatre perles allongées. Collier de perles. Robe décolletée, avec corsage à basques, lacé par devant et orné d'une pierre précieuse, avec nœud de ruban. Manches courtes laissant les bras à demi nus. Ceinture avec nœuds de rubans à la taille. Elle tient dans la main droite une tige à deux fleurs, et, de l'autre main elle relève sa robe. — Derrière elle, une muraille recouverte en partie par une draperie frangée formant portière, relevée à droite ; dans l'angle du haut, on voit à gauche, par une large ouverture, un ciel nuageux et l'horizon bordé de roches. — Sous le cadre : *Elizabeth. Comitissa Devoniæ.* — Au-dessous : *Antonius Van Dyck Eques pinxit.* — *P. Lombart sculpsit et ex lonbini* (sic) *avec Priuileige du Roy.*

Belle épreuve.

1387. **Middlesex** (Rachel, comtesse DE). — In-fol. H. de la planche, 0,350. L. 0,243. H. de la gravure, 0,315. L.

A mi-jambes, dans un encadrement recouvert de feuilles s'enroulant autour d'une baguette, et portant sur les côtés deux cartouches avec personnages allégoriques. Les angles sont ornés de rosaces. Vue de 3/4, debout, tournée vers la gauche, regardant de face. Tête nue, cheveux relevés en chignon retenu par un peigne. De longues frisures retombent sur les côtés. Pendants d'oreille. Collier de [perles. Robe décolletée laissant en partie les seins à nu. Corsage orné d'une agrafe en brillant avec perles. Ceinture de pierres précieuses, entremélées de perles. Manches courtes et bouffantes avec semis de perles. Les bras à demi nus ; l'épaule droite recouverte d'une écharpe dont l'extrémité, posée sur le dessus d'une roche, contient des fleurs que la comtesse retient de ses mains. — Sous l'encadrement : *Rachel Middlesexiæ Comitissa.* — Au-dessous : *Antonius Van Dyck Eques pinxit.* — *P. Lombart sculpsit — londini. auec Priuileige du Roy || et ex. parisis.*

Belle épreuve.

1388. **Pembroke** (Phil. HERBERT, 5ᵉ comte DE), mort en 1669. — In-fol. H. totale de la planche, 0,326. L. 0,243. H. de la pl. gravée, 0,317. L. 0,235. (Le B., 25-36.)

Jusqu'aux genoux, dans un cadre rectangulaire recouvert par des feuilles d'alicanthe ; les angles du cadre ornés de cartouches et les milieux des côtés, de petits médaillons. Vu de 3/4, debout, tourné vers la droite. Tête nue, cheveux longs. Cravate de dentelle. Couvert d'une cuirasse sous laquelle il porte un justaucorps garni de dentelle et à manches à crevés. Écharpe en sautoir. Épée au côté. La main droite dégantée, placée sur la poitrine, tient l'écharpe. La main gauche est appuyée sur la garde de l'épée. — Sous le tr. c., entre le cadre et le tr. de la planche, au milieu :*Philippvs. Comes. Pembrokiæ. Ætatis. Suæ.* 18°. — A gauche : *Anton. Van Dyck.Pinxit.* — A dr. : *P. Lombart sculpsit et ex. londini ;* — au dessus : *auec Priuileige du Roy ;* — entre ces deux dernières lignes : ✕ *parisis* ✕

Belle épreuve.

1389. Pembroke (Penélope Naunton, comtesse de), première femme du précédent. — In-fol. H. de la planche, 0,331. L. 0,245. H. de la gravure, 0,316. L. 0,236. (Le B., 25-36.)

Jusqu'aux genoux, dans un cadre rectangulaire, entouré de roses, et les angles garnis de coquilles.Vue de 3/4, debout, tournée à gauche, regardant de face. Tête nue, cheveux relevés en chignon ; de longues frisures retombent sur les côtés. Robe noire très-décolletée, laissant les épaules et les seins à nu. Larges manches pagodes relevées sur les côtés par des pierres précieuses entourées de perles. Elle tient dans ses mains l'extrémité d'une écharpe posée sur l'épaule gauche, et dont l'autre extrémité retombe derrière elle. — Fond noir. — Sous le cadre : *Penelope. Domina Herbert.* — Au-dessous : *Antonius Van Dyck Eques pinxit.— P. Lombart sculpsit londini. auec Priuileige du Roy‖ et ex parisis.*

Belle épreuve.

1390. Chassebras de la Grand'Maison (Gabr.), conseiller en la cour des Monnaies. — In-fol. H. 0,310. L. 0,242. (Le B., 23, *s. n.*)

A mi-corps, dans une bordure ovale, équarrie, supportée par un appui. Vu de 3/4, tourné à gauche, regardant vers la droite. Le sommet de la tête couvert d'une calotte ; cheveux longs. Il porte moustaches et barbiche. Rabat attaché par des cordons à glands. Vêtu du costume de sa charge. — Autour de l'ovale : *Gabriel Chassebras, de la Grand'Maison, Cvriæ Monetorvm Franciæ Senator.* — Sur le couronnement de l'appui, à dr. : *P. Lombart sculpsit.* — Au milieu de l'appui, couvrant le bas de la bordure, un ovale à fond blanc renferme les armoiries : *Coupé de pourpre et d'or, à trois soleils de l'un en l'autre posés 2 et 1 ;* l'écu timbré d'un casque taré de profil, orné de ses lambrequins.

Très-belle épreuve, avec marges.

1391. **Daillé,** en latin *Dallæus* (Jean), théologien protestant français, 1594-1670. — In-4°. H. 0,236. L. 0,163. (Le B., 37.) *

A mi-corps, dans une bordure ovale, équarrie, supportée par un appui, au milieu duquel on lit sur une tablette: *Dallæo ingenium, mens et divinior, atque os* || *Magna sonans ; verum proh dolor ! ille Fvit.* Vu de 3/4, tourné à droite, regardant de face. La tête couverte d'une calotte; longs cheveux. Robe noire avec rabat. — Autour de l'ovale : *Ioannes Dallævs Evangelii Minister Qvis Desiderio Sit Pvdor Avt Modvs Tam Cari Capitis .?* — Sur l'appui, au bas de la tablette, à g.: *W. Vaillant pinxit;*— à dr. : *PL.ombart sculp. parisis.*1670.
Très-belle épreuve.

1392. **Delafond** (N.), connu sous le nom de *Gazetier de Hollande.* — In-fol. H. totale de la pl., 0,368. H. de la pl. gravée, 0,307. L. de la pl., 0,256. L. de la gravure, 0,244. (Le B., 38.) *

A mi-corps. Vu de face, la tête couverte d'un bonnet garni de fourrure. Longs cheveux tombant sur les épaules. Vêtu d'une blouse. Il tient dans la main gauche un journal manuscrit, portant ce titre entre deux timbres : *La* || *Gazette* || *ordinaire* || *D'Amsterdam.* || Plus bas, sur toute la largeur de la feuille: *Du Lundi* 5. *Decembre* 1667. — Au-dessous à g.: *De Madrit* (sic) 10 *Nob.* Dans la main droite, il tient une plume d'oie, la pointe en haut, montrant du médium la gazette. — Sous le tr. c., dans la marge: *In Effigiem Domini De La Fond, Galli,*|| *Festivissimi apud Batavos Ephermeridum Historicarum Scriptoris,*

Distichon.

Mille oculis videt hic Fondus, mille auribus audit;
Plus audit naso, plus videt ille, suo.

Santolius Victorinus.

—Au-dessous du dernier vers, au milieu: *P. Lombart sculpsit.;* — à g. : *H. Gascard pinxit.*
2ᵉ état, avec la lettre. — Très-belle épreuve.

1393. **Gomont** (J. DE), avocat général au parlement de Paris. — In-fol. H. 0,317. L. 0,241. (Le B., 24.)

A mi-corps, dans une bordure ovale, équarrie, autour de laquelle on lit : *Ioannes de Gomont, Regis a Sanctioribvs, et in Svpremo Senatv Patronvs.* — Vu de 3/4, tourné à gauche, regardant de face. Tête nue, cheveux longs couvrant les épaules et en partie le front. Rabat retenu par des cordons à glands. En costume de sa charge. — La bordure est supportée par un appui au milieu duquel est un ovale à fond blanc renfermant les armoiries : *D'azur au chevron d'or, accompagné en chef de deux trèfles et en pointe d'une rose, le tout du même ;* l'écu timbré d'un casque taré de front, orné de ses lambrequins. — Sur le couronnement de l'appui, à g. : *I. Van Loo Pinxit ;* — à dr. : *P. Lombart sculpsit.* 1665. *dernier Juillet.*

Très-belle épreuve.

1394. Gramont (Antoine III, duc DE), maréchal de France, connu sous le nom de *Comte de Guiche,* 1604-1678.— In-fol. H. 0,354. L. 0,262. *

A mi-corps, dans une bordure ovale, équarrie, supportée par un appui. Vu de 3/4, tourné à droite, regardant de face. En longue perruque. Rabat de dentelle attaché par des cordons à glands. Couvert d'une armure avec le grand cordon en sautoir. — Autour de l'ovale *Ant. Dvx. Gramon. Par. et Mares. Franc. Minist. Stat. Princ. Bidac. Navar. & Bearn. Gvb. Gñalis. Eqv. Torqva. Legion. Prætor. Præfec.* — Sur le couronnement de l'appui, à g. : *W. Vaillant Pinxit ;* — à dr. : *P. Lombart sculpsit* 1663. — Au milieu de l'appui, couvrant la bordure, un ovale à fond blanc renferme les armoiries : *Écartelé : aux 1 et 4, d'or au lion d'azur, armé et lampassé de gueules, qui est* Gramont ; *aux 2 et 3, de gueules à trois flèches d'or, armées et empennées d'argent, en pals, les pointes en bas, qui est* Aster ; *sur le tout : écartelé : aux 1 et 4, de gueules à trois fasces ondées d'argent, qui est* Toulongeon ; *aux 2 et 3, de gueules à trois jumelles d'argent, qui est* Saint-Chéron (les émaux ne sont pas indiqués) ; l'écu timbré d'une couronne ducale, surmontée de trois casques couronnés, ornés de cimiers et lambrequins. Deux bâtons fleurdelisés en sautoir derrière l'écu. Les colliers des ordres de Saint-Michel et du Saint-Esprit entourent l'écu ; le tout environné du manteau d'hermine.

Très-belle épreuve.

1395. Harouis (Guill. DE), conseiller du roi, ancien trésorier des états de Bretagne, mort à la Bastille le 10 novembre 1699. — In-fol. H. 0,352. L. 0,285. *

A mi-corps, dans une bordure ovale, équarrie, supportée par un socle. Le haut de l'ovale est orné de rubans formant banderoles, et le bas est entouré de deux palmes posées sur le dessus du socle. Vu de 3/4, tourné à droite, regardant de face. En longue perruque bouclée couvrant les épaules. Magnifique rabat de dentelle, retenu par des cordons à glands. — Autour de l'ovale : *Gvillelmvs Deharovys Dominvs de la Seilleraye Regi a Consiliis.* — Au milieu du socle, couvrant la bordure, un ovale à fond blanc renferme les armoiries: *D'argent à trois bandes d'azur, chargées chacune de trois têtes de licorne d'or;* l'écu timbré d'une couronne de vicomte. — Sur la face du couronnement du socle, à g.: *J. Dieu Pinxit;* — à dr.: *P. Lombart sculpsit.* Très-belle épreuve.

1396. La Serre (Jean Puget de), littérateur français, 1600-1665. — In-fol. H. de la pl., 0,329. L. 0,226. H. intérieure du médaillon, 0,070. L. 0,050.

A mi-corps, dans un médaillon ovale, placé dans l'intérieur d'un hémicycle servant de bibliothèque, et retenu au milieu du dôme par des guirlandes et des cordons à glands. Vu de 3/4, tourné à gauche, regardant vers la droite. La tête couverte d'une calotte, cheveux longs et abondants. Il porte moustaches et petite barbiche. Col de chemise rabattu, attaché par des cordons à glands. Vêtu d'une houppelande ouverte, sous laquelle on voit une robe noire entièrement boutonnée. La bibliothèque est formée de cinq rayons sur lesquels sont placés selon leur format, des livres ouverts, avec l'inscription des titres de tous les ouvrages de l'auteur. Au centre de l'hémicycle, est un groupe allégorique ; l'un des personnages représente : *le Temps,* assis par terre, ayant le bras gauche enchaîné ; à sa droite, *la Renommée,* penchée vers lui, tient dans la main droite, avec des trompettes, l'extrémité de cette chaîne, et lui désigne de la main gauche, un livre ouvert que tient *Minerve,* armée d'une lance et placée près d'elle, regardant *le Temps.* — Sur le verso du feuillet de ce livre, on lit: *La* ‖ *Biblioteque* ‖ *De Monsieur* ‖ *De la serre* ‖ *Ou les titres* ‖ *De ses liures* ‖ *De Piete.* — Aux pieds du *Temps,* est un sablier renversé, sous lequel est inscrit: *Huret inuent.* — *P. Lombart fecit.*
Belle épreuve.
Estampe servant de frontispice à un livre.

1397. Launay (Pierre de), sieur de La Motte et de Vauferlan, théologien protestant, conseiller secrétaire honoraire du roi, 1573-1661. — In-fol. H. 0,344. L. 0,261. *

A mi-corps, dans une bordure ovale, équarrie, supportée par un socle. Vu de 3/4, tourné à gauche, regardant de face. En longue perruque. Magnifique rabat de dentelle. Vêtu d'un pourpoint à grands ramages. — Autour de l'ovale: *Petrvs de Lavnay Regi Ab Omnibvs Consiliis &c.* Sur le dessus du couronnement du socle, à g.: *F. De la mare Richart pinxit;* — à dr.: *P. Lombart sculpsit.* — Au milieu du socle, couvrant le bas de la bordure, un ovale à fond blanc renferme les armoiries : *De:... au chevron de gueules, accompagnés de trois branches....*

au chef de.... chargé de trois croix potencées de....; l'écu est timbré d'un casque taré de front, orné de ses lambrequins.

Très-belle épreuve.

1398. Maissat (P. DE), conseiller et doyen des secrétaires du roi, mort en 1703. — In-fol. H. 0,337. L. 0,258. *

A mi-corps, dans une bordure ovale, équarrie, supportée par un appui. Vu de 3/4, tourné à gauche, regardant de face. Le sommet couvert d'une calotte. Longs cheveux retombant sur les épaules. Robe noire avec rabat attaché par des cordons à glands. —Autour de l'ovale: *Petrvs Maissat Regi A Sanctioribvs Consiliis et Secretis.* — Sur le dessus de l'appui, à g.: *C. le Febure Pinxit ;* —à dr.: *P. Lombart sculpsit* 1666. — Au milieu de l'appui, couvrant la bordure, un ovale à fond blanc renferme les armoiries : *D'argent à un chêne* (sans indication de couleur) ; *au chef d'azur chargé de trois molettes d'argent;* l'écu timbré d'un casque taré de front, avec cimier, et orné de ses lambrequins; supports : deux chiens colletés.

Belle épreuve.

1399. *Mecklembourg :* **Christian-Louis Ier**, duc de Mecklembourg-Schwerin, 1621-1692. — In-fol. H. totale de la pl., 0,360. L. 0,292.

A mi-corps, dans une bordure ovale, équarrie, supportée par un socle. Le haut de l'ovale est orné de rubans formant banderoles. Vu de 3/4, tourné à droite, regardant de face. Verrue sur la joue droite. En longue perruque bouclée retombant par devant et cachant les épaules. Magnifique cravate de dentelle. Couvert d'une armure, avec une écharpe en sautoir. — Autour de l'ovale : *Christianvs Lvdovicus Dei Gratia Dvx Megapolitanvs* (sic) *Princeps Vandalorvm, &c.* — Le bas de l'ovale est entouré de deux branches d'olivier posées sur le dessus du socle. — Au milieu du socle, couvrant la bordure, un médaillon à fond blanc, orné de rubans formant banderoles, renferme les armoiries du grand duché de *Mecklembourg-Schwerin.* L'écu timbré d'une couronne royale, et environné du manteau d'hermine et des colliers des ordres de Saint-Michel et du Saint-Esprit. — Sur la plinthe du socle, à g. : *F. De la mare Richart pinxit* ; — à dr. : *P. Lombart sculpsit parisijs* 1670.

Belle épreuve.

1400. Petau (Paul), antiquaire et conseiller au parlement de Paris, 1568-1614. — In-fol. H. 0,310. L. 0,237. (Le B., 42, *s. n.*) *

A mi-corps, dans une bordure équarrie, supportée par un appui. Vu de 3/4, tourné à droite, regardant de face. Tête nue, cheveux courts, relevés sur le devant. Il porte toute sa barbe. Houppelande ouverte, par-dessous une robe noire boutonnée. — Autour de l'ovale: *Non Nisi Prisca Peto Et Veteri Mens Vivere More.* Dans le haut de l'ovale, au milieu, après le mot *Peto*, on voit, sur la face d'une petite médaille à fond blanc, un serpent couronné, posé en pal, et le mot *cic* inscrit à droite du serpent. Des deux côtés de l'ovale, sur le dessus du socle, de petites médailles. Celles de gauche portent les inscriptions: *Mars Vltor.* —*Signa* ; celles de droite : *Tres.Gallia.* — *Ser. Galba. Imp.* — Sur le dessus de l'appui, à g. : *J. Questel Pinx.*; — à dr. : *P. Lombart sculp.* — Au milieu de l'appui, couvrant le bas de la bordure, un ovale à fond blanc renferme les armoiries: *Écartelé: aux 1 et 4, d'azur à trois roses d'argent; au chef d'or, chargé d'une aigle naissante de sable; aux 2 et 3, d'argent à la croix pattée de gueules;* l'écu timbré d'un casque taré de 3/4, orné de ses lambrequins. — Sur la tablette de l'appui, on lit l'inscription suivante, partagée en deux par les armoiries: *Paulus Petaüius in Suprema* || *Francorum Curia Consiliarius.*

Très-belle épreuve.

1401. *Savoie :* **Charles - Emmanuel II,** prince de Piémont, duc de Savoie,1634-1675.— Très-gr. in-fol. H. 0,516. L. 0,430.

En buste, presque aussi grand que nature, dans une bordure ovale, équarrie, formée de palmes parsemées de roses. Les côtés de la bordure sont tronqués et le haut de l'ovale est caché par une banderole avec cette inscription : *Carolvs. Emanvel. II. D. G. Sabavd. Dvx. Pedemon. Princeps. Rex. Cypri.* Personnage vu de 3/4, tourné à gauche, regardant de face. En grande perruque crépue. Cravate de mousseline avec bouts en dentelle. Couvert d'une armure avec écharpe passée en sautoir. Il porte sur la poitrine le collier de l'ordre de l'Annonciade. — Sous le personnage, l'ovale est caché par une volute servant de tablette sur laquelle on lit la dédicace suivante: *Offerebat humillim° obsequ. et fide=* || *liss° seru° et subdi° Franciscvs* || *Hyacinth° de Valperqve de Masin.* — Les extrémités de la volute sont recourbées et ornent de chaque côté les dehors de la bordure ovale; sur celui de droite, est inscrit : *P.Lombart sculpsit* 1674 (le dernier chiffre est retourné).

Superbe épreuve.

1402. Savoie-Carignan (Eugène-Maurice DE), comte de **Soissons,** gouverneur de Champagne et de Brie, 1633-1673. — In-fol. H. 0,325. L. 0,248. (Le B., 43, *s. n.*) *

A mi-corps, dans une bordure ovale, équarrie, supportée par un

appui. Vu de 3/4, tourné à droite, regardant de face. En longue perruque bouclée. Rabat en dentelle retenu par des cordons à glands. Couvert d'une armure, avec écharpe en sautoir, nouée sur l'épaule droite.—Autour de l'ovale : *Evg*^e. *Maurice de Savoye C*^{te}. *de Soissons Duc de Carignan Col*^l. *Gen*^l. *des Svisses etc. Gov*^r. *et Lievt*^l. *G*^l. *pr. le Roy en Champaigne et Brie*. — Au milieu de l'appui, couvrant la bordure, un ovale à fond blanc renferme un écusson armorié, timbré d'une couronne, et entouré du manteau d'hermine, accompagné des insignes de colonel général des Suisses. — Sur le dessus du couronnement de l'appui, à g. : *W. Vaillant Pinxit ;* — à dr. : *P Lombart sculpsit.*
Très-belle épreuve.

1403. Savoie-Carignan (Eugène-Maurice DE), comte de Soissons, le même que le précédent. — In-fol. H. 0,367. L. 0,267. (Le B., 44, s. n.) *

A mi-corps, dans une bordure ovale, équarrie, formée de palmes entrelacées de branches d'olivier et entourées du collier de l'Annonciade. Le haut de l'ovale est orné d'un nœud de ruban formant banderole. L'ovale est supporté par un socle couvert par des trophées d'armes qui encadrent le bas de la bordure. Personnage en contrepartie du précédent. Rabat de dentelle dont le dessin est différent. Couvert d'une armure, avec écharpe en sautoir. — Au bas de l'ovale, sur le milieu du socle, appuyé sur le dessus de la plinthe, un médaillon à fond blanc renferme les mêmes armoiries que celles du portrait précédent. — Sur la face de la plinthe, à g.: *W. Vaillant Pinxit ;* — au milieu, sous les armoiries : *P. Lombart sculpsit.*
Très-belle épreuve.

1404. Savoie-Carignan (Philippe DE), chevalier de Malte, fils du précédent et frère du prince Eugène, 1659-1693. — In-fol. H. 0,343. L. 0,257. *

A mi-corps, dans une bordure ovale, équarrie, supportée par un socle; le haut de l'ovale orné d'un nœud de ruban formant banderole. Représenté jeune, vu de 3/4, tourné à droite, tête nue, cheveux longs et bouclés, couvrant en partie le front. En costume ecclésiastique ; rabat retenu par des cordons à glands ; les épaules couvertes d'une pèlerine à capuche entièrement boutonnée. — Autour de l'ovale : *Philippvs A* (accompagné d'un paraphe) *Sabavdia Abbas.* — Sur le dessus du couronnement du socle, à g.: *F. De la mare Richart pinxit ;* — à dr.: *P. Lombart sculpsit.* — Au milieu du socle, couvrant la bordure, un ovale à fond blanc renferme les armoiries environnées du manteau d'hermine, timbrées d'une couronne surmontée d'une mitre et d'une crosse.
Très-belle épreuve.

1405. Servien (Aug. DE), abbé de Saint-Jouin, mort en 1716. — In-fol. H. de la planche, 0,322. L. 0,246. *

A mi-corps, dans une bordure ovale, équarrie, supportée par un appui. Représenté jeune. Vu de 3/4, tourné vers la droite, regardant de face. Tête nue, cheveux longs couvrant en partie le front. En costume d'abbé avec pèlerine à capuche sur les épaules. — Autour de l'ovale : *Avgvstinvs de Servien Abbas* (les mots sont séparés par des rosaces). — Sur le dessus de l'appui, à g. : *F. De la mare Richart pinxit ;* — à dr.: *P. Lombart sculpsit* 1666. — Au milieu de l'appui, couvrant la bordure, un petit ovale à fond blanc renferme les armoiries: *D'azur à trois bandes d'argent ; au chef cousu du premier, chargé d'un lion issant du second ;* l'écu timbré d'une couronne surmontée de la mitre et de la crosse d'abbé.

Belle épreuve. Collection Mariette.

1406. *Suède :* **Christine,** fille de Gustave-Adolphe , 1626-1689. — In-fol. Dimensions de la planche : H. 0,312. L. 0,185. Planche gravée : H. 0,300. L. 0,178.

Buste sur piédouche placé sur un piédestal avec la couronne royale et le sceptre. Le piédestal est orné de guirlandes de feuilles de laurier. Vue de 3/4, tournée vers la droite, regardant de face, tête nue, cheveux frisés et terminés derrière en chignon sur lequel est posée la couronne. Collier de perles. Les épaules couvertes d'hermine agrafée par-devant d'un brillant orné de perles de forme allongée. — Derrière le buste, une draperie retombante, relevée dans l'angle droit par des cordons à glands, laisse voir dans le fond, devant un palais, une colonne surmontée d'une statue. — Ciel nuageux. — Sur la face de la plate-forme supportant le piédestal, au milieu, on lit: *Christina.* — Sous le tr. c. : *Suecorum, Gothorum et Vandalorum Regina. ♀.* —Au-dessus du tr. de la planche, à g. : *Le Beck pinxit. ;* — à dr.: *P. Lombart sculp.* 1868, N° 1.

Belle épreuve.

LOMBART (L.),

graveur à la manière noire, du dix-huitième siècle:

1407. Le Fèvre de Caumartin (Cath.-Madel. DE VERTHA-MONT, veuve de L.-Franç.), morte le 28 octobre 1722. — In-fol. H. de la planche, 0,340. L. 0,253. *

A mi-corps, dans une bordure ovale, équarrie, tronquée sur les côtés. Vue de 3/4, tournée vers la gauche. Cheveux relevés sur le devant.

La tête couverte d'une capeline noire nouée sous le menton. Vêtue d'une robe noire. — Fond noir. — Sous le tr. c., à dr.: *L. Lombart pinxit et Sculp.* — Sous le portrait, au milieu, dans un petit médaillon à fond blanc, formé d'un trait, sont renfermées les armoiries: *D'azur à cinq trangles d'argent, qui est* Le Fèvre de Caumartin ; accolées à celles de Verthamont, qui sont: *Écartelé : au 1, de gueules au lion léopardé d'or ; aux 2 et 3, cinq points d'or équipollés à quatre d'azur ; au 4, de gueules plein ;* les écus timbrés d'une couronne de marquis et entourés des cordelières de veuve. Ces armoiries sont accompagnées de l'inscription suivante qu'elles séparent en deux : *Catherine Magdelaine De Vertamont* (sic)|| *Vefue de M*[rc].*Louis Francois Le Feure de Caumartin*|| *Conseiller d'Etat.*

Gravé à la manière noire. — Rare. — Belle épreuve.

LONGUEIL (Joseph de),

graveur au burin, né à Givet en 1736, mort à Paris le 2 juillet 1792,
Élève de Le Bas.

1408. Fontanieu (Gasp.-M. de), historien français , 1693-1767. — In-4°. H. 0,223. L. 0,167. *

A mi-corps, dans un médaillon légèrement ovale, placé sur des panneaux accompagnés de deux pilastres et supporté par un socle concave. Le médaillon est entouré de feuilles d'olivier. Vu de 3/4, tourné vers la gauche, où il regarde, le corps étant à droite. En costume d'abbé, avec perruque bouclée. La taille serrée par une ceinture nouée sur le côté. Les épaules couvertes d'un manteau. — Autour du médaillon: *Messire Gaspard Moyse de Fontanieu Conseiller d'Etat Ordinaire, Intendant et Controleur Général des Meubles de la Couroñe.* — Au-dessous du médaillon, au milieu de la concavité du socle, un lion couronné, les deux pattes de devant posées sur le plat d'un livre couché, au dos duquel on lit : *Droit* || *Publi.* — A gauche, près du lion, une jeune femme allégorique, ailée, assise près du fût d'une colonne orné d'un cartouche surmonté d'une couronne et contenant les armoiries: *D'azur au chevron d'or, accompagné en chef de deux étoiles d'argent et en pointe d'un rocher du même.* La jeune femme, vue de profil, regarde le personnage, elle tient, de la main gauche, un volume, debout sur ses genoux, et dans la droite, le coude appuyé sur le fût de la colonne, une plume d'oie. — Sous le tr. c., et sous le premier trait du double encadrement entourant l'estampe, on lit, à g. : *Izidore* (sic) *Queverdo delin. ; —* à dr.: *De Longueil Sculp.*

Belle épreuve, avant les mots *Offerebat filius,* que porte l'état décrit dans le complément du P. Lelong.

LORICHON (Antoine-Constant-Louis),

graveur au burin, né le 20 octobre 1800, à Paris. Élève de Forster.

1409. Cuvier (Georges-Chrétien-Léopold-Dagobert), célèbre naturaliste français, conseiller d'État et membre de l'Académie française, 1769-1832. — Pet. in-fol. H. totale de la planche, 0,298. L. 0,230. H. de la pl. gravée, 0,185. L. 0,145. (Le B., 6.)

A mi-corps. Vu de face, tête nue, cheveux bouclés. Habit brodé, avec les palmes académiques brodées sur le côté gauche. Il porte en sautoir la croix de commandeur de la Légion d'honneur. — Sous le tr. c., à g. : *Jacques del.* ; — à dr. : *C. Lorichon sculp.* : 1826.

1er état, dit *d'artiste*, avant le nom du personnage.

Très-belle épreuve, sur papier de Chine, doublé de papier blanc.

LORRAINE (Jean-Baptiste de),

graveur au burin, né en 1737, à Paris, où il mourut vers 1795. Élève de son père, Augustin de Lorraine.

1410. Aubert (l'abbé Jean-Louis), fabuliste et critique, 1731-1814. — In-4°. H. 0,179. L. 0,122. *

En buste, dans un médaillon équarri, supporté par un socle et retenu dans le haut par un nœud de ruban. Vu de profil, tourné à droite. Tête nue, cheveux relevés sur le devant, bouclés derrière et sur les côtés. En costume ecclésiastique, avec manteau derrière les épaules. — Sur la tablette du socle : *M. L'Abbé Aubert.* || *Auteur des Fables Nouvelles et du Poëme de Psiché.* || *De telles Fables sont du sublime, écrit avec naïveté.* || *Lettre de Mr. de Voltaire à l'Auteur imprimée* || *dans le Dictionnaire de Litterature.* — Sous le tr. c., à g. : *Aubert del.* ; — à dr. : *de Lorraine Sculp.* ; — au milieu : *A Paris chez l'Auteur*, etc.

Très-belle épreuve.

1411. Champville (Gabriel-Léonard-Hervé Dubus de), acteur français, mort à Paris en germinal an X (mars 1802).— Gr. in-fol. H. 0,475. L. 0,325. (Le B., 17, *s. n.*) *

En pied, debout, représenté dans le rôle de *Colas.* Vu de 3/4, tourné vers la gauche, la tête inclinée à droite ; physionomie souriante. Coiffé d'un chapeau posé sur l'oreille. Habit avec manches à parements ornés de boutons. Guêtré jusqu'aux genoux ; chaussé de gros

sabots garnis de peau de mouton sur le dessus. Il joue de la corne-
muse. Derrière lui, dans le fond, on aperçoit une ferme, en partie
masquée par des arbres, près d'une barrière en planches. Dans le pli
du terrain, on aperçoit un ruisseau. A gauche, près du personnage,
deux grands ormes. — Sous le tr. c., entre les traits de l'encadrement,
à g. : *Peint par de Lorme, Pintre* (sic) *de S. A. S. Mgr. le Duc d'Orléans.*;
-- à dr.: *de Lorraine Sculp.* — Sous l'encadrement, dans la marge,
ces deux quatrains sur deux colonnes :

> *Sous les traits de Chanville* (sic) *admirés ce sorcier,*
> *Mille talens heureux sont toute sa magie,*
> *L'estime du public fait son apologie,*
> *Que ce Colas dit on entend bien son métier.*

> *La nature qu'en tout il suit, il etudie,*
> *Se plut à le doüer du'ne aimable gaité;*
> *Avec grace, finesse, esprit vivacité,*
> *Il n'est rien qu'il n'imite où qu'il ne parodie.*

— Au-dessous des deux quatrains : *Se Vend chés de Lorraine*, etc., *et
chés Buldet*, etc.

Belle épreuve.

LOUVION (J.-B.),

graveur au burin. (Voir sur lui Renouvier, *Histoire de l'art pendant la Révolution.*)

1412. *France :* **Napoléon Ier**, 1769-1821. — In-fol. H. 0,457.
L. 0,335.

En buste, dans un médaillon entouré de branches de chêne et de
laurier, et accroché à une pyramide. Une couronne d'étoiles brille
au-dessus du médaillon. Vu de 3/4, la tête nue et tournée à gauche.
Cheveux longs, couvrant le front. En costume de général. — Fond
noir. — Autour du médaillon : *Bonaparte Ier. Consul de la Republique
Française.* — A droite de la pyramide, une Minerve, vêtue à l'antique,
coiffée d'un casque et armée d'une lance, tient de la main droite le
médaillon. A ses pieds, un génie, agenouillé sur des nuages, souffle
la lumière d'une lanterne qu'il tient entre ses mains. — Le médaillon
est tenu du côté gauche par un ange, assis sur une massue placée en
travers sur la tête d'un lion couché ; derrière lui, dans le fond, sur un
monticule, le Temple de la gloire au milieu d'un rayonnement. Des
nuages cachent la base de la pyramide, en avant de laquelle, à l'ombre
d'un trophée d'armes, est assise la *France*, sous les traits d'une jeune
femme, vêtue à l'antique, la tête ceinte d'une couronne de laurier, le
sein droit à découvert. Elle tient de la main droite une plume d'oie ;
le bras gauche est appuyé sur une tablette posée sur ses genoux ; devant elle, par terre, divers objets ; derrière elle, au-dessous d'un

génie désignant du bras gauche le médaillon, une carte géographique de l'*Italie* et le plan topographique de *Mantoue* couvrent en partie plusieurs volumes. — Le tout est entouré d'un cadre rectangulaire; sur la partie indiquant l'épaisseur, du côté horizontal, inférieur, on lit: *Composée et Gravée par J.-B. Louvion.* — Sur une tablette placée sur la face: *A la Gloire Immortelle de Bonaparte.*

Belle épreuve, avec marges.

LUBIN (JACQUES),

dessinateur et graveur au burin, né en 1637, à Paris, où il mourut vers 1695.
Élève de G. Édelinck.

1413. Callot (J.), célèbre graveur, 1593-1635. — In-fol. H. de la planche, 0,252. L. 0,196. (Le B., 4, *s. n.*)

A mi-corps, dans une bordure ovale, équarrie, supportée par un appui. Vu de 3/4, tourné à gauche, regardant vers la droite. Tête nue, cheveux longs, séparés sur le côté par une raie. Vêtu d'un pourpoint avec manches à crevés. Collerette dentelée couvrant les épaules. Il porte en sautoir, sous son pourpoint, deux chaînettes auxquelles est suspendu, par un nœud de ruban, un petit médaillon à l'effigie d'une femme. — Sur le dessus de l'appui, à dr. : *Jac. Lubin Sculp.;* — au milieu, couvrant la bordure, un petit ovale à fond blanc renferme les armoiries: *De.... à cinq étoiles mises en sautoir d....* ; l'écu timbré d'un casque, taré de profil, orné de ses lambrequins. — Sur la face de l'appui: *Jacques Calot* (sic) *Graveur.*

D'après Van Dyck. — Gravé pour les *Hommes illustres,* de Perrault.
Belle épreuve.

1414. Grignan (Franç. ADHÉMAR DE MONTEIL, comte DE), lieutenant général du roi en Languedoc et en Provence, 1632-1714. — In-fol. H. 0,396. L. 0,296. (Le B., 15.)*

A mi-corps, dans une bordure ovale, équarrie, supportée par un socle. Vu de 3/4, tourné à droite, regardant de face. En perruque bouclée. Nœud de cravate. Couvert d'une armure. Le bras gauche étendu et l'épaule cachée par un manteau. —Autour de l'ovale: *Franciscus Adhemar de Monteil Comes Grignani, Dvx Termini, Provinciæ Prorex.* — Dans le bas, sur la bordure blanche extérieure de l'ovale: *N. de Largillierre pinxit — J. Lubin Sculpsit et excudit Parisijs.* —Au milieu du socle, un cartouche renfermant les armoiries : *Écartelé: au 1, de* Castellane; *au 2, de* Montfort-Campabosse ; *au 3, de* Monteil: *au 4, contr'écartelé: aux 1 et 4, de gueules à la tour d'or; aux 2 et 3, de gueules au lion d'or; au chef cousu d'azur, chargé d'une fleur de lis d'argent;* l'écu surmonté d'une couronne.

Très-belle épreuve.

1415. Humières (Louis DE CREVANT, marquis, puis duc D'), maréchal de France, mort à Versailles le 30 août 1694. — In-fol. H. 0,390. L. 0,291. *

A mi-corps, dans une bordure ovale, équarrie, supportée par un socle. Vu de 3/4, tourné à gauche, regardant de face. En longue perruque bouclée. Couvert d'une armure.— Au milieu du socle, un écusson, entouré des colliers de Saint-Michel et du Saint-Esprit, renferme les armoiries : *Écartelé : aux 1 et 4, contr'écartelé d'argent et d'azur, qui est* Crevant: *aux 2 et 3, d'argent fretté de sable, qui est* Humières; l'écu timbré d'une couronne de duc ; supports: deux lions. Sous les armoiries, deux canons montés sur affûts (insignes de grand maître de l'artillerie), accompagnés de deux bâtons fleurdelisés (maréchal), passés en sautoir derrière l'écu. Ces armoiries sont accompagnées de l'inscription suivante, qu'elles séparent en deux : *Le Mareschal de Humieres,|| Grand Maistre, et Capitaine General de l'Artillerie de France, Gouverneur et || Lieutenant General pour le Roy de la Province de FLandres, Gouverneur || particulier des Ville et Citadelles de Lille, Ville et Chasteau de Compiegne, || General des Armées de sa Majesté, et Chevalier de ses Ordres.*— Sous le tr. c., à g.: *Ferdinandus Voet.Pinxit.;* — à dr.: *I. Lubin Sculp.* 1688.

Très-belle épreuve.

1416. Masson (Jean-Papire), célèbre historien et biographe français, 1544-1611. — In-fol. H. 0,244. L. 0,187. (Le B., 11, s. n.) *

A mi-corps, dans une bordure ovale, équarrie, supportée par un appui. Vu de 3/4, tourné vers la gauche, regardant à droite. La tête couverte d'une calotte. Il porte toute sa barbe. Collerette tuyautée. Houppelande à haut collet et à revers, par-dessous une robe entièrement boutonnée. — Sur le dessus de l'appui, à dr.: *Jac. Lubin Sculp.* — Au milieu de l'appui, couvrant la bordure, un petit ovale à fond blanc renferme les armoiries : *De..... à trois grenades tigées et feuillées; accompagnées en chef d'une étoile* (les émaux ne sont pas indiqués) ; l'écu timbré d'un casque, taré de profil, orné de ses lambrequins. — Sur la face de l'appui: *Papire Masson.*

Belle épreuve.

Gravé pour *Les Hommes illustres*, de Perrault.

MACRET (CHARLES-FRANÇOIS-ADRIEN),

dessinateur et graveur au burin, né à Abbeville en 1750, mort à Paris le 24 novembre 1783. Élève de Nic-Gabr. Dupuis.

1417. *France :* **Marie-Antoinette,** 1755-1793. — In-fol.

H. de la planche, 0,320. L. 0,220. H. du médaillon, 0,213. L. 0,182. (Le B., 13, *s. n.*)

Jusqu'au-dessous des genoux, dans un médaillon de forme ovale, entouré d'un large trait. Elle est représentée dans un salon, assise sur un fauteuil, près d'une table recouverte d'un tapis et portant un vase rempli de fleurs. Vue de 3/4, tournée à droite. La tête couverte d'une coiffure ronde, ornée de plumes avec aigrette et d'un long voile. Cheveux relevés et bouclés. Robe blanche très-décolletée, avec par-dessus garni de fourrure. Les épaules couvertes d'un fichu laissant le sein gauche en partie à découvert. Elle s'appuie du bras gauche sur un coussin posé sur la table, et, sur ses genoux elle tient, dans la main droite, un livre entr'ouvert par son pouce. Sur le plat, se voient deux écussons accolés aux armes d'*Autriche* et de *France*, surmontés de la couronne royale. — Sous le médaillon, à g., parallèlement à l'ovale : *Peint par L. E^lt. Lebrun, Peintre du Roi. ; —* à dr.: *Dessiné et Gravé par C^ar. Macret* 1789. — Dans la marge, au-dessous du médaillon : *Marie Antoinette A^rchi. D^ssc. d'Autriche* ‖ *Reine de France,* ‖ *Dédié à Madame Fille du Roy* ‖ *Par son très Humble et tres Obeissant Serviteur Ternisien D'Haudricourt,* ‖ *Historiogr^e. des femmes Celebres de toutes les Nations C^pte. des Troupes legeres ; —* au-dessous, à dr.: *A Paris Rue Feydeau N^o* 19.—Au milieu de la dédicace, un écusson, en forme de losange, aux armes de *France ;* l'écu est surmonté d'une couronne et entouré de fleurs. — Au-dessous des armoiries : *Avec Privilege du Roy.*

1er état. — Très-belle épreuve.

2e état. — Sous le médaillon, entre les noms des artistes, le millésime 1790, gravé à rebours. — L'inscription de l'état précédent a été remplacée par celle-ci: *Marie Antoinette Arc.^d.ssc d'Autriche* ‖ *Reine des Français* ‖ *Dédié à Madame Fille du Roi. —* Très-belle épreuve.

MALAPEAU (Claude-Nicolas),

graveur au burin, né vers 1757, à Paris, où il mourut le 4 germinal an XI (25 mars 1803) (et non en 1804), âgé de quarante-six ans environ, selon l'acte de son décès. Élève de P. Moitte.

1418. **Raucourt** (Françoise Clairien, *dite* Saucerotte, *dite*), actrice française, 1753-1815. — Gr. in-fol. H. 0,444. L. 0,324. *

Jusqu'aux genoux, dans une bordure ovale, équarrie, supportée par une tablette. Vue de 3/4, debout, la tête tournée vers la gauche, le corps à droite. Dans le rôle de *Médée.* Elle est représentée en magicienne ; la tête ceinte d'un diadème, avec un long voile retombant par derrière. Cheveux frisés. Boucles d'oreilles. Vêtue d'un corsage décolleté, avec traîne et manteau flottant. Ceinture ornée de pierreries ; un poignard au côté gauche. Les bras nus et ornés de bracelets. Elle tient dans la main droite, le bras ployé, une longue baguette. Le bras gauche étendu. — Fond noir, avec hémicycle à pilastres. — Sur la tablette : *F. Raucour* (sic) *de la Comédie Française* ‖ *Dans Médée*

   La Jalouse Médée en proie a ses fureurs,
   Fit pâlir le Soleil par son pouvoir magique ;
   Sous les trait de Raucour, sur la Scène tragique
   De notre œil immobile elle arrache des pleurs.

                      P. *Dusausoir.*

— Au milieu de ce quatrain, dans un rayonnement, une lyre surmontée d'une couronne formée d'étoiles et entourée de branches de laurier. Un poignard est appuyé à g., sur le socle de la lyre ; à dr., est une coupe. — Sous le tr. c., au milieu : *Dessiné d'après Nature et Gravé par C. N. Malapeau.* — Au-dessous, à g. : *A Paris chez le C^n. Egron Imprimeur Libraire, successeur de la C^ne. Valade,* etc., ‖ *et Chez le C^n. Valade fils Imprimeur,* etc. ; — à dr. : *Déposé à la Bibliotheque Nat^le.* ‖ *An* VII.
Belle épreuve, à toutes marges.

MALLERY (CARL DE),

dessinateur et graveur au burin, né à Anvers vers 1576.

1419. **Allard** (Marcellin), auteur de la *Gazette françoise* en 1610. — In-8°. H. de la planche, 0,107. L. 0,075. *

A mi-corps, dans un ovale équarri. Vu de 3/4, tourné à droite. Tête nue. Il porte toute sa barbe. Pourpoint boutonné. L'épaule droite couverte d'un manteau à collet. — Au bas du portrait, dans le coin gauche de l'ovale : *D du Monstier Pinxit.,* — dans celui à dr. : *C. de Mallery fecit.* — Sous le tr. c. :

   Ce n'est Icy D'Allard, que la parti' muette
   La viue et l'animé respire en la gazzette

Belle épreuve.

1420. *France :* **Henri IV,** 1553-1610. — Pet. in-4°. H. de la planche, 0,162. L. 0,108. *

A cheval. Vu de 3/4, tourné à gauche, coiffé d'un chapeau orné de plumes et d'une aigrette. Couvert d'une cuirasse ; épée au côté ; écharpe en sautoir, les bouts flottants. Il tient dans la main droite le sceptre surmonté d'une fleur de lis. — Le fond de l'estampe représente une

bataille. — Dans l'angle droit supérieur, cette inscription encadrée :
Henry iiii par la || *grace de Dieu Roy* || *de france et de Nauare* || *Age. de 48. 1599.* — Au-dessous, des pieds du cheval, sur une tablette, ce quatrain :

> *Henry race des Dieux le plus puissant des Roys*
> *Porte de ce Cheual est un fouldre de Guerre*
> *Qui bouleuersera ses Ennemis par Terre*
> *Et bornera du Ciel la gloire des Francoys.*

— Au-dessous, entre le double trait : *Pauls de la houue excud.* — *C. de Malleri, fecit.*
Très-belle épreuve.

1421. *France :* **Henri IV**. — In-4°. H. de la planche, 0,165. L. 0,116.

A mi-corps, dans une bordure ovale. Vu presque de face, tourné légèrement vers la gauche. Tête nue. Vêtu d'un pourpoint rayé, les épaules couvertes d'un manteau. Le collier de l'ordre du Saint-Esprit, ainsi qu'une croix retenue par un ruban, passés autour du cou. La main droite appuyée sur la hanche, il tient de la main gauche la poignée de son épée. — Autour de l'ovale : *Henricvs IIII Galliæ et Navarræ Rex Christianissimvs.* — Sous l'ovale, ces vers :

> *Henrici effigiem breuis hæc fert charta : triumphos*
> *Ingentes referunt sidera, terra, Thetis.*

1er état, avant le texte au verso. — Très-belle épreuve.
2e état. — Au verso, on lit ce titre de livre : *Historia* || *Anatomica* || *Hvmani Corporis*, etc., || *Avthore* || *Andrea Lavrentio Regis* || *Consiliario*, etc., || *Parisijs. M. D. C.* — Très-belle épreuve.
La gravure de ce portrait est attribuée à Mallery.

1422. *France :* **Louis XIII**, 1601-1643. — In-4°. H. 0,168. L. 0,129. *

En pied, debout, dans un ovale équarri, autour duquel on lit : *Portraict apres le Natvrel de Monseignevr le Davphin Aagé de 7. Moys, en Avril. 1602. Dedié au Roy.* — Enveloppé dans un maillot, coiffé d'un bonnet orné d'une aigrette ; les épaules couvertes d'un manteau doublé d'hermine. Il tient dans la main gauche un hochet garni de grelots et attaché par une chainette passée en sautoir.—Derrière lui, un traversin orné de glands.—Des rideaux retombent de chaque côté du personnage. — Fond noir. — Dans le haut, à gauche et à droite de l'ovale, des écussons couronnés garnissent les coins ; dans celui de gauche, les armes accolées de *France* et de *Navarre* (sans indication d'émaux). Au-dessous, au milieu, la lettre H couronnée et entrelacée de branches de laurier. Dans celui de droite, les armoiries des *Dauphins de*

France, timbrées de leur couronne. Dans le coin à droite, au-dessus du tr. c. : *Avec Priuilege du Roy.* — Sous le tr. c., dans la marge, entourée d'un trait, ce quatrain :

> *Prince donné du Ciel croissez pour ceste France,*
> *Que le Roy vostre Pere a mise hors des dangers,*
> *Domptant par sa ualleur, gaignant par sa clemence,*
> *Les trouppes et les Cueurs des uaincus estrangers.*

— A g. de ce dernier vers : *C. de Mallery. fecit.,* — à dr. : *I. le Clerc excudit.*

Très-belle épreuve.

1423. Garnier (Robert), poëte français, 1534-1590. — In-8°. H. de la planche, 0,134. L. 0,085. *

En buste, dans une bordure ovale, équarrie, autour de laquelle cette inscription : CMIKPOC (*sic*) EN CMIKPOIC (*sic*) MEΓAC EN MEΓAΛOIC. Vu de profil, tourné à droite, la tête ceinte d'une couronne de laurier. Pendant d'oreille de forme allongée. — Dans le coin du haut, à droite de l'ovale, un écusson contenant une *Croix de Jérusalem* (sans indication d'émail timbré d'un casque), taré de profil, orné de lambrequins. — Dans le bas, au-dessus du tr. c., à g. : *Rabel pinxit.,* — à dr. : *C. de Mallery sculp.* — Dans la marge, ce quatrain :

> *Tel fut Garnier, qui malgré l'Jgnorance*
> *Remit en vogue en la fleur de ses mois*
> *La douce Lyre au chantre Vandomois,*
> *Et ramena les neufs Muses en France.*

Belle épreuve, avec marges.

MALOEUVRE (Jean-Pierre),

graveur au burin, né en 1740, à Paris, où il mourut le 14 ventôse an XI (5 mars 1803), âgé de soixante-quatre ans, selon l'acte de son décès. Élève de Beauvarlet et de Rob. Strange.

1424. Châteauroux (Marie-Anne DE MAILLY-NESLES, marquise DE LA TOURNELLE, puis duchesse DE), favorite de Louis XV, 1717-1744. — In-fol. H. de la pl., 0,430. L. 0,336. (Le B., 3, *s. n.*)

Presque entière, dans un cadre rectangulaire. Représentée sous les traits de *l'Aurore*, à demi couchée sur des nuages. Vue de 3/4, tournée vers la droite, où elle regarde. Tête nue, cheveux ornés de fleurs et flottants par derrière. Légèrement vêtue d'une chemisette laissant les épaules et la gorge à nu. De ses mains, elle sème des fleurs. — A g., près d'elle, un ange élève dans ses mains une torchère enflammée. – Sous le tr. c., à g. *Mather* (sic, au lieu de *Nattier*) *pinx.;* — à droite : *Maleuvre sc.*

Avant la lettre. — Très-belle épreuve.

Pièce connue sous le nom de : *La Nuit passe, l'Aurore parait.*

1425.](?) *France :* **Louise-Henriette de Bourbon-Conty**, fille de Louis-Armand II de Bourbon, prince de Conty, et épouse de Louis-Philippe d'Orléans, duc de Chartres, 1726-1759. — In-fol. H. 0,415. L. 0,325. (Le B., 1, *s. n.*) *

En pied, dans un cadre rectangulaire. Représentée sous les traits de *Flore*, assise sur des nuages. Vue de face. Tête nue, cheveux relevés et ornés de fleurs et de perles. Les épaules et la gorge découvertes. Vêtue d'une tunique serrée à la taille par une ceinture ornée de brillants. Elle tient dans ses mains des fleurs qu'elle semble laisser tomber. — Sous le tr. c., à g. : *Peint par Nattier.;* — à dr. : *Gravé par Maloeuvre.*

Avant la lettre. — Très-belle épreuve.

Pièce connue sous le nom de : *Flore à son lever.* On n'est pas fixé d'une manière certaine sur la personne représentée dans le tableau de Nattier.

MARAIS (J.-B.),

graveur au burin, né vers 1768, mort en 18...

1426. **Basan** (Pierre-François), graveur français et marchand d'objets d'art, 1723-1797. — In-4°. H. 0,175. L. 0,123. (Le B., 9.)

En buste, dans un médaillon équarri, retenu dans le haut par un nœud de ruban et soutenu par un socle. Vu de profil, tourné à droite. Tête nue, cheveux relevés sur le devant, bouclés sur les côtés et terminés par un nœud de ruban. Habit laissant voir dans le haut le jabot de dentelle. — Sur la face du couronnement du socle : *P. Fr. Basan, Né à Paris, en* 1723. — Sur le socle, ce quatrain :

> *De l'Art de la gravure il étendit le goût,*
> *Au chemin de l'honneur il trouva la fortune,*
> *Et joignant au talent une ardeur peu commune,*
> *Toujours avant l'aurore, on le trouva debout.*

— Sous le tr. c., à g. : *Ch. N. Cochin del.* ; — à dr. : *Marais Sc.;* — au milieu : *Terminé par Massard.*

Belle épreuve, avec marges.

MARCENAY DE GHUY (Antoine de),

peintre, graveur au burin et à la manière noire, amateur, né à Arnay-le-Duc vers
1722, mort à Paris le 5 mars 1811, âgé de quatre-vingt-neuf ans, selon l'acte de
son décès.

1427. Arc (Jeanne d'), 1412-1431. — In-8°. H. de la planche, 0,158. L. 0,096. H. de la gravure, 0,137. L. 0,087.
(Le B., 5, *s. n.*) *

A mi-jambes, dans un cadre rectangulaire. Vue de 3/4, debout, tournée
vers la gauche, regardant de face, la tête légèrement inclinée vers
l'épaule droite. Coiffée d'un chapeau orné de plumes, attaché sous le
menton. Longs cheveux épars. Vêtue d'une robe légèrement décolletée,
avec manches à petits crevés. Elle tient dans la main droite une épée,
le bras étant replié. Le bras gauche pendant. Derrière elle, des arbres
formant fond ; dans les éclaircies, le ciel est blanc. — Sous le portrait,
sur une partie blanche figurant une pierre recouverte dans le haut de
broussailles, qui entourent l'inscription suivante : *La Pucelle* || *d'Or-
léans.* — Plus bas, au milieu de la pierre : *Fortitudine suâ restituit
Rem.* — Sous le tr. c., à g. : *N. Pinx.* ; — à dr. : *A. de Marcenay
Sculp.* 1769. — Au-dessous, sur toute la largeur : *M^rs. les Officiers
Municipaux d'Orléans ont bien voulu communiquer ce Portrait à l'Auteur.*
— Plus bas : *A Paris chés l'Auteur,* etc., || *et chés M. Wille Graveur du
Roi,* etc. — Dans le haut, sur l'encadrement : *Pl. N° 37. de l'Œuvre.*
Belle épreuve.

1428. Argenson (Marc-Pierre de Voyer, comte d'), homme
d'État, 1696-1764. — In-8°. H. 0,143. L. 0,094. (Le B., 6.)*

A mi-corps, dans l'embrasure d'une fenêtre cintrée dans le haut. Vu
de 3/4, tourné à droite. En perruque bouclée. Habit galonné, ouvert,
laissant voir un jabot de dentelle. Sur le côté droit de l'habit, est
brodée la croix de Saint-Michel.
D'après Nattier.
1er état, avant toute lettre. — Très-belle épreuve.

1429. Bayard (Pierre du Terrail, seigneur de), surnommé le
Chevalier sans peur et sans reproche, 1475-1524. — In-8°.
Dimensions de la planche; H. 0,154. L. 0,092. (Le B., 8,
s. n.) *

A mi-corps, dans un encadrement rectangulaire. Vu de 3/4, debout,
tourné vers la gauche, regardant à droite. Coiffé d'un casque empanaché. Couvert d'une armure. La main droite appuyée sur la hanche ;

le bras orné d'un nœud de ruban ; il tient dans la main gauche un bâton de commandement. — Derrière le personnage, des arbres formant fond ; dans les éclaircies, le ciel est blanc. — Au haut de la tablette, au milieu, sous le portrait, une couronne formée d'une branche de laurier et d'une branche de chêne.

1ᵉʳ état, avant toute lettre. — Très-belle épreuve.

Le P. Lelong indique la date de 1768, comme étant celle de la gravure.

1430. Berg ou **Berghe** (Henri, comte DE), général espagnol sous Philippe III. — In-fol. Dimensions de la planche, H. 0,270. L. 0,202. (Le B., 9.)

A mi-jambes, dans un encadrement rectangulaire. Vu de 3/4, debout, la tête nue, tournée à droite, le corps de face. Il porte toute sa barbe, Couvert d'une armure, col festonné. Épée au côté. Le bras droit pendant, il tient dans la main un bâton de commandement ; le bras gauche étendu en avant, orné d'une écharpe nouée, avec longs bouts brodés. — Derrière le personnage, un rocher surplombant, couvert de lianes. — A gauche, une montagne escarpée formant le fond, au pied de laquelle est adossée une tour démantelée, battue en brèche par un canon. — Ciel nuageux.

D'après Ant. Van Dyck.

1ᵉʳ état, avant la lettre.—Très-belle épreuve, avec marges. Collection Camberlyn.

1431. *Brunswick-Wolfenbuttel :* **Charles,** 1713-1780. — In-fol. H. 0,322. L. 0,245. (Le B., 10.)

Jusqu'aux genoux. Debout dans un parc. Vu de 3/4, tourné à gauche, tête nue, cheveux bouclés sur les côtés, et terminés par un ruban. Habit avec manches à parements, laissant voir les manchettes. Grand cordon en sautoir, et décoration sur le côté gauche. La taille entourée d'une ceinture retenant une épée dont on ne voit que la poignée. Le bras gauche plié, la main passée sous le gilet. De la main droite, il tient un bâton de commandement appuyé sur un tertre, où est posé son tricorne.

D'après La Fontaine.

1ᵉʳ état, avant toute lettre et avant que, dans le bas, à dr., le second trait de l'encadrement soit terminé. — Belle épreuve.

2ᵉ état. — L'encadrement terminé, mais avant la lettre. — Très-belle épreuve.

1432. *France :* **Charles V,** surnommé *le Sage,* 1337-1380. — In-8°. H. 0,139. L. 0,088. (Le B., 11, *s. n.*) *

A mi-corps, dans un encadrement rectangulaire. Vu de profil, debout, tourné à gauche. Coiffé d'une calotte ornée, sur le côté gauche, d'une plume retenue par un brillant avec perle de forme allongée. Cheveux bouclés par derrière. Enveloppé dans un manteau fleurdelisé avec collet de fourrure. Le bras droit étendu, la main gauche appuyée sur la hanche. —Au bas du portrait, sur la tablette, une couronne, formée d'une palme et d'une branche d'olivier, entoure l'inscription suivante : *Charles V.* || *dit* || *le Sage.* —Plus bas, ces vers :

> *Que de beaux jours perdus, François, pour la Patrie!*
> *. Ces jours! qu'un poison lent retrancha de sa vie,*
> *Formé par les malheurs au grand art de regner,*
> *Charles Cinq avoit sçu par ses soins ranimer*
> *L'amour du bien public éteint dans l'Anarchie;*
> *Moderer les Impots, protéger l'industrie:*
> *Sage enfin, Œconome, actif et libéral*
> *Il avoit subjugué son orgueilleux Vassal.*

— Sur l'encadrement : *M. le Marquis de Brancas a bien voulu communiquer le Portrait à l'Auteur.* — Sous l'encadrement, à g. : *N. Pin.; — à dr. : de Marcenay Sculp.* 1767. — Au milieu : *A Paris chés l'Auteur*, etc. || *et chés Mr. Wille Graveur du Roi*, etc. — Dans le haut, sur l'encadrement : *Pl. No 31. de l'Œuvre.*

Belle épreuve.

1433. *France :* **Henri IV,** 1553-1610. — In-8°. H. 0,130. L. 0,078. (Le B., 13, *s. n.*) *

A mi-corps, dans un simple encadrement rectangulaire. Vu de 3/4, debout, tourné vers la gauche, regardant de face. Tête nue, les cheveux relevés sur le devant. Fraise et grand cordon avec la croix du Saint-Esprit autour du cou. Pourpoint entièrement boutonné. L'épaule gauche couverte d'un manteau, la main appuyée sur la hanche; le bras droit écarté. — Fond noir. — Au-dessous du portrait, un appui avec tablette ornée de guirlandes, et au milieu de laquelle est un cartouche oblong avec deux branches de laurier. — Sous le tr. c., au milieu, tracé à la pointe : *de marcenay.*

D'après F. Janet.

1er état, avant la lettre. — Très-belle épreuve sur papier de Chine, doublé de papier blanc. C'est à tort que Le Blanc prétend qu'il a été gravé d'après F. Clouet.

Le P.Lelong indique la date de 1764 comme étant celle de la gravure.

1434. **L'Hospital** (Michel DE), célèbre chancelier de France, 1504-1573. — In-8°. H. de la planche, 0,138. L. 0,090. Dimensions de la gravure, H. 0,124. L. 0,076. (Le B., 14, *s. n.*) *

A mi-corps, dans un simple encadrement. Vu de 3/4, debout,

tourné à droite. Tête chauve. Il porte toute sa barbe. Robe à larges manches, sous laquelle il porte une soutane entièrement boutonnée, avec ceinture à la taille. — Fond noir. — Sous le portrait, sur le couronnement du socle : *Salus, popùli Supremæ lex esto.* — Sous le couronnement, dans les angles formés par les pilastres et la cavité du socle, on lit, à g. : *N... Pl.* ; — à dr. : *Ant. Demarcenay Sc.* 1765. — Sur la plinthe, au milieu de la cavité, une urne funéraire sur laquelle est inscrit : *Michel* || *de* || *l'hopital.* — Sous le tr. c. : *Gravé d'après le Portrait que Mgʳ. le Vice Chancelier, à bien voulu communiquer.* || *A Paris chez l'Auteur*, etc., || *et chez Mr. Wile Graveur*, etc.

Très-belle épreuve, avec marges.

Le Blanc indique que cette gravure a été exécutée d'après le tableau de Nattier.

1435. Marcenay de Ghuy (Antoine DE), peintre-graveur français, v. 1722-1811. — In-fol. H. 0,290. L. 0,213. (Le B., 16.) *

A mi-corps, dans l'embrasure d'une fenêtre simulée en pierres et cintrée dans le haut. Sur le dessus du cintre, des lianes et des arbustes. Vu de 3/4, debout, tourné vers la gauche, regardant de face. Tête nue, cheveux relevés sur le devant, bouclés sur les côtés et terminés par un nœud de ruban. Veste ouverte, laissant voir le gilet. Foulard rayé autour du cou. Un livre est posé à plat, à gauche, sur le dessus de l'appui de la fenêtre. — Sous l'appui, deux guirlandes accompagnent une petite niche dans laquelle est placé un vase sur le flanc duquel sont les armoiries : *De gueules, au croissant d'argent, accompagné en chef d'une étoile du même;* l'écu timbré d'une couronne; soutenants : deux lions. Eau-forte.

1ᵉʳ état, avant toute lettre. — Belle épreuve.

1436. *Pologne :* **Stanislas-Auguste Poniatowski,** 1732-1798. — In-8°. Dimensions de la planche, H. 0,155. L. 0,100. H. de la gravure, 0,111. L. 0,087. (Le B., 20.)

En buste, dans un médaillon élevé dans les airs par un aigle qui tient dans son bec une couronne de laurier, et des foudres dans les serres de la patte droite ; le tout est entouré de nuages, traversés par un rayonnement qui éclaire dans le bas un paysage reproduisant le profil de deux villes. Personnage vu de 3/4, tourné à gauche, regardant de face. Tête nue, cheveux relevés sur le devant, bouclés sur les côtés et terminés par un nœud de ruban. En armure. L'épaule droite couverte d'un manteau d'hermine agrafé par un brillant sur l'épaule gauche. — Sous le tr. c., à g. : *Mᵈᵉ Baciarelli effi. pinx.;* — à dr. : *Demarcenay Inv. et sc.* 1765. — Au milieu, dans la marge : *Stanislao—*

Augusto, ‖ *Poloniæ Regi.* ‖ *Sceptra dedere duces meritis: tu præmia laude* ‖ *exsuperas : Tito Rege Polonus ovat.* ‖ *Offerebat humillimus et obsequentissimus servus* ‖ *Demarcenay De Guy.* — Les deux lignes de cette dédicace sont séparées du reste de l'inscription par une accolade.

Belle épreuve, avec marges.

Il ne faut pas lire : *Mme Bacciarelli,* comme l'a fait Le Blanc, mais *Marcellin de Bacciarelli.*

1437. Sage (Balthasar-Georges), chimiste français, 1740-1824. — Gr. in-4°. H. de la planche, 0,226. L. 0,175. Dimensions de la gravure, H. 0,158. L. 0,103. (Le B., 24.) *

A mi-corps, dans une bordure ovale, équarrie et supportée par un socle ; le haut de l'ovale est garni de feuillage. Vu de 3/4, tourné à droite, regardant de face. Tête nue, cheveux relevés par devant, bouclés sur les côtés et terminés par un nœud de ruban. Habit ouvert, laissant voir un gilet à ramages entr'ouvert et un jabot de dentelle. Les bras pliés, les mains sur la poitrine ; la gauche passée sous le gilet. Manchettes de dentelle. — Sur le dessus du socle, des cornues accompagnent l'ovale. — Sur la tablette du socle : *B. G. Sage* ‖ *Des Académies Royales des Sciences de Paris et de Stockolm,* ‖ *et des Académies Impériale et Electorale de Mayence.* — Sur la plinthe, au milieu : *Discipuli Magistro.* — Sous le tr. c., au milieu : *A. De Marcenay pinx. et sculp.* 1775.— Au-dessous, sur toute la largeur : *A Paris chés l'Auteur,* etc.

Belle épreuve, avec grandes marges.

C'est par erreur que Le Blanc indique ce personnage avec les prénoms de Jean-Baptiste.

1438. Savoie-Carignan (Eugène-François, prince DE), appelé *le Prince Eugène,* célèbre général de l'Empire, 1663-1736. — In-8. H. de la gravure, 0,139. L. 0,088. (Le B., 25.)

A mi-corps, dans un encadrement rectangulaire. Vu de 3/4, tourné à gauche. En longue perruque bouclée. Couvert d'une armure, avec le grand cordon de l'ordre de la Toison d'or autour du cou. L'épaule droite couverte d'un manteau à collet de fourrure. — Fond noir. — Sous le portrait, sur une petite tablette placée au milieu du couronnement de l'appui et soutenue par deux palmes entre-croisées, on lit : *Le Prince Eugene.* — Sur l'appui, sous les palmes, ce quatrain :

C'est toi, France, qui le vis naitre,
Et l'Empire s'accrut du fruit de ses travaux,
Quant la nature enfante des heros,
Heureux les Souverains qui savent les connoître.

— Au-dessous, sur l'encadrement : *Mr. le Baron de Krufft Cons^er. Au l au Dep. des Aff. étran. de L. M. Imp.* ‖ *a bien voulu communiquer ce Portrait à l'Auteur.* — Sous le tr. à g. : *Kopeski fec.* ; — à dr.: *A. De Marcenay Sculp*.1773. — Sous toute la largeur: *à Paris chez l'Auteur*, etc.‖ *et chés M. Wille, Graveur du Roi*, etc. — Dans le haut, au-dessus du portrait, sur le milieu de l'encadrement : *Pl. Nº. 42. de l'OEuvre.*

Belle épreuve, avec marges.

1439. *Saxe :* **Marie - Antoinette de Bavière**, épouse de Frédéric-Christian-Léopold, électeur de Saxe, 1724-1747. — Pet. in-fol. H. 0,210. L. 0,142. (Le B., 19.)

En buste, dans un médaillon retenu par un ruban à une pyramide terminée par une boule ornée d'un œil au milieu, et surmontée d'une flamme. Vue de 3/4, tournée vers la droite. Tête nue, cheveux relevés sur le devant. Collier à deux rangs de perles. Corsage décolleté jusqu'à la naissance des seins. Les épaules couvertes d'un manteau garni de fourrure, retenu, sur le devant, par une agrafe en brillants. — Fond noir. — Sur le dessus du socle de la pyramide, parmi divers attributs d'art et de science, un coussin avec glands supportant un sceptre et une couronne. Derrière la pyramide, formant fond, une terrasse ombragée d'arbres, sous lesquels l'on voit des promeneurs. — Ciel nuageux. — Sous le tr. c., au milieu, tracé à la pointe : *A. de Marcenay in et pt.* 1765.

D'après un pastel fait par Marie-Antoinette de Bavière.

1er état, avant la lettre. — Très-belle épreuve, à toutes marges.

1440. Saxe (Hermann-Maurice, comte de), duc de Courlande et maréchal de France, 1696-1750. — In-8º. H. de la planche, 0,153. L. 0,093. Dimensions de la gravure, H. 0,140. L. 0,089. (Le B., 26, *s. n.*) *

A mi-jambes, dans un encadrement rectangulaire. Vu de 3/4, debout, tourné à gauche, regardant de face. Tête nue, cheveux relevés sur le devant, bouclés sur les côtés et terminés derrière en une longue tresse ornée d'un nœud de ruban. En costume de son grade, avec les insignes d'un ordre brodées sur le côté gauche de son uniforme. Sabre au côté, retenu par un baudrier. Les mains gantées. Il tient de la main gauche une calotte bordée de fourrure, posée devant lui sur un tertre où est dressée une tente que l'on ne voit qu'en partie; dans la main droite, le bâton fleurdelisé de maréchal, appuyé verticalement sur le tertre. — Le fond est formé d'une futaie au-dessus de laquelle on voit le ciel nuageux. — Sous le portrait, sur une petite tablette placée au milieu du

couronnement et ornée de palmes, on lit: *Le Maréchal de Saxe*. — Sur
l'appui, au-dessous des palmes, ces vers :

> *Tu voulûs qu'aux Champs de la gloire*
> *Ce fier Saxon vengeat tes droits*
> *France; il fut digne de ton choix.*
> *Son Bras te soûmit la Victoire.*
> *Et son Cœur à chéri tes Loix.*

— Sous l'encadrement, à g.: *Liotard Pinx.*; — à dr. : *De Marcenay Sc.*
1766. — Sur toute la largeur: *Gravé d'après l'Original que Mr. Le*
Comte de Turpin à bien voulu communiquer || *A Paris chez l'Auteur*, etc.,
et chez Mr. Wille, etc. — Au-dessus du portrait, dans le haut, au milieu
de l'encadrement : *Pl. No 27 De l'Œuvre.*

Belle épreuve.

1441. **Sully** (Maximilien DE BÉTHUNE, baron DE ROSNY,
puis duc DE), célèbre homme d'État français, 1560-1641. —
In-8°. H. de la planche, 0,177. L. 0,139. Dimensions de la
gravure, 0,128. L, 0,079. (Le B., 27, *s. n.*) *

A mi-corps, debout. Vu de 3/4, tourné à gauche, regardant de face.
Tête nue ; chauve et cheveux courts. Il porte toute sa barbe. Collerette de
mousseline. En armure, avec une écharpe en sautoir nouée sur l'épaule
gauche. — Fond noir. — Sur la tablette du socle accompagné de guir-
landes, l'inscription suivante*: Maximilien de Bethune,* || *Prince Souve-*
rain d'Enrichemont et de Bois || *Belles, Duc de Sully, Pair, Maréchal, et* ||
Grand Maitre de l'Artillerie de France. || *Ministre, digne d'Henri le*
Grand. — Sur la plinthe du socle:

> *Puissent ces traits en rappellant ta vertu;*
> *Susciter dans l'Univers des hommes, qui te ressemblent.*

— Sous le tr. c., à g.: *F. Porbus Pinx.*; — à dr.: *Ant. de Marcenay de*
Ghuy Sculp. 1763. — Sur toute la largeur : *Gravé d'après l'Original,*
de Porbus. que Mr. le Duc de Sully à bien voulu communiquer. || *A*
Paris chez l'Auteur, etc. || *et chez M. Wille*, etc. — Au-dessus du por-
trait, au milieu: *Pl. 20e. de l'Œuvre.*

Belle épreuve, à toutes marges.

1442. **Thou** (Jacques-Auguste DE), magistrat et historien
français, 1553-1617. — In-8°. Dimensions de la planche,
H. 0,152. L. 0,097. H. de la gravure, 0,139. L. 0,088. (Le B.,
28, *s. n.*)

A mi-corps, dans un encadrement rectangulaire. Vu de 3/4, tourné
vers la droite, regardant de face. Tête nue, cheveux courts et re-

levés sur le devant. Il porte moustaches et barbiche. Collerette
tuyautée. Robe garnie de fourrure, avec manches ouvertes sur le côté
et ornées de brandebourgs.— Fond demi-clair-obscur. — Sous le portrait, au milieu et au haut de l'appui laissé en blanc, un œil, placé au
centre d'un rayonnement, est entouré de nuages.

D'après Ferdinand.

1er état, avant toute lettre. — Très-belle épreuve, avec marges.

1443. Turenne (Henri DE LA TOUR - D'AUVERGNE , vicomte
DE), maréchal de France, 1611-1675. — In-8°. H. 0,140.
L. 0,091. (Le B., 29, s. n.) *

A mi-corps, dans un encadrement rectangulaire. Vu de 3/4, debout,
tourné vers la gauche, regardant vers la droite. En perruque bouclée.
Il porte moustaches et barbiche. Col de dentelle attaché avec des
cordons à glands. En armure, avec écharpe en sautoir. Il est accoudé
du bras gauche sur une pierre servant de socle et recouverte de
mousse et de feuillage ; il tient dans la main le bâton fleurdelisé.
La main droite semble être appuyée sur la hanche. — Le fond est
ombragé par des arbres. — Ciel blanc. — Sur le socle, entre le bras
du personnage et une guirlande de feuillage, on lit: *Le Vicomte de
Turenne.* — Au milieu du socle, sous la guirlande : *Il fesoit honneur
à l'Homme.*|| *Montecuculli, en aprenant la Mort de ce G^d. Homme.* —
Sur l'encadrement:.*le Prince de Turenne a bien voulu communiquer
l'Original à l'Auteur.* — Sous le tr. c., à g.: *Champagne effig pinx;* à
dr.: *de Marcenay Sculp.* 1767.; — au milieu : *A Paris chés l'Auteur*, etc. ||
et chés Mr. Wille Graveur, etc. — Au-dessus du portrait, au milieu de
l'encadrement: *Pl. No. 30. de l'Œuvre.*

Très-belle épreuve, sur papier de Chine, doublé de papier blanc.

1444. Villars (Claude-Louis-Hector, duc DE), maréchal de
France, 1653-1734. — In-8°. H. 0,140. L. 0,089. (Le B.,
30, s. n.)

A mi-corps, dans un encadrement rectangulaire. Vu de 3/4, debout,
la tête tournée à droite, le corps à gauche. En perruque bouclée. En
armure, avec le grand cordon en sautoir. Autour du cou, les insignes
de l'ordre de la Toison d'or. Le bras droit étendu, la main gauche
appuyée sur la hanche, le bras recouvert d'un manteau d'hermine sur
lequel est brodée la croix du Saint-Esprit. — Sur le milieu du couronnement de l'appui, une petite tablette soutenue par une branche
de laurier et une palme entre-croisées.

D'après H. Rigaud.

1er état, avant toute lettre. — Très-belle épreuve, avec marges.

MARIAGE (Louis-François),

dessinateur et graveur au burin de la première moitié du xix⁰ siècle.

1445. **Pompadour** (Jeanne-Antoinette Poisson, marquise de), maîtresse de Louis XV, 1721-1764.— In-12. H. 0,093, L. 0,062.

En buste, dans un médaillon équarri, de forme ovale. Vue de profil, tournée à droite. Tête nue, cheveux relevés sur le devant, bouclés sur les côtés et terminés derrière en une tresse ramenée sur le devant et retenue à un large ruban.entourant la tête. Collier de deux rangs de perles. — Fond noir. — Sous le portrait, sur une banderole, l'inscription suivante: *Mᵈᵉ. D'Ét. Marqˢᵉ.|| de Pompadour*.— Au milieu, sous le tr. c., tracé à la pointe: *mariage sculp.del.*
Belle épreuve.

MARTENASIE (Pierre-François),

graveur au burin, né à Anvers, mort à Paris (?) vers 1770. Élève de J.-Ph. Le Bas.

1446. **Jeaurat** (Étienne), peintre français, 1697-1789. — In-4°. H. 0,171. L. 0,119. (Le B., 6.) *

En buste, dans un médaillon équarri, retenu dans le haut par un nœud de ruban. Vu de profil, tourné à droite. En perruque bouclée. — Fond noir. — Sous le médaillon, dans la gravure: *E. Jeaurat.|| P. Prof. de l'Académie Royale de Peinture || et de Sculpture.* — Sous le tr. c., à g.: *Dessiné par C. N. Cochin fils ; —* à dr.: *Gravé par P. Martenasi an.* 1750.
Belle épreuve.

MARTIN,

graveur au burin de la fin du xviiiᵉ siècle.

1447. *France :* **Louis - Philippe d'Orléans**, appelé d'abord *duc de Chartres,* puis *duc d'Orléans,* aïeul du roi Louis-Philippe, 1725-1785. — In-fol. H. 0,244. L. 0,172.

A mi-corps, dans une bordure ovale, entourée d'un cadre rectangulaire. Vu de 3/4, tourné vers la droite. Tête nue, cheveux blancs, relevés. Vêtu d'un habit ouvert, avec la croix du Saint-Esprit brodée sur le côté gauche. Grand cordon en sautoir sous l'habit. — Sous l'ovale, au milieu d'une tablette, un médaillon renferme un écusson aux armes des d'*Orléans*, accompagné de l'inscription suivante : *Dédié et Présenté à S. A. Sérénissime || Monseigneur le Duc de Chartres.* — Plus bas, et à dr. du médaillon : *Par son très humble très obeissant serviteur Robineau.* — Sous le tr. c., à g. : *Peint par Robineau en* 1784 ; — à dr.: *Gravé par Martin en* 1785.

Belle épreuve, avec marges.

MARTINET (Louis-Achille),

dessinateur et graveur au burin, membre de l'Institut, né à Paris le 21 janvier 1806. Élève de Heim et de Forster.

1448. *France :* **Napoléon III,** 1808-1873. — Très-gr. in-fol. H. prise au milieu, 0,210. L. 0,472.

En pied, dans un médaillon ovale, placé dans un cadre rectangulaire dont les angles sont ornés de branches de laurier. Dans le haut, au-dessus du médaillon et du cadre, les armes impériales, entourées du collier, avec la croix de l'ordre de la Légion d'honneur et environnées du manteau d'hermine, timbrées de la couronne ; le sceptre et la main de justice en sautoir, derrière les armoiries. L'empereur est représenté à cheval. Vu presque de face. En costume de général. Grand cordon en sautoir avec la croix. Il tient de la main droite les rênes du cheval ; la main gauche est appuyée sur la cuisse. — Derrière l'empereur, ses aides de camp. A gauche, un grenadier de la garde, et, à droite, un turco présentent les armes.—Sur la tablette du cadre : *L. Napoleon III|| Empereur des Francais.* — Sous le tr. c., à g. : *Horace Vernet ;* — à dr. : *Achille Martinet ;* — au milieu : *Imprimerie de Drouart, à Paris.* Très-belle épreuve, avant la dédicace, sur papier de Chine.

MARTINI (Pierre-Antoine),

dessinateur et graveur au burin, né à Parme en 1739, mort à Paris vers 1800. Élève de J.-Ph. Le Bas.

1449. *France :* **Charles-Philippe de France,** comte d'Artois, puis roi sous le nom de **Charles X,** 1757-1836. — In-4°. H. 0,160. L. 0,103.

A mi-corps, dans un ovale placé au milieu d'un cadre rectangulaire supporté par un socle et orné de banderoles dans le haut. Représenté jeune. Vu de 3/4, tourné à droite. Tête nue, cheveux relevés et bouclés sur les côtés. Vêtu d'un habit orné d'épaulettes ; le grand cordon en sautoir ; les insignes de la Toison d'or retenus à la boutonnière par un ruban.— Sur le dessus du socle, encadrant de chaque côté l'ovale, des branches de fleurs de lis, liées ensemble par un ruban, et accom-

pagnées, au milieu, d'une couronne de fleurs. — Sur la tablette du socle : *Charles Philip. de France* ‖ *Comte d'Artois* ‖ *Né a Versailles le 9 Octobre* 1757. — Sous le tr. c., à g.: *Fredou Pinxit.*; — à dr.: *Martini Sculp.*; — au milieu : *A Paris chez Mondhare rue St. Jacques.*
Belle épreuve.

MASSARD (Jean), *le père,*

graveur au burin, né à Bellême le 22 août 1740, mort à Paris le 16 mars 1822.

1450. **Arnauld** (Antoine), célèbre théologien. — In-4°. H. 0,213. L. 0,158.

Voy. pour la description du personnage, celle du n° 401, qui est identique. — Sous le portrait, à g. : *Champagne, Pinx.*; — à dr. : *Massard, Sculp.*; — au milieu : *Antoine Arnauld* ‖ *Docteur de la Maison et Société de Sorbonne,* ‖ *Né le 6 Fevrier* 1612. *Mort le* 8 *Aoust* 1694, *Agé de* 82 *Ans* 6 *Mois* 2 *Jour* (sic).
Belle épreuve, sans marges.

MASSARD (Jean-Baptiste-Raphael-Urbain), *le fils,*

dessinateur et graveur au burin, né à Paris le 10 septembre 1775, mort à Viry-Châtillon (Seine-et-Oise) le 27 septembre 1849. Élève de son père Jean Massard.

1451. *France :* **Louis-Auguste de France,** duc de Berry, puis dauphin et roi sous le nom de **Louis XVI,** 1754-1793. — In-12. H. 0,078. L. 0,050.

En buste, dans un médaillon entouré d'un cadre rectangulaire, retenu en haut par un nœud de ruban. Deux dauphins surmontent l'ovale qui entoure le personnage. Représenté jeune. Vu de profil, tourné à gauche ; tête nue, cheveux relevés sur le devant, frisés sur les côtés et ornés derrière d'un nœud de ruban. Vêtu d'un habit sur lequel sont brodés les insignes de l'ordre du Saint-Esprit. — De chaque côté du médaillon, dans le bas et au-dessus de la tablette, deux branches de roses encadrent la bordure. — Sur la tablette du cadre : *Louis-Auguste* ‖ *Dauphin de France* ‖ *Né à Versailles le* 23. *Aoust* 1754. — Sous le tr. c., au milieu : *J. Massard del et Sculp.* — Au-dessous, formant trois lignes : *A Paris chés l'Auteur,* etc. ‖ *et chés Ponce,* etc.
Fort rare. — Très-belle épreuve.

1452. *France :* **Marie-Antoinette d'Autriche** (Josèphe-Jeanne), épouse du précédent, 1755 - 1793. — In-12. H. 0,077. L. 0,050.

En buste, dans un médaillon disposé et agencé comme le précédent, dont il forme le pendant. Représentée jeune. Vue de profil, tournée à droite. Tête nue, cheveux relevés sur le devant, frisés sur les côtés et ornés de fleurs sur le dessus. Une longue boucle retombe sur l'épaule droite. Pendant d'oreille de forme allongée. — Sur la tablette du cadre : *Marie Antoinette* || *Archiduchesse d'Autriche* || *Dauphine de France* :|| *Née le 2. Novembre* 1755. — Sous le tr. c., au milieu : *J. Massard del. et Sculp.*—Au-dessous, même adresse qu'au précédent.

Fort rare. — Très-belle épreuve.

1453. *France :* **Louis - Stanislas - Xavier de France,** comte **de Provence,** puis roi sous le nom de **Louis XVIII,** 1755-1824. — In-12. H. 0,076. L. 0,049.

En buste, dans un médaillon disposé comme les précédents, moins les dauphins. Représenté jeune. Vu de profil, tourné à gauche. Tête nue, cheveux relevés sur le devant, bouclés sur les côtés et ornés derrière d'un nœud de ruban. Vêtu d'un habit, avec la croix du Saint-Esprit brodée dessus. — Sur la tablette : *Louis Stanislas* || *Xavier de France* || *Comte de Provence* || *Ne le* 17 *Novembre* 1755. — Sous le tr. c., au milieu : *J. Massard del. et Sculp.*—Plus bas : *A Paris chés Megret Vitrier,* etc., || *et chés Vaulez M^d. d'Estampes,* etc.

Fort rare. — Très-belle épreuve, à toutes marges.

1454. Gravelot (Hub.-François BOURGUIGNON, *dit*), graveur et dessinateur français, 1699-1773. — In-4°. H. 0,174. L. 0,125. *

En buste, dans un médaillon équarri, retenu dans le haut par un nœud de ruban. Vu de 3/4, tourné vers la droite. Tête nue, cheveux relevés sur le devant et bouclés sur les côtés. En veston ouvert, laissant voir le gilet et le haut du jabot. — Sous le médaillon, dans la gravure : *Hubert Gravelot,* — Sous le tr. c., à g., *la Tour Pinx.;* — à dr. : *J. Massard Sculp.;*— au milieu, sur deux lignes : *A Paris chés l'Auteur,* etc.

Belle épreuve.

1455. Livry (Nicolas DE), évêque de Callinique, nommé abbé de Sainte-Colombe en 1756. — In-fol. H. 0,285. L. 0,215. *

A mi-corps, dans un cadre rectangulaire, orné de perles. Vu de 3/4, tourné vers la gauche, regardant de face. Tête nue. Cheveux bouclés et relevés sur le devant. Les épaules couvertes de la pèlerine à capuche. Un large ruban avec la croix pectorale. — Fond noir. — Sous le portrait, couvrant en partie le bas du cadre, une tablette destinée à recevoir une inscription.

D'après L. Tocqué.

1er état, avant toute lettre. — Très-belle épreuve, avec marges.

MASSÉ (JEAN-BAPTISTE),

peintre en émail et graveur au burin, né le 29 décembre 1687, à Paris, où il mourut le 26 septembre 1767. Fils de Jacob Massé, joaillier de Châteaudun. Son œuvre a été décrit par Robert-Dumesnil, t. VI, pp. 346-349, et t. XI, p. 190.

1456. Coypel (Antoine), peintre français, 1661-1722. — In-fol. H. 0,353. L. 0,243. (Le B., 2.) *

Voir Rob.-Dum., 1. — D'après A. Coypel.
Belle épreuve.
Pièce de réception de l'artiste à l'Académie.

MASSON (ANTOINE),

peintre et graveur au burin, né à Loury, près d'Orléans, en 1636, mort à Paris le 30 mai 1700. Un des premiers graveurs français pour l'habileté du burin. Son œuvre a été décrit par Robert-Dumesnil, t. II, pp. 103-139, et t. IX, pp. 190-198.

1457. Abelli (Louis), évêque de Rodez, 1603-1691. — In-fol. H. 0,353. L. 0,260. (Le B., 6, *s. n.*) *

Voir Rob.-Dum., 8.
Nous complétons la fin de la description à partir de la cinquième ligne : dans une bordure ovale, équarrie, ornée dans les angles du haut, de deux médaillons au chiffre entrelacé du personnage. L'ovale est supporté par un appui au milieu duquel est un cartouche oblong contenant les armoiries : *D'azur à une fleur de lis au naturel posée sur une terrasse d'argent; au chef de gueules, chargé d'un croissant d'argent accompagné de deux roses d'azur* (non indiqué); l'écu est surmonté d'une mitre et d'une crosse supportant un chapeau d'archevêque. — Sur le dessus de l'appui, deux branches d'olivier environnent l'ovale autour duquel on lit : *Lvdovicvs*, etc. — Sur l'appui, à g.: *Ant. Masson.*; — à dr.: *Pin et Sulpebat* (sic).
Très-belle épreuve.

1458. Abelli (Louis), le même que le précédent. — In-fol. H. 0,195. L. 0,150.

Voir Rob.-Dum., 9.
1er état. — Belle épreuve, mais coupée suivant l'octogone.

1459. Avaux (Jean-Jacques DE MESMES, comte D'), président au parlement de Paris et académicien, 1640-1688. — Gr. in-fol. H. 0,430. L. 0,349. *

Voir Rob.-Dum., 52.
1ᵉʳ état. Fort rare. — Très-belle épreuve.

1460. **Beauvilliers** (François - Honorat DE), duc de Saint-Aignan, membre de l'Académie française, 1607-1687.— Gr. in-fol. H. 0,432. L. 0,388. *

Voir Rob.-Dum., 12.
Couvert d'une armure et décoré, etc. Le personnage a, sur la joue droite, près du nez, une tache appelée *envie*.
Très-belle épreuve.

1461. **Bignon** (Jérôme, IIᵉ du nom), avocat général, conseiller d'État, 1627-1697. — Gr. in-fol. H. 0,463. L. 0,382.*

Voir Rob.-Dum., 13.
2ᵉ état. — Très-belle épreuve.
M. Robert-Dumesnil a cru que ce portrait représentait le célèbre Jérôme Bignon, père de celui-ci, mort en 1656, tandis que l'inscription, constatant qu'il a été peint d'après nature et gravé en 1686, aurait dû le mettre en garde contre cette erreur.

1462. **Bouillon** (Emmanuel-Théodose DE LA TOUR-D'AUVERGNE, cardinal DE), 1644-1715. — In-fol. H. 0,345. L. 0,265. (Le B., 7.) *

Voir Rob.-Dum., 14. — D'après N. Mignard.
Le personnage porte la croix pectorale, suspendue à un large ruban, passé sous le rabat.
Les armes, non décrites, sont : *Écartelé: aux* 1 *et* 4 *de* la Tour; *au* 2, *de* Boulogne; *au* 3, *de* Turenne, *sur le tout: parti*, d'Auvergne *et de* Bouillon; l'écu timbré d'une couronne surmontée d'une mitre et d'une crosse, le tout environné du manteau d'hermine.
1ᵉʳ état. — Superbe épreuve.

1463. *Brandebourg* : **Frédéric-Guillaume** Iᵉʳ, dit *le Grand électeur*, 1620-1688. — Pet. in - fol. H. totale, 0,234. L. 0,175. (Le B., 8, *s. n.*)

Voir Rob.-Dum., 30.
Belle épreuve, sans marges.

1464. Brisacier (Guillaume DE), secrétaire des commande-
ments de la reine. — In-fol. H. 0,348. L. 0,263. (Le B., 9.)*

Voir Rob.-Dum., 15. — D'après N. Mignard.
L'un des chefs d'œuvre du maître.
Les armoiries, non décrites, sont: *D'azur au lion d'argent* (au lieu
d'or) ; *au chef d'or, chargé de trois trèfles de sinople* (au lieu *d'azur*);
l'écu timbré d'un casque taré de face, orné de ses lambrequins, avec
cimier; supports : deux léopards.
1er état. — Superbe épreuve (250 à 300 fr.).
2e état. — Très-belle épreuve.
4e état. — Belle épreuve.

1465. Charrier (Gaspard), lieutenant particulier au prési-
dial de Lyon. — In-fol. H. 0,335. L. 0,262. (Le B., 10.) *

Voir Rob.-Dum., 16. — D'après Th. Blanchet.
L'un des chefs-d'œuvre du maître.
2e état. — Très-belle épreuve.

1466. Chevreuse (Charles-Honoré D'ALBERT, duc DE), pair
de France, 1646-1712. — In-fol. H. 0,393. L. 0,312. *

Voir Rob.-Dum., 17.
Ajoutez à la fin de la seconde ligne: dans une bordure ovale,
équarrie, tronquée sur les côtés, sur laquelle, etc.
2e état. — Très-belle épreuve.

1467. Colbert (Jacques-Nicolas), prélat français, membre de
l'Académie française et fils cadet du grand Colbert, 1654-
1707. — In-fol. H. 0,369. L. 0,282. *

Voir Rob.-Dum., 19.
Les armes non décrites sont: *D'or à une couleuvre d'azur, posée en
pal;* l'écu timbré d'une couronne surmontée d'une mitre et d'une
crosse.
1er état, NON DÉCRIT, avant toute lettre. — Superbe épreuve. Collection Archinto (200 à 300 fr.).

1468. Colbert (Jacques-Nicolas), le même que le précédent.
— Très-gr. in-fol. H. 0,530. L. 0,451. *

Voir Rob.-Dum., 20.
Dans la dédicace, lire: *Offerebat deuotissimus,* etc., au lieu de: *Offerebat deuotissimo,* etc.
3e état. — Très-belle épreuve, avec une petite marge.

1469. Dupuis (Pierre), peintre français. — In-fol. H. 0,306. L. 0,229. (Le B., 15.) *

Voir Rob.-Dum., t. II et XI, 25. — D'après N. Mignard.
1er état. — Superbe épreuve.
Le Blanc dit que ce portrait est connu sous le titre de: *l'Homme à la chaîne.*

1470. Forbin de Janson (Toussaint DE), prélat français, mort en 1713. — In-fol. H. 0,399. L. 0,318. *

Voir Rob.-Dum., 27.
Les armoiries, non décrites, renfermées dans un médaillon ovale à fond blanc, sont: *D'or au chevron d'azur, à trois mufles de lion de sable;* l'écu timbré d'une couronne surmontée d'une mitre et d'une crosse soutenant un chapeau d'archevêque.
Très-belle épreuve.

1471. Fourcy de Chessy (Henri DE), conseiller au parlement de Paris en 1652. — In-fol. H. 0,345. L. 0,269. (Le B., 16.) *

Voir Rob.-Dum., t. II et XI, 28.
Les armoiries, non décrites, placées dans un médaillon ovale, à fond blanc, sont: *D'azur à l'aigle d'or, au vol abaissé ; au chef d'or chargé de trois tourteaux de gueules;* l'écu timbré d'une couronne ; supports: deux lévriers colletés.
2e état. — Belle épreuve.

1472. *France :* **Anne d'Autriche**, épouse de Louis XIII , 1601-1666. — Gr. in-fol. H. 0,481. L. 0,417. *

Voir Rob.-Dum., 11. — D'après P. Mignard.
Superbe épreuve.

1473. *France :* **Louis XIV**, 1638-1715. — In-4°. H. totale de la planche, 0,140. L. 0,100. Dimensions de l'ovale, H. 0,090. L. 0,076.

Voir Rob.-Dum., 41.
Pièce rarissime. — Très-belle épreuve. Collection Archinto.

1474. *France :* **Louis XIV.** — In-fol. H. 0,354. L. 0,262. (Le B., 17.) *

Voir Rob.-Dum., 43. — D'après Ch. Le Brun.
Superbe épreuve. Collection Thiers.

1475. *France :* **Louis XIV.** — In-fol. H. de l'encadrement, 0,282. L. 0,195. *

> Voir Rob.-Dum., 42.
> Fort rare. — Très-belle épreuve.

1476. *France :* **Louis XIV.** — Très-gr. in-fol. H. 0,570. L. 0,476. (Le B., 17.) *

> Voir Rob.-Dum., t. II et XI, 44. — D'après Ch. Le Brun.
> 2ᵉ état. — Belle épreuve.

1477. *France :* **Louis XIV.** → Très-gr. in-fol. H. 0,624. L. 0,515.

> Voir Rob.-Dum., t. II et XI, 45.
> 1ᵉʳ état, avant toute lettre; les médaillons ornant les angles sont blancs. — Superbe épreuve (250 à 300 fr.). — On n'en connaissait jus-
> qu'à ce moment que l'exemplaire conservé à l'Albertine de Vienne.
> 2ᵉ état, avant la date de 1676 après la dédicace de Louis d'Artai-
> gnant. — Les devises des médaillons emblématiques sont, pour ceux du haut: *Nec radium eripient.*;—à dr.: *Quando vllum inuenient parem;*
> — pour ceux du bas, à g.: *Cecidere Cadent que.*; — à dr.: *aut belli aut pacis in vsus.* — Très-belle épreuve, avec une petite marge (150 à 200 fr.)·

1478. *France :* **Marie-Thérèse d'Autriche,** épouse du pré-cédent, 1638-1683. — Gr. in-fol. H. 0,484. L. 0,418.

> Voir Rob.-Dum., t. II et XI, 49. — D'après N. Mignard.
> 2ᵉ état. — Magnifique épreuve (100 à 150 fr.).

1479. *France :* **Louis de France,** surnommé le **Grand Dauphin,** fils de Louis XIV, 1661-1711. — Très-gr. in-fol. H. de la planche, 0,581. L. 0,494. (Le B., 18.) *

> Voir Rob.-Dum., 46.
> 1ᵉʳ état, où la tête du personnage est nue.— Très-belle épreuve (100 à 150 fr.).
> 2ᵉ état; la tête couverte d'un chapeau garni de plumes.— Belle épreuve.

1480. *France :* **Marie - Anne - Christine - Victoire de Bavière,** appelée la *Dauphine de Bavière,* épouse du précé-dent, 1660-1690. — Gr. in-fol. H. de la planche, 0,485. L. 0,423. *

> Voir Rob.-Dum., 48.
> Superbe épreuve.

1481. *France :* **Louis - Auguste de Bourbon**, duc **du Maine,** fils naturel de Louis XIV et de la marquise de Montespan, 1670-1736. — Gr. in-fol. H. 0,472. L. 0,354. *

Voir Rob.-Dum., 47.
Très-rare. — Superbe épreuve.

1482. *France :* **Louis de Bourbon,** duc **de Vendôme,** appelé *duc de Mercœur* et le *cardinal de Vendôme,* fils de César de Vendôme, 1612-1669. — Gr. in-fol. H. 0,375. L. 0,289. *

Voir Rob.-Dum., 67. — D'après P. Mignard.
Superbe épreuve, avec marges. Collection Thiers.

1483. **Gondrin** (Louis-Henri DE PARDAILLAN DE), prélat français, 1620-1674. — In-fol. H. 0,393. L. 0,316. *

Voir Rob.-Dum., 31.
La dédicace est ainsi orthographiée: *Offerebat Carolus Nicolaus Taffoureau de fontaine. senonicus.*
Les armoiries, non décrites, sont : *Parti:* 1°, *écartelé : aux* 1 *et* 4, *de* Castillon ; *aux* 2 *et* 3, *de* Pardaillan ; *sur le tout :* d'Espagne-Montespan ; 2°, *écartelé : au* 1, *de* Saint-Lary ; *au* 2, *de* la Barthe ; *au* 3, d'Orbessan ; *au* 4, *de* Fumel ; *sur le tout: de* Lagorsan ; l'écu timbré d'une couronne surmontée d'une croix archiépiscopale à deux branches, soutenant le chapeau d'archevêque.
1er état. — Très-belle épreuve.

1484. **Harcourt** (Henri DE LORRAINE, comte D'), dit *Cadet la Perle,* grand écuyer de France, 1601-1666. — Gr. in-fol. H. de la planche, 0,549. L. 0,410. (Le B., 20.) *

Voir Rob.-Dum., t. II et XI, 34. — D'après N. Mignard.
Chef-d'œuvre du maître.
Le mot *prennent,* du troisième vers, est orthographié *prenent.*
2e état. — Superbe épreuve, avec une petite marge (100 à 200 fr.).

1485. **Hélyot** (Marie HERINX, épouse de Claude), morte en odeur de sainteté le 3 mars 1682. — In-4°. H. 0,153. L. 0,100. *

Voir Rob.-Dum., 36.
Belle épreuve.

1486. **Housset** (Claude DU), marquis de Trichâteau, chancelier de Philippe de France, duc d'Orléans, frère unique du roi. — Très-gr. in-fol. H. 0,510. L. 0,430. *

Voir Rob.-Dum., t. II et XI, 37.
2ᵉ état. — Très-belle épreuve.

1487. La Chambre (Marin Cureau de), polygraphe français, v. 1594-1675. — In-fol. H. 0,269. L. 0,222. (Le B., 14.) *

Voir Rob. Dum., 24. — D'après P. Mignard.
L'un des chefs-d'œuvre du maître.
A la fin de la troisième ligne, ajoutez : *équarrie. Il est coiffé d'une calotte.*
1ᵉʳ état, avant les contre-tailles, sur la joue gauche. — Très-belle épreuve.

1488. Lamoignon de Bâville (Nicolas de), comte de Courson, maître des requêtes et conseiller d'État, 1648-1724. — Gr. in-fol. H. 0,401. L. 0,315. *

Voir Rob.-Dum., 39.
2ᵉ état. — Très-belle épreuve.

1489. Lemaistre de Sacy (Isaac-Louis), théologien français, 1613-1684. — In-8°. H. 0,156. L. 0,104. (Le B., 23.) *

Voir Rob.-Dum., t. II et XI, 64. — D'après R. Nanteuil.
3ᵉ état. — Belle épreuve.

1490. Le Nôtre (André), célèbre dessinateur de jardins, 1613-1700. — Gr. in-fol. H. 0,412. L. 0,341. (Le B., 24.) *

Voir Rob.-Dum., t. II et XI, 55. — D'après C. Maratti.
1ᵉʳ état, avant toute lettre; avant le pli indiqué sur le rouleau de papier qu'il tient à la main; avant les mèches de cheveux volantes retombant sur le front, et avant le second pli sous le menton. — Magnifique épreuve, peut-être unique.
6ᵉ état. — Superbe épreuve.

1491. Le Tellier (François-Michel), marquis **de Louvois,** homme d'État français, 1639-1691. — Très-gr. in-fol. H. 0,522. L. 0,441.

Voir Rob.-Dum., t. XI, Appendice, 3.
Très-rare. — Belle épreuve. Collection Archinto.

1492. **Lorraine** (Marie DE), duchesse de Guise et de Joyeuse, princesse de Joinville, dite Mlle. *de Guise*, 1675-1688. — In-fol. H. 0,320. L. 0,225. (Le B., 19.)*

> Voir Rob.-Dum., 32. — D'après P. Mignard.
> 3ᵉ état. Rare. — Superbe épreuve.

1493. **Marin** (Denis), seigneur DE LA CHATAIGNERAYE, intendant des finances, mort à Paris le 27 juin 1678, âgé de 78 ans. — Gr. in-fol. H. 0,451. L. 0,348. (Le B., 25.)*

> Voir Rob.-Dum., 50.
> Les armoiries, non décrites, sont: *D'argent à la fasce d'or, accompagnée en chef de trois croissants, et en pointe d'un coq, la patte dextre en l'air* (sans indication d'émaux).
> 2ᵉ état. — Belle épreuve.

1494. **Masson** (Antoine), dessinateur et graveur français, 1636-1700. — Gr. in-fol. H. 0,375. L. 0,290. (Le B., 26.)*

> Voir Rob.-Dum., 1. — D'après P. Mignard.
> L'inscription: *P. Mignard pinxit Trecensis*, qui se trouve sur le renfoncement du socle, à gauche, est presque illisible.
> Très-belle épreuve.

1495. **Médavy** (François ROUXEL DE), archevêque de Rouen, mort à Mâcon le 29 janvier 1691. — Gr. in-fol. H. 0,457. L. 0,344. *

> Voir Rob.-Dum., 51.
> Les armoiries, au bas de l'ovale, non décrites, sont: *D'argent à trois coqs de gueules, becqués et crétés d'or;* l'écusson timbré d'une couronne de marquis, surmontée d'une croix archiépiscopale à deux branches et du chapeau d'archevêque.
> 2ᵉ état. — Très-belle épreuve.

1496. **Montbrun** (Alexandre DU PUY), marquis DE SAINT-ANDRÉ, 1600-1673. — In-fol. H. 0,335. L. 0,295. *

> Voir Rob.-Dum., 26. — D'après G. de Sève.
> Les armoiries, non décrites, sont: *D'or au lion de gueules, armé et lampassé d'azur;* l'écu timbré d'une couronne de marquis et environné de deux palmes.
> 2ᵉ état. — Très-belle épreuve. Collection Archinto.

1497. Nicolaï (Nicolas DE), marquis DE GOUSSAINVILLE, premier président de la chambre des comptes de Paris, mort en 1686. — In-fol. H. 0,337. L. 0,257. *

Voir Rob.-Dum., 54.
Les armoiries, au bas de l'ovale, non décrites, sont : *D'azur au lévrier courant d'argent, colleté de gueules, bordé et bouclé d'or.*
2e état. — Très-belle épreuve.

1498. Ormesson (Olivier LE FÈVRE D'), conseiller au parlement de Paris et maître des requêtes, mort le 4 novembre 1686. — In-fol. H. 0,359. L. 0,263. (Le B., 22.) *

Voir Rob.-Dum., t. II et XI, 58.
Les armoiries, au bas de l'ovale, non décrites, sont : *D'azur* (non indiqué) *à trois lis de jardin d'argent, tigés et feuillés de sinople.*
1er état. Très-rare. — Superbe épreuve.

1499. Patin (Gui), célèbre médecin et écrivain français, 1602-1672. — In-fol. H. 0,197. L. 0,172. (Le B., 29.) *

Voir Rob.-Dum., 59.
L'inscription, au-dessous du portrait et au milieu, forme deux lignes disposées comme suit : *Me. Guido Patin doctor medicus parisiensis|| medicus et professor Regius.*
3e état. — Belle épreuve.

1500. Patin (Charles), médecin et numismate, fils cadet du précédent, 1633-1693. — In-fol. H. 0,258. L. 0,193. H. de la planche accessoire, 0,058. (Le B., 28.) *

Voir Rob.-Dum., 60.
Très-belle épreuve, avec la planche accessoire.

1501. Péréfixe (Hardouin DE BEAUMONT DE), prélat et historien français, 1605-1671. — Gr. in-fol. H. 0,382. L. 0,312.*

Voir Rob.-Dum., 61.
Les armoiries renfermées dans un cartouche, au haut du socle, et non décrites, sont : *D'azur à neuf étoiles d'argent posées,* 3, 3, 2 et 1 ; l'écu est entouré des colliers de Saint-Michel et du Saint-Esprit ; timbré d'une crosse et d'une mitre que surmonte un chapeau d'archevêque.
1er état. — Superbe épreuve.

1502. Pussort (Henri), homme d'État français et oncle de

Colbert, 1615-1697. — Très-gr. in-fol. H. 0,533. L. 0,442.
(Le B., 30, *s. n.*)*

Voir Rob.-Dum., t. II et XI, 62.
2º état, avant la lettre. — Très-belle épreuve, à grandes marges.

1503. **Turenne** (Henri DE LA TOUR D'AUVERGNE, vicomte DE),
maréchal de France, 1611-1675. — Gr. in-fol. H. 0,485.
L. 0,412.

Voir Rob.-Dum., 65.
Belle épreuve.

1504. **Turgot** (Antoine), seigneur DE SAINT-CLAIR, maître des
requêtes en 1667, mort le 15 février 1713, âgé de 88 ans.—
In-fol. H. 0,346. L. 0,263. *

Voir Rob.-Dum., t. II et XI, 66.
Les armoiries, au bas de l'ovale, non décrites, sont : *D'hermine
treillissé d'argent* (au lieu *de gueules*) *de dix pièces;* l'écu timbré d'une
couronne surmontée d'un casque de face, orné de ses lambrequins ;
supports : deux licornes.
Très-belle épreuve.

1505. **Verjus** (Louis), comte DE CRECY, diplomate français,
1629-1709. — Gr. in-fol. H. 0,413. L. 0,330. (Le B., 13.) *

Voir Rob.-Dum., 23.
A la fin de la quatrième ligne, lisez: dans une bordure ovale équarrie,
et tronquée sur trois côtés; armoriée, etc.
Les armes, non décrites, sont : *D'azur au lion d'argent; au chef de
même, chargé d'une treille de vigne de sinople* (non indiqué); l'écu
timbré d'une couronne; supports : deux lions.
1er état, avant toute lettre. Très-rare. — Superbe épreuve.

1506. **Vernage** (Bernard DE), chanoine de Saint-Quentin.—
In-8º. H. 0,124. L. 0,082. (Le B., 33.) *

Voir Rob-Dum., 68.
Les armoiries, au bas de l'ovale, non décrites, sont : *D'or à un aune
de sinople ; au chef d'azur, chargé de trois glands de chêne d'argent.*
Belle épreuve.

MASSON (Madeleine),

graveur au burin, née vers 1646, morte en 1713. Épouse de Nicolas Habert.

1507. *France :* **Louis XIV**, 1638-1715. — Très-gr. in-fol. H. 0,516. L. 0,420.

> En buste, dans une bordure ovale, équarrie, tronquée sur les côtés et dont les angles sont ornés d'une fleur de lis. Vu de 3/4, tourné à droite, regardant de face. En perruque bouclée. Cravate de dentelle. Il est couvert d'une cuirasse. — Autour de l'ovale : *Linvincible Monarqve Lovis le Grand Roy de France et de Navare* (sic). — Sous le portrait, sur la partie blanche intérieure de l'ovale : *Magdalena Masson ad viuum Pingebat et sculpebat* 1678. — Sur la partie extérieure blanche de l'ovale : *Habert excudit.* — Dans les angles du bas, au-dessus du tr. c., à g. : *Offerebat humil subd.*; — à dr. : *Nicolaus Treha.*
>
> Belle épreuve.

1508. *France :* **Philippe de France**, duc d'**Orléans**, frère de Louis XIV, 1640-1701. — Gr. in-fol. H. 0,504. L. 0,421. (Le B., 5.)

> En buste, dans une bordure ovale, équarrie, tronquée sur les côtés, et dont les angles sont ornés d'une fleur de lis. Vu de 3/4, tourné à droite, regardant de face. En perruque bouclée. Cravate de dentelle retenue par un brillant. Couvert d'une cuirasse dont les brassards sont semés de fleurs de lis. — Autour de l'ovale : *Philippe de France Dvc d'Orleans Frere vniqve dv Roy Lovis le Grand.* — Sous le portrait, sur la partie blanche intérieure de l'ovale : *Habert ad viuum Pingebat — M. Masson eius vxor sculpebat.* — Dans les angles du bas, au-dessus du tr. c., à g. : *chez Habert*, etc.
>
> Très-belle épreuve.

1509. *France :* **Louis de France**, duc **de Bourgogne**, fils aîné du Grand Dauphin, 1682-1712. — Très-gr. in-fol. H. de la planche, 0,503. L. 0,428. *

> . A mi-corps, dans une bordure ovale, équarrie, tronquée sur les côtés, et dont les angles sont ornés d'une fleur de lis. Représenté jeune, vu de face. Emmailloté et coiffé d'un petit bonnet de dentelle garni de bouffettes sur les côtés. Il tient, dans la main gauche, un hochet garni de grelots, et, dans la droite, une petite couronne fleurdelisée. —Autour de l'ovale : *M. le Dvc de Bovrgogne Fils de Monseigr. le Davphin.* — Sous le portrait, sur la partie intérieure blanche de l'ovale : *Née* (sic) *a Versailles le VI. Aovst* 1682. — Sur la partie blanche extérieure de l'ovale :

Gravé par Magdelene Masson femme de Nicolas Habert. — Dans les coins, au-dessus du tr. c., à g. : *A Paris chez Habert*, etc.

Fort rare. — Très-belle épreuve, avec marges.

MATHEUS (JEAN),

graveur au burin, et éditeur du commencement du dix-septième siècle.

1510. *France :* **Louis XI,** 1423-1483. — In-4°. H. 0,190. L. 0,141.*

En pied, debout dans une pièce, près d'une table. Vu de 3/4, tourné à gauche. Coiffé d'un chapeau. Vêtu d'une houppelande ouverte, laissant voir un habit dont la taille est serrée par une ceinture. Collier d'un ordre autour du cou ; épée au côté. Dans la main droite, il tient des papiers, et de la gauche, la ceinture de l'habit. — Dans l'angle, à droite, par une ouverture, on voit l'entrevue du roi avec le duc de Bourgogne, près de Péronne. — Sur la traverse longitudinale de la table, on lit à gauche : *Matheus fecit.*

Belle épreuve.

Estampe gravée pour *la Chronique scandaleuse.*

1511. Sonnet de Courval (Thomas), écrivain satirique. — In-8°. H. 0,139, y compris une marge de 0,019. L. 0,085. *

A mi-corps, dans une bordure ovale, équarrie, et qui, dans le haut, forme deux volutes entre lesquelles sont les armoiries : *D'azur à trois grelots d'argent ;* l'écu timbré d'un casque de profil, orné de lambrequins. Vu de 3/4, tourné à droite, regardant de face (il louche de l'œil gauche) ; tête nue, cheveux rejetés en arrière. Moustaches en crocs. Collerette festonnée. Pourpoint entièrement boutonné. Large cordon en sautoir. — Autour de l'ovale : *Thomas Sonnet Escvyer Sievr de Covrval Gentil-Homme Virois, age de 45 ans.* — Sous le tr. c., dans la marge, ce quatrain :

> *Qu'aucun ce Satyric ne touche,*
> *Critiques qui tout blazonnez,*
> *Car son humeur est fort farouche,*
> *Et sa moustarde prent au nez.*

— A g., et en travers de la marge : *Matheus fecit.*

Le bras gauche est en partie couvert par les tailles formant l'ombre projetée de la tête. — Très-belle épreuve.

Portrait gravé pour son livre : *les Satyres ;* Paris, Rob. Boutonné, 1621.

MATHEY,

graveur au burin du commencement du dix-huitième siècle.

1512. **Lalande** (Michel-Richard DE) compositeur français, surintendant de la musique de Louis XIV et de Louis XV, 1657-1726. — In-8°. H. 0,135. L. 0,095.

A mi-corps, dans une bordure ovale, équarrie, supportée par un socle dont la tablette est blanche. Vu presque de face, tourné vers la gauche, où il regarde. En longue perruque. Assis et accoudé du bras droit sur une table. Décoré de la croix de l'ordre de Saint-Michel. Le bras gauche plié, la main placée sur des feuilles de papier de musique.

Belle épreuve.

MECOU (ANDRÉ-JOSEPH),

dessinateur et graveur au burin, né à Grenoble vers 1771 (et non en 1774), mort à Paris le 10 avril 1837, à l'âge de 66 ans. Élève de Godefroi et de Roger.

1513. *France :* **Louise-Marie-Adélaïde de Bourbon**, appelée *duchesse douairière d'Orléans*, épouse de LOUIS-PHILIPPE-JOSEPH d'Orléans (Philippe-Égalité), 1753-1821. — Pet. in-fol. H. 0,175. L. 0,142. *

A mi-corps, dans un ovale entouré d'un cadre rectangulaire. Vue de 3/4, tournée à gauche, regardant de face. Cheveux frisés ; coiffure de dentelle ornée de ruban. Les épaules couvertes d'un mantelet de mousseline. — Sous le tr. c., à g. : *Dumeray pinx.*, — à dr.: *Mecou sculp.* — Au milieu, dans la marge, les armoiries des *d'Orléans* accolées à celles des *Bourbon-Penthièvre ;* les écus surmontés d'une couronne fleurdelisée et entourés d'une branche de laurier et d'une palme. Ces armoiries accompagnent l'inscription suivante qu'elles coupent en deux : *Louise Marie Adelaide || de Bourbon Penthièvre, || Duchesse Douairière d'Orléans.* — Au-dessous, à g. : *A Paris, chez* { *l'Auteur,* etc. { *Remoissenet,* M^d. *d'Estampes.* etc.; — à dr.: *Déposé à la Direction.*

Belle épreuve, à grandes marges.

1514. **Leverd** (Émilie), actrice française. — Pet. in-fol. H. de la planche, 0,225. L. 0,160. Dimensions de l'ovale, H. 0,130. L. 0,097.

A mi-corps, dans un ovale. Debout, vue de face, regardant à gauche.

Cheveux frisés et ornés de fleurs. Un voile attaché sous le menton lui recouvre la tête. Vêtue d'une robe montante. — Sous le portrait, parallèlement à l'ovale, à g. : *Isabey pinx*.; — à dr. : *J. Mécou sculp*.; — au milieu : le millésime 1822.

Très-belle épreuve, à toutes marges.

MELINI (CHARLES-DOMINIQUE),

graveur au burin, né à Turin vers 1740, mort à la fin du dix-huitième siècle.

1515. Pollinchove (Charles-Joseph DE), garde des sceaux et premier président au parlement de Flandre. — In-fol. H. de la planche, 0,483. L. 0,360. (Le B., 4.)

Jusqu'aux genoux, dans un encadrement rectangulaire. Assis dans un fauteuil près d'une table recouverte d'un tapis. Vu de 3/4, la tête tournée à gauche, où il regarde, le corps étant à droite. Longue perruque. En costume de premier président, les épaules couvertes d'une épitoge d'hermine. Le coude droit appuyé sur le bras du fauteuil, la main retenant sa toque posée sur sa cuisse. L'avant-bras gauche appuyé sur une cassette fleurdelisée, placée sur la table, et recouvrant en partie un parchemin muni d'un sceau, qu'il tient dans la main gauche. — Dans l'angle, à droite, une colonne dont le socle est caché par une draperie formant fond. — Sous l'encadrement, au milieu, les armoiries : *D'hermine à trois losanges de gueules;* l'écu timbré d'une couronne surmontée d'une toque ; supports : deux griffons.

D'après Aved.

1er état, avant toute lettre. — Très-belle épreuve, avec marges.

1516. Turenne (JACQUES-LÉOPOLD-CHARLES-GODEFROI), 1746-1802, et CHARLES-GODEFROI-LOUIS, né en 1749, enfants de Godefroi-Charles-Henri DE LA TOUR D'AUVERGNE, prince DE). — Gr. in-fol. en travers. L. 0,475. H. 0,314. (Le B., 6.)

En pied. Représentés tous les deux en petits Savoyards. Jeunes, assis à l'ombre d'un chêne placé à droite. Ils sont appuyés l'un contre l'autre et adossés à un rocher. L'aîné est vu de 3/4, tourné à droite, où il regarde, le corps étant à gauche. Tête nue, cheveux rejetés en arrière. Col de chemise dégrafé. Vêtu d'un habit à longues basques. Culottes courtes, garnies de boutons sur le côté. Il joue de la vielle. — Le cadet est vu de face, la tête couverte d'un large chapeau dont l'un des bords est relevé. Il est habillé comme son frère, avec une ceinture autour du corps. Il fait danser une marmotte qu'il tient attachée à un ruban. La main droite, passée derrière le dos de son frère, est appuyée sur l'épaule droite de ce dernier. — Sous le tr. c., dans la marge et sur toute la largeur : *Peint par François Drouais le fils, Gravé par Charles D. Melini Graveur et Pensionnaire || De Sa Majesté le Roy de Sardaigne.*

1er état. — Très-belle épreuve.

2e état. —Au-dessous de l'inscription et au milieu : *A Paris chez Laurent Cars Graveur du Roy*, etc. — Belle épreuve.

MELLAN (Claude),

dessinateur et graveur français, né à Abbeville en mai 1598, mort à Paris le 9 septembre 1688. Élève de Simon Vouet. Son œuvre a été décrit par A. de Montaiglon (*Catalogue raisonné de l'œuvre de Claude Mellan d'Abbeville, etc., précédé d'une notice sur sa vie et ses ouvrages, par P.-J. Mariette. — Extrait* des Mémoires de la Société d'émulation d'Abbeville. — *Abbeville,* 1856, in-8), auquel nous renvoyons pour les descriptions.

1517. Aubray (Dreux d'), lieutenant civil de Paris et père de la marquise de Brinvilliers, célèbre empoisonneuse. — In-fol. H. de la planche, 0,342. L. 0,255. *

Voir de Mont., 183.

1er état, avant toute lettre et avant les armes ; inconnu à M. de Montaiglon.— Très-belle épreuve.

1518. Balzac (Jean-Louis Guez, seigneur de), littérateur français, 1594-1654. — In-4°. H. de la planche, 0,183. L. 0,116. (Le B., 186, *s. n.*)*

Voir de Mont., 165.

2e état, avec l'inscription suivante dans le haut : *I. Lvdovicvs Balzacivs Ann. Æt.* 40. — Belle épreuve.

1519. Barclay (Jean), poëte français, 1582-1621. — In-4°. H. 0,143. L. 0,111. (Le B., 188, *s. n.*)

Voir de Mont., 168.
Belle épreuve.

1520. Coëffeteau (Nicolas), théologien français, 1574-1623. — In-fol. H. de la planche, 0,290. L. 0,205. (Le B., 200.)*

Voir de Mont., 178. — D'après Dumonstier.
Belle épreuve.

1521. Condren (Charles de), théologien français, 1588-1641. — In-4°. H. de la planche, 0,183. L. 0,124. (Le B., 201, *s. n.*)*

Voir de Mont., 179.
Belle épreuve.

1522. **Dorléans** ou **d'Orléans** (Louis) poëte, jurisconsulte et libelliste français, 1542-1629. —In-fol. H. de la planche, 0,296. L. 0,213. (Le B., 215.) *

> Voir de Mont., 220.— D'après S. le Grain, Polonais (Ziarnko).
> Belle épreuve.

1523. **Fouquet** (Nicolas), vicomte DE MELUN et DE VAUX, marquis DE BELLE-ISLE, célèbre surintendant des finances, 1615-1680. — In-fol. H. de la planche, 0,327. L. 0,231. (Le B., 208.) *

> Voir de Mont., 187.
> 1er état, avec le nom de l'artiste, mais avant l'inscription autour de l'ovale et avant la date 1660. — Belle épreuve.

1524. *France :* **Anne d'Autriche**, 1601-1666. — In-fol. H. de la planche, 0,352. L. 0,239. (Le B., 211, *s. n.*)*

> Voir de Mont., 245.
> Belle épreuve.
> Le P. Lelong indique la date de 1644, comme étant celle de la gravure.

1525. *France :* **Louis XIV**, 1638-1715. —In-fol. H. totale, 0,349. L. 0,241. (Le B., 210.) *

> Voir de Mont., 207.
> Belle épreuve.

1526. *France :* **Armand de Bourbon**, prince **de Conty**, 1629-1666. — In-fol. H. de la planche, 0,352. L. 0,240. *

> Voir de Mont., 180.
> Belle épreuve.

1527. **Gassendi** (Pierre), philosophe et astronome français, 1592-1655. — Gr. in-4º. H. de la planche, 0,215. L. 0,145. (Le B., 213, *s. n.*) *

> Voir de Mont., 189.
> Belle épreuve, avec petites marges.

1528. **Habert de Montmort** (Jean), trésorier de l'extraordinaire des guerres, mort en 16.., âgé de 69 ans. — In-fol. H. de la planche, 0,316. L. 0,235. *

Voir de Mont., 193.
Belle épreuve.

1529. **Habert de Montmort** (Henriette-Marie DE BUADE-FRONTENAC, épouse d'HENRI-LOUIS). — In-fol. H. totale, 0,340. L. 0,232. (Le B., 219.) *

Voir de Mont., 247.
2e état. — Très-belle épreuve.

1530. **Lesdiguières** (Charles, sire DE CRÉQUI et de Canaples, prince de Poix, duc DE), pair et maréchal de France, tué en 1638. — In-fol. H. 0,230. L. 0,182. (Le B., 203.) *

Voir de Mont., 199.
Belle épreuve.

1531. **Levis** (Anne DE), archevêque de Bourges et gouverneur du Limousin, mort en 1662. — In-fol. H. de la planche, 0,315. L. 0,251. *

Voir de Mont., 200.
Belle épreuve.

1532. **Lorraine** (Louis-Joseph DE), duc **de Guise**, prince DE JOINVILLE, pair de France, 1650-1671. — In-fol. H. 0,318. L. 0,231. *

Voir de Mont., 203.
Belle épreuve, mais rognée.

1533. **Mazarin** (Jules, cardinal DE), 1602-1661. — In-fol. H. de la planche, 0,350. L. 0,238. (Le B., 231.) *

Voir de Mont., 211.
Très-belle épreuve, avec une petite marge.

1534. **Mesmes** (Henri DE), seigneur de Roissy, président à mortier, mort en 1650. — In-fol. H. de la planche, 0,350. L. 0,244. (Le B., 235.)

Voir de Mont., 214.
Belle épreuve.

1535. **Molé** (Matthieu), célèbre homme d'État français, 1584-1656. — In-fol. H. de la planche, 0,327. L. 0,253. (Le B., 236.) *

> Voir de Mont., 215.
> Vu de 3/4, tourné à droite, regardant de face, etc.
> 1er état. — Belle épreuve.

1536. **Montmorency** (Henri II, duc DE), maréchal de France, 1595-1632. — In-4°. H. de la planche, 0,185. L. 0,127. (Le B., 238, s. n.) *

> Voir de Mont., 216.
> Belle épreuve.

1537. **Peiresc** (Nicolas-Claude FABRI DE), antiquaire, philologue et naturaliste français, 1580-1637. — Gr. in-4°. H. de la planche, 0,214. L. 0,142. (Le B., 248.) *

> Voir de Mont., 223.
> 1er état. — Belle épreuve.

1538. **Péréfixe** (Hardouin DE BEAUMONT DE), prélat et historien français, 1605-1671. — In-fol. H. 0,333. L. 0,233. (Le B., 249.) *

> Voir de Mont., 221.
> Les armoiries sont : *D'azur* (non indiqué) *à neuf étoiles d'argent posées 3, 3, 2 et 1.*
> Belle épreuve, mais rognée.

1539. *Pologne :* **Marie-Louise de Gonzague,** fille aînée de Charles de Gonzague, duc de Nevers ; femme en premières noces du roi WLADISLAS VII, et, en secondes noces, de JEAN-CASIMIR V, frère du précédent, 1612-1667. — In-fol. H. de la planche, 0,352. L. 0,240. (Le B., 252.) *

> Voir de Mont., 252.
> 2e état, avec la date 1645 au-dessous du chiffre de la reine. — Belle épreuve.

1540. **Richelieu** (Armand-Jean DU PLESSIS, cardinal, duc

DE), 1585-1642. — In-fol. H. de la planche, 0,346. L. 0,242.
(Le B., 256.)*

Voir de Mont., 320.
Vu de 3/4, jusqu'aux genoux, etc.
1er état, avant la lettre servant de titre au livre ouvert appuyé contre le crucifix. — Belle épreuve.
Portrait extrait de l'ouvrage de Richelieu : *Traitté qui contient la methode la plus facile et la plus asseurée pour convertir ceux qui se sont separez de l'Eglise ;* Paris, Séb. Cramoisy, 1651, in-fol.

1541. **Seguier** (Pierre III), chancelier de France, 1588-1672.
— In-fol. H. de la planche, 0,311. L. 0,230. (Le B., 260.)*

Voir de Mont., 231.
A la seconde ligne, après les mots : *presque de face,* ajoutez : *regardant à droite.*
1er état. — Très-belle épreuve.

1542. **Servien** (Abel), marquis DE SABLÉ, diplomate français, 1593-1659. — Pet. in-fol. H. totale, 0,238. L. 0,191. (Le B., 261.)*

Voir de Mont., 232.
2e état, tiré avec un *cache-lettres* sur l'inscription. — Belle épreuve.

1543. **Toiras** (Jean DE SAINT-BONNET, seigneur DE), maréchal de France, 1585-1636. — Pet. in-fol. H. de la planche, 0,242. L. 0,188. (Le B., 258.)*

Voir de Mont., 235.
Au lieu de : *de face,* lisez : *Vu de 3/4, regardant de face,* etc.
1er état. — Belle épreuve.

1544. **Vajani** (Anne-Marie). — In-8°. H. de la planche, 0,125. L. 0,091. (Le B., 268, *s. n.*)

Voir de Mont., 256.
Belle épreuve.

MERLEN (THÉODORE-JONAS VAN),
graveur au burin et éditeur du dix-septième siècle.

1545. *France :* **Anne-Marie-Louise d'Orléans,** duchesse

de Montpensier, appelée *Mademoiselle*, fille aînée de Gaston d'Orléans, 1627-1693. — In-fol. H. 0,310. L. 0,250. *

A mi-corps, dans une bordure ovale, équarrie, supportée par un socle. Dans les angles, le chiffre *A M L D* entrelacé. Vue de 3/4, tournée à droite, tête nue ; les cheveux en boucles dénouées et le chignon retenu par un cercle de perles. Pendants d'oreilles formés de trois perles de forme allongée. Collier de perles. Vêtue d'une robe à corsage décolleté, garni dans le haut d'un brillant avec perles, et orné de broderies. Manches courtes à larges crevés, garnies de dentelle. — Sur le dessus du socle, qui est blanc, à g. de l'ovale : *De Seve in. Th. van Merlen fe.* 1652. — Sous l'ovale, au milieu du socle, un écusson aux armes des d'*Orléans*, timbrées d'une couronne fleurdelisée. Une palme et une branche de laurier entourent l'écu.

Belle épreuve.

1546. **Harlay** (Achille Iᵉʳ DE), célèbre magistrat, 1536-1616. — In-fol. H. de la planche, 0,301. L. 0,247. *

A mi-corps, dans une bordure ovale, équarrie, supportée par un socle. Vu presque de face, la tête tournée un peu à droite, tête nue, cheveux courts et relevés sur le devant. Il porte une longue barbe, et des moustaches en crocs. En robe de magistrat. — Autour de l'ovale : *Achilles. de. Harlay. Premier President. av. Parlement. de. Paris.* — Sur le dessus du socle, à g. de l'ovale : *T. Van Meerllen fe.* ; — à dr. : j6.52. — Au-dessous de l'ovale et au milieu du socle, sur une tablette blanche, les armoiries : *D'argent à deux pals de sable;* l'écu timbré d'un casque taré de front, avec lambrequins ; cimier : une tête de licorne issante d'une toque ; supports : deux aigles.

Belle épreuve.

1547. **Harlay de Sancy** (Marie MOREAU, épouse de Nicolas DE), morte en 1629. — In-fol. H. de la planche, 0,300. L. 0,247. *

A mi-corps, dans une bordure ovale, équarrie, avec socle. Vue de 3/4, tournée à droite. En costume de veuve, la tête couverte d'une cornette. Sur la partie supérieure de l'ovale, on lit : *Marie Moreau Dame de Sancy Aagee de 74. Ans.* — Sur le dessus du socle, à g. : *T: van Meerllen fecidt* (sic). — Sous le portrait, sur une tablette blanche couvrant le bas de l'ovale et le milieu du socle, l'écusson des *Harlay* (armes décrites au n° 1546), timbré d'un casque de face, orné de lambrequins, et celui des *Moreau* dont les armoiries sont : *D'argent au chevron d'azur* (non indiqué), *accompagné de trois têtes de Maure de gueules* (au lieu de *sable*), *tortillées d'argent* (non indiqué) ; l'écu entouré des lacs de veuve.

Belle épreuve.

1548. **Neufville-Villeroy** (Jacqueline DE HARLAY, fille aînée de Nicolas de Harlay de Sancy, et seconde épouse de CHARLES DE). —In-fol. H. de la planche, 0,303. L. 0,250. *

A mi-corps, dans une bordure ovale, équarrie, supportée par un socle. Vue de 3/4, tournée vers la droite, regardant de face. Cheveux ondés et relevés, terminés en chignon dans lequel est piquée une épingle ornée de perles formant grappe. Collerette de dentelle festonnée. Collier de deux rangs de perles. — Sur la partie supérieure de l'ovale : *Jacqueline* (sic) *de Harlay Dame dHalincovrt.* — Sur le dessus du socle, à g.: *Theodoer Van Meerlen. fe.* — Au bas du portrait, sur une tablette blanche, couvrant le bas de l'ovale et le milieu du socle, les armoiries des Neufville-Villeroy : *D'azur au chevron d'or* (non indiqué), *accompagné de trois croix ancrées de même ;* accolées à celles des Harlay (décrites au n°1546) ; les écus sont timbrés d'une couronne de marquis et entourés de deux palmes.

Belle épreuve.

1549. **Neufville-Villeroy** (Madeleine DE CRÉQUI, fille de Charles, sire de Créqui, duc de Lesdiguières, épouse de NICOLAS, V^e du nom, DE), bru de la précédente, morte en 1675. —In-fol. H. de la pl., 0,301. L. 0,246. (Le B., 8, *s. n.*)*

A mi-corps, dans une bordure ovale, équarrie, avec socle. Vue de 3/4, tournée à gauche. Tête nue, cheveux relevés en chignon, ornés de perles ; de longues frisures retombent sur les côtés et de petites boucles ombragent le front. Collier de perles. Corsage à ramages, taillé en pointe. Manches bouffantes, ornées de manchettes. —Autour de l'ovale : *Magdelaine de Crcqvy Dvchesse de Villeroy.* — Au bas du portrait, couvrant le bas de l'ovale et le milieu du socle, une tablette blanche avec les armoiries des familles de *Neufville-Villeroy,* parti de *Créqui-Blanchefort ;* l'écu timbré d'une couronne ducale, et environné du manteau d'hermines ; deux bâtons fleurdelisés en sautoir, insignes du maréchalat. — Sur le dessus du socle, à g. de la tablette : *Te. van Meerllen fe. :* — à dr. : i6.52.

Belle épreuve.

MICHEL (JEAN-BAPTISTE),

graveur au burin, né en 1748 à Paris, où il mourut en 1804. Élève de P. Chenu.

1550. **Bonneval** (J.-J. GIMAT DE), comédien français. —In-fol. H. de la planche, 0,366. L. 0,252. (Le B., 24.) *

En buste, dans une bordure ovale, placée au milieu d'un large pilastre et surmontée d'une coquille marine, accompagnée de guirlandes de fleurs retenues à des patères. L'ovale est supporté par un socle. Vu de face. En perruque. Les épaules couvertes d'une petite pèlerine attachée par devant. — Sur le dessus du socle, au milieu, des attributs de comédie, entre autres une seringue et une hache. — Sur la tablette du socle, l'acteur est représenté dans son rôle du *Malade imaginaire* et assis dans un fauteuil. — Sous le tr. de la tablette, à g. : *Malade imag.*, — à dr. : *Acte* 1er. *Sce.* 1ère. — Au milieu : *Est-il possible qu'on laisse comme cela un pauvre malade tout seul*. — Sous le tr. c., à g. : *Dessiné par J. G. Huquier fils.*, — à dr. : *Gravé par J. B. Michel*. — Dans la marge, sur toute la largeur : *Jean Jacques Gimat de Bonneval, Comedien ord. du Roy*, || *A débuté par le Rosle d'Orgon, dans la Comedie du Tartuffe, le 9 Juillet* 1741. || *Et a été reçù le* 30 *Decembre de la même Année.* — Au-dessous et au milieu : *a Poris, chés Petit*, etc.; — à dr. : *Baisiez scripsit.*

Belle épreuve.

1551. Clairon (Claire-Josèphe-Hippolyte LEGRIS DE LATUDE, connue sous le nom de Mlle), actrice française, 1723-1803. — In-fol. H. de la planche, 0,369. L. 0,258. *

En buste, dans une bordure ovale, entourée de nuages et ornée dans le haut d'un nœud de ruban. L'ovale est supporté par deux dragons ailés retenant dans leurs griffes une draperie sur laquelle est reproduite la scène où l'actrice est représentée dans le rôle de *Médée* (voir n° 103). Entre les deux dragons, un mascaron grimaçant couvre le bas de l'ovale. Elle est vue presque de profil, tournée à droite. Cheveux bouclés et ornés de perles. Diadème sur la tête. Pendant d'oreille de trois perles de forme allongée. Corsage de robe décolleté. — Dans le bas, à dr., sur la face de l'autel près duquel se tient Jason, on lit : *J. Bapt.* || *Michel* || *fecit* || 1767. — Sur la lisière de la draperie, en deux colonnes :

A tes deux Fils j'ai sçu percer le Flanc,
Regarde ce poignard et cette Main sanglante ;
C'est de mon sang, du tien, qu'elle est teinte et fumante.

— *Medée Trag. de Longepierre. Acte* 5. *Scene* 5. — Sous le tr. c., à g. : *Pouyin de S. Aubin pinx.;* — à dr. : *J. B. Michel sculp.* — Au milieu, sur toute la largeur : *Hippolyte de la Tude Clairon* || *Comédienne Françoise Pensionnaire du Roi, a débuté le* 19 *Septbre*. 1743. || *par le rôle de Phèdre, dans la Pièce de Racine du même nom : reçue le* 22 *Octobre suivant.* — Au-dessous et au milieu : *A Paris, chez Petit*, etc.

Belle épreuve.

1552. Dangeville (Marie-Anne BOTOT), actrice française, 1714-1796. — In-fol. H. 0,311. L. 0,228. *

En buste, dans une bordure ovale, accrochée à un large pilastre et ornée d'une banderole retenue à des patères. L'ovale est supporté par un socle. Vue presque de face, la tête tournée légèrement à gauche, où elle regarde. Cheveux relevés sur le devant et bouclés, ornés de fleurs. Boucles d'oreilles. Large nœud de ruban autour du cou. Vétue d'un peignoir entr'ouvert laissant voir le corsage de sa robe décolleté. —Sur le dessus du socle, des attributs de comédie.—Sur la tablette du socle, dans un cadre, l'actrice est représentée dans un rôle de la pièce: *les Mœurs du temps.* — Au-dessous de cette scène, dans la gravure:

> *Est-il rien de plus flatteur que de plaire ?*
> *que d'être entourée d'une foule d'Adorateurs,*
> *dont on fait le sort avec un souris, un mot, un regard.*

— Sous le tr. c., à g. : *Pougin de S. Aubin pinx.,* — à dr. : *J. B. Michel Sculp.* — Au milieu, dans la marge, sur toute la largeur: *Marie Anne Botot Dangeville* || *Comédienne Françoise, à débuté au mois de Janvier* 1730. *dans le rôle de Lisette* || *de la Comédie du Médisant, agée de* 14 *ans, à été reçue le* 6. *Mars* 1730. — Au-dessous, au milieu: *Les Mœurs du Tems. Comédie de M. Saurin. Scene* 14. — Plus bas: *A Paris chez Petit,* etc.

Belle épreuve.

1553. Dubus-Préville (P.-L.), de la Comédie-Française, 1721-1799. — In-fol. H. 0,314. L 0,233. (Le B., 27, *s. n.*)*

En buste, dans une bordure ovale, placée au milieu d'un large pilastre à soubassement. L'ovale est orné dans le haut de guirlandes de fleurs. Vu de 3/4, tourné à droite, regardant de face. Une calotte sur la tête; le corps ceint d'une ceinture; l'épaule gauche couverte d'un manteau. — Sur le dessus du couronnement du soubassement, des attributs de comédie. — Au milieu de la face du couronnement: *Joan. Bap. Michel fecit* 1767. — Sur la tablette du soubassement, est reproduite une scène des *Folies amoureuses.* Au-dessous, ces deux vers :

> *J'ai fait tant de metiers d'après le naturel,*
> *Que je puis m'appeler un Homme universel.*

— Sous l'astragale, à g. : *les Folies Amoureuses.;* — à dr.: *Acte I. Scène* 4e.— Sous le tr. c., dans la marge, sur toute la largeur: *Pierre-Louis Dubus de Preville, Comédien François.* || *Il a débuté le* 20. 7bre. 1753. *par Crispin du Légataire, et a été reçu et pensionné du Roi* || *à Fontainebleau le* 20. 8bre. *suivant, avant la fin de son début.*—Au-dessous, au milieu : *A Paris chez Petit,* etc.

Belle épreuve.

MIGER (Simon-Charles),

graveur au burin, né à Nemours (et non à Paris) le 19 février 1736, mort à Paris le 28 février 1820. Élève de Cochin le jeune.

1554. Bailly (Jean-Sylvain), maire de Paris, 1736-1793. — Gr. in-4°. H. 0,237. L. 0,171.

A mi-corps, dans un médaillon ovale, équarri, retenu dans le haut par un nœud de ruban entre les bouffettes duquel on lit: *In hoc Signo vicimus.* Le médaillon est supporté par un socle. Vu de profil, tourné à droite, tête nue, cheveux relevés sur le devant. Vétu d'un habit ouvert, laissant passer le jabot. — Dans le haut, autour du médaillon : *M. Bailly élu Maire de la Ville de Paris le* 15 *Juillet* 1789. — Sur le dessus du socle, une branche de laurier passée dans une couronne de chêne. — Sur la tablette du socle, retenue par quatre clous, on lit l'inscription suivante : *Extrait du Discours au Roi, à son entrée dans Paris le* 17 *Juillet* 1789. || *Sire,* || *J'apporte à votre Majesté les clefs de sa bonne Ville de Paris; ce* || *sont les mêmes qui ont été présentées à Henri IV; il avoit reconquis* || *son peuple, ici c'est le peuple qui a reconquis son roi.* — Au-dessous, la traduction en anglais du même discours. — Sous le tr. c., à g. : *Dessiné par Boizot S. D. R.,* — à dr. : *Gravé par Miger.* — Au-dessous, sur toute la largeur : *Dédié et Présenté à Messeigneurs de l'Assemblée Nationale,;* — un peu plus bas, à dr. : *Par leur très Humble et très* || *Respectueux Serviteur Miger.;* — à g. : sur deux lignes : *A Paris chez Miger graveur du Roi,* etc.

Belle épreuve.

1555. Charles (Jacques-Alexandre-César), physicien français, 1746-1823. — In-4°. H. 0,228. L. 0,171.

En buste, dans un médaillon retenu par trois cordes à un ballon dont on aperçoit les contours au haut de l'estampe qui est rectangulaire. Des nuages entourent le ballon, ainsi que le médaillon. Personnage vu de profil, tourné à droite, tête nue, le front légèrement dénudé. Cheveux attachés derrière par un nœud de ruban. — Au bas du médaillon, un aigle planant dans les airs, les yeux fixés sur le portrait, tient dans ses serres une oriflamme avec cette inscription : *Charles* || *aux Thuilleries* || *le Iʳ. Decembre* || *M.DCCLXXXIII.* — Dans le haut, au-dessus du tr. c., et au milieu dans la marge, ces deux vers :

jusqu'alors sans égal
Le Monarque des Airs y suivit son Rival.

— Sous le tr. c., à g. : *Gravé par S. C. Miger Graveur du Roi.;* — à dr. : *A Paris chez Miger,* etc.

Très-belle épreuve.

II. 14

1556. *France :* **Charlotte-Catherine de la Tremoille,** seconde épouse d'HENRI Iᵉʳ DE BOURBON, prince DE CONDÉ, 1568-1629. — In-4°. H. .0,196. L. 0,128.

A mi-corps, dans une large bordure ovale, équarrie. Vue de 3/4, tournée à gauche, le corps étant à droite. Tête nue, les cheveux entre-mêlés de perles. Corsage décolleté. Collier de diamants et perles. Les épaules couvertes d'un manteau d'hermine. La bordure ovale est accompagnée de divers attributs : dans le haut, sur le dessus, une grosse chaîne ; dans le bas, au-dessous de l'ovale, à g. : une main senestre tenant un poignard au-dessus d'une cassolette d'où sortent des flammes, et dont la fumée cache en partie la bordure de l'ovale ; au milieu : une couronne dans un rayonnement devant laquelle est un calice surmonté de l'hostie ; — à dr. : une lance appuyée sur le fût d'une colonne portant cette inscription : *Charlotte || Catherine || de La || Tremoille.* Un dragon ailé rampe près du socle de la colonne. — Sous le tr. c., à g. : *Le Monnier pinx.;* — à dr. : *Miger Sculp.* Belle épreuve.

1557. Geoffrin (Marie - Thérèse RODET, Mᵐᵉ), 1699-1777. — In-4°. H. 0,190. L. 0,137.

. A mi-corps, dans un médaillon équarri. Vue de 3/4, tournée à droite, regardant de face. Coiffée d'un bonnet de tulle noir noué sous le menton. Les épaules couvertes d'une large collerette. — Au-dessous du médaillon, sur une tablette échancrée, cette inscription : *Madame Geoffrin || Née le 2. Juin 1699. Morte à Paris le 6. Octobre 1777. || Son Eloge est dans le Cœur de tous ceux qui l'ont connue.* — Sous le tr. c., au milieu : *S. C. Miger Sculp.;* — à dr., près de l'angle, tracé à la pointe : *Miger sc.* Belle épreuve.

1558. Gluck (Chr.), compositeur allemand, 1714-1787. — In-fol. H. de la planche, 0,291. L. 0,220. (Le B., 27.)

A mi-corps, dans une bordure ovale, équarrie, supportée par un socle. Vu de face, le corps tourné à droite ; tête nue, cheveux rejetés en arrière et bouclés. Vêtu d'un habit entr'ouvert sur le devant. — Sur le dessus du socle, une branche de laurier. — Sur la face du couronne-ment du socle : *Christophe Gluck.* — Au-dessous, sur le corps du socle, accompagné de tuyaux d'orgue, ce quatrain :

> *De l'art d'aller au cœur par des accords touchants*
> *Nul autre mieux que lui n'a montré la puissance,*
> *Et de tous ses rivaux c'est le seul dont les chants*
> *Ayent charmé son pays, l'Italie et la France.*

— Sous le tr. c., à g.: *Peint par Jph. Duplessis Peintre du Roi.;* — à dr.: *Gravé par S. C. Miger.* — Au milieu : *A Paris chés Miger, Graveur,* etc., *A. P. D. R.*
Belle épreuve, avec marges.

1559. Mairan (Jean-Jacques DORTOUS DE), physicien français, 1678-1771. — In-4°. H. 0,176. L. 0,127. (Le B., 24, *s. n.*) *

En buste, dans un médaillon équarri, retenu dans le haut par un nœud de ruban. Vu de profil, tourné à droite. Cheveux relevés sur le devant et bouclés sur les côtés. — Sous le médaillon, dans la gravure : *J. J. Dortous de Mairan.* — Sous le tr. c., à g. : *Dessiné par C. N. Cochin fils,* 1768.; — à dr. : *Gravé par S. C. Miger.*
Belle épreuve, mais coupée.

1560. Rigoley de Juvigny (J.-A.), littérateur français, mort en 1788. — In-4°. H. de la planche, 0,197. L. 0,146. *

En buste, dans un médaillon équarri, attaché par un nœud de ruban. Vu de profil, tourné à droite, tête nue, cheveux relevés sur le devant et bouclés sur le derrière. Vêtu d'un habit entr'ouvert laissant voir le jabot. — Sur une tablette double, échancrée dans le bas et tenant au médaillon, on lit : *Jean-Antoine Rigoley de Juvigny || Conseiller au Parlement de Metz.* — Sous le tr. c., à g.: *Dessiné par C. N. Cochin Fils;* — à dr. : *Gravé par S. C. Miger en* 1765.
Belle épreuve, à toutes marges.

1561. Robert (Hubert), peintre français, 1733-1808. — In-fol. H. de la planche, 0,364. L. 0,261. (Le B., 34, *s. n.*)

A mi-corps, dans une planche rectangulaire. Vu de 3/4, tourné à gauche, le corps étant à droite ; tête légèrement dénudée, cheveux rejetés en arrière. Cravate blanche. Il est placé un peu en arrière d'un carton à dessin qu'il tient de la main gauche. — Fond noir. — Sous le tr. c., à g. : *Dessiné par Isabey.;* — à dr. : *Gravé par Miger l'an 7eme. de la R. F.*
1er état, avant le nom du personnage. — Très-belle épreuve, avec marges.

1562. Servandoni (Jean-Jérôme, et non Jean-Nicolas), architecte et peintre, 1695-1766. — Pet. in-fol. H. de la planche, 0,265. L. 0,188. (Le B., 36, *s. n.*) *

En buste, dans un médaillon équarri, accroché par un anneau à une pointe et supporté par un socle. Vu de 3/4, tourné à droite, regardant de face. En perruque bouclée. Sur la poitrine la croix de l'ordre du Christ retenue à un ruban passé autour du cou. — Une tablette échancrée dans le bas et attachée au socle par deux clous, porte le nom : *Servandoni*. — Sous le tr. c., à g.: *Colson pinx.*; — à dr.: *Miger sculp.*

Bell épreuve.

Portrait faisant partie de la *Galerie française*, cahier VI.

MOITTE (Pierre-Étienne),

graveur au burin, né en 1722, à Paris, où il est mort le 4 septembre 1780, âgé de 57 ans environ. Élève de Beauvarlet et de Pierre-François Beaumont.

1563. Beringhen (H.-C., marquis DE), gouverneur de Châlons-sur-Saône, né en 1693. — Gr. in-fol. H. 0,408. L. 0,310. *

A mi-jambes. Debout sur la terrasse d'un jardin, terminée à droite par une colonne. Vu de 3/4, tourné vers la gauche. En perruque bouclée. Cravate de dentelle. Habit à manches à parements garnis de boutons. Gilet à ramages. Manchettes de dentelle. La croix du Saint-Esprit brodée sur l'habit; le grand cordon en sautoir. Épée au côté, dont on ne voit que la garde. La main droite appuyée sur sa canne, il tient son tricorne sous le bras.

1er état, avant toute lettre et avant la petite partie concave du tr. c., pour l'emplacement de la couronne des armoiries. — Belle épreuve.

2e état. H. de la planche, 0,464. L. 0,325. — Sous le tr. c., à g.: *Peint par la Porte.*; — à dr.: *Gravé par Moitte.* — Au milieu, dans la marge, les armoiries: *D'argent à trois pals de gueules ; au chef d'azur, chargé de deux roses du champ, boutonnées et barbées d'or ;* l'écu timbré d'une couronne de marquis et entouré des colliers de Saint-Michel et du Saint-Esprit. Ces armoiries sont accompagnées de l'inscription suivante qu'elles séparent en deux : *Henri Camille Marquis de Beringhen|| Chevalier des Ordres et Premier Ecuyer du Roy || Zelé sujet, ami généreux et fidele, Courtisan sans bassesse, et grand sans vanité, || Bienfaisant avec choix, simple avec dignité, La fortune la vu toujours au dessus d'elle. || Offerebat Joannes Gabriel Verne Anno M.DCC.LIX.* — Très-belle épreuve, avec grandes marges.

1564. Chauvelin (H.-Ph.), théologien français, 1716-1770.— Gr. in-fol. H. de la planche, 0,445. L. 0,347. *

A mi-corps, dans un cadre architectural rectangulaire, orné dans le haut de feuillage attaché par un ruban. Vu de face, le corps légèrement à droite. Tête nue, cheveux relevés et bouclés. En grand costume d'abbé avec l'épitoge sur l'épaule gauche. — Sous le portrait, un cartouche surmonté d'une couronne de marquis, et retenu au milieu du cadre, renferme les armoiries : *D'argent au chou pommé et arraché de sinople, la tige accolée d'un serpent d'or* ; l'écu timbré d'une mitre et d'une crosse d'abbé. Ces armoiries sont accompagnées de l'inscription suivante qu'elles coupent en deux : *Henri Philippe Chauvelin,* || *Conseiller au Parlement Abbé de Montieramé.* — Sous le tr. c., à g. : *Peint par Roslin Suedois, Peintre du Roy.;* — à dr. : *Gravé par P. E. Moitte.* — Au milieu : *A Paris chez Moitte Graveur du Roy,* etc. Très-belle épreuve, à grandes marges.

1565. Duhamel du Monceau (H.-L.), célèbre botaniste et agronome français, 1700-1782. — Gr. in-fol. H. de la planche, 0,456. L. 0,351. *

A mi-corps, dans un large cadre rectangulaire. Représenté assis, vu de 3/4, tourné à droite. En perruque bouclée, ornée d'un nœud de ruban par derrière. Vêtu d'un habit à brandebourgs, et bordé de fourrure. Manchettes de dentelle. Il dessine sur une grande feuille de papier portant le tracé des plan et coupes de vaisseau ; on lit dans le haut, sous le plan : *Architecture Navale.* — Sur la gauche du personnage, dans le fond, une rangée de volumes sur l'un desquels on lit au dos : *Traité* || *des* || *Forets.* — Sur la tablette du bas du cadre, dans la gravure : *Henry Louis Duhamel* || *Chevalier Sᵍʳ. du Monceau et de Vrigny* || *de L'Académie Royale des Sciences. &c.* || *Inspecteur Général de la Marine.* — Sous le tr. c., à g. : *Peint par Drouais le fils ;* — à dr.: *Gravé par P. E. Moitte.*

Très-belle épreuve, à grandes marges.

Le P. Lelong indique la date de 1768, comme étant celle de la gravure.

1566. Fouquet (Ch.-L.-Aug. DE), comte, puis duc DE BELLE-ISLE, maréchal de France et ministre, 1684-1761. — Gr. in-fol. H. de la planche, 0,558. L. 0,404. *

En pied, debout sur une terrasse dallée. Vu de 3/4, tourné à gauche. En perruque bouclée. Il porte une cuirasse sur son habit orné de broderies. Les épaules couvertes d'un manteau d'hermine, formant traîne. Autour du cou, les insignes de l'ordre de la Toison d'or. La main gauche, appuyée sur la hanche, tient le grand cordon passé en sautoir avec la croix du Saint-Esprit. Le corps ceint d'une écharpe ; épée au côté. Dans la main droite, le bâton de commandement fleurdelisé. — Sur une table, un casque près d'un coussin supportant une couronne de prince. — Sous le tr. c., à g. : *De la Tour Effigiem Pinxᵗ.;* — à dr. : *Moitte Sculptor Regis Tabulam Integram delin. et Sculp.* — Au milieu, dans la marge : *Une aigle éployée, chargée en cœur d'un écusson écartelé : aux 1 et 4, d'argent à l'écureuil rampant de gueules, qui est* Fouquet ; *aux 2 et 3, d'or à trois chevrons de sable qui est* Lévis ; les colliers des ordres de la Toison d'or, de Saint-Michel et du Saint-Esprit entourent l'écu, avec les insignes de ma réchal en sautoir. Le manteau d'hermine, timbré de la couronne de prince, environne les armoiries, qui sont accompagnées de l'inscription suivante qu'elles coupent en deux : *Charles Louis Auguste Fouc-quet de Belle-isle, Duc de Gisors, || Pair et Maréchal de France Prince du S[t]. Empire Ministre et Secretaire d'Etat || aïant le département de la Guerre Chevalier des Ordres du Roy et de la Toison d'Or, || Gouverneur général des Evechés de Metz et de Verdun &c.*

Très-belle épreuve, avec une petite marge.

1567. **Hénault** (Ch.-J.-François), historien français, 1685-1770. — Gr. in-fol. H. de la planche, 0,450. L. 0,335. Le B., 18.)*

A mi-corps, dans l'embrasure d'une fenêtre architecturale, cintrée dans le haut. Vu de 3/4, tourné à droite ; en perruque. Il est assis dans un fauteuil à ramages. Vétu d'un habit ouvert, à manches à pare-ments ornés de boutons. Jabot de dentelle. Les mains passées sous son gilet. Manchettes de dentelle. — A gauche du personnage, on aper-çoit sur un bureau plusieurs volumes, un encrier et une plume d'oie. — De l'angle de la fenêtre, à droite, retombe une draperie. — Sur le milieu d'une tablette, clouée sur la face de l'appui de la fenêtre, un cartouche armorié : *De sable, au cerf passant d'or, accompagné en chef d'une étoile de même;* couronne de marquis; supports : deux cerfs couchés au naturel; une palme et une branche de laurier entourent le cartouche. Ces armoiries sont accompagnées de l'inscription suivante : *Charles Jean François Henault ;* — au-dessous de la tablette, près du bord de la face de l'appui : *Quil vive autant que son Ouvrage. Ep. de V. de Cirey* 1744. — Plus bas, sur le socle : *Presenté par ses Neveux et Niéces.* — Sous le tr. c., à g. : *S[t]. Aubin Pinx.;* — à dr. : *Moitte Sculp.*

Très-belle épreuve, à grandes marges.

1568. **La Chalotais** (L.-R. DE CARADEUC DE), magistrat français, 1701-1785. — In-4°. H. de la planche, 0,197. L. 0,141. (Le B., 13.)*

En buste, dans un médaillon équarri, attaché par un anneau orné d'un nœud de ruban et accompagné de deux guirlandes de laurier. Vu de profil, tourné à droite; tête nue, les cheveux relevés sur le devant, bouclés sur les côtés et terminés derrière par des frisures ramenées sur l'épaule droite.— Sous le médaillon, sur une double tablette, cette

inscription : *Louis-René de Caradeuc de la Chalotais,* || *Procureur Général du Roi au Parlement de Bretagne,* || *Né à Rennes le 6. Mars* 1761.
— Sous le tr. c., à g. : *C. N. Cochin delin.;* — à dr.: *P. E. Moitte Sculp.;* — au milieu, le millésime 1764.

Belle épreuve, avec marges.

1569. Pompadour (Jeanne-Antoinette Poisson, marquise DE), maîtresse de Louis XV, 1721-1764. — Pet. in-fol. H. 0,195. L. 0,154. (Le B., 17.)

A mi-corps. Vue de 3/4, tournée vers la droite. Cheveux relevés et bouclés sur les côtés. Vêtue d'un burnous dont le capuchon, attaché sous le menton par un nœud de ruban, lui couvre la tête. Corsage de robe décolleté et garni de dentelle dans le haut.

1er état, avant toute lettre. — Très-belle épreuve.

Il existe un état de ce portrait avec cette inscription : *Anna Iohanna Grill* || *gift med Sin Frände Directn Claes Grill.* — Au-dessous, à g.: *mălad i stockolm* || *af Gustaf Lundberg.;* — à dr. : *til Anhörigos enskylta fägnad* || *i Koppar Stucken af P. E. Moitte i Paris.*

1570. Restout (Jean II), peintre français, 1692-1768. — In-fol. H. de la planche, 0,462. L. 0,345. (Le B., 21.)*

Jusqu'au-dessous des genoux, dans un cadre rectangulaire. Vu de 3/4, la tête tournée à gauche, le corps étant à droite. Assis dans un fauteuil à ramages. En perruque bouclée. Vêtu d'un habit entr'ouvert laissant voir son jabot; manches à parements ornés de boutons. Culottes courtes. Il tient dans la main un porte-crayon et semble dessiner sur une feuille placée sur ses genoux. Dans la main gauche, il tient une tabatière.— A droite, une toile sur chevalet.— Sur une tablette adhérente au cadre, cette inscription : *Jean Restout* || *Peintre Ordinaire du Roi, Ancien Directeur, Recteur* || *et Chancelier en son Académie de Peinture et Sculpture.* — Sous la tablette, dans la gravure : *Gravé par P. E. Moitte pour sa Réception à l'Académie en* 1771. — Sous le tr. c., à g. : *Peint par M. de la Tour.;* — à dr. : *Gravé par P. E. Moitte.*

Très-belle épreuve.

MONCORNET (Balthasar),

peintre, graveur au burin et éditeur, né à Rouen vers 1630, mort à Paris le 11 août 1668.

1571. Arc (Jeanne D'), dite *la Pucelle d'Orléans,* 1412-1431. — In-8°. H. de la planche, 0,162. L. 0,118. *

Jusqu'aux genoux, debout, dans une bordure ovale, accompagnée

dans le haut de deux écussons; celui de gauche représente les armes de la ville d'Orléans : *D'azur* (au lieu de *gueules*) *à trois fleurs de néflier d'argent* (au lieu *d'or*); *au chef cousu d'argent* (au lieu *d'azur*) *chargé de trois fleurs de lys d'or;* celui de droite, celles de Jeanne 'd'Arc, dont les émaux ne sont pas indiqués : *D'azur à l'épée d'argent, garnie d'or, soutenant une couronne royale d'or et accostée de fleurs de lys du même.* Vue de 3/4, tournée à gauche, la tête inclinée vers l'épaule droite et couverte d'un chapeau, orné de plumes, retenu sous le menton. Robe à corsage lacé sur le devant, et avec manches à crevés. Elle tient dans la main droite une épée dont la pointe en haut est cachée par la bordure ovale. — Fond teinté par des lignes horizontales. — Dans la marge, sous l'ovale, sur toute la largeur, cette inscription : *Ieanne D'Arc ditte la Pucelle d'Orleans, natiue de Vaucouleurs || en Lorraine, du regne de Charles 7e. en lannée 1429 le 7e. may deliura || Orleans assiegé par les Anglois, et depuis fit sacrer le Roy a Rheims.* — Au-dessous, au milieu : *B. Moncornet excudit, auec priuilege du Roy.*
Belle épreuve.

1572. *Bourgogne :* **Philippe III**, *le Bon*, duc **de Bourgogne, 1396-1467.** — In-4°. H. de la planche, 0,158. L. 0,112.

En buste, dans un ovale. Vu de 3/4, tourné à droite. Tête nue, cheveux plats retombant sur le front. Il a une verrue au milieu de l'extrémité de la joue droite. Houppelande avec collet garni de fourrure. Autour du cou, le collier de l'ordre de la Toison d'or. — Derrière le personnage, une draperie frangée. — Sous l'ovale: *Philippe Le Bon Troisieme Dvc || de Bovrgongne Prince des Pays Bas.* — Au-dessous au milieu: *Moncornet ex.*
Belle épreuve, avec petites marges.

1573. *France :* **Louis XIV,** 1638-1715. — In-fol. H. 0,388. L. 0,268. (Le B., 93, *s. n.*)

A mi-corps, dans un ovale formé de feuilles de laurier qu'accompagnent des guirlandes de fruits retenues dans les angles du haut par une draperie. Représenté jeune, debout, près d'une table recouverte d'un tapis, avec la main de justice placée dessus. Vu presque de face, légèrement tourné à gauche ; cheveux longs et bouclés. La tête ceinte de la couronne royale. Vêtu d'un manteau d'hermine fleurdelisé. Collier du Saint-Esprit. Il tient le sceptre dans la main droite et une rose dans la gauche, l'avant-bras appuyé sur la table. — Fond noir, semé de fleurs de lys. — Sous l'ovale, dans un cartouche oblong, l'inscription suivante : *Lovys XIV par la grace de Dieu Roy de France et de Navarre,* accompagnée de ce quatrain:

Louys, qui nous promet le Calme apres l'orage,
Ioint desià des Lauriers à ses Lys Triomphans,
Et par ses actions plus Grandes que son âge,
Nous apprend que les Roys ne sont iamais enfans.

— Au-dessous : *B. Moncornet excudit cum Priuilegio Regis.*
Rare. — Belle épreuve.

1574. *France :* **Louis II de Bourbon-Condé**, appelé *le Grand Condé*, duc d'Enghien du vivant de son père, 1621-1686. — In-8°. H. 0,132. L. 0,087. *

A mi-corps, dans une bordure ovale, au haut de laquelle deux anges assis portent sur leurs épaules des gerbes de blé. Représenté jeune, vu de 3/4, tourné à gauche, regardant de face. Tête nue, cheveux longs. Large collerette festonnée. Pourpoint garni de bouffettes à la taille. La main gauche appuyée sur la hanche. — Autour de l'ovale: *Lvdovicvs Borbonivs Engviennensivm Dvx.* — Sur une tablette retenue à l'ovale et dont les côtés sont ondulés, ce quatrain :

> *C'est a ce coup Louis que l'Art est surmontè*
> *Nayant iamais mieux fait : pour auoir lauantage*
> *La Nature a cachè sous vostre beau visage*
> *Vn esprit mille fois plus rare en sa beauté.*

— Au-dessous, au milieu: *B. Moncornet excū.*
Belle épreuve.

1575. **Gonzague** (Marie-Louise DE), v. 1612-1667, fille aînée de Charles de Gonzague, duc de Nevers, et de Catherine de Lorraine. — In-4°. H. 0,138. L. 0,108. *

À mi-corps, dans un ovale accompagné dans les angles du haut, à gauche, d'un écusson entouré de palmes et surmonté d'une couronne; à dr., une couronne de palmes. Vue de 3/4, tournée à gauche, regardant de face. Tête nue, cheveux longs et bouclés. Collier de perles. Corsage de robe décolleté, orné d'une guimpe festonnée. — Derrière elle, à dr., une draperie frangée retombante.— A g., le fond de l'estampe représente une chasse à courre au cerf.—Sous l'ovale, dans la marge: *La très Illvstre Princesse Marie || de Gonsague de Cleues princesse de Mantoue duch^esse*(sic) *|| de Neuers & de Rethelois Souueraine de Mezieres.*
Belle épreuve.

1576. **La Fayette** (L.-Aug. DE), v. 1616-1665, fille du comte Jean de La Fayette et de Marguerite de Bourbon-Busset. —In-4°. H. 0,138. L. 0,108. *

A mi-corps, dans un ovale. Vue de 3/4, tournée à gauche, regardant

de face. Tête nue, cheveux longs et bouclés. Collier de perles. Corsage
de robe décolleté, orné d'une guimpe festonnée. — Derrière elle, à dr.,
une draperie frangée retombante. — A g., le fond de l'estampe représente une chasse à courre au cerf. — Sous l'ovale, dans la marge :
Tres Vertveuse. E. Tres Noble‖Damoiselle Lovise Angeliqz De La‖Fayette
Fille de la Royne aprésant ‖ Religieuse a Ste Marie. Moncornet ex.

Belle épreuve.

C'est le même portrait que le précédent, où l'on a substitué une inscription différente.

1577. Montbazon (Marie D'AVAUGOUR DE BRETAGNE, duchesse
DE), seconde épouse d'HERCULE de Rohan, duc de Mont-
bazon, pair de France; morte en 1657. — In-8°. H. 0,129.
L. 0,088. *

A mi-corps, dans une bordure ovale, encadrée dans un cartouche.
Vue de 3/4, tournée à droite. Tête nue, cheveux ondulés et crêpés; de
petites mèches retombent sur le front. Pendant d'oreille et collier de
perles. Large collerette festonnée. Robe à corsage décolleté, dont le
devant est garni d'un rang et demi de perles. — Autour de l'ovale:
La Princesse Marie. — Sous le cartouche, sur une tablette, ce quatrain :

> *Ne deffendez point ma Princesse*
> *Qu'on adore Vostre Beautè.*
> *Vn mortel sans Jmpietè*
> *Peult adorer vne Deesse,*

— Au-dessous, au milieu : *B Moncornet excū.*

Rare. — Belle épreuve.

1578. *Suède :* **Gustave-Adolphe**, dit *le Grand,* 1594-1632.
— In-fol. H. prise au milieu jusqu'au dessous des armoiries, 0,473. L. 0,353.

A cheval. Vu de 3/4, regardant de face, le corps tourné à droite.
Coiffé d'un large chapeau orné d'une plume. Il porte barbe et moustaches. Large collerette festonnée. Couvert d'une cuirasse, la taille
ceinte d'une écharpe. Il tient dans la main droite, gantée, le bâton de
commandement. — Dans le fond, est figurée la bataille de Lutzen. —
La gravure est enfermée dans un cadre dont les montants reposent
sur le tertre soutenant les pieds de derrière du cheval. — Dans le haut
de ces montants, reliés par une guirlande de fruits, sont pendus de
petits cartouches oblongs portant l'indication des faits d'armes du
héros. Sur ceux de gauche, on lit: *defaicte pres de Bohemen par le G.*
Aernheym. — defaicte pres de Wartheym. — Erdfurt. — Stralsund.
— Lypsig. — Nurenberg. Sur ceux de droite : *Bataille* (sic) *pres de*

*Werben. — Bataille pres de Schiffelheyn. — Dantzick. — Francfort sur
le Oder. — Mayense. — Ausburg. —* Au milieu du tr. c., un cartouche,
surmonté d'une couronne royale et entouré d'un trophée d'armes, renferme des armoiries; au-dessous du cartouche, cette dédicace : *dédice
à Monseigneur Jean Ochsenstern || Baron de Tydon et Kymitho.* Les ar-
moiries coupent en deux l'inscription suivante qui les accompagne :
*Le Serenissime et Tres puissant Prince || Gustaue Adolph, par la grace
de Dieu || Roy, des Suedois , Goths, et Vandales Grand prince||de finland,
Duc d'ésᵗhonie* (sic) *ᵹ Carelie , seigneur d'Ingrie ᵹa.* — A g. de l'inscription, à la hauteur de la dernière ligne : *Moncornet excū.*

Rare. — Très-belle épreuve.

1579. Vinot (R.). — In-fol. H. 0,382. L. 0,304. (Le B., 117.) *

A mi-corps. Vu de 3/4, tourné vers la droite. Coiffé d'un chapeau
à larges bords. Cheveux légèrement bouclés. Physionomie riante.
Large col rabattu sur le pourpoint en partie déboutonné et à manches
à crevés. Il tient ses deux mains croisées sur sa poitrine. — Dans
l'angle du haut, à g., un écusson d'armoiries : *D'argent à une volaille
d'or placée dans une saucière de sable ;* l'écu timbré d'un casque taré
de profil et orné de ses lambrequins. — Dans la marge du haut, au-
dessus du tr. c.: *Robert Vinot Composevr des Savces.* — Dans le bas,
sous le tr. c., le huitain suivant en deux colonnes :

> *Je vis auec raison le plus Heureux des Hommes*
> *Puisque dans les malheurs ou l'on dit que nous sommes*
> *Sans me rien ressentir des Iniures du temps*
> *Plus que dans l'aage d'or Je m'estime contant*
> *De puis que Je suis né Je cheris la Cuisine*
> *Comme tesmoigne bien ma grosse et grasse mine*
> *Le Ciel a mes plaisirs pour ne rien denier*
> *Des le berceau ma faict vn tres bon cuisinier.*

— A g., sous les quatre premiers vers: *Moncornet ex Cum priuilegio.*
Belle épreuve.

Le Blanc indique que la planche a la forme *ovale,* tandis que celle que
nous décrivons est *rectangulaire.*

MONSALDY (   ),

dessinateur et graveur au burin du dix-neuvième siècle.

1580. Dugazon (Louise-Rosalie LEFÈVRE, Mᵐᵉ), actrice française, 1755-1821. — In-4°. H. 0,125. L. 0,094.

A mi-corps, dans un ovale. Vue de face, le corps tourné vers la
droite. La tête entourée d'un voile noué sous le menton. Cheveux bouclés et ornés de volubilis. Robe de mousseline serrée à la taille par un

ruban. — A dr., dans la gravure, parallèlement à l'ovale : *Peint par J. Isabey* || *et gravé par Monsaldy*. — Dans la marge, sous le portrait : *Mme. Dugazon.* || *Dédié a son fils* || *Par son Ami Isabey.* — Plus bas, un peu au-dessus du tr. c. de la planche : *Déposé à la Direction Imple.*

Charmant portrait. — Très-belle épreuve imprimée en couleurs et à toutes marges.

MONTAGNE ou de PLATTE-MONTAGNE
(Nicolas),

peintre et graveur au burin et à l'eau-forte, né en novembre 1631, à Paris, où il mourut le 25 décembre 1706. Élève pour la peinture de Philippe de Champagne et de Charles Le Brun, et, pour la gravure, de Jean Morin, son oncle. Son œuvre est décrit dans Robert-Dumesnil, t. V, pp. 302-314.

1581. **Barthelemy** (Vincent), avocat consultant à Rethel. — In-fol. H. de la planche, 0,352. L. 0,255. *

Voir Rob.-Dum., 19.
Belle épreuve.

1582. **Bérulle** (le cardinal Pierre de), ministre d'État, 1575-1629. — In-fol. H. 0,318. L. 0,256. *

Voir Rob.-Dum., 20. — D'après Ph. de Champagne.
Les armoiries, non décrites, sont : *De gueules au chevron d'or, accompagné de trois molettes du même.*
Belle épreuve, un peu rognée sur les bords.

1583. **Castellan** (Olivier de), lieutenant général, tué en 1644. — In-fol. H. 0,315. L. 0,212. *

Voir Rob.-Dum., 21.
Belle épreuve.

1584. *France :* **François I**er, 1494-1547. — In-fol. H. de la planche, 0,315. L. 0,215. *

Voir Rob.-Dum., 23. — D'après Fr. Clouet-Janet.
Vu de 3/4, et non *presque de face.*
Belle épreuve.

1585. *France :* **Marie de Médicis,** seconde épouse

d'HENRI IV, 1576-1642. — In-fol. H. de la planche, 0,306. L. 0,216. *

Voir Rob.-Dum., 25. — D'après François (II) Porbus.

Très-belle épreuve, avec marges.

Le P. Lelong attribue cette estampe à Morin, qui n'en a été que l'éditeur.

1586. Habert de Montmort (N.), maître des requêtes. — In-fol. H. 0,355. L. 0,267. *

Voir Rob.-Dum., 24.

Les armoiries, non décrites, sont: *D'azur au chevron d'or, accompagné de trois anilles d'argent;* supports: deux aigles, la poitrine chargée d'une anille.

Très-belle épreuve.

1587. Monnerot (Pierre). — In-fol. H. 0,318. L. 0,247. *

Voir Rob.-Dum., 26.

Les armoiries, non décrites, sont: *D'azur au chevron d'argent, accompagné de trois arbres, au pied coupé du même, 2 en chef et un en pointe, et surmontés chacun d'une étoile d'or ;* l'écu timbré d'un casque taré de face et orné de ses lambrequins.

Très-belle épreuve.

1588. Monnerot (Pierre), le même que le précédent. — In-fol. H. 0,339. L. 0,262. *

Voir Rob.-Dum., 27.

Les armoiries, non décrites, sont: *D'azur au chevron d'or, accompagné en pointe d'un cœur du même ;* l'écu timbré d'un casque taré de 3/4 et orné de ses lambrequins.

Belle épreuve.

1589. O' Moloy (Roger), prêtre irlandais, professeur de philosophie au collége de Beauvais, mort en 1670, âgé de 80 ans. — In-fol. H. de la planche, 0,315. L. 0,217. *

Voir Rob.-Dum., 28. — D'après J.-B. de Champagne.

Nous complétons ainsi qu'il suit sa description qui est trop succincte.

Il est coiffé d'une calotte. Cheveux bouclés; légères moustaches et barbiche. Verrue au-dessous de l'œil gauche. En costume de sa charge.

— Les armoiries, non décrites, sont : *Parti : d'argent à six trèfles de sable, posés 2, 1, 2, 1, et d'azur au lion lampassé d'or ;* l'écu surmonté du chapeau d'évêque; supports : deux lévriers.

1er état. — Belle épreuve.

MOREAU (Louis),

graveur au burin, né à Paris vers 1712.

1590. Huet (Pierre-Daniel), prélat français, 1630-1721. —
In-fol. H. 0,398. L. 0,328. *

En buste, dans une bordure ovale, équarrie, supportée par un socle.
Vu de 3/4, tourné à gauche, regardant de face. Cheveux longs et bouclés. En petit costume d'évêque avec la croix pectorale. — Autour de
l'ovale : *Petrvs Daniel Hvetivs Episcopvs Svessionensis.* — Au milieu, sous
le portrait, couvrant la bordure et le socle, un cartouche renfermant
les armoiries : *D'azur à trois grelots d'or, contre-posés, surmontés de deux
mouchetures d'hermine d'argent;* l'écu timbré d'une couronne accompagnée de la mitre et de la crosse, soutenant un chapeau d'archevêque;
supports : deux léopards. — Sur le dessus du couronnement du socle,
à g.: *Simon Dequoy Pinxit.;* — à dr.: *L. Moreau Sculpsit.* — Sur toute
la largeur du socle : *Offerebat Humillimus servus fr. Anselmus 3ii ordi-
nis Sti. Francisci.* || *Conventus Picpuciani.*
Très-belle épreuve. Collection Mariette.

MORIN (Jean),

peintre et graveur à la pointe et à l'eau-forte, né à la fin du seizième siècle à
Paris, où il mourut le 3 juin 1650 (et non pas vers 1666). Ayant été parrain d'une
fille de Jean Hallé, le 29 mai 1603, il n'a pu naître en 1609 ni en 1612, comme le
prétendent ses biographes. Sa veuve, Isabelle Barbarin, a été inhumée à Paris
le 24 octobre 1662, âgée de 70 ans. L'œuvre de Morin est décrit dans Robert-
Dumesnil, t. II, pp. 36-79. et t. XI, pp. 210-218.

1591. Arnauld d'Andilly (Robert), conseiller d'État, 1588-
1674. — In-fol. H. 0,296. L. 0,236. (Le B., 40.)*

Voir Rob.-Dum., t. II et XI, 42. — D'après Ph. de Champagne.
Vu de 3/4, et non *de face,* comme l'indique la description.
2e état, avec l'ombre portée de la manche droite prolongée jusqu'à
l'angle de la bordure octogonale. — Très-belle épreuve.

1592. Bentivoglio (Gui), cardinal italien, mort en 1644. —
In-fol. H. 0,293. L. 0,234. (Le B., 41.)

Voir Rob.-Dum., t. II et XI, 43. — D'après Ant. Van Dyck.
2e état, avec la lettre. — Superbe épreuve.

1593. **Bertier** (Pierre DE), évêque de Montauban. — In-fol. H. 0,301. L. 0,232. (Le B., 42.)

> Voir Rob.-Dum., 44. — D'après Ph. de Champagne.
> 2ᵉ état, avec la lettre. — Très-belle épreuve, mais rognée.

1594. **Borromée** (saint Charles), cardinal et archevêque de Milan, 1538-1584.—In-fol. H. 0,291. L. 0,233. (Le B., 43.)

> Voir Rob.-Dum., t. II et XI, 45. — D'après Ph. de Champagne.
> 1ᵉʳ état. — Belle épreuve, avec marges.

1595. **Borromée** (saint Charles), le même que le précédent. — In-fol. H. 0,306. L. 0,239. (Le B., 44.)

> Voir Rob.-Dum., 46. — D'après Ph. de Champagne.
> 2ᵉ état, avec les noms des artistes. — Très-belle épreuve, à grandes marges.

1596. **Brachet de la Milletière** (Théophile), conseiller d'État, mort en 1663. — In-fol. H. 0,296. L. 0,237. (Le B., 46.) *

> Voir Rob.-Dum., t. II et XI, 48. — D'après Ph. de Champagne.
> 3ᵉ état. — Très-belle épreuve.

1597. **Camus** (Jean-Pierre), surnommé *Pont-Carré*, évêque de Belley, 1582-1653. — In-fol. H. 0,295. L. 0,236. (Le B., 47.) *

> Voir Rob.-Dum., 49. — D'après Ph. de Champagne.
> Très-belle épreuve.

1598. **Choiseul du Plessis-Praslin** (Gilbert DE), prélat français, v. 1613-1689. — In-fol. H. 0,298. L. 0,240. (Le B., 48.) *

> Voir Rob.-Dum., 50. —D'après Ph. de Champagne.
> 1ᵉʳ état, avec l'inscription autour de la bordure octogone. — Très-belle épreuve.
> 2ᵉ état; l'inscription enlevée. — Belle épreuve.

1599. **Chrystin** (N.), fils du plénipotentiaire du roi

d'Espagne à la paix de Vervins.— In-fol. H. 0,292. L. 0,234. (Le B., 49.)

Voir Rob.-Dum., 51. — D'après Ant. Van Dyck.
Très-belle épreuve, avec marges.

1600. **Duvergier de Hauranne** (Jean), abbé de Saint-Cyran, célèbre théologien français, 1581-1643. — In-fol. H. 0,342. L. 0,233. (Le B., 83.)*

Voir Rob.-Dum., 82. — D'après Ph. de Champagne.
Nous transcrivons les six vers gravés sur l'appui :

> *L'Humilité profonde, & la haute Science*
> *Firent en ce grand Homme vne Sainte alliance*
> *Il mesprisa l'Honneur, les biens et les Plaisirs*
> *Il vit comme vn neant ce que le Monde enserre*
> *Et son Cœur pour objet de ses nobles desirs*
> *N'eut que Dieu dans le Ciel, & l'Église en la terre.*

M. Robert-Dumesnil indique à tort que ces vers commencent par : *L'Humanité*, etc.

1er état, avant que la bordure ovale, l'encadrement et son appui soient marbrés. — Très-belle épreuve, mais rognée au trait carré.
2e état. — Dimensions de la planche : H. 0,353. L. 0,255. — Le cadre avec l'appui, ainsi que l'ovale, sont marbrés. — Belle épreuve, avec une petite marge.

1601. **Duvergier de Hauranne** (Jean), le même que le précédent. — In-fol. H. 0,298. L. 0,239. (Le B., 84.) *

Voir Rob.-Dum., 83. — D'après Ph. de Champagne.
Belle épreuve.

1602. *Espagne :* **Philippe II**, 1527-1598.— In-fol. H. 0,297. L. 0,237. (Le B., 50.)

Voir Rob.-Dum., 71. — D'après le Titien.
Superbe épreuve, avec marges.

1603. *France :* **Louis XI**, 1423-1483. — In-fol. H. 0,305. L. 0,211. (Le B., 51.) *

Voir Rob.-Dum., 63.
2e état, avec le nom du graveur. — Superbe épreuve.

1604. *France* : **Henri II**, 1519-1559. — In-fol. H. 0,309. L. 0,210. (Le B., 52.) *

Voir Rob.-Dum., 59. — D'après Fr. Clouet-Janet.
Superbe épreuve, avec grandes marges.

1605. *France* : **Charles**, bâtard **de Valois**, duc d'Angoulême, fils naturel de Charles IX et de Marie Touchet, 1573-1650. — In-fol. H. 0,295. L. 0,236. (Le B., 82.) *

Voir Rob.-Dum., 81. — D'après Ph. de Champagne.
Dans l'inscription de la bordure octogonale, les lettres *o* et *v* du mot *DAngovlesme* sont entrelacées.
Belle épreuve.

1606. *France* : **Henri IV**, 1553-1610. — In-fol. H. 0,310. L. 0,210. (Le B., 53.)

Voir Rob.-Dum., 60. — D'après Ferdinand.
Très-belle épreuve.

1607. *France* : **Louis XIII**, 1601-1643. — In-fol. H. 0,294. L. 0,234. (Le B., 54.) *

Voir Rob.-Dum., 64. — D'après Ph. de Champagne.
Très-belle épreuve.

1608. *France* : **Anne d'Autriche**, 1601-1666. — In-folio. H. 0,295. L. 0,234. (Le B., 56.)

Voir Rob.-Dum., 40. — D'après Ph. de Champagne.
Superbe épreuve.

1609. *France* : **Anne d'Autriche**, la même que la précédente. — In-fol. H. 0,293. L. 0,234. (Le B., 57.)

Voir Rob.-Dum., 41. — D'après Ph. de Champagne.
Superbe épreuve.

1610. *France* : **Armand de Bourbon**, prince **de Conty**, comte de Pézénas, 1629-1666. — In-fol. H. 0,346. L. 0,242. (Le B., 45.)

Voir Rob.-Dum., 47. — D'après Juste.
2e état, avec le nom des artistes. — Très-belle épreuve.

II.   15

1611. François de Sales (saint), évèque et prince de Genève, 1567-1622. — In-fol. H. 0,310. L. 0,208. (Le B., 75.)*

Voir Rob.-Dum., 73.
Très-belle épreuve.

1612. Franck (Jérôme), peintre belge du XVIIᵉ siècle. — Infol. H. 0,308. L. 0,214. (Le B., 58.) *

Voir Rob.-Dum., 52. — D'après J. Franck.
2ᵉ état, avec la lettre et avec les angles de la planche arrondis. —
Très-belle épreuve.

1613. Harcourt (Henri DE LORRAINE, comte D'), dit *Cadet la Perle*, grand écuyer de France, 1601-1666. — In-fol. H. 0,296. L. 0,237. (Le B., 64.)*

Voir Rob.-Dum., 58. — D'après Ph. de Champagne.
Très-belle épreuve.

1614. Herbert (Sophie), comtesse **de Carnarvon**. — In-fol. H. 0,292. L. 0,235. (Le B., 62.)

Voir Rob.-Dum., t. II et XI, 56. — D'après Ant. Van Dyck.
1ᵉʳ état, avec le nom du peintre. — Très-belle épreuve.

1615. Jansenius (Corneille JANSEN, en latin), théologien flamand, 1585-1638. — In-fol. H. 0,290. L. 0,232. (Le B., 65.)

Voir Rob.-Dum., t. II et XI, 61.
1ᵉʳ état. — Très-belle épreuve.

1616. Lemercier (Jacques), architecte et graveur français, mort en 1660. — In-fol. H. 0,296. L. 0,243. (Le B., 66.)*

Voir Rob.-Dum., 69. — D'après Ph. de Champagne.
1ᵉʳ état, *non cité*. Les angles de la planche sont aigus. — Belle épreuve.
2ᵉ état, *non cité*. Les angles de la planche sont arrondis. — Belle épreuve.

1617. Lemon (Marguerite), maîtresse d'A. Van Dyck. — Infol. H. 0,295. L. 0,234. (Le B., 67.)

Voir Rob.-Dum., 62. — D'après Ant. Van Dyck.
2ᵉ état, avec les noms des artistes.— Belle épreuve.

1618. Le Tellier (Michel), chancelier de France, 1603-1685.
— In-fol. H. 0,298. L. 0,236. (Le B., 68.)*

Voir Rob.-Dum., t. II et XI, 76. — D'après Ph. de Champagne.
2e état, avec la lettre. — Très-belle épreuve.

1619. Longueil, marquis **de Maisons** (René DE), magistrat
et financier français, mort en 1677. — In-fol. H. 0,296.
L. 0,237. (Le B., 69.)*

Voir Rob.-Dum., 65. — D'après Ph. de Champagne.
Très-belle épreuve.

1620. Lorraine (Henri II DE), duc de Guise et comte d'Eu,
petit-fils d'Henri, *le Balafré*, 1614-1664.—In-fol. H. 0,294.
L. 0,234. (Le B., 63.) *

Voir Rob.-Dum., 57.. — D'après I. Sutermans.
Belle épreuve.

1621. Lorraine (Honorine DE GRIMBERGHE, veuve d'Albert
Maximilien DE HENIN, comte de Bossut, et seconde épouse
d'HENRI II DE), morte en 1670. — In-fol. H. 0,293. L. 0,234.
(Le B., 61.) *

Voir Rob.-Dum., t. II et XI, 55.
1er état, avec les angles du bas et l'angle gauche supérieur de la
planche aigus. — Superbe épreuve, avec marges.

1622. Marillac (Michel DE), ministre d'État français, 1563-
1632 In-fol. H. 0,295. L. 235. (Le B., 70.) *

Voir Rob.-Dum., t. II et XI, 66. — D'après Ph. de Champagne.
1er état. — Très-belle épreuve.

1623. Maugis des Granges (Pierre), conseiller et maître
d'hôtel du roi. — In-fol. H. 0,293. L. 0,233. (Le B., 71.)*

Voir Rob.-Dum., 67. — D'après Ph. de Champagne.
Belle épreuve.

1624. Mazarin (le cardinal Jules), 1602-1661. — In-fol.
H. 0,295. L. 0,238. (Le B., 72.) *

Voir Rob.-Dum., t. II et XI, 68. — D'après Ph. de Champagne.
2e état. — Très-belle épreuve.

1625. **Netz** (Nicolas DE), évêque d'Orléans, mort en 1646. — In-fol. H. 0,291. L. 0,233. (Le B., 73.) *

Voir Rob.-Dum., 70. — D'après Ph. de Champagne.
Belle épreuve.

1626. **Potier** (François), marquis de Gandelu, puis **de Ges-vres**, général français, 1612-1646. — In-fol. H. 0,293. L. 0,234. (Le B., 59.) *

Voir Rob.-Dum., 53. — D'après Ph. de Champagne.
Très-belle épreuve.

1627. **Retz** (Jean-François-Paul DE GONDI, cardinal DE), 1614-1679. — In-fol. H. 0,292. L. 0,233. (Le B., 60.) *

Voir Rob.-Dum., 54. — D'après Ph. de Champagne.
Très-belle épreuve, avec marges.

1628. **Richelieu** (Armand-Jean DU PLESSIS, cardinal, duc DE), 1585-1642. — In-fol. H. 0,296. L. 0,233. (Le B., 74.) *

Voir Rob.-Dum., 72. — D'après Ph. de Champagne.
Très-belle épreuve.

1629. **Talon** (Omer), magistrat français, 1595-1652. — In-fol. H. de la planche, 0,312. L. 0,233. (Le B., 76.) *

Voir Rob.-Dum., t. II et XI, 74. — D'après Ph. de Champagne.
2e état, avec la manche gauche du personnage couverte d'une taille dans les parties en dehors des plis. — Belle épreuve.

1630. **Tarrisse** (R. P. D. Grégoire), supérieur général de la congrégation de Saint-Maur, mort en 1648. — In-fol. H. 0,312. L. 0,210. (Le B., 77.) *

Voir Rob.-Dum., 75. — D'après F. Donstan.
Superbe épreuve.

1631. **Thou** (Augustin Ier DE), président au parlement de Paris, mort en 1544. — In-fol. H. 0,305. L. 0,236. (Le B., 78.) *

Voir Rob.-Dum., 77. — D'après Ph. de Champagne.
Très-belle épreuve, avec grandes marges.

1632. **Thou** Christophe DE), premier président au parlement, fils aîné du précédent, 1508-1582. — In-fol. H. 0,306. L. 0,239. (Le B., 79.) *

Voir Rob.-Dum., 78.
Très-belle épreuve.

1633. **Thou** (Jacques-Auguste DE), magistrat et historien français, 1553-1617. — In-fol. H. 0,304. L. 0,239. (Le B., 80.) *

Voir Rob.-Dum., t. II et XI, 79. — D'après Ferdinand.
1er état, avec le front très-haut et avant les trois grandes rides horizontales, ainsi qu'avant plusieurs travaux sur la joue gauche pour faire ressortir la pommette. — Superbe épreuve.
2e état. — Le toupet de cheveux augmenté, ce qui a diminué la hauteur du front qui est couvert de rides. — Très-belle épreuve. Collection Mariette.

1634. **Tubœuf** (Jacques), président en la chambre des comptes, mort en 1671. — In-fol. H. 0,296. L. 0,238. (Le B., 81.)*

Voir Rob.-Dum., 80. — D'après Ph. de Champagne.
Très-belle épreuve.

1635. **Vignerot** (Amador-Jean-Baptiste), abbé puis marquis **de Richelieu**, petit-neveu du cardinal, 1632-1662. — In-fol. H., y compris la **marge** du bas, 0,283. L. 0,196. (Le B., 86.) *

Voir Rob.-Dum., 85. — D'après Ph. de Champagne.
2e état, avec la lettre. — Très-belle épreuve.

1636. **Villemontée** (François DE), seigneur de Montaiguillon, conseiller d'État, puis évêque de Saint-Malo en 1657. — In-fol. H. 0,287. L. 0,230. (Le B., 87.) *

Voir Rob.-Dum., 86. — D'après Ph. de Champagne.
Très-belle épreuve.

1637. **Villeroi** (Nicolas DE NEUFVILLE, marquis, puis duc DE), maréchal de France, 1598-1685. — In-fol. Dimensions de la planche, H. 0,312. L. 0,250. (Le B., 88.) *

Voir Rob.-Dum., t. II et XI, 87. — D'après Ph. de Champagne.
1er état. — Très-belle épreuve, avec une petite marge.

1638. **Vitré** (Antoine), imprimeur français, v. 1595-1674. — In-fol. H. 0,316. L. 0,215. (Le B., 89.) *

Voir Rob.-Dum., t. II et XI, 88. — D'après Ph. de Champagne.
Dans la description que donne M. Robert-Dumesnil, il n'indique pas que le nom du peintre est précédé de l'initiale du prénom ; il faut donc lire : Et au-dessous, à gauche : *P. Champaigne Pin.* ; etc.
3e état, avec des tailles croisées sur les cheveux à droite, ainsi que sur l'oreille. Rare. — Magnifique épreuve.

MORSE,

graveur au burin contemporain.

1639. **Hoym** (Charles-Henri, comte DE), célèbre bibliophile, 1694-1736. — In-fol. H. 0,285. L. 0,220.

A mi-corps, dans une bordure ovale, supportée par un socle concave au milieu. L'ovale est entouré d'une draperie retenue aux angles par des cordons à glands. Vu de 3/4, la tête tournée à droite, où il regarde ; le corps de face. En longue perruque bouclée, nouée aux extrémités. Les épaules couvertes d'un manteau doublé de fourrure dont l'un des pans est relevé sur l'épaule gauche et laisse voir la cuirasse que porte le personnage ainsi que le grand cordon passé en sautoir. — Autour de l'ovale : *Ch. Henry Comte de Hoym MDCXCIV MDCCXXXVI.* — Au bas du portrait, appuyé contre le socle, au milieu de la concavité, un cartouche renfermant les armoiries : *Fascé de sable et d'argent de quatre pièces ;* l'écu entouré du collier de l'ordre de l'Aigle blanc et surmonté d'une couronne de marquis ; supports : deux lions couronnés. — A droite, deux volumes posés debout et appuyés contre le socle ; au dos de l'un d'eux, on lit : *Histoire ‖ de ‖ Boucicaut.* — Sur le dessus de la corniche du socle, un troisième volume, posé à plat, porte au dos ce titre : *Roman ‖ de ‖ La Rose.* — Sous le tr. c., au milieu de la marge, tracé légèrement à la pointe : 10 *juillet ‖* 1872.
D'après H. Rigaud.
2e état, avec la lettre, mais avant le nom des artistes. — Superbe épreuve, sur papier de Chine, doublé de papier blanc, à grandes marges.

1640. **Hoym** (Ch.-H., comte DE), le même que le précédent. — In-4°. H. 0,136. L. 0,084.

Réduction du portrait précédent, avec quelques changements dans la bordure ovale, qui dans celui-ci est équarrie et supportée par un socle différent. Le cartouche renfermant les armoiries est retenu par ses volutes à la bordure ovale qu'il couvre, ainsi que la corniche du socle.

1er état, avec le nom des artistes tracés à la pointe sous le tr. carré. — Magnifique épreuve, sur papier de Chine, doublé de papier blanc, à grandes marges.

2e état. — Sur le dessus de la corniche du socle, à g. : *H. Rigaud p.;* — à dr. : *Morse s.;* — sous le tr. c., au milieu : *Imp. Chatain, Paris.* — Très-belle épreuve, à grandes marges.

3e état. — Sur la tablette du socle : *Charles Henry, || Comte de Hoym.|| Ambassadeur du Roi de Pologne || en France.* — Très-belle épreuve sur papier vergé, à grandes marges.

MOYREAU (Jean),

graveur au burin, né à Orléans en 1691, mort à Paris en 1762. Élève de Bon de Boullongne pour le dessin.

1641. **Emery** (Pierre), imprimeur et bibliothécaire de la société de typographie de Paris.—In-fol. H. 0,318. L. 0,238. (Le B., 18.)*

A mi-corps, debout. Vu de 3/4, tourné à droite, regardant de face. En longue perruque bouclée. Cravate blanche dont les bouts forment rabat. Vêtu d'un habit déboutonné. Il est enveloppé à mi-corps d'une draperie. — Fond noir. — Sous le tr. c., à droite : *I. Moyreau scul?* || 1729. — Au milieu, dans la marge : *Petrus Emery || Biblio-Typographorum Parisiensium, necnon suæ Societatis.* || *Procuratorum Decanus.*

Belle épreuve, avec marges.

1642. *France :* **François I**er, 1494-1547. — Pet. in-fol. Dimensions de la planche, H. 0,290. L. 0,206. Dimensions de la planche gravée, H. 0,240. L. 0,194. (Le B., 19.)*

A mi-corps, debout. Vu de profil, tourné à gauche. Coiffé d'un chapeau rond, garni de plumes. Vêtu d'une houppelande avec collet de fourrure, serrée à la taille et dont les manches sont courtes et à crevés. Un petit médaillon autour du cou. Il tient dans la main gauche sa canne dont on voit la pomme. — Sous le tr. c., à gauche : *Titien pinxit.* — Au milieu, dans la marge : *François Ir.* || *Roy de France, naquit à*

Cognac le 12. *Sept.* 1494. *Succeda l'an* 1515. *à* || *Louis XII. et mourut au Château de Rambouillet le* 31. *Mars* 1547. — Au-dessous, à g. : *Gravé d'après le Tableau Original du Titien qui est dans le Cabinet du Roy.* || *par J. Moyreau ruë Galande vis-à-vis la chapelle S^t.-Blaise.*

Belle épreuve.

1643. *France :* **Louis XV**, 1710-1774, et **Marie-Charlotte Sophie-Félicité Leszczynska**, son épouse, 1703-1768. — In-4°. H. 0,200. L. 0,132.

A mi-corps, dans un cartouche supporté par un socle, et surmonté, dans le haut, de la couronne royale, tenue par deux anges dont l'un, à gauche, souffle dans une trompette de *Renommée*, tandis que l'autre tient, dans la main gauche, une torchère enflammée. Le haut du cartouche est orné des colliers de Saint-Michel et du Saint-Esprit. Représentés jeunes. Le roi, placé à gauche, est vu de 3/4, tourné à droite, tête nue, cheveux bouclés. Couvert d'une cuirasse ornée de trois fleurs de lys sur les plastrons. A droite, son épouse, vue de 3/4, tournée vers la gauche, regardant de face. Tête nue, cheveux bouclés et ornés d'une aigrette en diamants. Une longue frisure retombe sur son épaule droite. Corsage de robe décolleté, garni de perles et de brillants. Manteau d'hermine fleurdelisé. — Sous les portraits, une tête de lion orne le milieu du cartouche; la peau étendue sur le socle porte l'inscription suivante : *Louis XV Roy de France et de Navarre, né à Versailles* || *le* 15. *Fevr.* 1710. *à succede à Louis XIV. le* 1^r. *Sept.* 1715. *sacré* || *à Rheims le* 25. *Oct.* 1722. *Epousa à Fontainebleau le* 5. *Sept.* 1725 || *Marie Felicité Eusebie de Leczinski, fille de* || *Stanislas I^r. Roy de Pologne. née le* || 23 *Iuin* 1703. || 1726. — Sous le tr. c., à g. : *Vanloo pinxit;* — au milieu : *I. Moyreau delin. et sculp. Pont St-Michel au Chat d'Espagne.*

Rare. — Très-belle épreuve.

MÜLLER (Jean-Gotthard),

peintre et graveur au burin, né à Bernhausen, près Stuttgart, le 14 mai 1747, mort dans cette dernière ville le 14 mars 1830. Élève de Guibal et de J.-G. Wille.

1644. *France :* **Louis XVI**, 1754-1793. — Très-gr. in-fol. H. de la planche, 0,700. L. 0,533. (Le B., 16.)

En pied. Dans un cadre rectangulaire à baguettes. Debout, vu de 3/4, tourné vers la droite, le corps étant légèrement à gauche. Tête nue, cheveux relevés sur le devant, bouclés sur les côtés et terminés derrière en longues frisures. En costume royal, avec le collier du Saint-Esprit autour du cou. Le bras droit pendant, il tient dans la main un tricorne orné de plumes; dans sa main gauche gantée, est le sceptre

appuyé sur un fauteuil. Derrière lui, formant fond, une draperie recouvre à gauche une colonne, près du socle de laquelle est un tabouret en tapisserie, supportant la couronne royale. — Au bas du personnage, sur le côté inférieur du cadre, au milieu, dans la gravure : *Louis
Seize* ‖ *Il voulut le bonheur de sa nation, et en devint la victime.* — Au-
dessus du tr. c., à g.: *Peint d'après nature par Duplessis.* ; — à dr. :
Gravé par J. G. Müller, Prof. à l'Acad : Caroline ‖ *à Stoutgart, Membre
de l'Acad. des Arts à Paris.* — Sous le tr. c., à g.: *imprimé à Nuremberg par Ramboz.* ; — Au milieu : *Se vend chés J. Fr. Frauenholz à
Nuremberg.*
Très-belle épreuve.

1645. **Galloche** (Louis), peintre français, 1670-1761. —
In-fol. H. 0,342. L. 0,239. (Le B., 16.)

A mi-corps, dans une bordure ovale, supportée par un socle. Vu
presque de face, assis, regardant vers la gauche, le corps légèrement
tourné à droite. En grande perruque ; le col de sa chemise dénoué et
entr'ouvert. Vêtu d'une robe de chambre. — Sur le dessus du socle, à
g., des rouleaux de papier ; à droite, sa palette chargée de couleurs et
des pinceaux passés dans le doigté.

1er état, NON DÉCRIT, avant toute lettre, avant de nombreux travaux
de burin sur la palette, qui est en partie blanche, ainsi que sur les rouleaux de papier, et avant la troisième taille sur la corniche du socle. —
Très-belle épreuve.

2e état, NON DÉCRIT, avant la lettre, mais avec la palette teintée de
tailles horizontales et les couleurs indiquées comme étendues et mélan-
gées ; avec les troisièmes tailles sur la corniche du socle. — Très-belle
épreuve.

3e état. — On lit sur la tablette du socle : *Louis Galloche,* ‖ *Peintre ordinaire du Roy, Chancelier et Recteur* ‖ *en son Académie Royale de Peinture et de Sculpture.* ‖ *Né à Paris, en 1670. mort en Juillet 1761. agé de
90 ans et 11 mois.* — Sous le tr. c., à g. : *Peint par L. Tocqué.* ; — à dr.:
Gravé par J.-G. Müller, pour sa Réception à l'Académie, 1776. — Belle
épreuve.

1646. **Le Brun** (Marie-Louise-Élisabeth VIGÉE, madame),
célèbre femme peintre, 1755-1842. — In-fol. H. 0,420.
L. 0,288. (Le B., 18.)

A mi-jambes, dans une bordure ovale, supportée par un socle.
Debout, vue de face, le corps légèrement tourné vers la gauche.
Coiffée d'un large chapeau de paille orné d'une plume et garni d'une
guirlande de fleurs. Longues frisures retombant sur les épaules. Pendants d'oreilles de forme allongée. Robe serrée à la taille par une

ceinture ; corsage légèrement décolleté, laissant le sein droit en partie à découvert. Un mantelet sur les épaules. Elle tient la palette d'une main et les pinceaux de l'autre. — Fond noir et nuageux. — Sur le dessus du socle, à g., deux rouleaux de papier ; à dr., un porte crayon, une feuille de papier, une couronne de laurier et une branche de roses.

2e état (le 1er étant une épreuve d'essai), avant toute lettre. — Très-belle épreuve.

3e état. — Sur la tablette du socle, cette inscription : *Louise Elisa-beth Vigée Le Brun* || *de l'Académie Royale de Peinture.* — Sous le tr. c., à g. : *Peint par L. E. Vigée Le Brun ;* — à dr. : *Gravé à Stouttgard par J. G Müller de l'Académie Royale de Peinture &. ;* — au milieu : *Imprimé par Damour.* — Belle épreuve, avec marges.

Gravé en 1785, selon Le Blanc.

1647. Leramberg (Louis), sculpteur français, 1614-1670. — In-fol. H. 0,342. L. 0,238. (Le B., 19.)

A mi-corps, dans une bordure ovale, équarrie et supportée par un socle. Vu presque de face, regardant à gauche, le corps tourné à droite. Tête nue, longs cheveux bouclés. Pourpoint à manches à cre-vés. L'épaule droite couverte d'un manteau et la main appuyée sur la tête d'un antique. A gauche, contre le socle, des outils de sculp-teur, et sur le dessus de la corniche, un maillet et un compas. A droite, un rouleau de papier debout appuyé contre le socle, et sur le dessus de la corniche, une mèche.

1er état, avant la lettre, avant de nombreux travaux sur les doigts de la main de l'artiste, ainsi que sur l'antique, dont la chevelure du côté gauche est en partie blanche ; avant les plis figurés sur la poche du pourpoint. — Très-belle épreuve.

2e état. — Les doigts de l'artiste et la tête de l'antique sont beaucoup plus ombrés, et des plis sont indiqués sur la poche du pourpoint. — Sur la tablette du socle, on lit : *Louis Leramberg,* || *sculpteur ordinaire du Roy, et Garde de ses Antiques,* || *Professeur en son Académie de Pein-ture et de Sculpture.* || *Né à Paris en 1614. mort en Juin 1670. agé de 56 ans.* — Sous le tr. c., à g. : *Peint par N. S. A. Belle. ;* — à dr. : *Gravé par J. G. Müller, pour sa Réception à l'Académie 1776.*

Belle épreuve.

Gravé en 1775, selon Le Blanc.

1648. Mendelssohn (Mosès), célèbre écrivain allemand, 1729-1786. — In-fol. H. 0,262. L. 0,187. (Le B., 21.)

En buste, dans une bordure ovale, équarrie, supportée par une ta-blette échancrée dans le bas et ornée d'une guirlande de laurier. Vu de 3/4, tourné à gauche, regardant de face. Physionomie souriante.

Tête nue, cheveux rejetés en arrière. Vêtu d'une houppelande fermée. — Sur la tablette : *Moses Mendelssohn.* || *Dem Könige Friedrich Wilhelm II* || *unterthœnigst gewidmet* || *von der Jüdischen Freijschule zu Berlin* 1787. — Dans la marge du haut, au-dessus de la pl. travaillée, au milieu, tracé à la pointe : *Müller sc.* 1786. — Sous le tr. c., à g.: *p. par J. C. Frisch.;* — à dr.: *Gravé à Stoutgard par J. G. Müller, Prof. à l'Acad. Carol.* || *De l'Acad. Royale de Peinture, &c. à Paris.*

Belle épreuve, à grandes marges.

1649. Wille (J.-G.), graveur, 1715-1808. — In-fol. H. 0,289. L. 0,216. (Le B., 28.)

A mi-corps, dans un cadre rectangulaire avec bordure d'oves et orné dans le haut d'une patère sur laquelle est posée une branche de laurier. Vu de 3/4, tourné à gauche, le corps à droite. Tête nue, cheveux bouclés, rejetés en arrière et noués par un ruban. Veston ouvert laissant voir un gilet à ramages ainsi que la dentelle du jabot. — Au bas du portrait, sur une tablette soutenue par un ruban entourant le cadre et retenue dans le haut à la patère, est l'inscription suivante : *Jean George Wille,* || *Graveur du Roi, de leurs Mstés Impériales* || *et Roiale, et de Sa Msté le Roi de Dan=* || *=nemarck des Académies de Paris, Vienne* || *Rouen, Ausbourg et Dresde.* — Sous le tr. c., à g.: *P. par J. B. Greuse,* (sic) *Peintre du Roi.;* — à dr.: *Gravé à Paris par J. G. Müller, Graveur du Roi,* || *et Pensioñ. de S. A. S. Mgr. le Duc regn: de Würtemberg* 1776.; — au milieu : *à Paris chés les Principaux Marchands.* || *et à Stouttgard chés l'Auteur.*

Belle épreuve.

MULLER (HENRI-CHARLES),

graveur au burin, né à Strasbourg en 1784, mort en 18.. Élève de Ch. Guérin.

1650. *France :* **Henri IV,** 1553-1610. — In-fol. Dimensions de la planche, H. 0,348. L. 0,258. (Le B., 10.)

En buste, dans une bordure ovale, formée par une couronne de feuilles de chêne que surmontent les écussons de *France* et de *Navarre,* timbrés de la couronne royale et environnés des colliers de Saint-Michel et du Saint-Esprit. A gauche, assis sur un trophée d'armes, un guerrier vêtu à l'antique; à droite, la déesse de l'*Abondance,* accompagnée d'instruments aratoires. Vu presque de profil, tourné à droite. Tête nue, cheveux rejetés en arrière. Couvert d'une cuirasse damasquinée, avec grand cordon fleurdelisé en sautoir et la croix du Saint-Esprit sur la poitrine. — Au-dessous du portrait, une médaille au chiffre du roi, entrelacé du sceptre et de la main de justice liés ensemble à une épée que surmonte la banderole avec la devise : *Dvo protegit vnvs*, est entourée d'une guirlande de fleurs retenue par des anges, dont l'un, armé d'une torchère enflammée, tient de la main gauche une branche de chêne, et l'autre, une palme.— Dans la marge, à g.: *Composé & Dessiné par Gérard & Percier.; —* à dr.: *Gravé par H. C. Müller. —* Plus bas, au milieu : *Imprimé par Durand & Sauvé.*

Belle épreuve, avec marges.

Frontispice de *la Henriade*, édit. de Firmin-Didot, 1819, gr. in-4.

NANTEUIL (ROBERT),

peintre et graveur au burin, né à Reims en 1630 (d'autres disent en 1623), mort à Paris le 10 (et non pas le 18) décembre 1678. Élève de Regnesson (dont il épousa la sœur), de Ph. de Champagne et d'Abr. Bosse, Nanteuil est le plus célèbre des graveurs de portraits en France. Son œuvre est décrit dans Robert-Dumesnil, t. IV, pp. 49-189, et t. XI, pp. 218-231.

1651. **Albert-d'Ailly** (Charles d'), duc **de Chaulnes**, pair de France, 1625-1698. — Gr. in-fol. H. 0,509. L. 0,428. (Le B., 17.)*

Voir Rob.-Dum., 65.

Fragment de la tête. Épreuve d'essai, inconnue à M. Robert-Dumesnil ; avant l'indication de la cravate et plusieurs travaux dans la perruque à droite.

2e état. — Très-belle épreuve.

1652. **Amelot** (Jacques), marquis **de Mauregard**, premier président de la cour des aides.— In-fol. H. 0,315. L. 0,241. (Le B., 18.)*

Voir Rob.-Dum., 19.

Les armoiries, non décrites, sont : *D'azur à trois cœurs d'or, accompagnés en chef d'un soleil du même ;* l'écu timbré d'une couronne.

Le nom du graveur, à droite sur la console de support, est écrit *Nantueil.*

1er état. — Très-belle épreuve.

Le P. Lelong indiqué la date de 1655, comme étant celle de la gravure.

1653. **Amelot** (Michel), archevêque de Tours en 1671. — In-fol. H. 0,394. L. 0,316. (Le B., 19.)*

Voir Rob.-Dum., 20.

Les armoiries, non décrites au bas du portrait, sont les mêmes que celles du n° précédent, avec la différence que le soleil est d'*argent* au

lieu d'*or ;* l'écu timbré d'une couronne surmontée de la croix archiépiscopale et du chapeau d'archevêque.

Fragment de la tête. Épreuve d'essai inconnue à M. Robert-Dumesnil ; avant que les lisérés blancs du rabat soient couverts de tailles
horizontales ; le capuchon de la pèlerine et la partie du ruban qui
dépasse le rabat sur le côté gauche, sont blancs.

3ᵉ état. — Belle épreuve.

Le P. Lelong indique la date de 1677, comme étant celle de la gravure.

1653 *bis.* **Amelot** (Michel), le même que le précédent. — Gr.
in-fol. H. 0,511. L. 0,430. (Le B., 20.) *

Voir Rob.-Dum., 21.

Superbe épreuve. Très-rare.

1654. Aubray (Dreux d'), lieutenant civil au Châtelet de
Paris, mort en 1666. — In-fol. H. 0,317. L. 0,245. (Le
B., 23.) *

Voir Rob.-Dum., 25.

Les armoiries, non décrites, sont : *D'argent au croissant de gueules,
accompagné de trois trèfles de sable.*

Belle épreuve.

1655. Auvry (Claude), évêque de Coutances, mort en 1687. —
In-fol. H. 0,314. L. 0,246. (Le B., 25.) *

Voir Rob.-Dum., t. IV et XI, 26.

Les armoiries, non décrites, sont : *D'azur à la fasce d'argent, chargée
d'une tête de lion de sable ; accompagnée de trois roses d'argent ;* l'écu
timbré de la mitre et de la crosse archiépiscopales, sommées du chapeau d'archevêque.

1ᵉʳ état. — Très-belle épreuve.

1656. Bailleul (Louis de), président à mortier au parlement
de Paris, mort en 1701. — In-fol. H. 0,327. L. 0,251. (Le
B., 26.) *

Voir Rob.-Dum., 27.

Les armoiries, au bas de l'ovale, sont : *Parti d'hermines et de
gueules ;* l'écu timbré d'une couronne sommée d'un casque taré de
face, surmonté d'une toque et orné de ses lambrequins ; supports : deux
dragons ailés, les queues terminées en têtes de serpent.

1ᵉʳ état. Très-rare. — Superbe épreuve. Collection Camberlyn.

2ᵉ état. — Belle épreuve.

1657. Barberin (Antoine), cardinal, grand aumônier de France, mort archevêque de Reims en 1671. — In-fol. H. 0,355. L. 0,275. (Le B., 28.)*

Voir Rob.-Dum., 28.

Les armoiries, retenues au socle du support et non décrites, sont : *D'azur à trois abeilles d'or;* l'écu, entouré du grand-cordon et de la croix du Saint-Esprit, est timbré d'une couronne surmontée d'une simple croix archiépiscopale, sommée du chapeau de cardinal; le tout environné du manteau d'hermine.

Belle épreuve.

1658. Barberin (Ant.), le même que le précédent. — In-fol. H. 0,320. L. 0,246. (Le B., 27.)*

Voir Rob.-Dum., t. IV et XI, 29.

Après le mot *priuil.* de l'inscription sur la console de support, il y a un point.

1er état. — Très-belle épreuve, avec marges.

1659. Barberin (Ant.), le même que le précédent. — In-fol. H. 0,325. L. 0,255. (Le B., 29.) *

Voir Rob.-Dum., t. IV et XI, 30.

Les armoiries qui ornent la bordure octogonale ainsi que le support, sont les mêmes que celles décrites au n° 1657 et avec les mêmes attributs.

Très-belle épreuve.

1660. Barillon de Morangis (Antoine), conseiller d'État. — In-fol. H. 0,318. L. 0,245. (Le B., 31.) *

Voir Rob.-Dum., 31.

Les armoiries, non décrites, sont : *D'azur au chevron d'or, accompagné en chef de deux coquilles et en pointe d'une rose, le tout du même.*

Très-belle épreuve.

1661. Bartillat (Étienne-Jehannot DE), garde de trésor royal, mort en 1701. — In-fol. H. 0,319. L. 0,249. (Le B., 32.)*

Voir Rob.-Dum, 32.

Les armoiries non décrites, au bas du portrait, couvrant la bordure ovale ainsi que le socle, sont : *D'azur au chevron d'or; au chef cousu d'or, chargé d'un lion, armé et lampassé de gueules;* l'écu timbré d'un casque taré de face et orné de lambrequins.

1er état, avec la date de 1666. — Très-belle épreuve.

1662. Beaufort (François DE VENDÔME, duc DE), pair de France, surnommé le *Roi des Halles*, fils de César de Vendôme et petit-fils d'Henri IV, 1616-1669.—In-fol. H. 0,417. L. 0,334. (Le B., 231.)*

Voir Rob.-Dum., 33. — D'après Nocret.
1er état. — Très belle épreuve. Collection Marshall.
2e état, avec l'adresse de *P. Mariette.* — Belle épreuve.

1663. Beaumanoir de Lavardin (Philibert-Emmanuel DE), évêque du Mans, mort en 1677.—In-fol. H. 0,310. L. 0,238. (Le B., 33.)*

Voir Rob.-Dum., t. IV et XI, 34. — D'après Ph. de Champagne.
Les armoiries non décrites, au bas de l'ovale, sont : *D'azur à onze billettes d'argent,* 4, 3, 4 ; l'écu timbré d'une couronne surmontée de la mitre et de la crosse épiscopales, sommées du chapeau d'évêque.
1er état. — Très-belle épreuve.
2e état. La signature du graveur est toujours suivie de la date 1651. — Belle épreuve.

1664. Beaumanoir de Lavardin (Ph.-E.), le même que le précédent. — In-fol. H. 0,341. L. 0,259. (Le B., 34.)*

Voir Rob.-Dum., 35.
1er état. — Très-belle épreuve.
4e état. — Belle épreuve.

1665. Bellièvre (Pomponne DE), premier président au parlement de Paris, 1606-1657. — In-fol. H. 0,332. L. 0,262. (Le B., 35.)*

Voir Rob.-Dum., 36. — D'après Ph. de Champagne.
2e état. — Belle épreuve.

1666. Bellièvre (P. DE), le même que le précédent. — In-fol. H. 0,322. L. 0,245. (Le B., 36.)*

Voir Rob.-Dum., 37. — D'après Ch. Le Brun.
Les armoiries, non décrites, qui ornent le bas de l'ovale ainsi que le milieu du socle, sont : *D'azur à la fasce d'argent* (au lieu *d'or*), *accompagnée de trois trèfles d'or ;* l'écu timbré d'une couronne, surmontée d'un casque taré de face, orné de lambrequins et sommé d'une toque ; le tout environné du manteau d'hermine ; supports : deux griffons.]

1ᵉʳ état. Extrêmement rare. — Magnifique épreuve. Collection Marshall.

2ᵉ état, avec le *crochet*. — Très-belle épreuve.

Le P. Lelong indique la date de 1657, comme étant celle de la gravure.

1667. **Benoise** (Charles), conseiller au parlement de Paris en 1626. — In-fol. H. 0,332. L. 0,264. (Le B., 37.) *

Voir Rob.-Dum., t. IV et XI, 38. — D'après Ph. de Champagne.

Les armoiries non décrites, qui ornent le milieu du socle et couvrent le bas de l'ovale, sont : *D'argent à la fasce d'azur, chargée d'une fleur de lys d'or et accompagnée de trois roses de gueules, deux en chef et une en pointe;* l'écu timbré d'un casque taré de face, orné de lambrequins. Belle épreuve.

1668. **Blanchart** (François), chanoine, 1606-1675. — In-fol. H. 0,392. L. 0,318. (Le B., 38.) *

Voir Rob.-Dum., 39.

1ᵉʳ état. — Très-belle épreuve.

1669. **Blondeau** (François), président de la chambre des comptes. — In-fol. H. 0,329. L. 0,260. (Le B., 39.) *

Voir Rob.-Dum., 40.

Les armoiries, non décrites, sont : *D'or au chevron d'azur, chargé au sommet d'un croissant d'argent et accompagné de trois œillets de gueules, tigés et feuillés de sinople;* l'écu timbré d'un casque taré de face, orné de lambrequins; cimier : un lion naissant, langué d'argent; supports : deux lions.

Belle épreuve.

1670. **Blondel** (David), théologien protestant et historien français, 1591-1655. — Pet. in-fol. H. 0,223. L. 0,154. (Le B., 40.) *

Voir Rob.-Dum., 41.

Les armoiries, non décrites, placées au bas de l'ovale, sont : *D'azur à la jumelle accompagnée en chef d'une étoile, le tout d'or;* l'écu timbré d'un casque taré de profil à gauche et orné de lambrequins.

2ᵉ état, avec le distique. — Belle épreuve.

1671. **Bochart de Saron** (N.), chanoine de Notre-Dame de Paris. — In-fol. H. 0,323. L. 0,250. (Le B., 41.) *

Voir Rob.-Dum., 42.

Les armoiries, non décrites, sont : *D'azur au croissant d'or, surmonté*

d'une étoile du même ; l'écu timbré d'un casque taré de face et orné de lambrequins ; tenants : deux sauvages armés de massues.
1er état, avant le texte au verso. — Belle épreuve.

1672. **Boileau** (Gilles), père de Boileau-Despréaux, 1584-1657. — In-fol. H. 0,336. L. 0,246. (Le B., 42.)*

Voir Rob.-Dum., 43.
1er état. Rare.— Très-belle épreuve.
2.' état. — Belle épreuve.
Le P. Lelong a confondu, par suite de la similitude des prénoms, le frère de Boileau-Despréaux avec le père, qui ne fut point de l'Académie française.

1673. **Bonzi** (Pierre DE), cardinal, archevêque de Narbonne, 1638-1703. — Très-gr. in-fol. H. de la planche, 0,523. L. 0,438. *

Voir Rob.-Dum., t. IV et XI, App. 1.
Fragment de la tête. Épreuve d'essai inconnue à M. Robert-Dumesnil; l'ombre portée sous le menton n'est pas indiquée; avant de nombreux travaux dans les cheveux; le capuchon de la pèlerine est en blanc.
1er état, avec un *crochet* après le point qui suit le millésime 1678. Très-rare. — Superbe épreuve, avec marges.
2e état, avec un trait vertical et un point après le crochet qui suit le point du millésime. — Très-belle épreuve.

1674. **Bosquet** (François DE), prélat français, 1605-1676. - In-fol. H. 0,390. L. 0,315. (Le B., 43.)*

Voir Rob.-Dum., 44.
Les armoiries, non décrites, qui ornent le bas de l'ovale ainsi que le milieu du socle , sont : *Écartelé : au 1, d'azur à trois arbres de sinople; au chef de gueules, chargé d'une croix potencée et alesée d'or ; aux 2 et 3, de gueules à la croix potencée et alesée d'or ; au 4, de gueules à trois bandes d'or;* l'écu timbré d'une couronne surmontée d'une mitre et de la crosse épiscopales, sommées du chapeau d'évêque.
2e état. — Belle épreuve.

1675. **Bossuet** (Jacques-Bénigne), 1627-1704. — Gr. in-fol. H. 0,455. L. 0,384. (Le B., 44.)*

Voir Rob.-Dum., 45.
1er état. Rare. — Très-belle épreuve. Collection Archinto.
Le P. Lelong mentionne ce portrait avec la date de 1677.

1676. Boucherat (Louis), chancelier de France, 1616-1699. — Très-gr. in-fol. H. 0,508. L. 0,425. (Le B., 45.)

Voir Rob.-Dum., 46.
Très-belle épreuve, mais rognée au tr. carré.

1677. Boucherat (L.), le même que le précédent. — Très-gr. in-fol. H. de la planche, 0,522. L. 0,433. *

Voir Rob.-Dum., App. 2.
1er état. — Très-belle épreuve.

1678. Bouchu (l'abbé Pierre), mort en 1718. — In-fol. H. 0,324. L. 0,254. (Le B., 46.) *

Voir Rob.-Dum., 47.
Les armoiries, non décrites, sont : *D'azur au chevron, accompagné en chef de deux croissants et en pointe d'un lion, le tout d'or;* l'écu environné de palmes et timbré de la mitre et de la crosse abbatiales.
1er état. — Superbe épreuve.

1679. Bouillon (Frédéric-Maurice DE LA TOUR D'AUVERGNE, duc DE), prince souverain de Sedan et de Raucourt, frère aîné de Turenne, 1605-1652. — In-fol. H. 0,321. L. 0,234. (Le B., 225.) *

Voir Rob.-Dum., 48.
2ᵉ état. — Belle épreuve.

1680. Bouillon (Fréd.-M. DE LA TOUR D'AUVERGNE, duc DE), le même que le précédent. — In-fol. H. 0,381. L. 0,282. (Le B., 226.). *

Voir Rob.-Dum., 49.
Nous transcrivons le dixain gravé, en deux colonnes, sur la tablette du support :

> *Les cent voix de la Renommée*
> *Ne parlerent jamais auec vn tel esclat*
> *Ny d'vn Grand Ministre d'Estat,*
> *Ny d'vn Grand General d'Armée;*
> *Jamais vn Grand Heros pour sa digne Moitié*
> *N'eut vne si tendre Amitié,*
> *N'vnit tant de Prudence a la Valeur parfaitte :*
> *O France a qui ce Prince estoit autant q'ua moy*
> *Pleure pleure auec moy la perte que jay faitte*
> *Ou pleure celle au moins q'ua faitte en luy ton Roy.*

(?) état. L'estampe étant coupée au tr. c., il n'est pas possible de dé-
terminer si elle est du 2e ou du 5e.— Très-belle épreuve

1681. Bouillon (Godefroi-Maurice DE LA TOUR D'AUVERGNE,
duc DE), grand chambellan de France, 1641-1721. — In-fol.
H. 0,376. L. 0,283. (Le B., 227.) *

> Voir Rob.-Dum., 50.
> 2e état. — Très-belle épreuve. Collection Marshall.
> 4e état. — Belle épreuve.

1682. Bouillon (Emmanuel-Théodose DE LA TOUR D'AU-
VERGNE, cardinal DE), 1644-1715.—In-fol. H. 0,345. L. 0,266.
(Le B., 222.) *

> Voir Rob.-Dum., 51.
> 1er état. — Superbe épreuve. Collection Marshall.

1683. Bouillon (E.-Th. DE LA TOUR D'AUVERGNE, cardinal,
DE), le même que le précédent. — Gr. in-fol. H. 0,502.
L. 0,423. (Le B., 223.) *

> Voir Rob.-Dum., 52.
> 1er état, avant la croix du Saint-Esprit. — Belle épreuve.

1684. Bouillon (E.-Th. DE LA TOUR D'AUVERGNE, cardinal DE),
le même que le précédent. — Gr. in-fol. H. 0,514. L. 0,426.
(Le B., 224.) *

> Voir Rob.-Dum., 53.
> 1er état, avec la première dédicace. — Très-belle épreuve.
> Le P. Lelong indique un état avec la date de 1678.

1685. Bouthillier (Victor), archevêque de Tours, mort en
1670. — In-fol. H. 0,293, non compris une marge de 0,022.
L. 0,238. (Le B., 115.) *

> Voir Rob.-Dum., t. IV et XI, 54. — D'après Ph. de Champagne.
> Les armoiries, non décrites, au bas de l'octogone, sont : *D'azur à*
> *trois fusées d'or, accolées en fasce;* l'écu surmonté de la simple croix
> archiépiscopale, sommée du chapeau d'archevêque.
> 1er état, avec la date 1651, dans la marge, après le mot *Sculpebat*
> (et non *Ssculpebat* comme l'indique M. Robert-Dumesnil). — Belle
> épreuve.

1686. **Bouthillier** (V.), le même que le précédent. — In-fol. H. 0,327. L. 0,246. (Le B., 116.) *

Voir Rob.-Dum., 55.
Les armoiries placées au bas de l'ovale sont les mêmes que celles du numéro précédent ; l'écu timbré d'une couronne de comte surmontée de la croix archiépiscopale à double branche, sommée du chapeau d'archevêque.
1er état, avec le millésime 1659. — Très-belle épreuve.

1687. **Bouthillier** (V.), le même que le précédent. — In-fol. en travers. L. 0,472. H. 0,373. (Le B., 117.) *

Voir Rob.-Dum., 56.
Belle épreuve, avec marges.

1688. **Bouthillier** (Marie BRAGELONGNE, veuve du surintendant des finances CLAUDE), morte en 1673. — In-fol. H. 0,350. L. 0,269. (Le B., 49.)

Voir Rob.-Dum., 57.
4e état. — Belle épreuve.
Les trois premiers états sont très-rares.

1689. *Brunswick :* **Jean-Frédéric**, duc de Calenberg, 1625-1679. — Gr. in-fol. H. 0,455. L. 0,375. (Le B., 50.)

Voir Rob.-Dum., 111. — D'après Michelin.
Le personnage a une verrue au côté gauche de la face, au bas de la lèvre inférieure, près du menton.
Belle épreuve.

1690. **Castelnau** (Jacques DE CASTELNAU-MAUVISSIÈRE, marquis DE), maréchal de France, 1620-1658. — Pet. in-fol. H. 0,275. L. 0,185. (Le B., 53.) *

Voir Rob.-Dum., t. IV et XI, 58.
Les armoiries, non décrites, renfermées dans un cartouche couvrant le bas de l'ovale, sont : *Écartelé : aux 1 et 4, d'azur au château d'argent, ouvert et maçonné de sable, sommé de trois tours couvertes et girouettées du même ; aux 2 et 3, d'or à deux loups passants d'azur* (au lieu de *sable*), *l'un sur l'autre ; sur le tout : d'or à trois chevrons d'azur ;* l'écu timbré d'une couronne de marquis ; les insignes de maréchal passés en sautoir derrière l'écu.
2o état. — Très-belle épreuve.

1691. Chamillard (Gui), intendant de la généralité de Caen. — In-fol. H. 0,323. L. 0,252. (Le B., 55.)*

Voir Rob.-Dum., 59.

Les armoiries, non décrites, au bas du portrait, couvrant l'ovale et le socle, sont : *De sable* (au lieu *d'azur*) *au lévrier passant d'argent, sur une terrasse du même, colleté de gueules; au chef d'azur* (au lieu *d'or*), *chargé de trois étoiles d'or* (au lieu de *sable*) ; l'écu timbré d'un casque taré de face, orné de lambrequins; cimier : une tête de lion, languée d'argent ; supports : deux lions.

2ᵉ état. Rare. — Très-belle épreuve. Collection Camberlyn.

4ᵉ état. — Belle épreuve.

1692. Chapelain (Jean), poëte, membre de l'Académie française, 1595-1674. — Pet. in-fol. H. 0,262. L. 0,185. (Le B., 56)*

Voir Rob.-Dum., 60.

1ᵉʳ état. Rare. — Superbe épreuve. Collection Marshall.

1693. Chaubard (Antoine), conseiller au parlement de Toulouse. — In-fol. H. 0,333. L. 0,262. (Le B., 57.)*

Voir Rob.-Dum., 64.

Les armoiries, non décrites, renfermées dans un cartouche, sont : *D'azur à l'aigle d'or, le vol abaissé, accompagné de quinze besants en orle, du même*; l'écusson timbré d'un casque taré de face, orné de lambrequins.

2ᵉ état, INCONNU à Mʳ Robert-Dumesnil. — De chaque côté du cartouche armorié, sur la plate-bande supérieure de l'ovale, on lit: *Effigies. ant. de Chaubard. Senatoris. Tolosanj.* — Sur la plate-bande inférieure : *Nantueil Faciebat.*

Belle épreuve.

Le P. Lelong indique la date de 1651, comme étant celle de la gravure.

1694. Chavigny (Léon BOUTHILLIER, comte DE), homme d'État français, mort en 1652.— In-fol. H. 0,311. L. 0,249. (Le B., 114.)*

Voir Rob.-Dum., 66. — D'après Ph. de Champagne.

Très-belle épreuve.

1695. Clermont-Tonnerre (François DE), évêque et comte

de Noyon, pair de France, 1630-1701. — In-fol. H. 0,318. L. 0,244. (Le B., 58.) *

Voir Rob.-Dum., t. IV et XI, 68.

Les armoiries, non décrites, renfermées dans un médaillon à fond blanc, au bas de l'ovale, sont : *De gueules à deux clés d'argent passées en sautoir*; l'écu timbré d'une couronne ducale.

1er état. Très-rare. — Très-belle épreuve.

3e état. — Belle épreuve.

1696. **Coislin** (Pierre-Arnaud DE CAMBOUT DE), cardinal français, 1636-1706.— In-fol. H. 0,320. L. 0,242. (Le B., 51.) *

Voir Rob.-Dum., 69.

Les armoiries, non décrites, renfermées dans un médaillon à fond blanc, au bas du portrait, sont : *De sinople* (au lieu de *gueules*) *à trois fasces échiquetées de pourpre* (au lieu d'*azur*) *et d'argent;* l'écu couronné, et surmonté des attributs épiscopaux. Deux palmes entourent l'écusson.

1er état, avant le millésime 1658.— Superbe épreuve.

1697. **Coislin** (P.-A. DE CAMBOUT DE), le même que le précédent. — In-fol. H. 0,322. L. 0,247. (Le B., 52.)*

Voir Rob.-Dum., 70.

Les armoiries qui ornent le bas du portrait sont les mêmes que celles du numéro précédent ; l'écu sommé d'un chapeau d'archevêque.

1er état, avant la croix pectorale, etc. — Très-belle épreuve.

1698. **Coislin** (P.-A. DE CAMBOUT DE), le même que le précédent.—Très-gr. in-fol. H. de la planche, 0,512. L. 0,433.

Voir Rob.-Dum., App. 3.

Pièce anonyme.

Très-belle épreuve, avec marges.

1699. **Colbert** (J.-Bapt.), marquis **de Seignelay,** homme d'État français, 1619-1683. — In-fol. H. 0,325. L. 0,250. (Le B., 59.) *

Voir Rob.-Dum., 71. — D'après Ph. de Champagne.

Les armoiries, non décrites, autour de l'ovale, sont : *D'or à la couleuvre ondoyante en pal d'azur;* l'écu timbré d'une couronne de baron, sommée d'un casque taré de face, orné de lambrequins.

1er état. Très-rare. — Superbe épreuve, avec marges.

3ᵉ état. — Belle épreuve.

C'est sans doute par erreur que Le Blanc indique le 3ᵉ état comme ayant dans la marge le chiffre 71.

1700. Colbert (J.-Bapt.), marquis **de Seignelay** (le même que le précédent). — In-fol. H. 0,321. L. 0,248. (Le B., 60.)*

Voir Rob.-Dum., 72. — D'après Ph. de Champagne.

Mêmes armes et mêmes attributs qu'au numéro précédent.

1ᵉʳ état. Très-rare. — Superbe épreuve.

2ᵉ état. — Très-belle épreuve.

3ᵉ état. — L'écusson des armoiries a été modifié : il est entouré dans celui-ci des colliers de Saint-Michel et du Saint-Esprit, qui n'existaient point dans les autres états, contrairement à la description de Robert-Dumesnil. — Belle épreuve, avec marges.

1701. Colbert (J.-Bapt.), marquis **de Seignelay** (le même que le précédent). — Gr. in-fol. H. 0,500. L. 0,423. (Le B., 62.)*

Voir Rob.-Dum., 74.

5ᵉ état. — Belle épreuve.

1702. Colbert (J.-Bapt.), marquis **de Seignelay** (le même que le précédent). — Très-gr. in-fol. H. 0,642. L. 0,545. (Le B., 63.)*

Voir Rob.-Dum., 75.

1ᵉʳ état. Très-rare. — Superbe épreuve.

1703. Colbert (J.-Bapt.), marquis **de Seignelay** (le même que le précédent). — Gr. in-fol. H. 0,471. L. 0,390. (Le B., 64.)*

Voir Rob.-Dum., 76.

1ᵉʳ état. Très-rare. — Superbe épreuve. Collection Marshall.

2ᵉ état. Rare. — Très-belle épreuve.

1704. Colbert (Jacques-Nicolas), prélat, second fils du précédent, 1654-1707. — Gr. in-fol. H. 0,499. L. 0,424. (Le B., 65.)*

Voir Rob.-Dum., 77.

2ᵉ état. — Belle épreuve.

1705. Colbert (J.-Nic.), le même que le précédent. — Gr. in-fol. H. 0,510. L. 0,425. (Le B., 66.) *

Voir Rob.-Dum., 78.
1er état, avec la première dédicace. — Très-belle épreuve.

1706. Courtin (Honoré), conseiller d'État. — In-fol. H. 0,325. L. 0,251. (Le B., 67.)*

Voir Rob.-Dum., 80.
1er état. — Très-belle épreuve, avec une petite marge.

1707. Créqui (François DE BONNE DE), duc **de Lesdiguières**, pair de France, mort en 1677. — In-fol. H. totale, 0,325. L. 0,244. (Le B., 68.) *

Voir Rob.-Dum., 81.
2e état, avec le millésime 1662. — Très-belle épreuve.
On ne connaît qu'une seule epreuve du 1er état.

1708. Doni d'Attichy (Louis), évêque d'Autun, 1596-1664. — In-fol. H. 0,322. L. 0,253. (Le B., 69). *

Voir Rob.-Dum., 83.
Les armoiries, non décrites, sont : *Écartelé: aux 1 et 4, de* Marillac*; aux 2 et 3, écartelé en sautoir au lion .... colleté ..... brochant, chargé d'un écusson.... à une croix...., sur le tout :.... au lion de....; à la bande..... brochante et chargée de trois croissants de.....* (les émaux ne sont indiqués dans aucun des quartiers); l'écu timbré d'une. couronne de comte accompagnée de la mitre et de la crosse surmontées du chapeau d'archevêque.
Très-belle épreuve. Collection Camberlyn.

1709. Dorieux (Jean), président de la cour des aides. — In-fol. H. 0,324. L. 0,246. (Le B., 70.) *

Voir Rob.-Dum., 84.
Les armoiries au bas de l'ovale, non décrites, sont : *D'azur à la bande d'or, chargée de trois molettes de gueules ;* l'écusson timbré d'un casque taré de front, orné de lambrequins.
Superbe épreuve. Collection Camberlyn.

1710. Du Lieu de Chenevoux (François-Antoine), maître des comptes. — In-fol. H. 0,394. L. 0,310. (Le B., 137.)*

Voir Rob.-Dum., 85.
Les armoiries, non décrites, sont: *Écartelé: aux 1 et 4, contre-écar-*

telé : *aux* 1 *et* 4, *d'or au lion de gueules ; aux* 2 *et* 3, *palé d'argent et de gueules de huit pièces ; aux* 2 *et* 3, *de sable à la fasce d'or, accompagnée en chef d'un lion d'argent et en pointe de trois fleurs tigées et feuillées de même ;* l'écu timbré d'une couronne de comte.
Très-belle épreuve.

1711. Dupuy (Pierre), historien français, 1582-1651. — Pet. in-fol. H. 0,259. L. 0,183. (Le B., 198.)*

Voir Rob.-Dum., 87.
Les armoiries, non décrites, sont: *De...,. à la bande de...., chargé de trois besants de.....* (les émaux ne sont pas indiqués) ; l'écu timbré d'un casque taré de profil avec lambrequins et cimier ; supports : deux lions.
Belle épreuve.

1712. Dupuy (Pierre), le même que le précédent. — In-4°. H. 0,154. L. 0,102. (Le B., 199.)*

Voir Rob.-Dum., 88.
Très-belle épreuve.

1713. Dupuy (Les deux frères Pierre et Jacques), historiens français, 1582-1651, 1586-1656. — Pet. in-fol. en travers, L. de la planche, 0,281. H. 0,195. (Le B., 200.)*

Voir Rob.-Dum., 89.
Les armoiries, non décrites, et renfermées dans le cartouche réunissant les deux bordures ovales, sont les mêmes que celles du numéro 1711.
1er état. — Belle épreuve.

1714. *Espagne :* **Juan-d'Autriche** (Don), fils naturel de Philippe IV, 1629-1679. — Pet. in-fol. H. 0,233. L. 0,153. (Le B., 24.)

Voir Rob.-Dum., 114.
3e état. Rare. — Belle épreuve.

1715. Estrées (César d'), cardinal français, 1628-1714. — In-fol. H. 0,319. L. 0,245. (Le B., 71.)*

Voir Rob.-Dum., 92.
Les armoiries, non décrites, sont : *Écartelé : aux* 1 *et* 4, *d'argent fretté de sable de six pièces ; au chef d'or chargé de trois merlettes de sable, qui est* d'Estrées; *aux* 2 *et* 3, *d'or au lion d'azur, lampassé et*

couronné de gueules, *qui est* de La Cauchie ; l'écu timbré d'une couronné, environné du manteau d'hermine et sommé du chapeau d'archevêque.

Très-belle épreuve.

1716. Evelyn (John), polygraphe anglais, 1620-1705. — Pet. in-fol. H. de la planche, 0,242. L. 0,173. (Le B., 72.)

Voir Rob.-Dum., 93.

Le dernier mot qui termine l'adresse de Nanteuil est écrit *Scul* sans *p* à la fin.

4e état. Rare. — Très-belle épreuve.

1717. Faure (l'abbé Charles), théologien français, 1594-1644. — In-8°. H. 0,118. L. 0,082. (Le B., 73.) *

Voir Rob.-Dum., t. IV et XI, 94.

Le mot *præp.* de la troisième ligne de l'inscription est écrit avec une majuscule et le point indiqué après *Genouefœ* n'existe pas.

1er état.— Belle épreuve.

1718. Feret (l'abbé Hippolyte), mort en 1677. — In-fol. H. 0,351. L. 0,284. (Le B., 74.) *

Voir Rob.-Dum., 95.

1er état. — Très-belle épreuve.

1719. Fieubet (Gaspard DE), magistrat français, 1622-1686. — In-fol. H. 0,329. L. 0,251. (Le B., 75.) *

Voir Rob.-Dum., 96.

Les armoiries, non décrites, sont : *D'azur au chevron d'argent* (au lieu *d'or*), *accompagné en chef de deux croissants et en pointe d'un rocher du même ;* l'écu est timbré d'un casque taré de front, orné de lambrequins.

Très-belle épreuve.

1720. Fouquet (l'abbé Basile), conseiller d'État, 1622-1680. — In-fol. H. totale, 0,323. L. 0,246. (Le B., 76.) *

Voir Rob.-Dum., t. IV et XI, 97.

Les armoiries au bas de l'ovale sont les mêmes que celles du n°965; l'écu timbré d'une couronne de comte et environné des colliers de Saint-Michel et du Saint-Esprit.

1er état, avec la date 1658. — Belle épreuve.

1721. Fouquet (Nicolas), vicomte DE MELUN et DE VAUX, mar-

quis DE BELLE-ISLE, surintendant des finances, frère du précédent, 1615-1680. — In-fol. H. de la planche, 0,326. L. 0,251. (Le B., 77.)*

Voir Rob.-Dum., 98.

Les armoiries placées dans un cartouche retenu par un ruban fixé à des patères dans les angles du bas, sont les mêmes qu'au n° précédent; l'écu timbré d'une couronne de vicomte; soutenants : deux lions.

1er état, avec le mot *Missire,* pour *Messire.*— Très-rare. — Superbe épreuve.

2e état. Rare. — Très-belle épreuve.

1722. *France :* **Anne d'Autriche**, 1601-1666. — In-fol. H. 0,318. L. 0,241. (Le B., 89.)*

Voir Rob.-Dum., 22. — D'après P. Mignard.

3e état, avec les taches sur le listel de la bordure et avant le chiffre. — Très-belle épreuve.

4e état. NON DÉCRIT. Avec le chiffre 3, au milieu du haut de la bordure, sur le listel, au-dessus de l'étoile. — Belle épreuve.

1723. *France :* **Anne d'Autriche**. — Gr. in-fol. H. 0,493. L. 0,418. (Le B., 90.)*

Voir Rob.-Dum., 23.

Fragment de la tête. Épreuve d'essai inconnue à M. Robert-Dumesnil; le dessus de la coiffure n'est couvert que d'une seule taille; le chignon est en blanc; avant de nombreux travaux dans les cheveux qui ne sont couverts, sur le côté du front, à droite, que d'une taille, et l'on voit, à la naissance des frisures, deux blancs formés par les boucles; le haut de l'épaule gauche est blanc.

1er état, avant le *crochet.* — Superbe épreuve, avec petites marges.

1724. *France :* **Louis XIV**, 1638-1715. — Gr. in-fol. en travers. L. 0,450. H. 0,384. (Le B., 78.)*

Voir Rob.-Dum., 152. — D'après P. Mignard.

Sur la banderole à droite, le mot *oscvlatæ* est ainsi orthographié, et non pas *oscvlate,* comme l'indique M. Robert-Dumesnil.

1er état. Très-rare.— Magnifique épreuve. Collection Marshall.

1725. *France :* **Louis XIV.**— In-fol. H. de la planche, 0,405. L. 0,334. (Le B., 79.)*

Voir Rob.-Dum., t. IV et XI, 153.

1er état. — Superbe épreuve. Collection Marshall.
3e état. — Très-belle épreuve.
4e état. H. 0, 398. L. 0, 330. — Belle épreuve.

1726. *France :* **Louis XIV.** — Très-gr. in-fol. H. de la pl., les deux feuilles réunies, 0,957. L. 0,631. (Le B., 80.)

Voir Rob.-Dum., 154.
2e état, avec les noms des artistes. — Très-belle épreuve.

1727. *France :* **Louis XIV.** — In-fol. H. de la planche, 0,399. L. 0,312. (Le B., 81.)*

Voir Rob.-Dum., 155.
1er état, avec la date 1664. — Superbe épreuve, avec une petite marge.
2e état, avec la date 1666. — Belle épreuve.

1728. *France :* **Louis XIV.** — Gr. in-fol. H. 0,487. L. 0,415. (Le B., 82.)*

Voir Rob.-Dum., 156.
1er état. Très-rare. — Magnifique épreuve.

1729. *France :* **Louis XIV.** — Très-gr. in-fol. en travers. Dimensions de la feuille du haut, L. 0,755. H. 0,595. (Le B., 84.) *

Voir Rob.-Dum., 158.
1er état, avant le *crochet;* dans une composition du dessin de Ch. Le Brun, gravée par Rousselet. — Très-belle épreuve.
3e état, sans encadrement. H. de la pl., 0,455. L. 0,385. — Très-belle épreuve.

1730. *France :* **Louis XIV.** — Très-gr. in-fol. H. de la pl., 0,681. L. 0,580. (Le B., 85.)

Voir Rob.-Dum., 159.
3e état. — Très-belle épreuve.

1731. *France :* **Louis XIV.** — Gr. in-fol. H. 0,497. L. 0,422. (Le B., 86.)*

Voir Rob.-Dum., t. IV et XI, 160.
2e état. — Belle épreuve.

1732. *France :* **Louis XIV.** — Très-gr. in-fol. Dimensions

de la pl., formant les deux feuilles assemblées, H. 1,102.
L. 0,605. (Le B., 87.)

> Voir Rob.-Dum., t. IV et XI, 161.
> Fragment de la tête. Épreuve d'essai inconnue à M. Robert-Dumesnil.
> La naissance de la cravate est blanche.
> 3ᵉ état. — Très-belle épreuve, avec marges.
> 4ᵉ état, sans la thèse, H. de la pl. gravée contenant le portrait,
> 0,677. L. 0,588. — Belle épreuve.

1733. *France :* **Louis XIV.** — Gr. in-fol. H. 0,497. L. 0,418.
(Le B., 83.)*

> Voir Rob.-Dum., t. IV et XI, 157.
> Dans l'inscription autour de l'ovale, le chiffre *XIII* n'est point sur-
> monté du signe ? De plus, M. Robert-Dumesnil a omis un mot dans
> l'inscription qui se trouve sur la plate-bande supérieure au bas du por-
> trait et qui est ainsi conçue dans son entier : *R. Nantcüil ad viuum
> pingebat sculpebat et excudebat cum priuilegio Regis.* 1666.
> 1ᵉʳ état, très-rare. — Magnifique épreuve.

1734. *France :* **Louis XIV.** — Gr. in-fol. H. 0,511. L. 0,425.
(Le B., 88.) *

> Voir Rob.-Dum., 162.
> 6ᵉ état. — Très-belle épreuve.

1735. *France :* **Louis de France**, surnommé le **Grand
Dauphin**, fils du précédent, 1661-1711. — Gr. in-fol.
H. 0,517. L.0,429. (Le B., 91.)*

> Voir Rob.-Dum., 163.
> 1ᵉʳ état. Très-rare. — Superbe épreuve.

1736. *France :* **Philippe de France**, duc **d'Orléans**, frère
de Louis XIV, 1640-1701. — Gr. in-fol. H. de la pl., 0,511.
L. 0,432. (Le B., 186.) *

> Voir Rob.-Dum., 208.
> 1ᵉʳ état. — Magnifique épreuve.

1737. *France :* **Louis de Bourbon-Vendôme**, appelé le duc
de Mercœur, puis le *cardinal de Vendôme*, 1612-1669.

— In-fol. H. de la planche, 0,293. L. 0,205. (Le B., 232.)*

Voir Rob.-Dum., t. IV et XI, 189.
1er état. — Très-belle épreuve.
2e état. — Belle épreuve.

1738. *France :* **Louis II de Bourbon-Condé**, surnommé le *Grand Condé,* 1621-1686. — In-fol. H. 0,351. L. 0,268. (Le B., 48.)*

Voir Rob.-Dum., 79.
Très-belle épreuve.

1739. *France :* **Henri-Jules de Bourbon-Condé**, fils du précédent, appelé *duc d'Enghien* du vivant de son père, grand maître de France, 1643-1709. — In-fol. H. 0,321. L. 0,249. (Le B., 47.) *

Voir Rob. Dum., 90.
Les armoiries, non décrites, sont : *De France, au bâton de gueules* (non indiqué) *péri en bande;* l'écu entouré de palmes et timbré d'une couronne fleurdelisée.
Très-belle épreuve.

1740. *France :* **Jean-Louis-Charles d'Orléans**, duc de Longueville, comte **de Dunois,** 1646-1694. — Pet. in-fol. H. 0,320. L. 0,244. (Le B., 185.) *

Voir Rob.-Dum., 86. — D'après Ferdinand.
Les armes, non décrites, sont : *De France, au lambel de trois pendants d'argent; au bâton du même péri en bande ;* l'écu est entouré de palmes et timbré d'une couronne fleurdelisée.
Très-belle épreuve.

1741. *France :* **Charles-Paris d'Orléans**, duc de Longueville, comte **de Saint-Paul,** frère du précédent, 1649-1672. — In-fol. H. de la planche, 0,325. L. 0,253. (Le B., 183.)*

Voir Rob.-Dum., 219. — D'après Ferdinand.
Mêmes armoiries qu'au portrait précédent; l'écu timbré d'une couronne fleurdelisée, sommée d'une mitre et d'une crosse.
Très-belle épreuve.
Je possède le dessin au crayon noir de ce portrait, exécuté pour la gravure.

1742. **Fronteau** (l'abbé Jean), archéologue français, 1614-1662. — In-4°. H. 0,170. L. 0,123. (Le B., 92.) *

Voir Rob.-Dum., 99. — D'après F. Cabouret.
1er état, avant l'impression au verso. — Belle épreuve.

1743. **Fuerstenberg** (Guillaume Egon, cardinal de), surnommé le *prince Guillaume*, 1629-1704. — Gr. in-fol. H. de la planche, 0,505. L. 0,430. (Le B., 93.) *

Voir Rob.-Dum., 100.
1er état. Très-rare. — Superbe épreuve, un peu rognée dans le bas.
Collection Camberlyn.
2e état. — Très-belle épreuve.

1744. **Gassendi** (Pierre), philosophe et astronome français, 1592-1655. — In-fol. H. de la planche, 0,288. L. 0,195. (Le B., 94.) *

Voir Rob.-Dum., 101.
1er état. Très-rare. — Très-belle épreuve.
2e état. — Très-belle épreuve.

1745. **Gillier** (Melchior de), maître d'hôtel du Roi. — In-fol. H. de la planche, 0,317. L. 0,240. (Le B., 95.) *

Voir Rob.-Dum., 102.
Les armoiries, non décrites, au bas de l'ovale, sont : *Écartelé : aux 1 et 4, d'or* (non indiqué) *au chevron d'azur accompagné de trois macles de gueules, aux 2 et 3,..... au lion d'azur ; à la bande de gueule, brochante, chargée de trois pattes d'aigle d'argent;* l'écu est incliné, timbré d'un casque avec cimier, taré de front et orné de lambrequins; supports : deux lions.
Belle épreuve. — Le P. Lelong indique ce portrait avec la date de 1651, au lieu de 1652.

1746. **Gillier** (Marie Joly, Mme de), épouse du précédent. — In-fol. H. 0,317. L. 0,233. (Le B., 96.) *

Voir Rob.-Dum., t. IV et XI, 103.
2e état. — Belle épreuve.

1747. **Gondy** (Jean-François-Paul de), appelé le *cardinal* de **Retz**, 1614-1679.—In-fol. H. de la planche, 0,317. L. 0,243.

Dimensions de la planche gravée. H. 0,302. L. 0,237. (Le B., 97.) *

Voir Rob.-Dum., t. IV et XI, 217.
1er état. Fort rare. — Magnifique épreuve, avec petites marges.
2e état. — La planche réduite aux dimensions suivantes : H. 0,290.
L. 0,215. Au verso, ce titre imprimé en noir et rouge : *Histoire* || *des Papes* || *et souverains chefs* || *de l'Église*, etc. ; édition de Fr. Duchesne fils ; Paris, J. Roger, 1653, in-fol. — Belle épreuve.

1748. Gonzague-Clèves (Charles II DE), duc de Mantoue et de Montferrat, pair de France, 1609-1631. — Pet. in-fol. H. 0,280. L. 0,180. (Le B., 98.) *

Voir Rob.-Dum., 62.
Belle épreuve.

1749. Guébriant (Jean-Baptiste BUDES, comte DE), maréchal de France, 1602-1643. — In-fol. H. 0,302. L. 0,189. (Le B., 99.) *

Voir Rob.-Dum., 104.
1er état. — Très-belle épreuve.

1750. Guenault (François), médecin. — In-fol. H. 0,338. L. 0,253. (Le B., 100.) *

Voir Rob.-Dum., 105.
Très-belle épreuve.

1751. Guénégaud (Henri DE), seigneur DU PLESSIS, marquis DU PLANCY, comte DE MONTBRISON, secrétaire d'État, 1609 1676. — In-fol. H. de la planche, 0,328. L. 0,250. (Le B., 101.) *

Voir Rob.-Dum., 106. — D'après Ph. de Champagne.
Les armoiries, non décrites, sont : *Écartelé : aux 1 et 4, d'azur à la croix d'or, chargée en cœur d'un croissant de gueules, qui est* de La Croix; *au 2, contr'écartelé : aux 1 et 4, d'azur* (non indiqué) *à trois fleurs de lys d'or, à la bordure engreslée de gueules ; aux 2 et 3, d'or à trois tourteaux de gueules, qui est* de Courtenay; *au 3, d'argent à deux pals de sable, qui est* de Harlay; *sur le tout: de gueules au lion d'or, qui est* de Guénégaud; l'écusson timbré d'une couronne; supports : deux lions; le tout placé sur une terrasse.
1er état, avant la croix du Saint-Esprit. — Très-belle épreuve.

1752. **Harlay-Chanvallon** (François DE), cardinal-archevèque de Paris, 1625-1695. — In-fol. H. 0,393. L. 0,315. (Le B., 102.) *

Voir Rob.-Dum., 107.
(?) 1er état. — Très-belle épreuve.

1753. **Harlay-Chanvallon** (François DE), le même que le précédent. — Gr. in-fol. H. 0,507. L. 0,422. (Le B., 103.) *

Voir Rob.-Dum., 108.
1er état, avant le *crochet*. — Très-belle épreuve.

1754. **Hesselin** (Louis), conseiller d'État. — Pet. in-fol. H. de l'ovale, 0,150. L. 0,117. (Le B., 104.) *

Voir Rob.-Dum., 109.
Très-belle épreuve, avant la bordure, à grandes marges.

1755. **Hesselin** (Louis), le même que le précédent. — In-fol. H. de la planche, 0,326. L. 0,234. (Le B., 105.) *

Voir Rob.-Dum., 110.
Les armoiries, non décrites, au bas de l'ovale, sont : *Écartelé : aux 1 et 4,..... au griffon de.....; aux 2 et 3, d'argent* (au lieu d'or) *à deux fasces de sinople* (au lieu d'azur); *le tout semé de quatorze croisettes potencées* (au lieu de *fleuronnées*), *posées 4, 4, 3, 2 et une;* l'écu timbré d'un casque avec cimier, taré de face, orné de lambrequins ; supports : deux griffons.
1er état, avec la date 1658. — Très-belle épreuve.
Les indications données par le P. Lelong ne sont pas exactes; il désigne le portrait ci-dessus avec la date 1658, comme étant en *petit ovale, avec ornements*, et le portrait du n° précédent, comme étant *in-fol.*, avec la date 1656.

1756. **Jeannin** (Pierre), homme d'État français, 1540-1622. — In-fol. H. de la planche, 0,288. L. 0,185. (Le B., 106.) *

Voir Rob.-Dum., 112.
Belle épreuve.

1757. **Joly** (Claude), évêque d'Agen, 1610-1678. — In-fol. H. de la planche, 0,400. L. 0,322. (Le B., 107.) *

Voir Rob.-Dum., 113.
Les armoiries, non décrites, sont : *D'azur* (non indiqué) *au chevron d'or, accompagné en chef de deux étoiles du même* (non indiqué) *et en*

pointe d'un lion naissant d'argent; l'écu timbré d'une mitre et d'une crosse surmontées du chapeau d'évêque.

Fragment de tête. Épreuve d'essai inconnue à M. Robert-Dumesnil; avant que la bordure gauche du rabat soit couverte de taille; les loupes à la naissance des sourcils sont moins ombrées.

1er état, avec le mot *Lotharingvs.* Rare. — Très-belle épreuve.

1758. La Barde (Denis DE), évêque de Saint-Brieuc en 1641. — In-fol. H. 0,358. L. 0,264. (Le B., 30.) *

Voir Rob.-Dum., 115.

Les armoiries, non décrites, sont: *Écartelé : aux 1 et 4, d'or à trois coquilles de sable; au chef d'azur, chargé d'une molette d'or; aux 2 et 3, d'azur à trois fusées d'or;* l'écusson surmonté d'un chapeau d'archevêque.

Belle épreuve.

1759. La Baume de Suze (Louis-François DE), évêque de Viviers, mort en 1690. — In-fol. H. de la planche, 0,325. L. 0,250. (Le B., 217.) *

Voir Rob.-Dum., 227.

Les armoiries, au bas de l'ovale, sont : *D'or à trois chevrons de sable; au chef d'azur, chargé d'un lion issant d'argent, armé et lampassé de gueules, couronné d'or* (les émaux ne sont pas indiqués); l'écu timbré d'une couronne de comte, sommée du chapeau d'archevêque.

1er état. — Superbe épreuve. Collection Camberlyn.

1760. La Chambre (Marin CUREAU DE), polygraphe français, v. 1594-1675. — In-fol. H. de la planche, 0,252. L. 0,195. (Le B., 54.) *

Voir Rob.-Dum., 116.

Les armoiries, non décrites, sont : *D'azur au chevron d'argent, accompagné de trois flammes d'or;* l'écu timbré d'un casque taré de profil, orné de lambrequins.

1er état. — Superbe épreuve. Collection Camberlyn.

2e état. — Très-belle épreuve.

3e état. — Belle épreuve.

1761. Lallemant (Pierre), chancelier de l'Université de Paris, 1622-1673. — Pet. in-fol. H. de la planche, 0,240. L. 0,174. (Le B., 108.) *

Voir Rob.-Dum., 117.

1er état, avant les armoiries. — Belle épreuve.

2e état. — Dans un petit ovale à fond blanc, couvrant le bas de la bordure et descendant jusqu'au bas de l'estampe, sont les armoiries : *D'azur à un livre ouvert d'argent, accompagné de trois fleurs de lis d'or;* l'écu timbré du bonnet carré et accompagné des insignes de chancelier de l'Université, en sautoir. — Belle épreuve.

1762. La Meilleraye (Charles DE LA PORTE, marquis, puis duc DE), maréchal de France, 1602-1664.— In-fol. H. 0,356. L. 0,268. (Le B., 169.) *

Voir Rob.-Dum., t. IV et XI, 118. — D'après Juste d'Egmont.
Les armoiries, non décrites, sont : *De gueules au croissant d'hermine;* l'écu timbré d'une couronne accompagnée de deux bâtons fleurdelisés, en sautoir ; les colliers de Saint-Michel et du Saint-Esprit, dont la croix est placée entre deux canons montés sur affûts, insignes de grand maître de l'artillerie, entourent l'écusson, et le tout est environné du manteau d'hermine.
1er état, avant le *crochet*. — Superbe épreuve.
2e état, avec le *crochet*. — Très-belle épreuve.

1763. Lamoignon (Guillaume DE), premier président au parlement de Paris, 1617-1677. — In-fol. H. de la planche, 0,321. L. 0,245. (Le B., 109.) *

Voir Rob.-Dum., 119.
Les armoiries qui couvrent le bas de l'ovale, ainsi que le milieu de la console de support, sont les mêmes que celles décrites au n° 621.
1er état, avec l'année 1659. — Très-belle épreuve.

1764. Lamoignon (Guillaume DE), le même que le précédent. — In-fol. H. de la planche, 0,327. L. 0,249. (Le B., 110.) *

Voir Rob.-Dum., 120.
Très-belle épreuve.

1765. Lamoignon (Guillaume DE), le même que le précédent. — Très-gr. in-fol. H. de la planche, 0,517. L. 0,430. (Le B., 111.) *

Voir Rob.-Dum., t. IV et XI, 121.
4e état. — Belle épreuve.

1766. La Mothe Le Vayer (François DE), philosophe fran-

çais, 1588-1672.— In-fol. H. de la planche, 0,272. L. 0,190.
(Le B., 178.) *

Voir Rob.-Dum., 143.
1er état. Très-rare. — Superbe épreuve, à grandes marges. Collection Marshall.

1767. Larcher de Chamont (Michel II), seigneur d'Olisy,
président à la chambre des comptes en 1626. — In-fol.
H. 0,310. L. 0,224. (Le B., 112.) *

Voir Rob.-Dum., 122.
Les armoiries, non décrites, sont : *D'azur au chevron d'or, accompagné en chef de deux roses d'argent et en pointe d'une croix patriarcale du même* (les émaux ne sont pas indiqués).
1er état, avec le nom de l'artiste. — Très-belle épreuve.

1768. Le Boultz (Noël), seigneur de Chaumont, conseiller au
parlement de Paris. — In-fol. H. de la planche, 0,403.
L. 0,327. (Le B., 113.) *

Voir Rob.-Dum., 124.
Les armoiries, non décrites, renfermées dans un petit ovale à fond blanc qui couvre le bas de la bordure et le milieu de la console de support, sont : *D'azur au chevron d'or, accompagné en pointe d'une étoile du même; au chef de gueules, chargé de trois pals du second;* l'écu timbré d'un casque taré de front, orné de lambrequins, et surmonté d'une banderole avec cette devise : *In Labore Reqvies.*
Belle épreuve.

1769. Le Camus (Jean), jurisconsulte français, 1636-1710. —
Gr. in-fol. H. de la planche, 0,463. L. 0,388. *

Voir Rob.-Dum., App. 4.
2e état, avec la dédicace. — Très-belle épreuve, avec marges.

1770. Le Coigneux (Jacques), président à mortier au parlement de Paris. — In-fol. H. de la planche, 0,298. L. 0,189.
(Le B., 118.) *

Voir Rob.-Dum., 125. — D'après Henri Beaubrun.
Très-belle épreuve. Collection Camberlyn.

1771. Le Masle (Michel), prieur des Roches, secrétaire du cardinal de Richelieu, chanoine de l'église de Paris. — In-fol. H. 0,327. L. 0,243. (Le B., 120.) *

Voir Rob.-Dum., 126.
Les armoiries, non décrites, sont: *D'azur à un chevron d'argent, accompagné de trois rochers du même;* l'écu sommé du chapeau d'évêque accompagné de l'insigne de prieur passé en pal derrière l'écusson.
1er état, avec le millésime 1658. — Très-belle épreuve.
2e état, avec le millésime 1661. — Belle épreuve.

1772. **Le Pautre** (Antoine), architecte français, 1614-1691. — In-fol. en travers. L. de la planche, 0,320. H. 0,252. Dimensions de l'ovale renfermant le portrait, H. 0,174. L. 0,130. (Le B., 121.) *

Voir Rob.-Dum., 127.
Dans l'inscription, il y a : *le Paultre* et non *le Pautre*.
2e état, avec la bordure et autres accessoires gravés par Jean Le Pautre. — Belle épreuve.

1773. **Le Tellier** (Michel), chancelier de France, 1603-1685. — In-fol. H. 0,137. L. 0,246. (Le B., 122.) *

Voir Rob.-Dum., 128. — D'après Ph. de Champagne.
2e état, avec les noms des artistes. — Belle épreuve.

1774. **Le Tellier** (M.), le même que le précédent. — In fol. H. de la planche, 0,325. L. 0,250. (Le B., 123.) *

Voir Rob.-Dum., 129.
Les armoiries qui couvrent le bas de l'ovale, ainsi que le milieu de la console de support, sont les mêmes que celles décrites au numéro 632, sauf que les *étoiles* du chef sont *d'or;* l'écu timbré d'un casque taré de front, orné de lambrequins et entouré des colliers de Saint-Michel et du Saint-Esprit.
1er état, avec le millésime 1658. — Superbe épreuve. Collection Marshall.

1775. **Le Tellier** (M.), le même que le précédent. — In-fol. H. de la planche, 0,322. L. 0,251. (Le B., 124.) *

Voir Rob.-Dum., 130.
Mêmes armoiries qu'au portrait précédent.
Superbe épreuve. Collection Mariette.

1776. Le Tellier (M.), le même que le précédent. — In-fol. H. 0,356. L. 0,266. (Le B., 125.) *

Voir Rob. Dum., 131.

Les armoiries renfermées dans un petit ovale oblong, couvrant le milieu de la face du socle et retenu par des rubans dont les extrémités sont attachées à des clous, sont les mêmes que celles décrites au numéro 632: l'écusson timbré d'une couronne de marquis sommée d'un casque orné de lambrequins ; les colliers de Saint-Michel et du Saint-Esprit entourent l'écu.

Très-belle épreuve.

1777. Le Tellier (M.), le même que le précédent. — In-fol. H. 0,343. L. 0,265. (Le B., 126.) *

Voir Rob.-Dum., t. IV et XI, 132.

Mêmes armoiries qu'au portrait précédent.

1er état, avant le *crochet*. — Très-belle épreuve.

2e état, avec le *crochet*. — Belle épreuve.

1778. Le Tellier (M.), le même que le précédent. — In-fol. en travers. L. 0,431. H. 0,362. (Le B., 127.) *

Voir Rob.-Dum., 133.

Dans un entourage gravé par J. Boulanger, d'après Fr. Chauveau.

Belle épreuve.

1779. Le Tellier (M.), le même que le précédent. — In-fol. H. 0,356. L. 0,269. (Le B., 128.) *

Voir Rob.-Dum., 134.

1er état, avec la bordure octogone. — Très-belle épreuve. Collection Marshall.

2e état, avec la bordure ovale, au bas de laquelle un cartouche retenu par ses volutes renferme les mêmes armoiries que celles du numéro 632 ; l'écusson timbré d'une couronne de marquis et entouré des colliers de Saint-Michel et du Saint-Esprit. — Belle épreuve.

1780. Le Tellier (M.), le même que le précédent. — In-fol. H. 0,325. L. 0,247. (Le B., 129.) *

Voir Rob.-Dum., 135.

Mêmes armoiries que celles du numéro 632, avec les *étoiles d'or* du chef ; l'écu timbré d'un casque taré de front, orné de lambrequins et entouré des colliers de Saint-Michel et du Saint-Esprit.

2e état, avec le *crochet*. — Très-belle épreuve.

1781. Le Tellier (M.), le même que le précédent. — In-fol.
H. 0,321. L. 0,249. (Le B., 130.)*

Voir Rob.-Dum., 136.
Mêmes armoiries, timbrées et entourées des mêmes insignes qu'au
portrait précédent.
Très-belle épreuve.

1782. Le Tellier (M.), le même que le précédent. — Très-gr.
in-fol. H. 0,510. L. 0,426. (Le B., 131.) *

Voir Rob.-Dum., t. IV et XI, 137.
2e état. — Belle épreuve.

1783. Le Tellier (M.), le même que le précédent.— Très-gr.
in-fol. en travers. L. 0,608. H. 0,496.

Voir Rob.-Dum., App., 5.
Fragment de tête. Épreuve d'essai inconnue à M. Robert-Dumesnil;
la calotte est en blanc; les cheveux sont moins travaillés; l'ombre
portée du menton n'est pas indiquée sur la partie droite du rabat qui
n'est couvert que d'une taille; à droite, la bordure du rabat est blanche
ainsi que le vide formé par le revers de la robe et le rabat.
Estampe terminée. — Belle épreuve, mais coupée sur les quatre
côtés, de sorte qu'on ne voit qu'une partie des inscriptions.

1784. Le Tellier (M.), le même que le précédent.— Très-gr.
in-fol. H. de la planche, 0,517. L. 0,432.

Voir Rob.-Dum., t. XI. p. 230.
Belle épreuve.

1785. Le Tellier (François-Michel), marquis **de Louvois,**
homme d'État, fils du précédent, 1639-1691. — Très-gr.
in-fol. H. de la planche, 0,521. L. 0,435. *

Voir Rob.-Dum., t. IV et XI, App., 6.
1re épreuve d'essai, inconnue à M. Robert-Dumesnil; il n'y a de
terminé que la figure du personnage et la perruque à gauche; l'extrémité des cheveux à droite n'est que largement indiquée.
2e épreuve d'essai, inconnue à M. Robert-Dumesnil; la perruque et
la figure sont terminées, le vêtement est au trait. Le portrait est mis
dans un ovale. — Superbe épreuve.
1er état. Très-rare. — Superbe épreuve. Collection Marshall.
9e état. — Belle épreuve.

1786. Le Tellier (Charles-Maurice), archevêque de Reims, frère du précédent, 1642-1710. — In-fol. H. 0,126. L. 0,253. (Le B., 132.)

Voir Rob.-Dum., 138.

Mêmes armoiries que celles décrites au numéro 632 ; l'écu timbré d'une couronne de vicomte sommée d'une mitre et d'une crosse abbatiales ; deux palmes environnent l'écusson.

Très-belle épreuve.

1787. Le Tellier (Ch.-M.), le même que le précédent. — In-fol. H. de la planche, 0,327. L. 0,251. (Le B., 133.) *

Voir Rob.-Dum., 139.

Mêmes armoiries qu'au portrait précédent ; la crosse est tournée à gauche dans les trois premiers états.

1er état. — Très-belle épreuve. Collection Marshall.

3e état. — Belle épreuve.

4e état. — La pointe de derrière du rabat est arrondie. La crosse qui surmonte les armoiries est tournée à droite. — Belle épreuve.

1788. Le Tellier (Ch.-M.), le même que le précédent. — In-fol. H. de la planche, 0,341. L. 0,273. (Le B., 134.)*

Voir Rob.-Dum., 140.

Les armoiries, non décrites, sont les mêmes que celles du numéro 632 ; l'écu est timbré d'une couronne de duc surmontée de la croix archiépiscopale à deux branches, sommée du chapeau d'archevêque ; le tout environné du manteau d'hermine.

Dans l'inscription, les mots : *Cum Priuilegio* commencent par des majuscules.

1er état. Fort rare. — Très-belle épreuve. Collection Marshall.

1789. Le Tellier (Ch -M.), le même que le précédent. — Gr. in-fol. H. 0,450. L. 0,383. (Le B., 135.) *

Voir Rob.-Dum., 141.

Dans l'inscription, au bas du portrait, sur la plate-bande supérieure, le mot *cum*, qui suit le millésime, commence par une minuscule.

1er état. — Très-belle épreuve.

1790. Le Tellier (Ch.-M.), le même que le précédent. — Très-gr. in-fol. H. de la pl., 0,505. L. 0,427. (Le B., 136.) *

Voir Rob.-Dum., 142.

Même observation qu'au portrait précédent pour le mot *cum* qui suit le millésime.

Très-rare. — Superbe épreuve.

1791. **Ligny** (Domin. DE), évêque de Meaux en 1659, mort en 1681.— In-fol. H. de la pl , 0,321. L. 0,252. (Le B., 138.) *

Voir Rob.-Dum., t. IV et XI, 144.

Les armoiries, non décrites, sont: *Écartelé: aux 1 et 4, de gueules au chevron d'argent, accompagné en chef de deux étoiles, et en pointe d'une rose de même ; aux 2 et 3, d'azur au chevron d'or, accompagné en chef de deux étoiles d'argent, et en pointe d'un mouton passant de même ;* l'écu timbré d'une mitre et d'une crosse abbatiales.

2e état. — Belle épreuve.

1792. **Ligny** (Domin. DE), le même que le précédent. — In-fol. H. de la planche, 0,327. L. 0,252. (Le B., 139.)*

Voir Rob.-Dum., 145.

Mêmes armoiries qu'au portrait précédent ; les attributs épiscopaux sont sommés du chapeau d'évêque.

Très-belle épreuve.

1793. **Lionne** (Hugues DE), marquis de Berny, homme d'État français, 1611-1671. — In-8°. H. 0,163. L. 0,110. (Le B., 140.) *

Voir Rob.-Dum., 146.

Les armoiries au bas de l'ovale, non décrites, sont : *Écartelé: aux 1 et 4, d'azur* (au lieu de *gueules*) *à une tour d'argent* (au lieu d'une *colonne); au chef cousu de gueules* (au lieu d'azur), *chargé d'un lion passant d'or* (non indiqué), *qui est* Lionne ; *aux 2 et 3, d'azur à trois bandes d'or* (non indiqué) ; *au chef cousu de gueules* (au lieu d'azur), *chargé d'un lion issant d'or* (non indiqué), *qui est* Servien ; l'écu timbré d'une couronne de marquis et entouré des colliers de Saint-Michel et du Saint-Esprit.

L'inscription rapportée par Rob.-Dum. n'est pas exacte pour l'accentuation et la ponctuation ; la voici rectifiée : *Mesre. Hvgves de Lionne ‖ Marquis de Berni, Seigneur de Fresne, ‖ Coner. du Roy ordre. en ses Conls. Commandr. Preuost,‖Grand Mc. des Ceremonies des Ordres de sa Majesté.*

1er état. — Très-belle épreuve.

2e état. — Belle épreuve.

1794. **Lionne** (Jules-Paul DE), abbé de Marmoutiers et prieur de Saint-Martin-des-Champs, fils du précédent, mort à Paris en 1721. — In-fol. H. de la planche, 0,360. L. 0,276. (Le B., 141.)*

Voir Rob.-Dum., 147.

Les armoiries, non décrites, sont: *Écartelé: aux 1 et 4, de gueules à une colonne d'argent; au chef cousu d'azur, chargé d'un lion passant d'or, qui est* Lionne *; aux 2 et 3, d'azur à trois bandes d'or; au chef cousu d'azur, chargé d'un lion issant d'or, qui est* Servien; l'écu entouré de deux palmes et timbré d'une couronne de marquis sommée d'une mitre et d'une crosse.

1er état, avec le millésime 1667. — Très-belle épreuve.

1795. Loménie (Henri-Auguste DE), comte **de Brienne,** homme d'État français, 1595-1666. — H. de la planche, 0,364. L. 0,276. (Le B., 142.)*

Voir Rob.-Dum., 148.

Les armoiries, non décrites, sont: *Écartelé: aux 1 et 4, de* Béarn; *aux 2 et 3, de* Luxembourg; *sur le tout: d'or à l'arbre de sinople* (non indiqué); *au chef d'azur, chargé de trois losanges d'argent, qui est* Loménie; l'écu entouré des colliers de Saint-Michel et du Saint-Esprit, et timbré d'une couronne de comte sommée d'un casque taré de front, orné de lambrequins; cimier: une mélusine; supports: deux lions à la queue fourchée, nouée et passée en sautoir.

1er état, avant le nom du personnage. — Superbe épreuve. Collection Marshall.

2e état, avec le nom. — Belle épreuve.

1796. Longueil (René DE), marquis **de Maisons,** magistrat et financier français, mort en 1677. — In-fol. H. 0,335. L. 0,265. (Le B., 143.)*

Voir Rob.-Dum., 165.

Le millésime 1653 est précédé et suivi d'un *point.*

Les armoiries, non décrites, sont: *D'azur à trois roses d'argent; au chef d'or, chargé de trois roses de gueules* (les émaux ne sont pas indiqués); l'écu timbré d'une couronne sommée d'un casque taré de front avec lambrequins; supports: deux aigles.

Belle épreuve.

1797. Longueil (R. DE), marquis **de Maisons,** le même que le précédent. — In-fol. H. 0,320. L. 0,246. (Le B., 144.)*

Voir Rob.-Dum., t. IV et XI, 166.

Mêmes armoiries qu'au portrait précédent; les émaux sont indiqués.

3e état. — Très-belle épreuve.

4e état. — Belle épreuve.

1798. Longueville (Henri II D'ORLÉANS, duc DE), gouverneur de la Normandie, 1595-1663 — Pet. in-fol. H. 0,264. L. 0,186. (Le B., 184.) *

Voir Rob.-Dum., 149. — D'après Ph. de Champagne.
Très-belle épreuve.

1799. **Loret** (Jean), écrivain français, mort à Paris en 1665. — In-fol. H. de la planche, 0,257. L. 0,182. (Le B., 145.) *

Voir Rob.-Dum., 150.
1er état. Extrêmement rare. — Magnifique épreuve.
2e état. Rare. — Très-belle épreuve.
3e état. — Belle épreuve.

1800. *Lorraine :* **Henri de Lorraine-Chaligny,** marquis de Mouhy, 1596-1672. — In-fol. H. de la planche, 0,340. L. 0,265. (Le B., 147.) *

Voir Rob.-Dum., 197.
1er état, avant le nom du personnage. Rare. — Très-belle épreuve.

1801. *Lorraine :* **Charles III** (ou **IV**), 1604-1675. — In-fol. H. 0,322. L. 0,248. (Le B., 146.)

Voir Rob.-Dum., 63.
Très-belle épreuve, avant l'empreinte de la planche accessoire.

1802. **Lotin de Charny** (François), président au parlement de Paris, mort en 1684. — In-fol. H. de la planche, 0,325. L. 0,248. (Le B., 148.) *

Voir Rob.-Dum., 151.
1er état. Très-rare. — Superbe épreuve. Collection Camberlyn.
2e état. — Très-belle épreuve.
3e état. — Très-belle épreuve.

1803. **Mallier du Houssay** (François), évêque de Troyes, mort en 1678. — In-fol. H. 0,329. L. 0,278. (Le B., 149.) *

Voir Rob.-Dum., 167. — D'après Velut.
Les armoiries, non décrites, sont : *D'argent à la fasce d'azur, accompagnée de trois roses de gueules, deux en chef et une en pointe;* l'écu sommé du chapeau d'archevêque.
2e état, avec les noms des artistes. — Très-belle épreuve.

1804. **Maridat de Serrières** (Pierre DE), conseiller au

grand conseil, mort en 1689. — Pet. in-4°. H. de la planche,
y compris la marge, 0,130. L. 0,085. (Le B., 150.) *

Voir Rob.-Dum., t. IV et XI, 168.
1er état, NON DÉCRIT. Le rabat du personnage est blanc. — Magnifique épreuve, peut-être unique.
2e état. — Le rabat couvert d'une taille. — Très-belle épreuve. Collection Mariette.

1805. **Marin** (Denis), seigneur **de la Chataigneraye**, intendant des finances, mort en 1678.— In-fol. H. de la planche, 0,327. L. 0,250. (Le B., 151.) *

Voir Rob.-Dum., 170. — D'après Dieu.
Les armoiries, non décrites, et sans indication d'émaux, sont:......
*au coq marchant ....; au chef....... chargé de trois crois-
sants......*; l'écu timbré d'un casque taré de front, orné de lambrequins.
1er état. — Belle épreuve.

1806. **Marolles** (Michel DE), abbé de Villeloin, littérateur
français, 1600-1681. — In-4°. H. de la planche, 0,164.
L. 0,106. (Le B., 152.) *

Voir Rob.-Dum., 171.
1er état. — Très-belle épreuve, avec marges.

1807. **Matignon** (Léonor GOYON DE), évêque et comte de
Lisieux, 1604-1680. — In-fol. H. de la planche, 0,317.
L. 0,250. (Le B., 153.) *

Voir Rob.-Dum., 172. — D'après le Père Antonin.
Les armoiries, non décrites, au bas de l'ovale, sont: *Écartelé: aux
1 et 4, d'argent au lion de gueules, couronné d'or, qui est* Goyon; *aux
2 et 3, d'Orléans-Longueville* (le lambel est à peine indiqué et le bâton
péri en bande ne l'est pas du tout); l'écu timbré d'une couronne de
duc sommée du chapeau d'évêque.
1er état. — Le personnage est décoré de la croix pectorale. — Belle
épreuve.

1808. **Maupeou** (Jean DE), évêque et comte de Châlons-sur-
Saône, 1623-1677.—In-fol. H. 0,397; L. 0,319. (Le B., 154.)*

Voir Rob.-Dum.,173.
Les armoiries, non décrites, au bas du portrait, sont: *D'argent au*

porc-épic de sable ; l'écu timbré d'une couronne de comte sommée du chapeau d'archevêque.

1er état, incomplétement décrit. Le rabat n'est teinté que d'une taille avec réserve à droite d'un liséré blanc ; avant l'ombre portée du menton et avant plusieurs travaux dans la chevelure. Le millésime 1671 n'est suivi que d'un point. Rare. — Très-belle épreuve.

2e état. — Très-belle épreuve.

1809. Mazarin (Jules, cardinal DE), ministre d'État français, 1602-1661. — In-fol. H. de la planche gravée, 0,331. L. 0,255. (Le B., 155.) *

Voir Rob.-Dum., 174.

Les armoiries, non décrites, sont les mêmes que celles du numéro 1109, mais sans indication d'émaux.

1er état. Rare. — Très-belle épreuve.

2e état, sans les armoiries. — Belle épreuve.

3e état. — Belle épreuve.

1810. Mazarin (J., cardinal DE). — In-fol. H. de la planche, 0,338. L. 0,255. (Le B., 156.) *

Voir Rob.-Dum., 175. — D'après Pierre Van Mol.

Mêmes armoiries qu'au portrait précédent, avec indication des émaux ; l'écu timbré d'une couronne de duc sommée du chapeau de cardinal ; le manteau d'hermine environne l'écusson.

1er état. — Très-belle épreuve.

2e état. — Belle épreuve.

1811. Mazarin (J., cardinal DE). — In-fol. H. 0,322. L. 0,241. (Le B., 158.) *

Voir Rob.-Dum., t. IV et XI, 177.

Mêmes armoiries qu'au portrait précédent ; l'écu sommé du chapeau de cardinal.

1er état. — Superbe épreuve.

2e état, avec la devise. — Belle épreuve.

1812. Mazarin (J., cardinal DE). — In-fol. H. de la planche, 0,342. L. 0,263. (Le B., 159.)

Voir Rob.-Dum., 178.

Mêmes armoiries qu'au portrait précédent ; l'écu timbré d'une couronne de duc surmontée de la croix archiépiscopale à deux branches, sommée du chapeau de cardinal ; l'écusson est adossé à deux épées en sautoir et entouré du manteau d'hermine.

Belle épreuve.

1813. Mazarin (J., cardinal DE).—In-fol. H. 0,341. L. 0,265. (Le B., 160.)

Voir Rob.-Dum., 179.
Très-belle épreuve.

1814. Mazarin (J., cardinal DE)..— In-fol. H. 0,345. L. 0,273. (Le B., 161.) *

Voir Rob.-Dum., 180.
1er état. Très-rare. — Superbe épreuve.
2e état. — Belle épreuve.
3e état. — Très-belle épreuve.

1815. Mazarin (J., cardinal DE). — In-fol. H. de la planche, 0,332. L. 0,252. (Le B., 162.)*

Voir Rob.-Dum., 181.
Mêmes armoiries qu'au numéro 1810, sans indication d'émaux ; mêmes attributs.
1er état. Rare. — Très-belle épreuve. Collection Marshall.
4e état. — Belle épreuve.

1816. Mazarin (J., cardinal DE). — In-fol. H. de la planche, 0,355. L. 0,278. (Le B., 163.)

Voir Rob.-Dum., 182.
Mêmes armoiries, sans indication d'émaux, et mêmes attributs qu'au portrait précédent.
Belle épreuve.

1817. Mazarin (J., cardinal DE). — In-fol. H. de la planche, 0,277. L. 0,221. (Le B., 164.)

Voir Rob.-Dum., 183.
1er état, avant le *crochet*. Très-rare. — Superbe épreuve.
2e état, avec le *crochet*. — Très-belle épreuve.

1818. Mazarin (J., cardinal DE). -- In-fol. H. de la planche, 0,354. L. 0,273. (Le B., 165.)*

Voir Rob -Dum., 184.
La bordure octogone est appuyée sur une étoile au-dessus de deux haches d'armes (et non faisceaux) en sautoir.
1er état, avant les éraillures. — Superbe épreuve.

1819. Mazarin (J., cardinal DE). — Gr. in-fol. en travers. L. de la planche, 0,578. H. 0,485. (Le B., 166.) *

Voir Rob.-Dum., 185. — D'après Fr. Chauveau.
Représenté assis dans sa galerie. — Partie supérieure d'une thèse.
Belle épreuve.

1820. **Mazarin** (J.; cardinal DE). — In-fol. en travers. L. de la planche, 0,440. H. 0,363. (Le B., 167.) *

Voir Rob.-Dum., 186. — D'après P. Mignard.
1er état, avant le *crochet*. Fort rare. — Magnifique épreuve.
2e état, avec le *crochet*. — Belle épreuve.

1821. **Mazarin** (J., cardinal DE). — In-fol. H. 0,349. L. 0,267. (Le B., 168.) *

Voir Rob.-Dum., t. IV et XI, 187. — D'après P. Mignard.
1er état. — Très-belle épreuve.
Portrait gravé, suivant le P. Lelong, pour orner la thèse de M. de Béthune, tandis que M. Robert-Dumesnil, d'après Florent le Comte, dit qu'il l'aurait été pour celle de M. de Richelieu.

1822. **Ménage** (Gilles), critique français, 1613-1692. — In-4°. H. de la planche, 0,192. L. 0,127. (Le B., 170.) *

Voir Rob.-Dum., 188.
1er état. — Très-belle épreuve, avec grandes marges.

1823. **Mesgrigny** (Jean DE), premier président au parlement de Provence, mort en 1678. — In-fol. H. de la planche, 0,340. L. 0,258. (Le B., 171.) *

Voir Rob.-Dum., t. IV et XI, 190. — D'après Jean Daret.
Les armoiries, non décrites, sont : *D'argent au lion de sable, armé et lampassé de gueules ;* l'écu timbré d'une couronne de comte sommée d'un casque taré de front, avec lambrequins et cimiers ; supports : deux griffons d'or.
1er état, avant le nom du personnage. — Belle épreuve.
2e état, avec le nom du personnage. — Belle épreuve.

1824. **Mesmes** (Henri DE), président à mortier au parlement de Paris, mort en 1650. — In-fol. H. 0,313. L. 0,240. (Le B., 172.) *

Voir Rob.-Dum., 191.
1er état, avec le millésime 1650. — Très-belle épreuve.

1825. Mesmes (Jean-Antoine DE), conseiller d'État, puis président à mortier, mort en 1672. — In-fol. H. de la planche, 0,322. L. 0,247. (Le B., 172.) *

Voir Rob.-Dum.. t. IV et XI, 192.

Les armoiries, non décrites, sont : *Écartelé : au 1, d'or au croissant de gueules* (au lieu de *sable*) ; *aux 2 et 3, d'argent à deux lions léopardés de sinople* (au lieu de *gueules*), *posées l'un sur l'autre ; au 4, d'or à une étoile de gueules* (au lieu de *sable*) ; *au chef d'azur* (au lieu de *gueules*) ; *la pointe de l'écu ondée d'azur* ; l'écu timbré d'une couronne de comte sommée d'une toque de président ; supports : deux lions ; le manteau d'hermine environne le tout.

1er état, avec le millésime 1655. — Très-belle épreuve.

1826. Molé (Édouard), magistrat français, 1540-1614. — In-fol. H. de la planche, 0,293. L. 0,206. (Le B., 174.) *

Voir Rob.-Dum., t. IV et XI, 193.
1er état. — Belle épreuve.

1827. Molé (Mathieu), homme d'État, fils du précédent, 1584-1656. — In-fol. H. 0,336. L. 0,260. (Le B., 176.) *

Voir Rob.-Dum., 194.

Les armoiries, non décrites, et sans indication d'émaux, sont : *Écartelé : aux 1 et 4, de gueules au chevron d'or, accompagné en chef de deux étoiles d'or, et en pointe d'un croissant d'argent, qui est* Molé ; *aux 2 et 3, d'argent au lion de sable, armé et lampassé de gueules, qui est* Mesgrigny ; l'écu timbré d'un casque taré de front, orné de cimier et de lambrequins ; supports : deux lions. — Belle épreuve.

Le P. Lelong indique la date de 1653 comme étant celle de la gravure.

1828. Molé (l'abbé François), fils du précédent, 1625-1712. — In-fol. H. 0,305. L. 0,223. (Le B., 175.) *

Voir Rob.-Dum., 195.

Mêmes armoiries qu'au portrait précédent ; l'écu entouré de deux palmes et timbré d'une mitre et d'une crosse.

Très-belle épreuve.

1829. Montpezat de Carbon (Jean DE), archevêque de Bourges, puis de Sens, mort en 1686. — In-fol. H. 0,396. L. 0,317. (Le B., 177.) *

Voir Rob.-Dum., 196.

Les armoiries au bas de l'ovale, non décrites, sont : *Écartelé : aux*

1 et 4, de gueules aux balances d'or, qui est Montpezat; *aux 2 et 3, de gueules au lion rampant d'or; sur le tout: d'azur au monde d'or;* l'écu timbré d'une couronne de marquis surmontée de la croix archiépiscopale à deux branches, sommée du chapeau d'archevêque.

1er état, avec le millésime 1673. — Très-belle épreuve.

1830. Nesmond (François-Théodore DE), président à mortier au parlement de Paris, mort en 1664. — In-fol. H. de la planche, 0,335. L. 0,254. (Le B., 179.)*

Voir Rob.-Dum., 201.

Les armoiries, non décrites, sont: *D'azur à trois cors de chasse liés d'argent;* l'écu timbré d'un casque taré de front, avec cimier et lambrequins; supports : deux lions.

Très-belle épreuve.

1831. Nesmond (François DE), évêque de Bayeux, fils du précédent, 1626-1714. — In-fol. H. de la planche, 0,325. L. 0,255. (Le B., 180.)*

Voir Rob.-Dum., t. IV et XI, 202.

Mêmes armoiries qu'au portrait précédent, avec différence dans les émaux, qui, dans celui-ci, sont exacts: *D'or à trois cors de chasse de sable, liés de gueules;* l'écu timbré d'une mitre et d'une crosse sommées du chapeau d'évêque.

2e état, avec le crochet. — Très-belle épreuve.

1832. Neufville (Ferdinand DE), évêque de Chartres, 1608-1690. — In-fol. H. de la pl., 0,362. L. 0,268. (Le B., 181.) *

Voir Rob.-Dum., 203. — D'après Ph. de Champagne.

Les armoiries gravées sur la face du socle de support, non décrites, sont : *D'azur au chevron d'or, accompagné de trois croix ancrées de même,* 2 et 1: l'écu timbré d'une couronne de comte sommée du chapeau d'archevêque.

2e état, avec le millésime 1637 (et non 1651 et 1657 comme l'indiquent le P. Lelong et M. Robert-Dumesnil) après le mot *sculpebat.* — Très-belle épreuve.

1833. Neufville (Ferd. DE), le même que le précédent. — In-fol. H. de la planche, 0,326. L. 0,258. (Le B., 182.)*

Voir Rob.-Dum., t. IV et XI, 204.

Mêmes armoiries qu'au portrait précédent; la couronne de comte est sommée du chapeau d'évêque.

1er état, avant le *crochet.* — Superbe épreuve, avec marges.

1834. Nogaret (Bernard DE), duc **d'Épernon**, longtemps connu sous le nom de duc *de Là Valette*, colonel général de l'infanterie, 1592-1661. — In-fol. H. 0,319. L. 0,250. (Le B., 230.)*

Voir Rob.-Dum., 91.
1ᵉʳ état, avant la date. Fort rare. — Très-belle épreuve.
2ᵉ état, avec la date 1650. — Très-belle épreuve, avec marges.
3ᵉ état, avec le nom du personnage. — Belle épreuve, avec petites marges.

1835. Ormesson (André Iᵉʳ LE FÈVRE D'), conseiller d'État, 1576-1665. — In-fol. H. de la planche, 0,325. L. 0,248. (Le B., 119.)*

Voir Rob.-Dum., 209.
Les armoiries, non décrites, sont : *D'azur à trois lys d'argent;* l'écu timbré d'un casque taré de front, orné de lambrequins.
1ᵉʳ état, avec le millésime 1654. — Très-belle épreuve. Collection Camberlyn.

1836. Payen (Pierre), sieur DESLANDES, doyen des conseillers-clercs du parlement de Paris, abbé de Saint-Martin et prieur de la Charité. — In-fol. H. 0,318. L. 0,248. (Le B., 187.)*

Voir Rob.-Dum., 210.
Les armoiries, non décrites, sont: *D'azur à trois besants d'or* (les besants ont une forme oblongue); l'écu timbré d'une mitre et d'une crosse sommees du chapeau d'évêque.
Très-belle épreuve.

1837. Péréfixe (Hardouin DE BEAUMONT DE), prélat et historien français, 1605-1671. — In-fol. H. de la planche, 0,326. L. 0,256. (Le B., 188.) *

Voir Rob.-Dum., 211.
Les armoiries, non décrites, au bas du portrait, sont : *D'azur à neuf étoiles d'argent,* 3, 3, 2 *et* 1; l'écu environné des colliers de Saint-Michel et du Saint-Esprit, et timbré d'une mitre et d'une crosse sommées du chapeau de cardinal.
2ᵉ état. — Belle épreuve.

1838. **Péréfixe** (H. DE BEAUMONT DE), le même que le précédent. — In-fol. H. 0,356. L. 0,276. (Le B., 189.)*

Voir Rob.-Dum., t. IV et XI, 212.
Mêmes armoiries qu'au portrait précédent ; les colliers de Saint-Michel et du Saint-Esprit environnent l'écu qui est surmonté d'une croix épiscopale à deux branches, sommée du chapeau de cardinal.
2ᵉ état. — Très-belle épreuve.

1839. **Péréfixe** (H. DE BEAUMONT DE), le même que le précédent. — In-fol. H. de la pl., 0,275. L. 0,217. (Le B., 190.)*

Voir Rob.-Dum., 213.
Très-belle épreuve.

1840. **Péréfixe** (H. DE BEAUMONT DE), le même que le précédent. — Gr. in-fol. H. 0,492. L. 0,416. (Le B., 191.)*

Voir Rob.-Dum., t. IV et XI, 214.
1ᵉʳ état, avec l'année 1665. — Très-belle épreuve.

1841. **Phelypeaux** (Louis), seigneur **de La Vrillière**, marquis de Châteauneuf, secrétaire d'État, 1599-1681. — In-fol. H. de la planche, 0,329. L. 0,262. (Le B., 192.) *

Voir Rob.-Dum., 123.
Les armoiries, non décrites, sont : *Écartelé : aux 1 et 4, d'azur semé de quartefeuilles d'or ; au canton d'hermines, qui est* Phelypeaux ; *aux 2 et 3, d'argent à trois lézards au naturel, qui est* Cottereau ; l'écu timbré d'une couronne de comte et entouré des colliers de Saint-Michel et du Saint-Esprit.
2ᵉ état. — Très-belle épreuve, avec petite marge.

1842. *Pologne :* **Marie-Louise de Gonzague**, fille de Charles de Gonzague, duc de Nevers, et seconde épouse du roi WLADISLAS VII, v. 1612-1667. — In-fol. H. de la planche, 0,218 L. 0,162. (Le B., 193.)*

Voir Rob.-Dum., 164.
Le nom *Villeloin* est écrit sans *g* à la fin.
1ᵉʳ état. Très-rare. — Magnifique épreuve. Collection Camberlyn.
2ᵉ état. — Très-belle épreuve.

1843. **Pomponne** (Simon ARNAULD, marquis DE), homme

d'État français, 1618-1699.— Gr. in-fol. H. 0,503. L. 0,423. (Le B., 22.)*

Voir Rob.-Dum., 24.
Fragment de la tête. Épreuve d'essai inconnue à M. Robert-Dumesnil; avec le haut du rabat en blanc.
1er état. Fort rare. — Superbe épreuve.

1844. **Poncet de la Rivière** (Pierre), mort doyen des conseillers d'État. — In-fol. H. de la planche, 0,327. L. 0,255. (Le B., 194.)*

Voir Rob.-Dum., 215.
Les armoiries, non décrites, qui se trouvent au bas du portrait, couvrant l'ovale et le milieu de la console de support, sont: *D'azur à la gerbe de blé d'argent* (au lieu *d'or*), *liée de même, sommée de deux tourterelles affrontées d'or* (non indiqué), *et becquetant sur la gerbe, le tout accompagné en chef d'une étoile d'argent;* l'écu environné de deux palmes et timbré d'une couronne de comte.
1er état. — Superbe épreuve.
2e état. — Très-belle épreuve.

1845. **Potier de Novion** (Nicolas), magistrat français, 1618-1693. — In-fol. H. 0,330. L. 0,248. (Le B., 195.)*

Voir Rob.-Dum., 205.
Les armoiries au bas de l'ovale, non décrites, sont: *D'azur à trois mains appaumées d'argent* (au lieu *d'or*); *au franc canton échiqueté d'argent et d'azur;* l'écu timbré d'un casque taré de front, orné de cimier et lambrequins; supports: deux dragons ailés.
2e état, avec le millésime 1654. — Belle épreuve.

1846. **Potier de Novion** (N.), le même que le précédent. — In-fol. H. de la planche, 0,360. L. 0,263. (Le B., 196.) *

Voir Rob.-Dum., 206.
Les armoiries, renfermées dans un petit ovale oblong, retenu par un ruban attaché des deux côtés à des pointes, et non décrites, sont les mêmes que celles du portrait précédent; l'écu timbré d'un casque taré de front, orné de lambrequins et sommé d'une toque de président au parlement; les colliers de Saint-Michel et du Saint-Esprit entourent l'écusson, et le tout est environné du manteau d'hermine.
2e état, avec l'année 1657. — Très-belle épreuve.

1847. Potier de Novion (N.), le même que le précédent.
— In-fol. H. de la planche, 0,360. L. 0,279. (Le B., 197.) *

> Voir Rob.-Dum., 207.
> Mêmes armoiries qu'au portrait précédent.
> 2e état, avec le *crochet*. — Très-belle épreuve.

1848. Regnauldin (Claude), sieur de Bereu, procureur général au grand conseil. — In-fol. H. de la planche, 0,323.
L. 0,249. (Le B., 201.) *

> Voir Rob.-Dum., 216.
> Les armoiries, non décrites, sont : *D'azur à un laurier terrassé d'ar-*
> *gent, accompagné de deux oiseaux affrontés...;* l'écu timbré d'un casque
> orné de lambrequins ; au bas de l'écu, sur une banderole, cette devise:
> *Hic a fulmine tutœ.*
> 1er état. — Très-belle épreuve.
> 2e état, avec la planche accessoire. — Belle épreuve.

1849. Richelieu (Armand-Jean [et non Armand-Paul] DU
PLESSIS, cardinal duc DE), 1585-1642. — In-fol. H. de la
planche, 0,348. L. 0,271. (Le B., 202.) *

> Voir Rob.-Dum., 218. — D'après Ph. de Champagne.
> 1er état. — Superbe épreuve. Collection Franck.
> 2e état. — Très-belle épreuve.

1850. Sarasin (Jean-François), écrivain et poëte français,
1605-1654. — Petit in-fol. H. de la planche, 0,216.
L. 0,153. (Le B., 203.) *

> Voir Rob.-Dum., t. IV et XI, 220.
> 1er état. Très-rare. — Superbe épreuve.
> 2e état. Rare. — Très-belle épreuve, avec grandes marges.

1851. *Savoie :* **Henri II de Savoie,** dernier duc **de Ne-**
mours, 1625-1659.— In-fol. H. 0,317. L. 0,245. (Le B.,
206.) *

> Voir Rob.-Dum., t. IV et XI, 198.
> 1er état, avec le millésime 1651. Fort rare. — Très-belle épreuve.
> 3e état, avec l'année 1652. — Belle épreuve.

1852. *Savoie :* **Henri II de Savoie**, le même que le précédent. — In-fol. H. de la planche, 0, 343. L. 0, 260. (Le B., 207.)

> Voir Rob.-Dum., 199.
> 1ᵉʳ état, avant l'inscription. Rare. — Très-belle épreuve, avec marges.

1853. *Savoie :* **Marie d'Orléans**, appelée *Demoiselle de Longueville*, dernière de sa branche, épouse du précédent, 1625-1707. — In-4°. H. de la planche, 0, 163. L. 0, 113. (Le B., 205.)

> Voir Rob.-Dum., 200. — D'après Henri Beaubrun.
> Superbe épreuve.

1854. *Savoie :* **Charles-Emmanuel II**, 1634-1675. — In-fol. H. 0,392. L. 0,252. (Le B., 204.)

> Voir Rob.-Dum., 61.
> 1ᵉʳ état, NON DÉCRIT, avant le chiffre 3 après le mot *que* du troisième vers. Très-rare. — Superbe épreuve. Collection Camberlyn.

1855. *Savoie :* **Marie-Jeanne-Baptiste de Savoie-Nemours**, seconde épouse du précédent, morte en 1724. — In-fol. H. 0,386. L. 0,246. (Le B., 208.)

> Voir Rob.-Dum., 169. — D'après Laurent du Sour.
> Les armoiries, non décrites, sont : *Deux écus accolés; le premier écartelé : au 1 de* Jérusalem, *de* Chypre, *d'*Arménie *et de* Luxembourg; *au 2, de* Saxe ancienne, *parti de* Saxe moderne, *enté d'*Angrie ; *au 3, de* Chablais, *parti d'*Aouste; *au 4, de* Genève, *parti de* Montferrat; *sur le tout : de* Savoie; *le second, de gueules à la croix d'argent; à la bordure componée d'or et d'azur.* Une couronne royale timbre ces deux écus entourés des lacs de veuve.
> 1ᵉʳ état. — Très-belle épreuve.
> 2ᵉ état. — Belle épreuve.

1856. **Scudery** (Georges DE), de l'Académie française, 1601-1667. — In-fol. H. de la planche, 0,262. L. 0,199. (Le B., 209.) *

> Voir Rob.-Dum., 221.
> 1ᵉʳ état. — Très-belle épreuve.
> 2ᵉ état. — In-4°. H. de la planche, 0.148. L. 0,104. — Belle épreuve.

1857. Seguier (Pierre III), chancelier de France, 1588-1672.
— Gr. in-fol. en travers. L. 0,591. H. 0,465. (Le B., 210.)*

Voir Rob.-Dum., 222. — D'après Ch. Le Brun.
1er état. Rare. — Très-belle épreuve.
Le P. Lelong indique la date de 1656, comme étant celle de la gravure.

1858. Seguier (Pierre III), le même que le précédent. —
In-fol. H. 0,324. L. 0,247. (Le B., 211.)

Voir Rob.-Dum., 223.
Les armoiries, non décrites, sont : *D'azur au chevron d'argent* (au lieu *d'or*) *accompagné en chef de deux étoiles de même et en pointe d'un mouton d'argent*; l'écu timbré d'une couronne surmontée d'un casque taré de front, avec cimier et lambrequins, ainsi que les insignes de chancelier en sautoir; les colliers de Saint-Michel et du Saint-Esprit entourent l'écusson, et le tout est environné du manteau d'hermine.

1859. Seguier de Saint-Brisson (Pierre), prévôt de Paris, mort en 1669. — Petit in-fol. H. 0,266. L. 0,185. (Le B., 212.)*

Voir Rob.-Dum., t. IV et XI, 224.
Mêmes armoiries qu'au portrait précédent; l'écu timbré d'une couronne de marquis surmontée d'un casque couronné, taré de front, avec cimier et lambrequins; deux bâtons, en sautoir, insignes de sa charge; soutenants : deux anges.
Très-belle épreuve.

1860. Servien (François), évêque de Bayeux, mort en 1661.
— In-fol. H. de la planche, 0,349. L. 0,268. (Le B., 213.)*

Voir Rob.-Dum., 225. — D'après Ph. de Champagne.
Les armoiries, non décrites, sont : *D'azur à trois bandes d'or; au chef cousu du premier, chargé d'un lion issant du second;* l'écu timbré d'une couronne de comte sommée du chapeau d'évêque.
1er état, avant le nom du personnage. — Magnifique épreuve. Collection Camberlyn.

1861. Sève (Alexandre DE), conseiller d'État, prévôt des marchands. — In-fol. H. 0,324. L. 0,253. (Le B., 214.)*

Voir Rob.-Dum., 82.
Les armoiries au bas de l'ovale, non décrites, sont : *Fascé d'argent*

et de sable de six pièces ; à la bordure contre-componée du même ; l'écu timbré d'un casque taré de front, orné de lambrequins.
Très-belle épreuve.

1862. Steenberghen (Jean-Baptiste van), conseiller du roi au conseil de Flandre. — In-fol. H. de la planche, 0,317. L. 0,245. (Le B., 215.)

> Voir Rob.-Dum., t. IV et XI, 226. — D'après Duchastel.
> Portrait connu sous le titre de l'*Avocat de Hollande.*
> 2e état. — Superbe épreuve. Collection Camberlyn.
> Même état, avec la planche accessoire. — Très-belle épreuve.

1863. *Suède :* **Christine,** 1626-1689.— Petit in-fol. H 0,256. L 0,195. (Le B., 216.)

> Voir Rob.-Dum., 67. — D'après S. Bourdon.
> Le mot *Esclaues,* du dernier vers, commence par une majuscule.
> 1er état. Fort rare. — Très-belle épreuve.
> 3e état. — Belle épreuve.

1864. Talon (Denis), magistrat français, 1628-1698. — In-fol. H. de la planche, 0,370. L. 0,290. (Le B., 218.) *

> Voir Rob.-Dum., 228.
> Les armoiries placées dans le haut et dans le bas de la guirlande, sont : *D'azur au chevron, accompagné de trois épis soutenus chacun d'un croissant, le tout d'or;* l'écu timbré d'un casque taré de front, orné de lambrequins.
> Très-belle épreuve.
> Le P. Lelong indique la date de 1656, comme étant celle de la gravure.

1865. Talon (D.), le même que le précédent. — Gr. in-fol. H. de la planche, 0,500. L. 0,425. (Le B., 219.) *

> Voir Rob.-Dum., 229.
> 1er état, avec le millésime 1669. — Superbe épreuve.

1866. Thevenin (Claude), chanoine de l'église N.-D. de Paris. — In-fol. H. de la planche, 0,336. L. 0,258. (Le B., 220.) *

> Voir Rob.-Dum., 230.
> Les armoiries au bas du portrait, couvrant l'ovale et le milieu du socle, sont : *D'azur à la fasce d'or, accompagnée de trois croissants d'ar-*

gent (les émaux ne sont pas indiqués) ; l'écu timbré du chapeau d'é-
vêque.
Très-belle épreuve.

1867. Thevenin (Cl.), le même que le précédent. — In-
fol. H. 0,346. L. 0,265. (Le B., 221.)

> Voir Rob.-Dum., 231.
> Mêmes armoiries, avec l'indication des émaux.
> 2e état. — Belle épreuve.

1868. Turenne (Henri DE LA TOUR D'AUVERGNE, vicomte DE),
maréchal de France, 1611-1675. — In-fol. H. de la planche,
0,383. L. 0,289. (Le B., 228.) *

> Voir Rob.-Dum., t. IV et XI, 232. — D'après Ph. de Champagne.
> Les armoiries, non décrites, placées dans un petit cartouche au bas
> de l'ovale, sont : *Écartelé : aux 1 et 4, de* La Tour ; *au 2, de* Boulogne ;
> *au 3, de* Turenne ; *sur le tout : parti, au 1, d'*Auvergne ; *au 2, de*
> Bouillon ; l'écu timbré d'une couronne de duc ; supports : deux lions
> ailés.
> 3e état. Rare. — Superbe épreuve.
> Le P. Lelong indique la date de 1663, comme étant celle de la gra-
> vure.

1869. Turenne (H. DE LA TOUR D'AUVERGNE, vicomte DE), le
même que le précédent. — Gr. in-fol. H. de la planche,
0,500. L. 0,425. (Le B., 229.) *

> Voir Rob.-Dum., t. IV et XI, 233.
> 2e état. Très-rare. — Superbe épreuve.
> 4e état. — Très-belle épreuve, à petites marges.

1870. Voiture (Vincent), de l'Académie française, 1598-
1648. — In-4°. H. 0,200. L. 0,146. (Le B., 233.) *

> Voir Rob.-Dum., 234. — D'après Ph. de Champagne.
> Belle épreuve.

NARGEOT (JEAN-DENIS),
graveur au burin, né à Paris en 1795. Élève de B. Royer et de Benoist.

1871. *Hollande :* **Hortense de Beauharnais,** comtesse de
Saint-Leu, épouse de LOUIS Bonaparte, roi de Hollande,

1783-1837. — In-4°. H. de la planche gr., 0,148. L. 0,100.

A mi-corps, dans un médaillon ovale, équarri, entouré de fleurs et soutenu par un socle au milieu duquel on lit : *Hortense.* Vue de 3/4, tournée vers la droite, regardant de face. Tête nue, cheveux bouclés et séparés au milieu par une raie. Pendants d'oreilles. Collier de deux rangs de perles. Corsage de robe décolleté laissant les seins à moitié découverts. — Sous le tr. c., au milieu, tracé à la pointe : *A. Nargeot sculp^it.*

Belle épreuve, avec marges.

NÉE (FRANÇOIS-DENIS),

graveur au burin, né vers 1735, à Paris, où il mourut le 19 août 1817 (et non en 1818), âgé de soixante-dix-huit ans, selon l'acte de son décès. Élève de J.-Ph. Le Bas.

1872. Franklin (Benjamin), célèbre physicien et homme d'État américain, 1706-1790. — In-fol. H. de la planche, 0,365. L. 0,219. (Le B., 6.)

En pied. Dans une chambre dont la fenêtre ouverte donne vue sur la mer et des vaisseaux. Assis dans un fauteuil, près d'une table, sur laquelle est un chapeau posé sur un livre retenant une feuille de papier. Vu de profil, tourné à gauche. Tête nue, le front dénudé. Vêtu d'une redingote. Le bras gauche plié sur la poitrine. Culotte courte, souliers à boucles.

1er état, avant toute lettre. Rare. — Très-belle épreuve.

2e état. — Sur la feuille de papier retenue par le livre, on lit : *Les Loix* || *de la Pensilva* = || *nie.* — Sous le tr. c., à g. : *L. C. de Carmontelle. Del.* — Au milieu : *On l'a vu désarmer les Tirans et les Dieux.* — Plus bas : *A Paris chez Née rue,* etc. || *A. P. D. R.* — Belle épreuve.

NICOLLET (BERNARD-ANTOINE),

graveur au burin, né à Saint-Immier en 1740, mort à Paris en 1807. Élève de Ch. Boily et de Cochin.

1873. Coustou (Ch.-P.), architecte. — In-4°. H. de la planche, 0,196. L. 0,145.

En buste, dans un médaillon équarri, retenu par son anneau à un nœud de ruban. Vu de profil, tourné à gauche. Tête nue, cheveux relevés sur le devant, bouclés sur les côtés et ornés derrière d'un nœud de ruban. — Sous le portrait, dans la gravure : *Charles Pierre Coustou,* ||

Architecte du Roy. || Chevalier de l'Ordre du Roy.— Sous le tr. c., à g. :
C. N. Cochin filius delin 1764. ; — à dr. : *B. A. Nicollet Sculp.* 1776.
Belle épreuve, avec petites marges.

1874. Le Couteulx du Moley (Sophie). — In-fol. H. de la planche, 0,331. L. 0,234. H. de la gravure, 0,160. L. 0,195.

En buste, dans un petit médaillon ovale, entouré de personnages allégoriques représentant : *La Musique, la Renommée et la Peinture,*
accompagnées d'anges ; le tout enveloppé des nuages. Vue de profil,
tournée à gauche. Tête nue, cheveux relevés et attachés dans le haut
par un ruban, bouclés sur les côtés. — A l'extrémité des nuages, dans
un blanc, on lit à g., tracé à la pointe : *C. N. Cochin fil. del.* 1782.
— à dr. : *B. A. Nicollet sculpsit.*
Belle épreuve.
Frontispice pour un ouvrage sur la musique.

1875. Montholon (N. DE). — In-4°. H. de la planche, 0,219. L. 0,163. (Le B., 11.)

En buste, dans une bordure ovale, équarrie, ornée de coins. Vu de
3/4, tourné à droite. Tête nue, cheveux relevés, bouclés sur les côtés.
Vêtu d'une robe avec rabat. — Sous la bordure ovale, un socle avec
cette inscription : *Nicolas de Montholon || Né le 6 Xbre.* 1736. *Conseiller
au Parlement de Paris en* 1761 || *nommé Premier Président du Parle-
ment de Metz || en Xbre.* 1764, *Premier Président du Parlement || de
Rouen en Xbre.* 1774. Cette inscription est coupée en deux par un cartouche armorié : *D'azur au mouton d'or* (non indiqué) *passant sur une
terrasse d'argent ; accompagné en chef de trois quintefeuilles du même ;*
l'écu timbré d'une couronne surmontée d'une toque ; le tout environné
du manteau d'hermine.— Sous le tr. c., à g. : *C. N. Cochin eques del.;*
— à dr. : *Nicolet* (sic) *sculp.*
Belle épreuve, avec marges.

1876. Roslin (Alexandre), peintre français, d'origine sué- doise, 1719-1793. — In-4°. H. de la planche, 0,201. L. 0,150. (Le B., 14, *s. n.*)

En buste, dans un médaillon équarri, retenu par un nœud de ruban.
Vu de profil, tourné à droite. Tête nue, cheveux relevés sur le devant,
bouclés sur les côtés et ornés derrière d'un nœud de ruban. — Fond
noir. — Sous le médaillon, dans la gravure : *A. Roslin, || Peintre du
Roy, Chevalier de l'Ordre || de Vasa.* — Sous le tr. c., à g. : *C. N. Cochin
filius delin* 1774. ; — à dr. : *B. A. Nicollet Sculp.* 1776.
Belle épreuve, à toutes marges.

1877. **Vernet** (Claude-Joseph), célèbre peintre français, 1714-1789. — In-4°. H. de la planche, 0,205. L. 0,148. . (Le B., 16, *s. n.*)

En buste, dans un médaillon équarri, retenu par un nœud de ruban. Vu de profil, tourné à gauche. Tête nue, cheveux rejetés en arrière, bouclés sur les côtés et ornés derrière d'un nœud de ruban. — Fond noir. — Sous le médaillon, dans la gravure : *C*/*dc*. *Joseph Vernet* || *Peintre du Roi, Conseiller de l'Académie* || *Royale de Peinture et de Sculpture.* — Sous le tr. c., à g. : *C. N. Cochin fil. del.* ; — à dr. : *B. A. Nicolet* (sic) *sc.* 1781.

Belle épreuve, avec petites marges.

NOCHEZ (Jean-Edme),

graveur au burin, né en 1736, à Paris, où il mourut en... Élève d'Ét. Fessard.

1878. **Rousseau** (J.-J.), 1712-1778. — In-fol. H. de la planche, 0,416. L. 0,303. (Le B., 3.)

A mi-corps, dans un cadre rectangulaire. Vu de 3/4, regardant de face, le corps tourné à gauche. Coiffé d'un bonnet de fourrure. Vêtu d'une houppelande garnie également de fourrure. Les bras croisés sur la poitrine, la main droite tenant la garniture du pan gauche du vêtement. — Sur une tablette, évasée en partie dans le bas et couvrant le côté du cadre. on lit :

Jean-Jacques Rousseau, || *né à Genève en* 1708 (sic),

———————

Ainsi l'aigle caché dans les forets d'Ida,
pour prendre un vol plus haut, souvent le retarda.

Poème de la Peinture, par Mr Le Mierre, Ch. 3.

— Au haut de la tablette, dans l'angle gauche : *A. Ramsay Londini Pinx.* 1766. ; — dans l'angle droit : *J. E. Nochez Sculp.* 1769. N° 6. — Sous le tr. c., à g., *A Paris chez Delalain, Libraire, rue S*t*. Jacques, Avec Privilège du Roi.*

Belle épreuve.

NOLIN (Jean-Baptiste),

graveur et éditeur, né en 1657, à Paris, où il mourut en 1725. Élève de N. de Poilly.

1879. **Molière** (Jean-Baptiste Poquelin de), 1620-1673. — In-fol. H. de la planche gravée, 0,250. L. 0,200. (Le B., 13, *s. n.*)

Jusqu'à mi-jambes. Assis sur une chaise. Vu de 3/4, tourné à droite, regardant de face, le corps étant de profil. En perruque bouclée. Vêtu d'une robe de chambre dégrafée dans le haut, laissant voir la chemise. Manchettes de dentelle. Il tient une plume d'oie de la main droite, et un livre ouvert de la gauche. — A droite, dans le fond, un pilastre quadrangulaire avec socle, sur lequel est suspendu un cartel, par un nœud de ruban. — Sous le tr. c., à g. : *Petrus Mignard Trecensis Pinxit;* — à dr. : *Jo. Baptis. Nolin Sculpsit* 1685.

2e état. Fort rare. — Très-belle épreuve.

PANNIER (Jacques-Étienne),

graveur au burin contemporain, né à Paris. Élève d'Abel de Pujol.

1880. Dow (Gérard), célèbre peintre hollandais, 1613-1680. — In-4°. H. de la gravure, 0,159. L. 0,116.

A mi-corps, debout, appuyé de l'avant-bras droit sur l'appui d'une ouverture cintrée, la main pendante en dehors. Vu de 3/4, tourné à droite, regardant de face. Coiffé d'une toque. Cheveux longs, légèrement ondulés et retombant sur les épaules. Vêtu d'une houppelande garnie de fourrure. Il tient de la main gauche des pinceaux et une palette garnie de couleurs, le pouce passé dans le doigté. — Sous le tr. c., à g. : *Gerard-Dow pinx.;* — à dr. : *Pannier sculp.;* — au milieu : *Sandoz del.* — Au bas de la feuille de Chine : *A Paris, au bureau des Gal*ies *Hist*ques *de Versailles, rue de Verneuil,* 34. || *Imp*é. *par Chardon aîné et Azé.*

Avant le nom du personnage. — Belle épreuve,

1881. Raphaël, 1483-1520. — In-4°. H. de la gravure, 0,167. L. 0,126.

A mi-corps, dans un cadre rectangulaire. Il est représenté jeune, vu de 3/4, tourné vers la droite. Coiffé d'une toque ; cheveux longs. Accoudé du bras droit, la tête appuyé sur sa main. Vêtu d'une tunique. D'après Raphaël lui-même.

Belle épreuve d'artiste, sur papier de Chine.

PARDINEL (Jean-Charles),

graveur au burin contemporain, né à Issoire.

1882. Lenormant (Charles), archéologue français, membre de l'Institut, 1802-1859. — In-4°. H. de la gravure, 0,097. L. 0,078.

En buste, dans un cadre rectangulaire. Vu presque de profil, tourné à droite. Tête nue. Collier de barbe. Vêtu d'une redingote à collet de velours, orné du ruban de la Légion d'honneur. — Sur le cadre, au-dessous du portrait, tracé à la pointe : *Buturat* (sic, lisez : E.-F. Buttura) *del — Pardinel sc.* — Dans la marge, cette dédicace autographe, au crayon : *à son confrere et ami* ‖ *Ambroise firmin Didot. Le Normant.* Belle épreuve, sur papier de Chine.

PATAS (Jean-Baptiste),

dessinateur et graveur au burin, né vers 1748, à Paris, où il mourut vers 1817.

1883. **Colombe** (Marie-Thérèse-Théodore Rombocoli-Rug-gieri, *dite*), de la Comédie-Italienne, 1757-1837. — In-fol. H. de la planche, 0,414. L. 0,291. H. de la gravure, 0,321. L. 0,244.

En pied, dans le rôle de *Bélinde*. Debout près du rivage de la mer où se voit une chaloupe ballottée par les flots. Vue de face, le corps lé-gèrement tourné vers la droite. Tête nue, cheveux relevés sur le de-vant, bouclés au sommet et retombant en longues frisures sur les épaules. Robe à panier à double jupe, garnie de petits bouillons sur le devant, avec corsage décolleté, laissant les seins à demi nus. Man-ches courtes. — Derrière elle, des rochers ombragés par des arbustes. — Sous le tr. c., à g. : *Dessiné et Gravé ;* — à dr. : *par Patas.* — Au milieu : *M*ᶜˡˡᵉ. *Colombe L'Ainée* ‖ *Pensionnaire du Roy* ‖ *Née à Venise en* 1754 (sic) *et reçue à la Comédie Italienne en* 1773.

> *Ciel ! où suis-je..... Bélinde. Acte* 1ᶜʳ. *Scen.* 5ᵉ. *de la Colonie.*

— Plus bas, un peu au-dessus du tr. de la pl. : *Se vend à Paris chez Patas Graveur, Rue,* etc.
Belle épreuve.

PERRIER (François), dit *le Bourguignon*,

peintre et graveur à l'eau-forte, né vers 1590 à Saint-Jean-de-Losne, mort à Paris en 1650 ou 1656. Son œuvre est décrit dans Robert-Dumesnil, t. VI, pp. 162-201, et t. XI, pp. 252-254.

1884. **Vouet** (Simon), peintre français, 1590-1649. — Pet. in.-fol. H. 0,190. L. 0,140. *

Voir Rob.-Dum., t. VI et XI, 12.
Belle épreuve. Reste d'une planche in-fol. H. 0,302. L. 0,212.

PESNE (Jean),

peintre et graveur au burin et à la pointe, né à Rouen vers 1623, mort à Paris en 1700. Son œuvre est décrit dans Robert-Dumesnil, t. III, pp. 116-181, et t. XI, pp. 281-288.

1885. Langlois (François), dit *Cıartres* ou *de Chartres*, graveur français. In-fol. H. 0,347. L 0,256. *

> Voir Rob.-Dum., 97.
> Très-belle épreuve.

1886. Le Conte (Louis), sculpteur français, mort en 1694. — In-fol. H. de la planche, 0,373. L. 0,258. *

> Voir Rob.-Dum., 4.
> Belle épreuve, avec marges.

1887. Poussin (Nicolas), célèbre peintre français, 1593 ou 1594-1665. — In-fol. H. 0,280, non compris une marge de 0,036. L. 0,218. *

> Voir Rob.-Dum., 5.
> 3e état, avec l'adresse de *le Blond*. — Belle épreuve, sans marges.

1888. Poussin (Nicolas), le même que le précédent. — In-fol. H. 0,324, non compris une marge de 0,033. L. 0,240. *

> Voir Rob.-Dum., 6.
> Ajouter, p. 120, à la deuxième ligne après le mot : *enfants*, sur une tablette : *Nicolavs*, etc.
> 1er état, avant le nom d'*Audran ex*. — Très-belle épreuve. Collection Camberlyn.

1889. Thou (Jacques-Auguste de), président des enquêtes du Parlement de Paris et ambassadeur en Hollande, mort en 1677, âgé de 69 ans. — In-fol. H. 0,314. L. 0,244. *

> Voir Rob.-Dum., 2.
> Belle épreuve.

PETIT (Gilles-Edme),

graveur au burin, né en 1696, à Paris, où il mourut en 1760.
Élève de Jacques Chéreau.

1890. *Allemagne :* **Marie-Thérèse d'Autriche, impératrice, 1717-1780.** — In-fol. H. de la planche, 0,375. L. 0,243.

A mi-corps, dans une bordure ovale, équarrie, supportée par un socle. Debout, vue de 3/4, tournée vers la droite, le corps de face. Tête nue, cheveux relevés, bouclés et terminés en deux longues frisures retombant sur les épaules. Diadème. Pendants d'oreille. Magnifique corsage décolleté, couvert de brillants et de perles. Large ceinture formée de huit rangs de perles; jupe à grands ramages. Les épaules couvertes d'un manteau flottant, retenu par deux agrafes en brillant. Le bras droit replié, la main sur la poitrine, elle s'appuie du coude sur un coussin à glands supportant la couronne impériale. — Au-dessous de la bordure, couvrant le milieu du socle, un médaillon renferme les armoiries, accompagnées de cette inscription : *Marie Therese*‖ *Reine de Hongrie et de Boheme &c.* — Sous le tr. c,, à g.: *Peint à Vienne en 1742. par Martin de Meijtens;* — à dr.: *Gravé à Paris en 1743. par Petit.*

1er état. — Très-belle épreuve, avec marges.

2e état. — Sur la bordure, au bas du personnage, à g. du médaillon armorié, on lit : *Fœmina fronte Patet, vir;* — à dr. : *Pectore, Diva Decore.* — Sur le listel extérieur de la bordure, à dr., près du médaillon : *Delastre.* — Sur la face du socle : *Marie Therese* ‖ *Reine de Hongrie &c. Née le 13. May 1717.* — Sous le tr. c., à g. et à dr., les mêmes inscriptions qu'au premier état. — Au milieu, sur deux lignes : *Se vend chez Petit rue,* etc. — Belle épreuve.

1891. **Bachelier** (H.), lieutenant criminel au Châtelet. — In-fol. H. de la planche, 0,380. L. 0,274. *

A mi-jambes, dans un cadre rectangulaire, terminé par un appui sur la tablette duquel on lit : *Mre Henry Bachelier Checr. Sgr. de Montcel*‖ *Lieutenant Criminel de Robbe courte au Chet. de Paris.* — Debout près d'une table. Vu de 3/4, tourné à droite, regardant de face. En perruque bouclée, retombant sur les épaules. Cravate blanche formant rabat. En costume de sa charge ; longue robe à revers avec manches à parements, ornée sur l'épaule droite d'un nœud de ruban. Épée au côté, dont on ne voit que la poignée. La main droite appuyée sur la hanche, et la gauche, sur un chapeau placé sur la table, à côté d'une canne. Fond noir. — Au milieu de l'appui, séparant en deux l'inscription, un petit médaillon renferme les armoiries : *D'azur à la croix engreslée d'or, cantonnée de quatre paons rouants d'argent*; l'écu timbré d'une couronne de marquis. — Sous le tr. c., à g. : *Peint par de Troy.*; — à dr. : *Gravé par Petit.*

Belle épreuve.

1892. Bayle (Pierre), célèbre philosophe et critique français, 1647-1706. — In-fol. H. de la planche, 0,327. L. 0,221. *

A mi-jambes, debout. Vu de 3/4, tourné à droite, regardant vers la gauche. Tête nue, cheveux longs et frisés, séparés au milieu par une raie. L'épaule droite couverte d'un manteau qui l'enveloppe, laissant voir le haut de sa robe entièrement boutonnée et le rabat. Il s'appuie de la main droite sur un livre.— Fond noir. — Sous le tr. c., à g. *Æt 28* ; — à dr. : *Petit F.* ; — au milieu, sur presque toute la largeur, ce quatrain :

> *Tel fut l'illustre Bayle, honneur des beaux esprits,*
> *Dont l'élégante plume, en recherches fertile,*
> *Fait douter qui des deux l'emporte en ses écrits,*
> *De l'agréable ou de l'utile ?*
>
> D. L. M.

— Au-dessous, au milieu : *L'Estample* (sic) *ce trouve Chez J. Rollin fils quay des augustins a S*t*. Athanas.*

Belle épreuve.

1893. Coignard (Jean-Baptiste), imprimeur-libraire français, 1660-1737. — In-fol. H. de la gravure, 0,425. L. 0,330. *

Jusqu'aux genoux. Assis dans un fauteuil. Vu presque de face, la tête légèrement inclinée vers l'épaule gauche. En longue perruque bouclée. Robe entr'ouverte, avec rabat et manches à parements garnis de boutons. Manchettes de dentelle. La main droite appuyée sur le bras du fauteuil; de la main gauche, qui est gantée, il tient l'autre gant. — Sous le tr. c., à g.: *A. Pesne Pinxit* 1724. ; — à dr. : *G. E. Petit Sculpsit* 1732. — Au milieu : *Joan. Bapt. Coignard* || *Regis et Academiæ Galliæ Typographus, Parisiensis Exconsul.* Cette inscription est séparée par un cartouche renfermant les armoiries : *De gueules à trois haches, posées 2 et 1, les deux premières contournées ; au chef cousu d'azur, chargé de deux palmes formant couronne, accompagnées de deux étoiles ; le tout d'argent ;* l'écu timbré d'un casque taré de front ; supports : deux chiens colletés, la tête contournée. — Au-dessous des armoiries, à g. : *Offerebat Joannes Baptista Coignard* ; — à dr. : *Filius Typographus Regius.*

Belle épreuve.

II. 19

1894. *France* : **Marie Leszczynska**, mère du suivant, 1703-1768. — In-fol. H. de la planche, 0,347. L. 0,270. *

A mi-corps, dans une bordure ovale, équarrie, supportée par un socle. Vue de 3/4, tournée vers la gauche, regardant de face. Tête ornée d'un diadème. Cheveux bouclés et terminés en longues frisures retombant sur les épaules. Pendant d'oreille. Corsage décolleté, à ramages et à basques, orné de brillants. Les épaules couvertes du manteau d'hermine fleurdelisé. — Fond noir. — Sur le dessus du socle, à g. (J.-Bapt.) *Vanloo peinx* (sic). ; — à dr. : *Petit Sculp.* — Sur la face du socle : *Marie Princesse de Pologne Reine* || *De France et de Navarre.* Cette inscription est séparée au milieu par un cartouche renfermant les écus accolés de *France* et de *Pologne*, avec les armoiries de *Leszczynski* en abîme ; les deux écussons timbrés de la couronne royale. — Sous le tr. c., sur toute la largeur : *A Paris chez Petit qui le vend*, etc., *Et chez la veve* (sic) *Chereau*, etc.

Belle épreuve, avec marges.

1895. *France* : **Louis de France,** Dauphin, 1729-1765. — Gr. in-fol. H. de la planche, 0,500. L. 0,347. *

En pied. Debout dans un cabinet, près d'une console recouverte d'un coussin qui supporte la couronne des Dauphins. Vu presque de face ; tête nue, cheveux rejetés en arrière et retombant en longues boucles sur les épaules. Cravate de dentelle. Magnifique habit brodé. Grand cordon en sautoir, avec la croix du Saint-Esprit. Épée au côté, dont on ne voit que la poignée. Le bras droit écarté, la main posée sur la couronne. La main gauche appuyée sur la hanche. Culotte courte ; souliers à boucles. — Derrière lui, à droite, sur un fauteuil, le manteau d'hermine fleurdelisé. — Sous le tr. c., à g. : *Penouile Effigiem pinxit ;* — à dr. : *Petit ex.* — Sur toute la largeur : *Monseigneur le Dauphin* || *Né à Versailles le 4. Septembre* 1729. — Un peu au-dessous, sur deux lignes : *A Paris chez Petit rue*, etc. || *et chez la Veuve Chereau*, etc. Ces inscriptions sont séparées au milieu par un cartouche renfermant les armoiries des *Dauphins* ; l'écu timbré d'une couronne et entouré des colliers de Saint-Michel et du Saint-Esprit.

Belle épreuve, avec marges.

1896. Gesvres (Franç.-Joach.-Bern. POTIER, duc DE), pair de France, 1692-1757. — Gr. in-fol. H. de la planche, 0,510. L. 0,337. *

En pied. Debout dans une galerie avec une ouverture cintrée par laquelle on voit une petite maison aux fenêtres garnies de barreaux et entourée d'arbustes. Vu de 3/4, tourné à droite, regardant de face. En longue perruque bouclée. Cravate de dentelle formant rabat. Magnifique pourpoint. Maillot avec culotte courte ornée de jarretières à bouffettes. Souliers avec nœuds de rubans. Épée au côté. De la main gauche, le bras pendant, il tient un chapeau orné d'une aigrette avec plumes ; la main droite appuyée sur la hanche. — A gauche, derrière lui, un fauteuil adossé au socle d'une colonne. A droite, sous l'ouverture cintrée, une table recouverte par un manteau brodé, dont la traine forme draperie derrière le personnage, et orné de la croix du Saint-Esprit. — Sous le tr. c., à g. : *L. M. Vanloo le Fils pinx.*; — à dr. : *Petit sculp.* 1735. — Au milieu, les armoiries : *Écartelé : au 1er, de* Luxembourg ; *au 2e, de* Bourbon ; *au 3e, de* Lorraine; *au 4e, de* Savoie; *sur le tout : de* Potier ; l'écu timbré de la couronne de duc, environné des colliers de Saint-Michel et du Saint-Esprit; le tout entouré du manteau d'hermine. Ces armoiries séparent en deux l'inscription suivante : *Joachim, François Bernard Potier.* || *Duc de Gesvres pair de France Chevalier des Ordres du Roy, Marquis de Fontenay, Mareuil* || ⁊ *Jogny Comte de Torcy, Seigneur de Villiers le Sec St. Oüen* ⁊ *autres lieux. Premier Gentilhome* || *de la chambre de sa Majesté Brigadier de ses Armées, Gouverneur de Paris, Capitaine* ⁊ || *Gouverneur du Château* ⁊ *Capitainerie Royale de Monceaux, grand Bailly* ⁊ *Gouverneur de Crespy* || ⁊ *du Valois.*

Très-belle épreuve, avec marges.

1897. Grignan (Franç.-Marg. DE SÉVIGNÉ, troisième épouse de François ADHÉMAR DE MONTEIL, comte DE), 1648-1705. — In-8°. H. 0,130. L. 0,077.

A mi-corps, dans une bordure ovale, équarrie, légèrement tronquée à gauche et à droite. Un socle supporte l'ovale. Vue de 3/4, tournée vers la droite, le corps étant de face. Tête nue, cheveux relevés et bouclés, terminés en longues frisures. Corsage très-décolleté, laissant voir la chemisette. — Sur le dessus du socle, à dr. : *Petit Sculp.* — Au bas de la bordure, au milieu du couronnement du socle, un cartouche renfermant l'écusson aux armoiries des *Adhémar de Monteil de Grignan*, accolé à celles des *Sévigné*; les deux écus timbrés d'une couronne ducale. — Sur la face du socle : *Françoise Marguerite* || *de Sévigné, Comtesse de Grignan.*

Belle épreuve.

1898. La Boissière (M.-Gabrielle-Louise DE LA FONTAINE SOLARE DE). — In-fol. H. de la planche, 0,325. L. 0,227. *

A mi-corps, dans un cadre rectangulaire. Vue presque de face. Tête nue, cheveux courts et rejetés en arrière. Corsage légèrement décolleté, garni de fourrure. Manchettes de dentelles. Elle est appuyée des coudes sur le dessus du couronnement d'un mur, les mains enfouies dans un manchon. — Sous le tr. c., à g. : *Peint par M. Q. de la Tour;* — à dr. : *Gravé par Petit.* — Sur toute la largeur, au-dessous : *Marie Galle. Lise. de La Fontaine Solare de La Boissiere‖Fille de Mre. François de la Fontaine Solare Comte ‖ de la Boissiere Chevalier de l'Ordre Militaire de ‖ St. Louis Lieutenant de Roy des Ville et Château ‖ de Dieppe.* Cette inscription est séparée au milieu par un cartouche renfermant les armoiries : *D'azur à trois bandes échiquetées d'or et de gueules;* l'écu surmonté d'une couronne ducale.

Très-belle épreuve.

1899. Phelypeaux de Maurepas (J.-Fréd.), homme d'État français, 1701-1781. — Gr. In-fol. H. de la planche, 0,508. L. 0,335. *

En pied. Debout sur une terrasse bordée d'une balustrade en pierre d'où la vue s'étend sur la mer où l'on voit des vaisseaux dont l'un tire le canon. Vu de 3/4, tourné à gauche, regardant de face. En longue perruque. Riche habit brodé, ainsi que le manteau qui lui couvre l'épaule droite et le bras. Grand cordon en sautoir. Culotte courte. A droite, sur une table, une toque surmontée d'une plume et des dessins de vaisseaux. A gauche, un fauteuil. Dans le haut de l'angle gauche, une draperie relevée et retombant à droite derrière une colonne. — Ciel nuageux. — Sous le tr. c., à g.: *L. M. Van loo le Fils pinxit..;* — à dr.: *Petit Sculpsit* 1736. — Au milieu, un cartouche renferme les armoiries : *D'azur semé de quartefeuilles d'or; au canton d'hermine;* l'écu timbré d'une couronne de comte et entouré des colliers de Saint-Michel et du Saint-Esprit; supports : deux aigles. Ces armoiries sont accompagnées de l'inscription suivante qu'elles séparent en deux : *Jean Frédéric Phelypeaux ‖ Comte de Maurepas, Comandeur des ordres du Roy, Secretaire‖ d'État de la maison du Roy et de la Marine.*

Belle épreuve, avec petites marges.

1900. Pomponne (Henri-Charles ARNAULD DE), abbé de Saint-Maixent et de Saint-Médard de Soissons, aumônier du roi et chancelier des ordres, 1669-1756. — In-fol. H., 0,446. L. 0,366. *

A mi-corps, dans une bordure ovale, équarrie, supportée par un socle. Vu de 3/4, tourné à droite, regardant de face. Tête nue, cheveux bouclés et séparés au milieu par une raie. En aube, avec rabat. Les épaules couvertes d'une pèlerine brodée, ornée du côté droit de tresses que terminent deux glands. Croix du Saint-Esprit retenue autour du cou par un large ruban. — Autour de l'ovale : *Hen. Car. Arnauld de Pomponne Abb. S^{ti}. Medardi Suess^{is}, Comes Cons^{nus}. Commed^{tor}. et Cancel^{rius}. Reg^{rum}. Ord^{nwm}, Legat? Regis Lud^{ci}. XIV. apud Venetos.* — Sur le listel extérieur de la bordure, à gauche des armoiries : *Peint par Vanloo le père,* ; — à dr. : *et gravé par G. E. Petit.* — Au bas du portrait, couvrant la bordure et le milieu du socle, un cartouche renfermant les armoiries : *D'azur au chevron d'or, accosté en chef de deux palmes adossées du même et acc. en pointe d'un mont isolé de six coupeaux aussi d'or ;* l'écu surmonté d'une couronne de marquis et entouré des colliers de Saint-Michel et du Saint-Esprit accompagnés d'une mitre et d'une crosse.

Très-belle épreuve.

1901. Rohan (Arm.-J. , prince DE), archevêque - duc de Reims, premier pair de France, 1695-1762. — Gr. in-fol. H. de la planche, 0,526. L. 0,390. *

Jusqu'aux dessous des genoux, dans un cadre rectangulaire dont le côté inférieur est plus large et sur lequel on lit : *Armandus Julius Princeps de Rohan* || *Archiepiscopus Dux Remensis* || *Sacro Chrismate vnxit Ludovicum XV die XXV^{a}. Octobris M. D. CC. XXII.* — Assis dans un fauteuil. Vu de 3/4, tourné à gauche, regardant de face. Perruque bouclée. En grand costume d'archevêque, avec le camail d'hermine. Croix pectorale. De la main droite, il tient un volume debout sur son genou ; de la main gauche, son bonnet carré. — De l'angle droit supérieur, une draperie relevée et passant derrière deux colonnes cache en partie les rayons d'une bibliothèque.— Au milieu du côté inférieur, séparant en deux l'inscription ci-dessus, un médaillon renfermant les armoiries : *Écartelé : aux 1 et 4, de* Navarre ; *aux 2 et 3, de* France ; *sur le tout : parti de* Rohan *et de* Bretagne ; l'écu timbré de la couronne ducale, surmontée de la croix archiépiscopale à deux branches soutenant le chapeau de cardinal ; le tout entouré du manteau d'hermine. — Sous le tr. c., à g. : *Pinxit Hyacinthus Rigaud ordinis Equitum* (sic) *S^{ti}. Michaelis.* ; — à dr. : *Petit sculpsit MDCCXXX.IX.*

Très-belle épreuve.

Le tableau original a été peint en 1733.

1902. Titon du Tillet (E.), littérateur français, 1677-1762. — Gr. in-fol. H. de la planche, 0,472. L. 0,350. *

A mi-jambes, dans un cadre rectangulaire, supporté par un socle. Debout dans sa bibliothèque, près d'une table sculptée, sur laquelle sont des instruments de mathématiques et une feuille de musique, en partie repliée, et dont on lit ces paroles : *Voici du Riuage le terrible ocean* || *..... qui dans.... perri.* Vu de 3/4, tourné vers la droite, regardant de face. Perruque bouclée. Cravate de dentelle. Habit entr'ouvert , laissant voir le gilet ; manchettes de dentelle. L'épaule et le bras gauche recouverts d'un manteau brodé dont le pan est passé sous le bras droit et forme draperie devant le personnage. La main gauche appuyée sur un in-folio posé debout sur la table ; au dos, on lit : *Parnasse‖Francois*. Près de ce volume, trois autres, dont l'un a pour titre : *Essais‖des ‖Honneurs*, et l'autre, *Œuvres ‖ de ‖ Molière ‖ Tom. II*. — A gauche, par une ouverture, on voit un arbre au milieu d'arbustes ; une montagne borde l'horizon ; ciel nuageux. — Entre cette ouverture et le personnage, est un fauteuil, dont on ne voit que le dossier, le siège étant caché par une sphère. — Dans l'angle supérieur droit, une draperie retombante et relevée derrière le personnage laisse voir un rayon d'in-folios. — Sur la face du socle, sur deux tablettes que séparent les armoiries, est l'inscription suivante : *Evrard Titon Du Tillet ‖ Maitre dHotel de Feüe Mme. La Dauphine Mere du Roy. Commissaire provincial des Guerres‖ Auteur du Parnasse François éxécute en Bronze. l'an* 1718. — Au milieu du socle, entre les deux tablettes, un écusson armorié : *De gueules au chevron d'or, accompagné de trois casques d'argent, les deux du chef posés de profil, celui de la pointe posé de face ;* l'écu timbré d'une couronne de baron ; tenants : deux hommes marins soufflant dans une trompe. — Sur la plinthe du socle, à g.: *N. De Largillierre pinxit.* 1736.; — à dr. : *Petit Sculp* 1737.

Très-belle épreuve, avec marges.

PHILIPPE (Pierre),
graveur au burin du dix-septième siècle, d'origine flamande.

1903. La Trémoille ou **La Trimouille** (H.-Ch. DE), prince DE TARENTE, 1620-1672. — In-fol. H. 0,391. L. 0,275. *

A mi-corps, dans une bordure ovale, équarrie, environnée d'un cadre rectangulaire. L'ovale est recouvert d'une couronne de laurier et supporté par un socle. Vu de 3/4, tourné vers la gauche. Longue perruque. En armure, avec le grand cordon en sautoir ; rabat de dentelle. — Au-dessous du personnage, un cartouche couvrant l'ovale renferme les armoiries : *Écartelé : au* 1, *de* Naples-Aragon; *au* 2, *de* France ; *au* 3, *de* Bourbon; *au* 4, *de* Laval ; *sur le tout : de* La Trimouille ; l'écu timbré d'une couronne ducale fermée et entourée des insignes de l'ordre de la Jarretière, avec la devise : *Honi soit Qvi mal y pense ;* le tout environné du manteau d'hermine. — Sur la face du socle, cette inscription: *Celsissimus Princeps Henricus Carolus ‖ de la Tremoille, Princeps Tarenti, Dux Thoartiœ,‖Par Franciœ. Nobilissimi Ordinis Garteri Eques. &c.* — Un peu au-dessous, à g. : *J : de Banc pinx : Ao.* 1664.; — à dr.: *P. Philippe Sculp : Hagœ.*

Très-belle épreuve.

PICARD (Jean),

graveur au burin du dix-septième siècle.

1904. Chasteigner (J.), seigneur DE LA ROCHEPOSAY, né en 1571. — In-4°. H. 0,197, y compris une marge de 0,030. L. 0,129. *

A mi-corps, vu de 3/4, tourné vers la gauche, regardant de face. Tête nue, cheveux courts, bouclés et relevés sur le devant. Col montant de dentelle. Pourpoint. — Sous le personnage, dans la marge : *Iean Chasteigner ‖ Seignevr de La Rochepozay.‖M.DC.VI.* — A gauche, au-dessus du tr. c. : *I. Picart delinea. et fc.*

Belle épreuve.

1905. Montmorency (Guillaume, seigneur DE), premier baron de France, mort en 1531. — In-8°. H. 0,147, y compris une marge de 0,025. L. 0,091. *

A mi-corps, vu de 3/4, tourné à droite. Tête nue, cheveux courts. Houppelande bordée d'hermine, avec manches à crevés. Les mains jointes. Il porte autour du cou le collier de Saint-Michel. — Dans le haut, sur toute la largeur, entre deux traits : *Dieu ayde av premier Xpien.* — Un peu au-dessous, près de la tête du personnage, la devise des Montmorency (*Aplanos*), ainsi divisée à g. : *Apla* ; — à dr. : *nos.* — Sous le personnage, dans la marge, les vers suivants en caractères gothiques :

Le baron de montmorency
Nomme Guillaume pres ainsi ✝
Quest cy pourtraict Lan mil en date
Cinq centz vingt et cinq pour bon acte
Rediffya ce temple Icy ✝

— A dr., au-dessus du tr. c. : *I Picard incidit.* 1622.

Belle épreuve. Collection Mariette.

Au verso est écrit à la main : « Ce portrait de Guillaume Baron de Montmorency, est gravé d'après vn fort ancien tableau qui se conserve dans l'église de Montmorency près Paris. »

1906. Schomberg (Ch. DE), duc D'HALLUIN, pair et maréchal de France, 1601-1656. — In-fol. H. 0,241. L. 0,204. *

Jusqu'aux genoux. Debout, près d'une table recouverte d'un tapis et supportant son casque empanaché. Vu de 3/4, tourné vers la droite, regardant de face. Perruque bouclée, terminée en une tresse nouée d'un nœud de ruban et ramenée sur l'épaule gauche. Large col de dentelle. En armure, avec la croix du Saint-Esprit pendue au côté droit, et une écharpe festonnée en sautoir. Épée au côté. La main droite sur la hanche, il tient de la main gauche, appuyée sur la table, le bâton de commandement fleurdelisé. Dans l'angle supérieur droit, on voit, par une ouverture, au bord de la mer, le plan fortifié de la ville de *Levcate*, ainsi que des troupes rangées en bataille. A gauche, une draperie relevée.— Fond noir.— Sous le tr. c.; au milieu, les armoiries : *D'argent* (au lieu *d'or*) au *lion coupé de gueules sur sinople ;* l'écu timbré d'une couronne ducale que surmonte la devise : *Vltor et Defensor ;* accompagné de deux bâtons fleurdelisés en sautoir et environné des colliers de Saint-Michel et du Saint-Esprit. Ces armoiries divisent en deux cette inscription : *Monseignievr Charles de Schomberc* (sic) *Dvc D'Hallwin, Comte de Nantevil et de* ‖ *Dvrtal, Govvernevr et Lievtenant General povr le Roy en Lengvedoc* (sic) *Chevalier des Ordres* ‖ *Colonel des Reitres, Grand Mareschal de camp des Trovpes Alemandes et Estrangers* (sic) *Liev-*‖*tenant des Chevavx Legers de la Gvarde de Sa Maiesté Pair et Mareschal de France* ‖ *L'An dv Monde* 5837 *et de la Grace* 1637. — Un peu à droite et au dessous *: Ioan, Picart delineavit et incidit* 1638.

Belle épreuve.

1907. Toiras (J. de Saint-Bonnet, seigneur de), maréchal de France, 1585-1636. — Pet. in-fol. H. 0,241. L. 0,175.

Debout, près d'une table recouverte d'un tapis et supportant son casque empanaché. Vu de 3/4, tourné vers la droite, regardant de face. Perruque bouclée. Large collerette plissée. En armure, avec une écharpe festonnée en sautoir, et épée au côté. Il tient dans la main droite le bâton de commandement fleurdelisé ; la gauche est appuyée sur la table. — Dans les angles du haut, des draperies relevées. — Fond noir. — Sous le tr. c.: *Iean de Sainct Bonnet Seignevr De Toyras*‖ *Mareschal De France* ‖ M.DC.XXXI. — Au-dessous, à dr.: *I. Picart delin. et fe.*

Belle épreuve.

PICART (ÉTIENNE), dit *le Romain,*

dessinateur et graveur à la pointe et au burin, né à Paris en 1632, mort à Amsterdam en 1721.

1908. Colbert d'Ormoy (Jules-Armand), surintendant des bâtiments, maréchal de camp, mort à Vienne après 1704. — In-fol. en travers. L. 0,485. H. 0,430. *

A mi-corps, dans un ovale, au milieu d'une corniche. L'ovale est entouré d'une couronne de laurier, surmontée d'une couronne de marquis et accompagnée de deux cornes d'abondance appuyées sur le dessus de la corniche. A gauche et à droite, des rinceaux, autour desquels sont enroulés des couleuvres, accompagnent la couronne de laurier. Représenté jeune. Vu de 3/4, tourné à droite, regardant vers la gauche, le corps étant de profil. Tête nue, longs cheveux frisés retombant sur les épaules. Cravate de dentelle. Pourpoint à ramages. L'épaule droite ornée d'un nœud de ruban. — Fond noir. — Sous le personnage, un compas, une équerre et un rouleau de papier. — A dr., sur une feuille du rinceau, on lit : *Stph* (sic). *Picart Rou*. Sc.*

D'après Fr. de Troy.

Belle épreuve, un peu coupée sur la gauche.

Le P. Lelong indique la date de 1679, comme étant celle de la gravure.

1909. **Estrades** (Louis-Godefroi, comte D') diplomate et maréchal de France, 1607-1686. — In-fol. H. 0.350. L. 0,285. *

A mi-corps, dans une bordure ovale, équarrie, supportée par un appui et ornée dans le haut d'un ruban formant banderoles. Vu de 3/4, tourné à gauche. Tête nue, cheveux très-longs retombant sur le devant des épaules. Cravate de dentelle formant rabat. En armure, avec le grand cordon et la croix du Saint-Esprit. — Autour de l'ovale : *Lvdovicvs Godefroy Comes D Estrades Eqves Torqvatvs &c.* — Au bas du portrait, un médaillon, à fond blanc, couvrant le bas de l'ovale et le milieu de l'appui, renferme les armoiries : *Écartelé : au 1, de gueules au lion d'argent couché au pied d'un palmier d'or, le tout soutenu d'une terrasse de sinople ; au 2, d'azur à la fasce d'argent, accompagnée de trois têtes de léopard d'or ; au 3, écartelé en sautoir de gueules et d'argent, le gueules chargé de deux bandes de sinople bordées d'or, et l'argent chargé de ces mots en lettres d'azur :* aue maria, *en pal à dextre, et* gratia plena, *aussi en pal à senestre ; au 4, de gueules à sept losanges d'argent, posées 3, 3 et une;* l'écu timbré d'une couronne de comte et environné des colliers de Saint-Michel et du Saint-Esprit. — Sur le dessus de l'appui, à dr. : *Stephanus Picart Rovs. fecit.*

Très-belle épreuve.

1910. *France :* **Louis de France**, surnommé le *Grand Dauphin*, 1661-1711. — Très-gr. in-fol. H. de la planche, 0,593. L. 0,495.

En buste, aussi grand que nature, dans une bordure ovale, équarrie, tronquée sur tous les côtés. Vu de 3/4, tourné à droite, le corps étant à gauche. Perruque bouclée, retombant sur les épaules. Nœud de cravate, avec longs bouts en dentelle. En armure ; le grand cordon en sautoir. — Autour de l'ovale : *Ludovicus Galliæ Delphinus Ludovici*

Magni Filius. — Sous le portrait, sur le listel extérieur de l'ovale : *Dicat Humilissimus Servus Stephanus Picart Romanus Idem Delineavit et sculpsit ad vivum.* — Sous le tr. c., à dr. : *A Paris rüe S^t. Iacques au Buste de Monseigneur C. P. R.*

Belle épreuve.

1911. La Guiche (B. DE), général français, connu sous le nom de *comte de Saint-Géran*, 1641-1696. — In-fol. H. de la planche, 0,330. L. 0,265. *

A mi-corps, dans une bordure ovale, équarrie, supportée par un appui. Vu de 3/4, tourné à gauche, regardant vers la droite. Perruque bouclée, retombant sur les épaules. Cravate avec longs bouts brodés. En armure ; écharpe en sautoir. — Autour de l'ovale : *Messire Bernard de la Gviche Comte de S^t. Geran et de La Palisse.* — Au-dessous du personnage, un petit médaillon blanc, sans contour bien défini, couvre le bas de l'ovale et le milieu de l'appui et renferme les armoiries : *De sinople* (mal indiqué) *au sautoir d'or ;* l'écu timbré d'une couronne ducale ; supports : deux lions ; au-dessous de l'écu, une banderole avec cette devise : *La Fera Fin La Gviche.* — Sur le dessus de l'appui, à g. : *G. Seuc pinxit C. P. R. ;* — à dr. : *Stephanus Picart Roma^{us}. sculpsit* 1666.

Très-belle épreuve.

1912. Le Cornier (J.), conseiller au parlement de Rouen. — In-fol. H. 0,323. L. 0,258. *

A mi-corps, dans une bordure ovale, équarrie, supportée par un appui. Vu de 3/4, tourné à gauche, regardant de face. La tête couverte d'une calotte ; longs cheveux retombant sur les épaules. Verrue à la naissance du nez, entre les deux sourcils. Rabat retenu par des cordons à glands. Robe de magistrat, par-dessus une soutane attachée par une ceinture. — Autour de l'ovale : *Iacobvs Le Cornier Eqves Dominvs de Saincte Helene.* — Sous l'ovale, couvrant le milieu de l'appui, un cartouche oblong, renferme les armoiries : *Écartelé : au 1, d'azur à trois têtes de cerfs d'argent ; au 2, d'azur au lion d'argent ; au 3, palé d'or et d'azur ; au chef d'azur, chargé de deux besants d'or ; au 4, d'argent fretté de gueules ; sur le tout : d'azur à une tête de licorne d'argent, accompagnée en chef de deux étoiles d'or ;* l'écu timbré d'un casque taré de front avec cimier, et orné de lambrequins ; supports : deux licornes. — Sur le dessus de l'appui, à g. : *R. LF. V^{ius}. del ad Vivum. ;* — à dr. : *Stephanus Picart, Roms. Scul. 1665.*

Belle épreuve.

1913. Montespan (Françoise-Athénaïs DE ROCHECHOUART,

marquise DE), maîtresse de Louis XIV, 1641-1707. — In-fol.
H. 0,372. L. 0,295. *

Dans une bordure ovale, entourée d'un cadre rectangulaire et supportée par un socle. Des guirlandes retombent de chaque côté de l'ovale,
dont le bas et les côtés sont recouverts par des fleurs de lis. Vue de
3/4, tournée à droite, le corps de face. Tête nue, cheveux bouclés et
terminés en chignon dont une longue frisure retombe sur l'épaule
droite. Collier de perles. En chemisette décolletée, laissant voir la
naissance des seins. L'épaule gauche recouverte par une draperie à ramages dont le pan est ramené sur le devant de la poitrine. — Fond
noir. — Sur la partie supérieure de l'ovale : *Frans*[*]. *Athenaiste* (sic) *de*
Rochechovart Mar^{se} *de Montespan.* — Sous le portrait, un cartouche
retenu par les fleurs et couvrant le milieu du socle, renferme l'écusson aux armes des *Pardaillan de Gondrin*, accolé à celles des *Rochechouart;* soutenants : deux sauvages armés d'arcs. — Sur la plin-
the du socle, à g. : *Stephanus Picart Rom*^{us}. *fecit.;* — à dr. : *et excudit*
cum pri. Regis. 1668.
Belle épreuve.

1914. **Pavillon** (Nic.), évêque d'Aleth, 1597-1677. — In-fol. H. de la planche, 0,356. L. 0,260. *

En buste, dans une bordure ovale, entourée d'un cadre rectangulaire,
marbré. L'ovale est supporté par une tablette marbrée qui couvre en
partie le bas du cadre. Vu presque de profil, tourné à droite. Le sommet de la tête entièrement rasé. Il porte de légères moustaches avec
barbiche. Les épaules couvertes d'une pèlerine à capuche. Croix pectorale. — Autour de l'ovale : *Nicolavs Pavillon Episcopvs Electensis. Ætat.*
LXXII. — Sur le listel extérieur de l'ovale, au-dessous du portrait, le
millésime 1669. — Sur le dessus de la tablette, à g. de l'ovale : *Stepha-
nus Picart Roma*^{us}. *Fecit C. Priuileg.* ; à dr. : *Regis et ex. Rue S*^t. *Jean*
de Beauuais.
Épreuve tirée sur satin, avant six vers français sur la face de la tablette.

1915. **Rohan-Chabot** (Louis), pair de France, mort à Paris en 1727. — Gr. in-fol. H. 0,433. L. 0,349. *

En buste, sur piédouche placé dans une niche dont le fond est recouvert du manteau d'hermine et accompagné des bannières des familles alliées aux Rohan. Représenté jeune. Vu de 3/4, tourné à
gauche, regardant de face. Perruque bouclée, retombant sur les épaules. Cravate de dentelle formant rabat, retenue par des cordons à
glands. Couvert d'une armure, avec écharpe en sautoir. — Au-dessus

du portrait, soutenu par le manteau, une couronne ducale, surmontée d'un casque taré de front, orné de lambrequins et cimiers. — Sur la partie cintrée de la niche, on lit : *Et adhvc spes Dvrat Avorvm.* — Dans le bas, à g., devant le piédouche, un lion contourné, tenant les armoiries des *Rohan.* — Au-dessous, à droite de deux bâtons fleurdelisés et d'une épée, la pointe en l'air, est l'inscription suivante : *Ant. Paillet in. et pinx.;* — à dr., un sauvage, assis sur le socle et appuyé sur une massue, tient l'écu armorié des *Chabot.* Entre l'écusson et la massue, on lit : *Stephanus Picart Romvs. sculpsit.*

Très-belle épreuve.

1916. Thevenot (Jean DE), célèbre voyageur, 1633-1667. — In-4°. H. de la planche, 0,216. L. 0,141. *

En pied. Debout près d'une table recouverte d'un tapis à ramages et portant une carte géographique et une sphère. Vu de 3/4, tourné vers la gauche. En costume oriental : turban et longue robe entr'ouverte, doublée de fourrure, chaussé de sandales. La main gauche appuyée sur la hanche, il indique de la main droite un point de la carte. — Derrière le personnage, une draperie forme le fond. — Dans le bas, sous ses pieds, ces deux vers :

Amy tu connoistras l'Autheur par ce portrait
Tu ne sçaurois trouver voyageur plus parfait.

— A g., appuyé sur la traverse des pieds de la table, un écusson armorié : *De gueules (au lieu d'azur) au chevron d'or, accompagné en chef de deux étoiles du second et en pointe d'une feuille d'argent ; au chef de Jérusalem ;* l'écu timbré d'un casque taré de front, avec lambrequins, et entouré du collier de l'ordre de Jérusalem. — Sous le tr. c., à g.: *F. Chauveau, del.; —* à dr. : *Stephanus Picart. Rovs. scul.*

Belle épreuve.

PICART (BERNARD),

fils du précédent, dessinateur et graveur à la pointe et au burin, né à Paris le 11 juin 1663, mort à Amsterdam en 1733.

1917. Duchesne (Fr.), historien français, 1616-1693. — In-4°. H. 0,211. L. 0,141. *

A mi-corps, dans une bordure ovale, équarrie, supportée par un socle. Le haut de l'ovale, ainsi que le côté droit, sont recouverts par une draperie retenue dans les angles supérieurs par des cordons à glands. Vu de 3/4, tourné vers la gauche. Longue perruque bouclée. Robe noire, à larges manches plissées dans le haut. — Autour de l'ovale : *Mre. François Du Chesne Historiographe de France.* — Sur la

face du couronnement du socle : *Mort le 3ᵉ juillet* 1693. *Agé de* 73 *ans.* — A g., sur le dessus du socle, un gros in-folio, une feuille de papier et un encrier avec une plume d'oie. — Au milieu du socle, un petit cartouche renferme les armoiries : *D'argent à deux écureuils passants de gueules, le second contourné ;* l'écu timbré d'un casque taré de front, orné de lambrequins ; supports : deux lions. — Sous le tr. c., à g. : *Graué par Ber. Picart ;* — à dr. : *Peint par le Febure.*
Belle épreuve.

1918. **La Fontaine** (Jean DE), 1621-1695. — In-12. H. 0,126. L. 0,076. *

A mi-corps, dans une bordure ovale, équarrie, supportée par un appui. Vu de 3/4, tourné vers la droite, le corps étant de face. Longue perruque bouclée, retombant sur les épaules. Cravate blanche avec de longs bouts pendants. Il est enveloppé dans un manteau. — Au bas du portrait, couvrant l'ovale, un petit médaillon renferme les armoiries : *Écartelé : aux* 1 *et* 4, *d'azur à deux lions affrontés d'argent tenants entre leurs pattes un pot de fleurs ; aux* 2 *et* 3, *d'or à trois frettes, posées* 2 *et une ;* l'écu timbré d'un casque taré de 3/4, orné de lambrequins. — Sur le dessus de l'appui, à g. : *Hiacinte* (sic) *Rigault pinx. ;* — à dr. : *B. Picart sculp. d.* 1727. — Sur la tablette de l'appui : *Iean De La Fontaine.‖ de l'Academie Françoise, né a Château-Thierry, en* 1621. ‖ *Mort a Paris le* 13ᵉ *Avril* 1695. *agé de* 74. *Ans.*
Belle épreuve.

1919. **Piles** (ROGER DE), peintre et écrivain français, 1635-1709. — In-fol. H. de la planche, 0,288. L. 0,203. *

A mi-corps, dans une bordure ovale, équarrie, et supportée par un appui. Vu de face, le corps tourné à gauche. Longue perruque bouclée, retombant sur les épaules. Cravate de dentelle. Houppelande à grands ramages. Les mains l'une sur l'autre, la gauche tenant un volume du côté du dos. — Sur le dessus de l'appui, à g. : *Bernardus Picart fecit aquâ forti* 1704. — Sur la tablette de l'appui : *Rogerius De Piles Nivernensis Eques‖ingenuarum Artium Amator, de Picturâ sedulo ‖ scripsit, et se ipsum pingendo hujus cœlatœ imaginis ‖ prototypum fideliter expressit anno sal.* 1704. *œtatis ‖ vero* 68. — Sous le tr. c., à dr. : *Picart Romanus ex C. P. R.*
Belle épreuve.

1920. **Tindal** (Nicolas). — In-fol. H. de la planche, 0,327. L. 0,221.

A mi-corps, dans une bordure ovale, équarrie, supportée par un socle. Vu de 3/4, tourné à droite, le corps étant vers la gauche. Coiffé

d'un bonnet. Vêtu d'une robe de chambre laissant voir le col de la chemise dégrafé. Derrière le personnage, à droite, des volumes sur des
rayons. A gauche, une draperie relevée. Sur le milieu du socle, un
cartouche renferme les armoiries : *D'argent à une fasce denchée; accompagnée en chef de trois croissants, le tout de gueules ;* l'écu timbré
d'un casque taré de profil, avec cimier et lambrequins. — Sur la face
du socle : *Nicolas Tindal.* — Sous le tr. c., à g. : *G. Knapton pinxit.;*
— à dr. : *B. Picart sculp.* 1733.

Belle épreuve, avec marges.

1921. Zinzendorf (Philippe-Louis, comte DE), homme d'Etat
allemand, 1671-17... — Très-grand in-fol. H. 0,544.
L. 0,412.

A mi-corps, dans une bordure ovale, équarrie, supportée par un
socle. Le haut de l'ovale est recouvert par une draperie retombante,
retenue dans les angles supérieurs par des cordons. Vu de face, le
corps tourné à gauche. Longue perruque bouclée, retombant sur les
épaules. Cravate de dentelle formant rabat. Collier de la Toison d'or.
Robe à larges manches sur le revers de laquelle sont brodés les insignes de la Toison d'or.— Au bas du personnage, un médaillon, couvrant
la bordure, renferme un écusson armorié, timbré d'une couronne ducale, entouré du collier de la Toison d'or et environné du manteau. —
Sur le dessus de la corniche du socle, à g., les attributs de *Mercure :* le
caducée et le chapeau ailé, avec une branche d'olivier, près de laquelle
on lit : *H. Rigault Effigiem pinxit.;* — à dr. des armoiries : *B. Picart
Invenit del. Et Effigiem Sculpsit.* 1713. — Sur le dessus d'un couronnement, à droite, un sphinx et une sphère. — Sur la face du socle,
une inscription latine de vingt et une lignes, commençant par : *Illus-
trissimo et Excellentissimo,* etc., et se terminant par : *Illustrissimi et
Celsissimi Nominis Ejus Devotissimus Cultor*

Adrianus Moetiens.

Très-belle épreuve.

Le tableau original a été peint par Rigaud en 1701, pendant le premier séjour que Zinzendorf fit à Paris en qualité d'envoyé de l'empereur d'Allemagne. Un second portrait peint par le même artiste en
1729, a été gravé par Claude Drevet (voir le n° 518).

PICQUET (CLAUDE),

graveur au burin du dix-septième siècle.

1922. Molière (Franç. DE), littérateur français, mort vers
1623. — In-8°. H. de la planche, 0,147. L. 0,098. *

A mi-corps. Vu de 3/4, tourné à droite, regardant de face. Tête nue,

cheveux courts, bouclés et rejetés en arrière. Col montant de dentelle.
Pourpoint à ramages. Écharpe passée en sautoir. — Dans le haut, au-
dessus de la tête du personnage : 1620. *Francois de Moliere S*. *d'Esser-
tines, Aage.* 18. — Sous le portrait, dans la marge, ces vers :

> *Amour ayant veu ce visage,*
> *Il est vray, dict il à Cypris,*
> *Les Belles, et les beaux Esprits*
> *Sont par luy reduits en seruage;*
> *Mais la douceur de ses escrits*
> *Les captiue bien dauantage.*

— Un peu à droite de ce dernier vers : *I. Bavdoin.* — Sous le dernier
vers, à g. : *D. du Monstier pinxit.*; — au milieu : *Picquet faciebat.*
Belle épreuve.

PILES (ROGER DE),

peintre et écrivain français, né à Clamecy en 1635, mort à Paris le 5 avril 1709,
pourvu du titre de conseiller-amateur de l'Académie royale de peinture. Élève
de Claude François, dit *Frère Luc*, récollet. Son œuvre est décrit dans Robert-
Dumesnil, t. II, pp. 96-97.

1923. Dufresnoy (Charles-Alphonse), peintre et poëte français, 1611-1665. — Pet. in-fol. H. de la planche, 0,243.
L. 0,166. *

Voir Rob.-Dum., t. II. p. 97. — D'après Ch. Le Brun.
2ᵉ état. Rare. — Belle épreuve.
Le P. Lelong indique la date de 1703, comme étant celle de la gravure.

PITAU (NICOLAS),

dessinateur et graveur au burin, né en 1633, à Paris, où il mourut en 1676,
Fils de Jacques Pitau, graveur d'Anvers.

1924. Bignon (Thierry), conseiller au parlement, maître
des requêtes et premier président au grand conseil en
1690, décédé le 19 janvier 1697, âgé de 66 ans. — In-fol.
H. 0,303. L. 0,234. *

A mi-corps, dans une bordure ovale, équarrie, supportée par un appui. Vu de 3/4, tourné à droite. Tête nue, cheveux longs, retombant
sur les épaules. Rabat de dentelle. Robe à larges manches plissées,
sous laquelle il porte une soutane entièrement boutonnée. — Autour
de l'ovale : *Th, Bignonivs Comes Consistorianvs et Libellorvm Svpplicvm in Regia Magister.* — Au bas du portrait, couvrant la bordure et

le milieu de l'appui, un petit ovale à fond blanc renferme les armoiries décrites au n° 53 du présent catalogue. — Sur le dessus du couronnement, à g.: *P. de Champagne Pinx.*; — à dr.: *N. Pitau sculp.*

Belle épreuve.

1925. **Bourdaloue** (Claude DE), écuyer, seigneur de Coutrès. — Gr. in-fol. H. de la planche, 0,412. L. 0,292. *

A mi-corps, dans une bordure ovale, équarrie, simulant des pierres et supportée par un socle. Vu de 3/4, tourné à gauche. En longue perruque bouclée, retombant sur les épaules, et terminée par un nœud. Couvert d'une armure. Un manteau sur l'épaule et le bras gauches. A droite, une colonne. — Autour de l'ovale, sur la partie supérieure : *Claudius de Bourdaloue Eques.* — Dans le bas : *Bitu-Ricus.* — Sur le dessus du couronnement, à g.: *N. de Largillierre pinx.* 1687. — à dr.: *N. Pitau Sculp.* — Au milieu du couronnement, un cartouche renfermant les armoiries : *D'azur au lion d'or* (non indiqué), *adextré d'un soleil de même.* — Sur la tablette du socle, une inscription latine composée de six lignes, commençant par : *Nobili, Integro et Erudito,* etc., et terminée par : *hanc ipsius effigiem. D. D. D.*

                              Nicolaus Pitau. M. DC. IV.

1er état, avec le nom du graveur qui plus tard a été remplacé par celui de *Desrochers.*

Très-belle épreuve.

1926. **Colbert** (Nicolas), évêque d'Auxerre, frère du ministre d'État, mort le 5 septembre 1676. — In-fol. H. 0,320. L. 0,248. *

A mi-corps, dans une bordure ovale, équarrie, supportée par un appui. Vu de 3/4, tourné à gauche. Cheveux bouclés ; calotte sur le sommet de la tête. Il porte de légères moustaches. Rabat. Les épaules couvertes de la pèlerine à capuche. Croix pectorale. – Autour de l'ovale : *Nicolavs Colbert Lvcionensivm Episc. Regi ab Omnib?. Consiliis &c.* — Au bas du portrait, couvrant la bordure ovale et le milieu de l'appui, un petit ovale à fond blanc renferme les armoiries décrites au n° 260 du présent catalogue ; l'écu timbré d'une couronne de baron accompagnée d'une mitre et d'une crosse que surmonte un chapeau d'archevêque. — Sur le dessus de l'appui, à g.: *C. le Febre Pin.*; — à dr.: *N. Pitau sculp.* 1663.

Belle épreuve.

1927. **Daillon du Lude** (Gaspard DE), évêque d'Alby en 1635, mort le 24 juillet 1676. — In-fol. H. 0,325. L. 0,252. *

A mi-corps, dans une bordure ovale, équarrie, supportée par un

appui. Vu de 3/4, tourné à gauche, regardant de face. Cheveux longs ; calotte sur le sommet de la tête. Il porte barbiche et légères moustaches. Large col rabattu, attaché par des cordons à glands. Les épaules couvertes de la pèlerine à capuche. Croix du Saint-Esprit. — Autour de l'ovale : *Gaspar de Daillon dv Lvde Albiensis Episcopvs ac Dominvs Temporalis.* — Au bas du portrait, couvrant l'ovale et le milieu de l'appui, un petit ovale à fond blanc renferme les armoiries : *Écartelé : au 1 et 4, d'azur à la croix denchée d'argent ; aux 2 et 3, d'or au lion coupé de gueules et d'azur* ; l'écu timbré d'une couronne de comte accompagnée d'une mitre et d'une crosse soutenant un chapeau d'archevêque. — Sur le dessus de l'appui, à g.: *Justus d'Egmont Pinxit ;* — à dr.: *N. Pitau sculpsit* 1666.

Belle épreuve.

1928. **Favier du Boulay** (Jacques), maître des requêtes. — In-fol. H. 0,324. L. 0,250. *

A mi-corps, dans une bordure ovale, équarrie, soutenue par un appui. Vu de 3/4, tourné à droite, regardant de face. Cheveux longs; calotte couvrant le sommet de la tête. Rabat retenu par des cordons à glands. Robe à parements et manches larges plissées, sous laquelle il porte une soutane avec ceinture. — Autour de l'ovale : *Iacobvs Favier dv Bovlay Libellorvm Svpplicvm in Regia Magister.* — Au bas du portrait, couvrant la bordure et le milieu de l'appui, un petit ovale à fond blanc renferme les armoiries : *Écartelé : au 1, d'or au chevron de gueules ; au chef fascé d'or et de gueules de six pièces ; au 2, de gueules ; au chef échiqueté de trois traits d'argent et d'azur ; au 3, de gueules fretté d'or ; au 4, d'argent à deux bandes de gueules ; sur le tout : de gueules à trois concombres d'argent, les queues en haut* ; l'écu timbré d'un casque taré de face, orné de cimier et de lambrequins; supports : deux lions. — Sur le dessus de l'appui, à g.: *Phil. de Champaigne Pingebat ;* — à dr. : *N. Pitau sculp.* 1668.

Belle épreuve.

1929. **Fieubet** (Gaspard DE), seigneur de Cendray et de Ligny, conseiller d'État et chancelier de la reine Anne d'Autriche, mort le 10 septembre 1694, âgé de 67 ans. — In-fol. H. 0,334. L. 0,262. *

A mi-corps, dans une bordure ovale, équarrie, supportée par un socle. Vu de 3/4, tourné à gauche, regardant de face. Longue perruque retombant sur les épaules. Rabat retenu par des cordons à glands. Robe à larges manches. — Autour de l'ovale : *Gaspar de Fievbet Regi a Sanctioribus consiliis Libellorv Svpplicv Magister et Reginæ Cancellarivs.* — Au bas du portrait, couvrant la bordure et le milieu de l'appui, un

II.   20

ovale à fond blanc renferme les armoiries décrites au n° 1719 ; les émaux bien indiqués ; l'écu timbré d'une couronne de comte surmontée d'un griffon pour cimier ; supports : deux griffons. — Sur le dessus du couronnement du socle, à g. : *C. le Feubure Pinx.;* — à dr. : *N. Pitau sculpt.* 1662.

Belle épreuve.

1930. *France :* **Louis XIV**, 1638-1715. — Gr. in-fol. H. de la planche, 0,510. L. 0,390. *

Jusqu'aux genoux. Debout près d'une table portant un casque empanaché et orné d'une fleur de lis. Vu de 3/4, tourné à droite. Longue perruque bouclée, retombant sur les épaules. Cravate de dentelle. Couvert d'une armure, dont les brassards sont semés de fleurs de lis. Grand cordon en sautoir, avec une croix en diamants. Écharpe frangée entourant la taille. Épée au côté. Les mains gantées ; de la droite, il tient, par l'une de ses extrémités, un bâton de commandement ; la main gauche est appuyée sur la hanche. — Draperie à grands ramages formant fond. — Sous le tr. c., à g.: *C. le Febure Pinxit ;* — à dr.: *N. Pitau sculpsit.* 1670 ‖ *cum priuil. regis.*

Très-belle épreuve, avec marges et avant l'inscription indiquée ci-dessous.

Autre état. — Sous le tr. c., au milieu : *Louis XIV. Roy de France et de Nauarre.* — Un peu au-dessous : *Se vend à Paris chez N. Pitau rue,* etc. — Belle épreuve.

1931. *France :* **Marie-Thérèse d'Autriche**, épouse du précédent, 1638-1683. — In-fol. H. 0,339. L. 0,252. *

A mi-corps, dans une bordure ovale, équarrie, avec socle. Les angles du haut sont ornés du chiffre entrelacé et couronné de la reine. Vue de 3/4, tournée à droite, regardant de face. Tête nue, cheveux relevés, terminés en chignon et retombant sur les côtés en longues frisures. Pendant d'oreille. Collier de perles. Corsage de robe très-décolleté, laissant voir la naissance des seins. — Au milieu du socle, entouré de palmes, un écusson renfermant les armoiries décrites au n° 1039 du présent catalogue et timbrées de la couronne royale. — Sur la face du socle, à g., dans le bas : *Baubrun pinxit ;* — à dr.: *N. Pitau sculp.* 1662.

Très-belle épreuve.

1932. **François de Sales** (Saint), évêque et prince de Genève, 1567-1622. — In-fol. H. 0,335. L. 0,255.

A mi-corps, dans une bordure ovale, équarrie, supportée par un socle. Vu de 3/4, tourné vers la gauche, regardant à droite. Tête nue et entourée d'un rayonnement. Il est chauve et porte toute sa barbe. Les épaules couvertes d'une pèlerine chinée à capuchon. Autour du cou, une croix d'argent retenue à un ruban. — Autour de l'ovale : *Beatvs Franciscvs de Sales Episcopvs et Princeps Genevensis :* — Sur le dessus du couronnement du socle, à g.: *Ex tabellâ ad viuum depictâ ;* — à dr.: *N. Pitau sculpsit parisijs* 1662. — Sur la tablette du socle : *In fide et Lenitate Ipsivs || Sanctvm fecit illvm. eccli* (sic) 45. — Un peu au-dessous de cette dernière ligne : *A Paris Chez N. Pitau rue,* etc.

Belle épreuve.

1933. Habert de Montmort (Henri - Louis), conseiller d'État et doyen des maîtres des requêtes, mort en 1679. — In-fol. H. 0,321. L. 0,250. *

A mi-corps, dans une bordure ovale, équarrie, supportée par un appui. Vu de 3/4, tourné à gauche, regardant de face. Perruque bouclée. Le sommet de la tête couvert d'une calotte. Rabat attaché par des cordons à glands. En costume de sa charge. — Autour de l'ovale : *Henricvs Lvdovicvs Habert de Montmor. Comes Cōsistor. et Libellorῦ Svpplicῦ in Regia Magister.* — Sous le portrait, couvrant la bordure et le milieu de l'appui, un petit ovale renferme les armoiries : *D'azur au chevron d'or, accompagné de trois anilles d'argent ;* l'écu timbré d'une couronne de marquis surmontée d'un casque couronné, orné de lambrequins ; supports : deux aigles avec une anille sur la poitrine. — Sur le dessus de l'appui, à g.: *I. Paul flocquet pinx.;*.— à dr.: *N. Pitau sculp.*

Belle épreuve.

1934. Habert de Montmort (H.-L.), le même que le précédent. — In-fol. H. de la planche, 0,407. L. 0,298. *

A mi-corps, dans une bordure ovale, équarrie, supportée par un appui. Vu de 3/4, tourné à droite. En longue perruque retombant sur les épaules. Calotte couvrant le sommet de la tête. Rabat attaché par des cordons à glands. En costume de sa charge. L'avant-bras droit appuyé sur la bordure ovale, il tient dans la main un papier avec cette suscription : *A Monsieur ||.....ur De Montmor || A Paris* (le commencement de la seconde ligne est caché par les doigts). — Autour de l'ovale : *Henricvs Lvdovicvs Habert'. de Montmor Comes Consistor. et Primvs Libellorvm Supplicvm in Regia Magister.* — Sur le milieu de l'appui, couvrant le bas de la bordure, un médaillon ovale, formé d'un seul trait, renferme les armoiries dont l'écusson est : *Parti de trois traits, coupé de trois autres traits, qui font huit quartiers ; sur le tout : d*'Habert de Montmort (les émaux ne sont indiqués dans aucun des quartiers); l'écu timbré d'une couronne de marquis ; mêmes supports qu'aux armoiries du portrait précédent. — Sur le dessus de l'appui, à g. : *Phil' de Champaigne pingebqt ;* — à dr. : *N. Pitau sculp.* 1667.

1er état. — Très-belle épreuve.

2e état. — Le médaillon renfermant les armoiries est entouré d'une bordure. — Belle épreuve.

1935. Habert de Montmort (H.-L.), le même que le précédent. — In-fol. H. de la planche, 0,465. L. 0,337. Dim. de la gravure, H. 0,416. L. 0,330.

Copie en contre-partie du portrait précédent, gravée par un anonyme. Épreuve sans aucune inscription.

1936. Lilio (Camille), de Camerino, historien italien. — In-fol. H. 0,387. L. 0,269. *

A mi-jambes, dans un médaillon équarri, tronqué à gauche et à droite et accompagné de colonnes surmontées de chapiteaux. Debout, vu de 3/4, tourné à droite, regardant de face. Tête nue, cheveux longs. Large col retenu par des cordons à glands. En pourpoint, avec manchettes en mousseline. Enveloppé, à partir de la taille, dans un manteau dont il tient les pans de la main gauche. Le bras droit plié, il désigne de l'index un pilastre à pan coupé sur lequel on voit une corniche, soutenue par deux..... tenant un écusson d'armoiries, dont les émaux ne sont pas indiqués :..... *à la bande de..... accostée de quatre fleurs de lis de..... posées* 1, 2 *et* 1. — Au bas du portrait, un cartouche couvrant l'ovale renferme quatre médailles qu'entoure une grande banderole avec la devise : *Satis Beatvs Farré et Vrticis Cameritibvs Atqve Sabinis.* — Sur l'ovale, à gauche du cartouche, on lit : *J. Daret Pinxit bruxeel.;* — à dr.: *N. Pitau sculpsit* 1663. Très-belle épreuve.

1937. Morgues (Mathieu DE), aumônier de la reine Marie de Médicis, v. 1582-1670. — In-fol. H. de la planche, 0,452. L. 0,348. *

A mi-corps, dans une bordure ovale, équarrie, soutenue par un appui. Vu de 3/4, tourné vers la gauche. La tête couverte d'un bonnet d'où s'échappent ses cheveux blancs bouclés. En aube avec rabat. — Autour de l'ovale : *Mathævs de Morgves Sancti Germani Pratensis in Oxitania Toparcha Nobilissimus œtatis* 86. — Au milieu de l'appui, couvrant en partie le bas de la bordure, un petit médaillon ovale à fond blanc renferme les armoiries : *De gueules au sautoir d'or ; au chef cousu d'azur, chargé de trois étoiles d'or ;* l'écu surmonté d'un chapeau d'évêque.— **Sur** le dessus de l'appui, à g.: *S. François Turonensis Pinxit;* — à dr.: *N. Pitau sculp.* 1670.

Belle épreuve.

1938. Petau (Alexandre), conseiller au parlement de Paris le 11 février 1628. — In-fol. H. de la planche, 0,316. L. 0,241. *

A mi-corps, dans une bordure ovale, équarrie, soutenue par un appui. Vu de 3/4, tourné à gauche. Cheveux longs et bouclés; le sommet de la tête couvert d'une calotte. Rabat retenu par des cordons à glands. En costume de conseiller. — Autour de l'ovale : *Alexander Pavli Filivs Petavivs in Svprema Francorvm Cvria Senatores* (sic). — Au milieu de l'appui, couvrant le bas de la bordure, un petit ovale à fond blanc renferme les armoiries décrites au n° 1400 ci-dessus ; l'écu timbré d'un casque taré de 3/4, orné de cimier et de lambrequins ; supports : deux griffons ; la devise : *Moribvs Antiqvis,* surmonte les armoiries. — Sur le dessus de l'appui, à g.: *C. le Feure Pinx.;* — à dr.: *N. Pitau sculp.* 1669.

Très-belle épreuve.

1939. Priolo (Benjamin), historien français, 1602-1667. — In-4°. H. 0,225. L. 0,160. *

A mi-corps. Assis dans sa bibliothèque, devant une table, il écrit, le bras droit appuyé sur un volume. Vu de 3/4, tourné vers la gauche, le corps étant à droite. Coiffé d'un bonnet à revers. Cheveux bouclés. En robe, déboutonnée dans le haut, laissant voir la chemise. Il tient de la main gauche un volume posé debout sur la table, près d'un sablier. — A gauche, derrière le personnage, une draperie relevée laisse voir des rayons d'in-folios. — Sous le tr. c., à g.: *C. le Feure Pin.* — à dr.: *N. Pitau sculp.*

1er état. — Très-belle épreuve, avec marges.

2e état, au milieu, sous le tr. c., les vers suivants :

> *Priolides sic ora tulit, quæ clara parentum*
> *Fortuna abstulerat ; reddidit ipse sibi*
> *Et genus et proauos, virtus superauit, et auxit*
> *Antiquum propriâ nobilitate decus.*

Belle épreuve.

1940. *Rome :* **Alexandre VII** (Fabio CHIGI, pape sous le nom d'), 1599-1667. — In-fol. H. 0,409. L. 0,372.

En buste, sur piédouche placé sur un piédestal. Vu de 3/4, tourné à gauche, regardant de face. La tête couverte d'une calotte bordée d'hermine. Il porte moustaches et barbiche. Sur les épaules, une pèlerine à capuche, bordée d'hermine sur le devant. — Une draperie frangée, relevée dans les angles supérieurs, forme fond. — Au milieu du piédestal, un cartouche avec les armoiries : *Écartelé : aux 1 et 4, d'azur à l'olivier de quatre branches d'argent passées en sautoir ; aux 2 et 3, de gueules au rocher de six coupeaux d'or, surmonté d'une étoile du même* (les émaux ne sont pas indiqués) ; deux clés en sautoir derrière l'écu. — Sur le socle du piédestal, à g.: *P. Mignard Pinxit Romœ ;* — à dr.: *N. Pitau sculpsit Parisijs* 1662.

Belle épreuve, mais coupée au trait carré.

1941. Sanguin (Denis), chanoine de la Sainte-Chapelle, puis évêque de Senlis, mort le 13 mars 1702, âgé de 81 ans. — In-fol. H. 0,332. L. 0,255. *

A mi-corps, dans une bordure ovale, équarrie, avec appui. Vu de 3/4, tourné à gauche. Cheveux longs et bouclés ; calotte sur le sommet de la tête. Rabat. Les épaules couvertes d'une pèlerine. Croix retenue à un ruban passé sous le rabat. — Autour de l'ovale : *Dyonisivs Sangvin Sylvanectensivm Episcopvs.* — Sur le dessus de l'appui, à g.: *C. le Feure Pin.;* — à dr.: *N. Pitau sculp.* 1663. — Au milieu de l'appui, couvrant le bas de la bordure, un petit médaillon ovale à fond blanc renferme les armoiries : *D'azur à la bande d'argent, accostée en chef de trois glands d'or, et en pointe de deux pattes de griffon, accompagnées de trois roses en orle, le tout d'or ;* l'écu timbré d'une mitre et d'une crosse soutenant un chapeau d'archevêque.

Très-belle épreuve.

1942. *Savoie :* **Christine de France**, appelée *la duchesse de Savoie*, épouse de Victor-Amédée Ier, 1606-1663. — Gr. in-fol. H. 0,389. L. 0,367.

A mi-corps, dans une bordure ovale, équarrie, supportée par un socle. L'ovale est accompagné de deux cornes d'abondance et environné de draperies frangées, attachées dans les angles supérieurs. Vue de 3/4, tournée à droite, regardant de face. En costume de veuve, la tête couverte d'un voile. Cheveux retombant en longues frisures. Pendant d'oreille formé de trois grosses perles. Robe fermée, à corsage à pointe orné d'une croix en brillants avec perles. — Autour de l'ovale : *Christine Fille de France. P. L. G. de Dieu Dvchesse de Savoie. &c.* — Au bas de l'ovale, au milieu du socle, un médaillon renferme les armoiries de *Savoie* accolées à celles de *France ;* les écus timbrés d'une couronne royale et entourés des lacs de veuve. — Sur la plinthe du socle, à dr.: *N. Pitau sculpsit* 1663.

Belle épreuve.

1943. Seguier (Pierre), chancelier de France, 1588-1672. — Gr. in-fol. H. de la planche, 0,500. L. 0,415. *

En buste, dans une bordure ovale, équarrie, tronquée sur trois côtés. Vu de 3/4, tourné vers la gauche. Cheveux bouclés. Le sommet de la tête couvert d'une calotte. En costume de chancelier, avec la croix du Saint-Esprit retenue au grand cordon passé autour du cou. — Autour de l'ovale : *Petrvs Segvier Galliarvm Cancellarivs* (les mots sont séparés entre eux par un paraphe). — Au bas du portrait, couvrant la bordure, un petit médaillon ovale renferme les armoiries décrites au nº 1123 du présent catalogue ; l'écu timbré d'une couronne surmontée d'un casque taré de front, avec cimier et lambrequins ; les colliers de Saint-Michel et du Saint-Esprit entourent l'écusson, qui est accompagné de deux masses en sautoir, insignes du chancelier ; le tout environné du manteau d'hermine. — Un peu au-dessus du tr. c., dans la gravure, à g.: *N. de plate Montagne ad viuum Pingebat ; —* à dr.: *N. Pitau sculpsit* 1668.

Très-belle épreuve.

1944. Voysin (Daniel), maître des requêtes, conseiller d'État et prévôt des marchands. — In-fol. H. de la planche, 0,455. L. 0,348. *

A mi-corps, dans une bordure ovale, équarrie, avec appui. Vu de 3/4, tourné à droite. Tête nue, cheveux longs, retombant sur les épaules. Rabat retenu par des cordons à glands. Robe à larges manches plissées dans le haut, sous laquelle est une soutane avec ceinture entièrement boutonnée. — Autour de l'ovale : *M^r. Voysin Con^{er}. dv Roy Ordr^e. en son Con^{eil}. d'Estat M^e. des Req^{tes}. Honoraire de l'Hostel de Sa Ma^{té}. et Prevost des Marchans de la Ville de Paris. —* Sur le dessus de l'appui, à g. : *Mignar Romani* (sic) *Pinx. ; —* à dr. : *N. Pitau sculp.* 1668. — Au milieu de l'appui, un petit médaillon ovale à fond blanc renferme les armoiries : *D'azur à trois étoiles d'or, accompagnées en cœur d'un croissant d'argent;* l'écu timbré d'un casque taré de face, orné de cimier et lambrequins ; supports : deux lions.

Belle épreuve.

1945. Wrangel (Charles-Gustave), comte DE SYLFNITZBOURG, général suédois, 1613-1676. — In-fol. H. de la planche, 0,304. L. 0,195.

A mi-corps, dans une couronne de laurier, de forme ovale, entourée de trophées d'armes et supportée par un appui. Vu de 3/4, tourné à gauche, regardant vers la droite. Tête nue, cheveux longs et bouclés. En armure, avec manteau couvrant l'épaule droite et agrafé sur l'épaule gauche.

— Dans le haut, au milieu de l'ovale, un écusson timbré d'une couronne. — Sur le dessus de l'appui, cachant le bas de la couronne de laurier, une épée couchée sur un coussin orné de glands. — A droite, près du gland : *N. Pitau sculpsit.*

1er état, avant la lettre et avec l'écusson blanc des armoiries, sur le haut de la couronne de laurier. — Superbe épreuve.

PITAU (NICOLAS), le jeune,

fils du précédent, graveur au burin, né le 3 juin 1670, à Paris, où il fut inhumé le 16 février 1724.

1946. *France :* **Marie-Adélaïde de Savoie,** appelée *Madame la duchesse de Bourgogne,* fille de Victor-Amédée II, duc de Savoie, et épouse de LOUIS DE FRANCE, 1685-1712. — In-8° en travers. L. de la planche, 0,107. H. 0,080. *

A mi-corps, dans une bordure ovale, équarrie, orné de volutes retenant des branches de laurier. Sur l'appui soutenant la bordure ovale, diverses allégories. Dans le haut de l'ovale, la croix de *Savoie.* Vue de 3/4, tournée à droite, regardant de face. Tête nue, cheveux relevés et bouclés, noués derrière par un nœud de ruban et retombant épars. Pendant d'oreille de forme allongée. Corsage de robe légèrement décolleté. — Sur la bordure ovale, à gauche d'une volute, on lit : *N. Pitau.*

Très-belle épreuve.

Le P. Lelong indique la date de 1702, comme étant celle de la gravure. Portrait servant de frontispice à un livre de piété.

POILLY (FRANÇOIS DE),

dessinateur et graveur au burin, né à Abbeville en 1622 ou 1623, mort à Paris en mars 1693. Élève de P. Daret.

1947. **Bossuet** (Jacques-Bénigne), 1627-1704. — In fol. H. 0,396. L. 0,321. *

A mi-corps, dans un ovale formé d'une couronne de laurier supportée par un piédestal. Vu de 3/4, tourné à droite, regardant de face. Cheveux longs; calotte couvrant le sommet de la tête. Il porte de légères moustaches. Rabat. Les épaules couvertes de la pèlerine à capuchon. Croix pectorale. — Au bas du portrait, couvrant le milieu du piédestal, un petit médaillon à fond blanc renferme les armoiries décrites au n° 489 du présent catalogue; l'écu timbré d'une mitre et d'une crosse, surmontées du chapeau d'archevêque. — Sur le dessus de la corniche du piédestal, à g.: *P. Mignard. Pinx;* — à dr.: *F. Poilly sculp.*

Belle épreuve.

1948. Bouchu (Jean), premier président au parlement de Dijon. — In-fol. H. 0,326. L. 0,227. *

A mi-corps, dans une bordure ovale, équarrie, soutenue par un cartouche renfermant les armoiries : *D'azur au chevron accompagné en chef de deux croissants et en pointe d'un lion, le tout d'argent* (au lieu d'or); l'écu entouré du collier de Saint-Michel, et timbré d'un casque taré de front, avec cimiers et lambrequins; supports : deux lions. Vu de 3/4, tourné à droite, regardant de face. Calotte couvrant le sommet de la tête ; cheveux frisés et relevés sur la calotte. En costume de président, avec camail d'hermine ; l'épitoge qui lui couvre l'épaule droite est ornée de deux fleurs de lis.

Belle épreuve.

1949. *Espagne :* **Philippe V,** 1683-1746. — Très-gr. in-fol. H. de la planche, 0,564. L. 0,433. *

Jusqu'aux cuisses, dans une bordure ovale, équarrie, reposant sur des trophées d'armes. Debout. Vu de 3/4, tourné à gauche, regardant de face. Longue perruque. Pourpoint à grands ramages, avec le grand cordon en sautoir. Collier de la Toison d'or. Les épaules couvertes d'un manteau. De la main droite, il s'appuie sur un meuble qui supporte la couronne royale et le sceptre. — Autour de l'ovale : *Felippe Quinto Rey de Las Espanas Ætat An X.VII.* — Au bas du personnage, un cartouche, retenu à l'ovale par ces volutes, renferme les armoiries d'Espagne. — Dans l'angle inférieur gauche, au dessus du tr. c.: *F. Poilly a. lion.*

Très-belle épreuve, avec marges.

1950. Fabert (Abraham), maréchal de France. 1599-1662. — In fol. H. 0,356. L. 0,260. *

En buste, dans une bordure ovale, équarrie, avec piédestal. Vu de 3/4, tourné à droite, regardant de face. Tête nue, cheveux longs. Large collerette de mousseline brodée, retenue par des cordons à glands. Couvert d'une armure, avec écharpe en sautoir. — A droite, au-dessus de la corniche du piédestal, on lit : *L. Ferdinand. Pinxit. F. Poilly sc.* — Au milieu de la face du piédestal, un petit médaillon, orné de banderoles, renferme les armoiries : *D'or à la croix de gueules;* l'écu timbré d'une couronne de marquis surmontée d'un casque orné de lambrequins; deux bâtons fleurdelisés en sautoir derrière l'écusson qu'environnent deux palmes dans le bas.

Très-belle épreuve.

1951. **Fermat** (Pierre), célèbre géomètre français, 1601-1665. — In-fol. H. de la planche, 0,349. L. 0,263. *

A mi-corps, dans une bordure ovale, équarrie, supportée par un piédestal. Vu de 3/4, tourné à gauche, regardant de face. Tête nue, cheveux longs, séparés par une raie au milieu. Large col formant rabat attaché par des cordons à glands. Robe à larges manches sous laquelle on voit une soutane entièrement boutonnée. — Sur la face du piédestal, au milieu, un petit médaillon ovale à fond blanc renferme les armoiries, dont les émaux ne sont pas indiqués :..... *au chevron.....* *accompagné de trois aiglettes.... et surmonté d'un croissant.....; au chef* *de.... chargé de trois étoiles de.....;* l'écu timbré d'un casque taré de front, orné de lambrequins. — Sur la plinthe du piédestal, à g.: *F. Poilly, sculpsit.*
Belle épreuve.

1952. **Fouquet** (Nicolas), vicomte DE MELUN et DE VAUX, surintendant des finances, 1615-1680. — In-fol. H. de la planche, 0,325. L. 0,234. *

A mi-corps, dans une bordure ovale, équarrie, supportée par un socle. Vu de 3/4, tourné à droite, regardant de face. Cheveux longs; le sommet de la tête couvert d'une calotte. Large col formant rabat, attaché avec des cordons à glands. Pourpoint à ramages. — Sur la tablette du socle : *Illustrissimus vir Nicolaus Foucquet||Generalis in supremo regnj Senatu || Procurator; summus regij ærarij || Præfectus; V. Comes Meloaunensis, &c.* — A gauche du socle, dans la gravure : *C. le Brun Pin.;* — à droite : *F. Poilly||sculp.*
Belle épreuve.

1953. *France :* **Louis XIV**, 1638-1715. — In-fol H. de la planche, 0,361. L. 0,266. *

En buste, dans une bordure ovale, équarrie, recouverte d'une couronne de laurier supportée par un piédestal. Les angles du haut sont ornées de trompettes de Renommée. Représenté jeune. Vu de 3/4, tourné à droite, regardant de face, le corps étant de profil. Perruque bouclée. Large col de dentelle brodée, retenu par des cordons à glands. Couvert d'une armure, avec écharpe en sautoir. — Au milieu du piédestal, un cartouche, accompagné de branches de laurier et de lis qui encadrent l'ovale, renferme un écusson blanc surmonté de la couronne royale.
1er état, avant le nom des artistes sur la plinthe du piédestal et avant beaucoup de travaux indiqués dans l'état suivant. — Superbe épreuve. Collection Marshall.
2e état. — Sur la plinthe du piédestal, à g.: *P. Mignard Pinx. Fde*

Poilly sculp. et exc.;—à dr. : *cum Priuilegio Regis* 1660. — Les trompettes
de Renommée, blanches au premier état, sont couvertes de tailles dans
celui-ci. L'écusson renfermé dans le cartouche est aux armes de *France*,
surmontées de la couronne royale entièrement achevée. Les colliers de
Saint-Michel et du Saint-Esprit seulement indiqués dans l'état précédent, sont terminés dans celui-ci, et la face du piédestal qui était
blanche est couverte de tailles horizontales. — Très-belle épreuve.

1954. *France* : **Philippe de France**, frère du précédent,
appelé d'abord *duc d'Anjou*, puis *duc d'Orléans*, 1640-1701.
— In-fol. H. 0,314. L. 0,238. *

A mi-corps, dans une bordure ovale, équarrie, supportée par un
appui. Représenté jeune. Vu de 3/4, tourné à gauche, regardant vers
la droite. Longue perruque bouclée, retombant sur les épaules. Large
col attaché avec des cordons à glands. En cuirasse ; écharpe en sautoir. — Au bas du portrait, couvrant la bordure et le milieu de l'appui,
un petit médaillon ovale à fond blanc renferme les armoiries des *ducs
d'Anjou*, sans indication d'émaux ; l'écu timbré d'une couronne fleurdelisée et entouré des colliers de Saint-Michel et du Saint-Esprit. —
Sur le listel inférieur de l'ovale, à gauche du médaillon : *I. Nocret.
Pin ;* — à droite : *F. Poilly. sculp.*
Très-belle épreuve.

1955. **Lamoignon** (Guillaume DE), premier président au
parlement de Paris, 1617-1677 — Gr. in-fol. H. de la
planche, 0,492. L. 0,420. *

En buste, dans une bordure ovale, équarrie, autour de laquelle on
lit : *Gvillelmvs de Lamoignon Senatvs Galliarvm Princeps.* Vu de 3/4,
tourné à droite. Calotte couvrant le sommet de la tête ; cheveux longs,
retombant sur les épaules. En grand costume de sa charge, avec ca-
mail d'hermine et épitoge sur l'épaule gauche.
Très-belle épreuve, avant le nom des artistes.
Le P. Lelong indique que ce portrait a été gravé en 1666, d'après
Ch. Le Brun.

1956. **La Mothe-Houdancourt** (Louise DE PRIE, duchesse
DE CARDONE, épouse du maréchal de France, PHILIPPE,
comte DE), gouvernante de Monseigneur le Dauphin et des
Enfants de France, morte le 6 janvier 1709, âgée de 89 ans.
— In-fol. H. 0,356. L. 0,257. *

A mi-corps, dans un ovale équarri, formé d'une couronne de lau-

rier supportée par un piédestal et ornée de banderoles dans le haut.
Vue de 3/4, tournée à gauche, regardant vers la droite. La tête couverte d'un voile retombant par derrière. Cheveux relevés en chignon
et formant de longues frisures sur les côtés. Collier de perles. Robe
fermée avec guimpe couvrant les épaules. - - Sur la face du piédestal,
au milieu, les armoiries des La Mothe-Houdancourt : *Écartelé : aux 1
et 4, d'azur à la tour d'argent; au 2 et 3, d'argent au lévrier de gueules,
surmonté d'un lambel de sable, et accompagné de trois tourteaux de
gueules, deux en chef et un en pointe,* accolées à celles des de Prie :
*Écartelé : au 1, de gueules à trois tierce-feuilles d'or ; au 2, d'azur à la
croix d'argent; au 3, d'or à l'aigle éployée de sable, couronnée d'argent;
au 4, fascé d'argent et d'azur de 9 pièces ; au lion couronné de gueules,
brochant;* les écus timbrés d'une couronne de duc et environnés du
manteau d'hermine ; deux bâtons fleurdelisés en sautoir, accompagnés
des lacs de veuve. — A droite du piédestal, dans la gravure : *F. Poilly
sculp.*
Très-belle épreuve.
Le P. Lelong mentionne ce portrait avec la date de 1655.

1957. Le Moyne (Pierre), jésuite, 1602-1619. — In-fol.
H. de la planche, 0,337. L. 0,215. *

A mi-corps, dans une bordure ovale, équarrie, avec piédestal. Vu de
3/4, tourné à droite, regardant de face. Calotte sur le sommet de la
tête. Il porte de légères moustaches. Les épaules couvertes d'un manteau entr'ouvert sous lequel on voit sa soutane. — Sur le dessus du
couronnement du piédestal, à g. : *Phil. de Champagne Pinx.;* — à dr.:
F. Poilly sculp. — Sur la face du piédestal : *Clarissimo Viro P. Petro
le Moyne‖è soc. Jesu Patruo de se optime merito ‖ hoc grati animi mo-
numēlū consecrabat‖Joan. Bapta. le Moyne regi à consilijs.* Cette inscription est séparée au milieu par un petit médaillon ovale à fond blanc
renfermant les armoiries : *Coupé d'azur et d'or à une étoile à huit raies
coupée de l'un en l'autre ; à la bordure componée d'argent et de gueules ;
au chef cousu de gueules, chargé de trois glands d'or ;* l'écu timbré d'un
casque taré de front, orné de lambrequins et entouré du collier du
Saint-Esprit.
Très-belle épreuve.

1958. Le Sellier (Augustin), abbé général de Prémontré,
mort en 1670. — In-fol. H. de la planche, 0,272. L. 0,195.*

En buste, dans une bordure ovale, équarrie, soutenue par une tablette blanche, ornée d'un écusson armorié : *D'azur semé de fleurs de
lys d'or ; à deux crosses d'argent en sautoir, brochantes ;* l'écu entouré
de deux branches d'olivier et timbré d'une mitre et d'une crosse d'abbé.

Vu de 3/4, tourné à droite, regardant de face. Le sommet de la tête rasé ; couronne de cheveux. En costume de Prémontré, les épaules cou-vertes d'une pèlerine. — Au-dessus du tr. c., à dr. de la tablette : *F. poilly. Sc.*

Très-belle épreuve.

1959. Lionne (Jules-Paul DE), abbé de Marmoutiers, prieur de Saint-Martin-des-Champs, mort le 5 juin 1721. — Gr. in-fol. H. de la planche, 0,528. L. 0,433. *

A mi-corps, dans une bordure ovale, équarrie, tronquée sur les côtes et dont les angles sont ornés, ceux du haut, à gauche, du chiffre du personnage, et à droite, d'un lion passant; ceux du bas ont à gauche une colonne, et à droite, le même chiffre qu'à l'angle gauche supérieur. Vu de 3/4, tourné à droite, regardant de face. Tête nue ; cheveux cré-pus, séparés au milieu par une raie. En costume d'abbé, les épaules couvertes d'un manteau ouvert, laissant voir sa soutane boutonnée. Rabat de dentelle retenu par des cordons à glands.

Très-belle épreuve, avant l'inscription sur le listel de l'ovale : *Fr. Poilly ad vivum pinx & sc.* 1681.

Le P. Lelong indique ce portrait avec la date de 1680.

1960. Mazarin (Jules, cardinal DE), 1602-1661. — In-fol. H. 0,255. L. 0,202. *

A mi-corps, dans un ovale. Vu de 3/4, tourné à gauche, regardant de face. La tête couverte d'une calotte ; cheveux frisés. Il porte mous-taches et barbiche. Rabat. — Fond noir.

1er état. — Fragment de tête. Il n'y a de terminé que la partie dé-crite ci-dessus ; le reste du corps est tracé à la pointe. — Très-belle épreuve, de la plus grande rareté.

2e état. — H. 0,393. L. 0,293. L'ovale est recouvert d'une couronne d'olivier entourée d'un ruban semé d'étoiles, et supporté par un socle. Mêmes dispositions qu'au 1er état. En costume de cardinal, avec ca-mail d'hermine. L'épaule gauche couverte d'un manteau. — Sur le milieu du socle, un cartouche, entouré du manteau d'hermine, renferme les armoiries décrites au n° 1109; l'écu timbré d'une couronne ducale, surmontée d'un chapeau d'archevêque de dessous duquel sortent deux branches de laurier qui accompagnent l'ovale. — Sur la plinthe du socle, à g.: *P. Mignard. P.; —* à dr.: *F. Poilly Sculp.* 1660. — Très-belle épreuve.

1961. Tonduti (Pierre-François), seigneur de Saint-Léger, jurisconsulte et prémicier de l'université d'Avignon, mort le 17 septembre 1669. — In-fol. H. 0,279. L. 0,191. *

A mi-corps, dans une bordure ovale, équarrie, supportée par un piédestal, avec ces vers sur la face :

Os, ex quo Themidis fluxere oracula, mutum
Hic in propositá cernitur effigie.
Non responsa dabit : sed, qui sine fine loquentur
Innumeris libri vocibus, illa dabunt.

I. *Sangenesius.*

Vu de 3/4, tourné à droite, regardant de face. Calotte couvrant le sommet de la tête; cheveux courts et relevés au-dessus du front. Il porte barbiche et moustaches. En robe de palais. — A g., dans la gravure, près du piédestal : *F. Poilly.*

2e état, avant le nom de N. *Mignard*, à droite du piédestal; avant l'inscription sur la bordure. — Belle épreuve.

On indique quelquefois ce portrait sous le nom de Thaumas de la Thaumassière, mais bien à tort.

POILLY (NICOLAS DE),

frere et élève de François, dessinateur et graveur au burin, né à Abbeville en 1626, mort à Paris en 1690 ou 1696.

1962. **Amelot** (Jacques), marquis DE MAUREGARD, premier président en la cour des aides, 1602-1668. — In-fol. H. 0,329. L. 0,261. *

A mi-corps, dans une bordure ovale, équarrie, supportée par un piédestal. Vu de 3/4, tourne vers la gauche, regardant de face. En longue perruque; le sommet de la tête couvert d'une calotte. Rabat retenu par des cordons à glands. Robe à larges manches, sous laquelle il porte une soutane entièrement boutonnée. — Autour de l'ovale : *Iacobvs Amelot Marchio de Mavregard Svbsidiorvm Cvriæ Princeps.* — Sur le dessus du piédestal, à g.: *C. le Feure Pinxit;* — à dr.: *N. Poilly sculpsit* 1664. — Au milieu du piédestal, un petit médaillon ovale à fond blanc renferme les armoiries décrites plus haut au nº 1652; l'écu timbré d'une couronne de marquis surmontée d'un casque couronné, orné de lambrequins.

Très-belle épreuve.

1963. **Beauvau** (Gabriel DE), évêque de Nantes, mort en 1668. — In-fol. H. 0,338. L. 0,261. *

En buste, dans une bordure octogone, équarrie, formée de feuilles de chêne, supportée par un piédestal. Vu de 3/4, tourné à droite, re-

gardant vers la gauche. Calotte couvrant le sommet de la tête. Cheveux courts et légèrement bouclés. Il porte moustaches et barbiche.
Rabat. Les épaules couvertes d'une pèlerine à capuchon, avec la croix
pectorale retenue à un ruban passé autour du cou. — Sur le dessus du
piédestal, à g.: *N Poilly ad vinum ;* à dr.: *Scu.*—Sur la face du piédestal,
au milieu, un médaillon rond à fond blanc renferme les armoiries
décrites au n° 403 du présent catalogue; l'écu timbré d'une couronne
de marquis surmontée d'un chapeau d'évêque.

Belle épreuve.

1964. Bullion (Noël DE), marquis DE GALARDON, garde des
sceaux, mort en 1670. — In-fol. H. 0,334, y compris une
marge de 0,020. L. 0,236. *

A mi-corps, dans un cadre rectangulaire dont le côté inférieur est
plus large et forme tablette. Vu de 3/4, tourné à droite, regardant de
face. Longue perruque bouclée. Col retenu par des cordons à glands.
Pourpoint à petits ramages, dont les manches sont garnies de boutons. Grand cordon avec croix du Saint-Esprit autour du cou. — Le
fond est formé par une draperie tendue et retenue aux angles supérieurs du cadre. — Sur la tablette, au milieu, dans un médaillon
rond, les armoiries.: *Écartelé : aux 1 et 4, d'azur au lion d'or issant
d'une rivière d'argent; aux 2 et 3, d'argent à la bande de gueules,
accompagnée de six coquilles* (sans émail); l'écu timbré d'une couronne de marquis et environné des colliers de Saint-Michel et du
Saint-Esprit. — Sous le tr. c., dans la marge, deux vers :

> *Ingenium pulchroque madens tibi pectus Honesto*
> *Et genus, hic monstrat, Bullio, frontis honos.*

— A dr. de ce dernier vers : *Ph. Champaigne. pin ;* — à g.: *N.
poilly. s.*

Belle épreuve.

1965. Fouquet (Basile), abbé de Barbeaux et chancelier des
ordres du Roi, mort en 1680. — In-fol. H. 0,335. L. 0,250. *

En buste, dans une bordure ovale, équarrie, supportée par un appui.
Vu de 3/4, tourné à gauche, regardant vers la droite. Longue perruque
retombant sur les épaules. Large col de dentelle formant rabat retenu
par des cordons à glands. Pourpoint avec manches à larges crevés
laissant voir la chemise. Grand cordon en sautoir, avec la croix du
Saint-Esprit sur le côté, dont on ne voit que deux branches. — Au bas
du portrait, couvrant la bordure et le milieu de l'appui, un médaillon
ovale à fond blanc renferme les armoiries décrites plus haut, au n° 965 :
l'écu timbré d'une couronne de comte et entouré des colliers de Saint-

Michel et du Saint-Esprit. — Sur le dessus de l'appui, à g. : *N Poilly Sculp.*

Belle épreuve.

1966. *France :* **Louis XIV**, 1638-1715. — In-fol. H. 0,430. L. 0,319. *

En buste, dans une bordure ovale, équarrie, formée d'une couronne de laurier et de fleurs de lis, supportée par un socle recouvert d'une draperie fleurdelisée, avec la croix du Saint-Esprit suspendue au milieu. Le haut de l'ovale est surmonté de la couronne royale, accompagnée du sceptre et de la main de justice, en sautoir, entre des branches de laurier et de banderoles. Les angles supérieurs sont ornés d'une fleur de lis et ceux du bas d'un L couronné et d'une fleur de lis. Représenté jeune. Vu de 3/4, tourné à gauche, regardant de face. Longue perruque bouclée. Col de dentelle retenu par des cordons à glands. Les épaules couvertes du manteau royal, avec le collier du Saint-Esprit autour du cou. — Au-dessus de la frange de la draperie recouvrant le socle, à gauche, on lit : *N. Mignard Auenionensis pinxit ;* — à dr. : *N. poilly fecit.*

Très-belle épreuve.

1967. *France :* **Louis XIV**. — In-fol. H. de la planche, 0,367. L. 0,320. *

En buste, dans un ovale équarri, accompagné d'un cadre orné de feuillages ; dans les angles, quatre petits médaillons emblématiques avec devises ; celles du haut sont : *Cognato Qvia Sol non Indvit.* — *Permitto Divis Omnia* ; celles du bas : *Lvce Serenabit.* — *Apicem Reponet.* Vu de 3/4, tourné à gauche, regardant vers la droite. Longue perruque bouclée, retombant sur le devant des épaules. Col de dentelle formant rabat retenu par des cordons à glands. Couvert d'une cuirasse dont les brassards sont ornés de clous. Écharpe en sautoir. — Sous le tr. c., à g.: *N. Mignard pinxit ;* — à dr.: *N. Poilly sculp.*

Très-belle épreuve.

1968. *France :* **Louis XIV**. — In-fol. H. de la planche, 0,430. L. 0,343. *

En buste, dans une bordure ovale, équarrie, formée de palmes, surmontée de la couronne royale qui est accompagnée de trompettes de Renommée, et d'ailes sur les pennes desquelles sont représentés des oreilles, des yeux et des lèvres. L'ovale est soutenu par un mascaron et entouré d'un cadre rectangulaire. Vu de 3/4, tourné à droite, regardant de face. Coiffé et habillé de la même façon qu'au portrait précédent. Dans les angles inférieurs, à gauche et à droite de l'ovale, deux casques ayant pour cimier l'un, une chouette, l'autre, un hibou, et près desquels sont le sceptre et la main de justice. — Sur le bord du bouclier placé sous le casque de gauche, on lit : *N. Poilly sculpsit cum Priuilegio Regis.*

Très-belle épreuve.

1969. *France :* **Louis XIV.** — In-fol. H. 0,386. L. 0,298. *

En buste, dans une bordure ovale, équarrie, formée d'une couronne de feuilles et de fleurs de lis. Un socle supporte l'ovale et les angles sont ornés de médaillons emblématiques avec devises; celles du haut, sont: *Sic Poterat Vincj.* — *Causa Patet;* celles du bas : *Junctis prœstant hic quanta coronis.* — *Sin par el que arde sin par el que quema.* Vu de 3/4, tourné à droite, regardant de face. Longue perruque retombant sur les épaules. Col de dentelle formant rabat retenu par des cordons à glands. Couvert d'une cuirasse ornée d'une tète de lion. Écharpe en sautoir. — Au bas du portrait, couvrant le milieu du socle, un cartouche renferme les armoiries de *France,* surmontées de la couronne royale et entourées des colliers de Saint-Michel et du Saint-Esprit. — Au-dessus de la plinthe du socle, à g.: *F. Pr. Georgius. P. minorita Pinxit.* 1660. ; — à dr.: *N. Poilly sculp. cum priuilég. Regis.*

Très-belle épreuve.

1970. *France :* **Louis XIV.** — Gr. in-fol. en travers. L. 0,500. H. 0,410. *

En buste, dans un médaillon ovale, accompagné de génies, recouvert de guirlandes et supporté par un socle orné d'un bas-relief représentant le roi tenant son lit de justice. Vu de 3/4, tourné à gauche, regardant de face. Longue perruque bouclée, retombant par devant. Col de dentelle formant rabat retenu par des cordons à glands. Les épaules couvertes du manteau royal, avec le collier du Saint-Esprit autour du cou. — Les génies tiennent des médaillons qui ont pour devises, ceux du haut : *Per se cuncta videt — Regna Fovet, conditque Domos ;* ceux du bas: *Dat Primas Æqvi Leges — Nil Titvbat Me Stante,* au-dessous desquels on lit à g. : *N. Mignard Auen*sis*. jnu. et delin.;* — à dr.: *N. Poilly sculp.*

Belle épreuve.

1971. *France :* **Louis XIV.** — Très-gr. in-fol. H. de la planche, 0,605. L. 0,540.

En buste, aussi grand que nature, dans une bordure ovale, équarrie, tronquée sur tous les côtés. Les angles ornés d'une fleur de lis. Vu de 3/4, tourné à droite, regardant de face. Perruque bouclée; de longues frisures retombent par devant sur les épaules. Il porte de légères mous-

322 POILLY (N. DE).

taches. Nœud de cravate avec longs bouts de dentelle. Couvert d'une armure dont le brassard est orné d'un soleil et de fleurs de lis. Grand cordon en sautoir.— Autour de l'ovale : *Lvdovicvs XIIII. Dei Gra. Franciæ et Navarræ Rex Christianissimvs.* — Au bas du portrait, sur le listel supérieur de l'ovale : *NDe Poilly sculp. C. P. R.* 1680.

Très-belle épreuve.

1972. *France* : **Marie-Thérèse d'Autriche**, épouse du précédent, 1638-1683. — Très-gr. in-fol. H. totale, 0,602. L. 0,510.

En buste, aussi grand que nature, dans une bordure ovale, disposée et ornée comme au portrait précédent auquel elle fait pendant. Vue de 3/4, tournée à gauche, regardant de face. Tête nue, cheveux frisés et ornés de perles. Pendants d'oreilles de forme allongée. Collier de perles. Corsage de robe d'hermine, décolleté et orné de perles et de brillants. — Autour de l'ovale : *Marie Therese Infante d'Espagne Reyne de France et de Navarre.* — Au bas du portrait, sur le listel supérieur de l'ovale : *NDe Poilly sculp. cum priuil. Regis.* 1680.

Très-belle épreuve.

1973. *France* : **Marie-Thérèse d'Autriche**. — Gr. in-fol. H. 0,500. L. 0,424. *

En buste, presque aussi grand que nature, dans une bordure ovale, équarrie, tronquée sur tous les côtés. Les angles sont ornés d'une fleur de lis. Représentée jeune. Vue de 3/4, tournée à droite, regardant de face. Tête nue, cheveux séparés par une raie transversale et relevés en chignon sur lequel est la couronne royale ; ils retombent sur les côtés en longues frisures. Pendant d'oreille. Collier de perles. Corsage d'hermine décolleté, orné de perles et de brillants, et garni dans le haut d'une dentelle que recouvre en partie une torsade de ruban avec perles et brillants, attachée sur l'épaule par une grosse agrafe en brillants.

1er état, avant toute lettre et avant que les broderies qui ornent le haut du corsage soient terminées. — Superbe épreuve, peut-être unique.

2e état. — Les petites boucles de cheveux qui ombragent le front sont en plus grand nombre. Les garnitures du corsage ont été changées ; la torsade en ruban a été enlevée et la dentelle garnissant le haut du corsage a été augmentée, afin que la gorge soit moins décolletée. — Autour de l'ovale : *Marie Therese Infante d'Espagne Reyne de France et de Navarre.* — Au-dessous du portrait, sur le listel supérieur de l'ovale : *Beaubrun Pinx.* — *N. de Poilly sculpsit et ex. cum Priuil. Regis.* — Très-belle épreuve.

Le P. Lelong indique cet état avec la date de 1688.

1974. *France :* **Louis de France**, nommé le *Grand Dauphin,* 1661-1711. — Très-gr. in-fol. H. de la planche, 0,611. L. 0,515. *

Buste aussi grand que nature, dans une bordure ovale, équarrie, tronquée sur tous les côtés. Vu de 3/4, tourné à droite, regardant de face. Tête nue, longue perruque frisée, retombant sur les épaules. Nœud de cravate avec de longs bouts de dentelle. En pourpoint à ramages, avec une bouffette ornant l'épaule droite. — Autour de l'ovale : *Lovis Davphin de France Fils de Lovis XIIII. Roy de France et de Navarre.* — Sous le portrait, à dr., sur le listel blanc inférieur de la bordure : *N. Poilly sculp. C. P. R.*

Très-belle épreuve.

1975. *France :* **Philippe de France,** duc d'Orléans, frère de Louis XIV, appelé d'abord *duc d'Anjou,* puis *duc d'Orléans,* 1640-1701.—In-fol. H. de la planche, 0,335. L. 0,251.

A mi-corps, dans une bordure ovale, équarrie, formée d'une couronne de laurier et supportée par un socle. Vu de 3/4, tourné à gauche, regardant de face. Tête nue ; perruque longue et touffue, retombant sur les épaules. Large col de dentelle, formant rabat, retenu par des cordons à glands. Couvert d'une cuirasse. Écharpe en sautoir. — Sur le dessus du socle, à g.: *N. Poilly Sculp.* — Au milieu du socle, un petit médaillon ovale, renfermant les armoiries des d'*Orléans* (sans indication d'émaux), timbrées de la couronne fleurdelisée et environnées du manteau d'hermine.

Belle épreuve.

1976. *France :* **Philippe de France** (le même que le précédent). — Gr. in-fol. H. de la planche, 0,514. L. 0,440.

En buste, grand comme nature, dans une bordure ovale, équarrie, tronquée sur tous les côtés. Les angles ornés d'une fleur de lis. Jeune. Vu de 3/4, tourné vers la gauche, regardant de face. Longue perruque bouclée, retombant sur le devant des épaules ; des petites frisures ombragent le front. Col de dentelle retenu par des cordons à glands. Manteau d'hermine, avec collier du Saint-Esprit. — Autour de l'ovale : *Philippes de Bovrbon Dvc d'Orléans Frere dv Roy.* — Au-dessous du portrait, sur le listel supérieur de l'ovale : *A Paris rüe St. Jacques a la belle Image c. p. r.*

Très-belle épreuve, avec marges.

1977. *France :* **Louis II de Bourbon-Condé,** surnommé le *Grand Condé*, 1621-1686. — In-fol. H. 0,315. L. 0,239. *

A mi-corps, dans une bordure ovale, équarrie, avec appui. Représenté jeune. Vu de 3/4, tourné vers la gauche, regardant de face. Tête
nue ; longue perruque, légèrement bouclée, séparée au milieu par une
raie et retombant sur les épaules. Couvert d'une cuirasse, avec pourpoint à ramages. Écharpe en sautoir. — Au bas du portrait, sur le
listel blanc inférieur de l'ovale, à g. des armoiries : *I Nocret. Pin ;* — à
dr.: *N. Poilly. Scul.* — Au milieu de l'appui, couvrant la bordure, un
petit médaillon ovale à fond blanc renferme les armoiries des *Bourbons-Condé* (sans indication d'émaux); l'écu timbré d'une couronne
fleurdelisée et environnée des colliers de Saint-Michel et du Saint-
Esprit.

Très-belle épreuve.

1978. *France :* **Louis II de Bourbon-Condé**, surnommé
le *Grand Condé.* — In-fol. H. de la planche, 0,319.
L. 0,243. *

En buste, dans un ovale équarri, formé d'une couronne de laurier
supportée par un appui. Même attitude et même costume qu'au portrait précédent, sauf les modifications suivantes : la perruque est frisée
et retombe en longues boucles; la figure est plus âgée ; les moustaches plus accentuées ; le dessin du col formant rabat est légèrement modifié; les armoiries sont indiquées avec leurs émaux ; les colliers de
Saint-Michel et du Saint-Esprit sont remplacés par deux palmes, avec
banderole portant cette devise : *Palmas Annectit Olivis.* — A droite
des armoiries, sur le dessus de l'appui, l'inscription : *N Poilly Sculp*
1660.

Belle épreuve, avec marges.

1979. *France :* **Louis II de Bourbon-Condé**, surnommé le
Grand Condé.— Gr. in-fol. H. de la planche, 0,509. L. 0,417.

A mi-corps, dans une bordure ovale, équarrie et tronquée sur tous
les côtés; les angles sont ornés d'une fleur de lis. Vu de 3/4, tourné
à droite, regardant de face. Longue perruque bouclée. Fines moustaches. Cravate de dentelle avec nœud de ruban. En armure, avec
écharpe en sautoir. — Autour de l'ovale : *Lovis de Bourbon Prince de
Conde.*— Sous le portrait, sur le listel blanc supérieur de la bordure :
A Paris chez Nicolas de Poilly rue   *St Jacques a la belle Image*
avec priuil. du Roy.

Très-belle épreuve.

1980. *France :* **Henri-Jules de Bourbon-Condé**, duc

d'Enghien, grand maître de France, fils du précédent, 1643-1709. — In-fol. H. 0,341. L. 0,271. *

A mi-corps, dans une bordure ovale, équarrie, recouverte par une couronne de laurier et supportée par un socle. Vu de 3/4, tourné à droite, regardant de face. Tête nue, longue perruque bouclée, retombant sur le devant de la poitrine. Col de dentelle formant rabat. Couvert d'une armure, avec écharpe en sautoir. — Au-dessous du portrait, couvrant la bordure ovale et le socle, un ovale à fond blanc renferme les armoiries des *Bourbons-Condé* (sans indication d'émaux) ; l'écu timbré d'une couronne fleurdelisée. — Sur le dessus du socle, à dr. des armoiries : *N.Poilly Sculp.*

Belle épreuve.

Le P. Lelong indique que ce portrait a été gravé d'après Mignard.

1981. *France :* **Anne-Marie-Louise d'Orléans**, duchesse de Montpensier, appelée *Mademoiselle de Montpensier* et la *Grande Mademoiselle*, fille unique de Gaston, 1627-1693. — In-fol. H. de la planche, 0,342. L. 0,244. *

A mi-corps, dans une bordure ovale, équarrie, supportée par un appui. Vu de 3/4, tournée à droite, regardant de face. En Minerve, la tête ceinte d'un casque empanaché ; cheveux retombant en longue frisures. Collier de perles. Cuirasse. L'épaule droite couverte d'un manteau fleurdelisé, bordé d'hermine.— Sur le dessus de l'appui, à g. : *N. Poilly. sc.* — Sur la face de l'appui : *Mad^{lle}. de Montpensier.* — Au milieu, un petit médaillon, à fond blanc, renferme les armoiries : d'*Orléans,* parti de *Bourbon-Montpensier* ; l'écu timbré d'une couronne fleurdelisée et entouré de fleurs.

1er état. — Rare. Très-belle épreuve, à toutes marges.

2e état. — A droite du médaillon renfermant les armoiries, sur le dessus de l'appui, on lit : *A Paris Chez N. Langlois à la Victoire.* L'inscription sur la face de l'appui est enlevée. — Belle épreuve.

1982. *France :* **Louis de Bourbon-Vendôme**, duc de Vendôme, de Mercœur, etc., appelé le *duc de Mercœur* et le *cardinal de Vendôme,* 1612-1669. — In-fol. H. 0,324. L. 0,254.

A mi-corps, dans un ovale équarri, formé d'une couronne de laurier supportée par un appui. Vu de 3/4, tourné à gauche, regardant de face. Longue perruque ; calotte couvrant le sommet de la tête. Rabat retenu par des cordons à glands. Pourpoint dégrafé des trois derniers boutons. Grand cordon en sautoir. Les épaules couvertes d'un manteau sur lequel sont brodées les insignes du Saint-Esprit. — Sur le dessus de l'appui, à g. : *N. Poilly Sculp.* — Au milieu de l'appui, un petit ovale, couvrant la couronne d'olivier, renferme les armoiries des *Bourbons* (sans indication d'émaux) ; l'écu timbré d'une couronne fleurdelisée, entouré des colliers de Saint-Michel et du Saint-Esprit. Le manteau d'hermine environne le tout.

Belle épreuve.

1983. Le Tellier (Michel), chancelier de France, 1603-1685. — In-fol. H. de la planche, 0,454. L. 0,327. *

A mi-corps, dans une couronne ovale de laurier, entourée de rubans de Saint-Michel et du Saint-Esprit, dont les croix pendent au milieu du socle qui supporte l'ovale. Sur le haut de la couronne, un lézard accompagné d'une banderole avec cette devise : *œternœ Excubiœ.* Vu de 3/4, tourné à gauche, regardant de face. Sommet de la tête couvert d'une calotte. Cheveux longs. Il porte barbiche et moustaches. Rabat retenu par des cordons à glands. Pourpoint avec grand cordon en sautoir et croix du Saint-Esprit sur le côté. Les épaules couvertes d'un manteau avec les insignes du Saint-Esprit brodés. — Au bas de la face du socle, à *g.* : *N. Poilly. sculp.* — A gauche et à droite du socle, des fruits après lesquels grimpe un lézard. Le tout est entouré d'un cadre rectangulaire, avec coins ornés d'étoiles ; sur celui du bas, à droite, les lettres *MLT* entrelacées.

Belle épreuve.

1984. Lionne (Hugues DE), secrétaire d'État, 1611-1671. — In-fol. H. 0,345. L. 0,265. *

A mi-corps, dans une bordure ovale, équarrie, supportée par un piédestal. Vu de 3/4, tourné à droite, regardant de face. Tête nue. Cheveux longs et crépus. Il porte moustaches en crocs et petite barbiche. Col de dentelle formant rabat, retenu par des cordons à glands. Pourpoint avec manches à crevé. Grand cordon en sautoir. L'épaule droite couverte d'un manteau. — Sur le couronnement du piédestal, à *g.*: *N Poilly scu.* — Au milieu du piédestal, un petit médaillon ovale à fond blanc renferme les armoiries décrites au n° 1793.

— La face du socle a été recouverte d'un cache visible par le manque des lignes horizontales formant l'ombre du médaillon.— Belle épreuve.

1985. Lionne (Jules-Paul DE), abbé de Marmoutiers, prieur de Saint-Martin-des-Champs, mort le 5 juin 1721. — Gr. in-fol. H. 0,532. L. 0,458. *

En buste, aussi grand que nature, dans une bordure ovale, équarrie, tronquée sur tous les côtés. Vu de 3/4, tourné à droite, regardant de face. Tête nue, cheveux bouclés et crépus. Rabat retenu par des cordons à glands. Les épaules couvertes d'une pèlerine à capuche. — Autour de l'ovale : *Ivlivs - Pavlvs de Lionne*, *Abbas Maioris Monosterii et Prior Sancti Martini a Campis*. — Sous le portrait, sur le listel blanc supérieur de l'ovale : *C. Le Febure pinxit*. — *N. Poilly sculpsit*.

Très-belle épreuve.

Le P. Lelong indique la date de 1681, comme étant celle de la gravure.

1986. Parfait (Nicolas), abbé de Bouzonville. — In-fol. H. de la planche, 0,332. L. 0,258. *

A mi-corps, dans une bordure ovale, équarrie, supportée par un appui. Vu de 3/4, tourné à gauche, regardant de face. Téte nue. Rabat. Soutane boutonnée ; ceinture au milieu du corps. L'épaule droite couverte d'un manteau. — Autour de l'ovale : *Mre. Nicolas Parfaict Abbe de Bovzonville & Chanoine de l'Eglise de Paris*. — Au bas du portrait, couvrant la bordure et le milieu de l'appui, un petit médaillon ovale à fond blanc renferme un cartouche avec les armoiries : *D'argent à trois flammes posées en bande entre deux cotices d'azur ; au chef du même, chargé d'une fleur de lis d'or* ; l'écu surmonté d'une crosse soutenant un chapeau d'abbé. — Sur le dessus de l'appui, à g. : *C. le Febure Pinxit ;* — à dr. : *N. Poilly sculpsit* 1666.

Belle épreuve, avec petites marges.

1987. Potier (René), duc **de Tresmes**, pair de France, capitaine des gardes du corps, mort en 1670, âgé de 91 ans. — In-fol. H. de la planche, 0,351. L. 0,271. *

A mi-corps, dans une bordure ovale, équarrie, supportée par un socle et ornée de banderoles dans le haut. Vu de 3/4, tourné à gauche, regardant de face. Tête nue, cheveux longs. Col de dentelle formant rabat, retenu par des cordons à glands. Couvert d'une armure avec écharpe en sautoir nouée sur l'épaule gauche. — Autour de l'ovale : *Mre. Rene Potier Seignevr et Dvc de Tresme Pair de France Prer. Capitaine des Gardes dv Corps de Sa Mate. &c.* — Sous le portrait, couvrant le milieu du socle et la bordure, un cartouche, orné de banderoles, renferme un médaillon ovale avec les armoiries décrites ci-dessus au numéro 1896 ; l'écu timbré de la couronne ducale, entouré des colliers de Saint-Michel et du Saint-Esprit et environné du manteau d'hermine. — Sur le dessus du socle, à g. : *C. Febure Pin. ;* — à dr. : *N. Poilly sculpsit*.

Belle épreuve.

1988. *Rome :* Clément IX (Jules Rospigliosi, pape sous le nom de), 1600-1669. — Gr. in-fol. H. de la planche, 0,509. L. 0,436.

En buste, dans une bordure ovale, équarrie, tronquée sur tous les côtés:

les angles ornés d'une losange. Vu de 3/4, tourné à droite, regardant de face. Coiffé d'un bonnet bordé d'hermine. Il porte moustaches et barbiche. Col rabattu. Les épaules couvertes d'une pèlerine à capuchon bordé d'hermine. — Sur l'ovale : *Clemens IX. Pontifex Optimvs Maximvs.* — Au bas du portrait, sur le listel blanc supérieur de l'ovale : *se vend A Paris rue St. Jacques a la belle Image chés N. de Poilly.*

Belle épreuve.

1989. *Rome :* **Clément X** (Étienne-Laurent ALTIERI, pape sous le nom de), 1590-1676. — Gr. in-fol. H. de la planche, 0,509. L. 0,436.

En buste, dans une bordure ovale, équarrie, tronquée sur les côtés. Vu de 3/4, tourné à droite, regardant de face. Coiffé d'un bonnet bordé d'hermine. Il porte moustaches en crocs et barbiche. Vêtu comme le précédent. — Autour de l'ovale : *Clemens X.. Pontifex Optimvs Maximvs.* — Au bas du portrait, sur le listel blanc supérieur de la bordure, la même adresse qu'au portrait précédent à laquelle on a ajouté les mots : *ouec Priuilege du Roy,* après le nom du graveur.

Très-belle épreuve.

Ce portrait a été exécuté à l'aide de la planche précédente dans laquelle on a changé la tête du personnage et supprimé les losanges dans les angles.

1990. Tubeuf (Jacques), président en la chambre des comptes, mort en 1671. — In-fol. H. 0,313. L. 0,247. *

A mi-corps, dans une bordure ovale, équarrie, supportée par un appui. Vu de 3/4, tourné à droite, regardant vers la gauche. Le sommet de la tête couvert d'une calotte. Longue perruque bouclée, couvrant les épaules. Rabat retenu par des cordons a glands. Robe à larges manches, sous laquelle il porte une soutane avec ceinture. — Sur le dessus de l'appui, à dr. : *N. Poilly sculp.* — Au milieu de l'appui, couvrant la bordure, un petit ovale à fond blanc renferme les armoiries : *D'argent à trois hirondelles de sable, au vol abaissé ;* l'écu timbré d'un casque taré de face, orné de lambrequins ; supports : deux lions.

Très-belle épreuve.

Le P. Lelong indique que ce portrait a été gravé d'après P. Mignard en 1666.

1991. Vignerot (Amador-Jean-Baptiste DE), seigneur du Plessis, de Richelieu, abbé de Richelieu. — In-fol. H. 0,345. L. 0,272. *

A mi-corps, dans une bordure ovale, équarrie, supportée par un appui. Vu de 3/4, tourné à gauche, regardant de face. Tête nue, cheveux crépus et bouclés. En costume d'abbé, les épaules couvertes d'un manteau. — Au bas du portrait, couvrant le milieu de l'appui et la bordure, un petit ovale à fond blanc renferme les armoiries : *Écartelé : aux 1 et 4, d'or à trois hures de sanglier de sable, qui est* Vignerot ; *aux 2 et 3, d'argent à trois chevrons de gueules, qui est* Richelieu ; l'écu timbré d'une couronne ducale, accompagnée d'une mitre et d'une crosse soutenant un chapeau d'évêque.

1er état, avant toute lettre. — Superbe épreuve.

2e état. — Sur le dessus de l'appui, à gauche, on lit : *N. Poilly ad viuum.* — Belle épreuve.

POILLY (JEAN-BAPTISTE DE),

fils du précédent, dessinateur et graveur à la pointe et au burin, baptisé le 24 novembre 1669, à Paris, où il mourut le 29 avril 1728. Il avait épousé, en février 1707, Marie-Susanne Bonnart (voir au t. Ier, p. 45).

1992. **Troy** (François DE), peintre français, 1645-1730. — In-fol. H. 0,346. L. 0,242. *

A mi-corps, dans une bordure ovale, équarrie, simulée en pierres et supportée par un socle. Vu de 3/4, tourné à gauche, regardant vers la droite. Tête nue, longue perruque bouclée. Col de chemise dégrafé. L'épaule gauche couverte d'un manteau.

1re état, avant toute lettre. — Très-belle épreuve.

Le P. Lelong indique ce portrait avec la date de 1714 ; et en effet, c'est une des pièces de réception de cet artiste à l'Académie, réception qui eut lieu le 26 juillet de cette année.

POILLY (NICOLAS-JEAN-BAPTISTE DE),

fils du précédent, graveur au burin.

1993. **Vincent** (Jacques), imprimeur-libraire de Paris, 1672-1760. — Gr. in-fol. H. 0,458. L. 0,350. *

A mi-corps, dans un ovale supporté par un piédestal et appuyé contre deux colonnes à rainures ; le tout dans un hémicycle, avec pilastre, servant de bibliothèque dont on voit les rayons chargés de livres. Vu de 3/4, tourné à droite, regardant de face. Longue perruque bouclée. Habit ouvert, avec manches à parements, laissant voir la dentelle du jabot. Un manteau couvre l'épaule gauche. — A gauche appuyé contre la colonne, un volume debout avec ce titre : *Histoire ‖ de ‖Langleter.* — Sur la tablette du piédestal, cette inscription : *Jacques Vincent, Impri-*

meur-Libraire, || *Syndic en* 1744. || *mort le* 7 *Mai* 1760 *âgé de* 88 *ans.* —
Sur le pendant de la tablette, à dr. : **N. B.** *De Poilly sculp.*
Belle épreuve.

PORTIER (ADOLPHE),

graveur contemporain à la manière noire.

1994. *France :* **Napoléon II**, duc **de Reichstadt**, 1811-
1832. — In-fol. H. 0,332. L. 0,257.

Jusqu'au genoux. Debout près d'une table recouverte d'un tapis, sur
laquelle est une sphère, en partie recouverte d'un voile, et des livres. Vu
de 3/4, tourné à droite, regardant de face. Tête nue et légèrement inclinée ; cheveux courts et bouclés. En habit de général autrichien, avec
décoration ; le grand cordon en sautoir. Les bras croisés sur la poitrine,
il tient dans la main droite une épée dans son fourreau. Derrière le
personnage, à g., un fauteuil sur le bras duquel est posé un manteau.
— Sous le tr. c., à g. : *Peint par Schopin.;* — à dr. : *Gravé par Adolphe
Portier.*
Gravé à la manière noire.
Belle épreuve, avant l'inscription.

PRÉVOST (BENOÎT-LOUIS),

graveur au burin et à la pointe, né à Paris vers 1747. Élève de J. Ouvrier.

1995. **Cochin** (Charles-Nicolas II), dessinateur et graveur
français, 1715-1790. — In-8°. Diamètre du médaillon,
0,070.

En buste, dans un médaillon. Vu de profil, tourné à droite. En per-
ruque, cheveux relevés sur le devant, bouclés sur les côtés et ornés
d'un ruban derrière. — Dans le haut du médaillon : *C. N. Cochin.* —
Sous le portrait, parallèlement au médaillon : *C. N. Cochin del.* 1781.
B. L. Prevost Sculp.
Belle épreuve.

1996. **Guillotin** (Joseph-Ignace), médecin français, 1738-
1814. — In-4°. H. de la planche, 0,189. L. 0,122.

En buste, dans un médaillon équarri, entouré de feuilles de chêne.
Vu de 3/4, tourné à droite, regardant de face. En perruque. Habit
entr'ouvert, laissant voir le jabot. — Au-dessus du médaillon, dans le
haut : *Civi Optimo.* — Plus bas que le médaillon, sur un appui. di-

vers objets, parmi lesquels un rouleau de papier avec cette mention :
Pétition. — Entre le médaillon et l'appui, dans la gravure :

> *Quid verum atque decens curo et rogo,*
> *et omnis in hoc sum.*
>
> *Hor.*

— Sur la face de l'appui, cette inscription : *J. I. Guillotin‖Docteur-Régent, ancien Professeur de‖la Faculté de Médecine de Paris‖ Né à Saintes.* — Un peu au-dessous : *Medico peritissimo, amico Offer. Addictiss. Chereau.* — Sous le tr. c., à g. : *J. M. Moreau del.* 1785.; — à dr. : *B. L. Prevost Sc.*

Belle épreuve, avec marges.

1997. Hue de Miroménil (Armand-Thomas), magistrat français, né en 1723. — In-4°. H. 0,182. L. 0,123.

En buste, dans un médaillon équarri, orné dans le haut d'un nœud de ruban et de branches d'olivier et supporté par une tablette dont les extrémités sont cintrées. Vu de profil, tourné à gauche. En perruque bouclée, relevée sur le devant et terminée derrière en une longue frisure nouée. — Sur la tablette : *A. T. Hue ‖ Marquis de Miromenil,‖ Premier President du Parlement de Rouen* 1773. — Sous le tr. c., à g. : *Dessiné en 1773. par Cochin fils.;* — à dr. : *Gravé par B. L. Prevost.* — Au milieu, un peu plus bas : *A Paris chés Prevost Graveur,* etc.

Belle épreuve, avec marges.

PRIEUR,

graveur au burin du dix-huitième siècle.

1998. *France :* **Marie-Antoinette d'Autriche** (Josèphe-Jeanne), 1755-1793. — Pet. in-fol. H. de la planche, 0,233. L. 0,173.

A mi-corps. Vue de 3/4, tournée à droite, regardant de face. Coiffée d'un bonnet de mousseline recouvert d'un voile noir. Fichu blanc croisé sur la poitrine. — Le fond de l'estampe figure une muraille. — Sous le tr. c., à g. : *Tiré du Cabinet de Mr. l'Abbé Carron.;* — à dr. : *Prieur fecit.* — Au milieu : *La Reine‖à la Conciergerie.* — A droite, un peu au-dessous : *A Paris, chez Clement ainé,* etc.

Belle épreuve, avec marges.

PRUNEAU (Noël),

dessinateur et graveur au burin et à la pointe, né à Paris en 1751.
Élève d'Aug. de Saint-Aubin.

1999. **Favart** (Marie-Justine-Benoîte Duronceray, madame), actrice française, 1727-1772. — Pet. in-fol. H. 0,248. L. 0,179.

En pied. Dans un rôle des *Trois Sultanes*. Elle est assise et joue de la harpe. Vue de 3/4, tournée à gauche. Cheveux relevés, ornés de perles avec plumes et aigrette. Long voile de cachemire retombant derrière elle. En costume de sultane. Corsage de robe ouvert sur le devant, laissant voir les seins à moitié. Elle est chaussée de sandales. — A gauche, un vase et des fleurs près d'une colonne. — Le fond est formé d'une draperie tendue.

1er état, avant la lettre. — Très-belle épreuve.

2000. **Levasseur** (Ros.). — In-4°. H. de la planche, 0,200. L. 0,143. *

En buste, dans une bordure ovale, équarrie. Vue de profil, tournée à gauche. Cheveux relevés, formant rouleaux et terminés en longues frisures. Sur le sommet de la tête, des plumes avec aigrette accompagnées d'un long voile de cachemire retombant derrière. Corsage de robe très-décolleté, laissant voir les seins. — Sous la bordure ovale, sur une partie de la gravure formant tablette : *Mlle. Rosalie Levasseur,‖ De l'Académie Royale de Musique, ‖ Pensionnaire du Roi.‖Née à Vallenciennes.* — Sous le tr. c., au milieu : *Dessiné et Gravé par N^t. Pruneau d'après le Buste de Ph. Dumont de Vallenciennes.*

Belle épreuve.

RABEL (Jean),

peintre et graveur au burin, né à Beauvais vers le milieu du quinzième siècle, mort à Paris le 5 mars 1603. Son œuvre est décrit dans Robert-Dumesnil, t. VIII, pp. 120-139, et t. XI, pp. 294-295.

2001. *Angleterre :* **Élisabeth,** 1533 1603. — In-12. H. totale, 0,101. L. 0,087.

Voir Rob.-Dum., 50.
Belle épreuve.

2002. **Belleau** (Remy), poëte français, 1528-1577. — In-12
H. totale, 0,105. L. 0,075. H. de l'ovale, 0,090. L. 0,070. *

Voir Rob.-Dum., 39.
Trés-belle épreuve.

2003. **Biron** (Armand DE GONTAUT, baron, puis duc DE), ma·
réchal de France, v. 1524-1592. — In-12. H. de la planche,
0,092. L. 0,069.

A mi-corps, dans une borduré ovale, autour de laquelle on lit : * *Ar-*
man.de. Gontavlt. de. Biron. Maresc. de. France. 1588 *. Vu de 3/4, tourné
à gauche. Tête nue ; cheveux courts, front découvert. Il porte toute sa
barbe. En pourpoint à petits crevés. Les épaules du personnage couvrent le bas de la bordure. — Sous le portrait, à g. de l'ovale : *J.
Rabel. ;* — à dr. : *excudit.*
Portrait non mentionné par Robert-Dumesnil, mais dont Rabel n'a
peut-être été que l'éditeur.
Excessivement rare. — Superbe épreuve.

2004. **Coligny** (François DE), sieur D'ANDELOT, général français, 1521-1569. — In-12. H. de l'ovale, 0,090. L. 0,070. *

Voir Rob.-Dum., 46.
A mi-corps. Vu de 3/4, tourné à droite, tête, etc. — L'inscription de
la bordure est celle-ci : *Fran* Colign* Ordi* Pedest* Præfec *.* — Le
nom de *Rabel* n'est point indiqué à droite dans l'angle du bas ; il n'y a
que le mot *excude.* à droite.
Très-belle épreuve.

2005. **Coligny** (Odet DE), prélat français, dit *le cardinal de
Châtillon*, 1515-1571. — In-12. H. de l'ovale, 0,090.
L. 0,070. *

Voir Rob.-Dum., 47.
Le nom du personnage dans l'ovale, est écrit : *Colign.* et non *Colig.*
Le nom du graveur n'est pas indiqué.
Très-belle épreuve.

2006. **Dorat** (Jean), poëte français, mort en 1588. — In-12.
H. de la planche, 0,101. L. 0,075.

A mi-corps, dans un ovale formé de deux branches de laurier. Vu
de profil, tourné à droite ; tête nue, cheveux courts. Il porte toute sa
barbe. En houppelande. — Derrière la tête du personnage, on lit :

Æta || *LXXI.* — Sous le portrait, à g. de l'ovale : *Rabel.;* — à dr. : *excu.*

1er état, avec le nom de *Rabel,* qui plus tard a été remplacé par celui de *Granthomme.* — Très-belle épreuve.

Portrait non-mentionné par Robert-Dumesnil.

2007. *France :* **Louise de Lorraine de Vaudemont**, épouse du roi Henri III, 1554-1601. — In-12. H. de la planche, 0,084. L. 0,069. *

Voir Rob.-Dum., 64.
2e état. — Belle épreuve, avec petites marges.

2008. **Garnier** (Robert), poëte français, 1534-1590. — In-12. H. totale, 0,105. L. 0,079. *

A mi-corps, dans une bordure ovale, autour de laquelle on lit : *Robertvs Garnierivs Poeta Tragicus.* Vu de 3/4, tourné à gauche. Tête nue, cheveux courts, relevés sur le devant et formant toupet. En robe, avec fraise autour du cou. Les manches de la robe cachent la bordure. — Sous l'ovale, à g.: *J. Rabel.;* — à dr.: *Excudit.*
Non mentionné par Robert-Dumesnil.
Belle épreuve.

2009. **Pibrac** (Gui du Faur, seigneur de), magistrat et poëte français, 1529-1584. — In-12. H. totale de la planche, 0,100. L. 0,078.

Voir Rob.-Dum., 71.
Très-belle épreuve.

2010. *Savoie :* **Marguerite de Valois**, fille de François Ier et épouse du duc Emmanuel-Philibert, dit *Tête de fer*, 1523-1580. — In-12. H. totale, 0,091. L. 0,070.

Voir Rob.-Dum., 67.
Nous rapportons plus exactement l'inscription qui est autour de l'ovale : *Margareta * de * Fran*, D * Sabavdiæ * F * P * Fili *.*
Très-belle épreuve.

PORTRAITS DONT LA GRAVURE PEUT ÊTRE ATTRIBUÉE
A JEAN RABEL.

2011. Dumonin (Jean-Édouard), poëte français, v. 1557-
1586. — In-12. H. totale, 0,090. L. 0,071.

En buste, dans une bordure ovale, autour de laquelle on lit : *Ianvs**
Edoardvs * Dv * Monin P * P. Æta * XXVI *. Vu de 3/4, tourné à
droite, regardant vers la gauche. Cheveux bouclés et rejetés en arrière.
Pendant d'oreille de forme allongée. Il porte moustaches et petite bar-
biche. En pourpoint boutonné, avec large fraise.
Pièce anonyme.
Très-belle épreuve.

2012. *France :* **Charles VI**, 1368-1422. — In-12. H. totale,
0,108. L. 0,086.

A mi-corps, dans une bordure ovale, autour de laquelle on lit : *Ca-*
rolvs Valesivs VI D G Francorum Rex. Vu de profil, tourné à droite.
Coiffé d'une casquette; cheveux longs. En robe garnie de fourrure. —
Sous l'ovale, à dr. : (?) *excu.*
Pièce anonyme.
Belle épreuve.

2013. *France :* **Charles VIII**, 1470-1498. — In-12. H. de la
planche, 0,102. L. 0,090.

A mi-corps, dans une bordure ovale. Vu de 3/4, tourné à gauche.
Coiffé d'une casquette sans visière. L'épaule droite couverte d'un man-
teau relevé sur l'épaule gauche. Collier de Saint-Michel. — Sur la bor-
dure ovale : *Carolvs.. VIII.. D.. G.. Francorum.. Rex.*
Pièce anonyme.
Très-belle épreuve.

2014. *France :* **Louis XII**, 1462-1515. — In-12. H. de la
planche, 0,104. L. 0,089. *

En buste, dans une bordure ovale, autour de laquelle on lit : *Lvdo-*
vicvs.. XII.. D.. G.. Francorum.. Rex. Vu de profil, tourné à droite.
Coiffé d'un bonnet et d'une couronne fleurdelisée. Cheveux longs. Col-
lier de Saint-Michel.
Pièce anonyme, attribuée à Rabel par le P. Lelong.
Très-belle épreuve, avec petites marges.

2015. *France :* **François de Valois**, duc **d'Alençon**, lieutenant général, 1554-1584. — In-12. H. totale, 0,100. L. 0,072.

A mi-corps, dans une bordure ovale, portant cette inscription : *Franciscus* Valesivs* Hen* III* R* F* E**. Vu de 3/4, tourné à droite. Tête nue. Cheveux bouclés et rejetés en arrière. En pourpoint, avec fraise. Grand cordon avec la croix du Saint-Esprit (dont on ne voit que la branche du haut), autour du cou.

Pièce anonyme.

Fort rare. — Très-belle épreuve.

2016. Jodelle (Étienne), poëte français, 1532-1573. — In-12. H. totale, 0,110. L. 0,085. *

Voir Rob.-Dum., *art.* Delaune, 312.

Pièce anonyme, attribuée à Rabel par le P. Lelong et décrite par Robert-Dumesnil dans l'œuvre d'Ét. Delaune.

Rare. — Belle épreuve.

RAGOT (François),

graveur au burin, né à Bagnolet en 1641, selon Huber. Il résulte des actes de l'état civil qu'un François Ragot (qui est peut-être celui-ci), fils de François Ragot, *graveur en taille-douce*, et de Marie Bertrand, fut baptisé à Paris le 22 juin 1638. On ignore auquel des deux s'applique l'acte de décès suivant : « Le vendredy 13e j. de juin 1670 fut inhumé deffunct François Ragot, graveur, « marchand de taille-douce, bourgeois de Paris, etc. »

2017. Aubespine (Charles DE L'), marquis de Chateauneuf-sur-Cher, garde des sceaux, 1580-1653. — In fol. H. totale, 0,336, y compris une marge de 0,055. L. 0,225. *

A mi-corps. Vu de 3/4, tourné à droite, regardant de face. Tête nue. Cheveux relevés et légèrement bouclés. Il porte moustaches en crocs et large barbiche. Col rabattu festonné, retenu par des cordons à glands. En houppelande garnie de fourrure, sous laquelle on voit une robe entièrement boutonnée. Grand cordon avec la croix du Saint-Esprit autour du cou. — Sous le tr. c., au milieu, l'écusson des armoiries décrites au n° 311 du présent catalogue (les émaux ne sont pas entièrement indiqués) ; l'écu timbré d'une couronne de marquis et entouré des colliers de Saint-Michel et du Saint-Esprit. L'inscription suivante entoure les armoiries : *Charles. de. Lavbespine. Seigr. de. Chav'Nevf. Chancr. des. Ordres. dv. Roy. et. Garde. des. Sceavx. de. France.* – Ces armoiries sont accompagnées de cette inscription qu'elles séparent en deux : *Hic est quem Gallis dedit Albispinea, nota‖Consilio, bellis et pietate domus.‖Culmina prima togæ nondum vergentibus an-*

nis||*Ascendit, patria Judice sero tamen.* H. *Grotius.* — Au-dessous, à
g.: *Peinct par D. du Monstier. Auec.* ; — à dr.: *priuilege. du. Roy.* —
Graué par f. Ragot.
Belle épreuve.

REGNAULT (T.-C.),

graveur au burin contemporain, mort à Paris en 1871.

2018. Lemonnier (M.-J.-El.) — In-fol. H. de la planche,
0,273. L. 0,190.

A mi-jambes, dans une bordure ovale, équarrie, supportée par un
socle. Debout dans un salon, près d'une table sur laquelle on voit un
encrier muni d'une plume d'oie et une feuille de papier avec cette
inscription : *Le 9 Mai 1862*||*2 rue Tronchet à Paris* || *Dans les salons de*||
Mad. Lemonnier||*se sont réunies les* || *personnes dont les.* Vue de 3/4,
tournée à droite, regardant de face. Coiffée d'un chapeau orné d'une
ruche sur les côtés. Cheveux en bandeaux. Robe noire, avec châle. Les
mains jointes. — Sur la face du socle : *Fondatrice de la société* ||*pour
l'enseignement professionnel* || *des femmes.*

1er état, avant que les mains soient terminées, et avant divers
travaux dans le bas de la robe, sur la garniture du châle. — Belle
épreuve.

2e état. — Dans le haut de l'ovale, on lit : *Marie Juliette Elisa Lemonnier;* — dans le bas : *Née à Sorèze le 24 Mars* 1805 — *Décédée à
Paris le 5 Juin* 1865. — Sous le tr. c., entre deux lignes horizontales :
*Improvisé dans l'acier d'après divers documents sous la direction de
Mr Ch. Lemonnier. par T. C. Regnault*||*Fondateur de l'art de dessiner
au burin* — *Paris Rue Louvois* 2. — Très-belle épreuve.

2019. Vendeuvre (Guillaume PAVÉE, baron DE). — In-8°.
H. de la planche, 0,166. L. 0,120.

En buste, dans une bordure ovale, équarrie, supportée par un appui.
Vu presque de face. Tête nue, cheveux courts. Cravate noire. En redingote, avec la rosette d'officier de la Légion d'honneur. — Autour de
l'ovale : *Guillaume Pavée. Baron de Vendeuvre. Né le 5 Mars* 1779. —
Sur la face de l'appui, au milieu, les armoiries : *D'or au paon faisant
la roue d'argent; au chef cousu d'azur, chargé d'une croisette accompagnée de deux étoiles, le tout du second ;* l'écu timbré d'une couronne de
baron. Ces armoiries séparent l'inscription suivante en deux colonnes :
Auditeur au Conseil||*d'Etat sous le 1er Empire*||*Maitre des requétes* || *sous
la restauration* || *Membre de la Chambre*||*des Députés en* 1821. || *Elevé à
la Dignité de* || *Pair de France en* 1838. — Au milieu, sous les armoi-

ries : *Officier de la légion d'honneur en* 1840. — Sous le tr. c., à g.: *T. C. Regnault* 61. 62. ; — à dr. : *Paris 2 rue de Louvois.*
Belle épreuve, à grandes marges.

REGNESSON (Nicolas),

dessinateur et graveur au burin, fils de Martin Regnesson, huissier-audiencier à Reims, naquit dans cette ville vers 1625. Il épousa, le 27 juin 1649, Marguerite Isaac, fille du graveur Jaspar ou Gaspard Isaac (et non de Claude Isaac, comme le dit Jal), et mourut à Paris le 14 octobre 1670. Son père et sa veuve lui survécurent. Il eut l'honneur d'être le maître de Robert Nanteuil, qui prit ensuite pour femme sa sœur, Jeanne Regnesson. Sa fille Madeleine épousa Gérard Edelinck.

2020. *France :* **Marie de Bourbon-Montpensier**, appelée *Madame,* première épouse de GASTON de France, duc d'Orléans, 1605-1627. — In-fol. H. de la planche, 0,270. L. 0,211.*

A mi-corps, dans une bordure ovale, équarrie, dont les dehors sont semés de fleurs de lis. Un piédestal supporte l'ovale. Vue de 3/4, tournée à droite, regardant de face. Tête nue, cheveux relevés en chignon, et retombant sur les côtés en longues frisures. Collier de perles. Corsage de robe décolleté, laissant voir la naissance des seins. Manches à crevés garnies de perles ainsi que le devant du corsage. — Sur le listel blanc inférieur de la bordure, à g. des armoiries : *NRegnesson ad viuum ;* — à dr. : *delin. et sculpebat.* 1661. — Au milieu du couronnement du piédestal, couvrant l'ovale, un cartouche avec les armoiries des *Bourbons;* l'écu timbré d'une couronne fleurdelisée et entouré de deux palmes.
Très-rare. — Magnifique épreuve avant la lettre.

2021. *France :* **François de Vendôme**, duc **de Beaufort,** pair de France, surnommé le *Roi des Halles,* 1616-1669. — In-fol. H. 0,298. L. 0,234. *

A mi-corps, dans un cadre rectangulaire. Vu de 3/4, tourné à droite, regardant de face. Tête nue, longue perruque retombant sur les épaules. Col de dentelle. Couvert d'une armure, avec écharpe en sautoir. — Sous le portrait, au milieu du cadre, un petit ovale, avec les armoiries des *Bourbons-Vendôme;* l'écu timbré d'une couronne fleurdelisée et environné du manteau d'hermine. — A gauche, au bas du cadre, dans la gravure : *Carette* (sic) *pin.* ; — à dr. : *N. Regnesson.*
Belle épreuve, coupée au trait carré.

2022. *France :* **Anne - Geneviève de Bourbon-Condé,**

appelée la *duchesse de Longueville*, seconde épouse de Henri II d'Orléans, duc de Longueville, 1619-1679. — In-8°. H. 0,131. L. 0,069.

A mi-corps, dans une bordure ovale, équarrie, recouverte d'une couronne de laurier, ornée dans le haut de banderoles et soutenue par deux anges assis sur un socle portant ces vers :

Elle sçait les beaux Arts, elle est noble elle est belle
Mais outre sa beauté Sa douceur Ses appas,
On trouve cent vertus en Elle
Que ce Portrait n'exprime pas.

Vue de 3/4, tournée à droite, regardant de face. Tête nue, cheveux retombant en longues frisures. Collier de perles et pendants d'oreilles. Corsage un peu décolleté, garni de dentelle.

Belle épreuve, mais rognée.

2023. *France :* **Anne-Marie Martinozzi**, nièce du cardinal Mazarin et épouse d'Armand de Bourbon, prince de Conty, 1637-1672. — In-4°. H. 0,158. L. 0,103. *

En buste, dans une bordure ovale, équarrie, avec appui. Vue de 3/4, tournée à droite, regardant de face. Tête nue, cheveux relevés en chignon et frisés sur les côtés. De petites boucles ombragent le front. Pendants d'oreilles. Collier de perles. Corsage décolleté, orné de perles et de bouffettes, laissant voir la naissance des seins. — Sur le dessus de l'appui, à g. : *Beaubrun Pin.;* — à dr. : *N. Regnesson sculp;* — Sur la tablette de l'appui :

Peintres, graueurs, et toy nature,
Faites tous vos effors, formez une figure.
Qui nous mõstre vostre pouuoir
& confessez après que toute vostre adresse
Ne nous sçauroit rien faire voir
De si beau que cette princesse.
De Vaumoriere.

Superbe épreuve.

2024. **Gargant** (Pierre), intendant des finances. — In-fol. H. de la planche, 0,226. L. 0,166. *

A mi-corps, dans une bordure ovale, équarrie, dont les angles sont ornés du chiffre du personnage. L'ovale est supporté par un appui. Vu de 3/4, tourné à droite, regardant de face. Tête nue, cheveux longs, séparés au milieu par une raie. Col de dentelle retenu par des cordons à glands. Enveloppé dans un manteau. La main droite appuyée

sur la bordure. — Au milieu de l'appui, un petit rectangle, à pan coupé, renferme les armoiries : *Parti : au 1, d'argent* (au lieu *d'or*) *au
chevron de gueules* (au lieu *d'azur*), *accompagné en chef de deux roses
du même et en pointe d'une merlette de sable; au 2, d'or à trois merlettes
de sable posées en bande; enchaussé d'argent à trois bandes de gueules à
dextre;* l'écu timbré d'un casque taré de front, orné de cimier et lambrequins; tenants : deux sauvages ceints et couronnés de lierre, armés
de massues autour desquelles viennent s'enrouler les extrémités d'une
banderole portant cette devise : *Armati Tventvr Inermes.*

Belle épreuve.

2025. Le Saige (Jean), payeur des rentes. — In-fol. H. de la planche, 0,352. L. 0,274. *

En buste, dans une bordure ovale, équarrie, avec socle. Vu de 3/4,
tourné à droite, regardant de face. Le sommet de la tête couvert d'une
calotte; cheveux longs et touffus. Rabat de dentelle. Les épaules couvertes du manteau à ramages. — Sur le listel blanc inférieur de l'ovale,
à g. des armoiries : *NRegnesson delineauit;* — à dr. : *Et sculp. anno.*
1670. — Au milieu du socle, couvrant la bordure, un médaillon ovale
à bordure blanche renferme les armoiries : *D'azur au chevron d'or,
accompagné de trois feuilles de houx d'argent et sommé d'une étoile du
second;* l'écu timbré d'un casque taré de 3/4, orné de lambrequins.

Belle épreuve.

2026. Mazarin (Jules, cardinal DE), 1602-1661. — In-fo.. H. 0,334. L. 0,272. *

A mi-corps, dans une bordure octogone, équarrie, recouverte par des
feuilles de chêne. Vu de 3/4, tourné à droite, regardant de face. Le
sommet de la tête couvert d'une calotte. Front légèrement dénudé.
Cheveux longs et bouclés. Col retenu par des cordons à glands. Les
·épaules couvertes d'une pèlerine à capuchon entièrement boutonnée.
— Au bas du portrait, sur le listel inférieur de la bordure : *Faict par
N. Regnesson. En l'an.* 1656.

Très-belle épreuve.

2027. Savoie : Marie - Anne d'Orléans - Longueville, duchesse de Nemours, princesse de Neuchâtel, épouse de HENRI II de Savoie, 1625-1707. — In-4°. H. 0,157. L. 0,112.

En buste, dans une couronne de fleurs soutenue par deux anges et
accompagnée d'une draperie frangée, relevée dans les angles supérieurs. Vue de 3/4, tournée vers la droite. Tête nue, cheveux relevés
en chignon et frisés sur les côtés. Corsage très-décolleté, orné d'une

bouffette. — Sur un cartouche oblong placé sous la couronne, on lit ces vers :

> *Moins d'esclat auoit dans les yeux,*
> *Celle pour qui les Grecs firent dix ans de guerre :*
> *Et vous n'auez Hommes et Dieux,*
> *Ni rien de plus beau dans les Cieux,*
> *Ni rien de si beau sur la Terre.*

— A g. de ce dernier vers : *F. Chauueau in.* ; — à dr.: *N. Regnesson. fecit.*

Belle épreuve.

2028. Voysin (Daniel), seigneur de la Norraie, maître des requêtes, conseiller d'État et prévôt des marchands. — In-fol. H. 0,331. L. 0,266. *

A mi-corps, dans une bordure ovale, recouverte par une couronne de laurier et entourée d'un cadre rectangulaire avec coins marbrés. Vu de 3/4, tourné à droite, regardant de face. Tête nue, cheveux longs et touffus. Rabat retenu par des cordons à glands. Robe entr'ouverte, sous laquelle il porte une soutane avec ceinture, entièrement boutonnée. — Sous le portrait, une feuille de papier, retenue par la couronne de laurier et repliée sur elle-même, offre ces armoiries : *D'azur à trois étoiles d'or, accompagnées en cœur d'un croissant d'argent ;* l'écu timbré d'un casque taré de front et orné de cimier et de lambrequins ; supports : deux lions. — Sur le dessus de la tablette inférieure du cadre, on lit, à g.: *Ph. Champaigne pin. ;* — à dr.: *N. Regnesson Sculp.*

Belle épreuve.

2029. Vulson ou **Wlson** (Marc), sieur DE LA COLOMBIÈRE, célèbre héraldiste, mort en 1658. — In-fol. H. de la planche, 0,311. L. 0,223. *

A mi-corps, dans une bordure ovale, supportée par un cartouche renfermant les armoiries : *Écartelé : aux 1 et 4, d'argent au chevron de gueules, accompagné de trois étoiles de même ; aux 2 et 3, d'azur au lion d'or, armé et lampassé de gueules ;* l'écu entouré du collier de Saint-Michel, avec cette devise sur une banderole : *In vtrvmqve.* Vu de 3/4, tourné à gauche, regardant de face. Tête nue, cheveux longs et touffus. Col de dentelle retenu par des cordons à glands. Couvert d'une armure, avec écharpe en sautoir et croix de Saint-Michel sur le côté. L'ovale est surmonté d'un casque taré de profil, avec bourrelet ; cimier : une main de carnation issant du bourrelet et tenant une massue. Une banderole retenue à la main porte cette devise : *Povr Bien Faire.* La bordure est tenue à gauche par un sauvage ceint et couronné de lierre, armé d'une massue, et à droite, par un lion issant. —

Le fond simule une muraille à laquelle est attachée, par deux nœuds bouffants, une draperie retombant derrière l'ovale. — Dans le bas, à g. des armoiries, parmi divers instruments d'étude, est un armorial, sur le feuillet recto duquel, on lit : *France !...* || *Austriche* || *Castille* || *Angleter* (sic) || *Leon* || *Pologne* || *Danemark* || *Suede* || *Hongrie* || *Nauarre* || *Daufine* || *Savoie*; sur le feuillet verso, sont représentés les armoiries de ces différents royaumes. — A droite, un trophée d'armes recouvert en partie par un bouclier sur lequel est écrit : *N. Regnesson sculp.* — Sous le tr. c., à g. : *F. Chauueau figur. R. Nantueil effigiem del.*

Très-belle épreuve, avec petites marges.

ROGER (Barthélemy-Joseph-Fulcran),

graveur au burin, né à Lodève le 20 mai 1770, mort en..... Élève de L. Copia et de P.-P. Prudhon.

2030. *France :* **Marie-Antoinette d'Autriche,** 1755-1793. — Très-gr. in-fol. H. de la planche, 0,697. L. 0,536.

En pied, dans un cadre rectangulaire. Debout près d'une table recouverte d'un tapis à crépines, avec un coussin à glands portant une couronne royale. Vue de 3/4, tournée à droite, le corps étant à gauche. Coiffure étagée, surmontée d'un petit chapeau avec plumes et aigrette, et se terminant en longues frisures retombant sur les épaules. Robe à panier, avec corsage décolleté, laissant voir en partie les seins, orné d'une garniture de dentelle avec nœud de ruban. Manches courtes, laissant les bras à demi nus et ornés de bracelets de perles. Elle tient une rose dans la main gauche, le bras pendant. Le bras droit écarté, la main tendue vers la couronne. Derrière le personnage, à droite, deux colonnes avec socle près desquelles un fauteuil en partie caché par la traîne du manteau fleurdelisé. A gauche, dans l'angle supérieur, un rideau à crépines et cordons à glands, relevé par une embrasse, laisse voir le ciel nuageux. — Sous le portrait, sur la tablette du cadre : *Marie-Antoinette de Lorraine-D'Autriche, Reine de France.* — A droite, dans le bas, sur le bord de la tablette : *Morte à l'âge de 37 ans.* — Sous le tr. c., à g. : *Peint par Rossline le Suédois;* — au milieu : *Dessiné par Monenteuil* || 1828. — Entre ces deux inscriptions, au milieu : *à Paris, chez Pieri=Benard, Boulevard des Italiens n° 11.* — A dr., sous le tr. c., à l'extrémité du cadre : *Gravé par By. Roger.;* — à g. de cette inscription : *Déposé à la Direction. Imprimé par Chardon fils.*

Superbe épreuve du premier tirage, à grandes marges.

ROMANET (Antoine),

graveur au burin, né en 1748, à Paris, mort en 18... Élève de J.-G. Wille.

2031. Dubus-Préville (P.-L.), comédien français, 1721-1799. — In-fol. H. de la planche, 0,360. L. 0,238. *

En buste, dans un médaillon équarri, retenu dans le haut par un nœud de ruban avec guirlandes. Vu de 3/4, tourné à droite. Coiffé d'un chapeau d'étoffe rayée; cheveux courts et bouclés. Collerette. Veston rayé, boutonné avec de gros boutons. — Autour du médaillon : *Pierre Louis Dubus De Preville Comedien Francais et Pensionnaire Du Roi*. — Sous le médaillon, un appui, sur le dessus duquel sont des attributs de comédie. — Sous le tr. c., en deux colonnes, les vers suivants :

Préville avec utilité
Dit plaisament la vérité,
Chacun profite à son école.

Tout en est beau, tout en est bon,
Et sa plus burlesque parole
Est souvent un docte sermon.

— Sous ces vers, au milieu : *Dessiné & Gravé par AL Romanet.* — Au-dessous : *A Paris chés l'Auteur*, etc.

Belle épreuve, avec petites marges.

2032. *France :* **Louis-François de Bourbon-Conty**, généralissime des armées d'Espagne et d'Italie, 1717-1776. — Pet. in-fol. H. de la planche, 0,303. L. 0,214.

A mi-corps, dans une bordure ovale, équarrie, supportée par un piédestal. Vu de 3/4, tourné à gauche, regardant de face. Tête nue, cheveux rejetés en arrière, bouclés sur les côtés et noués d'un ruban par derrière. Habit déboutonné, laissant voir le jabot et le grand cordon en sautoir. Sur le côté gauche de l'habit, sont brodées les insignes de l'ordre du Saint-Esprit. — Sur la tablette du piédestal : *Louis François de Bourbon* || *Prince de Conti, Grand Prieur de France* || *Né à Paris le 13. Aoust 1717. Mort le 2. Aoust 1776.* — Sur la plinthe, un petit cartouche avec les armoiries des *Bourbons-Conty* ; l'écu timbré d'une couronne fleurdelisée et entouré des colliers de Saint-Michel et du Saint-Esprit. — Sous le tr. c., à g.: *Le Tellier Pinx.;* — à dr.: *A. Romanet Sculp.* — Sur toute la largeur, en deux colonnes, les vers suivants :

Des héros de son sang il soutint tout l'éclat.
Mécène des scavants, idole du soldat,
Il protégea les Arts, il défendit le Trône.

Favori d'Apollon, de Thémis, de Bellône :

Ferme, juste, profond, politique, guerrier ;
Son front est couronné d'un Immortel laurier.

Belle épreuve, avec marges.

2033. Villeneuve-Vence de Saint-Vincent (Dame Julie DE), petite fille de Mme de Sévigné. — In-fol. H. de la planche, 0,232. L. 0,160. *

A mi-corps, dans un ovale entouré d'un cadre rectangulaire avec tablette portant l'inscription ci-dessus. Vue de 3/4, tournée à droite, regardant de face. Tête nue, cheveux relevés, bouclés sur les côtés et retombant derrière en longues frisures. En chemisette très-décolletée, laissant à découvert l'épaule droite et en partie les seins. — Au milieu de la tablette, environnées du manteau d'hermine, les armoiries : *Écartelé d'argent et d'azur, l'argent chargé d'une couleuvre ondoyante en pal, et l'azur d'une colombe de l'un en l'autre;* accolées à celles des Villeneuve-Vence : *De gueules fretté de six lances de tournoi d'or et semé dans les claires-voies d'écussons du second; sur le tout : d'azur à la fleur de lis d'or ;* ces écussons sont timbrés d'une couronne de marquis surmontée d'une toque de président. — Sous le tr. c., au milieu : *Gravé par A. Romanet, d'après le Tableau Original, peint par Berthelmy, avec permission.* — Au-dessous, sur deux lignes : *A Paris, chés l'Auteur, Place,* etc. || *et chés Isabey M^d. rue,* etc.

Belle épreuve.

ROULLET (Jean-Louis),

dessinateur et graveur au burin, né à Arles en 1645, mort à Paris en 1699.
Élève de Jean Lenfant et ensuite de Franç. de Poilly.

2034. Beringhen (Henri, marquis DE), premier écuyer de Louis XIV, tué au siége de Besançon en 1674. — In fol. H. 0,410. L. 0,313. *

Jusqu'aux genoux. Debout, dans la campagne, près d'un tertre et adossé à un pilier. Vu de 3/4, tourné à gauche, regardant de face. Tête nue, longue perruque bouclée. Couvert d'une armure, avec manteau sur les épaules. Épée au côté. La main droite appuyée sur une canne, il tient de la main gauche la poignée de son épée ainsi que le pan droit du manteau qui l'enveloppe. — On voit dans le fond, un fleuve et, sur ses rives, une ville adossée à des montagnes. — Sous le tr. c., à g. : *Petrus Mignard Eques. Pinxit.;* — à dr. : *Ioan. Lud. Roullet. Sculp. et ex. cum. priuil. Regis.* — Sur toute la largeur : *Henry, Marquis, De Beringhen,*||*Premier Escuyer du Roi.* Cette inscription est coupée en deux par les armoiries décrites au numéro suivant. — A droite, un peu au-dessous du dernier mot de l'inscription, sur deux lignes : *Se vend à Paris rue,* etc., || *chez le Serrurier au 3e apartement.*

3e état. — Belle épreuve.

2035. **Beringhen** (Jacques-Louis, marquis DE), maréchal de camp, 1651-1723. — In-fol. H. de la gravure, 0,455. L. 0,326. *

Jusqu'aux genoux. Debout, vu de 3/4, tourné à droite, regardant de face. Tête nue, longue perruque bouclée. En cuirasse, avec manteau agrafé sur l'épaule droite et couvrant la gauche, ainsi que le bras qui est plié à demi, l'index dirigé vers l'espace. La main droite appuyée sur une canne. — Le fond représente une campagne, avec bouquets d'arbres ; l'horizon est bordé par des montagnes. Ciel nuageux. — Sous le tr. c., à g. : *Petrus Mignard Eques. Pinxit.;* — à dr. : *Ioan Lud Roullet del sculp et ex. Cum priuil. Regis.* — Sur toute la largeur : *Iacques Louis, Marquis de Beringhen*||*Cheualier des Ordres du Roy, Premier Escuyer de sa Majesté, et Gouuerneur des Citadelles de marseille.* Cette inscription est coupée en deux par les armoiries : *D'argent à trois pals de gueules ; au chef d'azur, chargé de deux roses du champ ;* l'écu timbré d'une couronne de marquis et entouré des colliers de Saint-Michel et du Saint-Esprit ; supports : deux griffons.

2e état, avant l'adresse en deux lignes. — Très-belle épreuve, avec petites marges.

2036. **Chaillou de Toisy** (Jean), docteur en Sorbonne. — In-fol. H. de l'ovale sans la bordure, 0,273. L. 0,219. Dimensions de la planche, H. 0,410. L. 0,317. *

A mi-corps, dans un ovale. Vu de 3/4, tourné à droite, regardant de face. Le sommet de la tête couvert de la calotte. Cheveux bouclés. Rabat. En robe entr'ouverte laissant voir une soutane entièrement boutonnée, avec ceinture. — Fond noir.

1er état, avec le tracé de la bordure et avant la lettre, ainsi qu'avant les accessoires que nous allons indiquer. Rare. — Belle épreuve, coupée dans le haut.

2e état. — Le portrait est encadré dans une bordure ovale, équarrie, autour de laquelle on lit : *Ioannes Chaillou D. De Thoisy, Doctor Sorbonicus Ætatis LXXXI.* L'ovale est supporté par un socle, au milieu du couronnement duquel un petit cartouche, couvrant le bas de l'ovale, renferme les armoiries : *D'azur au chevron échiqueté de gueules et d'argent ; accompagné en chef de deux croissants d'argent et en pointe d'une coquille d'or.* — Sur la plinthe du socle, à g. : *Car. Gerardin pinxit ;* — à dr. : *Ioan. Lud. Roullet. Sculp.* || *C. P. R.* — Les angles de la planche sont ornés de médaillons avec devises emblématiques. — Très-belle épreuve.

3ᵉ état. — On lit sur la face du socle : *Veræ ac sinceræ Virtutis Amantibus*||*Spirantem hanc Virtutis Effigiem*. — Au-dessous, au milieu de la plinthe du socle : *Offerebat*||*Gaspardus Brunet Doctor Sorbonicus*. — A droite, sur trois lignes, au-dessous du nom du graveur : *A Paris chez Duquenne*, etc. — Belle épreuve.

2037. Clément (Hilaire), magistrat. — Pet. in-fol. H. de la planche. 0,286. L. 0,202. *

A mi-corps, dans une bordure ovale, équarrie, supportée par un piédestal. Vu de 3/4, tourné à droite, regardant de face. Tête nue, cheveux bouclés. Rabat. En costume de sa charge. Il tient des papiers dans la main droite. — Autour de l'ovale : *Maistre Hilaire Clement Procvrevr en Parlement Decede le XI Ianvier M.DC.LXXXVI.* — Sur le dessus du piédestal, à g. : *R. Lefebvre dit de Venise pinxit en* 1667.; — à dr. : *Io. Lud. Roullet. Sculp.* 1689 (le chiffre 9 est retourné).
Belle épreuve.

2038. Clément (Catherine TOUCHELÉE, Mᵐᵉ Hilaire). — In-fol. H. de la planche, 0,288. L. 0,200. *

A mi-corps, dans une bordure ovale, équarrie, supportée par un piédestal. Vue de 3/4, tournée vers la gauche, regardant de face. Tête nue, cheveux bouclés, retombant sur les épaules en longues frisures. Robe à ramages décolletée, garnie de dentelle. Une draperie l'enveloppe. — Sur le dessus du piédestal, à g. : *Ioan. Cotelle. pinxit.* 1667. — à dr. : *Io. Lud. Roullet. Sculp.* 1693. — Au milieu du piédestal, sur la face, dans un médaillon à fond blanc, le chiffre du personnage.
1ᵉʳ état, avant l'inscription sur la bordure. — Très-belle épreuve.

2039. Colbert (Édouard), marquis de Villacerf, surintendant des bâtiments, mort en 1699, âgé de 71 ans. — Gr. in-fol. H. de la planche, 0,605. L. 0,454. *

En buste, dans un médaillon ovale, sur piédouche avec appui ; une draperie posée sur le médaillon en recouvre le côté droit. Vu de profil, tourné à droite. Tête nue, longue perruque frisée, retombant sur les épaules. En habit à ramages. — Sur la tablette de l'appui : *Messire Edouard Colbert Chér Marquis de Villacerf et de Payens*||*Seigʳ. de Sᵗ. Mesmin et Autres Lieux, Conᵉʳ. du Roy en son Conseil* || *D'Estat, Premier Maitre D'Hostel de Madame La Duchesse de*||*Bourgogne, Sur-Intendant et Ordonnateur Gñal des Batimens* || *Et Iardins Arts, Et Manufactures de Sa Maiesté. || Par Son tres humble et tres Obeissant Seruiteur I. L. Roullet d'Arles en prou. 1698.*

Belle épreuve.

Gravure imitant le bas-relief.

2040. *France :* **Louis XIV**, 1638-1715. — Très-gr. in-fol. H. 0,663. L. 0,528.

Jusqu'aux genoux. Debout, adossé à une tente, vu de 3/4, tourné à droite, regardant de face. Tête nue, longue perruque frisée, retombant sur les épaules. Couvert d'une armure, avec le grand cordon et une écharpe en sautoir, nouée sur le côté droit. Manchettes de dentelle. La main gauche sur le pommeau de son épée. Le bras droit étendu, il tient le bâton de commandement fleurdelisé, appuyé verticalement sur le dessus d'un socle, près d'une feuille de papier portant cette inscription : *Pet. Mignard Eques. pinxit.||Ioan. Lud. Roullet del. Sculp. et exc.|| Cum priuil. Regis Christ.* — A droite, formant fond, une citadelle en flammes sur une colline. — L'estampe est entourée d'un cadre rectangulaire.

Très-belle épreuve.

2041. Le Camus (Étienne), cardinal et théologien français, 1632-1707. — In-8°. H. de la planche, 0,130. L. 0,083. *

En buste, dans une bordure ovale, équarrie, supportée par un appui. Vu de 3/4, tourné à droite. Coiffé du bonnet carré. Rabat. Les épaules couvertes d'une pèlerine à capuchon.— Au bas du portrait, un cartouche, retenu à l'ovale par ses volutes, renferme les armoiries : *De gueules au pélican d'argent avec sa piété de gueules dans son aire ; au chef cousu d'azur, chargé d'une fleur de lis d'or ;* l'écu timbré d'une couronne ducale, surmontée du chapeau de cardinal.— Sur le dessus de l'appui, à dr.: *Ioan. Lud. Roullet. Sculp.*

1er état, avant la lettre. — Très-belle épreuve.

2e état. — Autour de l'ovale, on lit : *Stephonus Le Camus S. R. E. Cardinalis Episcopus et Princeps Gratianopolitanus.* — Sur la tablette de l'appui :

Non alios pietas vellet sibi sumere vultus.
Ipsaque Relligio non alio ore loqui.

Santelius Victorius.

Belle épreuve.

2042. Le Tellier de Louvois (Camille), de l'Académie française, quatrième fils du ministre d'État, 1675-1718. — In-fol. H. de l'ovale sans la bordure, 0,309. L. 0,252. *

A mi-corps, dans un ovale. Vu de 3/4, tourné vers la droite, où il regarde. Tête nue, cheveux touffus et bouclés. En grand costume d'abbé. Les épaules couvertes d'un manteau.

1er état, avec la bordure au trait. — Superbe épreuve, peut-être unique.

2e état. — H. 0,438. L. 0,312. — Avec la bordure ovale, équarrie, supportée par un socle; on lit autour : *Camillus Le Tellier de Louvois Abbas Burgolien, ƒ. Regiæ Bibliothecæ Præfectus.* — Au milieu du socle, un cartouche renferme les armoiries décrites au n° 633 du présent catalogue; l'écu timbré d'une couronne de marquis, accompagnée d'une mitre et d'une crosse; supports : deux lions contournés. — Au-dessus du socle, dans l'angle, à g. de l'ovale : *N. de Largilliere pinxit.;* — à dr.: *I. L. Roullet. Sculp. C. P. R.* — Très-belle épreuve.

2043. **Lully** (J.-B. DE), célèbre compositeur français, 1633-1687. — Gr. in-fol. H. de la planche, 0,515. L. 0,350. *

A mi-corps, dans une bordure ovale, équarrie, supportée par un socle recouvert en partie par une draperie et accompagnée de deux médaillons avec devises emblématiques. Vu de 3/4, tourné à gauche, regardant de face. Longue perruque frisée, retombant sur les épaules. En robe entr'ouverte dans le haut et laissant voir un col de dentelle. Il tient de la main droite, contre sa poitrine, un rouleau de musique. — Autour de l'ovale : *Iean-Baptiste Lvlly Secretaire Dv Roy Et Svr-Intendan* (t) (d) *e sa Mvsiqve* (les deux lettres entre parenthèses sont cachées par le médaillon). — Au bas de l'ovale, sur la draperie recouvrant le socle, on lit ces vers :

Qu'on ne nous parle plus d'Orphée,
Par toy fameux Lvlly sa gloire est etouffée.
Si de la Lyre et de la voix
La fable vente en luy les rares auantages,
Qu'a t'il fait qui ne cede a tes diuins Ouurages
Qui charment le plus grand des Roys.

— Sur la plinthe du socle, à g.: *Paulus Mignard Nic. dicti Auenlis, filius pinxit.;* — à dr.: *Ioan. Lud. Roullet Sculp. Parisiis et ex.* || *Cum priuilegio Regis.* — Sous le tr. c., à dr.: *Se vend à Paris rue*, etc.
Belle épreuve.

2044. **Michel** (François), maréchal ferrant, visionnaire français, 1661-1726. — Pet. in-fol. H. de la planche, 0,252. L. 0,170. *

A mi-corps, dans une bordure ovale, équarrie, supportée par un appui avec la tablette blanche. Vu presque de face. Tête nue, longs cheveux retombant sur les épaules, séparés au milieu par une raie. Cravate blanche avec longs bouts passés dans la boutonnière de son

habit. — Sur le dessus de l'appui, à g.: *Io. Lud. Reullet* (sic) *ad viuum del. Sculp.;* — à dr.: *et excudit cum priuil. Regis.*
Très-belle épreuve.

ROUSSEAU (Jean-François),

graveur au burin, né à Paris vers 1750.

2045. Descamps (J.-B.), peintre français, 1714-1791. — In-4°. H. 0,171. L. 0,124.

En buste, dans un médaillon équarri, retenu par un nœud de ruban. Vu de profil, tourné à gauche. Tête nue, cheveux relevés sur le devant, bouclés sur les côtés et ornés d'un ruban derrière. Habit entr'ouvert, laissant voir le jabot. — Sous le médaillon, dans la gravure : *Jean-Baptiste Descamps* || *Peintre du Roi Directeur de l'Académie des Arts* || *du Dessin à Rouen.* — Sous le tr. c., à g.: *C. N. Cochin fil. del* 1761.; — à dr.: *J. F. Rousseau sculp.*
Belle épreuve.

2046. Troy (Jean-François DE), peintre français, 1679-1752. — In-4°. H. de la planche, 0,189. L. 0,191.

En buste, dans un médaillon équarri, avec appui, retenu dans le haut par un nœud de ruban. Vu de profil, tourné à droite. Tête nue, cheveux bouclés et relevés sur le devant. Habit entr'ouvert, laissant voir la cravate et le jabot. — Sur la face de l'appui : *J. F. De Troy, le Fils,* || *Directeur de l'Académie Royale de France à Rome,* || *Décédé en* 1752, *Agé de* 73 *ans.*— Sous le tr. c., à g.: *C. N. Cochin fil. del. Romæ* 1750.; — à dr.: *J. F. Rousseau sculp.*
Belle épreuve, avec marges.

ROUSSEAUX (Alfred-Émile),

graveur au burin, né à Abbeville en 1831, mort à Paris le 3 décembre 1874. Élève de Henriquel-Dupont.

2047. Sévigné·(Marie DE Rabutin-Chantal, marquise DE), 1626-1696. — In-fol. H. 0,322. L. 0,244.

En buste, dans une bordure ovale, équarrie, supportée par un appui. Vue presque de 3/4, tournée à gauche, regardant de face. Sommet de la tête couvert d'une résille; cheveux tombant en longues frisures de chaque côté de la figure. Collier de perles. Corsage décolleté orné de nœuds de ruban. — Autour de l'ovale : *Marie de Rabutin Chantal Mar-quise de Sevigne, née à Paris* 1626. *M^te^. à Grignan,* 1696. — Au milieu de l'appui, couvrant la bordure, un médaillon ovale à fond blanc renferme les armoiries décrites au n° 264, avec quelques différences dans celle des Rabutin-Chantal, qui sont : *Écartelé : aux* 1 *et* 4, *cinq points d'argent équipollés à quatre d'azur* (au lieu de *gueules*) ; *aux* 2 *et* 3, *d'or* (au lieu *d'azur*) *à la croix de sable* (au lieu *d'argent*) ; les écus surmontés d'une couronne de marquis. — Au-dessus de l'appui, à g. de l'ovale : *R. Nanteuil pinx^t^* 1666. ; — à dr.: *E. Rousseaux sculp.* 1874. — Sous le tr. c., au milieu : *Société Française de Gravure.* — Au-dessous : *d'Après un Pastel du Cabinet de M^r^ le Cte. Leonel de Laubespin.* — Plus bas, à g.: *Gazette des Beaux-Arts.* ; — au milieu : *Imp. Ch. Chardon aîné. Paris.* ; — à dr.: 3eme *Serie — Planche* 5eme.

Très-belle épreuve, à grandes marges, sur papier de Chine.

ROUSSEL (Paul),

graveur au burin et éditeur du dix-septième siècle.

2048. **Camus** (Jean-Pierre), surnommé *Pont-Carré,* évêque de Belley, 1582-1652. — In-4°. H. de la planche, 0,228, y compris une marge de 0,043. L. 0,161. *

A mi-corps. Vu de 3/4, tourné à droite, regardant de face. Coiffé d'une calotte ; cheveux courts. Il porte une longue barbe. Les épaules couvertes de la pèlerine à capuchon, avec la croix pectorale retenue à un ruban autour du cou. — Au-dessus de la tête du personnage, sur une petite marge réservée dans la gravure, on lit : *Le Portraict au vray de Mr Lillvstricisme* (sic) *Evesqve* || *De Belley et Depvis, D'Arras. Decedé le Vingt six Dapuril* || 1652. — A gauche de la tête du personnage, un écusson armorié, sans indication d'émaux : (*D'azur*) *à une étoile* (*d'or*) *accompagnée de trois croissants d'argent ;* l'écu surmonté du chapeau de cardinal. — A droite, sur deux palmes entrelacées, les devises : *Opere et Sermone — Frammati kai Phmati.* — Sous le tr. c., dans la marge : *Reuerend Pere en Dieu Messire Jean Pierre Camus* || *Con^er^ du Roy en ses Con^cls^. Euesque du Belley.* — Au-dessous, en deux colonnes, ces vers :

> *Camus se voit par tout la gloire de son age*
> *Son nom sestend autant que fait cet vniuers*
>
> *Son bien dire paroist en ses escripts diuers*
> *Sa plume vole au Ciel icy est son image.*

— Plus bas, à g. : *Auec Priuilege du Roy.* — A dr. : *P. Roussel exeud.* Très-rare. — Belle épreuve.

ROUSSELET (Gilles),

peintre et graveur au burin, né vers 1610, à Paris, où il fut inhumé le 26 (et non le 16) juillet 1686. Reçu membre de l'Académie royale de peinture le 13 avril 1663.

2049. **Cramoisy** (Séb.), imprimeur français et échevin de la ville de Paris, 1585-1669. — In-4°. H. de la planche, 0,219. L. 0,157. *

A mi-jambes. Assis dans un fauteuil. Vu de 3/4, tourné à droite, regardant de face. Sommet de la tête couvert d'une calotte; cheveux courts, relevés sur le devant. Col rabattu. Robe entr'ouverte à larges manches fendues, sous laquelle on voit une seconde robe entièrement boutonnée. Le bras droit est appuyé sur le bras du fauteuil. — Sous le tr. c., sur toute la largeur : *Sebastianus Cramoisy Regis Architypographus Regiæ Typographiæ ‖ Lupareæ Director.— Vrbis Parisiensis Exconsul, Pauperum Administrator. Vixit anno 83. Obijt anno 1669, die 29, Ianuarij. — Ægid. Rousselet sculp.* 1642.

Belle épreuve.

Le P. Lelong indique ce portrait avec la date de 1672, et il fait mourir le personnage à l'âge de 63 ans : deux fautes d'impression évidentes.

2050. *France :* **Charles de Valois**, grand prieur de France, comte d'Auvergne, fils naturel de Charles IX et de Marie Touchet, 1573-1650. — In-fol. H. 0,330. L. 0,256. *

En buste, dans une bordure ovale, équarrie, avec socle et trophées d'armes. Les angles du haut sont ornés du chiffre couronné du personnage et accompagné de palmes. Vu de 3/4, tourné vers la droite, regardant vers la gauche. Tête nue, longs cheveux. Col rabattu, avec cordons à glands. En armure, avec grand cordon et écharpe en sautoir. — Au bas du portrait, couvrant l'ovale, un cartouche renfermant les armoiries de *France, au bâton posé en barre* (sans indication d'émaux); l'écu timbré d'une couronne et entouré des colliers de Saint-Michel et du Saint-Esprit. — Sous le tr. c., à dr. de la croix du Saint-Esprit : *Champagne pinxit — Æg. Rousselet, sculpsit.*

Belle épreuve.

2051. *France :* **Henri II de Bourbon-Condé**, premier prince du sang et grand maître de France, 1588-1646. — In-fol. H. de la planche, 0,293, y compris une marge de 0,028. L. 0,210.

A mi-corps, dans une bordure ovale, équarrie. Vu de 3/4, tourné vers la gauche, le corps étant de face. Tête nue; cheveux longs et relevés sur le devant. Large col. En armure, avec écharpe et grand cordon en sautoir. — Au bas du portrait, retenu à l'ovale par ses volutes, un cartouche avec les armoiries des *Bourbons-Condé* (sans indication d'émaux); l'écu timbré d'une couronne fleurdelisée et entouré des colliers de Saint-Michel et du Saint-Esprit. — A g., au-dessus du tr. de la planche. *Æg. Rousselet sculpsit ;* — à dr.: *P. Palliot excudit Diuione.*

Belle épreuve.

2052. *France :* **Louis XIV,** 1638-1715. — In-fol. H. 0,317. L. 0,230. *

A mi-corps, dans une bordure ovale, équarrie, avec appui orné, au milieu, d'un cartouche portant un *L* couronné. Représenté jeune. Vu de 3/4, tourné à droite, regardant de face, le corps étant presque de profil. Tête nue, cheveux longs et bouclés retombant sur les épaules. Col de dentelle avec cordons à glands. Pourpoint avec manches à crevés. Grand cordon en sautoir. — Sur le dessus de l'appui, sous la bordure, à g. du cartouche : *Louis quatorziesme ;* — à dr.: *Roy de France et de Nauarre.* — A g. de l'inscription, sur le dessus de l'appui : *G. Rousselet sculpsit.;* — à dr.: *le Blond excud.*

Belle épreuve, mais coupée au trait carré.

2053. *France :* **Louis XIV.** — In-fol. H. 0,288. L. 0,190. *

Représenté en Apollon (allusion à son surnom de *Roi-Soleil*). A mi-corps, dans un char traîné par quatre chevaux entourés de nuages. Vu de 3/4, tourné à gauche, le corps étant légèrement à droite. La tête ceinte d'une couronne de laurier et entourée d'un rayonnement. Un carquois en sautoir. L'épaule gauche couverte d'une draperie flottante, il tient dans la main une lyre, posée sur le char. Les rênes sont réunies dans sa main droite.   Sous les nuages, au-dessus d'un château avec parterre, se voit un ange tenant une corbeille remplie de laurier, avec cette inscription : *Hoc Numine Floret.* — A gauche, au bas de l'estampe, un personnage allégorique représentant la *France*, coiffé d'une couronne murale et couché à moitié sur le dos, regarde vers le haut. Près de lui, au milieu, un pied de lis en fleur. — A g. sous le personnage, on lit : *C. le Brun In.;* — à dr., sous des plantes : *G. Rousselet sculp.* 1664.

Belle épreuve.

2054. Le Febvre (Tannegui), célèbre philologue français, 1615-1672. — In-4°. H. de la planche, 0,213. L. 0,158. *

A mi-corps, dans une bordure ovale, équarrie, supportée par un

appui avec cette inscription sur la tablette : **NAΦE, KAI MENNAC'**
AΠICTEIN· APΘPA TAΥTA TAN ΦPENAN. Vu de 3/4, tourné à
droite, regardant de face. Longue perruque retombant sur les épaules.
Il est enveloppé dans un manteau. — Autour de l'ovale : *Tanaqvillvs*
Faber Cadomensis. Anno Christi M. DC. LXV. — Au-dessus de l'appui,
à g.: *Des Moullins pinx.;* — à dr.: *Ægid. Rousselet sculp.*
Belle épreuve.

2055. Mazarin (Jules, cardinal DE), 1602-1661. — In-fol.
en travers. L. 0,458. H. 0,349.

A mi corps, dans un ovale entouré d'une couronne de laurier et
placé à la base d'une pyramide appuyée au fronton d'un monument.
L'ovale est accompagné de personnages allégoriques et de devises; deux
de ces personnages, placés debout près du médaillon, tiennent élevé
au-dessus de l'ovale le chapeau de cardinal; les devises sont : *Mens*
illi ‖ *conscia recti — Super æthera fertur;* les deux autres personnages
sont assis; on lit près d'eux : *Cuncta* ‖ *animo* ‖ *cernit — scit mundi* ‖
rerumque ‖ *uices.* Vu de 3/4, tourné légèrement vers la gauche. Calotte
sur la tête; cheveux longs. Col rabattu. Les épaules couvertes d'une
pèlerine moirée. — Au bas du portrait, retenu à l'ovale par ses volutes,
un cartouche avec les armoiries décrites au n° 1109, avec cette différence que la fasce est *d'azur* et non de *gueules* et les étoiles sont
d'argent et non *d'or.* — A g., au-dessus du tr. c., dans la gravure : *C.*
le brun Inuent. Ægid. Rousselet sculpsit et excudit cum priuil. Reg.
Belle épreuve.

2056. Richelieu (Armand-Jean DU PLESSIS, cardinal duc DE),
1585-1642. — In-fol. H. 0,298. L. 0,217. *

Jusqu'aux genoux. Assis dans un fauteuil devant une table où il
écrit. A droite de son pupitre, est un grand Christ et un in-folio ouvert; à gauche, un écriteau retenant une feuille de papier couverte
d'écriture. Vu de 3/4, tourné à gauche, regardant de face. Calotte sur
la tête; cheveux relevés sur le devant. Col rabattu, avec cordons à
glands. Les épaules couvertes d'un manteau, avec simarre d'hermine
et la croix du Saint-Esprit autour du cou. — Sous le tr. c., à dr.: *Æg.*
Rousselet sculp.
Belle épreuve.

2057. *Savoie :* **Christine de France,** fille d'Henri IV et
épouse de VICTOR-AMÉDÉE Iᵉʳ, duc de Savoie, 1606-1644. —
In-fol. H. 0,319. L. 0,244. *

A mi-corps, dans une bordure ovale, équarrie, avec appui. Vue de

II. 23

3/4, tournée à droite, regardant de face. En costume de veuve. Le haut du corsage de la robe est orné d'une croix en brillants, accompagnée de trois perles en forme de poires. — Sous le portrait, couvrant la bordure et le milieu de l'appui, un ovale oblong, renfermant les armoiries de *Savoie*, accolées à celles de *France ;* une couronne royale timbre les écus qui sont entourés des lacs de veuve.

1er état, avant le nom du graveur. — Belle épreuve.

2058. Seguier (Pierre III), chancelier de France, 1588-1672. In-fol. H. 0,315. L. 0,227.

A mi-corps, dans une bordure ovale, équarrie, recouverte d'une couronne de feuille de chène, et accompagnée dans le haut de trompettes de Renommée retenues par une volute. Les angles du haut sont ornés d'ailes sur les pennes desquelles sont figurées des lèvres. Vu de 3/4, tourné à gauche, regardant de face. Calotte sur la tête, cheveux bouclés et touffus. Large col rabattu. En robe de chancelier, sous laquelle l'on voit une autre robe entièrement fermée. Grand cordon avec croix du Saint-Esprit autour du cou. — Sous le portrait, couvrant le bas de la bordure et le socle, un cartouche oblong, accompagné de deux haches d'armes, renferme au milieu les armoiries décrites au n° 1123 du présent catalogue (sans indication d'émaux) ; les accessoires sont les mêmes que ceux du n° 1943 ci-dessus. Ces armoiries sont accompagnées de l'inscription suivante placée sur les deux extrémités du cartouche : *Illustrissimo Viro D. D. || Petro Seguier || Franciæ Cancellario||Hanc ejus Effigiem quâ pinxit et excudj curauit O. D. C.||Sempiternæ deuotionis Ipsi jure deuinctus Lebrun.* — A g. suivant l'ellipse du cartouche : *Virtutē optabat quondam Plato posse videri ; —* à dr. : *Ille videt quisquis Te, Seguiere, videt.* — Sous le tr. c., au milieu : *Ægid. Rousselet. sculpsit. Cum priuilegio Regis ; —* à dr. : *le Blond excud.*

Belle épreuve.

RUOTTE (Louis-Charles),

graveur au pointillé, né à Paris en 1754, mort en 18... Élève de Le Mire et de Bartolozzi. Voir sur lui une notice intéressante dans Renouvier, *Histoire de l'art pendant la Révolution*, pp. 232-234.

2059. *France :* Marie-Thérèse-Louise de Savoie-Carignan, épouse de Louis-Alexandre-Joseph de Bourbon-Penthièvre, prince de Lamballe, 1749-1792. — H. de la planche, 0,245. L. 0,187.

A mi-corps, dans un médaillon légèrement ovale. Vue de profil, tournée à gauche. Tête nue, cheveux bouclés et retombant épars par derriere. Fichu blanc. Robe montante. — Sous le portrait, parallèlement à l'ovale, à g. : *Dessiné par Dauloux en 1791* ; — à dr. : *Et Gravée par Ruotte.* — Au milieu, sur toute la largeur : *Mar Ther Louise de Savoye Carignan‖Princesse de Lamballe,‖ Née à Turin en 1749 et massacrée à Paris le 3 Sepre. 1792.*

Gravé au pointillé et imprimé en couleurs.

Belle épreuve.

2060. Gonthier (Mme), de la Comédie française. — In-fol. H. 0,234. L. 0,182.

A mi-corps. Debout, vue presque de face, tournée légèrement à droite. Représentée dans le rôle de *Perrette*. Coiffée d'un bonnet à la normande. Les épaules couvertes d'un fichu. Une petite croix retenue par un velours autour du cou. Jupe à petits carreaux. Les mains croisées sur la poitrine. — Fond noir. — Sous le tr. c., à g.: *Dessiné par Lemoine;* — à dr. : *Gravé par Ruotte.* — Au milieu : *Gonthier ‖ Dans le Rôle de Perrette, de Fanfan et Colas.*

Eh ben! Colas, qu'est qu' t'as donc?
T'es donc ben faché d'être not' fieu?

— A g. de ces vers, sur trois lignes : *A Paris, chez Chaise Jeune. Md. d'Estampes, ‖ Rue,* etc.

Gravé au pointillé.

Belle épreuve.

SAINT-AUBIN (Augustin de),

dessinateur et graveur à la pointe et au burin, fils de Gabriel-Germain de Saint-Aubin, brodeur du roi, et de Jeanne-Catherine Imbert, né le 3 juin 1736, à Paris, où il est mort le 9 novembre 1807. Élève de Laurent Cars. Consulter sur lui de Goncourt, *les Saint-Aubin;* Paris, 1859, in-4; réimpr. dans : *l'Art au XVIIIe siècle*

2061. Amelot (Jean-Antoine), homme d'État français, mort le 1er floréal an III (20 avril 1795). — In-4°. H. de la planche, 0,196. L. 0,198.

A mi-corps, dans un médaillon équarri, retenu par un nœud de ruban. Vu de profil, tourné à gauche. Tête nue, cheveux relevés sur le devant, bouclés sur les côtés et attachés derrière par un ruban Habit bordé d'étoiles. Jabot de dentelle. — Sous le médaillon : *J. A. Amelot. ‖ Secrétaire d'Etat. ‖ 1778.* — Sous le tr. c., au milieu, tracé à la pointe : *Augs. de St. Aubin ad vivum delin. et Sculp.*

1er état. — Belle épreuve.

2e état, avec le millésime 1778 à la fin de l'adresse, sous le trait carré.
— Belle épreuve.

3e état. — Les étoiles de l'habit, qui est plus noir, ont disparu. Le personnage est décoré de l'ordre du Saint-Esprit et porte en sautoir le grand cordon. — Autour du médaillon, on lit : *Antoine-Jean Amelot, Secrétaire d'Etat, Commandeur de l'Ordre du S'. Esprit.* L'inscription sous le médaillon est remplacée par les vers :

> *Il sait aimer l'autorité*
> *Et le Roi qui la lui confie.*
> *Il auroit desarmé l'Envie*
> *S'il etoit un mortel par elle respecté.*

— Sous le tr. c., au milieu, comme à l'état précédent, avec l'addition de la date de 1781. — Au-dessous : *Se trouve à Paris chez l'Auteur,* etc. ‖ *A. P. D. R.* — Très-belle épreuve, avec petites marges.

2062. Beaumarchais (Pierre-Augustin Caron de), littérateur, 1732-1799. — In-4°. H. de la planche, 0,192. L. 0,138. *

En buste, dans un médaillon équarri, retenu par un nœud de ruban. Vu de profil, tourné à droite. Coiffé comme le précédent. Redingote boutonnée. — Sous le médaillon, dans la gravure : *P. A. Caron de Beaumarchais.* — Sous le tr. c.; tracé à la pointe, à g.: *C. N. Cochin del.;* — à dr.: *Aug. de S'. Aubin sculp.* 1773.

Belle épreuve.

2063. (?) Boufflers (Adrienne-Sophie, marquise de). — Pet. in-fol. H. de la planche, 0,281. L. 0,204.

A mi-corps, dans une bordure ovale, équarrie, ornée de perles et supportée par un socle. Vue de profil, tournée à gauche. Coiffée d'un chapeau de dentelle avec nœud de ruban. Cheveux frisés. Pendant d'oreille. Corsage de robe garni de dentelle, très-décolleté, laissant voir le sein. — Sur le dessus du socle, accompagnés de guirlandes de fleurs, divers objets, entre autres : une guitare, une partition de musique et un livre ouvert sur lequel on lit : *Poésies* ‖ *Légères* ‖ *et* ‖ *Chansons;* à droite de ce livre, près d'une écritoire, une feuille de papier avec ce titre : *Epigrammes.* — Sur la tablette du socle : *Adrienne. Sophie. Marquise de* ***

> *Sage ou folle à propos, tendre enjouée ou grave*
> *Apollon est son maitre et l'Amour son Esclave.*

— Sous le tr. c., au milieu, tracé à la pointe : *aug. de St Aubin ad vivum delin. et sculp.* — Au-dessous, sur toute la largeur : *Se trouve à Paris chés Aug. de S'. Aubin Graveur du Roi et de sa Bibliothèque,* etc.

Très-belle épreuve.

On ne sait point au juste le nom de la dame représentée dans ce portrait; on avance même que cette prétendue marquise n'est autre que Mme de Saint-Aubin, épouse de l'artiste.

2064. Caffieri (Jean-Jacques), sculpteur français, 1723-1792. — In-4°. H. de la planche, 0,195. L. 0,135.

En buste, dans un médaillon équarri, retenu par un nœud de ruban. Vu de profil, tourné à gauche. Coiffé comme les précédents. Veston entr'ouvert. — Sous le médaillon, au milieu, dans la gravure : *J. J. Caffiery,* || *Sculpteur du Roi,* || *Professeur en son Académie de Peinture et Sculpture.* — Sous le tr. c., à g.: *C. N. Cochin filius delin.* 1779.; — à dr.: *Aug. De S^t. Aubin Sculp.*
Belle épreuve.

2065. Cars (Laurent), peintre et graveur français, 1699-1771. — In-4°. H. de la planche, 0,200. L. 0,137. *

En buste, dans un médaillon équarri, retenu par un nœud de ruban. Vu de profil, tourné à gauche. Cheveux relevés sur le devant et bouclés. Habit entr'ouvert, laissant voir le jabot. — Sous le médaillon, dans la gravure : *Laurent Cars* || *Graveur du Roy et Conseiller en son Academie* || *de Peinture et de Sculpture.* — Sous le tr. c., à g.: *Dessiné par C. N. Cochin* 1750.; — à dr.: *Gravé par Aug. de S^t. Aubin* 1768. — Au-dessous, sur toute la largeur : *Se vend à Paris chez l'Auteur,* etc.
Belle épreuve, à grandes marges.

2066. Cochin (Charles-Nicolas), fils, dessinateur et graveur français, 1715-1790. — In-4°. H. de la planche, 0,199. L. 0,141. *

En buste, dans un médaillon équarri, retenu par un nœud de ruban et supporté par un appui. Vu de profil, tourné à gauche. Tête nue, cheveux bouclés et relevés sur le devant. Habit entr'ouvert, laissant voir le gilet et le jabot.— Sur la face de l'appui : *C : N: Cochin* || *Chevalier de l'Ordre du Roi* || *Secrétaire Perpétuel de l'Académie Royale* || *de Peinture & de Sculpture.* — Sous le tr. c., au milieu : *Dessiné par lui-même en* 1771. — et *Gravé par Aug. de S^t. Aubin.*
Belle épreuve, avec marges.
Le P. Lelong indique ce portrait comme ayant été gravé en 1773.

2067. Coustou (Guillaume), sculpteur français, 1716-1777. In-4°. H. de la planche, 0,198. L. 0,141. *

En buste, dans un médaillon équarri, retenu par un nœud de ruban. Vu de profil, tourné à droite. Tête nue, cheveux relevés sur le devant, bouclés sur les côtés et attachés par un ruban. Cravate blanche. —

Sous le médaillon, dans la gravure : *Guillaume Coustou,* || *Sculpteur du Roy.* — Sous le tr. c., à g.: *C. N. Cochin fil. delin.;* — à dr.: *August. de Sᵗ. Aubin Sculp* 1770.

Belle épreuve.

2068. Diderot (Denis), 1713-1784. — In-4°. H. de la planche, 0,192. L. 0,149. *

En médaille entourée d'une bordure et supportée par un appui. Vu de profil, tourné à droite, cheveux courts.— Sur la face de l'appui : *Diderot.* — Sous le tr. c., à g.: *J. B. Greuze del.* ; — à dr.: *Augustin de Sᵗ Aubin Sculp.* — Au-dessous, sur toute la largeur : *Se vend à Paris chez l'Auteur,* etc.

Belle épreuve.

2069. Dorat (Claude-Joseph), poëte français, 1734-1780. — In-8°. H. 0,127. L. 0,087. *

En buste, dans une bordure ovale, équarrie, simulée en pierre. Vu de profil, tourné à droite. Tête nue, cheveux relevés sur le devant, ornés d'un nœud de ruban par derrière et bouclés sur les côtés. Habit entr'ouvert, laissant passer le jabot.— Sous la bordure, sur une tablette :

Peintre heureux des plaisirs sa verve est dans son Cœur,
Il vole en se jouant au temple de mémoire :
Les Graces et Thalie ont le soin de sa gloire,
L'Amour et l'Amitié celui de son bonheur.

— Sous le tr. c., à g.: *Denon del.;* — à dr.: *Aug. de Sᵗ. Aubin Sculp.*
Belle épreuve.

Portrait qui figure en tête des *Lettres en vers;* Paris, Seb. Jorry, 1767.

2070. Dumont (J.), dit *le Romain,* peintre français, v. 1700-1781. — In-4°. H. 0,179. L. 0,125. *

En buste, dans un médaillon équarri, supporté par un appui et retenu par un nœud de ruban. Vu de profil, tourné à droite. Cheveux bouclés et attachés derrière par un ruban. Habit entr'ouvert. — Sur la face de l'appui : *Jacques Du Mont, Le Romain.* || *Peintre Du Roy* || *Recteur, Ancien Directeur et Chancellier* || *de l'Académie Royale de Peinture et Sculpture.* 1770. — Sous le tr. c., à g.: *C. N. Cochin filius delin.;* — à dr.: *Aug. de Sᵗ. Aubin Sculp.* 1770.

Belle épreuve.

2071. *France :* **Louis-Philippe-Joseph d'Orléans**, surnommé *Philippe-Égalité*, 1747-1793. — In-fol. H. de la planche, 0,321. L. 0,213.

A mi-corps, dans un médaillon bordé d'oves et supporté par un appui; des amours tenant des couronnes et des guirlandes de fleurs l'accompagnent dans la partie supérieure. Vu de 3/4, tourné à droite, regardant de face. En perruque bouclée, avec longue queue éparse, ornée d'un ruban. En armure, avec le grand cordon en sautoir. — A droite, un génie, assis sur l'appui, tient un livre ouvert sur le feuillet verso duquel on lit : *Pierres Gravées* || *du Cabinet* || *de S. A. S. Mgr.* || *Le Duc D'Orléans* || *Dessinées et gravées* || *Aug. de St. Aubin.* Sur le recto : *Antiques* || *Sacrifice au Dieu Pan.*— Divers objets figurent sur l'appui à droite et à gauche du génie. — Le fond est formé par une draperie que relève à droite un ange, laissant voir, au milieu de rayonnements, le Temple de la gloire.— Sous le tr. c., à g.: *Dessiné par C. N. Cochin.;* — à dr.: *Gravé par Aug. de St Aubin* 1778.

Belle épreuve, avec petites marges.

Portrait qui figure en tête de l'ouvrage dont le titre est rapporté dans l'inscription ci-dessus.

2072. *France :* **Louis-Philippe-Joseph d'Orléans**, surnommé *Philippe-Égalité*, 1747-1793 ; son épouse **Louise-Marie-Adélaïde de Bourbon-Penthièvre**, 1753-1821 ; leurs enfants, **Louis-Philippe II** (plus tard Louis-Philippe Ier), 1773-1850, et **Antoine-Philippe**, duc **de Montpensier**, 1775-1807. — Gr. in-fol. H. de la planche, 0,511. L. 0,393.

En pied. Dans un salon. Le duc d'Orléans, placé à droite de l'estampe, est debout, vu presque de profil, tourné à gauche. Tête nue, cheveux rejetés en arrière, terminés en queue nouée; bouclés sur les côtés. Habit ouvert avec croix du Saint-Esprit. Le grand cordon en sautoir. Culotte courte et bas de soie. Le corps légèrement incliné en avant, il tient dans la main droite son chapeau ; derrière lui, la porte du salon entr'ouverte. Son épouse, assise sur un sopha, est vue de 3/4, tournée à droite, regardant son mari. Tête nue, cheveux relevés et ornés d'un ruban. De longues frisures retombent sur ses épaules. Le cou orné d'un ruban avec un petit médaillon. Corsage de robe très-décolleté, laissant voir en partie les seins. Le buste légèrement incliné. Elle tient sur le bras droit son fils cadet, enfant, couché sur un coussin. A sa droite, Louis-Philippe debout, vu de 3/4, tourné à droite, regardant son père. Tête couverte d'un chapeau rond, orné d'une plume. Collerette. En veste serrée à la taille par une ceinture. Il tient de la main droite le bras gauche de sa mère. A ses pieds, un petit chien, —

A gauche de l'estampe, une magnifique petite table à trois pieds, portant un vase de fleurs. — Dans le haut, au milieu, un tableau avec son cadre, forme le fond. — Sous le tr. c., à g.: *Peint par C. Le Peintre peintre de S. A. S. M⁹ʳ. le Duc de Chartres.; —* à dr.: *Gravé par A. de Sᵗ. Aubin et H. Helman* 1779.; — au milieu, dans un rayonnement et entouré de fleurs et de laurier, un cartouche avec les armoiries des *Bourbons-Orléans*, accolées à celles des *Bourbons-Penthièvre;* une couronne fleurdelisée surmonte les écussons. Ces armoiries séparent en deux l'inscription suivante: *Présenté à Leurs Altesses Sérénissimes Monseigneur ‖ Le Duc de Chartres et Madame La Duchesse de Chartres.; —* au-dessous, à dr. : *Par leurs très Humbles et très Obéissants ‖ Serviteurs; —* un peu au-dessous : *A. de Sᵗ. Aubin et H. Helman. ; —* à g., sous l'inscription : *le Tableau Original appartient à Madame ‖ La Duchesse de Chartres.*

Très-belle épreuve.   .

2073. *France :* **Marie-Fortunée d'Este**, fille de François-Marie, duc de Modène, et épouse de Louis-François-Joseph de Bourbon, prince de Conty, 1731-1803. — In-12. Diamètre, 0,072.

En buste, dans un médaillon. Vue de profil, tournée à droite. Tête nue, cheveux relevés sur le devant, bouclés et étagés. — Autour du médaillon : *Fortunée-Marie D'Est Princesse De Conti.* — Sous le buste, dans la gravure : *M. DCC. LXXXI.* — Sous le médaillon, parallèlement au cercle, à g., tracé à la pointe : *C. N. Cochin Delineavit; —* à dr.: *Augus. de Sᵗ Aubin Sculp.*
Belle épreuve, à grandes marges.

2074. Franklin (B.), célèbre physicien et homme d'État américain, 1706-1790. — In-4°. H. de la planche, 0,206. L. 0,149.

En buste, dans un médaillon équarri. Vu de 3/4, tourné à droite regardant vers la gauche. Coiffé d'un bonnet de fourrure. Il porte des lunettes. Habit entr'ouvert. — Sous le médaillon, sur une tablette : *Benjamin Franklin ‖ Né à Boston, dans la nouvelle Angleterre le* 17 *Janvier* 1706. — Au-dessous de la tablette, dans la gravure, tracé à la pointe, à g.: *C. N. Cochin filius delin.* 1777.; — à dr.: *Aug. de Sᵗ. Aubin Sculp.* — Au-dessous du tr. c.: *Dessiné par C. N. Cochin Chevalier de l'Ordre du Roi, en* 1777. *et Gravé par Aug. de Sᵗ. Aubin Graveur de la Bibliotheque du Roi. ‖ Se vend à Paris chés C. N. Cochin, etc., et chés Aug. de Sᵗ Aubin,* etc.
Belle épreuve.

2075. Heinecken (Charles-Henri DE), littérateur allemand et amateur des arts, 1706-1791. — In-4°. H. 0,182. L. 0,131.

En buste, dans un médaillon équarri, retenu par un nœud de ruban. Vu de profil, tourné à droite. Coiffé d'un bonnet d'astrakan. Habit avec collet de fourrure. — Sous le médaillon, dans la gravure : *Charles Henri De Heineken,* || *Chevr. du St. Emp.* || *Amateur des Belles Lettres et des Arts.* — Sous le tr. c., au milieu : *Aug. de St. Aubin ad vivum del et Sculp.*
Belle épreuve.

2076. Helvétius (Claude-Adrien), littérateur et philosophe français, 1715-1771. — Pet. in-fol. H. de la planche, 0,268. L. 0,203.

A mi-corps, dans un médaillon équarri, avec tablette évasée dans le bas. Vu de face. Tête nue, cheveux relevés et bouclés. Habit entr'ouvert, laissant voir le jabot de dentelle. — Sur la tablette : *Cde. Aen. Helvetius.* || *Né à Paris en Janvier* 1715. *Mort à Paris le 26 décembre* 1771. — Sous le tr. c., à g.: *Peint par L. M. Vanloo en* 1755.; — à dr.: *Gravé par Aug. de St. Aubin en* 1773.— Au-dessous, au milieu : *A Paris chés l'Auteur,* etc., *et aux Adresses ordinaires.*
Belle épreuve.

2077. Jeliotte (Pierre), chanteur français, 1711-1782. — In-4°. H. de la planche, 0,195. L. 0,146.

En buste, dans un médaillon équarri, retenu par un nœud de ruban. Vu de profil, tourné à droite. Cheveux rejetés en arrière et bouclés, attachés derrière par un ruban. Cravate blanche. Habit laissant voir le jabot. — Sous le médaillon, dans la gravure : *Pierre Jeliote.* || *Ordinaire de la Musique de la Chambre du Roy,* || *et de l'Académie Royale de Musique.* — Sous le tr. c., à g.: *C. N. Cochin filius del.* 1767.; — à dr.: *Aug de St. Aubin Sculp.* 1771.
Belle épreuve, avec marges.

2078. Jombert (Ch.-Ant.), littérateur et libraire français, 1712-1784. — In-4°. H. de la planche, 0,197. L. 0,141. *

En buste, dans un médaillon équarri, retenu par un nœud de ruban. Vu de profil, tourné à gauche. Tête nue, cheveux bouclés. — Sous le médaillon, dans la gravure : *Charles Antoine Jombert* || *Libraire du Roy.* || *Pour le Génie et l'Artillerie.* — Sous le tr. c., à g.: *Dessiné par C. N. Cochin.;* — à dr.: *Gravé par Aug. de St. Aubin* 1770.
Belle épreuve, avec marges.

2079. Lalande (Joseph-Jérôme Le Français de), astronome français, 1732-1807. — In-4°. H. de la planche, 0,262. L. 0,195. *

En buste, dans une bordure ovale, équarrie, supportée par un appui avec tablette sur laquelle on lit : *Jérome De La Londe.* Vu de 3/4, tourné à droite. Tête nue et dénudée. Col de chemise rabattu. Habit entr'ouvert laissant voir le jabot.

D'après J. Ely.

Belle épreuve, avant les noms des artistes.

2080. Lalive de Jully (Ange-Laurent de), amateur et peintre français, 1726-1779. — In-fol. H. 0,376. L. 0,238.

A mi-corps, dans un cadre rectangulaire, orné de feuillage et supporté par un appui recouvert en partie par une draperie. Assis devant une table. Vu de 3/4, tourné à gauche, le corps étant de face. Tête nue, cheveux courts et bouclés ; une longue mèche retombe sur l'épaule gauche. Cravate nouée, avec longs bouts. Habit entr'ouvert. Manchettes de dentelle. Il tient dans la main droite une plume d'oie. Le bras gauche est appuyé sur un livre ouvert où on lit : *Les Hommes illustres* || *de* || *France ;* près de ce livre, un encrier et une sonnette. A gauche, derrière le personnage, une colonne à rainures. Sous le cadre, au haut de l'appui : *Ange Laurent De La Live,* || *Introducteur des Ambassadeurs,* || *Honoraire Amateur de l'Académie Royale de Peinture et Sculpture.* — Au-dessous, sur la draperie : *Sum ex iis qui miror antiquos, non tamen ut quidam temporum* || *nostrorum ingenia despicio, neque enim quasi lassa et fœta natura.* || *ut nihil jam laudabile pariat. Pline Lib. 6. Epist. 21.* — Sous le tr. c., à g.: *A. L. De la Live sculp.*

D'après J.-B. Greuze.

Eau-forte. Très-rare. — Très-belle épreuve.

La tête seule a été gravée par Aug. de Saint-Aubin en 1765.

2081. La Motte-Piquet (Toussaint-Guillaume, comte de), célèbre marin français, 1720-1791. — Pet. in-fol. H. de la planche, 0,225. L. 0,166.

A mi-corps, dans un cadre rectangulaire, avec tablette sur laquelle on lit : *Guillaume De La Motte-Piquet,* || *Chef d'Escadre, Chevalier Commandeur de l'Ordre Royal et Militaire de S. Louis.*

> *Marin dès ta première aurore,*
> *Guerrier cher même à tes rivaux.*
>
> *La France sait ce que tu vaux,*
> *Et l'Angleterre mieux encore.*

Par Mr de la Place.

Ce quatrain est mis en deux colonnes. Vu de 3/4, tourné à droite, regardant de face. Tête nue, cheveux rejetés en arrière avec un nœud de ruban, et bouclés sur les côtés. Habit brodé, entr'ouvert, laissant voir le grand cordon en sautoir. — Sous le tr. c., à g.: *C. N. Cochin filius del.;* — à dr.: *Aug. de S^t. Aubin sculp.;* — au milieu, le millésime 1781. — Au-dessous, sur toute la largeur : *A Paris chez C. N. Cochin,* etc., *et chés* (sic) *Aug. de S^t. Aubin,* etc. || *A. P. D. R.*

Belle épreuve, avec marges.

2082. Languet de Gergy (l'abbé Jean-Baptiste-Joseph). — In-4°. H. 0,172. L. 0,125. *

En buste, dans un médaillon recouvert par deux branches d'olivier et supporté par un socle sur lequel on lit : *Jⁿ. B^{te}. J^{ph}. Languet de Gergy* || *Ancien Curé de S^t. Sulpice* || *Abbé de l'Abbaye de Bernay.* || *Né à Dijon le 6. Juin 1675. et mort à Paris* || *le 11. Octobre 1750. âgé de* 75 *ans.* Vu de profil, tourné à gauche. Le sommet de la tête couvert d'une calotte; cheveux bouclés. Rabat. En surplis avec étole. — Sous le tr. c., sur toute la largeur : *Dessiné et gravé par Augⁿ. de S^t. Aubin en 1767. d'après le Buste fait en 1748. par J. J. Caffiery Sculpteur du Roy.* — Un peu au-dessous : *Se vend à Paris chez l'Auteur,* etc.

Belle épreuve.

2083. Le Couteulx du Moley (Sophie). — In-4°. H. de la planche, 0,192. L. 0,133.

A mi-corps, dans un médaillon équarri, retenu par un nœud de ruban. Vue de profil, tournée à gauche. Tête nue, cheveux relevés, ornés dans le haut d'une rose et terminés derrière en boudins étagés. Fichu de dentelle croisé sur la poitrine. — Au-dessus du tr. c., à g., dans la gravure, tracé à la pointe : *C. N. Cochin del.* 1776.; — à dr.: *S^t. Aubin Sculp.*

1er état, avant le nom du personnage. — Belle épreuve, mais coupée presque au trait carré.

2e état. — Sous le médaillon, dans la gravure : *Sophie Le Couteulx Du Moley.* — Sous le tr. c., à g.: *C. N. Cochin filius delin.;* — à dr.: *Aug. de S^t. Aubin sculp.* 1776. — Très-belle épreuve, avec marges.

2084. Lekain (Henri-Louis Cain, *dit*), tragédien français, 1728-1778. — In-fol. H. de la planche, 0,417. L. 0,296.

A mi-corps, dans une bordure ovale, équarrie, supportée par un piédestal. Dans le rôle de *Gengiskan.* Vu de 3/4, tourné vers la gauche, le corps étant à droite. Coiffé d'un magnifique turban orné de perles, rehaussé d'une aigrette retenue par un croissant en diamant. Vêtu d'une houppelande garnie d'hermine, sous laquelle on voit une robe à grands ramages. Dans le haut, sur la bordure, on lit : *Le Kain.* — Sous le tr. c., à g.: *S. B. Le Noir Pinx.;* — à dr. : *Aug. de S¹. Aubin Sculp.*

1ᵉʳ état, avant les vers sur la tablette. — Très-belle épreuve.

2085. Le Roux (Léon.), architecte.— In-4°. H. de la planche, 0,190. L. 0,140.

En buste, dans un médaillon équarri, retenu par un nœud de ruban. Vu de profil, tourné à droite. Tête nue, cheveux rejetés en arrière, attachés avec un ruban et bouclés sur les côtés. Habit fermé. — Sous le médaillon, dans la gravure : *Leonard Le Roux.* || *Architecte du Roi.* — Sous le tr. c., à g.: *C. N. Cochin filius del.;* — à dr.: *Aug. de S¹. Aubin Sculp.* — Au milieu, le millésime 1782.

Belle épreuve, avec petites marges.

2086. Linguet (Simon-Nicolas-Henri), avocat et publiciste français, 1736-1794. — In-4°. H. de la planche, 0,220. L. 0,166. *

En buste, dans un médaillon équarri. Vu de profil, tourné à droite. Tête nue, cheveux rejetés en arrière, longs et épars sur le dos, bouclés sur les côtés. Cravate blanche. Habit entr'ouvert, laissant voir le jabot. — Sur le médaillon, dans le haut : *S. N. H. Linguet.* — A gauche, au-dessous du médaillon, un in-folio placé sur deux marches et portant cette inscription sur le feuillet recto : *Plaidoyers* || *et Mémoires* || *pour* || *le Comte* || *de* || *Morangiés* || 1772-1773. — Au milieu, sous une branche de laurier qui couvre le médaillon, dans la gravure : *Patrono suo* || *Dicat* || *Morangiés.* — A droite, des volumes placés les uns sur les autres avec ces titres au dos : *Daguesseau — Bayle — Platon;* près d'eux, un autre volume sur le plat duquel on lit : *Montesquieu* || *Bodin* || *Hobbes* || etc. — Sur la première marche, à dr.: *P. Choffard Ori. del.* — Sous le tr. c., au milieu : *Augˢ. de S¹. Aubin ad vivum del. et sculp.* 1773.

Belle épreuve.

2087. Luynes (Marie-Charles-Louis D'ALBERT, duc DE), et **de Chevreuse**, gouverneur de Paris, 1717-1771. — In-fol. H. de la planche, 0,272. L. 0,178.

En pied, dans un cadre rectangulaire, formé de deux traits. Debout, vu de profil, tourné à gauche. Tête nue, cheveux bouclés et attachés derrière par un nœud de ruban. Habit galonné, avec manches à parements. Croix du Saint-Esprit retenue par un ruban à la boutonnière. Épée au côté. Bottes à l'écuyère munies d'éperons. Le bras droit en avant, la main appuyée sur une canne. Il tient son tricorne sous le bras gauche, la main enfouie dans la poche du gilet. — Dans le fond, on voit la silhouette des différents monuments de Paris. — Entre les traits du cadre, dans le bas, à g.: *Carmontelle inv. del.;* — à dr.: *aug*. *de S*. *aubin Sculp.* 1758. Ces deux inscriptions sont tracées à la pointe. — Sous le tr. c., au milieu : *Monseigneur le Duc de Chevreuse* || *gouverneur de Paris. &c. &c.*

Très-belle épreuve, à toutes marges.

2088. Mariette (Pierre-Jean), célèbre amateur d'art français, 1694-1774.— In-4°. H. de la planche, 0,195. L. 0,143.*

En buste, dans un médaillon équarri, retenu par un nœud de ruban. Assis, vu de profil, tourné à droite. Tête nue, cheveux rejetés en arrière et bouclés sur les côtés. Cravate blanche. Habit fermé. — Sous le médaillon, dans la gravure : *P. J. Mariette* || *Controleur général de la grande Chancellerie,* || *Honoraire de l'Académie Royale de Peinture et Sculpture,* || *né à Paris le 7 mai 1694.* — Sous le tr. c., à g.: *Dessiné par C. N. Cochin en 1756.;* — à dr. : *Gravé par Aug. de S*. *Aubin* 1765.

Belle épreuve.

2089. Molé (François-René), comédien français, 1734-1802. — In-4°. H. 0,208. L. 0,148.

En buste, dans une bordure ovale, avec appui sur la tablette duquel on lit: *François René Molé.* Vu de 3/4, le corps de profil, tourné à droite, regardant de face. Tête nue, cheveux relevés sur le devant, bouclés sur les côtés et attachés derrière par un nœud de ruban. Habit entr'ouvert, laissant voir le jabot de dentelle. — Sous le tr. c., à g.: *E. Aubry pinx.;* — à dr.: *Aug. de S*. *Aubin sculp.* 1786. — Au milieu, un peu plus bas : *Se vend à Paris chez l'Auteur,* etc. *A. P. D. R.*

Belle épreuve.

2090. Monet (Jean), auteur dramatique français, 1710-1785. — In-8°. H. 0,129. L. 0,085. *

En buste, dans un médaillon ovale, équarri, bordé d'oves et accompagné de guirlandes dans le haut. Vu de profil, tourné à droite. Tête nue, cheveux relevés sur le devant, bouclés sur les côtés et ornés par derrière d'un nœud de ruban. Cravate blanche. Habit déboutonné, laissant voir le gilet et le jabot. — Sous le médaillon, parmi des fleurs et des attributs de comédie, une banderole avec cette devise : *Mulcet Movet Monet.* — Sous le tr. c., à g.: *C. N. Cochin del.;* — à dr.: *Aug. de S*. *Aubin Scul.* 1765.

Belle épreuve.

2091. **Montaigne** (Michel Eyquem de), célèbre moraliste français, 1533-1592. — In-4°. H. 0,214. L. 0,153.

En buste, dans une bordure ovale, supportée par un appui formant tablette et entourée d'un cadre rectangulaire. Vu de 3/4, tourné vers la droite, regardant vers la gauche. La tête couverte d'un chapeau. Il porte moustaches et barbiche. Fraise. Les épaules couvertes d'une houppelande garnie de fourrure. Sur la poitrine, une petite médaille ovale à l'effigie de Saint-Michel, retenue à un ruban passé autour du cou. — Sur la face de l'appui, on lit : *Michel de Montaigne*. — Sous le tr. c., au milieu : *A. de S^t. Aubin Sculp.*

Belle épreuve.

2092. **Montalembert** (Marc-René, marquis de), général et tacticien français, 1714-1800. — In-4°. H. de la planche, 0,277. L. 0,142.

A mi-corps, dans une bordure ovale, équarrie, supportée par un appui. Vu presque de face, le corps légèrement tourné vers la gauche. Tête nue, cheveux relevés et bouclés sur les côtés. Cravate blanche. Habit et gilet brodés. Jabot de dentelle. Croix de Saint-Michel retenue à la boutonnière par un nœud de ruban. — Sur la partie supérieure de l'ovale, on lit : *Marc René de Montalembert*. — Au bas du portrait, couvrant la bordure, un cartouche avec la croix de Saint-Michel, renferme les armoiries : *D'argent à la croix ancrée de sable ;* l'écu timbré d'une couronne de marquis. — Sur le dessus de l'appui, de chaque côté de l'ovale, des drapeaux accompagnés de feuilles de papier sur lesquelles sont tracés des plans de fortifications. — Sur la face de l'appui, ce quatrain :

> *Doué d'un beau Génie, et chéri de Bellone,*
> *Au grand Art défensif il consacra son tems ;*
> *Profond dans ses Écrits, n'empruntant de Personne,*
> *Il laissa loin de lui les Cohorn, les Vauban.*

Sous le tr. c., à g.: *De la Tour pinx.;* — à dr.: *Aug. S^t. Aubin sculp.*
Belle épreuve.

2093. **Necker** (Jacques), célèbre homme d'État français, 1732-1804. — In-fol. H. de la planche, 0,344. L. 0,261.

A mi-corps, dans une bordure ovale, équarrie, avec piédestal. Vu de 3/4, tourné à droite, le corps étant de face. Tête nue, cheveux rejetés en arrière et bouclés sur les côtés. Cravate blanche. Habit entrouvert ainsi que le gilet, laissant passer le jabot. — Sur la face du couronnement du piédestal, une tablette blanche avec le nom : *Mr. Necker.* —

Sous le tr. c., à g.: *J. S. Duplessis Pinx.;* — à dr.: *A. de S^t. Aubin Sculp.* Ces deux inscriptions sont tracées à la pointe.

1er état, avec la tablette blanche, ainsi que les lettres du nom. Fort rare. — Très-belle épreuve.

2094. **Pellerin** (Joseph), numismate français, 1684-1782. — In-4°. H. de la planche, 0,194. L. 0,140.

En buste, dans un médaillon équarri, retenu par un nœud de ruban. Vu de profil, tourné à droite. En perruque bouclée. Cravate blanche. Habit entr'ouvert. — Sur le médaillon, dans le haut, on lit : *Josephus Pellerin. Anno 1684 Natus.* — Sous le médaillon, dans la gravure : *Animo Maturus et Ævo.* — Sous le tr. c., au milieu : *Aug^s. de S^t. Aubin ad vivum delin. et Sculp. ann.* 1777.

Belle épreuve.

2095. **Pellerin** (J.), le même que le précédent. — In-fol. H. de la planche, 0,331. L. 0,255.

A mi-corps, dans un ovale renfermé dans un cadre rectangulaire, avec appui, et dont les côtés sont ornés de médailles. Assis devant une table, les coudes appuyés, il désigne de l'index gauche un objet qu'on ne voit pas. Vu de profil, tourné à gauche. Coiffé d'un bonnet de fourrure relevé devant et derrière. Cheveux longs et frisés. Habit fermé, avec manches à parements garnis de boutons. Sur la table, près de son bras gauche, un livre. — Sous l'ovale, dans la gravure, tracé à la pointe : *G. Boichot Effigiem delin.* 1781. — A droite, sur le dessus du socle, debout, appuyé contre le cadre, un volume ouvert, sur le feuillet verso duquel on lit : *Recueil ‖ De médailles ‖ De Peuples et de Villes ‖ Qui n'ont point encore été publiées ‖ ou qui sont peu connues ‖ Publiées par Mr Pellerin ‖ Tome.* — Sur la face de l'appui, au milieu : *Josephus Pellerin ‖ Anno Ætatis LXXXXVIII.* — Sur le dessus de la plinthe, un cartouche renfermant les armoiries : *De gueules à la fasce d'or, accompagnée en chef de trois coquilles d'argent;* l'écu timbré d'une couronne de marquis. — Sur la face de la plinthe : *Quid enim est jucundius Senectute stipatâ Studiis Juventutis ? Cic.* — Sous le tr. c., au milieu, à la place du trait du cadre : *Aug. de S^t. Aubin inv. del. et Sculp. ann.* 1781.

Belle épreuve.

2096. **Perronet** (Jean-Rodolphe), ingénieur français, 1708-1794. — In-fol. H. 0,451. L. 0,304.

A mi-corps, dans un médaillon ovale, bordé d'oves et retenu par un anneau à un cadre rectangulaire orné d'une tablette sur laquelle on lit : *Optimo Viro et Clarissimo Civi Joanni Rodolpho Perronet,* ǁ *Regiæ Scientiarum Academiæ Parisiensis Sodali,* ǁ *et à Viis, Pontibus et Ædificiis Publicis Galliæ conficiendis Architecturæ-Præfecto,* ǁ *offerebant et consecravêre Institutori. Amico, Patri,* ǁ *testes Virtutum assidui et Benefactorum memores Alumni.* ǁ *Anno M. DCC. LXXXII.* — Assis sur une chaise, le bras droit appuyé sur l'angle d'un meuble portant des papiers, une règle, un compas et un porte-crayon. Vu de 3/4, tourné à droite, regardant de face. En perruque bouclée, ornée derrière d'un nœud de ruban. Habit entr'ouvert avec manches à parements garnis de boutons fleurdelisés. Manchettes de dentelle ; grand cordon en sautoir. La main gauche appuyée sur la hanche. — Sous le tr. c., à g.: *C. N. Cochin filius del.;* — à dr.: *August. De S*^t*. Aubin sculp.*

Belle épreuve.

2097. Pierre (Jean-Baptiste-Marie), peintre et graveur français, 1713-1789. — In-4°. H. de la planche, 0,193. L. 0,136.

En buste, dans un médaillon équarri, retenu par un nœud de ruban. Vu de profil, tourné à gauche. Tête nue, cheveux rejetés en arrière, bouclés sur les côtés et ornés derrière d'un nœud de ruban. — Sous le médaillon, dans la gravure : *J. B. M. Pierre* ǁ *Premier Peintre du Roi.* — Sous le tr. c., à g.: *C. N. Cochin filius delin.;* — à dr.: *Aug. de S*^t*. Aubin sculp.* 1775. Ces deux dernières inscriptions sont tracées à la pointe.

Très-belle épreuve.

2098. Pigalle (Jean-Baptiste), sculpteur français, 1714-1785. — In-4°. H. de la planche, 0,198. L. 0,143.

En buste, dans un médaillon semblable au précédent et retenu de même. Vu de profil, tourné à droite. Tête nue et coiffée comme le précédent. Habit garni de fourrure. — Sous le médaillon, dans la gravure: *Jean-Baptiste Pigalle* ǁ *Sculpteur du Roi, Chevalier de l'Ordre de Saint-Michel,* ǁ *Recteur de l'Académie Royale de Peinture et Sculpture.* — Sous le tr. c., à g.: *C. N. Cochin filius del.;* — à dr.: *Aug. de S*^t*. Aubin sculp.;* — au milieu, le millésime 1782.

Belle épreuve, avec marges.

2099. Piron (Alexis), auteur dramatique et poëte français, 1689-1773. — In-fol. H. de la planche, 0,193. L. 0,138. *

En buste, dans un médaillon agencé et retenu comme le précédent. Vu de profil, tourné à droite. En perruque bouclée. Habit entr'ouvert, laissant voir le jabot. — Sous le médaillon, dans la gravure : *Alexis*

Piron. — Sous le tr. c., à g.: *C. N. Cochin delin.*; — à dr.: *Aug. de St. Aubin sculp.*

Belle épreuve.

2100. Piron (A.), le même que le précédent. — In-8°. H. 0,147. L. 0,086.

En buste, dans une bordure ovale, équarrie, tronquée à gauche et à droite. Vu presque de face, regardant à droite. En perruque bouclée. Cravate blanche avec longs bouts frangés. L'épaule gauche couverte d'un manteau. — Sous le médaillon, un petit socle avec cette inscription : *Alexis Piron.* || *Né à Dijon le 9. Juillet* 1689. || *Mort à Paris le 21. Janvier* 1773. — Sous le tr. c., au milieu, tracé à la pointe, le millésime 1776. — Au-dessous : *Dessiné et Gravé par Aug. de St. Aubin d'après le Buste en Marbre* || *fait par J. J. Caffiery, placé dans le Foyer de la Comédie Françoise en* 1775.

Belle épreuve.

2101. Prault (Laurent-François), imprimeur-libraire de Paris, mort en 1780. — In-8°. H. de la planche, 0,110. L. 0,100.

En buste, dans un médaillon portant dans le haut l'inscription : *L. F. Prault.* — Vu de profil, tourné à gauche. En perruque bouclée sur les côtés, et nouée derrière à son extrémité. — Sous le portrait, parallèlement au médaillon : *C. N. Cochin f. delin.* 1786. — *Aug. de St. Aubin sculp.*

Belle épreuve.

2102. Rameau (Jean-Philippe), célèbre musicien français, 1683-1764. — In-4°. H. de la planche, 0,195. L. 0,138. *

En buste, dans un médaillon équarri, retenu par un anneau. Vu de profil, tourné à droite. En perruque bouclée. — Au-dessous du médaillon, sur une tablette échancrée dans le bas et posée sur deux branches de laurier passées en sautoir, on lit cette inscription : *J. Ph. Rameau* || *Ecuyer.* || *Né à Dijon le 25 Septembre* 1683. || *Mort le 12 Septembre* 1764. — Sous le tr. c., à g.: *fait par J. J. Caffieri S. D. R.* 1760.; — à dr.: *Gravé par Aug. St. Aubin* 1762.; — plus bas, au milieu : *Se Vend à Paris Chez Joulain Quai de la Megisserie.*

Belle épreuve.

2103. Raynal (Guillaume-Thomas-François, l'abbé), historien français, 1713-1796. — In-8°. H. 0,147. H. 0,088. *

En buste, dans une bordure ovale, équarrie, simulée en pierres et tron-

II. 24

quée sur les côtés gauche et droit. Vu de profil, tourné à droite. En perruque bouclée et en costume d'abbé. — Sur la tablette : *G^{mc}. T^{mas}.
Raynal,* ‖ *De la Société Royale de Londres et de l'Académie* ‖ *des Sciences
et Belles-Lettres de Prusse.* — Sous le tr. c., à g.: *C. N. Cochin delin.*
1773.; — à dr.: *Aug. de S^t. Aubin sculp.* Ces deux inscriptions sont
tracées à la pointe.
    Belle épreuve.

2104. *Russie :* **Catherine II,** 1729-1796. — In-8°. H. de la
    planche, 0,200. L. 0,132. Dim. de la planche gravée,
    H. 0,125. L. 0,077.

    En médaille, retenue par un anneau. Un serpent entoure la médaille
qu'accompagnent, dans le bas, une branche de chêne et une de laurier. Vue de profil, tournée à droite. La tête ceinte d'une couronne
de laurier, avec une couronne impériale sur le sommet. Cheveux relevés
et frisés sur les côtés. De longues boucles retombent sur les épaules.
— Au haut de la médaille : *Catherine II.* — Au-dessous de la médaille,
dans la gravure, une tablette avec ce quatrain :

> *Redoutée à la Guerre, adorée à la Cour,*
> *Sur le plus vaste Empire elle régne en grand homme.*
> *Son Code et ses Exploits rapellent tour à tour*
> *Les Solons de la Grèce, et les Césars de Rome.*
>
> > *Ferd. De Meijs.*

    1er état, avant les noms des artistes. — Très-belle épreuve, à toutes
marges.

2105. *Sardaigne :* **Victor-Amédée III,** 1726-1796. — In-fol.
    H. 0,465. L. 0,331.

    A mi-corps, dans un médaillon ovale, surmonté d'un aigle aux ailes
déployées et ayant au cou une couronne de laurier qu'il tient dans son
bec ; un casque est dans ses serres. Le médaillon orne la base d'une
pyramide, et une couronne de laurier est incrustée tout autour de
l'ovale. Un cadre rectangulaire, garni de guirlandes de chêne retenues
par des patères aux angles supérieurs, entoure le tout. Vu de profil,
tourné à gauche. En perruque bouclée sur les côtés, terminée par
derrière en longues frisures nouées par un ruban. Couvert d'un manteau doublé d'hermine. Il tient de la main droite les insignes d'un
ordre passé autour du cou. — Sur la face du socle de la pyramide,
l'inscription suivante : *Victor Amédée III.*‖*Roi de Sardaigne.* — Sur le
dessus du soubassement, au milieu, deux lions, dont l'un couché ;
celui qui est debout a la couronne royale posée sur les reins recouverts d'une draperie aux armoiries de *Savoie-Sardaigne.*— Sous le tr. c.,
à g.: *Dessiné à Turin par J. B. Boucheron, Directeur des Orfevreries*

Royales.; — à dr.: *Gravé à Paris par Aug. de S^t. Aubin, de l'Académie Royale de Peinture et Sculpture.*

Belle épreuve.

2106. **Valenciennes** (Pierre-Henri), peintre français, 1750-1819. — Pet. in-8°. H. de la planche, 0,136. L. 0,111. Dim. de la planche gravée, H. 0,105. L. 0,082.

En buste, dans un médaillon équarri. Vu de profil, tourné à gauche. Tête nue, cheveux rejetés en arrière, bouclés, et terminés en queue ornée d'un ruban. Habit à large col rabattu. — Au-dessus du médaillon, dans la gravure : *Société Acad^{ue}. des Enfans D'Apollon.* — Sous le médaillon : *P. H. De Valenciennes.* ‖ *Amateur.* ‖ *Peintre du Roi et de son Académie R^{lc}. de Peint^{re}. & Sc^{re}.* — Sous le tr. c., à g.: *J. M. Moreau delin.;* — à dr.: *A. de S^t. Aubin sculp.* 1788. Ces deux dernières inscriptions tracées à la pointe.

Belle épreuve, avec marges.

2107. **Voltaire** (Franç.-M. Arouet de), 1694-1778. — In-4°. H. de la planche, 0,196. L. 0,137. *

En buste, dans un médaillon équarri, retenu par un anneau. Vu de profil, tourné à gauche. En perruque bouclée, retombant sur les épaules. — Au-dessous du médaillon, sur une tablette évasée dans le bas, accompagnée de deux branches de laurier passées en sautoir et d'une trompette de Renommée, on lit cette inscription : *François, Marie,* ‖ *Arouet, De Voltaire.* ‖ *Né le 21. Novembre* 1694. — Sous le tr. c., au milieu : *Gravé par Aug. St. Aubin d'après le buste fait par J. B. Lemoyne.*

Belle épreuve.

SALVADOR,

graveur au burin, du dix-huitième siècle.

2108. **Rubens** (Nicolas), second fils du célèbre peintre flamand, né le 23 mars 1618. — In-fol. H. de la planche, 0,341, y compris une marge de 0,048. L. 0,213.

En pied. Représenté très-jeune, vu de face, assis sur un fauteuil en bois, fermé par une planchette transversale. Coiffé d'un serre-tête. Collerette garnie de dentelle. Collier de deux rangs de perles, avec croix. En robe avec manches à crevés, ornées d'un nœud de ruban. Tablier à bavette bordé de dentelle. Les poignets ornés de bracelets formés de deux rangs de perles. — Sous le tr. c., à g. : *Peint par Paul*

Rubens. ; — à dr. : *Gravé par Salvador, Pension^{re}. de S. M. Catholique, et Graveur du Roy de France,* 1762. — Au milieu, un cartouche renferme les armoiries : *Fuselé d'argent et de gueules ; au chef du même chargé d'une aigle d'or;* l'écu timbré d'une couronne de marquis et environné des colliers de Saint-Michel et du Saint-Esprit; supports : deux dragons. Ces armoiries sont accompagnées de l'inscription suivante qu'elles coupent en deux : *Le fils de Paul Rubens.* || *A Monseigneur le Marquis de Grimaldi,*||*Chevalier de l'Ordre du Saint-Esprit, Gentilhomme de la Chambre* || *avec exerc^{ce}: de S. M. Catholique, et son Ambassadeur extraordinaire* || *et Plénipotentiaire auprès de S. M. très Chrétienne.* — Au-dessous, à dr. : *Par son très-humble et très* || *obéissant serviteur Salvador.* — A g., au-dessous de l'inscription : *Tiré du Cabinet de Monseigneur* || *le Prince de Monaco.* — Au milieu, sous les armoiries : *A Paris chez Buldet ruë de Gesvre.*

Belle épreuve.

SARRABAT (Isaac),

dessinateur, graveur en manière noire et éditeur, né aux Andelys en 1667 (et non en 1680 ou 1683), mort sous le règne de Louis XV. Son œuvre est décrit dans Robert-Dumesnil, t. III, pp. 298-310 et t. XI, p. 300. Voir aussi Jal, *Dictionnaire critique.*

2109. **Bossuet** (Jacques-Bénigne), 1627-1704. — In-fol. H. de la planche, 0,265. L. 0,193. *

Voir Rob.-Dum., 15. — D'après H. Rigaud.

A la deuxième ligne de l'inscription, lisez : *Consistorianus*, et non : *Consistoriences*, comme l'indique Robert-Dumesnil.

Rare. — Très-belle épreuve.

Le P. Lelong cite ce portrait avec la date de 1699 ; le tableau de Rigaud a été peint en 1698.

2110. **Boudan** (Alexandre), graveur en taille-douce et éditeur, mort en 1671. — In-fol. H. de la planche, 0,361. L. 0,296. *

Voir Rob.-Dum., t. III et XI, 16. — D'après Cl. Le Febvre.

Le nom du graveur, sous le tr. c., à droite, est écrit : *Saraba* et non *Sar^{r}abat*, comme l'indique Robert-Dumesnil.

État NON CITÉ, intermédiaire entre le 1er et le 2e; avant les mots : *pour les tailles douces* qui terminent l'inscription. — Belle épreuve, avec marges.

Le P. Lelong indique la date de 1702, comme étant celle de la gravure.

2111. La Roche (Pierre DE), mousquetaire du roi Louis XV, et **Tournières** (Robert), peintre. — In-fol. H. de la planche, 0,363. L. 0,259. *

Voir Rob.-Dum., 24. — D'après R. Tournières.
2ᵉ état. — Belle épreuve.

SAUVÉ (Jean),

graveur au burin et éditeur. Il épousa, le 18 octobre 1661, Marguerite-Henriette, fille de Balthasar de Moncornet.

2112. *France* : **Louis XIV**, 1638-1715. — Très-gr. in-fol. H. de la planche, 0,665. L. 0,457.

En buste. Représenté jeune, dans une couronne de feuilles de chêne, accompagnée d'une peau de lion dont la tête, ornée de banderoles, soutient la couronne. Vu de 3/4, tourné à droite, regardant de face. Longue perruque. Cravate de dentelle formant rabat, retenue par des cordons à glands. Les épaules couvertes du manteau royal fleurdelisé, avec pèlerine d'hermine. Il porte autour du cou le collier du Saint-Esprit. — Sur la tablette du socle, qui est marbré, on lit : *Lvd. XIIII Dei Gr. || Franciæ et Navarre || Rex.* — A gauche, au-dessous du socle, dans l'angle : *Iean sauué || excud. cum priuil. Regis.*
Très-belle épreuve, avec marges.

2113. *France* : **Louis de France**, surnommé le *Grand Dauphin,* fils du précédent, 1661-1711. — Très-gr. in-fol. H. de la planche, 0,627. L. 0,446.

Jusqu'au-dessus des genoux. Debout, représenté très-jeune. Vu de 3/4, tourné à gauche, regardant de face. Perruque bouclée. Nœud de cravate en dentelle. Couvert d'une cuirasse sous laquelle est un habit à ramages garni de boutons, avec manches courtes, frangées de dentelle. Écharpe, nouée sur l'épaule gauche, passée en sautoir avec le grand cordon retenant la croix du Saint-Esprit. Épée au côté, dont on ne voit que la poignée. La main gauche sur la hanche ; la droite appuyée sur une canne. — Fond noir. — Sous le tr. c., à dr.: *A Paris ches I. Sauue rue Sᵗ Iacques a la Liberté || auec priuilege du Roy.* — Au milieu, et sur toute la largeur : *Lovis, Davphin de France. || Premier fils de Louis XIIII. Roy de France et de Nauarre, et de Marie Therese D'Austriche Reyne de France et de Nauarre||nacquit à fontainebelleau le premier Iour de Nouembre 1661. et fut baptisé à Sᵗ. Germain en Laye le 23ᵉ. Iour de Mars 1668.*
Très-belle épreuve.

SAVART (Pierre),

graveur au burin et au pointillé, et éditeur, né en 1737, à Saint-Pierre de Thimer (Eure-et-Loir), mort après 1780. Son œuvre a été décrit par Faucheux (*Catalogue raisonné*, etc.; Paris, 1864, in-8; tiré à 100 exempl.).

2114. Alembert (Jean Le Rond d'), littérateur français, 1717-1783. — In-4°. H. de la planche, 0,186. L. 0,111. H. de la gravure, 0,137. L. 0,085.

Voir Faucheux, 1. — D'après Mlle Lusurier.
3e état. — Très-belle épreuve.

2115. Bayle (Pierre), célèbre philosophe et critique, 1647-1706. — In-8°. H. de la gravure, 0,135. L. 0,093.

Voir Faucheux, 2.
2e état, avant toute lettre. — Très-belle épreuve.
3e état, avec le nom et l'adresse du graveur. — Belle épreuve.

2116. Boileau-Despréaux (Nicolas), célèbre poëte, 1636-1711. — In-8°. H. de la planche, 0,125. L. 0,081. *

Voir Faucheux, 4. — D'après H. Rigaud.
1er état, avec le nom et l'adresse du graveur. — Très-belle épreuve.

2117. Bossuet (Jacques-Bénigne), 1636-1711. — In-8°. H. de la gravure, 0,125. L. 0,076. *

Voir Faucheux, 6. — D'après H. Rigaud.
1er état, avant les noms des artistes et l'adresse de la *Barrière de Fontarabie*. Rare. — Très-belle épreuve.

2118. Catinat (Nicolas de), maréchal de France, 1637-1712. — In-8°. H. de la gravure, 0,131. L. 0,078.

Voir Faucheux, 10.
1er état, avant toute lettre. — Très-belle épreuve, avec marges.

2119. Colbert (Jean-Baptiste), marquis **de Seignelay**, homme d'État français, 1619-1683. — In-8°. H. de la planche, 0,192. L. 0,118. H. de la gravure, 0,132. L. 0,086. *

Voir Faucheux, 14. — D'après Ph. de Champagne.
2e état, avec l'adresse de la *Barrière de Fontarabie*. — Très-belle épreuve.

2120. Deshoulières (Antoinette DU LIGIER DE LA GARDE, épouse de Guillaume DE LA FONT, seigneur), femme de lettres, v. 1634-1694.— In-8°. H. de la gr., 0,135. L. 0,084.

Voir Faucheux, 16. — D'après Mlle Élisab.-Sophie Chéron.
2e état. — Très-belle épreuve, avec marges.

2121. Fénelon (François DE SALIGNAC DE LA MOTTE), archevêque de Cambrai, 1651-1715. — In-8°. H. de la planche, 0,184. L. 0,123. Dim. de la gravure, H. 0,122. L. 0,075. *

Voir Faucheux, 18. — D'après J. Vivien.
1er état, avec l'adresse de la *Barrière de Fontarabie*. — Très-belle épreuve, avec marges.

2122. Fontenelle (Bernard LE BOUYER ou LE BOVIER DE), célèbre écrivain français, 1657-1757. — In-8°. H. de la gravure, 0,114. L. 0,068.

Voir Faucheux, 20. — D'après un buste de Le Moine.
2e état. — Belle épreuve.

2123. *France :* **Louis XIV**, 1638-1715. — In-8°. H. de la gravure, prise au milieu, 0,131. L. 0,076.

Après : *encadrement carré*, ajoutez : *surmonté d'un soleil.*
Voir Faucheux, 23. — D'après H. Rigaud.
2e état, avec l'adresse : *Barrière de Fontarabie*. — Très-belle épreuve.
3e état, avec l'adresse changée. — Belle épreuve.

2124. *France :* **Louis XVI**, 1754-1793. — In-8° en travers. L. de la planche, 0,148. H. 0,087. Dim. de la gravure, H. 0,044. L. 0,030.

Voir Faucheux, 25.
Très-belle épreuve.

2125. *France :* **Marie-Antoinette d'Autriche**, 1754-1793. — In-8°. Mêmes dimensions pour la planche et pour la gravure qu'au précédent.

Voir Faucheux, 26.
Pendant du précédent, sur la même planche.
Très-belle épreuve.

2126. *France :* **Louis II de Bourbon-Condé**, appelé le *Grand Condé,* 1621-1686. — In-8°. H. de la gravure, 0,133. L. 0,083.

> Voir Faucheux, 15. — D'après Juste d'Egmont.
> 2e état, avant l'adresse. — Très-belle épreuve.
> 3e état, avec l'adresse. — Belle épreuve.

2127. La Bruyère (Jean de), 1644-1696. — In-8°. H. de la planche, 0,165. L. 0,108.

> Voir Faucheux, 8. — D'après J. de Saint-Jean.
> 2e état. — Très-belle épreuve.

2128. Leibniz (Godefroi-Guillaume, baron DE), philosophe allemand, 1646-1716. — In-fol. H. de la gravure, 0,241. L. 0,168.

> Voir Faucheux, 21.
> Très-belle épreuve.

2129. Livry (Nicolas DE), évêque de Callinique, abbé de Sainte-Colombe en 1756. — In-8°. H. de la gravure, 0,118. L. 0,073. *

> Voir Faucheux, 22. — D'après L. Tocqué.
> 1er état, avec la banderole, mais avant toute lettre. — Très-belle épreuve.

2130. Montesquieu (Charles DE SECONDAT, baron de LA BRÈDE et DE), littérateur français, 1689-1755. — In-8°. H. de la gravure, 0,136. L. 0,088.

> Voir Faucheux, 28.
> 2e état. — Belle épreuve.

2131. Rabelais (François), 1495-1553. — In-8°. H. de la planche, 0,190. L. 0,106. Dim. de la gravure, H. 0,132. L. 0,084.

> Voir Faucheux, 29.
> 1er état, avant toute lettre. — Superbe épreuve, avec marges.

2132. Racine (Jean), 1639-1699. — In-8°. H. de la gravure, 0,139. L. 0,087.

Voir Faucheux, 30. — D'après J.-B. Santerre.
Belle épreuve, coupée un peu au-dessous du nom des artistes, mais sans doute du 3e état.

2133. Richelieu (Jean-Armand DU PLESSIS, cardinal, duc DE), 1585-1642. — In-8°. H. de la gravure, 0,135. L. 0,091.

Voir Faucheux, 31. — D'après Ph. de Champagne.
1er état, avant toute lettre. — Très-belle épreuve.
3e état. — Belle épreuve.

SAVART (M.-R., Mlle),

dessinateur et graveur au burin, sœur du précédent.

2134. *France :* Louis XVI, 1754-1793. — In-8°. H. de la planche, 0,147. L. 0,097.

Voir Faucheux, 24.
Le roi est vu de profil. Cheveux bouclés sur les côtés, épars derrière et ornés d'un nœud de ruban. Cravate blanche. Grand cordon en sautoir; l'épaule gauche couverte d'un manteau avec les insignes de l'ordre du Saint-Esprit.
2e état. — Très-belle épreuve, avec grandes marges.
La tête de ce portrait a été gravée par Savart, et le reste, par sa sœur.

SCHLEY (JACOB VAN DER),

dessinateur et graveur à l'eau-forte, né à Amsterdam en 1715.
Élève de Bernard Picart.

2135. Brantôme (Pierre DE BOURDEILLES, seigneur DE), historien français, v. 1540-1614. — In-8°. H. de la planche, 0,118. L. 0,070.

A mi-corps, dans une bordure ovale, équarrie, supportée par un appui. Vu de 3/4, tourné à droite. Tête nue, cheveux courts. En pourpoint boutonné, avec fraise. Médaille retenue par un cordon passé autour du cou. — Sur la tablette de l'appui : *Messire Pierre de Bourdeille|| Seigneur de Brantome.* — Sur la plinthe de l'appui, au milieu : *I. v. Schley sculp.* 1740.
Belle épreuve, avec marges.

SCHMIDT (Georges-Frédéric),

dessinateur et graveur au burin et à l'eau-forte, né le 24 janvier 1712, à Berlin, où il mourut le 25 janvier 1775. Il travailla à Paris du mois d'août 1736 au mois de septembre 1744, et avait été reçu à l'Académie de peinture et de sculpture le 30 avril de cette dernière année. Élève de N. de Larmessin. Son œuvre a été décrit dans le *Catalogue raisonné de l'œuvre de feu George-Frédéric Schmidt, graveur du roi de Prusse, membre des Académies royales de peinture de Berlin et de Paris, et de l'Académie impériale de Saint-Pétersbourg*; Londres, 1789, in-8, de 14 ff., 122 pp. et 1 f. L'auteur de cet ouvrage anonyme est A. Crayen, négociant à Leipzig et amateur d'estampes, dont le travail a été revu par le graveur Wille, auquel aussi il est dédié. Une traduction allemande de ce catalogue, avec des corrections et additions, par L.-Dav. Jacobi, a été publiée sous ce titre : *G. F. Schmidt's Werke, oder beschreibendes Verzeichniss*, etc.; Berlin, 1815, in-8.

2136. *Anhalt-Zerbst :* **Christian-Auguste**, prince, général-major des troupes de Prusse, 1690-1747. — Gr. in-fol. H. 0,503. L. 0,360.

Voir Crayen, 66. — D'après Ant. Pesne.
2e état, avant toute lettre, et avec les armes. Fort rare. — Superbe épreuve.
3e état, avec la lettre. — Très-belle épreuve.

2137. **Arnim** (Georges Dietloff, comte d'), homme d'État prussien, 1679-1753. — Gr. in-fol. H. de la planche, 0,528. L. 0,380.

Voir Crayen, 75. — D'après Ant. Pesne.
Les armoiries, non décrites, au bas du portrait, sont : *De gueules à deux fasces d'argent.*
Très-belle épreuve.

2138. **Bernoulli** (Jean), mathématicien suisse, 1667-1748. Pet. in-fol. H. de la planche, 0,238. L. 0,170.

Voir Crayen, 54. - D'après J.-R. Huber.
Nous transcrivons le quatrain qui est sur le piédestal :

> *Son Esprit vit la vérité,*
> *Et son cœur connut la justice,*
> *Il a fait l'honneur de la Suisse*
> *Et celui de l'humanité.*
>
> *Voltaire.*

Très-belle épreuve, avec marges.
Frontispice des Œuvres de Bernoulli.

2139. Blume (Christian-Frédéric), fournisseur des armées de la Prusse, 1693-1746. — In-fol. H. de la planche, 0,376. L. 0,270.

Voir Crayen, 65. — D'après J.-M. Falbe.
Très-belle épreuve.

2140. Caylus (Daniel-Charles-Gabriel DE PESTELS, DE LÉVIS, DE TUBIÈRES, DE), évêque d'Auxerre, 1669-1754. — In-fol. H. de la planche, 0,472. L. 0,348. *

Voir Crayen, 40. — D'après Fontaine.
Les armoiries, non décrites, au bas du portrait, sont : *Écartelé : au 1, parti : Emmanché en fasce d'argent et de sable ; et d'argent à trois chevrons de gueules ; aux 2 et 3, de* France, *au bâton de gueules péri en bande ; au 4, parti : d'argent à la bande de gueules accompagnée de croisettes ; et d'argent à trois chevrons de gueules ; sur le tout : D'azur* (non indiqué) *à trois molettes d'or* (non indiqué); *au chef du même ;* l'écu timbré d'une couronne de marquis, accompagnée de la crosse et de la mitre, surmontée d'un chapeau d'archevêque.
— Très-belle épreuve.

2141. Clairon (Claire-Joseph-Hippolyte LEGRIS DE LATUDE, *dite* Mlle), actrice française, 1723-1803. — In-4°. H. 0,144. L. 0,128. *

Voir Crayen, 140. — D'après C.-N. Cochin, le fils.
Gravé à l'eau forte. — Très-belle épreuve.

2142. Cocceji (Samuel, baron DE), homme d'État et jurisconsulte allemand, 1679-1755. — In-fol. H. 0,360. L. 0,255.

Voir Crayen, 67. — D'après Ant. Pesne.
Les armoiries, non décrites, qui ornent l'appui de la fenêtre, sont : *Parti : au 1, d'argent à la barre d'azur, chargée de trois étoiles d'or, et accompagnée de deux trèfles de sinople ; au 2, d'or* (non indiqué) *à une tour au naturel, ouverte du champ, posée sur un tertre de sinople ; à un homme naissant de carnation, habillé de sable, retroussé d'argent, coiffé d'un bonnet pointu de sable, mouvant des créneaux et sonnant du cor de sable ;* l'écu timbré d'une couronne de comte et entouré du collier de l'Aigle noir.
Belle épreuve.

2143. Deshoulières (Antoinette DU LIGIER DE LA GARDE, épouse de Guillaume DE LA FONT, seigneur), femme de

lettres, vers 1634-1694. — In-8°. H. de la planche, 0,145.
L. 0,100.

Voir Crayen, 29. — D'après Élis.-Sophie Chéron.
Belle épreuve.

2144. **Eller** (Jean-Théodore), médecin allemand, 1689-1760.
— In-fol. H. 0,331. L. 0,258.

Voir Crayen, 73. — D'après Ant. Pesne.
1er état, avant les dates de naissance et de mort du personnage. —
Belle épreuve.

2145. *Espagne :* **Philippe V,** 1683-1746. — In-fol. H. 0,457.
L. 0,339. *

Voir Crayen, 60. — D'après L.-M. Vanloo.
Belle épreuv.

2146. **Esterhazy de Galantha** (Nicolas Ier, comte), diplomate hongrois. — In-fol. H. de la planche, 0,438. L. 0,318.

Voir Crayen, 78. — D'après Louis Tocqué.
Les armoiries, non décrites, sont : *D'azur au griffon contourné d'or,
posé sur une couronne du même, tenant en sa patte senestre un sabre
d'argent, garni d'or, et en sa dextre une branche de rosier de sinople
fleurie de trois pièces de gueules;* supports : deux griffons, celui de
gauche est couché; l'écu timbré d'une couronne de comte.
1er état, non cité, avant toute lettre, mais avec les armes. Extrêmement rare. — Magnifique épreuve. Collection Marshall.
2e état, avec la lettre, mais avant le burin sur l'épaisseur de la console à droite. — Très-belle épreuve.
3e état, avec le burin. — Très-belle épreuve.

2147. **Grapendorff** (Louise-Albertine DE BRANDT, baronne
DE), 1729-1753. — In-fol. H. de la planche, 0,487. L. 0,347.

Voir Crayen, 74. — D'après B.-N. Le Sueur.
Nous transcrivons le huitain qui est sous le tr. c., en deux colonnes :

> *Reçois, Ombre cherie, au sein de l'Empirée*
> *l'hommage que nos Cœurs doivent à tes Vertus,*
> *du nombre des mortels ton Ame séparée*
> *helas! nous laisse en proye aux regrets superflus!*
>
> *si l'Esprit l'Enjoûment pouvoient flèchir la parque*
> *ou qu'elle fût sensible aux traits de la beauté*
> *tu n'eus jamais passé dans la fatale barque*
> *et ton être eut joui de l'Immortalité.*

1er état, avant les noms des artistes. — Superbe épreuve, à toutes marges.

2e état. — Très-belle épreuve.

2148. Görne (Frédéric DE), homme d'État prussien, 1670-1745. — In-fol. H. de la planche, 0,396. L. 0,277.

Voir Crayen, 70.

Les armoiries, non décrites, contenues dans un cartouche à gauche de l'inscription, sont : *D'argent à un couteau de chasse emmanché de gueules, accompagné de trois trèfles de sinople* ; l'écu timbré d'une couronne de marquis et entouré du collier de l'ordre de l'Aigle noir.

Belle épreuve.

2149. *Hollande :* **Guillaume II de Nassau**, prince d'Orange, mort en 1650, et **Cats** (Jacques), poëte hollandais, 1577-1660. — In-fol. H. de la planche, 0,250. L. 0,191.

Voir Crayen, 152. — D'après G. Flink.

Il est vu de profil et non de face. — Gravé à l'eau-forte.

Avec la lettre. — Très-belle épreuve.

2150. *Hollande :* Une Princesse de la maison d'Orange. — In-4°. H. de la planche, 0,193. L. 0,159.

Voir Crayen, 147. — D'après Rembrandt.

Gravé à l'eau-forte. — Très-belle épreuve.

2151. Katte (H.-H., comte DE), général et homme d'État prussien, 1681-1741. — In-fol. H. 0,416. L. 0,325.

Voir Crayen, 91.

Très-belle épreuve.

2152. La Mettrie (Julien OFFRAY DE), médecin et philosophe français, 1709-1751. Pet. in-fol. H. 0,242. L. 0,178.

Voir Crayen, 76.

Nous transcrivons les vers gravés sur une feuille de papier au-dessous du portrait :

> *Sous ces traits vifs, tu vois le Maître*
> *Des jeux, des Ris et des bons mots ;*
> *Trop hardi d'avoir de son être,*
> *Osé d'ebroüiller le Cahos*
> *Sans un sage il étoit la victime des sots.*

> *Deformes.*

Musis Amicus D. D. de Marschall
Musis amicum sacravit.

Très-belle épreuve.

2153. La Tour (Maurice-Quentin DE), peintre français, 1704-1788. — In-fol. H. de la planche, 0,482. L. 0,352. *

Voir Crayen, 50. — D'après M.-Q. de La Tour lui-même.
Avec la lettre. — Très-belle épreuve, avec marges.

2154. La Tour (M.-Q. DE), le même que le précédent. — In-fol. H. de la planche, 0,330. L. 0,251.

Voir Crayen, 89. — D'après M.-Q. de La Tour.
Très-belle épreuve, avec marges.

2155. La Tour d'Auvergne (Henri-Louis DE), comte d'Évreux, lieutenant général, gouverneur de l'Ile-de-France, 1679-1753. — In-fol. H. de la planche, 0,486. L. 0,347. *

Voir Crayen, 42. — D'après un portrait peint par Hyac. Rigaud en 1705.
Très-belle épreuve.

2156. Law de Lauriston (Jean), fameux financier, 1671-1729. — In-8°. H. de la planche, 0,149. L. 0,111.

Voir Crayen, 21. — D'après un portrait peint par Hyac. Rigaud en 1720.
1er état, avant toute lettre. Rare. — Très-belle épreuve.

2157. Le Chambrier (François), conseiller d'État, maire de la ville de Neufchâtel, 1663-1730. — In-fol. H. de la planche, 0,357. L. 0,254.

Voir Crayen, 49. — D'après Hyac. Rigaud.
Nous transcrivons les quatrains qui se trouvent sur la face du socle :

> *Le Mortel dont on voit les traits*
> *Epuisa tous ceux de l'Envie,*
> *Mais son amour n'en fut jamais*
> *Moins vrai, moins fort po. sa Patrie;*

> *Magistrat, Citoïen, politique à la fois,*
> *N'aiant dans ses vertus ni foible, ni caprices,*

Il fut des vrais Neufchatelois
Le deffenseur, l'apui, l'ornement, les delices.

Les armoiries, au bas du portrait, non décrites, sont : *Écartelé : au* 1, *d'argent à une tête et col d'aigle de sable, couronnée d'une couronne royale d'or ; au* 2, *d'or à la fasce de sable, accompagnée de quatre chevrons du même, deux en chef et deux en pointe renversés ; au* 3, *de gueules semé de fleurs de lis d'or ; à la bande du même brochante sur le tout ; au* 4, *d'azur treillisé d'argent* ; l'écu timbré d'une couronne de marquis ; supports : deux lions contournés d'or, langués de gueules.

Rare. — Très-belle épreuve.

2158. Mignard (Pierre), dit *le Romain*, célèbre peintre français, 1610-1695. — Gr. in-fol. H. de la planche, 0,515. L. 0,380. *

Voir Crayen, 59. — D'après Hyac. Rigaud.

1er état, avant la lettre ; les noms des artistes sont tracés à la pointe. Extrêmement rare. — Magnifique épreuve.

2e état, avant l'astérisque en bas, au milieu de la marge. — Très-belle épreuve.

Portrait gravé en 1744 (et non en 1734 comme le dit le P. Lelong), pour la réception de Schmidt à l'académie, d'après un tableau peint en 1691.

2159. *Moldavie :* **Scarlati** (Constantin), hospodar. — In-fol. H. de la planche, 0,302. L. 0,207.

Voir Crayen, 39.
Les deux vers latins inscrits sur le piédestal sont :

Musas Augusti colit æmulus ille volentes
Per populos dat jura, viam que affectat Olympo.

Extrêmement rare. — Très-belle épreuve.

2160. Oertel (Frédéric-Benoît), magistrat prussien. — In-fol. H. de la planche, 0,383. L. 0,277.

Voir Crayen, 68.
Belle épreuve.

2161. Pesne (Antoine), peintre français, 1683-1757. — In-fol. H. de la planche, 0,381. L. 0,274. *

Voir Crayen, 69. — D'après Ant. Pesne lui-même.
Belle épreuve.

2162. *Pologne :* **Auguste III**, 1696-1763. — Gr. in-fol. H. de la planche, 0,520. L. 0,380.

Voir Crayen, 71. — D'après Louis de Silvestre.
1er état, avant l'astérisque au-dessous des armoiries.—Très-belle épreuve, avec marges.

2163. *Pologne :* **Marie-Josèphe de Saxe**, épouse du précédent, morte en 1757. — Gr. in-fol. H. de la planche, 0,520. L. 0,380.

Voir Crayen, 72. — D'après L. de Silvestre.
Pendant du précédent.
1er état, avant l'astérisque au-dessous des armoiries. — Très-belle épreuve, avec marges.

2164. **Prévost d'Exiles** (l'abbé Antoine-François), littérateur français, 1697-1763. — In-4º. H. de la planche, 0,233. L. 0,175. *

Voir Crayen, 61.
Très-belle épreuve, avec la lettre.

2165. *Prusse :* **Frédéric III** (ou Ier), électeur et premier roi de Prusse, 1657-1713. — Pet. in fol. H. de la planche, 0,238. L. 0,173.

Voir Crayen, 55.
Nous transcrivons le quatrain gravé sur la tablette du piédestal :

Dans les cœurs de tous les mortels
Ses vertus, ses exploits graveront son image,
Bellone en pare ses Autels '
Minerve en orne cet ouvrage.

Très-belle épreuve.

2166. *Prusse :* **Frédéric-Guillaume II**, fils du précédent, 1688-1740. — In-8º. H. de la gravure, 0,141. L. 0,099.

Voir Crayen, 16. — D'après Ant. Pesne.
1er état, avant toute lettre. — Très-belle épreuve.

2167. *Prusse :* **Frédéric II**, dit *le Grand,* 1712-1786. — In-8º. H. de la planche, 0,156. L. 0,095.

Voir Crayen, 62. — D'après Ant. Pesne.
Très-belle épreuve.

2168. *Prusse :* **Frédéric-Henri-Louis**, dit *le prince Henri,* frère du précédent, 1726-1802. — In-fol. H. de la gravure, 0,466. L. 0,349.

> Voir Crayen, 88. — D'après Amédée Vanloo.
> L'inscription, incomplétement rapportée, est la suivante : *Frederic Henry Louis,* || *Prince de Prusse Frere du Roy.* || *Presenté a Son Altesse Royale, par son tres humble tres obeissant et tres fidele Serviteur César.*
> 2e état, avec la lettre. — Très-belle épreuve.

2169. **Rousseau** (Jean-Baptiste), 1670-1741. — In-fol. H. de la planche, 0,296. L. 0,213.

> Voir Crayen, 44. — D'après J. Aved.
> Fort rare. — Très-belle épreuve, avec marges.

2170. **Rousseau** (J.-B.), le même que le précédent. — In-8°. H. de la gravure, 0,134. L. 0,094.

> Voir Crayen, 22. — D'après J.-P. Sauvage.
> 1er état, avant toute lettre. Rare. — Très-belle épreuve.

2171. **Saint-Albin** (Charles DE), archevêque de Cambrai en 1723, né en 1698. — Gr. in-fol. H. de la planche, 0,518. L. 0,377.

> Voir Crayen, 47. — D'après Hyac. Rigaud.
> Les armoiries, non décrites, sont : *De* France, *au lambel de trois pendants d'argent, brisé d'un bâton du même peri, en barre ;* cet écu posé sur celui des St Albin : *D'or* (non indiqué) *à l'aigle de sable, au lambel de gueules* (non indiqué).
> 2e état. — Très-belle épreuve, avec marges.

2172. **Sanadon** (Noël-Étienne), célèbre jésuite, 1676-1733. — In-4°. H. de la planche, 0,146. L. 0,106. *

> Voir Crayen, 32. — D'après L. Cars.
> 2e état, avec la lettre. — Belle épreuve.

2173. **Schmidt** (Georges-Frédéric). — In-fol. H. de la planche, 0,234. L. 0,178.

> Voir Crayen, 141. — D'après lui-même.
> Gravé à l'eau forte. Portrait dit *à l'araignée.*
> Très-belle épreuve.

II. 25

2174. Schmidt (G.-F.), le même que le précédent. — In-fol.
H. de la planche, 0,210. L. 0,172.

> Voir Crayen, 134. — D'après lui-même.
> Gravé à l'eau forte.
> Très-belle épreuve.

2175. Schmidt (Dorothée-Louise VIEDEBANDT, Mme), épouse
du précédent. — In-fol. H. 0,220. L. 0,170.

> Voir Crayen, 142. — D'après G.-F. Schmidt lui-même.
> Gravé à l'eau-forte.
> Belle épreuve.

2176. Schmidt (D.-L. VIEDEBANDT, Mme), la même que la précédente. — In-4°. H. de la planche, 0,120. L. 0,095.

> Voir Crayen, 135. — Représentée en couseuse. — Gravé à l'eau-
> forte.
> Très-belle épreuve.

2177. Sévigné (Marie DE RABUTIN CHANTAL, marquise DE),
1626-1696. — In-4°. H. de la planche, 0,144. L. 0,100.

> Voir Crayen, 28. — D'après Ferdinand.
> Les armoiries placées au-dessus de l'inscription sont les mêmes que
> celles décrites au n° 264 du présent catalogue.
> 1er état, non cité, avant toute lettre. — Superbe épreuve. Collections
> Franck et Verstolk de Soelen.
> 2e état, avec la lettre. — Belle épreuve.

2178. Silva (Jean-Baptiste), médecin-français, 1682-1742. —
In-fol. H. 0,469. L. 0,338. *

> Voir Crayen, 52. — D'après un portrait peint par Hyac. Rigaud en
> 1740.
> Belle épreuve.

2179. Splitgerber (David), banquier allemand, 1683-1764.
— Gr. in-fol. H. de la planche, 0,517. L. 0,375.

> Voir Crayen, 87. — D'après J.-M. Falbe.
> Très-belle épreuve.

2180. Voguell (Henry), riche négociant de Londres. —
In-fol. H. de la planche, 0,486. L. 0,347.

> Voir Crayen, 64. — D'après Ant. Pesne.
> Belle épreuve.

SCHUPPEN (PIERRE-LOUIS VAN);

dessinateur et graveur au burin, né à Anvers en 1627, mort à Paris le 7 mars
1702. Élève de Nanteuil.

2181. *Angleterre :* **Jacques-François-Édouard Stuart**
(plus tard **Jacques III**), prince de Galles, dit le *Premier*
Prétendant, 1688-1766. — In-fol. H. de la planche, 0,348.
L. 0,275.

A mi-corps, dans une bordure ovale, équarrie, entourée d'un cadre
rectangulaire et supportée par un piédestal. Représenté jeune, vu de
3/4, regardant de face, tourné à droite. Tête nue. Cheveux retombant
sur le front et bouclés derrière. Il est enveloppé d'une draperie laissant
voir l'épaule droite et le haut du pourpoint garni de dentelle. L'extrémité de la draperie retombe en dehors de l'ovale et recouvre la partie
gauche du piédestal, dont le milieu est orné des armoiries de la prin-
cipauté de Galles, figurées par trois plumes passées dans une couronne, avec banderole portant la devise : *Ick Dien.* — Autour de
l'ovale : *Iames Francis Edward Prince of Wales & Prince and Steward*
of Scotl : &..— Sur le dessus du socle du piédestal, à dr. : *N. de Lar-*
gillierre pinxit. — Au-dessous, sur la face du piédestal : *P. Van schup-*
pen sculp. Cum Pr. Regis || 1692. (Au-dessous de ce millésime, le chiffre
56 est tracé à la pointe.)

Très-belle épreuve.

2182. Arnauld (la mère Marie-Angélique), 1591-1661. — In-
fol. H. de la planche, 0,324. L. 0,250. *

A mi-corps, dans un cadre rectangulaire. Vue de 3/4, tournée vers
la gauche, regardant vers la droite. Assise sur une chaise dont on
n'aperçoit que le dossier. En costume d'abbesse de Port-Royal. La main
gauche posée sur un livre entr'ouvert, placé sur le dessus de la tablette
inférieure du cadre ; sur le feuillet recto, est écrit : *Quœrite primùm*||
regnum Dei, et ||*justitiam ejus ;* || *Et hœc omnia* || *adjicientur vobis.* —
Au-dessous du personnage, sur une tablette, l'inscription suivante :
La Mere Marie Angeliqve Arnavld derniere Abbesse titulaire de Port Royal
Ordre de Cisteaux qui n'estant agée||*que de dix sept ans fut la premiere*
de cet Ordre en france qvi renouuella dans son Abbaye l'estroite obses-
uance & l'ancien||*esprit de S. Bernard. Son humilité luy ayant tousjours*
donné vn extreme desir de quitter sa charge elle l'executa en 1630.||
ayant obtenu permission du Roy de la rendre electiue & triannqle. Elle
est morte le 6. d'Aoust 1661. *agée de 70. ans. Tous ceux*||*qui l'ont connue*
ont admiré entre ses autres vertus cette charité si ardente & si desin-

teressée qui la rendue Mere de tant de filles||sans y considérer que les richesses de la grace qne luy a jamais permis d'en refuser aucune pour le manquem¹. des biens temporels. — Sous le tr. c., à g. : *Ph. Champaigne Pingebat;* — à dr. : *P. Van schuppen sculpebat* 1662.

Très-belle épreuve, avec petites marges.

2183. Barbot de Lardeinne (Simon-Jos.), conseiller au parlement et ancien syndic de la compagnie, mort en 1711. — In-fol. H. 0,279. L. 0,203. *

A mi-corps, dans une bordure ovale, équarrie, accompagnée de coins et supportée par un socle. L'ovale est orné de banderoles. Vu de 3/4, tourné à gauche, regardant vers la droite. Longue perruque retombant sur les épaules. Cravate de dentelle. Drapé dans un manteau. — Autour de l'ovale : *Simeon Joseph Barbot de Lardeinne Escuier Advocat Aus* (sic) *Conseils du Roy.* — Sur le dessus du socle, à g. : *Ferdinand Vout* (sic) *pinx.;* — à dr. : *P. Van Schuppen sculp.* 1691. (Au-dessous et un peu à dr. du point qui suit le millésime, le chiffre 5 tracé à la pointe.) — Au milieu du socle, couvrant une tablette blanche, un cartouche en médaillon accompagné de guirlandes de fruits renferme les armoiries : *Écartelé : aux 1 et 4, d'argent au chevron accompagné de trois mouches, 2 et 1, le tout de sable; aux 2 et 3, d'azur à deux bâtons noueux d'or, posés en chevron, accompagnés de trois mouchetures d'hermines d'argent; au chef cousu d'or, chargé de trois étoiles d'argent;* l'écu timbré d'un casque taré de face, orné de lambrequins; cimier : deux vols d'oiseau ; supports : deux griffons, sur une terrasse.

Belle épreuve.

2184. Barcos (l'abbé Martin DE), 1600-1678. — In-4°. H. 0,214. L. 0,147. *

A mi-corps, dans une bordure ovale, équarrie, supportée par un appui. Vu de 3/4, tourné à gauche, regardant vers la droite. Calotte sur la tête; front dénudé. Il porte moustaches et barbiche. Col rabattu. Vêtu d'une aube garnie de dentelle. — Autour de l'ovale : *Martinus de Barcos Abbas Sancti Cygiranni Obiit Augusti 22ª. Anno Ætatis Septuagesimo Octavo* M.DCLXXVIII. — Sur le dessus de l'appui, à g. : *Ph. Champagne pinxit* 1646.; — à dr. : *P. Van Schuppen sculpsit* 1701. (Sous le dernier chiffre du millésime, est tracé à la pointe le chiffre 8 suivi de trois points.) — Sur la tablette de l'appui, en deux colonnes, ces vers :

> *Virtutis antiquæ simul,*
> *Et Veritatis pertinax,*
> *Quam quæsijt semper, Patrum*
> *Viam secutus semper est.*

Belle épreuve.

2185. Bazin de Bezons (Cl.), intendant en Soissonnais et en Languedoc, mort en 1684, étant doyen de l'Académie française. — In-fol. H. de la planche, 0,350. L. 0,273. *

A mi-corps, dans une bordure ovale, équarrie, avec socle, ornée de banderoles dans le haut. Vu de 3/4, tourné à gauche, regardant de face. Longue perruque retombant sur les épaules. En robe, avec rabat retenu par des cordons à glands.— Autour de l'ovale : *Clavdivs Bazin Dominvs De Besons Sacri Consistorii Comes Ordinarivs.* — Sur le dessus du socle, à g.: *C. le Febure Pinxit;* — à dr. : *P. Van-schuppen. sculp. C. P. R.* 1673. (Après le millésime, au-dessous du point, un chiffre 6 est tracé à la pointe.) — Sous le personnage, couvrant le bas de l'ovale et le milieu du socle, un cartouche accompagné de banderoles renferme les armoiries : *D'azur à trois couronnes ducales d'or ;* l'écu posé sur une terrasse, et timbré d'une couronne de comte ; supports : deux lions.

Très-belle épreuve.

2186. Béthune-Sully (Anne DE COURTENAY, épouse de MAXIMILIEN Ier DE), morte en 1589. — Pet. in-fol. H. .0,271. L. 0,188.

A mi-corps, dans une bordure ovale, équarrie, supportée par un socle. Vue de 3/4, tournée à droite, regardant vers la gauche. Coiffée d'un serre-tête orné de perles, avec voile noir retombant par derrière. Guimpe en tulle. Corsage losangé, garni de perles.— Sur le dessus du socle, à dr.: *Van-schuppen faciebat* 1660. — Sur la tablette du socle : *Anne De Covrtenay Dame‖De Rosny Et De Bontin.*

Très-belle épreuve.

2187. Bignon (Jérôme), avocat général au parlement de Paris, 1590-1656. — Pet. in-fol. H. de la planche, 0,253. L. 0,192. *

A mi-corps, dans une bordure ovale, équarrie, supportée par un appui. Vu de 3/4, tourné vers la droite, regardant de face. Calotte sur la tête, cheveux relevés sur le devant. Il porte moustaches et barbiche. Large col rabattu, attaché par des cordons. Robe à larges parements.— Autour de l'ovale : *Hier. Bignon Com. Consist. In Supremo Gal. Senatu Advoc. Catholic'. et Biblioth. Reg. Præfect'.* — Sur le listel blanc de la bordure, à dr., on voit, au-dessus du point qui suit le mot *Consist.*, la conjonction *et*, tracée à la pointe et barrée par des traits de burin. — Sur le dessus de l'appui à dr. : *P. Van schuppen sculp.* 1695. *Cum privil. Regis.* (Sous le millésime, le chiffre 1 est tracé à la pointe.) — Au milieu de l'appui, un petit médaillon à fond blanc renferme les armoiries décrites au n° 53 du présent catalogue; l'écu entouré de deux palmes et timbré d'une couronne de comte.

Belle épreuve.

2188. Bonzy (Pierre DE), archevêque de Toulouse, puis cardinal, 1638-1703. — In-fol. H. de la planche, 0,345. L. 0,273. *

A mi-corps, dans une bordure ovale, équarrie, avec piédestal. Vu de 3/4, tourné à gauche, regardant vers la droite. Le sommet de la tête couvert d'une calotte; cheveux crépus. Rabat. Les épaules couvertes d'une pèlerine à capuchon, avec la croix du Saint-Esprit retenue à un ruban passé autour du cou. — Au-dessous du personnage, couvrant le bas de l'ovale et le milieu du couronnement du piédestal, un cartouche de forme ronde renferme les armoiries : *Écartelé : aux 1 et 4, d'argent à une givre d'azur, couronnée d'or, issante de gueules; aux 2 et 3, d'or; au chef d'azur, chargé d'une rose du champ; sur le tout : de* Bonzy (voir plus haut, n° 1190); l'écu timbré d'une couronne ducale, sommée de la croix archiépiscopale à deux branches, soutenant le chapeau de cardinal. — Sur le dessus du socle du piédestal, à g.: *Bachichi pinxit Romæ.*; — à dr. : *P. Van Schuppen Sculpsit* 1690. — C. P. R. (Au-dessous du tiré qui suit le millésime, le chiffre 19 est tracé à la pointe.) — Sur la tablette du piédestal, l'inscription suivante : *Pierre de Bonsy Cardinal, Archevesque et Primat‖de Narbonne, President né des Estats de Languedoc,‖Commandeur des Ordres du Roy, Grand Aumosnier‖ de la feüe Reine Marie Terese (sic), d'Autriche.*

Très-belle épreuve, avec petites marges.

Le vrai nom du peintre italien Bacciccio ou le Bachiche, est J.-B. Gauli.

2189. Bordier (Pierre), seigneur de Rincy, intendant des finances. — In-fol. H. de la planche, 0,344. L. 0,260. *

A mi-corps, dans une bordure ovale, équarrie, avec piédestal. Vu de 3/4, tourné vers la gauche, regardant de face. Le sommet de la tête couvert d'une calotte. Longue perruque. Rabat de dentelle retenu par des cordons à glands. Pourpoint avec manches à crevés; manteau sur les épaules. — Au milieu du piédestal, couvrant le bas de la bordure, un petit médaillon ovale renferme les armoiries : *De gueules à la fasce d'or, chargée d'un croissant du champ, et accompagnée de trois gerbes du second, 2 en chef et 1 en pointe*; l'écu timbré d'un casque taré de front, orné de lambrequins. — Sur le dessus du socle du piédestal, à g. : *J. Dieu Pinxit*; — à dr.: *Pet. Van. Schuppen sculp. a Paris* 1657. (Au-dessous du point qui suit le millésime, le chiffre 7 est tracé à la pointe.)

Belle épreuve.

2190. Borri (Joseph-François), chimiste et naturaliste italien, 1627-1695. — In-fol. H. de la planche, 0,351. L. 0,270.

A mi-corps, dans une bordure ovale, équarrie, ornée de médaillons dans les angles ; ceux du bas sont octogones. Un appui supporte l'ovale. Vu de 3/4, tourné à gauche, regardant de face, le corps étant de profil. Longue perruque frisée. Il porte des moustaches en crocs et est enveloppé dans un manteau. — Sous le personnage, un cartouche orné de banderoles, et couvrant le bas de l'ovale et le milieu de l'appui, renferme les armoiries : *D'argent au bœuf de sable ;* l'écu timbré d'un casque couronné, avec cimiers et lambrequins. — Sur le dessus de la plinthe, à g. : *J. ovens Pinxit. ; —* à dr. : *P. Van schuppen sculpebat* 1662.

1er état, avec les médaillons en blanc et avant la lettre. — Superbe épreuve. Collection Marshall.

2e état. — Les médaillons renferment des sujets emblématiques avec devises ; celles du haut sont : *Fortunæ ludibrium. Dum ludit. luditur ipsa. — Artis miraculum. Ipse svas fons spargit aquas ;* celles du bas sont : *Naturæ prodigium. Ingeminos formantur lumina soles. — Virtutis exemplum. Non te qui cætera vincit impetus.* — Au bas de l'écusson des armoiries, on lit : *Bvrvs.* — Sur le dessus de la plinthe, à g. des armoiries : *Quid mirum si mira patrat mirabile ; —* à dr. : *Naturæ omni paræ se superantis opus.* — Sur la face de la plinthe, à g. : *J. ovens Pinxit. ; —* à dr. : *P. Van-schuppen sculp. et ex. C. P. R.* 1675. — Belle épreuve.

2191. Bouillaud ou **Boulliau** (Ismaël), astronome français, 1605-1694. — In-fol. H. de la planche, 0,252. L. 0,188. *

A mi-corps, dans une bordure ovale, équarrie, avec appui. Vu de face, la tête couverte d'une calotte. Cheveux blancs. En soutane avec rabat. — Sur le dessus de l'appui, à g. : *Jacobus. Van schuppen ad vivum pinxit. ; —* à dr. : *P. Van schuppen sculpsit C. P. R.* 1697. (Au-dessous du point qui suit le millésime, le chiffre 12 est tracé à la pointe.) — Au milieu de l'appui, un petit médaillon renferme un caducée.

1er état, avant le nom du personnage. Fort rare. — Très-belle épreuve.

2e état. — Sur la face de l'appui, on lit : *Ismael Bouillaud ‖ Astronome.* — Belle épreuve, avec marges.

2192. Bourlemont (Charles D'ANGLURE DE), archevêque de Toulouse, mort en 1669. — In-fol. H. 0,341. L. 0,261. *

A mi-corps, dans une bordure ovale, équarrie, ornée dans le haut de banderoles et supportée par un socle. Vu de 3/4, tourné à droite, regardant de face. Le sommet de la tête couvert d'une calotte. Cheveux grisonnants. Il porte de fines moustaches avec barbiche. Rabat retenu par des cordons à glands. Les épaules couvertes d'une pèlerine moirée à capuchon, avec la croix pectorale attachée à un ruban passé autour du cou. — Autour de l'ovale : *Carolvs D'Anglvre de Bovrlemont Archiepiscopvs Tholosanvs.* — Sous le portrait, un cartouche couvrant la bordure et le milieu du socle, renferme les armoiries : *Écartelé : aux* 1 *et* 4, *d'or semé de grelots d'argent, soutenus chacun d'un croissant de gueules ; aux* 2 *et* 3, *de gueules à trois pals de vair ; sur le tout : de gueules à trois fasces d'argent ;* l'écu timbré d'une couronne de marquis surmontée d'une croix archiépiscopale à deux branches soutenant le chapeau d'archevêque. — Sur le dessus du socle, à g. : *L. L. Dict. Ferdinand Pingebat;* — à dr. : *P. Van schuppen sculpebat* 1665. (Un peu à dr. et au-dessous de ce millésime, est le chiffre 11 tracé à la pointe.)

Très-belle épreuve.

Dans les manuscrits de Mariette, conservés au Cabinet des estampes de la Bibliothèque nationale, le peintre de ce portrait est désigné sous le nom de Louis Elle, dit *Ferdinand.*

2193. Bouthillier de Rancé (Armand-Jean), réformateur de la Trappe, 1626-1700. — Pet. in-fol. H. 0,230. L. 0,166. *

A mi-corps, dans un cadre rectangulaire. Assis sur une chaise, vu de profil, tourné à droite. Tête rasée. En costume de trappiste. La main droite posée sur un livre ouvert, placé devant lui ; sur le feuillet verso, on lit : *De‖La Sainteté‖Et‖des devoirs‖de la vie‖Monastique.* Il tient de la main gauche une crosse abbatiale. — Dans l'angle supérieur droit, par une ouverture, on voit la flèche d'une chapelle entourée d'arbustes. — Sur la tablette du cadre : *Le R. Pere Dom Armand Jean Bouthillier de Rancé‖XXIVe. Abbé Régulier de Nostre Dame de la Maison-Dieu de la Trappe ‖ De l'Etroite Observance de Citeaux, âgé de 57. ans.*

Spiritu magno vidit ultima. Eccles. 48. 27.

— Un peu au-dessous, à g. : *P. Van-schuppen faciebat. c. p. r.* 1683. ; — à dr. : *F. Muguet excudit.*

Très-belle épreuve.

2194. Braux (Pierre-Ignace DE), magistrat français, testa en 1661. — In-fol. H. 0,355. L. 0,266. *

A mi-corps, dans une bordure octogone, formée de feuilles de chêne et supportée par un socle. Vu de 3/4, tourné à gauche, regardant de face. Longue perruque bouclée, retombant sur les épaules. Le front ombragé par des boucles. Il porte de fines moustaches. Rabat de den-

telle retenu par des cordons à glands. En robe garnie de parements
de velours. — Sur le dessus du socle, à g. : *Beaubrun Pinx.* ; — à dr. :
Van schuppen sculpebat 1664. — Au milieu du socle, un médaillon
oblong renferme les armoiries : *De gueules au dragon ailé d'or ;* l'écu
timbré d'une couronne de marquis ; tenants : deux anges. Ces armoiries sont accompagnées de l'inscription suivante : *M^re. Pierre Ignace de
Braux Premier Baron de Cham=‖pagne Marquis d'Anglure et du
Prœdubut Vicomte des‖Essarts Seigneur du Bellay, de Corberon, Florent, Soisy,‖Ponthion, Marsangy, et autres lieux, Concr. du Roy en‖
touts ses Conseils, et M^re. des Requestes ord^re. de son Hostel.*
  Superbe épreuve.

2195. **Colbert** (Jean-Baptiste), marquis **de Seignelay**,
  homme d'État français, 1619-1683. — Gr. in-fol. en travers.
  L. 0,527. H. 0,443. *

  En buste, dans un ovale entouré de feuilles de chêne et placé sur
une tapisserie, ornée de figures allégoriques surmontées de devises,
tapisserie à laquelle travaille une Minerve assise sur un bouclier aux
armes des *Colbert*. Vu de 3/4, tourné à droite, regardant vers la gauche.
Perruque bouclée, séparée par une raie au milieu. Rabat de dentelle
attaché par des cordons à glands. Il est enveloppé dans un manteau.
— Au bas du portrait, sur la bordure de l'ovale : *Phi. Champaigne ad
viuum Pinxit.* — A g., près d'une cassette, au-dessus du tr. c.: *Charle
Brun Inuentor.* — A dr., près d'une palette, au-dessus du tr. c. : *P.
Van-Schuppen Sculpebat* 1664. (Sous le tr. c. et un peu au-dessous du
point qui suit le millésime, le chiffre 2 est tracé à la pointe.)
  Très-belle épreuve.

2196. **Colbert** (Michel), abbé général de l'ordre des Prémon-
  trés, v. 1633-1702. — In-fol. H. 0,395. L. 0,321. *

  En buste, dans une bordure ovale, équarrie, supportée par un appui.
Vu de 3/4, tourné à gauche, regardant de face. Cheveux longs, couvrant
le front et bouclés derrière ; une calotte sur le sommet de la tête. Les
épaules couvertes d'une pèlerine à capuchon, avec une croix d'argent
retenue à un ruban passé autour du cou. — Autour de l'ovale : *Ill^mus.
et R^mus. D. D. Michael Colbert Præm^ti. Abbas et Totivs Ordinis Generalis.*
— Au-dessous du portrait, un petit médaillon ovale à fond blanc, couvrant le bas de l'ovale et le milieu de l'appui, renferme les armoiries
des *Colbert*, décrites au n° 417 du présent catalogue ; l'écu entouré de
deux palmes est timbré d'une couronne de marquis accompagnée d'une
mitre et d'une crosse supportant un chapeau d'archevêque. — Sur le
dessus de l'appui, à g. : *J. Le Febure Pinx. ;* — à dr. : *P. Van-schuppen
sculp. cum priuil. Regis* 1680. (Un peu au-dessous du point qui suit le

millésime, le chiffre 2 tracé à la pointe.) — Sur l'appui : *Offerebat F. Joan. De Bonnaire can. Reg.*
Très-belle épreuve.

2197. *Cologne :* **Maximilien-Henri,** archevêque-électeur, 1621-1688. — Gr. in-fol. H. de la planche, 0,455. L. 0,393.

En buste, dans une bordure ovale, équarrie, tronquée sur les côtés et autour de laquelle on lit : *Max. Henric. D. G. Archiep. Colon. S. R. I. Princeps Elector, Episcopus et Princeps Leod. Hild. etc. V. B. D. etc.* Vu de 3/4, tourné vers la gauche, regardant de face. Perruque frisée ; le sommet de la tête couvert d'une calotte. Rabat. Pourpoint avec manches à crevés, garni de brandebourgs. Collier et croix en diamants passés autour du cou. — Sous le personnage, un cartouche oblong, couvrant la bordure, renferme les armoiries : *Écartelé : aux 1 et 4, fuselé d'argent et d'azur, de 21 pièces mises en bande, qui est* Bavière ; *aux 2 et 3, de sable au lion d'or, couronné de gueules, qui est* Palatinat du Rhin ; l'écu timbré d'une couronne de prince surmontée d'une banderole avec cette devise : *Pietate et Sapientia.* Une crosse et une épée en sautoir derrière les armoiries ; supports : deux lions couronnés. — Dans l'angle inférieur droit, au-dessus du tr. c. : *P. Van schuppen faciebat* 1671. *cum pri. re.* (Après le point qui suit le mot *re*, le chiffre 12 tracé à la pointe verticalement.)
Superbe épreuve.

2198. *Cologne :* **Maximilien-Henri** (le même que le précédent). — Gr. in-fol. H. 0,478. L. 0,454.

En buste, dans un médaillon ovale, placé au milieu d'un piédestal que surmonte un cartouche timbré d'une couronne de prince et renfermant les armoiries décrites au numéro précédent ; deux aigles, les ailes étendues, appuyées sur le dessus du piédestal, accompagnent le cartouche. Vu de 3/4, tourné vers la gauche, regardant de face. Longue perruque bouclée, une calotte au sommet de la tête. Col rabattu. Les épaules couvertes d'une simarre. — Autour de l'ovale, même inscription qu'au portrait précédent.— De chaque côté du médaillon, deux femmes personnifiant, celle de gauche, la *Science*, et celle de droite, la *Religion.* —Sur la plinthe du piédestal, à g. : *Bertholet Pinxit;* — à dr.: *P. Vanschuppen sculp.* 1671 *cum Priuil Regis.* (Sous le point terminé en crochet qui suit le mot *regis*, le chiffre 12 tracé à la pointe.)
Très-belle épreuve, mais coupée.

2199. **Deshoulières** (Antoinette DU LIGIER DE LA GARDE, épouse de Guillaume DE LA FONT, seigneur), femme de lettres, v. 1634-1694. — In-8°. H. de la planche, 0,154. L. 0,100. *

A mi-corps, dans une bordure ovale, équarrie, avec socle. Vue de 3/4, tournée vers la droite, le corps étant de face. Tête nue. cheveux relevés et étagés, ornés d'un diadème avec voile retombant par derrière et couvrant l'épaule gauche. Enveloppée dans une draperie retenue par une agrafe et laissant à nu le haut de la gorge ainsi que le bras gauche appuyé contre la poitrine.— Au-dessous du portrait, deux écussons, couvrant la bordure ovale, renferment les armoiries des La Font : *D'azur à la bande d'or*, accolées à celles du Ligier : *Écartelé : aux 1 et 4, de gueules au sautoir d'argent; àux 2 et 3, de sable au pélican en sa piété d'or;* supports : deux aigles couronnés d'or; une couronne de marquis timbre les écus.

1er état, avant toute lettre. Rare. — Superbe épreuve.

2e état. — Autour de l'ovale : *D^e. Ant^le. De La Garde V^e. de M^re. G^me. De La Fon De Boisguerin Ch^er. Seig^r. Deshoulieres.* — Sur le dessus du socle, à g.: *M^le. Elisab. sophie Cheron pinxit;*—à dr.: *P. Van schuppen sculp.* 1695. (Sous le chiffre 5 du millésime, le chiffre 7 suivi de deux points, tracés à la pointe.) — Sur la tablette, ce quatrain :

> *Si Corine en beauté fut celebre autrefois,*
> *Si des Vers de Pindare elle effaça la gloire.*
> *Quel rang doivent tenir au temple de memoire*
> *Les Vers que tu vas lire et les traits que tu vois?*

— Sous le tr. c., dans la marge : *A Paris chés J. Villette,* etc. *Avec Privilege du Roy.* — Très-belle épreuve.

2200. Despont (l'abbé Philippe), théologien français. — In-fol. H. de la planche, 0,388. L. 0,281. *

A mi-corps, dans un cadre rectangulaire. Assis près d'une table, ayant devant lui un in-folio ouvert. Vu presque de face, la tête couverte d'une calotte. En robe avec rabat. Il tient dans la main gauche quelques feuillets de l'in-folio; la main droite appuyée dessus semble suivre, de l'index, les lignes. — Sous le cadre, sur toute la largeur, dans la marge entourée d'un filet, l'inscription : *Philippus Despont Presbyter Parisiensis, ‖ in sacra Theologia Romana Doctor. ‖ Et Nosocomij Insanabilium Rector.* — Entre ces deux dernières lignes, à dr.: *œtatis Suœ‖73.* Cette inscription est séparée au milieu par un rectangle renfermant un cartouche avec un pélican sur sa piété. — Sous le tr. c., à dr.: *P. Van schuppen sculpsit* 1694.

Très-belle épreuve.

2201. Este (Renaud d'), cardinal, fils d'Alphonse III, duc de

Modène, 1618-1672. — In-fol. H. de la planche, 0,342. L. 0,260. *

A mi-corps, dans une bordure ovale, équarrie, avec appui. Vu de 3/4, tourné à droite, le corps étant de face. Le sommet de la tête couvert d'une calotte ; cheveux longs et ondulés. Il porte moustaches et bar-biche. Large col rabattu. Les épaules couvertes d'une pèlerine à capu-chon. — Autour de l'ovale : *Rainaldvs Estensis S. R. E. Cardinalis et Episcopvs Rhegiensis.* — Au milieu de l'appui, couvrant le bas de la bordure, un petit médaillon ovale à fond blanc renferme les armoiries : *Écartelé : aux 1 et 4, d'azur à trois fleurs de lis d'argent ; à la bordure échiquetée du même ; aux 2 et 3, d'azur* (non indiqué) *à l'aigle d'argent, armée et couronnée d'or ;* l'écu surmonté d'un chapeau d'archevêque. — Sur le dessus de l'appui, à dr. : *P. Van. schuppen deline. et sculp.* 1662. (Un peu au-dessous et à dr. du point qui suit le millésime, le chiffre 2 tracé à la pointe.)

Très-belle épreuve, avec marges.

2202. **Foucault de Magny** (Nicolas-Jos.), maître des re-quêtes, intendant de la Basse-Normandie, mort en 1721. — In-fol. H. de la planche, 0,325. L. 0,238. *

A mi-corps, dans une bordure ovale, équarrie, supportée par un socle. Vu de 3/4, tourné à droite, regardant de face. Grande perruque retombant par devant et couvrant les épaules. En costume de maître des requêtes, avec rabat retenu par des cordons à glands.— Autour de l'ovale : *Nic. Joseph. Foucault Regi. A. Consiliis. Libell. Supplic. Ma-gist. Ac Regius In Neustria. Inferiore Præfec.* MDCXCVIII. (Les points placés après les mots *Regi A Consiliis* ne sont que tracés à la pointe.) — Au milieu du socle, un médaillon à fond blanc renferme les armoi-ries : *De sable au lion d'argent, armé et lampassé de gueules, couronné d'or ;* l'écu posé sur une terrasse est timbré d'une couronne de marquis surmontée de deux palmes renversées ; supports : deux lions couronnés. — Sur le dessus du socle, à g.: *N. de Largillierre pinxit ; —* à dr.: *P. Van schuppen sculpsit* 1698. (Sous le point qui suit le millésime, le chiffre 4, avec un *point* au-dessous, est tracé à la pointe.)

Belle épreuve.

2203. *France :* **Louis XIV**, 1638-1715. — In-fol. H. de la planche, 0,333. L. 0,254. *

A mi-corps, dans une bordure ovale, équarrie, avec coins marbrés, recouverte d'une couronne de laurier et ornée dans le fond d'un nœud de ruban formant banderoles accompagnées de deux trompettes de Renommée. Un socle supporte l'ovale, et le tout est enfermé dans un cadre rectangulaire. Représenté jeune, vu de 3/4, tourné à droite, regardant de ace. Chevelure touffue et bouclée. Moustaches naissantes. Large col formant rabat et couvrant les épaules. En pourpoint avec manches à crevés. L'épaule gauche ornée d'une bouffette de rubans. Écharpe à ramages et frangée en sautoir.— Sous le portrait, couvrant la bordure, et au milieu du couronnement du socle, qu'ornent deux guirlandes de laurier, un petit cartouche aux armes de *France* sur-montées de la couronne royale. — Sur la tablette du socle : *Lvdovicvs XIIII Dei Gratia Franciæ*‖*Et Navarræ Rex Christianissimvs*. — Sur la plinthe : *W. Vaillant ad vivum faciebat cum Privilegio Regis. P. Van-schuppen. sculpebat.* 1660. (Au-dessous du zéro terminant le millésime, le chiffre 4 tracé à la pointe.)

Très-belle épreuve, avec marges.

2204. *France :* **Louis XIV.** — In-fol. H. de la planche, 0,345. L. 0,269. *

A mi-corps, dans une bordure ovale, équarrie, supportée par un ap-pui. Vu de 3/4, tourné à droite, regardant de face. Longue perruque retombant sur les épaules. Rabat de dentelle attaché avec des cordons à glands. En armure. Écharpe blanche en sautoir. — Au-dessous du portrait, dans un cartouche couvrant l'ovale et le milieu de l'appui, les armes de *France* surmontées de la couronne royale et entourées des colliers de Saint-Michel et du Saint-Esprit. — Sur le dessus de l'appui, à g.: *N. Mignard Auenionensis pinxit;* — à dr.: *P. Van-schup-pen sculpebat Parisis* 1661.

Superbe épreuve, avec marges.

2205. *France :* **Louis XIV.** — Pet. in-fol. H. de la planche, 0,271. L. 0,191. *

A mi-corps, dans une bordure ovale, équarrie, supportée par un socle. Vu de 3/4, tourné à gauche, regardant de face. Longue perru-que retombant sur les épaules. Rabat de dentelle attaché avec des cor-dons à glands. Couvert d'une armure. Écharpe blanche en sautoir. — Autour de l'ovale : *Lvdovicvs XIIII. D. G. Francorvm Et Navarræ Rex Christianissimvs et Invictissimvs.* — Au milieu de la tablette blanche du socle, retenues à des boucles par deux banderoles, les armes de *France*, timbrées de la couronne royale et entourées des colliers de Saint-Michel et du Saint-Esprit. — Sur le dessus du socle, à g.: *N. Mignard Auenionensis Pinxit ;* — à dr. : *P. Van schuppen sculpebat* 1662. (A droite du millésime, le chiffre 7 tracé à la pointe.)

Très-belle épreuve.

2206. *France :* **Louis XIV.** — Gr. in-fol. en travers. L. 0,506. H. 0,446. *

A mi-corps, dans une couronne de laurier accompagnée dans le haut des attributs de la royauté et entourée de trophées d'armes. Deux anges assis sur le dessus d'un socle et appuyés contre les armoiries de *France* entourées des colliers de Saint-Michel et du Saint-Esprit, supportent la couronne de laurier. Vu de 3/4, tourné vers la gauche, le corps étant à droite. Longue perruque couvrant les épaules. Rabat de dentelle. En armure, avec les brassards semés de fleurs de lis. Écharpe en sautoir. — Au-dessous du personnage, sur la couronne de laurier : *Car. le Brun pinxit ad Viuum* 1663. — Sur le socle qu'accompagnent des cornes d'abondance, on lit à g. : *Pet. Mignard Jnuen.;* — à dr. : *Pet. Van-schuppen sculp.* (Un peu à droite, est tracé à la pointe le chiffre 8.)

Très-belle épreuve.

Le P. Lelong indique par erreur que ce portrait aurait été peint en 1664.

2207. *France.* **Louis XIV.** — In-fol. H. de la planche, 0,340. L. 0,267.

A mi-corps, dans une bordure ovale, équarrie, supportée par un appui. Vu de 3/4, tourné vers la gauche, le corps étant à droite. Longue perruque couvrant les épaules. Rabat de dentelle attaché par des cordons dont les glands forment des touffes de fleurs de lis. En armure, avec les brassards fleurdelisés. Grand cordon en sautoir. — Au-dessous du personnage, couvrant la bordure et le milieu de l'appui, un cartouche renferme les armoiries de *France* timbrées de la couronne royale et entourées des colliers de Saint-Michel et du Saint-Esprit. — Sur le dessus de l'appui, à g. : *Char. le Brun Pinx.;* — à dr. : *P. Van-schuppen sculpebat et ex.* 1666. (Un peu au-dessous du point qui suit le millésime, le chiffre 8 tracé à la pointe.)

Très-belle épreuve, avec petites marges.

2208. *France :* **Louis XIV.** — Gr. in-fol. H. de la planche, 0,499. L. 0,424.

En buste, aussi grand que nature, dans une bordure ovale, équarrie et tronquée sur tous les côtés; une couronne composée de feuilles de laurier et de fleurs de lis recouvre l'ovale. Chaque coin est orné d'une fleur de lis. Vu de 3/4, tourné à gauche, regardant de face. Longue perruque bouclée. Nœud de cravate en dentelle et ruban. Couvert d'une armure, avec le grand cordon en sautoir. — Au-dessous du portrait, sur le listel de l'ovale : *P. Mignard ad viuum Pingebat.* — Dans les angles inférieurs, sous les fleurs de lis, de chaque côté de l'ovale : *Offerebat humill. subd. franciscvs d'Argouges.||P. Van-schuppen sculp. deline. et ex cum Priuil. Regis* 1672. (Après le millésime, est tracé à la pointe le chiffre 8 surmonté de trois points.)

Très-belle épreuve, avec petites marges.

2209. *France :* **Anne-Marie-Louise d'Orléans,** duchesse **de Montpensier,** appelée la *Grande Mademoiselle,* 1627-1693. — In-fol. H. de la planche, 0,342. L. 0,269. *

En buste, dans une bordure ovale, équarrie, supportée par un socle et ornée de banderoles dans le haut. Vue de 3/4, tournée à droite, regardant de face. Cheveux terminés en chignon et retombant sur les côtés en longues frisures. Pendant d'oreille. Collier de perles. Corsage décolleté, garni de perles et de brillants, laissant voir la naissance des seins. — Autour de l'ovale : *Anne Marie Lovise D'Orleans.* — Sous le personnage, couvrant la bordure et le milieu du socle, un cartouche à fond blanc renferme les armoiries des *d'Orléans* (sans indication d'émaux); l'écu timbré d'une couronne fleurdelisée; tenants : deux anges en dalmatique sur une terrasse. — Sur le dessus du socle, à g. : *G. Seue Pingebat; —* à dr. : *P. Van-schuppen sculpebat* 1666. *et ex.* (Au-dessous du point qui termine l'inscription, le chiffre 5 gravé à la pointe.)

Superbe épreuve.

2210. *France :* **Louis de France,** surnommé *le Grand Dauphin,* 1661-1711. — In-fol. H. de la planche, 0,440. L. 0,378. *

A mi-corps, dans une bordure ovale, équarrie, autour de laquelle on lit : *Lvdovicvs Delphinvs Lvdovici Magni Filivs.* Vu de 3/4, tourné à gauche, regardant de face. Perruque courte et bouclée. Cravate blanche, avec longs bouts en dentelle. En cuirasse, avec pourpoint à ramages. Grand cordon en sautoir. — Dans les angles inférieurs, à g. : *Francis. de Troij ad viuum Pinxit et ex.∥cum Priuil. Regis; —* à dr. : *P. Van-schuppen sculpsit* 1684. (A droite du point qui termine le millésime et un peu au-dessous, est le chiffre 4 tracé à la pointe.)

1er état, avant les médaillons dans les angles. — Superbe épreuve.

2211. *France :* **Philippe de France,** duc **d'Orléans,** appelé *Monsieur,* 1640-1701. — In-fol. H. 0,350. L. 0,275. *

A mi-corps, dans une bordure ovale, équarrie, recouverte par une couronne de feuilles de laurier, qu'ornent des banderoles dans le haut, et supportée par un socle. Vu de 3/4, tourné à droite, regardant de face. Longue perruque frisée, couvrant les épaules. Rabat attaché avec des cordons à glands. En simarre d'hermine. Le collier du Saint-Esprit passé autour du cou. — Au bas du personnage, dans un cartouche couvrant l'ovale et le milieu du socle, les armes de *France, avec bordure* (sans indication d'émaux); l'écu timbré d'une couronne fleurdelisée et entouré des colliers de Saint-Michel et du Saint-Esprit. — Sur la plinthe du socle, à g. : *J. Nocret Pinx.; —* à dr. : *P. Van-schuppen sculpe-bat* 1660. (Au-dessous du millésime, le chiffre 7 tracé à la pointe.) Très-belle épreuve.

2212. *France :* **Philippe de France, duc d'Orléans** (le même que le précédent). — Gr. in-fol. H. de la planche, 0,496. L. 0,422. *

En buste, aussi grand que nature, dans une bordure ovale, équarrie et tronquée sur tous les côtés; une couronne composée de feuilles de laurier et de fleurs de lis, recouvre la bordure. Vu de 3/4, tourné vers la droite, le corps étant à gauche. Longue perruque frisée. Cravate de dentelle, avec nœud de ruban. En armure, dont les brassards sont semés de fleurs de lis. Grand cordon en sautoir. — Au-dessous du portrait, sur le listel de l'ovale : *Cum Priuil. Regis Chris^mi.* 1670*. — L'inscription dans les angles inférieurs est disposée comme au portrait précédent : *Offerebat hum. Ser^s. Joannes de fages‖C. le Febure ad viuum Pingebat P. van schuppen sculp. et. ex. C. P. R.*

Superbe épreuve, avec petites marges.

2213. **Fromentières** (J.-L. DE). — In-8°. H. de la planche, 0,166. L. 0,115. *

A mi-corps, dans une bordure ovale, équarrie, tronquée à gauche et à droite et supportée par un socle. Vu de 3/4, tourné à droite, regardant de face. Sommet de la tête couvert d'une calotte ; cheveux longs et touffus, retombant sur le front. Rabat. Les épaules couvertes d'une pèlerine à capuchon, avec une petite croix d'argent retenue à un ruban passé autour du cou. — Autour de l'ovale : *M^re. Iean Lovis de Fromentières. Ev. et Seigr. D'Aire Mort a 52 Ans. L'An* 1684. — Sous le portrait, couvrant la bordure, un petit cartouche avec les armoiries : *D'argent à deux fasces de gueules ;* l'écu timbré d'une couronne de marquis, accompagnée de la crosse et de la mitre sommées d'un chapeau d'archevêque. — Sur le dessus du socle, à dr. : *Van Schuppen Faciebat* 1688. (Sous le dernier chiffre du millésime, est tracé à la pointe le chiffre 9.)

1er état, avec la tablette blanche du socle. — Très-belle épreuve.

2214. **Godet des Bordes** (Henri). — In-fol. H. 0,325. L. 0,247. *

A mi-corps, dans une bordure ovale, équarrie, supportée par un appui et autour de laquelle on lit : *Henry Godet Escvyer Sievr des Bordes Coner. dv Roy Avditevr des Comptes.* Vu de 3/4, tourné à gauche, regardant de face (il louche); longs cheveux séparés par une raie. Il porte moustaches et barbiche. Col rabattu, attaché avec des cordons à glands. Pourpoint noir entièrement boutonné. — Au milieu de l'appui, couvrant la bordure, un ovale à fond blanc renferme les armoiries : *D'azur au chevron d'or* (au lieu *d'argent*), *accompagné de trois pommes de pin d'argent* (au lieu *d'or*); l'écu timbré d'un casque taré de face, orné de lambrequins. — Sur le dessus de l'appui, à dr.: *P. Van schuppen faciebat* 1665. (Sous le dernier chiffre du millésime, le chiffre 6 tracé à la pointe.)

Très-belle épreuve.

2215. Germain (Cath.), veuve de Simon BERTHELOT, 1610-1656. — Pet. in-fol. H. de la planche, 0,266. L. 0,193. *

A mi-corps, dans une bordure ovale, équarrie, supportée par un socle. Vue de 3/4, tournée à gauche, regardant vers la droite. Coiffée d'un capuchon noir, attaché sous le menton. Robe noire, la manche gauche relevée; elle tient dans la main un livre fermé portant sur le plat cette inscription : *Imitation||De||Jésus*. — Autour de l'ovale : *Catherine Germain Veuve de Simon Berthelot vivant Comiss^re. des Poud^res. et Salpetres de la Haute et Basse Picard^ie. Bolon^is. Artois Ftand^res. et Haynaut*. — Sur le dessus du socle, à g. : *FQ* (liés) (François II Quesnel ?) *ping^al. post ejus obitum;* — à dr.: *P. Van schuppen. sculp^bat*. 1693. (Sous le point qui suit le millésime, le chiffre 4, accompagné à dr. de trois points, est tracé à la pointe.). — Sur la tablette du socle : *Made. Berthelot naquit a Paris en 1610. et mourut en 1676, a Amiens ou M^r. son|| Mary s'éstoit étably en 1635. pour les munitions de l'Artillerie. L'uniformité de||sa vie, son extreme chai ité et sa patience dans ses maladies et dans celles des pauvre^s||qu'elle guerissoit des maux jugéz incurables, ont donné lieu de croire sa mort||precieuse devant Dieu. son Prelat assista a son enterrement et celebra ses obse=||ques en présence de plus de 4000 pauvres qui la regrettoient côme leur mere.*

Belle épreuve, avec marges.

2216. Gueldres (Philippine DE), fille d'Adolphe D'EGMONT, duc de Gueldres, et de Catherine de Bourbon, et veuve de RENÉ II, duc de Lorraine. — In-8°. H. de la planche, 0,139. L. 0,084. *

A mi-corps, debout, vue de face. En costume de religieuse, la taille serrée par une corde et les épaules couvertes d'une longue pèlerine. — Sous le tr. c., dans la marge : *Philippe de Gueldres, née en 1462. morte en 1547. à||S^te. Claire de Pont-à Mousson, où elle s'étoit faite||Religieuse en 1520. douze ans aprés la mort de||René, Duc de Lorraine et Roy de Sicile, son mary*. — Un peu au-dessous, à dr. : *P. Van schuppen Fecit* 1686.

Belle épreuve.

II.

2217. Harlay-Chanvallon (François DE), archevêque de Paris, 1625-1695. — In-fol. H. de la planche, 0,362. L. 0,285. *

A mi-corps, dans une bordure octogone, équarrie, formée de feuilles de chêne et supportée par un piédestal. Vu de 3/4, tourné à gauche, regardant vers la droite. Calotte sur la tête. Il porte de fines moustaches et petite barbiche. Large col rabattu ; les épaules couvertes d'une pèlerine à capuchon avec la croix pectorale en diamants retenue à un ruban passé autour du cou. — Sur le dessus du piédestal, à g.: *Pet. van Schuppen ad Viuum;* — à dr.: *delinebat* (sic) *et sculpebat* 1659. (A droite du point qui suit le millésime, le chiffre 8 tracé à la pointe.) — Au milieu de la tablette du piédestal, un écusson avec les armoiries : *Parti de trois traits, coupé d'un, qui font huit quartiers : au 1, de la* Marck ; *au* 2, *de* Brezé ; *au* 3, *de* Croy ; *au* 4, *de* Bourbon ; *au 5 et 1 de la pointe, de* Sarrebruche ; *au* 2, *d'*Amboise ; *au* 3, *du* Palatinat de Bavière ; *au 4 et dernier de la pointe, de* Poitiers ; *sur le tout : d'argent à deux pals de sable* (non indiqué) *qui est* Harlay ; l'écu timbré d'une couronne ducale, surmontée de la croix archiépiscopale à deux branches soutenant le chapeau d'archevêque.

Belle épreuve.

2218. Harouis (Guill. DE), conseiller du roi, trésorier des États de Bretagne. — In-fol. H. 0,396. L. 0,318. *

En buste, dans une bordure ovale, équarrie, supportée par un appui. Vu de 3/4, tourné à droite, regardant de face. Longue perruque bouclée, couvrant les épaules. Il porte de fines moustaches. Rabat de dentelle. Vêtement à grands ramages. — Autour de l'ovale : *Gvillemvs de Harovys Dominvs de La Seilleraye Regi a Consiliis, &c.* — Sous le personnage, couvrant la bordure et le milieu de l'appui, un médaillon ovale à fond blanc renferme les armoiries : *D'or* (au lieu d'*argent*) *à trois bandes de gueules, chargées chacune de trois têtes de licornes d'argent* (au lieu d'*or*) ; l'écu timbré d'une couronne de comte ; supports : deux licornes sur une terrasse. — Sur le dessus de l'appui, à g.: *F. de Troij Pinxit;* — à dr. : *P. Van-schuppen sculpebat cum Pri. Regis* 1677. (Sous le point qui suit le millésime, le chiffre 7 tracé à la pointe.)

Rare. — Très-belle épreuve ; la chevelure n'est pas terminée.

2219. Hindret (Jean), conseiller du roi. — In-8°. H. de la planche, 0,143. L. 0,086. *

A mi-corps, dans une bordure ovale, tronquée dans le haut et sur les côtés, supportée par un socle. Vu de 3/4, tourné vers la gauche, regardant à droite. Longue perruque bouclée. Col de chemise dégrafé. L'épaule gauche couverte d'une draperie. — Autour de l'ovale : *Joannes Hindret Reg. Consil. Deposita. Pecuniar. Quæstor.* — Sous le personnage, couvrant la bordure, un médaillon avec les armoiries : *Bandé d'or et de gueules, chaque bande chargée de trois trèfles ; ceux des bandes d'or, sont d'azur, et ceux des bandes de gueules, sont d'or ; au chef échiqueté d'argent et de sinople à deux tires.* — Sur le listel inférieur blanc de l'ovale, à g. : *Jac. Van Schuppen pinxit ;* — à dr. : *P. Van Schuppen sculp.* 1697. — Sur la tablette du socle, ces vers :

> *Te linguæ celebrent omnes, qui detegis ortus*
> *Linguarum Interpres, quæ sit origo, probas :*
> *Gallus, Iber, Germanus, Arabs, te laudet et Anglus*
> *Sed te quam melius prædicet ille liber.*
>
> *Santolius Victorinus.*

Belle épreuve, avec grandes marges.

2220. **Houel de Morainville** (Ch. DE). — In-fol. H. de la planche, 0,345. L. 0,269. *

A mi-corps, dans une bordure ovale, équarrie, ornée de banderoles dans le haut et de coins dans le bas. L'ovale est supporté par un socle. Vu de 3/4, tourné à droite, regardant de face. Longue perruque retombant sur les épaules. Il porte moustaches en crocs et petite barbiche. Rabat de dentelle attaché avec des cordons à glands. En armure, avec écharpe en sautoir. — Autour de l'ovale : *M^re. Charles de Hoüel Chev^lr. et Baron de Morainville La Covyere Le Mesnil Livet et Baillevl.* — Sous le personnage, couvrant la bordure et le milieu du socle, un cartouche avec les armoiries : *Palé d'or et d'azur ;* l'écu timbré d'une couronne de baron, surmontée d'un casque taré de front, avec lambrequins ; supports : deux lions sur une terrasse. — Sur le dessus du socle, à g. : *P. Van-Mol Pinx ;* — à dr. : *P. Von-schuppen sculp.* 1668. (Au-dessous et un peu à dr. du point qui termine le millésime, le chiffre 2 tracé à la pointe.)

Très-belle épreuve.

2221. **La Chasse** (Dom Antoine DE), grand prieur du monastère de Saint-Vaast d'Arras. — In-fol. H. de la planche, 0,346. L. 0,272. *

A mi-corps, dans une bordure ovale, équarrie, ornée de coins et supportée par un socle. Vu de 3/4, tourné à gauche, regardant de face. Cheveux courts et relevés. En robe noire avec manteau couvrant les épaules. Le vêtement est garni de chaque côté de quatre bandes verticales de fourrure, passant sur les épaules. — Autour de l'ovale : *Domnvs Antonius Chasse Prior Maior Monasterii S. Vedasti Atrebaten-*

sis. — Sous le portrait, couvrant la bordure et le milieu du socle, un cartouche avec les armoiries : *De gueules à trois cors de chasse, liés et virolés d'or;* l'écu accompagné d'une banderole avec cette devise : *Deo Volente te Sequente*, que surmonte l'insigne de grand prieur. — Sur le dessus du socle, à g. : *P. Van-schappen* (sic) *ad viuum delineabat; —* à dr. : *et sculpebat Cum Priuil. Regis* 1681.

Très-belle épreuve.

2222. La Gardie (Magnus-Gabriel DE), comte D'ARENSBOURG, chancelier de Suède, 1622-1686. — Pet. in-fol. H. de la planche, 0,306. L. 0,191.

En buste, dans un ovale formé de deux palmes entourées de ruban et supportées par un socle avec tablette blanche, échancrée. Vu de 3/4, tourné à gauche, regardant de face. Longue perruque. En armure, avec manteau agrafé sur l'épaule gauche et couvrant la droite. — Au-dessus du personnage, un écusson armorié à neuf quartiers ; timbré d'une couronne, accompagné de drapeaux et d'un caducée passé en sautoir avec une trompette de *Renommée*.— Sur le dessus du socle, à gauche sur un coussin semé de couronnes accompagnées de palmes, un globe ; — à droite, un casque et un bouclier orné d'une tête de *Méduse*. — Sous le socle, à g. : *Dauid KlööKer pinxit ; —* à dr. : *Petrus van-schuppen scul.* 1669. (Sous le point qui suit le millésime, le chiffre 3 gravé à la pointe.)

1er état, avant la devise sur le ruban qui entoure les palmes, et avant l'incription sur la tablette. — Très-belle épreuve.

2e état. — Sur le ruban qui entoure les palmes, ont lit : *Est Infra Virtutem Invidia.* — L'inscription sur la tablette est la suivante : *Illüstrissimüs, Excellentissus.* || *et generosissim ? Dominus, Dn.* || *Magnus Gabriel De La Gardie*||*Comes in Läcköö, ȸ Arensburg ȸc. ȸc.*||*Regni Senator et Cancellarius. ȸc. ȸ. —* Très-belle épreuve, avec marges.

2223. La Haye (Fr. DE), médecin de la grande-duchesse de Toscane à Paris. — In-8°. H. 0,122. L. 0,075. *

A mi-corps, dans une bordure ovale, équarrie, supportée par un appui. Vu de 3/4, tourné à gauche, regardant de face. Longue perruque bouclée. Cravate de dentelle. Enveloppé dans un manteau à grands ramages, dont il tient le pan de la main droite. — Sous le personnage, couvrant l'ovale, un petit médaillon à fond blanc avec les armoiries : *D'argent à trois grenades, posées* 2 *et* 1 (sans indication d'émaux).

1er état, avant toute lettre. — Très-belle épreuve.

2e état. — Autour de l'ovale, on lit : *Franciscus de La Haye Doctor Medicus.* — Sur le dessus de l'appui, à dr.: *P. Van Schuppen fecit* 1690. — Sur la face de l'appui, ce quatrain :

Il est garant de son Ouvrage,
Son ame paroit dans ses yeux,
Car le graveur Industrieux
A dépeint son Esprit en traçant son Image.

— Belle épreuve.

2224. La Marche (Gisbert DE), évêque de Liége. — In-8°.
H. 0,139. L. 0,113.

A mi-corps, vu de 3/4, tourné à droite. Tête chauve, cheveux courts
et légèrement bouclés. Il porte toute sa barbe. Revêtu d'une chape.
— Fond noir. — Sous le tr. c. : *Gisberte De La Marche‖Epis. Leodien-
sis.* — Au-dessous, à g.: *P. P. Rubens pinxit. ; —* à dr. : *P. van Schuppen sculpsit.*
Belle épreuve.

2225. Langlois de Blancfort (P.-Arm.), mort en 1697. —
In-fol. H. 0,342. L. 0,263. *

A mi-corps, dans une bordure ovale, équarrie, supportée par un
socle et ornée de coins et de banderoles. Vu de 3/4, tourné à gauche,
regardant vers la droite. Longue perruque couvrant les épaules. Rabat
de dentelle retenu par des cordons à glands. — Autour de l'ovale :
Messire Pavl Armand Langloys Ch[er]. M[c] d'Hostel Ord[re]. dv Roy. —
Sous le portrait, couvrant l'ovale et le milieu du socle, un cartouche
renferme les armoiries : *D'argent à quatre pointes de gueules; au chef
d'azur, chargé d'une aigle naissante d'or;* l'écu timbré d'une couronne de
comte; supports : deux sauvages au naturel armés d'une massue. —
Sur le dessus du socle, à g. : *P. Van-schuppen faciebat* 1675. (Un peu à
droite et au-dessous du millésime, le chiffre 5 tracé à la pointe.)
Très-belle épreuve.

2226. La Reynie (Gabriel-Nicolas DE), lieutenant de police
de Paris, mort en 1709. — In-fol. H. de la planche, 0,349.
L. 0,273. *

A mi-corps, dans une bordure ovale, équarrie, ornée de banderoles
et supportée par un socle. Vu de 3/4, tourné à droite, regardant de
face. Longue perruque couvrant les épaules. Il porte de fines moustaches. Rabat retenu par des cordons à glands. Robe à larges parements
— Sous le portrait, un cartouche, couvrant l'ovale et le milieu du socle,
renferme les armoiries : *Écartelé : aux 1 et 4,... à trois chevrons de
gueules ; aux 2 et 3,.... à trois fasces de pourpre;* l'écu timbré d'un
casque taré de face, orné de lambrequins et posé sur une terrasse.
1er état, avant toute lettre. Très-rare. — Superbe épreuve.

2e état. — Autour de l'ovale : *Messire G. N. de La Reynie Con^{er}. du Roy. M^{re}. des Reqvestes.* — Sur le dessus du socle, à g.: *P. Mignard Pingebat;* — à dr. : *P. Van schuppen sculpebat* 1665. (Sous le millésime, entre le dernier chiffre et le point, le chiffre 1 est tracé à la pointe.)

Très-belle épreuve.

2227. La Vie (Gabriel DE), avocat général au parlement de Bordeaux, mort en 1691, âgé de 47 ans. — Pet. in-fol. H. 0,239. L. 0,185. *

A mi-corps, dans une bordure ovale, formée de feuilles de laurier, ornée de banderoles dans le haut et supportée par un appui. Vu de 3/4, tourné à gauche, regardant de face. Tête nue, cheveux bouclés, retombant sur les épaules et couvrant le front. Col de dentelle retenu par des cordons à glands. En pourpoint à manches à crevés. — Au bas du portrait, couvrant le milieu de l'appui, un petit médaillon renferme un écusson armorié, dont les émaux ne sont pas indiqués : *Écartelé : aux 1 et 4,.... deux tours.... accompagnées en pointe d'une roue....; au 2,... deux chiens rampants affrontés.... ; au 3,.... trois flammes.... posées 1 et 2, accompagnées en pointe d'un croissant....;* l'écu timbré d'un casque taré de face, orné de lambrequins et ayant pour cimier une toque de président; accompagné d'une banderole avec cette devise : *Post Fvnera Vivo.* — Sur le dessus de l'appui, à dr. : *P. Van Schuppen faciebat* 1664. (A droite du millésime, le chiffre 4 tracé à la pointe.)

Belle épreuve.

Dans les manuscrits de Mariette, ce personnage est ainsi désigné : N... de la Vie, fils d'un premier président du parlement de Pau, et sur une épreuve du Cabinet des estampes, une note manuscrite le présente à tort comme fils de M. de Pontac, premier président à Bordeaux.

2228. Le Camus (Nic.), chevalier, premier président en la cour des aides, mort en 1715. — In-fol. H. de la planche, 0,348. L. 0,274. *

A mi-corps, dans une bordure ovale, équarrie, ornée de banderoles dans le haut et supportée par un socle surmonté de chaque côté d'un médaillon renfermant le chiffre couronné du personnage. Vu de 3/4, tourné à gauche, regardant vers la droite. Perruque bouclée, retombant sur les épaules. En costume de sa charge. — Autour de l'ovale : *Nicolavs Le Camvs Eqves Svbsidiorvm Cvriæ Princeps.* — Sous le personnage, sur le listel blanc de l'ovale : *Offerebat Deuotus cliens S. D. A. P.* — Au milieu du socle, couvrant la bordure, un cartouche renferme les armoiries : *De gueules au pélican dans sa piété d'argent, ensanglanté de gueules; au chef cousu d'azur, chargé d'une fleur de lis*

d'or; l'écu timbré d'une couronne de marquis ; supports : deux aigles.
— Sur le dessus du socle, à g. : *P. Van-schuppen ad viuum delineabat ;*
— à dr.: *et sculp. cum Pri. Regis.* 1678. (A dr. et au-dessous du crochet
qui suit le millésime, le chiffre 1, surmonté d'*un point,* est tracé à la
pointe.)

Très-belle épreuve, avec marges.

2229. Le Fèvre de Caumartin (L.-F.), administrateur
français, 1624-1687. — Pet. in-fol. H. de la planche, 0,288.
L. 0,207. *

A mi-corps, dans une bordure ovale, équarrie, supportée par un
socle et ornée de banderoles dans le haut. Vu de 3/4, tourné à droite,
regardant vers la gauche. Longue perruque bouclée, couvrant les épaules. En costume de sa charge. — Autour de l'ovale : *Messire Louis
François Le Fevre de Caumartin Ch^ler. Con^cr. d'Estat Ord^re.* — Au milieu du socle, couvrant en partie une tablette blanche, un cartouche,
orné de guirlandes de fruits, renferme les armoiries décrites au n° 1407
du présent catalogue ; l'écu timbré d'une couronne ducale ; supports :
deux lions.— Sur le dessus du socle, à g. : *F. de Troy Pinx.* ; — à dr. :
P. Van-schuppen sculp. cum. pri. regis. 1685. (Sous le point qui suit le
millésime, le chiffre 4, accompagné à dr. de *trois points* posés trian-
gulairement, est tracé à la pointe.)

Très-belle épreuve.

2230. Le Maistre de Sacy (Isaac-Louis), théologien français, 1613-1684. — In-fol. H. de la planche, 0,320.
L. 0,222. *

Jusqu'aux cuisses. Debout, dans un cadre rectangulaire. Vu de 3/4,
tourné à droite, regardant de face. Longs cheveux retombant sur le
front. Calotte sur le sommet de la tête. En costume d'abbé, les épaules
couvertes d'un manteau. — Fond noir. — Sur l'épaisseur du cadre, au-
dessus de la tablette, à g. : *P v s f.* [Petrus van Schuppen fecit].

Avant toute lettre. Le côté inférieur du cadre formant tablette n'est
que légèrement indiqué à la pointe. Très-rare. — Superbe épreuve,
avec marges.

2231. Le Pelletier (Michel), abbé de Jouy, puis évêque
d'Angers, 1661-1706. — Gr. in-fol. H. 0,506. L. 0,442. *

A mi-corps, dans une bordure ovale, équarrie et tronquée sur les
côtés. Vu de 3/4, tourné à droite, regardant de face. Calotte sur le
sommet de la tête ; cheveux retombant sur le front. En costume d'abbé,
les épaules couvertes d'un manteau. — Autour de l'ovale : *Michael Le*

Peletier Abbas Ioyacensis. — Sur le listel supérieur de l'ovale, au bas
du portrait : *Offerebant amantissimi fratres. Carolus Mauritius et Claudius le Peletier.* — Sur le listel inférieur, à g. : *N. de Largillierre Pinxit.;* — à dr. : *P. Van-schuppen sculpsit et ex. cum priuil.
Regis.*
Belle épreuve.

2232. Le Sueur (Eustache), célèbre peintre français, 1617-1655. — In-fol. H. de la planche, 0,255. L. 0,195. *

À mi-corps, dans une bordure ovale. équarrie, supportée par un appui. Vu de 3 4, tourné à gauche, regardant vers la droite. Tête nue,
cheveux longs et bouclés. Rabat retenu par des cordons à glands.
Pourpoint avec manches à crevés. L'épaule droite couverte d'un manteau. — Au-dessus du portrait. sur le milieu de la bordure, on voit
une rosace. — Sur le dessus de l'appui, à g. : *Eustache le Sueur pinxit;* — à dr. : *P. Van Schuppen sculp.* 1696. (Sous le dernier chiffre du
millésime le chiffre 7, avec *un point* au-dessous, est tracé à la pointe.)
— Au milieu de l'appui, un medaillon emblematique, accompagné de
cette inscription : *Eustache le Sueur‖Peintre de l'Académie R. de Peinture et sculpt.*
Très-belle épreuve, avec petites marges.

2233. Le Tellier (Michel), chancelier de France, 1603-1685. — Gr. in-fol. H. de la planche, 0,512. L. 0,438. *

À mi-corps, dans une bordure ovale. équarrie et tronquée sur les
côtés. Vu presque de face, légèrement tourné vers la gauche. regardant
à droite. Tête nue. cheveux bouclés. Robe entr'ouverte, avec rabat et
insignes du Saint-Esprit brodés sur le revers, laissant voir la robe de
dessous avec ceinture. Il porte la croix du Saint-Esprit autour du cou,
retenue par un ruban. — Autour de l'ovale : *Michael Le Tellier Franciæ
Cancellarius.* — Sous le portrait, sur le listel blanc supérieur de l'o-
vale : *Offerebant obseqventissimi Michael et Ludovicus le Peletier.* — Sur
le listel inférieur blanc, à g. : *Nanteuil ad viuum Pinx.;* — à dr. : *P.
Van-schuppen sculp. Cum Priuil. Regis.* 1680.; (sic). (Ce dernier chiffre
7 est tracé à la pointe.)
Belle épreuve.

2234. Le Tellier (François-Michel), marquis de Louvois, homme d'État français, 1639-1691. — In-fol. H. de la planche, 0,343. L. 0,268. *

En buste, dans une bordure ovale. équarrie, supportée par un socle
et ornée de banderoles dans le haut. Vu de 3/4, tourné à gauche. regar-

dant de face. Il porte de fines moustaches. Longue perruque bouclée, retombant sur les épaules. Rabat de dentelle attaché avec des cordons à glands. Manteau à ramages. — Sous le personnage, dans un cartouche couvrant le milieu du socle et l'ovale, les armoiries entourées de palmes, décrites au n° 1100 ; l'écu timbré d'une couronne de marquis. — Sur le dessus du socle, à g. : *C. le Febure Pin.* ; — à dr.: *P. Van schuppen sculp.* 1666. (A dr. et au-dessous du point qui suit le millésime, le chiffre 2 tracé à la pointe.)

Très-belle épreuve, avant la lettre.

2235. Le Tellier (Charles-Maurice), archevêque de Reims, second fils du précédent, 1642-1710. — In-fol. H. de la planche, 0,344. L. 0,258. *

A mi-corps, dans une bordure ovale, équarrie, supportée par un appui et ornée de banderoles dans le haut. Vu de 3/4, tourné à gauche, regardant vers la droite. Tête nue, cheveux longs, recouvrant le front. Rabat attaché avec des cordons à glands. Les épaules couvertes d'une pèlerine à capuchon. — Autour de l'ovale : *Carolvs Mavritivs Le Tellier Abbas et Comes Latiniencis &c.* — Sous le personnage, couvrant la bordure et le milieu de l'appui, un cartouche, terminé dans le haut en tête de lion, renferme les armoiries décrites au numéro précédent ; l'écu entouré de deux palmes et timbré d'une couronne de comte surmontée de la crosse et de la mitre. — Sur le dessus de l'appui, à g. : *C. le Feure Pinxit.* ; — à dr.: *P. Van schuppen sculpebat* 1664.

Belle épreuve.

2236. Le Tellier (Ch.-M.), le même que le précédent. — In-4°. H. 0,217. L. 0,149. *

A mi-corps, dans un cadre rectangulaire, orné d'une tablette dans le bas. Vu de 3/4, tourné à droite, regardant de face. Longs cheveux couvrant le front ; une calotte au sommet de la tête. Même costume qu'au portrait précédent, sans glands aux cordons du rabat, mais avec la croix pectorale attachée à un ruban passé autour du cou. — Sur la tablette à fond blanc, on lit : *Charles Maurice le Tellier Archeuesque|| Duc de Reims premier pair de France &c.* — Au-dessous, à g. : *P. Mignard Pinx.* ; — à dr. : *P. Van-schuppen sculpebat* 1677. (Un peu au-dessous et à dr. du point qui suit le millésime, le chiffre 2, surmonté d'*un point*, est tracé à la pointe.)

Très-belle épreuve.

2237. Lingendes (Claude DE), prédicateur français, 1591-1660. — In-8°. H. 0,160. L. 0,105. *

A mi-corps, dans un ovale équarri. Vu de 3/4, tourné à droite, re-

gardant vers la gauche. La tête couverte d'une calotte ; cheveux courts.
Front ridé: Il porte de fines moustaches et barbiche. Vêtu d'une aube.
— Dans l'angle inférieur droit : *Van-schuppen fecit* 1665. — Sous le tr.
c., dans une marge entourée d'un trait : *R. P. Claudius de Lingendes*‖
Obijt XII. Apr. an. M.DC.LX. ætatis suæ an. LXIX.

Très-belle épreuve.

2238. *Lorraine :* **Marguerite de Lorraine,** fille de Ferry II,
comte de Vaudemont, et veuve de RENÉ de France, duc
d'Alençon. — In-4°. H. 0,224. L. 0,169. *

A mi-corps, dans une bordure ovale, équarrie, ornée de coins marbrés et supportée par un appui. Vue de 3/4, tournée à gauche. En
habit de religieuse. Elle tient dans ses mains une tête de mort. Derrière le personnage, à droite, une colonne. Le fond, à gauche, simule
une muraille. — Sous le portrait, couvrant la bordure, les armoiries
des ducs d'Alençon : *De* France (sans indication d'émaux); *à la bordure cousue de gueules, chargée de huit besants d'argent;* accolées à
celles de *Lorraine;* des lacs de veuve entourent les écussons que timbre
une couronne fleurdelisée. — Sur le dessus de l'appui, à dr. : *Van
schuppen. faciebat. octobr. An°.* 1660. — Sur la tablette de l'appui : *Le
véritable portrait de la bien heureuse Marguerite de Lorraine petite* ‖ *fille
de René de france Roy de sicile et d'Arragon, Niepce de Marguerite de
france*‖*Royne d'Angleterre ; vefue de Monseigr. René de france duc d'Allençon, mere de Charles* ‖ *dernier duc d'Allençon, et de françoise d'Allençon, Ayeulle d'Anthoine Roy de Nauarre,* ‖ *pere de Henry le Grand
Roy de france et de Nauarre ; et trisayeulle des descendā* ‖*du d ? Henry
le Grand. Fondatrice de plusieurs Monasteres de filles de lordre de* ‖
*Sr. Claire Laquelle est morte Religieuse en celuy d'Argenten. le deux
Nouem=* ‖ *bre* 1521. *ou son corps est encor entier.*

Belle épreuve.

2239. Lorraine (Arm.-Henr. DE), fille du comte d'Harcourt,
dit *Cadet la Perle,* morte en 1684, âgée de 44 ans. — In-4°.
H. de la planche, 0,234. L. 0,177. *

A mi-corps, dans une bordure ovale, équarrie, ornée de coins marbrés et supportée par un socle avec tablette blanche sur laquelle sont
les armoiries de *Lorraine; à la bordure cousue de gueules, chargée de
huit besants d'argent;* l'écu timbré d'une couronne ducale et entouré
de lacs qu'accompagnent des banderoles. Vue de 3/4, tournée à gauche,
regardant de face. En habit de religieuse. — Autour de l'ovale : *Ar-
mende* (sic) *Henriette de Lorraine Coadivtrice de l'Abbaye Royle.Nre.* Dame
de Soissons Fille de (ces deux lettres sont liées) *Feu Mr. le Comte d'Har-
covr.* — Sur le dessus du socle, à g. : *Ant. Barthellemy Pinxit;* — à

dr. : *P. Van. schuppen fecit* 1668. (Sous le dernier chiffre du millésime le chiffre 10, suivi de *trois points*, est tracé à la pointe.)
Très-belle épreuve.

2240. **Marca** (P. DE), historien et archevêque de Paris, 1594-1662. — In-fol. H. 0,282. L. 0,198. *

A mi-corps, dans une bordure ovale, équarrie, supportée par un appui. Vue de 3/4, tournée à gauche, regardant de face. Tête couverte d'une calotte; front dénudé, cheveux plats. Il porte de fines moustaches et barbiche. Large col formant rabat. Les épaules couvertes d'une pèlerine à capuchon. Croix pectorale retenue à un ruban passé autour du cou. — Autour de l'ovale : *Petrvs de Marca 'Archiepicoprs Parisiensis. Obijt anno M. DC. LXII. III. Kal. Iul. Æt. LXVIII. m. V. d. VI.* — Au milieu de l'appui, un cartouche, sommé du chapeau d'archevêque, renferme les armoiries décrites au n° 642 du présent catalogue; l'écu surmonté d'une croix archiépiscopale à deux branches. L'inscription suivante les accompagnent : *Bonvm Virvm Facile Crederes, ‖ Magnvm Libenter.* — Au-dessous, à dr. : *Jacit in vita Agricolæ.* — Sur le dessus de l'appui, à g. : [Jacques] *Van-Loo Pinxit an.* 1661.; — à dr. : *Van-schuppen sculpsit an.* 1663. (Un peu à dr. et sous le millésime, le chiffre 5 tracé à la pointe.)
Belle épreuve.

2241. **Mazarin** (le cardinal Jules), 1602-1661. — Très-gr. in-fol. en travers. L. 0,567. H. 0,425.

A mi-corps, dans un médaillon ovale dont la bordure est recouverte par une couronne de palmes. Vu de 3/4, tourné à droite. Calotte sur la tête; cheveux longs. Rabat retenu par des cordons à glands. Les épaules couvertes d'une pèlerine moirée. — Sur l'ovale, au-dessus du portrait : *Si vvisi Arma, Sinv; au-dessous : Qvid Tota Evropa Repen-des.* — Le médaillon est placé sur un manteau ducal, et supporté par un socle avec cartouche, orné de guirlandes de fruits, renfermant un globe aux armes de *Mazarin*, décrites au n° 1109; une couronne ducale avec la devise : *Via Dvcvm*, timbre les armoiries. Quatre globes emblématiques avec devises accompagnent le médaillon. Un cinquième globe oblong, placé au-dessus du portrait et entouré d'une couronne de laurier, renferme les devises : *Forte — Decvs — Ivstvm — Fasces et Fascia Ivngvnt*, et supporte un chapeau d'archevêque ; le tout est enfermé dans un cadre rectangulaire. — Sur la plinthe du socle, à g. des armoiries : *F. Chauueau delineabit* (sic) — à dr., sous le pan du manteau : *P. Van schuppen faciebat* 1660. (Le chiffre 8 est tracé à la pointe près du montant du cadre, après le point qui suit le millésime.)
Très-belle épreuve.

2242. Mazarin (J.), le même que le précédent. — In-fol. H. de la planche, 0,356. L. 0,270. *

A mi-corps, dans une bordure ovale, équarrie, ornée dans les angles d'octogones avec emblèmes et devises ; l'ovale est supporté par un appui. Vu de 3/4, tourné à droite, regardant de face. La tête couverte d'une calotte. Cheveux longs. Rabat retenu par des cordons à glands. Les épaules couvertes d'une pèlerine à capuchon.— Au-dessus du personnage, sur la bordure, un médaillon accompagné de banderoles porte cette devise : *Ocvlos Hæc Sydera Svpplent.* — Sous le personnage, couvrant l'ovale et le milieu de l'appui, un cartouche surmonté d'un chapeau d'évêque, renferme les armoiries décrites au n° 1109; l'écu timbré d'une couronne ducale et environné du manteau d'hermines. — Sur le dessus de la plinthe, à g. : *P. Mignard Pinx.;* — à dr. : *P. Van schuppen sculpebat* 1661. (A droite du millésime, est tracé à la pointe le chiffre 4.)

Très-belle épreuve.

2243. Ménage (G.), célèbre érudit et critique français, 1613-1692. — In-fol. H. 0,250. L. 0,181. *

A mi-corps, dans une bordure ovale, équarrie, supportée par un appui avec tablette blanche sur laquelle on lit : *Gilles Menage.* Vu de 3/4, tourné à droite, regardant vers la gauche. Perruque bouclée. Habit à ramages boutonné, avec rabat. — Sur le milieu de la bordure, au-dessus du personnage, on voit un trait vertical traversant une rosace. — Sur le dessus de l'appui, à g. : *De Pilles pinxit* 1692 ; — à dr.: *P. Van schuppen sculp.* 1698 (Au-dessous du dernier chiffre du millésime, le chiffre 7 tracé à la pointe). — Au milieu de l'appui, un médaillon renferme les armoiries : *D'argent au sautoir d'azur, chargé d'un soleil d'or;* l'écu timbré d'un casque taré de face, orné de lambrequins; cimier : une aigle les ailes étendues tenant dans son bec une banderole avec cette devise : AIEN API ΣΤΕΝΕΙΝ ; supports : deux aigles.

Très-belle épreuve. Collection Thiers.

2244. Meulen (Adam-Franç. VAN DER), peintre flamand, 1632-1690. — Gr. in-fol. H. 0,520. L. 0,400. *

A mi-corps, dans une bordure ovale, entourée d'un cadre rectangulaire et supportée par un piédestal. Vu de face, le corps tourné à droite. Perruque bouclée, retombant sur les épaules. Cravate de dentelle avec nœud de ruban. Il est drapé dans un manteau. — Autour de l'ovale : *Francois Vander Mevlen Natif de Bruxelles, Peintre ordinaire de l'Histoire dv Roy Tres-Chrétien.* — Sur le dessus du socle du piédestal, à g. : *Peint par N. de Largillierre ;* — à dr. : *Gravé par P. Van schup-pen.* 1687. — Sur la tablette du piédestal, ce quatrain :

C'est de Louis Le Grand le Peintre incomparable,
Qui de ses beaux faits a peint la Vérité,
Et qui sans le secours des couleurs de la fable,
Le fait voir ce qu'il est a la Postérité.

— Sous le tr. c., au milieu : *Se Vend A Paris Chez P. Van schuppen, rue Sᵗ Jaques Avec Privilege du Roy.*

Très-belle épreuve.

On vient de découvrir l'acte de naissance de ce peintre célèbre qui vit le jour à Bruxelles, non pas en 1634, mais le 11 janvier 1632. Son premier prénom n'était pas Antoine, mais Adam.

2245. **Nerestang** (Philibert, marquis DE), général et grand maître de l'ordre de Saint-Lazare, mort après 1620. — Pet. in-fol. H. 0,273. L. 0,190. *

A mi-corps, dans une bordure ovale, équarrie, supportée par un appui. Vu de 3/4, tourné à gauche, regardant de face. Tête nue, che-veux relevés et bouclés. Il porte toute sa barbe. Collerette. Vêtu d'un pourpoint garni sur les épaules de bouffettes de ruban avec aiguillettes. Sur la poitrine, la croix de l'ordre de Saint-Lazare retenue à un ruban passé autour du cou. — Autour de l'ovale : *Philbert Marquis de Neres-taing Grand Maistre des Ordres de Sᵗ Lazare, et de Nʳᵉ. Dame du Mont Carmel.* — Sur le dessus de l'appui, à dr. : *P. Van-schuppen fecit* 1701. (Après le point qui suit le millésime, le chiffre 5 tracé à la pointe.) — Au milieu de l'appui, sous l'ovale, un médaillon avec les armoiries : *Écartelé : aux 1 et 4, d'argent à la croix des chevaliers du Mont Carmel et Saint Lazare ; aux 2 et 3, d'azur à trois bandes d'or ; entre la pre-mière et la seconde bande chargé de trois étoiles d'argent ;* l'écu timbré d'une couronne de marquis et entouré des colliers de Saint-Michel et de Saint-Lazare.

Belle épreuve.

2246. **Nerestang** (Ch.-Ach., marquis DE), grand maître de l'ordre de Saint-Lazare, petit-fils du précédent. — Pet. in-fol. H. 0,273. L. 0,190.

A mi-corps, dans une bordure ovale, équarrie, supportée par un ap-pui. Vu de 3/4, tourné à gauche, regardant de face. Longue perruque retombant sur les épaules. Couvert d'une armure, avec le grand cor-don en sautoir et la croix de Saint-Michel sur le côté. — L'inscription autour de l'ovale est la même que celle du précédent, à l'exception des prénoms qui sont : *Charles-Achilles.* — Mêmes armoiries au milieu de l'appui; l'écu entouré des colliers des ordres du Mont-Carmel et de Saint-Lazare.

Pièce anonyme, dont l'attribution à Van Schuppen est bien incertaine.

Belle épreuve.

2247. Noailles (Anne-Jules, duc DE), pair et maréchal de France, connu sous le nom de *comte d'Ayen*, 1650-1708. — In-4°. H. de la planche, 0,222. L. 0,162. *

A mi-corps, dans une bordure blanche, ovale, équarrie, ornée de coins. Vu de 3/4, tourné à droite, regardant de face. Longue perruque bouclée, couvrant les épaules. Cravate blanche en dentelle. En armure, avec le grand cordon en sautoir. — Sous le personnage, couvrant la bordure, un petit cartouche renfermant les armoiries décrites au n° 654 du présent catalogue; l'écu timbré d'une couronne ducale, entouré des colliers de Saint-Michel et du Saint-Esprit et environné du manteau d'hermine.

Avant toute lettre. — Superbe épreuve, à grandes marges. Collection Marshall.

2248. Nogaret (Bernard DE), DE LA VALETTE ET DE FOIX, duc d'Épernon, gouverneur de Guyenne et du duché de Bourgogne, 1592-1661. — In-fol. H. 0,341. L. 0,273. *

A mi-corps, dans une bordure ovale, équarrie, ornée de banderoles et supportée par un appui que recouvre en partie l'écusson des armoiries posé sur des canons et environné du manteau d'hermine, avec de trophées d'armes. Vu de 3/4, tourné à gauche, regardant de face. Longue perruque bouclée, couvrant les épaules. En armure.— Autour de l'ovale : *Bern. de Foix de La Vallette Duc Despernon &c. Colonel Gener. de France.* — Sur les canons, à g. : *P. Mignard Pinxit;* — à dr. : *P. Van schuppen sculpebat* 1661. || *Parisiis.* (Sous le millésime, au milieu entre les 6, le chiffre 7 tracé à la pointe.)

Belle épreuve.

2249. Péréfixe (Hardouin DE BEAUMONT DE), prélat et historien français, 1605-1671. — In-fol. H. de la planche, 0,399. L. 0,345. *

A mi-corps, dans une bordure ovale, équarrie, ornée, dans les angles du haut, d'un médaillon renfermant le chiffre du personnage entouré de palmes et surmonté d'un chapeau d'archevêque. Dans ceux du bas, de coins teintés. Vu de 3/4, tourné vers la gauche, regardant de face. Calotte au sommet de la tête; cheveux relevés sur le devant. Il porte de fines moustaches avec barbiche. Rabat retenu par des cordons à glands. Les épaules couvertes de la pèlerine à capuchon, avec la croix du Saint-Esprit attachée à un ruban passé autour du cou. — Autour de l'ovale : *Hardvinvs dc Perefixe dc Beavmont Archiepiscopvs Paris. Vtrivsq. Ordinis Cancellarivs.* — Sous le personnage, couvrant la bordure, un médaillon à fond blanc, dans un cartouche, renferme les armoiries décrites au n° 1837 ; l'écu surmonté d'une croix fleurdelisée, soutenant le chapeau d'archevêque ; les colliers de Saint-Michel et du Saint-Esprit entourent l'écusson. — Au-dessus du tr. c., à g. : *C. le febure Pinx.;* — à dr. : *P. Van schuppen sculp.* 1667. (Le millésime est suivi du chiffre 6 tracé à la pointe.)

Très-belle épreuve.

2250. Pithou (Pierre), célèbre jurisconsulte et érudit français, 1539-1596. — In-fol. H. 0,282. L. 0,202. *

A mi-corps, dans une bordure ovale, équarrie, ornée de coins et supportée par un socle. Vu de 3/4, tourné à droite, regardant de face. Tête nue, cheveux courts. Il porte moustaches et barbiche. Fraise. En robe noire boutonnée, avec parements. — Autour de l'ovale : *Petrvs Pithœvs. Ivrisconsvltvs. Dominus. dc. Savois.* — Sur le dessus du socle, à g. : *P. Van.-schuppen sculps.;* — à dr. : *cum Priuil. Regis.* 1685.— Au milieu du socle, un cartouche, accompagné de guirlandes de fruits, renferme un médaillon à fond blanc avec écusson armorié, timbré d'un casque taré de profil, avec lambrequins ; cimier : une tour d'argent sommée d'un lion issant de gueules. — Sur une tablette blanche, de chaque côté du cartouche, ces inscriptions, à g. : *Vixit||annos LVII.;* à dr. : *Obijt Kal || Novcmb̄.* 1596.

Belle épreuve.

2251. Pithou (François), jurisconsulte, frère du précédent, 1543-1621. — In-fol. H. 0,282. L. 0,202. *

A mi-corps. Même bordure et même agencement qu'au portrait précédent auquel il fait pendant. Vu de 3/4, tourné vers la gauche. Tête nue, cheveux courts. Il porte toute sa barbe. Même habillement qu'au portrait ci-dessus. — Autour de l'ovale : *Frrancisevs Pithœvs Ivrisconsvltvs Dominvs de Bierne.* — Sur le dessus du socle, même inscription qu'au portrait précédent.— Sur la tablette blanche, à g. du cartouche : *Vixit || annos LXXVII.;* — à dr. : *Obijt VII. Kal. || Februarij* 1621.

Belle épreuve.

2252. Pontis (L. DE), gentilhomme français, 1583-1670. — In-8°. H. de la planche, 0,125. L. 0,076. *

En buste, dans un ovale équarri, supporté par un petit socle. Vu de

3/4, tourné vers la gauche, regardant de face. Le sommet de la tête couvert d'une calotte; cheveux longs. Col rabattu formant rabat attaché par des cordons à glands. Drapé dans un manteau. — Sous le socle, dans une marge entourée d'un trait, l'inscription suivante : *Messire Louis de Pontis, qui après || auoir passé* 56 *ans a la guerre,* || & *a la cour, & prés de* 20 *années* || *dans vne retraitte chrestienne, est* || *mort âge de* 92 *ans le* 14 *Juin* 1670. — Au-dessous, à g. : *P. de Champagne delin.;* — à dr. : *P. Van-schuppen scul.* 1678.

Belle épreuve, avec marges.

2253. **Retz** (Jean-François-Paul DE GONDY, cardinal DE), 1614-1679. — In-fol. H. 0,340. L. 0,270. *

A mi-corps, dans une bordure ovale, équarrie, supportée par un appui. Vu de 3/4, tourné à gauche, regardant de face. La tête couverte d'une calotte; cheveux longs. Il porte de fines moustaches, avec une petite barbiche. Rabat retenu par des cordons à glands. Les épaules couvertes d'une pèlerine moirée à capuchon. — Sous le personnage, un cartouche couvrant la bordure et le milieu de l'appui, renferme un médaillon à fond blanc avec les armoiries décrites au n° 1375 du présent catalogue. l'écu timbré d'une couronne ducale, surmontée d'une croix recroisettée, supportant un chapeau de cardinal. -- Sur le dessus de l'appui, à dr. : *P. Van schuppen faciebat* 1662. (Sous le point qui suit le millésime, le chiffre 8 tracé à la pointe.)

Belle épreuve.

2254. **Rochechouart** (Guy DE SÈVE DE), évêque d'Arras, mort en 1725. — In-fol. H. 0,350. L. 0,269. *

A mi-corps, dans une bordure ovale, équarrie, supportée par un socle et ornée de banderoles dans le haut. Vu de 3/4, tourné à gauche regardant de face. Calotte sur le sommet de la tête; longs cheveux bouclés. Il porte de fines moustaches. Rabat. Les épaules couvertes d'une pèlerine à capuchon. Croix pectorale retenue à un ruban passé autour du cou. — Autour de l'ovale : *Gvido de Seve de Rochechovard Episcopvs Atrebatensis.* — Sous le personnage, un cartouche renferme un médaillon à fond blanc avec les armoiries : *Écartelé : aux* 1 *et* 4, *fascé d'or et de sable; à la bordure componnée de sable et d'or, qui est* de Sève; *aux* 2 *et* 3, *fascé nébulé d'argent et de gueules de six pièces, qui est* de Rochechouart; l'écu timbré d'une couronne de marquis surmontée d'une crosse et d'une mitre supportant un chapeau d'archevêque.— Sur la moulure du couronnement du socle, à g. : *Paul Mignard Pinx* : — à dr. : *P. Ven* (sic) - *schuppen sculp. C. P. R.* 1679. (Au-dessous du point qui suit le millésime, le chiffre 6 tracé à la pointe.)

Belle épreuve.

2255. *Rome* : **Alexandre VII** (Fabio Chigi, pape sous le nom d'), 1599-1667. — In-fol. H. de la planche, 0,350. L. 0,270.

A mi-corps, dans un ovale formé de deux chênes dont les rameaux se rejoignent dans le haut et supportent la tiare avec les clés de saint Pierre, en sautoir. Vu de 3/4, tourné à gauche, regardant de face. La tête couverte d'un bonnet bordé d'hermine. Il porte moustaches en crocs et barbiche. Col rabattu. Sur les épaules, une pèlerine à capuchon, garnie d'hermine et ornée d'une large bande de broderie. Sous le portrait, un large cartouche oblong, couvrant en partie l'appui, contient une draperie sur laquelle on lit : *Vnvs Alexandro Non* || *Svfficit Orbis.* — De chaque côté des chênes, posé sur l'appui, un rocher de six coupeaux surmonté d'une étoile (meubles des armoiries des Chigi).— Sous l'appui, à g., au-dessus du tr. c., dans une partie teintée de traits horizontaux : P. *Mignard pinx. Romœ;* — à dr. : P. *Van schuppen sculpebat Parisius* 1661. (Sous le point qui suit le millésime, le chiffre 5 tracé à la pointe.)

Très-belle épreuve.

2256. *Savoie* : **Marie-Jeanne-Baptiste de Savoie-Nemours,** seconde épouse de Charles-Emmanuel II, morte en 1724. — In-fol. H. de la planche, 0,404. L. 0,354.

A mi-corps, dans une bordure ovale, équarrie, ornée dans le haut de deux médaillons au chiffre couronné de la princesse. Vue de 3/4, tournée à droite, regardant de face. Cheveux relevés en chignon sur lequel est posé une couronne; ils retombent en longues frisures sur les côtés. Pendant d'oreille. Collier de perles. Corsage décolleté, laissant voir la naissance des seins; il est garni d'hermine et orné de perles avec brillants. — Autour de l'ovale : *Marie Ieanne Baptiste de Savoye, Dvchesse de Savoye, Princesse de Piedmont, Reine de Cypre.* 1666. — Sous le portrait, un cartouche en médaillon à fond blanc accompagné de banderoles renferme les armoiries surmontées d'une couronne. — Dans les angles inférieurs, sous les coins marbrés, à g.: *Beaubrun Pinx.;* — à dr.: P. *Van schuppen sculpebat* 1666. (A droite et au-dessous du point qui suit le millésime, le chiffre 7 tracé à la pointe.)

Très-belle épreuve, avec marges.

2257. **Seguier** (Pierre), chancelier de France, 1588-1672. — In-fol. H. de la planche, 0,359. L. 0,276.*

A mi-corps, dans une couronne ovale, formée de feuilles de laurier, ornée de banderoles dans le haut et supportée par un piédestal. Vu de 3/4, tourné à droite, regardant de face. Le sommet de la tête couvert

d'une calotte; cheveux touffus et bouclés. Il porte de fines moustaches.
Large col rabattu. En costume de sa charge, avec la croix du Saint-
Esprit retenue à un ruban passé autour du cou. — Sur le dessus du
couronnement du piédestal, à g. : *Car. le Brun Pinxit;* — à dr. : *P.
Van-schuppen sculpebat* 1662. (A droite du point qui suit le millésime,
le chiffre 3 tracé à la pointe.) — Au milieu du piédestal, un médaillon
ovale, retenu par des rubans à des pointes, renferme les armoiries décrites au n° 1123 ; l'écu timbré d'une couronne surmontée d'un casque
taré de front, avec lambrequins, et couronné d'une toque; les colliers
de Saint-Michel et du Saint-Esprit entourent les armoiries ; les insignes
de chancelier passées en sautoir, et le tout environné du manteau
d'hermine.

Très-belle épreuve.

2258. Seguier (P.), le même que le précédent. — In-fol.
H. 0,339. L. 0,266. *

A mi-corps, dans une bordure ovale, équarrie, ornée, dans le haut,
de banderoles, et, dans le bas, de deux médaillons au chiffre couronné
du personnage. L'ovale est supporté par un socle. Vu de 3/4, tourné à
gauche, regardant vers la droite. Le sommet de la tête couvert d'une
calotte ; cheveux touffus et bouclés. Vêtu et décoré de la même façon
qu'au portrait précédent. — Autour de l'ovale : *Petrvs Segvier Galliarvm Cancellarivs.* — Au milieu du socle, couvrant la bordure, un cartouche renferme les armoiries décrites au n° 1123; mêmes attributs
qu'au portrait précédent. — Sur le dessus du socle, à dr. : *P. Van
schuppen faciebat* 1668. (A droite et sous le point qui suit le millésime,
le chiffre 7 tracé à la pointe.)

Très-belle épreuve.

2259. Seiglière (Joachim DE), seigneur de Boisfranc, trésorier général et surintendant des bâtiments de M. le duc
d'Orléans. — Gr. in-fol. H. de la planche, 0,526, y compris
une marge de 0,027. L. 0,432. *

En buste, dans une couronne ovale de feuilles de chêne, équarrie et
tronquée sur les côtés. Les angles sont ornés de médaillons : ceux du
haut, au chiffre couronné du personnage, et ceux du bas, aux armoiries : *D'azur à trois épis de blé d'or;* l'écu timbré d'une couronne de
comte. Vu de 3/4, tourné à droite, regardant vers la gauche. Longue
perruque frisée. Il porte de fines moustaches. Magnifique rabat de
dentelle. — Au bas du portrait, sur la couronne de chêne : *Alexander
du Buisson Victorin* ? *Pingebat ad vivum.* — Dans les angles inférieurs,
de chaque côté de l'ovale, sous les médaillons : *Offerebat Yuo Guiliel-
mus Courtial* || *P. Van-schuppen sculpebat cum Priuilegio Regis* 1674. —

Sous le tr. c., sur deux lignes : *Joachim de Seigliere D. de Boisfrant, Cancellarius et Custos Sigillorum* || *Philippi Ducis Aurelianensium Regis Ludovici XIV. Fratris Unici.*

Belle épreuve.

2260. **Simiane de Gordes** (Louis-Marie-Armand DE), comte de Lyon, premier aumônier de la reine, évêque et duc de Langres, mort en 1695. — In-fol. H. de la planche, 0,405. L. 0,355. *

A mi-corps, dans une bordure ovale, équarrie, ornée, dans le haut, de médaillons au chiffre couronné du personnage, et, dans le bas, de coins teintés. Vu de 3/4, tourné à gauche, regardant de face. Le sommet de la tête couvert d'une calotte. Cheveux longs. En habit d'abbé, avec manteau sur les épaules. — Autour de l'ovale : *Lvdovicvs Maria Armandvs de Simianes de Gordes Lvgdvni Comes. &c.* — Sous le portrait, couvrant la bordure, un cartouche en médaillon accompagné de banderoles renferme les armoiries : *D'or semé de tours d'azur et de fleurs de lis du même* (les émaux ne sont pas indiqués) : l'écu timbré d'une couronne de comte avec la mitre et la crosse surmontées de la devise : *Svstentant Lilia Tvrres ;* tenants : deux anges avec étole en sautoir. — Dans les angles inférieurs, entre les coins et le tr. c., à g. : *C. le Feure Pinxit;* — à dr.: *P. van schuppen sculp.* 1669. (Sous le point qui suit le millésime et sous le tr. c., le chiffre 5 tracé à la pointe.)

Superbe épreuve, avec petites marges.

2261. **Teissier** (Eustache), général de l'ordre des Trinitaires. — In-fol. H. de la planche, 0,365. L. 0,306. *

A mi-corps, dans une bordure ovale, équarrie, avec banderoles dans le haut et accompagnée de coins teintés. L'ovale est supporté par un socle au milieu duquel un cartouche renferme les armoiries décrites au n° 686 du présent catalogue ; l'écu surmonté d'un chapeau d'évêque. Vu presque de face, le corps dirigé vers la droite. Calotte au sommet de la tête. En costume de son ordre. Les épaules couvertes d'un manteau avec capuchon. Sur la poitrine, une croix à quatre branches, retenue à un ruban passé autour du cou. — Autour de l'ovale : *D. Eustachius Teissier Generalis Toti? Ordinis SS^{mæ}. Trinitatis Et Redemptionis Captivorum.* — Sur le listel blanc inférieur de l'ovale, à g.: du cartouche : *A. Boüijs pinxit;* — à dr. : *P. Van Schuppen sculp. et ex. C. P. R.* 1690. (Sous le point qui suit le millésime, le chiffre 1, surmonté *d'un point,* est tracé à la pointe.) — Sur le dessus du couronnement du socle, à g. du cartouche : *Offerebat Addictissim? F. Rob. Hard. Mey De Valombre Paris. Relig. Eiusd. Ord.*

Belle épreuve, avec marges.

2262. Thomassin de Saint-Paul (le R. P. Louis), controversiste français, 1619-1695. — Pet. in-fol. H. 0,276.
L. 0,196. *

A mi-corps, dans une bordure ovale, équarrie, supportée par un
socle, sur la tablette duquel on lit : *R. P. Ludovicus Thomassinus Con-
gre=‖gationis Oratorij D. N. J. C. Presbyter summa‖Vir Religione et
Doctrina. ætatis* 76°. Vu de 3/4, tourné à droite, regardant de face.
Tête couverte d'une calotte; front dénudé. Vêtu d'une houppelande. —
Au bas du portrait, couvrant l'ovale et retenu à la bordure par un anneau, un écusson échancré aux armoiries : *D'azur à la croix écotée d'or ;
sur le tout : de sable semé de faux d'or.* — Sur la plinthe du socle, à
g. : *Jacobus Van Schuppen pinxit; —* à dr. : *P. Van Schuppen Sculpsit
C. P. R.* 1694. (Sous le chiffre 4 du millésime, le chiffre 1, surmonté
d'*un point*, est tracé à la pointe.)
Belle épreuve.

2263. Verjus (Jean), prédicateur français, frère du comte de
Crécy, v. 1630-1663. — In-4°. H. de la planche, 0,205.
L. 0,155. *

A mi-corps, dans une couronne ovale de feuilles de laurier, ornée de
banderoles dans le haut et supportée par un socle. Vu de 3/4, tourné à
gauche. Calotte sur la tête; cheveux bouclés. En soutane; rabat retenu par des cordons à glands. Les épaules couvertes d'un manteau.
— Deux branches de laurier posées sur le socle entourent l'ovale. —
Sur le dessus du socle, à g. : *Loir Pinxit ; —* à dr.: *P. Van-schuppen
sculp.* 1663. (Ce millésime est suivi du chiffre 12 tracé à la pointe.) —
Sur la tablette du socle : *Joannes Verjusius Regi a‖ cons. et elcem. Doctor Theolog.‖Paris^{sis}. Obijt anno. christi* 1663, *œtat.* 33. — Aux extré-
mités du socle, on voit deux ronds avec devises emblématiques; à g. :
Mas Vida si Menos Luz.; à dr. : *Lvcem in Cvrsv Celaverat.*
Belle épreuve.

2264. Vilain XIIII (François DE GAND, *dit*), évêque de Tour-
nai en 1644, mort le 29 décembre 1666. — In-fol. H. de la
planche, 0,420. L. 0,284.

Presque en pied. Assis dans un fauteuil, sur un coussin, près d'une
table où l'on voit une montre. Vu de 3/4, tourné à gauche, regardant
vers la droite. Le sommet de la tête couvert d'une calotte. Cheveux rejetés en arrière. Il porte moustaches et barbiche. En costume d'évêque.
Les bras appuyés sur ceux du fauteuil, il tient dans la main droite une
feuille de papier repliée, portant cette inscription : *A Mons‖neur‖Mons‖
neur‖l'Illus‖sime‖Eue‖de‖Tourn.* — A droite, une draperie à ramages

retombe derrière le fauteuil. A gauche, au-dessus de la table, dans un cartouche, les armoiries : *De sable au chef d'azur* (au lieu d'*argent*); l'écu timbré d'une couronne de comte surmontée d'un chapeau d'évêque. De chaqué côté des armoiries, sur le cartouche, le chiffre XIII. — Sous le tr. c., sur toute la largeur : *Illmo. Ac Rmo. Domino D. Francisco Villani, A Gandavo, Baroni de Rassenghien Episcro. Tornacensi‖ Hanc eius a se viuum depictam et in ære incisam Imaginem offert Patrono suo humillimus cliens Lucas François Mechliniensis, pictor.* — Au-dessous, six vers, en trois colonnes :

> *Aspicis augustos, sed mutâ in Imagine vultus?*
> *Aspice : crede mihi, pars bona vocis inest.*
> *Præsulis illa decus, Maiestatemq3 verendam,*
> *Et claræ loquitur stemma, genusq3 domus.*
> *Quos potuit vultus, frontemq3 oculosq3 locuta est :*
> *Quæ nequit ingenij dona referre, silet.*

Plus bas, à dr., au-dessus du tr. encadrant la marge : *Pet. van Schuppen sculpsit.*

Très-belle épreuve.

2265. Vincent de Paul (Saint), 1576-1660. — In-fol. H. de la planche, 0,363. L. 0,268. *

A mi-corps, dans une couronne ovale de laurier, accompagnée de palmes et supportée par un appui. Vu de 3/4, tourné à gauche. La tête couverte d'une calotte. Vêtu d'une aube. — Sous la couronne, un cartouche oblong couvre en partie l'appui et retient une draperie.

1er état, avec la couronne de laurier non terminée; la partie de droite est blanche; avant toute lettre. — Superbe épreuve, peut-être unique.

2e état. — La couronne est terminée; la draperie du cartouche est en partie recouverte par deux guirlandes. — Entre l'appui et le tr. c., sur une partie teintée de lignes horizontales, à g. : *Simon François Turonen?, ‖Pinxit ad Viuum;* — à dr. : *Pet. Vanschuppen sculpebat* 1663. — Très-belle épreuve.

2266. Wachtendonck (Jean DE), archevêque de Malines, 1598-1668. — In-fol. H. de la planche, 0,329. L. 0,225.

Jusqu'aux genoux, assis dans un fauteuil orné de clous. Vu de 3/4, tourné à droite, regardant de face. La tête couverte du bonnet carré. Il porte moustaches et barbiche : verrues sur la figure, l'une au-dessus de l'œil gauche, et l'autre près de l'aile du nez, sur la joue droite. En habit épiscopal. Les bras appuyés sur ceux du fauteuil, il tient des papiers dans la main droite, et de la gauche, le pan de sa pèlerine et une croix d'argent. — Sous le tr. c., sur toute la largeur, l'inscription

suivante : *Perillustri ac Revᵐᵒ. Domino D. Ioanni A Wachtendonck a*
sedulò perfunctis‖per eum omnibus munijs et dignitatibus tam Ecclesias-
ticis in Archiepiscopatu‖Mechliniensi, quâ ciuilibus in Consilijs Regijs,
octauo Namūrcensiū Episcopo DD. CC. Pet. Van Lint. Au milieu de cette
inscription, la séparant en deux, un petit cartouche aux armoiries :
D'or à la fleur de lis de gueules (les émaux ne sont pas indiqués) ; le
cartouche surmonté d'un chapeau d'évêque et entouré par cette devise :
ΔΟΞΑΚΑΘ ΑΡΕΘΓΝ.—A g., au-dessus du tr. de la pl. : *Petrus van Lint*
pinxit.; — à dr. : *Petrus Venschuppen* (sic) *sculpsit.*
Belle épreuve.

2267. Zwilling (François), *dit* DE BESSON, capitaine d'une
compagnie des gardes suisses. — In-fol. H. de la planche,
0,292. L. 0,213. *

A mi-corps, dans une bordure ovale, équarrie, supportée par un socle
et ornée dans le haut de banderoles, retenues à une hampe fleurdelisée, avec cette devise : *Ea Est Fidvcia Gentis.* Vu de 3/4, tourné à
droite, regardant de face. Longue perruque bouclée. Cravate de dentelle, avec nœud de ruban couvrant en partie un hausse-col orné d'une
fleur de lis. En tenue de son grade, avec baudrier en écharpe. L'épaule
droite garnie d'une bouffette de ruban. — Autour de l'ovale : *Wohl*
Edel F Zwilling D'Besson Herkomen Von Stefis In Der Hoch Gelopt
Eydt Gnoschafft, Orth vnd Statt Frijbvȓh, Bvrgᵉʳ Daselbst. — Sous le
personnage, un médaillon avec les armoiries : *D'argent à la bande d'a-*
zur, chargée d'une fleur de lis d'or et accompagnée de deux lions de
gueules; l'écu timbré d'un casque taré de face, surmonté d'une fleur de
lis et orné de lambrequins ; cimier : un enfant emmailloté accompagné
de cette devise : *linocence me maintient;* tenants : deux jeunes enfants
nus, sur une terrasse. Une épée et un bâton de commandement en sautoir derrière l'écu. Un chapeau orné d'une plume posé sur la terrasse
devant l'écusson.   Sur le dessus du socle, aux deux extrémités, on
voit une lampe antique allumée, avec une banderole attachée au haut
du médaillon armorié et portant cette devise : *En seruant les autres ie*
me consume. — Sur la tablette du socle, cette inscription : *Gebor Zū*
pariss Antⁿ Comisʳᶜ. pö. le Roy en Alemagne a la residᶜᶜ de ‖ Wormbs
jusq a la paix ♃ Euacuation deˢ Places de l'Empire de lan ‖ 1650. Es-
cuyer de Pere en filz dans le seruice, derᵉʳ. Vniq Enseigne Dᵉⁿ. des ‖
Offᵉʳˢ. ♃ des 13 Pᶜᶻ. des Cent Suisses de la Garde ordʳᵉ. du Corps de sa
Maᵗᵉ. tres ‖ Chrestⁿᵉ. Veteran, Captⁿᵉ. d'vne Compⁱᵉ de ᶜ⁄₂ homes de sa
Nation en 1668, Ætat svæ, 46. — Sur la plinthe du socle, au milieu :
P. Ven (sic) — *schuppen ad viuum delin et sculp. cum Pri Regis.* (Après
le point qui suit le mot *Regis,* le chiffre 76, au-dessous duquel est le
chiffre 8, tracés à la pointe.)
Très-belle épreuve.

Le P. Lelong a enregistré, en guise des prénoms de ce personnage, le commencement de l'inscription : *Wohl Edel f*, qui signifie : *très-noble f.* (François).

SILVESTRE (Susanne), femme Lemoyne,

graveur au burin du dix-huitième siècle.

2269. *France :* **Louis de France,** duc de Bourgogne, fils du Grand Dauphin et père de Louis XV, 1682-1712. — In-fol. H. 0,440. L. 0,352. *

Jusqu'aux genoux, dans un cadre rectangulaire. Debout sur un champ de bataille. Vu de 3/4, tourné à gauche, regardant de face. Longue perruque bouclée, retombant par derrière. En armure, avec le grand cordon en sautoir. La taille ceinte d'une écharpe. Épée au côté qu'il tient dans la main gauche. Le bras droit étendu dans l'attitude du commandement. Devant lui, sur un tertre, son casque et ses gantelets. — Le fond représente une charge de cavalerie, et l'horizon à gauche est bordé par une ville. — Sous le cadre, à g. : *Hiacintus Rigaud pinxit. ;* — à dr. : *Susanna Silvestre le Moine Sculp.* — Sur toute la largeur : *Serenissimo Principi Carolo Duci Biturigum.*||*Hanc Delphini, fratris optimi, Principis fortissimi, piissimi effigiem Œre incisam dicat et consecrat.*||*Franciscus Silvestre Hispaniarum Regis, et aliorum Galliœ Principum a delineationibus. M.*

Belle épreuve.

Gravé en 1707, d'après un tableau peint en 1703.

2270. **Nocret** (Jean), peintre et graveur français, 1612-1672. — In-fol. H. de la planche, 0,301. L. 0,220. *

A mi-corps, debout près d'une toile où l'on voit l'esquisse d'une tête. Vu de 3/4, tourné à droite, regardant de face. Tête nue, cheveux longs et frisés. Il porte de petites moustaches avec barbiche. Large col rabattu. Les épaules couvertes d'un manteau. Il peint. — Sous le tr. c,, sur toute la largeur : *Joannes Nocret regius pictor, ac Regi a cubiculis ordinarius ;* || *in regiâ picturœ et Sculpturœ Academiâ Rector, nec non Domini,*||*fratris unici Regis pictor primarius.* — Au-dessous, à g. : *Joannes Nocret Seipsum* (sic) *pinxit. ;* — à dr. : *Susanna Silvestre Sculpsit.*

Belle épreuve, avec marges.

SIMON (Pierre),

peintre et graveur au burin, né à Paris vers 1640. On ne sait presque rien de la vie de cet artiste de talent.

2271. Albert d'Ailly (Charles D'), duc **de Chaulnes**, général français, 1625-1698. — In-fol. H. de la planche, 0,460. L. 0,348. *

A mi-corps, dans une bordure ovale, équarrie, supportée par un socle et accompagnée de trophées d'armes. Vu de 3/4, tourné vers la gauche, regardant de face. Longue perruque retombant sur les épaules. Rabat de dentelle retenu par des cordons à glands. Couvert d'une armure, avec écharpe en sautoir et croix du Saint-Esprit sur le côté. — Autour de l'ovale : *Charles D'Ally, Dvc de Chavlnes Pair de France, Chr des Ordres dv Roy Ambr. Extrr. vers Sa Ste.* 1668. — Au bas du portrait, couvrant l'ovale et le milieu du socle, les armoiries : *D'argent* (au lieu de *gueules*), *l'écu diapré de deux rinceaux ou branches de laurier d'argent, passés en sautoir ; au chef échiqueté d'argent et d'azur de trois traits, qui est* d'Ailly ; l'écu timbré d'une couronne ducale, sommée d'un casque couronné, taré de face et orné de lambrequins ; les colliers de Saint-Michel et du Saint-Esprit entourent l'écusson et le manteau d'hermine environne le tout. — Sur le dessus du couronnement du socle, à g. : *J. De la Borde. pinxit. ;* — à dr. : *P. simon. Sculpebat Romæ.* 1668.

Très-belle épreuve.

2272. Astorga (Antoine-Pierre-Alvarez Osorio-d'Avila, marquis D'), diplomate espagnol, vice-roi de Naples, mort en 1689. — In-fol. H. 0,440. L. 0,340.

A mi-corps, dans une bordure ovale, équarrie, accompagnée de trophées d'armes et ornée de palmes et de branches de laurier dans le haut. Vu de 3/4, tourné à gauche, regardant de face. Tête nue, cheveux longs, séparés sur le côté par une raie. Il porte des besicles. Moustaches en crocs ; légère barbiche. Large rabat de dentelle. Couvert d'une armure, avec écharpe frangée en sautoir et les insignes d'un ordre sur la poitrine. — Autour de l'ovale : *D. Anto. Po. Alvarez. Osorio. Davila. Y. Toledo. Marq. de Velada. Y. Astorga.* 1668. — Sous le portrait, couvrant le bas de l'ovale et appuyé sur le dessus du socle, un cartouche armorié entouré d'oriflammes et timbré d'une couronne surmontée d'un cavalier. — Sur le listel blanc inférieur de la bordure, à g. des armoiries : *J. De la Borde. pinxit. ;* — à dr. : *P. Simon. Sculpebat Romæ.* 1668.

Superbe épreuve.

2273. Bailly de Saint-Mars (Guillaume), abbé de Saint-Thierry, avocat général au grand conseil, mort en 1646. — In-fol. H. de la planche, 0,433. L. 0, 330. *

A mi-corps, dans une bordure ovale, équarrie, orné de banderoles et supportée par un piédestal. Vu de 3/4, tourné vers la gauche, regardant à droite. Tête nue, cheveux bouclés. Il porte de fines moustaches et une petite barbiche. Rabat retenu par des cordons à glands. En costume d'avocat général. — Autour de l'ovale : *Gvillelmvs Bailly Comes Consistorianvs Magniqve Galliarū Consilii Advocatvs Catholicvs.* — Au milieu du piédestal, sous la bordure, un petit ovale à fond blanc renferme les armoiries : *D'or à la fasce d'azur, chargée d'une croix ancrée du champ, et accompagnée en chef de deux glands de sinople* (non indiqué) *appointés, et en pointe d'un arbre du même;* l'écu timbré d'une couronne de comte surmontée d'une mitre et d'une crosse et accompagné de deux palmes. — Au-dessus du tr. c., à g. des armoiries : *P. Simon. A* (cette lettre est tracée à la pointe); — à dr.: *sculpebat* 1667.
Très-belle épreuve.

2274. Bonzy (Pierre DE), archevêque de Toulouse, puis cardinal, 1638-1703.— Très-gr. in-fol. en travers. L. de la planche, 0,688. H. 0,555.

En buste, dans une bordure ovale, équarrie, tronquée dans le haut et le bas, et accompagnée d'attributs dans les angles. Vu presque de face, légèrement tourné vers la gauche. Cheveux bouclés. Rabat retenu par un cordon à glands. Les épaules couvertes d'une pèlerine à capuchon. Croix du Saint-Esprit suspendue à un ruban passé autour du cou. — Autour de l'ovale : *Petrvs de Bonsy S. R. E. Card. Archiepisc. Et Primas Narbon. Mag'. Reginæ Eleemosenarivs.* — Sous le portrait, à g., sur la plate-bande de l'ovale recouverte de tailles horizontales: *Ferdinand Wout* (sic, pour Vouet) *Pinx.;* — à dr. : *Petrus Simon Sculp.*
Très-belle épreuve.

2275. Colbert de Seignelay (Jean-Baptiste), homme d'État, fils du grand Colbert, 1651-1690. — Très-gr. in-fol. H. de la planche, 0,606. L. 0,527. *

En buste, dans une bordure ovale, équarrie, recouverte d'une couronne de feuilles de chêne et accompagnée de banderoles dans le haut. Vu de 3/4, tourné à gauche. Longue perruque frisée, retombant sur les épaules. Magnifique rabat de dentelle. L'épaule gauche couverte d'un manteau à ramages, avec les insignes du Saint-Esprit. — Dans l'angle inférieur, à dr., les lettres *I C,* tracées à la pointe.

1er état, avant toute lettre. Extrêmement rare.— Magnifique épreuve.

2276. **Durfort-Duras** (Gui-Aldonce DE), comte de Lorges, maréchal de France, 1630-1702. — Très-gr. in-fol. H. de la planche, 0,516. L. 0,435.

En buste, dans une bordure ovale, équarrie, tronquée sur tous les côtés. Vu de 3/4, tourné à droite, regardant de face. Longue perruque bouclée. Il porte de fines moustaches. Couvert d'une armure, avec petite collerette de dentelle. — Autour de l'ovale : *Gvido de Dvrasfort Comes de Lorge Franciæ Marcscall? Præm Cohortm Præf?.* — Sous le portrait, sur le listel blanc supérieur : *Offerebat Alexivs Blanc de Cantiers.* — Sur le listel blanc inférieur : *P. Simon ad vivum ping.*

Très-rare. — Superbe épreuve.

2277. *France :* **Louis XIV,** 1638-1715. — Très-gr. in-fol. H. 0,585. L. 0,485.

En buste, dans une bordure ovale, équarrie, tronquée sur tous les côtés et autour de laquelle on lit : *Lvdovicvs XIIII. Dei Gra. Franciæ et Navarræ Rex Christianissimvs.* Vu de 3/4, tourné à gauche, regardant vers la droite. Coiffé d'un chapeau à bords relevés, galonné et orné d'une plume. Cheveux frisés ; deux longues boucles retombent sur l'épaule gauche. Il porte de fines moustaches en crocs. Cravate de dentelle avec nœud de ruban. Couvert d'une cuirasse, avec pourpoint à ramages, et grand cordon en sautoir.— Sur le listel blanc inférieur de l'ovale, à g. : *C. le Brun Pinx.;* — à dr. : *P. Simon sculp.* 1682. (Ce millésime est tracé à la pointe.)

Superbe épreuve.

2278. *France :* **Louis XIV.** — Très-gr. in-fol. H. de la planche, 0,550. L. 0,500.

En buste, aussi grand que nature, dans une bordure ovale, équarrie et tronquée sur tous les côtés. Vu de 3/4, tourné à gauche, regardant de face. Longue perruque bouclée. Il porte de fines moustaches relevées. Couvert d'un manteau d'hermine fleurdelisé, agrafé par une fleur de lis sur l'épaule droite qui est nue. — Sous le portrait, au milieu du listel intérieur, les lettres *M B* sont tracées à la pointe. — Au-dessus de l'angle inférieur droit, sur la plate-bande blanche : *P. Simon F,* tracé à la pointe. — Le fond est formé d'un rayonnement entourant la tête du personnage.

1er état. — Superbe épreuve.

2e état. — Les angles de la planche sont ornés de médaillons aux effigies des rois qui ont porté le surnom de *Grand*. — Autour de l'ovale, on lit : *Lvdovicvs Magnos Inter Maximvs*. — Le rayonnement du fond a été enlevé et l'épaule droite du personnage est couverte par une tête de lion ; l'agrafe a été remplacée par un brillant. — Sur le listel blanc inférieur de l'ovale, à g. : *P. Simon;* — à dr. : *delin et sculps.* 1686. — Très-belle épreuve.

2279. *France :* **Louis XIV.** — Très-gr. in-fol. H. 0,571. L. 0,422.

En pied, dans un cadre rectangulaire. Debout, vu de 3/4, tourné vers la gauche, regardant de face. Longue perruque bouclée. En costume romain. L'épaule droite couverte d'un manteau formant traîne qu'il tient relevée de la main gauche, appuyée sur la hanche. Le bras droit étendu avec le bâton de commandement dans la main. — Derrière le personnage, à dr., des tentes semées de fleurs de lis; et une table recouverte d'un tapis avec un rouleau de papier sur lequel figure un plan de fortifications. — A g., un écuyer, en costume romain, porte un casque empanaché ; derrière, formant le fond, une ville assiégée. — Sous le tr. c., à g. : *Petrus Simon Eques Sculpsit* 1694.; — à dr. : *Cum Privilegio Regis.* — Au milieu : *Ludovicus Magnus.* Belle épreuve.

2280. *France :* **Louis XIV.** — Très-gr. in-fol. H. de la planche, 0,589. L. 0,407. H. de la gravure, 0,540.

En pied. Debout, vu de 3/4, tourné vers la gauche, regardant de face. Même attitude et même costume qu'au portrait précédent. Il est coiffé d'un casque empanaché, orné d'une couronne de laurier. C'est d'ailleurs la même planche que la précédente, qui a été réduite et modifiée ainsi qu'il suit : Derrière le roi, à dr., la table a été remplacée par un personnage coiffé d'un casque avec panache ; il tient de la main gauche la garde de son épée et a devant lui un bouclier orné d'un soleil avec la devise : *Nec Pluribus Impar.;* — à g., l'écuyer a été remplacé par deux autres personnages en costume romain et coiffés de casques ornés de plumes. Ils tiennent chacun une feuille de papier; sur l'une, on voit le plan des fortifications de la ville assiégée, et sur l'autre, des figures géométriques.— Au-dessous des pieds de ces deux personnages, sur une large pierre, ces vers :

Louis qui fait trembler la Terre,
Et ne trembla iamais :
Qui se fait Redouter a coups de Cimeterre,
Et se fait Admirer a force de Bienfaits,
A parû trop Aimer les Perils de la Guerre,
Pour n'aimer pas un peu les Plaisirs de ‖ *La Paix.*

Le cadre rectangulaire a été enlevé. — Sous le tr. c., à g. : *Nanteuil*

Sculp.; — à dr.: *A Paris chez Limosin ruë de Gévre.* — Dans la marge, en deux colonnes, ce huitain :

> *Ouy, Grand Roy, laissons la les Seiges* (sic), *les Batailles,*
> *Qu'vn autre aille en rimant renverser des murailles*
> *Et souvent sur tes pas marchant sans ton aveu,*
> *S'aille couvrir de sang de poussiere et de feu.*
>
> *A quoy bon, d'vne muse au carnage animée,*
> *Echauffer ta valeur déja trop allumée?*
> *Jouissons a loisir du fruit de tes bienfaits :*
> *Et ne nous lassons point des douceurs de la paix.*

Belle épreuve.

Bien que cette planche porte le nom de *Nanteuil*, par supercherie, elle est bien de *Simon;* le Cabinet des estampes en possède une épreuve où on lit : *Pierre Simon sculp.* 1694. — *Ant. Dieu pinxit.*

2281. *France :* **Philippe de France, duc d'Orléans,** appelé *Monsieur,* 1640-1701. — Très-gr. in-fol. H. de la planche, 0,588. L. 0,485. *

En buste, aussi grand que nature, dans une bordure ovale, équarrie, tronquée sur tous les côtés, et autour de laquelle on lit : *Philippes de France Dvc d'Orleans.* Vu de 3/4, tourné à gauche, regardant de face. Perruque frisée, couvrant le front et retombant sur les épaules. Cravate de dentelle avec nœud de ruban. Couvert d'une armure dont les brassards sont semés de fleurs de lis; grand cordon en sautoir.

1er état, avant le nom du graveur. — Très-belle épreuve.

2282. *France :* **Anne-Marie-Louise,** duchesse **de Montpensier,** appelée la *Grande Mademoiselle,* 1627-1695. Gr. in-fol. H. de la planche, 0,509. L. 0,422. *

En buste, dans une bordure ovale, équarrie, tronquée sur tous les côtés. Les angles de la planche sont ornés d'une fleur de lis. Vue de 3/4, tournée à droite, regardant de face. Cheveux relevés en chignon entremêlé de perles, et retombant en longues frisures sur les côtés. Pendant d'oreille. Collier de perles. Corsage décolleté à grands ramages, garni de brillants avec perles et de dentelle. Manteau d'hermine retenu par une fleur de lis sur l'épaule droite. — Autour de l'ovale : *Anne Marie Lovise D'Orleans Sovveraine De Dombes Dvchesse de Montpensier,* etc. — Dans l'angle inférieur gauche, à dr. de la fleur de lis : *P. Simon, sculp.*

Superbe épreuve.

2283. *France :* **Louis II de Bourbon-Condé,** appelé le

Grand Condé, 1621-1686. — Gr. in-fol. H. 0,581. L. 0,491.

En buste, aussi grand que nature, dans une bordure ovale, équarrie, tronquée sur tous les côtés et autour de laquelle on lit : *Lvdovicvs Borbonivs Princeps Condævs.* Vu de 3/4, tourné à droite, regardant vers la gauche. Longue perruque éparse et bouclée à ses extrémités. Il porte de fines moustaches. En costume romain. L'épaule gauche couverte d'une draperie agrafée sur la droite par un brillant. — Au-dessous du portrait, sur le listel blanc supérieur de la bordure : *Offerebat Ioannes Gaillard Parisivs.* — Sur le listel blanc inférieur, à g. : *P. Simon ad viuum pingebat et sculp.* 1678.

Très-belle épreuve.

2284. **Godet des Marais** (P. DE), évêque de Chartres, mort en 1709, âgé de 62 ans. — In-fol. H. 0,457. L. 0,383. *

A mi-corps, dans une bordure ovale, équarrie, tronquée dans le haut et dans le bas; ornée de coins dans les angles. Vu de 3/4, tourné vers la gauche, regardant de face. Calotte sur la tête; cheveux séparés par une raie, et bouclés par derrière. Rabat. Les épaules couvertes d'une pèlerine à capuchon, avec la croix pectorale. — Autour de l'ovale : *Paulus de Godet des Marais Episcopus Carnotensis.* — Au-dessus des coins inférieurs, sur le listel de la bordure, à g. : *F. Andreas Pinxit Parisiis.;* — à dr.: *Pet^{us}. Simon Eques romanus et Sculptor regius, Sculp^?.* 1708. (La lettre R est tracée à la pointe sur le listel inférieur de la bordure, un peu à droite, au-dessus de la lettre E du mot *Episcopus*.)

Très-belle épreuve.

2285. **Harlay-Chanvallon** (François DE), archevêque de Paris, 1625-1695. — Très-gr. in-fol. H. de la planche, 0,580. L. 0,482.

En buste, dans une bordure ovale, équarrie, tronquée sur tous les côtés et autour de laquelle on lit : *Franc^s. de Harlay Archieps. Parisiensis Reg^m. Ord^m. Commendator Sorbonæ Provisor.* Vu de 3/4, tourné à droite, regardant de face. La tête couverte d'une calotte. Cheveux bouclés. Il porte de fines moustaches relevées. Rabat retenu par des cordons à glands. Les épaules couvertes d'une pèlerine à capuchon, avec la croix du Saint-Esprit attachée à un cordon passé autour du cou. — Sur le listel blanc inférieur de l'ovale, à g. : *P. Simon;* — à dr.: *sculpsit.* — Sous le tr. c., au milieu dans la marge : *Se Vend A Paris Chez F. Iollain laine* (sic), *rue,* etc., 1688.

Très-belle épreuve.

2286. *Mecklembourg :* **Christian-Louis Ier**, fils aîné du duc

Adolphe-Frédéric ; mort en 1692. — Très-gr. in-fol. H. de la planche, 0,560. L. 0,508.

En buste, aussi grand que nature, dans une bordure ovale, équarrie, tronquée dans le haut et dans le bas. Vu de 3/4, tourné à droite, regardant de face. Perruque bouclée, retombant sur les épaules. Cravate de dentelle avec nœud de ruban. Couvert d'une armure ; le grand cordon en sautoir.— Autour de l'ovale : *Christianvs Lvdovicvs Dei Gratia Dvx Megapolitanvs Princeps Vandalorum &c.* — Sur le listel blanc inférieur de l'ovale, à g. : *C. Perrin Pinxit ;* — à dr. : *P. Simon sculpsit* 1675.

Superbe épreuve, avec marges.

2287. Ormesson (Olivier III Le Fèvre d'), conseiller d'État, mort le 4 novembre 1686. — Gr. in-fol. H. de la planche, 0,538. L. 0,467. *

En buste, aussi grand que nature, dans une bordure ovale, équarrie et tronquée sur tous les côtés. Vu de 3/4, tourné à droite, regardant de face. Perruque bouclée, retombant sur les épaules. Il porte de fines moustaches et une petite barbiche. En costume de magistrat. Rabat retenu par des cordons à glands. — Autour de l'ovale : *Olivarivs Le Fevre D'Ormesson Comes Consistorii.* — Sur le listel blanc inférieur de la bordure ovale, à dr. : *P. Simon Sculp.*

Très-belle épreuve.

2288. Pallu (François), évêque d'Héliopolis, 1625-1684. — Gr. in-fol. H. 0,500. L. 0,421. *

En buste, dans une bordure ovale, équarrie et ornée de coins dans les angles. Vu de 3/4, tourné à droite, regardant vers la gauche. Sommet de la tête couvert d'une calotte ; cheveux retombant sur le front. Il porte toute sa barbe. En habit épiscopal, avec la croix pectorale, retenue à un ruban passé autour du cou. — Autour de l'ovale : *Franciscvs Pallv Episcopvs Heliopolitanvs Vicarivs Apostolicvs Fochiensis et Administrator Generalis Sinarvm.* — Au-dessous du portrait, sur le listel blanc supérieur de la bordure, cette dédicace : *Offerebat Annævs Lecovrt de Mondory Diaconvs Claromontanvs.*— Sur le listel blanc inférieur, à g. : *F. De la mare Richart Reg. Accad. Pictor.;* — à dr. : *P. Simon sculpsit.*

Très-belle épreuve.

2289. Potier de Gesvres (Léon), abbé de Bernay, puis

archevêque de Bourges et cardinal, 1656-1744. — Gr. in-fol. H. 0,506. L. 0,421.

En buste, dans une bordure ovale, équarrie et tronquée sur tous les côtés. Vu de 3/4, tourné à gauche, regardant vers la droite. Cheveux touffus et bouclés. En costume d'abbé, les épaules couvertes d'un manteau. — Autour de l'ovale : *Leo Potier de Gesvres Abbas et Comes Bernaiensis.* — Sous le personnage, sur le listel blanc supérieur de la bordure, à g. : *F. de Troye Pinxit ;* — à dr. : *P. Simon Sculpsit.* Très-belle épreuve.

2290. Raguier de Poussé (Antoine), docteur de Sorbonne, ancien curé de Saint-Sulpice, mort en 1680, âgé de 63 ans. — Gr. in-fol. H. de la planche, 0,510. L. 0,429. *

En buste, dans une bordure ovale, équarrie, ornée de coins dans les angles. Vu de 3/4, tourné vers la gauche, regardant de face. Tête couverte d'une calotte. Cheveux courts ; une mèche couvre le front. Il porte de fines moustaches et une petite barbiche. En aube, avec rabat. — Autour de l'ovale : *Antonivs Ragvier de Povssé Eccl. Sanc. Svlpitii Pastor Sac. Facvl. Paris. Doctor. Theol.* — Sur le listel blanc inférieur de la bordure, à g.: *C. N. Guerry Pinx.;* — à dr. : *Simon sculp.* Belle épreuve.

2291. Ranuccio (Ange), cardinal. — Gr. in-fol. H. de la planche, 0,490. L. 0,430.

En buste, dans une bordure ovale, équarrie et tronquée sur tous les côtés. Vu de 3/4, tourné à gauche, regardant de face. La tête couverte d'une calotte, cheveux bouclés. Il porte de fines moustaches et une petite barbiche. Rabat. Les épaules couvertes d'une pèlerine à capuche. — Sous le personnage, sur le listel blanc supérieur de la bordure, à g.: *P. Simon ad viuum ping.;* — à dr.: *et Sculpebat* 1685.

1er état. — Superbe épreuve.

2d état. — Autour de l'ovale, on lit : *Ang. S. R. E. Presbyter Cardinalis Ranvtivs.* — Le dernier chiffre 5 du millésime a été transformé en 6. — Très-belle épreuve.

2292. *Rome :* Clément X (Émile-Laurent ALTIERI, pape sous le nom de), 1590-1676. — In-fol. H. 0,405. L. 0,305.

A mi-corps, dans une bordure ovale, équarrie, ornée dans le bas d'un cartouche oblong, avec un petit médaillon ovale au milieu, renfermant les armoiries : *D'azur à six étoiles d'argent ; à la bordure endentée du même ;* l'écu timbré de la tiare accompagnée de deux clés en sautoir. Vu de 3/4, tourné à droite, regardant de face. La tête couverte d'une calotte bordée de fourrure. Il porte moustaches en crocs et barbiche. Col rabattu. Les épaules couvertes d'une pèlerine à capuchon bordée de fourrure. — Sur le cartouche oblong, séparée par les armoiries, l'inscription : *Clemens Decimvs* ‖ *Pont. Max.* — A g. du cartouche, dans la gravure : *Gio Battà Gaulli del. pinx.* ‖ *P. Simon sculp.;* — à dr. : *Io. Iacob. de Rubeis form.* ‖ *Romœ ad Tem. pac. cū P.* (le reste est enlevé).

Très-belle épreuve.

2293. Rospigliosi (Jacques), cardinal. — Gr. in-fol. H. 0,462. L. 0,353.

A mi-corps, dans une bordure ovale, entourée d'un cadre rectangulaire dont les angles sont ornés d'emblèmes. Une draperie recouvre le haut de la bordure. Vu de 3/4, tourné vers la gauche, le corps étant à droite. Calotte sur la tête ; cheveux ondulés. Il porte de fines moustaches et petite barbiche. Col plissé, rabattu. Les épaules couvertes d'une pèlerine à capuchon. Il tient dans la main droite un bonnet carré, appuyé contre sa poitrine. — Autour de l'ovale : *Iacobvs ..T.* (mot caché par la draperie) *Sti Sixti S. R. E. Presbiter Cardinalis Rospigliosivs.* — Sous le personnage, au milieu, couvrant la bordure, un écusson aux armoiries : *Écartelé d'or et d'azur, à quatre losanges de l'un à l'autre*; l'écu timbré d'une simple croix archiépiscopale, surmontée d'un chapeau de cardinal; deux cornes d'abondance chargées de fruits soutiennent les armoiries. — Sur le côté inférieur du cadre, à g. du socle des armoiries : *Carolus Marattus Pinxit.;* — à dr. : *Petrus Simon sculpsit.* 1669.

Belle épreuve.

2294. Seiglière (Joachim DE), trésorier général et surintendant des bâtiments de Mr. le duc d'Orléans. — Très-gr. in-fol. H. de la planche, 0,549. L. 0,487.

En buste, dans une bordure ovale, équarrie et tronquée sur tous les côtés. Vu de 3/4, tourné à gauche, regardant de face. Perruque bouclée, retombant sur les épaules. Il porte de fines moustaches en crocs. Rabat de dentelle. Vêtement à grands ramages. — Autour de l'ovale: *Ioachim de Seigliere de Boisfrant Vnici Regis fratris Ærarii et Ædificiorū. Præfectvs. &c.* — Sur le listel blanc inférieur de la bordure, à g. : *P. Mignard trecensis Pinxit;* — à dr. : *P. Simon sculpsit* 1676.

Très-belle épreuve.

2295. Serroni (Hyacinthe), premier archevêque d'Albi,

1617-1687. — Gr. in-fol. H. de la planche, 0,497. L. 0,430.

En buste, dans une bordure ovale, équarrie et tronquée sur tous les côtés. Vu de 3/4, tourné à droite, regardant de face. Calotte sur la tête ; cheveux bouclés ; des mèches couvrent le front. Rabat. Les épaules couvertes d'une pèlerine à capuchon, avec la croix pectorale retenue à un ruban passé autour du cou. — Autour de l'ovale : *Hyacinthvs Serroni Primvs Albiensivm Archiepiscopvs.*

D'après Hyacinthe Rigaud.

État avant les noms des artistes. — Superbe épreuve.

SIMONNEAU (CHARLES-LOUIS),

dessinateur, graveur au burin, à l'eau-forte et à la pointe, né à Orléans vers 1656, mort à Paris le 22 mars 1728, âgé d'environ soixante-douze ans, selon l'acte de son inhumation. Élève pour le dessin de Noël Coypel, et pour la gravure, de Guillaume Château. Reçu à l'Académie royale de peinture le 18 juin 1710.

2296. *France :* **Élisabeth-Charlotte de Bavière,** appelée la **duchesse d'Orléans** et surnommée la *Palatine,* seconde épouse de PHILIPPE Ier duc d'Orléans, et mère du Régent, 1652-1722. — In-fol. H. 0,425. L. 0,338. *

Jusqu'au-dessous des genoux. Assise dans un fauteuil près d'une table portant une couronne fleurdelisée qu'elle prend de la main droite. Vue de 3/4, tournée vers la droite, regardant de face, le corps étant à gauche. Cheveux blancs relevés en chignon que recouvre un voile noir, retombant sur l'épaule gauche, et dont elle tient l'extrémité contre sa poitrine, de la main gauche. Robe à grands ramages, ornée de perles, avec corsage décolleté, garni de dentelle. Les épaules couvertes du manteau d'hermine fleurdelisé. Derrière elle, une draperie retenue par des cordons à glands forme le fond. Le tout est entouré d'un cadre rectangulaire à petites baguettes. — Sous le cadre, à g. : *Peint par Hyacinthe Rigaud.;* — à dr. : *Gravé par Ch. Simonneau l'aîné Gravr ordre du Roy.* — Au milieu, dans un petit cartouche tenu par deux anges, les armoiries des *d'Orléans,* accolées à celles de *Bavière,* écartelées de celles du *Palatinat du Rhin* décrites au n° 2197 du présent catalogue, timbrées d'une couronne fleurdelisée et accompagnées de l'inscription suivante qu'elles séparent en deux : *Élizabeth Charlotte Palatine du Rhin* || *Duchesse d'Orleans.*

Voir la note du n° 495 du présent catalogue.

Très-belle épreuve.

2297. Le Maistre (Ant.), célèbre avocat et écrivain français, 1608-1658. — In-fol. H. de la planche, 0,312. L. 0,218. *

A mi-corps, dans un cadre rectangulaire. Debout, vu presque de

II.   28

profil, tourné à gauche. La tête couverte d'une calotte. Longs cheveux frisés, retombant sur les épaules. Rabat attaché avec des cordons. Drapé dans un manteau. — Sur la tablette du cadre : *Antoine Le Maistre* || *Sedebit Solitarius et tacebit Thren. Cap. 3. 28.* — Au-dessous à dr. : *Desprez typograph. Reg : excud.* — Sous le tr. c., à g. : [Ph. de] *Champagne Pinx.;* — à dr.: *C. Simonneau Sculp. Aqua forti.*

Belle épreuve, avec marges.

SIMONNEAU (PHILIPPE),

fils du précédent, dessinateur et graveur au burin, né à Paris le 3 février 1685, mort après 1727.

2298. Réaumur (R.-Ant. FERCHAULT DE), célèbre physicien et naturaliste français, 1683-1757. — In-fol. H. de la planche, 0,361, y compris une marge de 0,048. L. 0,240. *

Jusqu'aux genoux, dans un cadre rectangulaire. Assis dans un fauteuil près d'une table portant des livres. Vu de 3/4, tourné à droite, regardant vers la gauche. Perruque bouclée, retombant par derrière. Cravate de dentelle. Habit entr'ouvert, avec manches à parements brodés. Grand cordon en sautoir sous son habit. Le bras gauche appuyé sur la table. Il tient dans la main droite une tabatière. Le fond est formé d'une draperie relevée à droite et laissant voir deux rayons de volumes. — Sous le cadre, à g. : *Peint par A. S. Belle.;* — à dr. : *Ph. Simonneau Sculpsit.* — Sur toute la largeur, dans la marge : *René Antoine Ferchault de Reaumur* || *Commandeur et Intendant de l'Ordre Royal et militaire de Saint-Louis, de l'Academie* || *Royale des Sciences, de la Societe Royale de Londres, de l'Academie de Petersbourg, et de* || *celle de l'Institut de Bologne.* — A dr., et un peu au-dessous · *À Paris chez Gautrot et Joullain Quay,* etc.

Belle épreuve, à toutes marges.

SIMONNEAU (LOUIS),

frère puiné de Charles, dessinateur, graveur à la pointe et au burin, né à Orléans en 1657, mort à Paris le 16 janvier 1727, âgé de soixante-dix ans, selon l'acte de son décès. Reçu à l'Académie royale de peinture le 29 mai 1706.

2299. Charmois (Martin DE), sieur DE LANZÉ, fondateur de l'Académie de peinture et de sculpture, 1605-1661. — In-fol. H. 0,435. L. 0,350. *

Jusqu'aux genoux, dans un cadre rectangulaire. Debout, appuyé de la main droite sur un piédestal où se trouvent un rouleau de papier et un porte-crayon. Vu de 3/4, tourné à droite, regardant de face. Tête nue, cheveux longs. Il porte de fines moustaches avec petite barbiche. Col rabattu, attaché avec des cordons à glands. Drapé dans un manteau. A droite, divers objets parmi lesquels le fût d'une colonne à rainures avec socle. — Sur la baguette du cadre, à dr. : *Lud. Simonneau scul.*— Dans la marge, sur toute la largeur : *Mre Martin de Charmois Conseiller d'Estat,* || *Directeur de L'Academie Royale de Peinture et de Sculpture.* — Au-dessous, à g.: [Séb.] *Bourdon pinxit.;* — à dr.: *Ludovicus Simonneau Sculpsit* 1706.

Belle épreuve.

Pièce de réception de l'artiste à l'Académie.

SURUGUE (Louis),

dessinateur, graveur à la pointe et au burin, né vers 1686, mort le 6 août 1762. Dans l'acte de décès de sa femme, Cornelia Bauwens, morte le 17 décembre 1755, il est qualifié « conseiller du roi, contrôleur des rentes de l'hôtel de ville « et graveur de Sa Majesté ». Il avait été reçu à l'Académie royale de peinture le 30 juillet 1735.

2300. Boullongne (L. DE), peintre français, 1609-1674. — In-fol. H. de la planche, 0,385. L. 0,254. *

A mi-corps, dans un cadre rectangulaire, supporté par un socle. Vu de 3/4, tourné à gauche, regardant de face. Tête nue, le sommet légèrement dénudé. Cheveux longs et frisés. Il porte moustache et petite barbiche. Col de chemise dégrafé. En houppelande doublée de fourrure. La main gauche appuyée sur le dessus du côté inférieur du cadre où est posée une toile, qu'il tient de la main droite, et sur laquelle est une esquisse. A gauche, une ouverture formant fenêtre par laquelle on voit le ciel nuageux. A droite, derrière le personnage, un mur. — Sur le dessus du socle, à droite, des pinceaux passés dans le doigté d'une palette, un volume et un rouleau de papier avec un porte-crayon. — Sur la face du socle : *Louis de Boulongne le Pere* || *Peintre ordinaire du Roy, et Professeur de l'Academie* || *Royale de Peinture et Sculpture.* — Au milieu de la plinthe, un petit cartouche avec les armoiries : *De gueules à la tour d'argent; au chef cousu d'azur, chargé de trois étoiles du second* (au lieu d'or). — Sous le tr. c., à g. : *Peint par.... Mathieu.;* — à dr. : *Gravé par Louis Surugue en* 1733 (sic) || *pour la reception a l'Academie Royale.*

Belle épreuve.

2301. Geoffroy (Étienne-François), dit *l'aîné,* médecin français, 1672-1731. — In-fol. H. de la planche, 0,403. L. 0,291. *

A mi-corps, dans une fenêtre rectangulaire, architecturale, suppor-

tée par un socle. Vu de 3/4, tourné à gauche, regardant vers la droite.
Longue perruque bouclée. Les épaules couvertes d'un manteau, avec
simarre, dont le pan, à droite, retombe en dehors de la fenétre et
couvre le dessus du socle. Il tient de la main gauche un volume debout
sur le rebord de la fenétre. — Le fond est formé d'une draperie relevée à gauche laissant voir des rayons de volumes. — Sur la face du
socle : *Stephanus Franciscus Geoffroy Parisinus, Natus Anno.* 1672. || *Fa-
cult. Medic. Paris. Decanus; in Colleg. Franciæ Lector Regius, necnon
Chymiæ et* || *histor. natural. in hort. Reg. Paris. Professor; Reg. Scient.
Acad. et Societ. Reg. Lond.* || *Socius : Obiit iterùm Decanus. Anno.*
1731. || *Dilectissimo Fratri* || *Hoc Amicitiæ et Grati Animi Monumentum
dicavit, Claud. Joseph Geoffroy, Phar-* || *mac. Parisiens. Præfectus An-
tiquior; Ædil. Paris; Reg. Scient. Acad. et Societ. Reg. Lond. Socius.*—
Sous le tr. c., à g.: *N. de Largilliere Pinxit;* — à dr. : *Gravé par L.
Surugue.* 1737.
Très-belle épreuve, avec marges.

2302. Mouchy (Mᵐᵉ DE). — In-fol. H. de la planche, 0,417. L. 0,298. *

Jusqu'aux genoux, dans un cadre rectangulaire, avec une tablette
sur laquelle on lit : *Madᵉ. de **. en habit de Bal.* Vue de face, assise sur
une chaise, les bras croisés et appuyés sur ses cuisses. Tête nue, légèrement inclinée vers l'épaule gauche. Cheveux courts et bouclés sur le
devant, terminés derrière en deux longues tresses garnies de perles.
Sur le dessus de la tête, une houppe avec brillant et perle. Pendants
d'oreille à trois branches. Nœud de velours au cou. Robe ornée de
glands, avec corsage décolleté. Écharpe en sautoir. Elle tient un
masque dans la main gauche. — Au-dessous du portrait, sur l'épaisseur du côté du cadre, à g. : *Peint au pastel par Ch. Coypel.;* — à dr. :
Gravée par L. Surugue en 1746. — Sous le tr. c., au milieu : *a Paris
chez L. Surugue Graveur du Roy,* etc. A. P. D. R.
Très-belle épreuve.

2303. Verdun (Jos.-Christ. DE), peintre français. — In-fol. H. de la planche, 0,384. L. 0,255. *

A mi-corps, dans une bordure ovale, équarrie, simulée en pierres et
supportée par un socle. Vu de face, le corps légèrement tourné vers la
droite. Perruque bouclée. Chemise déboutonnée, laissant voir la poitrine. L'épaule droite couverte d'une draperie dont le pan retombe en
dehors de l'ovale et recouvre en partie le socle. Le bras gauche plié,
la main appuyée contre la poitrine et retenant l'autre pan de la draperie. Sur le dessus du socle, à gauche, des pinceaux passés dans le
doigté d'une palette et un appui-main. — Sur la face du socle : *Joseph
Christophe de Verdun.* || *Peintre ordinaire du Roy, et Professeur* || *en*

son *Academie.* — Sur la plinthe, à g. : *Peint par Droüais;* — à dr. : *Gravé par Louis Surugue pour* || *Sa reception à l'Academie en* 1735. Très-belle épreuve.

SURUGUE (Pierre-Louis),

fils du précédent, avocat au parlement, dessinateur et graveur au burin, né le 10 février 1716, à Paris, où il mourut le 29 avril 1772. Créé par le pape chevalier de l'ordre de l'Éperon d'or et comte de Latran, il signait depuis : *le chevalier* Surugue ou *de* Surugue. Il avait exercé, comme son père, la charge de contrôleur général des rentes de l'Hôtel de ville, et fut reçu à l'Académie royale de peinture le 29 juillet 1747. Élève de son père.

2304. Guillain (Simon), sculpteur français, 1581-1658. — In-fol. H. de la planche, 0,370. L. 0,254. *

A mi-corps, dans une bordure ovale, équarrie, simulée en pierres et supportée par un socle. Il s'appuie du coude gauche sur la bordure et est vu du dos, la tête tournée de 3/4 à gauche, regardant vers la droite. Tête nue, cheveux rejetés en arrière et bouclés. Il porte moustaches et barbiche. Col de chemise rabattu. En veston. Il tient un ciseau dans la main droite, l'épaule étant couverte d'un manteau dont le pan retombe en dehors de l'ovale et recouvre l'angle du socle. — Dans le fond à gauche, on voit des statues. — Sur la face du socle : *Simon Guillain* || *Sculpteur du Roy et Recteur de l'Academie* || *Royale de Peinture et Sculpture.* || *Mort le 26. Decembre* 1658. — Sur la plinthe, à g. : *Peint par N. A. Coypel;* — à dr. : *Gravé par Pierre Louis Surugue le fils* || *pour sa Reception a l'Academie* en 1747.

Belle épreuve, avec marges.

2305. Silvia (N.), célèbre actrice du théâtre italien, morte vers 1755. — In-fol. H. de la planche, 0,411. L. 0,289. *

A mi-corps, dans l'embrasure d'une fenêtre architecturale, cintrée dans le haut. Assise sur une chaise dont on ne voit que le dossier. Vue de face, le corps étant à droite. Tête nue, cheveux courts, bouclés et ornés de fleurs. Nœud de ruban autour du cou. Robe à corsage décolleté, laissant voir la naissance des seins ; sur celui de gauche, est un grain de beauté. Manchettes en dentelle. — Sur la tablette, au-dessous de l'appui de la fenêtre, ce quatrain :

> Du Jeu de Silvia la naïve Eloquence
> Sçait instruire, égayer, attendrir tous les Cœurs,
> A l'art de plaire unissant la décence,
> Elle ennoblit son Etat par ses mœurs.

— Sous le tr. c., à g. : *Peint par de la Tour.;* — à dr. : *Gravé par Su-*

rugue le Fils. — Au-dessous, au milieu : *A Paris Chez Surugue Gra-*
veur du Roy, rue, etc., *En* 1755 || *Avec Privilege du Roy.*
Très-belle épreuve.

TARDIEU (Nicolas-Henri),

dessinateur, graveur à la pointe et au burin, né le 18 janvier 1674, à Paris, où il
mourut le 27 janvier 1749. Quatrième fils de Nicolas Tardieu et de Marie Hénin.
Élève de Le Pautre, de Gérard Audran et de Benoît Audran. Reçu à l'Académie royale de peinture le 29 novembre 1720. Il avait épousé : 1° le 1er septembre
1706, Louise-Françoise Aveline, veuve de Laurent Baron ; 2° le 20 avril 1712,
Marie-Anne Horthemels (voyez ce nom, t. Ier, p. 339). Une bonne notice a été
consacrée à cette famille de graveurs par M. Alex. Tardieu, dans les *Archives*
de l'art français, t. IV, p. 49 et suiv., sauf quelques erreurs de dates, rectifiées
par Jal.

2306. Coypel (Charles-Antoine), peintre français, 1694-1752. — Pet. in-fol. H. de la planche, 0,262. L. 0,208. *

En buste, dans une bordure ovale, équarrie, simulée en pierre et
supportée par un appui. Représenté très-jeune. Vu presque de face,
devant une table où il dessine, la tête appuyée sur la main gauche.
Coiffé d'une calotte plate ; longs cheveux frisés, retombant sur les
épaules. En blouse entr'ouverte. Sur la table à gauche, la tête d'un
antique. A droite, sur le premier plan, une draperie relevée formant
rideau. Derrière le personnage, deux rayons de volumes. — Sur le
bord inférieur de l'appui, à g, : *Carl. Ant. Coypel se ipse pinxit.* ; — à
dr. : *N. Tardieu sculp.*
Belle épreuve.

2307. Montausier (Ch. de Sainte-Maure, marquis, puis duc de), gouverneur du Grand Dauphin, 1610-1690. — In-8°. H. 0,143. L. 0,084. *

A mi-corps, dans un ovale tronqué à gauche et à droite et supporté
par un socle ; le tout renfermé dans un encadrement. Les angles sont
échiquetés. Vu de 3/4, tourné à gauche, regardant de face. Longue
perruque bouclée, retombant par devant. Cravate de dentelle avec nœud
de ruban. Couvert d'une armure. Grand cordon en sautoir. — Autour
de l'ovale : *Charles de Ste. Maure Duc de Montausier Pair de France,*
Gouverneur de Monseigneur. — Sur la face du socle, ce quatrain :

Dans le Séjour de la Contrainte,
Je sçûs garder ma liberté ;
Exemp d'Ambition, de foiblesse, et de Crainte,
Même en parlant aux Rois je dis la vérité.

— Sur le dessus du socle, à g. : *Ferdinand pin.* ; — à dr. *N. Tardieu sc.*

Rare. — Très-belle épreuve.

TARDIEU (Jacques-Nicolas),

fils du précédent, dessinateur, graveur à la pointe et au burin, né le 27 septembre 1716, à Paris, où il mourut le 9 juillet 1791. Élève de son père. Reçu à l'Académie de peinture le 25 octobre 1749. Il avait épousé : 1° Jeanne-Louise-Françoise Duvivier ; 2° Élisabeth-Claire Tournay ou Le Tournay : deux femmes graveurs de talent.

2308. Belle (Alexis-Simon), peintre français, 1674-1734.— In-8°. H. 0,143. L. 0,098. *

A mi-corps, dans une bordure ovale, équarrie et reposant sur un socle. Vu de 3/4, tourné vers la gauche, regardant à droite. Longue perruque bouclée. En robe, avec le col de sa chemise dégrafé ; cravate de dentelle. A sa droite, sur un chevalet, une toile portant l'esquisse d'un portrait de femme. — Sur le dessus du socle, à g. : *Ipse se pinxit* 1730 ; — à dr. : *Tardieu filius Sculp.* — Sur la tablette du socle : *Alexis Simon Belle* ‖ *Peintre ord^re. du Roy en son Acad^e.* ‖ *Mort à Paris le 21 Novemb.* 1734. *Agé de 60 ans.* — Sous le tr. c. : *A Paris chez Odieuvre,* etc.

Très-belle épreuve.

2309. Boullongne (Bon), peintre français, fils de Louis, 1649-1717. — In-fol. H. de la planche, 0,354. L. 0,244.*

A mi-corps, dans une bordure ovale, équarrie, simulée en pierre et supportée par un socle. La tête légérement inclinée vers l'épaule droite. Vu de 3/4, tourné vers la gauche, le corps étant à droite. Coiffé d'un bonnet. Longue cravate nouée autour du cou. Veston entr'ouvert. Il tient dans la main droite des pinceaux ainsi que sa palette. — Sur la face du socle : *Bon de Boullongne* ‖ *De Paris Peintre Ordinaire du Roy, ancien Professeur*‖*de l'Académie roïale de Peinture et de Sculpture.* ‖ *Mort le* 16. *may* 1717. *agé de 68 ans.* — Sous le tr. c., à g. : *Peint par Gilles Allou pour sa réception en* 1711. ; — à dr. : *Gravé par Jacques Nicolas Tardieu pour sa réception à l'Academie en* 1749.

Très-belle épreuve, avec marges,

2310. *France :* **Marie Leszczynska,** épouse de Louis XV, 1703-1768. — Gr. in-fol. H. de la planche, 0,495. L. 0,345. *

A mi-jambes, dans un cadre rectangulaire. Assise. Vue de 3/4, tournée vers la gauche, le corps étant à droite. Coiffée d'une frileuse en dentelle. Cheveux frisés ; boucle d'oreille. Robe garnie de fourrure, avec manches pagodes, ornées d'un nœud de ruban et de dentelle. Le bras droit sur sa cuisse et le gauche appuyé sur un livre ouvert, posé sur une console ; au feuillet recto est écrit : *Chap. IX²³³||Cette Reine adorée || de la France.* — De l'angle droit supérieur, formant fond, une draperie retombante recouvre à gauche une colonne et un pilastre à .rainures. — Sous le cadre, à g.: *J. M. Nattier Pinxit. ;* — à dr.: *J. Tardieu Sculpsit.* — Dans la marge, au milieu, un cartouche surmonté de la couronne royale couvrant un soleil, et renfermant les armoiries de *France,* accolées à celles de *Pologne,* avec celles des *Leszczynski* sur le tout, sépare l'inscription suivante : *Marie Princesse de Pologne || Reine de France & de Navarre.||Présenté à la Reine par son très humble et très obeissant Serviteur Nattier en 1755.* — Un peu au-dessous, à g.: *A Paris chés Tardieu Graveur du Roy, Rue,* etc. — Sous le cartouche des armoiries : *Avec Privilege du Roy. ;* — à dr.: *Et Chés Joullain,* etc. Belle épreuve.

2311. Galitzine (Dmitri-Mikhaïlovitch, prince DE), 1721-1793. — In-fol. H. 0,387. L. 0,254. Dim. de la planche gravée, H. 0,302. L. 0,239.

Jusqu'aux genoux. Assis devant une table, le bras droit posé dessus et tenant dans la main une lettre avec suscription en russe. Vu presque de face, le corps légèrement tourné à gauche. Cheveux relevés sur le devant, bouclés sur les côtés et ornés d'un ruban derrière. Habit bordé de fourrure ; manchettes de dentelle. Grand cordon en sautoir sous l'habit, avec la croix de Saint-Anne autour du cou. La main gauche appuyée sur sa cuisse. — Sur la table, une sphère. — Sous le tr. c., à g.: *Drouais pinxit* 1762. ; — à dr.: *J. Tardieu Sculpsit.* — Dans la marge, au milieu, les armoiries des *Galitzine ;* l'écu timbré d'une couronne de prince, entouré de diverses décorations et environné du manteau d'hermine. Ces armoiries séparent en deux l'inscription suivante: *Dimitry Prince de Gallitzin || Lieutenant Général des Armées, Chambellan actuel de sà Majesté Impériale||de toutes les Russies, Ambassadeur extraordinre.||et Ministre Plenipotentre. à la Cour Impériale||Royale, Apostolique, et Chevalier de l'Ordre || de St. Alexandre et de Ste. Anne, &c.* Belle épreuve.

2312. La Font (Mlle S.-L. V. DE). — In-fol. H. de la planche, 0,460. L. 0,335.

Jusqu'aux genoux, dans un cadre rectangulaire bordé d'oves. Assise sur une chaise, vue de 3/4, tournée à droite, regardant de face. Cheveux relevés et formant des rouleaux. Nœud de ruban autour du cou. Corsage décolleté ; manches pagodes de dentelle. Elle tient dans la main gauche un livre, la main droite étant posée sur le poignet gauche. — Dans l'angle supérieur droit, un rideau relevé par des cordons à glands. — Sur la tablette ornée au milieu d'un cartouche armorié, timbré d'une couronne avec deux lions comme supports, on lit : *Mademoiselle Sophie Louise|| Willielmine de La Font.* — Sous le tr. c., à g. : *Peint a S^t. Petersbourg par N. B. De la Pierre en 1769. ; — à dr. : Gravé à Paris, par J. Tardieu, graveur du Roy et de S. A. S. Electorale de Cologne.*

Très-belle épreuve.

2313. Le Lorrain (Rob.), sculpteur français, 1666-1743. — In-fol. H. de la planche, 0,355. L. 0,244. *

A mi-corps, dans une bordure ovale, équarrie, simulée en pierre et supportée par un socle. Vu de face, le corps légèrement tourné à gauche. Coiffé d'un bonnet garni de fourrure. Habit ouvert, doublé de fourrure, laissant voir le gilet déboutonné. — Sur le dessus du socle, à gauche, un maillet et des ciseaux appuyés contre le socle ; — à droite, un vilebrequin près d'un rouleau de papier appuyé debout contre l'angle du socle.— Sur la face du socle : *Robert Le Lorrain.||De Paris Sculpteur ordinaire du Roy, et Recteur ||* en son Académie de Peinture et de Sculpture.— Sous le tr. c., à g. : *Peint par Nonnotte. ; —* à dr. : *Gravé par Jacques Nicolas Tardieu pour sa reception à l'Academie en* 1749.

Belle épreuve.

2314. Montfaucon (Bernard DE), célèbre érudit français, 1655-1741. — In-4°. H. de la planche, 0,152. L. 0,111.

A mi-corps, dans un ovale équarri, supporté par un socle. Vu de 3/4, tourné à droite. En costume de bénédictin, la tête couverte du capuchon. La main droite appuyée sur le dessus d'un volume. — Sur la face du socle : *D. Bern^d. de Montfaucon||R. de la Congreg. de S^t.Maur|| Né au Ch^{au}. de Soulage Dioceze de ||* Narbonne le 16. Janv. 1655.— Sur le dessus du socle, à g. : *Paulus Abbas Gen-||genbacensis ejusd. ord.|| cultus et amicitiœ causa fecit Parisiis||1739. ; —* à dr. : *Tardieu filius Sculp.*

1er état, avant l'adresse d'Odieuvre. — Très-belle épreuve, avec marges.

2315. Oudry (J.-B.), peintre et graveur français, 1686-1755. — In-fol. H. de la planche, 0,350. L. 0,232. *

A mi-corps, dans une bordure ovale, équarrie, ornée de sculptures et supportée par un socle. Vu de 3/4, tourné à droite, regardant de face. Perruque bouclée et terminée derrière par un nœud de ruban. Habit entr'ouvert, à manches à parements. — Sur le dessus du socle, divers objets parmi lesquels une feuille de papier où est l'esquisse d'un chien, une guitare, un cahier de musique, des pinceaux passés dans le doigté d'une palette et des volumes, dont l'un porte au dos : *Fables‖de la‖ Fontaine*. — Sur la face du socle : *Jean Baptiste Oudry ‖ Peintre du Roy, et Professeur‖en son Academie de Peinture et de Sculpture*. — Au-dessus de la plinthe, au milieu : *Mort le 30 avril 1755. agé de 69. ans.* — Sous le tr. c., à g. : *Peint Par N. de L'argilliere* (sic) *en 1729.;* — à dr. : *Gravé Par J. Tardieu.*

Très-belle épreuve, avec grandes marges.

2316. **Tardieu** (Nic.-H.), graveur français, 1674-1749. — In-4°. H. de la planche, 0,155. L. 0,111.

A mi-córps, dans un ovale équarri, supporté par un socle. Vu de 3/4, tourné à gauche, regardant de face. Perruque bouclée et nouée à son extrémité sur l'épaule gauche. Longue cravate nouée autour du cou. Habit ouvert. Appuyé du bras droit sur un meuble qu'on ne voit pas. — Sur la face du socle : *Nicolas Henry Tardieu‖Graveur ordinaire du Roy.‖ Né à Paris, le 15* (sic) *janvier 1674.* — Sur le dessus du socle, à g. : *Peint par* [J.-B.] *Van-loo en 1725.;* — à dr. : *Gravé par Tardieu le fils en 1743.* — Sous le tr. c., sur toute la largeur : *A Paris chez Odieuvre rue*, etc. *C. P. R.*

Belle épreuve.

2317. **Watteau** (Antoine), célèbre peintre français, 1684-1721, et **Julienne** (Jean de), directeur des Gobelins, mort en 1766. — In-fol. H. 0,378. L. 0,292 *

Voir de Goncourt, 14.

Watteau est représenté peignant, et M. de Julienne, jouant du violoncelle.

Très-belle épreuve.

TARDIEU (Pierre-Alexandre),

arrière petit-fils de Nicolas Tardieu et de Marie Hénin, petit-fils de Claude et fils de Pierre-Joseph Tardieu, maître-planeur de cuivre; graveur au burin, né le 2 mars 1756, à Paris, où il mourut le 3 août 1844. Membre de l'Institut. Élève de son oncle Jacques-Nicolas Tardieu et de Wille.

2318. **Barras** (P.-François-Jean-Nicolas, comte DE), membre du Directoire, 1755-1829. — Très-gr. in-fol. H. de la planche, 0,591. L. 0,431.

En pied. Debout, appuyé du bras gauche contre le socle d'une colonne et tenant dans la main un chapeau orné de plumes. Vu de 3/4, tourné à droite, regardant de face. Tête nue. Cheveux longs et rejetés en arrière. Col rabattu, garni de dentelle. Habit brodé, avec riche manteau couvrant les épaules. La main droite appuyée sur la hanche. La taille ceinte d'une écharpe retenant une épée dont on ne voit que la poignée. Souliers découverts, ornés d'une bouffette. — Derrière le personnage, à g., une draperie retombe de l'angle supérieur près d'un guéridon et d'un tabouret à franges. — Sous le tr. c., à g. : *Hilaire le Dru, del.* ; — à dr. : *Alexandre Tardieu sculp*, An 7. — Au milieu : *Paul Barras,‖Directeur.*

Très-belle épreuve.

2319. La Pérouse (Jean-Fr. DE GALAUP, comte DE), célèbre navigateur français, 1741-1788. — In-4°. H. de la planche gravée, 0,202. L. 0,141.

A mi-corps, dans une bordure ovale, équarrie, supportée par un socle. Représenté jeune, vu de 3/4, tourné à droite, regardant de face. Tête nue, cheveux relevés sur le devant, bouclés sur les côtés. En tenue de garde de la marine. — Sur la face du socle : *Jean-François Galaup‖De La Perouse, ‖ Chef d'Escadre des Armées Navales, né à Alby en 1741.* — Sous le tr. c., au milieu : *Gravé d'après une Miniature par Alexᵉ. Tardieu* 1793.

Belle épreuve.

2320. *Pologne :* **Stanislas-Auguste Poniatowski,** 1732-1798. — In-8°. H. de la planche gravée, 0,115. L. 0,077.

A mi-corps, dans une bordure ovale, équarrie, entourée d'un cadre et supportée par un socle. Vu de 3/4, tourné à gauche, regardant de face. Tête nue, cheveux relevés, bouclés sur les côtés et ornés derrière d'un nœud de ruban. Grand cordon en sautoir. — Sur la face du socle : *Stanislas Auguste ‖ Poniatowsky,‖ Roi de Pologne.* — Sous le tr. c., au milieu : *Alexᵉ. Tardieu sculp.*

1ᵉʳ état. — Belle épreuve.

2ᵉ état. — Sur la face du socle, l'inscription a été remplacée par celle-ci en latin : *Stanislaus Augustus‖Rex Poloniæ‖M. Dux Litvaniæ.* — Sous le tr. c., après le mot *sculp.*, on a ajouté le millésime 1792. — Plus bas, dans la marge : *A Paris chez l'Auteur Rue,* etc.‖*Et chez Jaufret au Palais Royal,* etc. — Belle épreuve.

TASSAERT,

graveur au burin du dix-huitième siècle.

2321. Corday (Charlotte), 1768-1793. — In-fol. H. de la planche, 0,372. L. 0,262.

A mi-jambes. Debout à une fenêtre rectangulaire, sur l'appui de laquelle on lit : *M^{le}. A^{nc}. Cte. Corday.* Vue presque de face. Coiffée d'un chapeau à rebords, orné d'une bouffette. Cheveux longs et frisés, retombant sur les épaules. Robe à corsage plissé. Elle tient dans la main droite un couteau, et dans la gauche, appuyée sur la hanche, un éventail fermé. — Sous le tr. c., à g. : *Dessiné d'après nature, par Hauer.;* — à dr. : *Gravé par Tassaert sous la dir^{on}» d'Angelin.* — Au milieu : *C'est le Portrait annoncé dans le Journal de Perlet, du* 27 *Juillet* 1793. *N^o* 309. — Au-dessous, dans un petit médaillon, elle est représentée frappant Marat.

Avec la tablette blanche, au-dessous de l'appui de la fenêtre. — Très-belle épreuve, avec marges.

THOMAS (N.),

graveur au burin du dix-huitième siècle.

2322. Saint-Germain (N..., comte DE). — In-fol. H. de la gravure, 0,371. L. 0,257.

A mi-corps, dans un cadre rectangulaire. Debout, vu de face, le corps légèrement tourné vers la droite. Tête nue, cheveux relevés et bouclés sur les côtés. Habit fourré, orné de brandebourgs, avec manches à parements de fourrure; gilet à ramages. — Sur la tablette du cadre : *Le Comte De S^t. Germain‖Célébre Alchimiste :* — Au-dessous, ce quatrain en deux colonnes :

Ainsi que Promethee il deroba le feu
Par qui le Monde existe, et par qui tout respire;
La Nature à sa voix obeit et se meut :
S'il n'est pas Dieu lui-même un Dieu puissant l'inspire.

— Sous le tr. c., au milieu : *Gravé en* 1783. *par N. Thomas.* — Dans la marge : *A Monsieur de Thy Comte de Milly‖Mestre de Camp de Dragons,‖Chevalier de l'Ordre Royal et Militaire de S^t. Louis,‖et de l'Aigle Rouge de Brandebourg; ‖ Membre de l'Académie Royale des sciences de Paris,‖de Madrid, d'Erfurt, de Lyon, de Dijon, &c : Par son très humble et très Obeissant Serviteur Thomas.* Cette inscription est coupée au milieu par les armoiries : *Ecartelé : aux* 1 *et* 4, *d'argent* (au lieu *d'or*) *à trois lions contournés de gueules* (non indiqué); *aux* 2 *et* 3,

de gueules; au chef d'argent; l'écu timbré d'une couronne de comte avec cimiers; supports : deux lions tenant chacun un guidon ; des palmes accompagnent les armoiries qu'environnent des nuages. — Audessous des armoiries, à g. : *Tiré du Cabinet de feue Mme. la Marquise d'Urfé.* ; — à dr. : *A Paris chez l'Auteur Rue,* etc.
Belle épreuve.

THOMASSIN (Simon),

graveur au burin et à la pointe, né vers 1655, à Paris, où il mourut le 27 mai 1733, âgé d'environ quatre-vingts ans, selon l'acte de son inhumation.

2323. Bardon (Honoré Dandré-), amateur des arts.— In-fol. H. 0,356. L. 0,252.

A mi-corps, dans un cadre rectangulaire, avec tablette portant cette inscription : *Hon. Dandré, Artium Amator.*||*Hanc Patris effigiem dilectissimæ memoriæ consecrat Franc^s.* || *Dandré Bardon, in Regia Pitturæ ⨍Sculpturæ Académia*||*Professor. 1776.*||*J. B. Vanloo delin. S. Thomassin exc.* — Vu de 3/4, tourné à gauche, regardant à droite. Longue perruque bouclée, retombant sur les épaules. Il est drapé dans un manteau.
Belle épreuve.

2324. Corneille (Th.), 1625-1709. — In-fol. H. 0,314. L. 0,215. *

A mi-corps, dans une bordure ovale, équarrie, tronquée à gauche et à droite et supportée par un socle. Vu de 3/4, tourné à gauche regardant de face. Tête nue, cheveux longs et bouclés. Chemisette de dentelle. Drapé dans un manteau. — Autour de l'ovale : *Thomas Corneille Ecuier L'un des Quarante de L'Academie Françoise.* — Sur le listel inférieur de l'ovale : *Né a Rouen le 20 Aoust 1625.* — Sur le dessus du socle, à g. : *Paul Mignard Pinxit.* ; — à dr. : *S. Thomassin Sculp Regius æe incidit 1700.* — Au milieu du socle, un petit ovale avec les armoiries : *D'azur à la fasce d'or, chargée de trois têtes de lion de gueules et accompagnée de trois étoiles d'argent;* l'écu timbré d'un casque taré de 3/4, orné de lambrequins ; supports : deux licornes couchées.
1er état, avant la modification de la tête.— Très-belle épreuve.
2e état.— La tête est vieillie et les cheveux ne sont plus bouclés. Le nom du peintre a été effacé. — Très-belle épreuve, avec marges.

2325. *Espagne :* **Philippe V,** 1683-1746. —Très-gr. in-fol. H. de la planche, 0,575. L. 0,426. *

Même planche que celle décrite ci-dessous, au n° 2330, dont l'agencement et les dispositions ont été conservés. Voici en quoi consistent les modifications : on a substitué une autre tête qui est celle d'un jeune homme ; la perruque qui était bouclée est frisée et couvre en partie l'épaule droite. Le collier de la Toison d'or a été ajouté. Le reste du personnage n'a pas été touché. — Autour de l'ovale, l'inscription : *Felippe. Quinto. Rey. De. Las Españas.* — Au-dessous du portrait, au milieu de la bordure : *Ætat. An. XVII.* — L'inscription sur le listel supérieur de l'ovale est la même ; celle sur le listel inférieur est : *Dessiné et Gravé par s. Thomassin Graveur du Roi dapres le Tableau de M. de Troyes* 1700. — Le cartouche armorié a été enlevé. — Sous le tr. c., à la suite de l'adresse, on a ajouté les lettres *C. P. R.*

Très-belle épreuve.

2326. *France :* **Louis XIV,** 1638-1715. — Très-gr. in-fol. H. de la planche, 0,587. L. 0,450. *

Jusqu'aux cuisses, dans une bordure ovale, supportée par un socle et accompagnée d'une draperie frangée qui en recouvre le haut et le côté droit. Debout, vu de 3/4, tourné à gauche, regardant de face. Longue perruque bouclée. Rabat de dentelle. Les épaules couvertes du manteau d'hermine fleurdelisé, avec le collier du Saint-Esprit autour du cou. Épée au côté. La main gauche appuyée sur la hanche ; le bras droit en avant. — Autour de l'ovale : *Ludov. XIV. D. G. Franc. et Navar. Rex Christianiss.* — Au milieu du socle, couvrant le bas de la bordure et le milieu du socle, un médaillon renfermant une sphère aux armes de *France,* timbrée de la couronne royale et entourée de palmes et de laurier. — Sur le dessus du socle, à g. : *Hiacinthe Rigault Pinxit ;* — à dr. : *Simon Thomassin Sculptor Regius.* — Sur la face du socle : *Ludovico Magno.* — Sur la plinthe : *Vovebat Simon Thomassin Sculptor Regis M. D. C.C. V.* — Sous le tr. c., au milieu : *Se vend à Paris chez S. Thomassin, rüe,* etc.

Très-belle épreuve.

2327. *France :* **Louis de France,** surnommé le *Grand Dauphin,* 1661-1711. — **Marie-Anne-Christine-Victoire de Bavière,** son épouse, 1660-1690. — **Louis de France,** duc **de Bourgogne,** 1682-1712. — **Philippe de France,** duc **d'Anjou,** 1683-1746, et **Charles de France,** duc **de Berry,** 1686-1714, ses enfants. — Gr. in-fol. en travers, L. 0,592. H. 0,503, y compris une marge de 0,049.

Tous en pied, dans une chambre carrelée, avec fenêtre donnant vue sur un parc. Le Grand Dauphin, est placé à gauche, au milieu de la fenêtre, assis, appuyé du bras gauche sur une table ; un manteau lui

couvre l'épaule. Vu de 3/4, la tête tournée vers la droite, le corps à gauche. Longue perruque bouclée. Cravate de dentelle. Habit à revers boutonné à la taille; culotte à ramages; souliers à boucles. Il caresse de la main droite un lévrier dont les pattes de devant s'appuient sur son genou droit. — Au milieu de l'estampe, à l'autre extrémité de la table, est la Dauphine, accoudée du bras droit, tenant dans sa main une longue frisure de ses cheveux. Vue de 3/4, tournée à droite, le corps presque de face. Tête nue, cheveux frisés et ornés d'un rang de perles. Robe à ramages, avec corsage décolleté; les épaules couvertes d'un manteau. Elle a les pieds posés sur un coussin, et de la main gauche elle tient celle du duc de Berry, qui est presque nu, en chemisette, vu de 3/4, tourné vers la gauche, où il regarde, assis sur un escabeau recouvert d'un coussin. Il tient de la main droite un jouet garni de grelots. Devant l'escabeau, le duc d'Anjou assis par terre sur un coussin. Vu presque de face, la tête légèrement inclinée sur l'épaule droite; vêtu d'une robe. Il tient sur ses genoux un king-charles. A.droite, sur la gauche de la Dauphine, le duc de Bourgogne debout, vu de 3/4, tourné vers la gauche, regardant de face, le corps de profil. Coiffé d'une toque ornée de plumes; cheveux longs et frisés. En robe; écharpe en sautoir avec le grand cordon retenant la croix du Saint-Esprit. Épée au côté. Il tient dans ses mains une lance. Devant lui, court un petit chien qui le regarde. A gauche, près du pied de la table, un perroquet avec une branche dans le bec. — Au-dessus du tr. c., dans l'angle inférieur gauche, on lit : *P. Mignard Ecuyer peintre du Roy.*||*S. Thomassin deline et Sculp. C. P. R.* — Dans l'angle supérieur droit, une draperie frangée relevée par deux anges.— Sous le tr. c., au milieu, un petit cartouche contenant les armoiries des *Dauphins,* accolées à celles de *Bavière ;* la couronne des Dauphins timbre les écus. Ces armoiries sont accompagnées de deux inscriptions, l'une à g., est en latin; l'autre, en français : la première est ainsi conçue :
Augusta Delphini Familia.

> *Hic agnosce tuos ventura in sœcula Reyes,*
> *Gallia : quondam Orbis Sentiet esse Suos.*
> *Santolius Victorinus.*

Serenissimo Delphino Serenissimœ Delphinœ Offerebat æternum obsequentissimus Servus Simon Thomassin. Celle en français : *L'Auguste Famille de Monseigneur le Dauph* (in)

> *Dans ces jeunes Heros, dont l'Auguste naissance*
> *promet cent miracles divers;*
> *tu voys tes Roys, heureuse France,*
> *Et peutetre y voys tu ceux de tout l'Vnivers.*
> *C. Perrault de l'Académi(e)*

— Au-dessous : *Se vend A Paris chez S. Thomassin rue,* etc. *Et chez J. Boudot Libraire,* etc.

Belle épreuve, mais coupée sur le côté droit.

2328. *France :* **Louis de France,** duc **de Bourgogne,** fils du Grand Dauphin, 1682-1712. — In-fol. H. 0,338. L. 0,268. *

A mi-corps, dans une bordure ovale, équarrie, ornée de banderoles dans le haut et supportée par un socle. Représenté jeune. Vu de 3/4, tourné à droite, regardant de face, le corps étant de profil. Perruque bouclée, retombant sur les épaules. Armure avec fleurs de lis sur les brassards. Grand cordon en sautoir. L'épaule gauche couverte d'une draperie. — Autour de l'ovale : *Ludovicus Dux Burgundiæ.* — Sur le dessus du socle, à g. : *Dessiné et Gravé par Simon Thomassin;* — à dr.: *Graveur du Roi. Avec Privilege.* 1697. — Sur la face du socle, au milieu, un petit médaillon à fond blanc renferme les armoiries de *France,* surmontées de la couronne fleurdelisée et entourées des colliers de Saint-Michel et du Saint-Esprit et accompagnées de cette inscription : *Louis Duc de Bourgogne.* — Sous le tr. c., au milieu : *Se Vend a Paris chez Thomassin Graveur rüe,* etc.

Très-belle épreuve.

2329. *France :* **Marie-Adélaïde de Savoie,** appelée *Madame la duchesse de Bourgogne,* puis *Madame la Dauphine,* épouse du précédent, 1685-1712. — In-fol. H. 0,340. L. 0,267. *

A mi-corps, dans une bordure ovale, agencée comme au portrait précédent. Vue de 3/4, tournée vers la gauche, regardant de face. Cheveux étagés et bouclés, ornés de perles. Collier de perles. Corsage brodé, légèrement décolleté et garni de dentelle. L'épaule droite couverte d'un manteau bordé d'hermine. Autour de l'ovale : *Madame la duchesse de Bourgogne.* — Sur le dessus du socle, à g. : *Gravé par Simon Thomassin;* — à dr. : *Graveur du Roi. Avec Privilege.* — Sur la face du socle, au milieu, un petit médaillon à fond blanc avec cartouche renfermant les armoiries : *Parti : au 1er, de...* (le côté dextre est blanc); *au 2e, de gueules à la croix d'argent;* l'écu timbré d'une couronne et environné du manteau d'hermine. L'inscription suivante, coupée par les armoiries, se lit sur la face du socle : *Ce portrait a esté gravé avec la permission du Roi, d'après celui que*‖*Mr le Comte de Tessé, envoia a sa Majesté au mois de Septembre. dernier.*— Sous le tr. c., au milieu : *A Paris chez Thomassin Graveur ruë,* etc. 1696.

Belle épreuve.

2330. *France :* **François-Louis de Bourbon-Conty,** surnommé *le Grand,* et appelé le *prince de Conty,* élu en 1697

roi de Pologne, 1664-1709. — Très-gr. in-fol. H. 0,568.
L. 0,419. *

A mi-corps, dans une bordure ovale, équarrie, ornée de deux palmes
dans le haut et posée sur des trophées d'armes. Vu de 3/4, tourné à
droite, regardant de face. Longue perruque bouclée, séparée au milieu
par une raie. Cravate de dentelle. En armure, avec le grand cordon en
sautoir. L'épaule gauche couverte d'un manteau fourré. — Autour de
l'ovale : *François Louis de Bourbon Prince de Conty.*— Sous le portrait,
sur le listel supérieur de l'ovale : *Offerebat Humilimus et Obsequentissimus Servus S. Thomassin.* — Sur le listel inférieur de l'ovale : *Dessiné
et Gravé par S. Thomassin Graveur du Roi* 1697. *C. P. R.* — Sous l'ovale,
au milieu, entre deux fûts de canon, un cartouche renfermant les armoiries : *De* France ; *au bâton de gueules peri en bande ;* l'écu timbré
d'une couronne fleurdelisée et environné des colliers de Saint-Michel
et du Saint-Esprit. — Sous le tr. c., à g. : *Se vend à Paris chez Thomassin rue,* etc.
Très-belle épreuve.

2331. Furetière (Antoine), littérateur français, 1620-1688.
— In-fol. H. de la planche, 0,337. L. 0,235. *

A mi-corps, dans une bordure ovale, équarrie, supportée par un
socle. Vu de 3/4, tourné à droite, regardant de face. Perruque bouclée. En costume d'abbé, les épaules couvertes d'un manteau. — Autour de l'ovale : *Ant. Furetiere Abbé de Chalivoy Pr. de Chuines L'un
des Quarante de l'Academie Francoise Mort le* 14 *May* 1688 *Âgé de*
68 *ans.* — Sur le dessus du socle, à g. : *De Seve Pinxit ;* — à dr. : *S.
Thomassin Sculpsit.*
Très-belle épreuve, avec marges.

2332. Lalande (Michel-Richard DE), compositeur français,
surintendant de la musique de Louis XIV et de Louis XV,
1657-1726. — In-fol. H. de la gravure prise au milieu,
0,390. L. dans le haut, 0,266. *

A mi-corps, dans une ouverture architecturale dont la base représente un fronton concave, surmonté d'un cartouche avec les armoiries :
*D'or au chevron de gueules, accompagné en chef de deux cannettes du
même, et en pointe d'un rameau à cinq feuilles terrassé de sinople ; au
chef cousu d'azur, chargé d'un soleil d'or ;* l'écu timbré d'une couronne
de comte. Il est assis sur une chaise devant une table, et écrit une
partition de musique. Vu de 3/4, tourné à droite. Longue perruque
bouclée, retombant derrière. Accoudé du bras gauche sur des volumes

II.   29

posés sur la table près d'une écritoire. — Sous l'appui de l'ouverture, sur une tablette, ce quatrain :

> *Mortels, C'est de ce beau Délire*
> *Que sont nez* (sic) *parmy vous ces accords si touchants,*
> *A deux Divinitez Lalande doit ses Chants.*
> *Appollon le forma, C'est Louis qui l'inspire.*

— Sous les armoiries, dans la concavité du fronton, on lit : *OEuvres* ‖ *De Monsieur* ‖ *De Lalande.* — Sous le tr. c., à g.: *Santerre pinxit.;* — à dr. : *Thomassin Sculp.*

Très-belle épreuve.

2333. Le Camus (Nicolas), premier président en la cour des aides, mort en 1715. — In-fol. H. 0,401. L. 0,305. *

Jusqu'au-dessous des genoux, dans un cadre rectangulaire. Assis dans un fauteuil, près d'une table. Vu de 3/4, tourné vers la droite, regardant de face. Longue perruque bouclée, retombant sur les épaules. Soutane avec rabat, et robe à larges manches plissées dans le haut. Le bras gauche appuyé sur la table, il tient dans la main un pli muni d'un sceau; le bras droit repose sur celui du fauteuil. — Une draperie frangée, relevée dans l'angle supérieur droit, forme le fond. — Sous le tr. c., à g.: *S. Thomassin Sculptor regis delineavit Sculp* (?) *et œré incidit* 1708. — Au milieu, un cartouche renfermant les armoiries décrites au n° 2228 du présent catalogue, avec les mêmes attributs. Ces armoiries séparent en deux l'inscription suivante qu'on lit dans la marge : *Olli Persimiles Ambit Habere Themis.* ‖ *Nicolaus le Camus Eques Regi ab omnibus consilijs* ‖ *Supremœ Subsidiorum Curiœ Princeps. œtat.* 83. ‖ *Hanc Effigiem œri Incidi Curavit Filius observantissimus.*

Belle épreuve.

2334. Saint Aignan (P. DE BEAUVILLIERS, duc DE), gouverneur des enfants de France, mort en 1714. — Très-gr. in-fol. H. 0,576. L. 0,425. *

A mi-corps, dans une bordure ovale, équarrie, supportée par un socle et ornée de coins. Vu de 3/4, tourné à droite, regardant de face. Longue perruque bouclée, retombant par derrière. Cravate de dentelle. En armure, avec le grand cordon en sautoir. L'épaule gauche couverte d'une draperie. — Autour de l'ovale : *Paul de Beauvillier Duc de St Aignan Pair de France.* — Sur le dessus du socle, à dr. : *Si. Thomassin Sculpsit* 1695. — Au milieu du socle, couvrant le bas de la bordure, un médaillon avec les armoiries : *Fascé d'argent et de sinople, les fasces d'argent chargées de six merlettes de gueules, 3, 2 et une;* l'écu timbré d'une couronne ducale, entouré des colliers de Saint-Michel et du Saint-Esprit et environné du manteau d'hermine. — Sur la face du socle : *Offerebat Humillimus et Obsequentiss? servus. Simon Thomassin.* — Sous le tr. c., au milieu : *Ce vend a Paris Chez ledit Thomassin Rue,* etc.

Très-belle épreuve.

THOMASSIN (Simon-Henri),

fils du précédent, graveur au burin, né le 25 février 1687 (et non 1688), à Paris, où il mourut le 1er janvier 1741. Élève de son père et de B. Picart. Il fut reçu à l'Académie royale de peinture le 27 novembre 1728.

2335. **Cignani** (Charles), peintre italien, 1628-1719. — Pet. in-fol. H. de la planche, 0,239. L. 0,173.

A mi-corps, dans un ovale équarri, supporté par un piédestal; le côté droit de l'ovale est recouvert par une draperie frangée, retombant de l'angle droit supérieur. Vu de 3/4, tourné à gauche, regardant de face. Calotte sur la tête. Large col rabattu. Il est enveloppé dans un manteau. — Sous le tr. c., à g. : *Felix Cignani Comes fil* Pinx.; — à dr. : *H. Sim. Thomassin filius Sculp.* 1717.— Sur toute la largeur, dans la marge : *Carolus Cignani Pictor egregius Acadœ: Clementœ: Bononsis : || Princeps perp : Equestri ordc; et Comitis dignitate ornatus. Artis peritiâ || inter Primarios, eosq : perpaucos recensendus. Ann : agens* 89.

Belle épreuve.

2336. *France :* **Louis de France**, surnommé le *Grand Dauphin,* 1661-1711. — In-fol. H. de la planche, 0,344. L. 0,258.

A mi-corps. Debout sous un hémicycle orné d'un cartouche portant cette inscription : *Palais || de || L'Amour || des || Arts.* Représenté jeune, devant une console chargée d'un coussin à glands, avec la couronne des *Dauphins.* Vu de 3/4, tourné vers la gauche, le corps étant à droite. Cheveux bouclés, couvert d'une cuirasse, avec pourpoint à ramages et le grand cordon en sautoir. Il est entouré du manteau d'hermine fleurdelisé. La main gauche posée sur la couronne; de la droite, il désigne un livre de géométrie qu'un ange, qui le regarde, tient avec une couronne de laurier. — De l'angle supérieur droit, retombe une draperie. — Sous le tr. c., à g. : *J. de Troy Pinx.;* — à dr. : *S. H. Thomassin Sculp.* — Au milieu: *Monseigneur Le Dauphin.* — Au-dessous, en deux colonnes, ces vers :

Tu vois Peuple François, ta plus chere Esperance.
C'est le Fils du Heros, source de ton bonheur.
Ces Charmes qui gagnent le Cœur
Prouvent son Auguste Naissance.

Guidé par Apollon, et par Minerve instruit.
Il puisera dans sa jeunesse.
Ce goût pour les Beaux Arts, Cette haute Sagesse
Dont l'Auteur de ses jours, nous fait goûter le fruit.

— Au-dessus du tr. de la pl., à g. : *A Paris chez l'Auteur,* etc. *et chez le Sr Duchange Graveur du Roy,* etc.
Très-belle épreuve, avec marges.

2337. *France :* **Louis de France**, le *Grand Dauphin* (le même que le précédent). — Très-gr. in-fol. H. 0,631. L. 0,500.

En pied. Debout sur un belvédère avec balustrade en pierre losangée et semée de fleurs de lis, supportant deux colonnes. Vu de 3/4, tourné à droite, regardant de face. Tête nue, cheveux relevés sur le devant et bouclés sur les côtés. Habit à ramages, avec grand cordon en sautoir. Épée au côté. Culotte courte. Souliers à boucles. La main droite appuyée sur la hanche ; de la gauche, il désigne un globe terrestre soutenu par un dauphin, par devant, une table avec papiers et une sphère armillaire. Sous la table et près des pieds du personnage, on voit des volumes, dont l'un porte sur la tranche le millésime 1740. Derrière le personnage, à gauche, par terre, un grand dessin monté comme une carte géographique. — Dans l'angle droit supérieur, une draperie retombante, retenue par des cordons à l'une des colonnes et relevée à droite, couvre de son pan une partie du globe terrestre. — Le tout est entouré d'un cadre rectangulaire. — Sous la baguette du cadre, à g. : *Jean L. Tocqué Pinxit;* — à dr. : *Simon H. Thomassin Sculpsit.* — Au milieu : *Louis Dauphin de France.*
Très-belle épreuve.

2338. **Thierry** (Jean), sculpteur français, 1669-1739. — In-fol. H. de la planche, 0,356. L. 0,252. *

A mi-corps, debout, vu de 3/4, tourné à gauche, regardant de face. Longue perruque bouclée, retombant par derrière. Cravate de dentelle. Habit entr'ouvert, avec manches à revers ornés de boutons. L'épaule droite couverte d'une draperie dont les pans sont ramenés par devant sur le côté gauche. Il tient dans la main droite un porte-crayon muni de sanguine. — A gauche, sur un socle, une Minerve. — Le fond simule une muraille. — Sous le tr. c., à g. : *N. Largillierre pinx.;* — à dr. : *S. H. Thomassin Sculp.* — Au milieu : *Jean Thierry || Natif de Lion Sculpteur ordinaire des Roys de France et d'Espagne || Ancien professeur de l'Académie Royale.*
Très-belle épreuve.

TROUVAIN (Antoine),

graveur au burin, né à Montdidier en 1656, mort à Paris le 18 mars 1708. Reçu à l'Académie royale de peinture le 30 juillet 1707.

2339. Balbis (Charles-Emmanuel DE), comte DE VERNON. — Gr. in-fol. H. 0,480. L. 0,409.

En buste, dans une bordure ovale, équarrie, supportée par un appui et ornée de coins. Vu de 3/4, tourné à gauche, le corps étant à droite. Longue perruque bouclée. Cravate de dentelle. Enveloppé dans une draperie. — Autour de l'ovale : *Carolus Emmanuel de Balbis Comes de Vernon Marchio de Ceve Regx Celsitis Sabaudiæ Nobis Cubicularius Ordus et apud Regem Christmum Orator.* — Au-dessous du portrait, couvrant la bordure et le milieu de l'appui, un médaillon ovale avec les armoiries : *D'or à cinq bandes d'azur;* l'écu timbré d'une couronne ducale ; supports : deux griffons assis. — Sur le listel inférieur de l'ovale, à g. des armoiries : *Offerebat F Ludovicus Rachioyre;* — à dr. : *Prædicator Taurinensis.* — Sur le dessus de l'appui, à dr. : *A. Trouuain sculp.*
Très-belle épreuve.

2340. Buc (Dom Alexis DU), de la congrégation des Théatins. — In-fol. H. de la planche, 0,330. L. 0,234. *

A mi-corps, dans une bordure ovale, équarrie, supportée par un appui. Vu de 3/4, tourné vers la gauche, regardant de face. Calotte sur la tête. En robe noire à collet monté. Les épaules couvertes d'un manteau. — Autour de l'ovale : *P. Dom. Alexivs Dv Bvc. Congregationis Clericorvm Regvlarivm Sacerdos. Ætat.* 50. — Au-dessous du portrait, au milieu, couvrant la bordure, un médaillon à fond blanc, entouré de deux palmes, renferme une croix le pied fiché au milieu de trois rochers. — Sur le dessus de l'appui, à g. : *P. Simon Pinx;* — à dr. : *A. Trouuain sculp rue,* etc. 1689.
Belle épreuve.

2341. Cotte (Robert DE), architecte français, 1657-1735. — In-fol. H. de la planche, 0,355. L. 0,272. *

Jusqu'aux genoux, assis sur un banc de pierre avec appui. Vu de 3/4, tourné vers la droite, le corps étant de face. Longue perruque frisée, retombant sur les épaules. Habit brodé, entr'ouvert dans le haut et laissant voir le col de sa chemise dégrafé. Manchettes de dentelle. Le bras droit appuyé sur un livre posé sur l'appui. Il est enveloppé dans une draperie qui lui couvre les jambes et une partie du buste. A droite, une colonne et un arbre. A gauche, derrière le personnage, un bâtiment cintré avec colonnes et statues. — Sous le tr. c., à g. : *Tortebat pinxit.; —* à dr. : *A. Trouvain sculpsit. —* Au milieu, un médaillon à fond blanc, cintrant le tr. c., renferme les armoiries : *D'argent à deux fasces de gueules, chargées de cinq trèfles d'or,* 3 *et* 2; *au chef d'azur, chargé d'une aigle d'or;* l'écu timbré d'une couronne de comte; supports : une aigle éployée, placée derrière l'écusson. — Dans la marge, sur toute la largeur, cette inscription accompagne les armoiries : *Robertus de Cotte || Eques, Regi a consiliis, regio-rum œdificiorum præfectus regiis || architectonices, picturæ et sculpturæ academiis præpositus.*

Très-belle épreuve, à petites marges.

2342. Feret (Hippolyte), docteur en théologie, curé de Saint-Nicolas du Chardonnet, et vicaire général de l'archevêque de Paris; mort en 1677. — In-4°. H. 0,175. L. 0,122. *

A mi-corps, dans une bordure ovale, équarrie, autour de laquelle est inscrit : *Hippolytvs Feret Doct. Theo. Pastor Sti . Nico. E Cardineto Vicar. Gen. Illvstriss. Archie. Parisiensium. Obijt* 1677 *œtat.* 67. — Vu de 3/4, tourné à droite, regardant de face. La tête couverte d'un bonnet. Vêtu d'une aube.— Sur le dessus du socle supportant la bordure, à g., on lit : *R. Nanteuil Pingebat.; —* à dr. : *Trouvain Sculpsit* 1684.— Sur une feuille de papier couvrant la face du socle, l'inscription suivante : *Hippolytus Feret, Pietatis Christianæ Exemplar, Vitæ || clericalis Speculum, canonicæ Disciplinæ vindex. Pasto- || rum Euangelicorum forma, Episcoporum in omni opere || bono Adiutor, Sedis Apostolicæ obseruantissimus, Omnibus || omnia factus in Christo.*

Belle épreuve.

2343. Harlay-Chanvallon (François DE), archevêque de Paris, 1625-1695. — Gr. in-fol. H. 0,512. L. 0,450.

En buste, dans une bordure ovale, équarrie, tronquée sur les côtés et autour de laquelle on lit : *Franciscvs de Harlay Archiepis. Parisiensis Regm. Ordm. Commendator Dvx et Par Franciæ. —* Sur le listel blanc supérieur de l'ovale, au-dessous du portrait : *Offerebat F. Franciscus Guillel¹. Becard || minor Parisin². Conuent². Noisyacensis.* 1684. — Sur le listel blanc inférieur, dans le bas : *Trouvain sculp. || et excudit.* Vu de 3/4, tourné à gauche, regardant vers la droite. Calotte sur le sommet de la tête ; cheveux bouclés. Rabat retenu par des cordons à glands. Les épaules couvertes d'une pèlerine à capuchon, avec la croix du Saint-Esprit retenue au grand cordon passé autour du cou.

Belle épreuve, mais coupée au bas.

2344. **Houasse** (R.-Ant.), peintre français, v. 1644-1710. — In-fol. H. 0,363. L. 0,254. *

A mi-corps, dans une bordure ovale, équarrie, supportée par un socle. Vu de 3/4, tourné à droite, regardant de face. Longue perruque frisée. Habit entr'ouvert, laissant voir le col de sa chemise dégrafé. Il est appuyé du dos contre un meuble, le bras droit posé sur l'angle et tenant dans la main le pan d'une draperie qui lui couvre l'épaule droite. Il semble tenir dans la main gauche une palette et des pinceaux. — Autour de l'ovale : *Rene Antoine Houasse Ancien Recteur et Tresorier de l'Academie Royale de Peinture et Sculpture Ancien Directeur de L'Academie de Rome.* — Sur le dessus du socle, à g. : *Peint par Tortebat.;* — à dr. : *Graué par Antoine Trouuain.* || *pour sa Reception a l'Academie.* || 1707.

1er état, avec la tablette blanche du socle, et avant la dédicace. Rare. — Très-belle épreuve.

2345. **Huet** (Pierre-D.), évêque d'Avranches, 1630-1721. — In-8°. H. de la planche, 0,128. L. 0,078. *

A mi-corps, dans une bordure ovale, équarrie, tronquée sur tous les côtés et supportée par un socle. Vu de 3/4, tourné à droite, regardant de face. Calotte sur le sommet de la tête ; cheveux bouclés. Rabat avec croix pectorale. Les épaules couvertes d'une pèlerine à capuchon. — Autour de l'ovale : *Pet^s Daniel Huetius Episcopus Abrincensis.* — Sous le portrait, couvrant la bordure et le milieu du socle, un petit ovale à fond blanc avec les armoiries : *D'azur à trois grelots d'or, contreposés, surmontés de deux mouchetures d'hermine d'argent;* l'écu timbré d'une couronne de comte accompagnée d'une crosse et d'une mitre et surmontée d'un chapeau d'archevêque.— Sur le listel inférieur blanc de l'ovale : *S. De Quoy. Pinx.* — Sur le dessus du socle, à g. : *Trouuain;* — à dr. : *sculp.* 1695.

Très-belle épreuve, à petites marges.

2346. **Jouvenet** (J.), peintre français, 1644-1717. — In-fol. en travers. L. de la planche, 0,365. H. 0,332. *

A mi-corps, dans une bordure ovale, oblongue, supportée par un socle. Vu de 3/4, tourné à droite, regardant de face. Longue perruque bouclée. Dans un salon et assis dans un fauteuil, le bras droit levé en l'air, il désigne de l'index le plafond qu'il est en train de peindre.— Sur la tablette du socle : *Iean Iouvenet,* || *Peintre Ordinaire du Roy Directeur de l'Academie Royale* 1707. — Sur la plinthe, à g. : *Peint par luy mesme.;* — à dr. : *Graué par Antoine Trouuain pour sa reception a l'Academie.*

Très-belle épreuve, avec marges.

2347. La Chaize (François de), jésuite français, confesseur de Louis XIV, 1624-1709. — In-4°. H. de la planche, 0,163. L. 0,107. *

A mi-corps, dans une bordure ovale, équarrie et tronquée sur tous les côtés. Vu de 3/4, tourné vers la gauche, regardant de face. Calotte sur la tête. En aube, les épaules couvertes d'un manteau. — Autour de l'ovale : *R. P. Franc. De La Chaise S. J. Regi A Confess.* — Sous le tr. c., à g. : *A. Trouvain Sculpsit.;* — à dr. : *B. Picart ex : C. P. R.* — Dans la marge, sur toute la largeur, ce quatrain :

> *Le plus Sage des Rois ecoute ses avis,*
> *De son cœur luy decouvre en secret les mysteres :*
> *Et mille pretendans aux graces de Louis*
> *Attendent leur bonheur de ses soins salutaires.*

Très-belle épreuve, à grandes marges.

Le P. Lelong indique la date de 1690, comme étant celle de la gravure.

2348. Le Petit (Denise CAMUSAT, épouse de l'imprimeur PIERRE), morte en 1765, âgée de 46 ans. — In-fol. H. de la planche, 0,258. L. 0,191. *

A mi-corps, dans un ovale équarri, supporté par un appui. — Les angles sont ornés de coins. Vue de 3/4, tournée à gauche, regardant de face. La tête couverte d'une dentelle et d'un voile retombant sur les épaules. Cheveux frisés. Collier de perles. Corsage décolleté, avec fichu laissant voir la naissance des seins. Larges manches.— Sur le dessus de l'appui, à dr. : *A. Trouvain. Sculpsit.* 1697.

1er état, avant la lettre.— Très-belle épreuve.

2349. Pesne (J.), peintre et graveur français, 1623-1700. — In-fol. H. de la planche, 0,339. L. 0,257. *

A mi-corps, dans une bordure ovale, équarrie, supportée par un socle caché en partie par un cartouche oblong renfermant cette inscription : *Vir Graphide insignis ‖ Illustrissimi que Domini ‖ Poussin operibus á se incisis ‖ et communi omnium plausú ‖ Publico concessis.* Vu de 3/4, tourné à gauche, regardant de face. Longue perruque frisée, couvrant les épaules. Jabot de dentelle. — Autour de l'ovale : *Iean Pesne Peintre et Graveur.* — Sur le dessus du socle, à g. : *Se ipse pinxit.* 1672.; — à dr. : *Trouuain sculpsit* 1698. — Sous le tr. c., au milieu : *Se vend a Paris chez Rochefort Graveur,* etc.

Très-belle épreuve.

2349 *bis*. **Valois** (Adrien), historiographe du roi, 1607-1692. — In-8°. H. de la planche, 0,336. L. 0,083. *

A mi-corps, dans une bordure ovale, équarrie, tronquée à gauche et à droite et supportée par un socle. Vu de 3/4, tourné à droite, regardant de face. Longue perruque bouclée. En costume de sa charge, avec rabat retenu par des cordons à glands.
D'après P. Merelle.
1er état, avant toute lettre. Fort rare. — Très-belle épreuve.

2350. **Vauban** (Sébastien Le Prestre, seigneur de), maréchal de France, 1633-1707. — In-8°. H. de la planche, 0,130. L. 0,081. *

A mi-corps, dans une bordure ovale, équarrie, tronquée sur les côtés et supportée par un socle. Vu de 3/4, tourné à droite, regardant de face. Longue perruque retombant sur les épaules. Couvert d'une armure ; cravate de dentelle. Le personnage a une blessure sur la joue gauche. — Autour de l'ovale : *Mr de Vauban Lieutent General des Armees du Roy &c.* — Sous le portrait, couvrant la bordure et le milieu du socle, un petit ovale à fond blanc renferme les armoiries : *D'azur au chevron d'or, surmonté d'un croissant d'argent et accompagné de trois trèfles d'or;* l'écu timbré d'une couronne de marquis, entouré du ruban avec la croix de Saint-Louis portant cette devise : *Premium Bellicæ Virtutis.* — Sur le dessus du socle, à g. des armoiries : *Trouvain sculp;* — à dr. : *et ex. cum pri Reg.* — Au-dessous : le millésime 1694.
Fort rare. — Très-belle épreuve.

VALLÉE (Alexandre),

dessinateur et graveur à l'eau-forte et au burin, né à Bar-le-Duc (Meuse) vers 1558, mort au dix-septième siècle. Son œuvre est décrit dans Robert-Dumesnil, t. VIII, pp. 142-169, et t. XI, pp. 312-316.

2350 *bis*. *Lorraine :* **Louis II de Lorraine**, appelé le *cardinal de Guise,* frère puîné du Balafré, 1555-1588. — In-4°. H. de la gravure, 0,113, avec une marge de 0,037 au-dessous. L. 0,105.

Voir Rob.-Dum., 132.
Belle épreuve.

VALLÉE (Simon),

graveur au burin et à la pointe, né à Paris vers 1700. Élève de Pierre Drevet.

2351. **Cosel** (Anne-Constance DE BROCKSDORF, comtesse DE), célèbre favorite d'Auguste II, roi de Pologne et électeur de Saxe, 1680-1765. — In-fol. H. de la planche, 0,462, y compris une marge de 0,043. L. 0,323.

En pied. Représentée sous les traits de Vénus, assise dans un char formé d'une conque et traîné par une colombe. Vue de 3/4, tournée vers la droite, le corps étant de face. Cheveux relevés et bouclés, terminés en longues frisures retombant sur les épaules. Corsage de robe décolleté, laissant voir la naissance des seins. La main gauche appuyée sur un arc, elle tient dans la droite un ruban attaché par ses extrémités à une baguette retenant la colombe. A droite, à demi couché sur le siége, et s'appuyant contre la comtesse, un Amour tenant dans ses mains une autre colombe. — Le tout est entouré d'un cadre rectangulaire, sous lequel on lit, à g. : *F. de Troy pinxit;* — à dr. : *S. Vallée sculp.* — Dans la marge, en deux colonnes, ces vers :

Roulant sur ce char en Coquille
Et tenant un arc a la main
Cette divine Beauté brille
Et porte l'amour dans son sein

Ou c'est Venus fille de l'onde
Qui nous charme par tant d'attraits
Ou c'est vne charmante blonde
Qui de Venus a tous les traits.

Gacon.

— Au-dessous, entre les deux quatrains : *A Paris chez Bligny, Peintre, et Doreur*, etc.
Belle épreuve.

2352. **Pécoil** (Mme). — In-fol. H. 0,460, y compris une marge de 0,051. L. 0,315. *

Jusqu'aux genoux, dans un cadre rectangulaire. Assise sur un tertre ombragé par un arbre au pied duquel est un vase d'œillets. Vue de 3/4, tournée à droite, le corps étant de face. Cheveux relevés et bouclés, terminés en longues frisures retombant sur les épaules et ornés d'un nœud de ruban derrière. Corsage décolleté, laissant voir la naissance des seins, et garni de dentelle avec agrafe. Elle appuie sa main droite sur l'épaule d'un petit nègre qui lui tend une corbeille; de la main gauche, elle cueille des fleurs.

D'après H. Rigaud.

1er état, avant toute lettre. — Très-belle épreuve.

2353. Savary (Jean-François), chanoine et doyen du parlement de Metz. — In-fol. H. 0,390. L. 0,313. *

A mi-corps, dans une bordure ovale, équarrie, ornée de coins et supportée par un appui. Vu de 3/4, tourné à droite, le corps étant de face. Cheveux bouclés. Rabat et soutane, avec robe par dessus. Sur l'épaule gauche, l'épitoge retenue par une boucle. — Autour de l'ovale : *Joannes Franciscus Savary Presbiter Ecclesiæ Metensis Canonicus Jubilæus Supremiquè Senatûs Metensium Decanus.* — Au-dessous du portrait, couvrant le bas de la bordure et le milieu de l'appui, un petit ovale, teinté de tailles horizontales, renferme les armoiries : *Écartelé : aux 1 et 4, d'or à la croix denchée de gueules; aux 2 et 3, contr'-écartelé d'argent et de sable; au lambel de gueules en chef; à la bordure de sinople, chargée de huit besants d'or;* l'écu timbré d'une couronne de comte surmontée d'un chapeau d'évêque. — Sur le listel inférieur de l'ovale, à g. des armoiries : *F. de Troy pinx.;* — à dr. : *S. Vallée sculp.*

Belle épreuve.

2354. Troy (Jean DE), peintre français, frère de François. — In-fol. H. 0,368. L. 0,284. *

Jusqu'aux genoux. Debout. Vu de 3/4, tourné vers la gauche, où il regarde, le corps étant à droite. Perruque bouclée. Col de chemise dégrafé. Il est accoudé du bras gauche sur un socle, et retient contre sa poitrine le pan d'une draperie qui l'enveloppe. Il tient dans la main droite un porte-crayon muni de sanguine. Derrière le personnage, à droite, sur un chevalet, une toile offrant l'esquisse d'un groupe de femmes. — Sous le tr. c., à g. : *Peint par François de Troy;* — à dr. : *Gravé par Simon Vallée.* — Dans la marge, sur toute la largeur : *Jean de Troy, Peintre ordinaire du Roy,* || *Adjoint a Professeur de l'Academie Royale de Peinture et Sculpture.* — Au-dessous, à g. : *A Paris chez Vallée rue,* etc.

Belle épreuve.

Le P. Lelong a confondu ce Jean de Troy avec son filleul et neveu, Jean-François de Troy, dont on ne connait point de portrait gravé. Son individualité a été constatée par Jal.

VALLET (Pierre),

dessinateur et graveur à l'eau-forte, né à Orléans vers 1575, mort probablement à Paris où il vivait encore en 1642. Son œuvre est décrit dans Robert-Dumesnil, t. VI, pp. 103-142.

2354 *bis*. Robin (Jean), botaniste français, 1550-1629. — In-8°. H. de la planche, 0,159. L. 0,094.

> Voir Rob.-Dum., 153.
> Belle épreuve.

VALLET (Guillaume),

graveur au burin, né le 6 décembre 1632, à Paris, où il mourut le 1er juillet 1704. Élève de Pierre Daret. Reçu à l'Académie royale de peinture le 19 juillet 1664.

2355. Aumont de Rochebaron (Louis - Marie - Victor, duc d'), gouverneur de Boulogne et du Boulonnais, membre de l'Académie des inscriptions et belles-lettres, 1631-1704. — Gr. in-fol. H. de la planche, 0,473. L. 0,420. *

> A mi-corps, dans une bordure ovale, équarrie, tronquée sur tous les côtés. Vu de 3/4, tourné à gauche, regardant de face. Perruque crépue. Il porte de fines moustaches en crocs. Cravate de dentelle avec nœud de ruban. En armure. — Autour de l'ovale : *Lvd. Maria d'Avmont de Rochebaron Dvx & Par Franc*$_{xx}$*.* — Dans la gravure des angles inférieurs, à g. : *J. Garnier Pictor Regius* || *Pinxit ad viuum.* ; — à dr. : *Guil. Vallet Insisor* (sic) || *Regius Sculpsit. C. P. R.*
>
> Fort rare. — Très-belle épreuve.
> Le P. Lelong mentionne ce portrait avec la date de 1687.

2356. Balzac (J.-L. Guez, seigneur de), célèbre littérateur français, 1594-1654. — In-fol. H. 0,293. L. 0,191. *

> A mi-corps, dans une bordure ovale, équarrie, supportée par un piédestal. Vu de 3/4, tourné vers la gauche, regardant de face. Tête nue, cheveux bouclés. Il porte moustaches et barbiche, et est enveloppé dans une draperie agrafée sur l'épaule gauche. — Autour de l'ovale : *Iean Lovis Gvez, Seignevr de Balzac.* — Sur le dessus du piédestal, à g. : *G. Vallet sculp.* 1665. — Sur la tablette, ces vers :
>
> > *C'est le Portrait de l'Eloquence,*
> > *Qui par sa diuine puissance,*
> > *Sous le nom de Balzac charme tous les Esprits ;*
> > *Mais, pour la mieux connoistre, écoute son langage,*
> > *Elle est vivante en ces Écrits,*
> > *Et n'est que peinte en cette Image.*
>
> Belle épreuve.

2357. Charron (Jean-Jacques), marquis **de Ménars**, conseiller au parlement de Paris, maître des requêtes, mort en
1718. — Gr. in-fol. H. 0,470. L. 0,380. *

En buste, dans une bordure ovale, équarrie, ornée d'une étoile dans
les angles. Vu de 3/4, tourné à gauche, regardant de face. Perruque
frisée, couvrant les épaules. En robe avec rabat retenu par des cordons
à glands. — Autour de l'ovale : *Ioannes Iacobvs Charron Marchio de
Menars, Libellorvm Svpplicvm Magister, Reginæ Domvi Præpositvs. &c.*
— Sur le listel blanc inférieur de l'ovale, au-dessous du portrait, à g.:
J. Garnier Pictor Regius Pinxit ad viuum ; — à dr. : *G. Vallet Insisor*
(sic) *Regius sculpsit C. P. R.*
Très-belle épreuve.
C'est par erreur que le P. Lelong attribue ce portrait à Ant. Vallet.

2358. Corneille (Pierre), 1606-1684. — In-fol. H. de la
planche, 0,282. L. 0,192. *

A mi-corps, dans une bordure ovale, équarrie, supportée par un
appui. Vu de 3/4, tourné à droite, regardant vers la gauche. Tête couverte d'une calotte ; longue perruque bouclée, retombant sur les épaules.
Rabat avec soutane et manteau. — Autour de l'ovale : *Pierre Corneille,
Né a Roven en L'Année. M. VI. C. VI.* — Sous le portrait, couvrant la
bordure et le milieu de l'appui, les armoiries : *D'azur à la fasce d'or,
chargée de trois têtes de lion de gueules et accompagnée de trois étoiles
d'argent ;* l'écu timbré d'un casque taré de front, avec lambrequins, et
accompagné d'une tête de licorne pour cimier ; supports : deux licornes.— Entre l'appui et le tr. c., à g. : *A Paillet, ad viuum delin.* 1663.;
— à dr. : *Guillelmus Vallet, sculpsit.*
Superbe épreuve.
Ce portrait figure en tête du premier volume du *Théâtre* de Corneille ; Paris, 1663, 2 vol. in-fol.

2358 *bis*. Corneille (Pierre), le même que le précédent. —
In-fol. H. 0,345. L. 0,220.

En buste sur piédouche placé sur un piédestal portant sur la tablette
cette inscription : *Ament || Serique || Nepotes.* Vu de face. Longue per-
ruque couvrant les épaules. De chaque côté du piédestal, une Muse
en pied, représentant, celle de gauche, *Melpomène,* celle de droite,
Thalie ; elles tiennent chacune une couronne qu'elles posent sur le
buste. Dans le haut, la *Renommée,* sonnant d'une trompette ornée
d'une banderole avec le mot *Tragédie,* tient dans la main gauche une
autre trompette, sur la banderole de laquelle on lit : *Comedie.* Le tout
est placé au milieu d'une voûte architecturale portant en fronton l'ins-

cription : *Le Theatre* ‖ *De* ‖ *P. Corneille.* — Sur la plinthe du piédestal, à g. : *A Paillet. Inu. et del.* ‖ *G. Vallet Sculpsit.*

Très-belle épreuve.

Estampe servant de frontispice à l'édition de 1663, où figure aussi le portrait précédent.

2359. *France :* **Louis de France,** surnommé le *Grand Dauphin,* 1661-1711. — Gr. in-fol. H. de la planche, 0,477. L. 0,458. *

A mi-corps, dans une bordure ovale, équarrie, tronquée dans le haut et dans le bas. Représenté à l'âge de seize ans. Vu de 3/4, tourné à gauche, regardant de face. Perruque frisée, couvrant les épaules. Cravate de dentelle. En armure, avec les brassards semés de fleurs de lis. Écharpe en sautoir. — Autour de l'ovale : *Lvdovicvs Galliarvm Delphinvs Lvdovici Magni Primogenitvs.* — Sur le listel blanc inférieur de l'ovale, à g. : *I Iouvenet ad viuvm Pinx. Vallet Sculq* (sic).; — à dr. : *AParis rue,* etc. (ces deux inscriptions sont tracées à la pointe). — Dans les angles inférieurs et dans la gravure, à g. : *I Iouvenet pictor regius Pinxit ad uiuvm. an* 1677.; — à dr. : *G. Vallet ex academia Regia Sculp. C. P. Reg.*

Très-belle épreuve.

2359 bis. *France :* **Louis de France,** le *Grand Dauphin.* — Gr. in-fol. H. de la planche, 0,481. L. 0,477.

A mi-corps, dans une large bordure ovale, équarrie, entièrement recouverte par des palmes entremêlées de fleurs de lis. Les angles de la planche sont ornés de médaillons avec devises emblématiques; ceux du haut renferment, à gauche, un bouclier dans les airs ; au-dessus : *Magni Fidvcia Regni;* à droite, une forteresse au bord d'un fleuve; au milieu est écrit : *Le Rhin fl.;* dans le haut du médaillon : *Tvetvr et Arcet;* ceux du bas, contiennent chacun un dauphin sur les ondes, avec ces devises, à g. : *Fellet Caret;* à dr. : *Pericvla Lvdvs.* — — A dr., au-dessous du médaillon, sur une foliole de la fleur de lis, on lit : *Nec folium de fluit* ‖ *vllum.* — A g., dans le bas de la bordure, sur une feuille : *Nunc maxime* ‖ *virent.* — Au-dessous du portrait, sur les palmes, à g. : *Contra onus assurgunt;* — à dr. : *Vallet Sculp. ad viuum C. P. Regis.* — Personnage représenté aussi jeune qu'au portrait précédent et dans les mêmes dispositions; sauf les changements suivants : la tête est ceinte d'une couronne de laurier et les cheveux du sommet de la perruque sont modifiés; la mousseline de la cravate au-dessus de la dentelle est plus ouvragée; les brassards de l'armure sont semés de dauphins et de fleurs de lis pointillées.

Belle épreuve.

On croit que ce portrait est un second état du précédent, ce qui semble douteux, la planche étant plus grande.

2360. *France :* **Louis de France,** le *Grand Dauphin.* — In-fol. H. de la planche, 0,397. L. 0,330. *

A mi-corps, dans une bordure ovale, équarrie, ornée dans les angles de médaillons avec devises emblématiques. Représenté à l'âge de seize ans. Vu de 3/4, tourné à droite, regardant de face. Perruque frisée. Cravate de dentelle. En armure, avec écharpe frangée en sautoir. - Autour de l'ovale : *Lvdovicvs Delphinvs Lvdovici Magni Filivs.* — Sur le listel blanc inférieur de la bordure : *Offerebat Hvmillimvs Servvs Ioannes Poisson.*— Dans les angles inférieurs, à g. : *I. Iouuenet Pictor Regius Pinxit ad viuum.; —* à dr. : *G. Vallet ex Accademia Regia sculp. De.* 1677. *cum Pri.*
Très-belle épreuve.

2361. *France :* **Anne-Marie-Louise d'Orléans,** duchesse **de Montpensier,** appelée la *Grande Mademoiselle,* 1627-1693. — In-fol. H. de la planche, 0,376. L. 0,313. *

A mi-corps, dans une bordure ovale, équarrie, supportée par un socle. Vue de 3/4, tournée à droite, regardant de face. Cheveux relevés en chignon qui est orné d'un voile ; ils sont frisés sur les côtés et sur le front. Collier de perles. Corsage décolleté, laissant voir la naissance des seins et garni de perles et de brillants. Étoffe semée de fleurs de lis lui couvre l'avant-bras droit. — Autour de l'ovale : *Anne Marie Lovise d'Orleans.* — Au milieu du socle, un cartouche retenu par l'ovale, posé sur les volutes, aux armes des *d'Orléans* surmontées d'une couronne fleurdelisée ; tenants : deux anges aux ailes baissées, vêtus de dalmatiques. — Sur la face du socle, à g. des armoiries : *Nocret Pinxit G. Vallet ex accademia* (sic) *Regia; —* à dr. : *sculpsit* 1670 (le chiffre 6 est retourné). *C. P. Regis* (cette inscription est tracée à la pointe.)
1ᵉʳ état. Extrémement rare. — Superbe épreuve.
2ᵉ état. — L'ovale modifié ; il se termine dans le haut par deux volutes et est orné de guirlandes de fleurs ; dans le bas, il est accompagné de palme et de branches de lis posées sur le socle qui est moins haut. Le cartouche armorié a été augmenté et les volutes entourent les palmes. L'écusson est plus petit ; les tenants ont les ailes déployées et les dalmatiques modifiées.— L'inscription de la face du socle enlevée et remplacée par celle-ci, placée sur la plinthe, des deux côtés du cartouche : *I. Nocret Pinx. Guill. Vallet ex academia regia scul.* 1672. *C. P. R. — A Paris rue* etc. — Très-belle épreuve.

2362. Lorraine (François-Joseph), duc **de Guise** et d'Alençon, pair de France, fils de Louis-Joseph de Lorraine, et d'Élisabeth-Charlotte d'Orléans, duchesse d'Alençon, 1670-1675. — In-fol. H. 0,320. L. 0,275.

A mi-corps, dans une bordure ovale, équarrie, supportée par un appui. Représenté à l'âge de quatre ans. Vu de 3/4, tourné vers la gauche, regardant de face. Tête nue, cheveux courts sur le devant et bouclés sur les côtés. En robe, avec corsage brodé. — Autour de l'ovale : *Francois Ioseph de Lorraine de Gvise Dvc D'Alençon.* — Sur le dessus de l'appui, à g. : *Ant. Paillet ad vivum Pinxit* 1674.; — à dr. : *Guill. Vallet ex accademia regia sculp.* — Au-dessous du portrait, couvrant le bas de l'ovale et le milieu de l'appui, un médaillon à fond blanc renferme un écu armorié, timbré d'une couronne ducale; supports: deux aigles couronnées, le vol abaissé et colletées de patenôtres. — Sur la face de l'appui : *Offerebat de Rostagny domes*us*. fidelli*us*.
Très-belle épreuve.

2363. **Phelypeaux de la Vrillière** (Michel), archevêque de Bourges, mort en 1694. — Gr. in-fol. H. de la planche, 0,456. L. 0,400. *

En buste, dans une bordure ovale, équarrie et tronquée sur tous les côtés. Vu de 3/4, tourné vers la gauche, regardant à droite. Calotte sur le sommet de la tête. Cheveux frisés. Rabat et croix pectorale autour du cou. Les épaules couvertes d'une pèlerine à capuchon. — Autour de l'ovale : *Michael Phelypeavx P. P. Arch.*us*. Bitvricensis.* — Sur le listel inférieur de la bordure, au-dessus des angles, à g.: *Ant. Paillet pictor ac professor Regius, ad vivum Pinxit.; —* à dr.: *Guill. Vallet ex accademiâ Regiâ sculp. C. P. Regis.* ·
Très-belle épreuve.

2364. **Malebranche** (Nic. DE), philosophe français, 1638-1715. — In-4°. H. 0,190. L. 0,135.

A mi-corps, dans une bordure ronde, équarrie, dont la partie inférieure est cachée par le buste du personnage. Vu de 3/4, tourné à droite. Calotte sur la tête. En soutane avec ceinture. Les épaules couvertes d'un manteau. Derrière lui, formant fond, des rayons de volumes, et à droite, une sphère armillaire. — Autour de la bordure: *Nicolas. Malebranche.* — Au-dessous, dans la gravure, une tablette avec anses, ornée d'un encadrement et échancrée en son milieu, contient cette inscription : *Nicolas Malebranche* (sic) *Prêtre de l'Oratoire.* ‖ *Né le 6*e*. Aoust 1638. Mort le 13*e* Octobre 1713. Agé de 78 Ans. —* Entre le tr. de l'encadrement et le bord de la tablette, à g. : *A Paris chez Vallet;* — à dr. : *Graveur du Roy.*

Curieux et rare. — Belle épreuve.

Ce portrait sort probablement de l'atelier de Jérôme Vallet, fils de Guillaume.

VANGELISTY (VINCENT),

graveur au burin du dix-huitième siècle.

2365. Apchon (Claude-Marc-Antoine D'), archevêque d'Auch, 1723-1783. — Gr. in-fol. H. de la planche, 0,481. L. 0,346.

Jusqu'au-dessous des genoux. Assis dans un fauteuil, près d'une table de travail et adossé à deux colonnes. Vu de face, le corps étant tourné vers la gauche. Tête nue ; cheveux rejetés en arrière et bouclés. En costume d'archevêque, les épaules couvertes d'une pèlerine, avec la croix pectorale. Il tient de la main gauche, sur ses genoux, son bonnet carré. Le bras droit allongé, la main appuyée sur un volume muni d'un signet et posé à plat sur la table où l'on voit une rangée de volumes au milieu desquels est un crucifix.

1er état, avant toute lettre. — Très-belle épreuve.

2366. Argenville (Antoine-Joseph DEZALLIER D'), littérateur français, 1680-1765. — In-4°. H. 0,236. L. 0,159. *

A mi-corps. Debout, à une fenêtre architecturale, cintrée dans le haut. Vu de 3/4, tourné à gauche, regardant de face. Longue perruque bouclée, retombant par derrière. Drapé dans un manteau. — Sous le tr. c., tracé à la pointe, à g. : *Rigaud P. ;* — à dr. : *Vangelisty. s.*

1er état, avant la lettre. — Belle épreuve.

Le P. Lelong mentionne ce portrait avec la date de 1775.

2367. Buffon (Georges-Louis LECLERC, comte DE), 1707-1788. — In-fol. H. de la planche, 0,303. L. 0,225. *

A mi-corps, dans un médaillon ovale, orné de guirlandes de feuilles de chêne et soutenu par des minéraux posés sur un appui. Vu de 3/4, tourné à gauche, regardant de face. Tête nue, cheveux relevés, bouclés sur les côtés et ornés d'un nœud de ruban derrière. Cravate blanche. Habit fourré, entr'ouvert, laissant voir un jabot de dentelle. — Sur le dessus de l'appui, à gauche, une peau de lion recouvrant en partie un globe. — A droite, un aigle, la tête contournée, regarde avec colère le personnage. — Sur la face de l'appui : *G. L. Cte. de Buffon‖de*

II. 30

L'Academie Française de celle des Sciences &c. &c. || *Dedié à Monsieur son Fils,* || *Par son très Humble et très Obeissant Serviteur A. Pujos.*

> *La nature pour lui prodiguant sa richesse*
> *Dans son génie ainsi que dans ses traits*
> *A mis la force et la noblesse*
> *En la peignant il paya ses bienfaits.*
>
> *l'Abbé Delille.*

— Sous le tr. c., à g. : *A. Pujos ad vivum delin.* 1776 ; — à dr. : *Vin. Vangelisty Sculp.* 1777. — Au milieu, dans la marge : *Se Vend à Paris chez Mr Pujos Quay,* etc.

Belle épreuve.

2368. **Delille** (l'abbé Jacques), poëte français, 1738-1813.— In-fol. H. de la planche, 0,321. L. 0,230. *

A mi-corps, dans un médaillon équarri, accompagné de pampres, et d'une trompette de Renommée passée dans une couronne de laurier. Le médaillon est supporté par un appui étagé, orné d'une vignette. Vu de 3/4, tourné à gauche, regardant de face. Tête nue ; cheveux rejetés en arrière et bouclés. Habit de velours, avec jabot. A gauche du médaillon, sur l'appui, une ruche et des abeilles. A droite, un soc de charrue près d'une corbeille remplie de légumes accompagnées d'une branche de laurier qui entoure le médaillon. — Sur la face de l'appui, au-dessous de la vignette, cette inscription : *J. Delille* || *L'un des quarante de l'Académie Françoise* || *Lecteur Royal & &.* || *Né à Clermont en Auvergne.* — Sous le tr. c., à g. : *A Pujos ad Vivum* 1777. ; — à dr. : *Vin. Vangelisty Sculp.* 1777. — Plus bas, au-dessus du tr. de la pl. et au milieu : *Se Vend à Paris chez Mr. Pujos, Quay,* etc.

Belle épreuve, avec le mot *Md.* au lieu de *Mr.* précédant le nom de *Lequin* dans l'adresse.

2369. *France :* **Anne-Marie Martinozzi,** nièce du cardinal Mazarin, et épouse d'ARMAND de Bourbon, prince de Conti, comte de Pezenas, 1637-1672. — In-4°. H. de la planche, 0,169. L. 0,113.

A mi-corps, dans un médaillon ovale, équarri, encastré dans un panneau et supporté par un appui. Vue de 3/4, tournée vers la droite, le corps étant de face. Tête nue et légèrement inclinée vers l'épaule gauche. Cheveux relevés et terminés en une longue queue retombant sur les épaules. En chemisette et enveloppée dans une draperie agrafée sur l'épaule gauche. — Sur la tablette de l'appui, cette inscription : *Anne Marie Martinozzi* || *Princesse de Conty Morte en Odeur* || *D'une Grande Pieté Le 4 Fevrier* 1672. || *Agée de 35. Ans.* || *Surrexerunt filii*

ejus, et beatissimam‖prædicaverunt; vir ejus et laudavit eam.‖Prov. ch. 31. *V.* 28. — Au-dessous de l'appui, dans la gravure, sur deux lignes : *A Paris chez P$_r$^{c}. Laurent Rue et Porte,* etc. — Sous le tr. c., à g$\overset{\bullet}{.}$: *Petito* (sic) *Pinx.; —* à dr. : *Vin. Vangelisty Sculp.* 1775.
Très-belle épreuve, avec marges.

2370. **Vergennes** (Charles GRAVIER, comte DE), diplomate français, 1717-1787. — Gr. in-fol. H. de la planche, 0,502. L. 0,355.

Jusqu'au-dessous des genoux. Assis dans un fauteuil devant une table-bureau. Vu de 3/4, tourné vers la droite, le corps étant de face. Cheveux relevés et bouclés sur les côtés. Cravate de dentelle. Habit ouvert, à manches à revers, laissant voir un gilet à ramages. Manchettes de dentelle. Culotte courte. Grand cordon en sautoir, et les insignes de l'ordre du Saint-Esprit brodés sur l'habit. Le bras droit appuyé sur le bureau, il tient dans la main un pli. La main gauche posée sur le bras du fauteuil. — De l'angle supérieur gauche, retombe une draperie frangée qui forme le fond et cache en partie une colonne, laissant voir à droite une statue placée dans une niche.

1er état, avant toute lettre. — Très-belle épreuve.

VÉRITÉ (JEAN-BAPTISTE),

graveur au burin et au pointillé, et marchand d'estampes du dix-huitième siècle.

2371. **Marat** (Jean-Paul), fameux révolutionnaire, 1744-1793. — In-fol. H. 0,417. L. 0,281.

A mi-corps, dans une bordure ovale, équarrie et supportée par un appui orné d'une tablette. Vu de 3/4, tourné à droite; la tête couverte d'un mouchoir et ceinte d'une couronne de chêne. Vêtement entr'ouvert, laissant voir le col de la chemise dégrafé. — Sur le dessus de l'appui, à g., entre un volume et une écritoire munie d'une plume d'oie, une feuille de papier avec cette inscription : *Nayant‖pu‖le‖Corrompre‖ ils lont ‖ Assasiné ; —* à dr., un volume accompagné d'une couronne de chêne et d'un rouleau de papier sur lequel on lit: *L'Ami du Peuple‖ et le plus Chaud‖défenseur de ses droits. —* Sur la tablette : *J. P. Marat. ‖ l'Ami du Peuple,‖Second Martir de la Liberté.‖Né à Genève en* 1743. *Assasiné le* 13 *Juillet* 1793. — Sous le tr. c., à g. : *Dessiné d'après nature par M....; —* à dr.: *Gravé par Verité Sculp. —* Au-dessus du tr. de la planche, au milieu : *à Paris, chez Jean, M^d. d'Estampes, rue,* etc.

Très-belle épreuve, avec marges.

VERMEULEN (Cornelis-Martin),

. dessinateur et graveur au burin, né vers 1644, à Anvers, où il mourut en 1702.

2372. Arco (A.-Fr. Le Louchier, comtesse d'). — In-fol. H. de la planche, 0,458. L. 0,336.

Jusqu'aux genoux. Debout, vue de face, le corps tourné à droite. Cheveux étagés, ornés de perles, bouclés sur le front et relevés sur les côtés ; une longue frisure retombe sur l'épaule gauche. Corsage garni de dentelle, décolleté, laissant voir la naissance des seins. Manchettes de dentelle. Le bras gauche couvert par un manteau dont elle tient le pan de la main droite ; la gauche étant appuyée sur une balustrade en fer à grands feuillages. — Le fond est formé par une draperie frangée à ramages, relevée sur le côté gauche, découvrant, à droite, un arbre et une colonne. — Sous le tr. c., sur toute la largeur : *Agnes Francoise Lelouchier* || *Comtesse D'Arco* ♂. Cette inscription est séparée au milieu par les armoiries des d'Arco : *D'or à trois arcs d'azur, posés en fasces, l'un sur l'autre* ; accolées à celles des Le Louchier : *De sable semé de croix recroisettées au pied fiché d'or ; à trois louches du même, 2 et 1, brochant sur le tout* ; les écus posés sur la poitrine d'une aigle éployée, colletée d'une couronne antique et le vol abaissé ; le tout surmonté d'une couronne ducale. — Au-dessus du tr. de la pl., à g. : *J. Vivien. pinx.* ; — à dr. : *C. Vermeulen sculp.* 1700.

Très-belle épreuve.

2373. *Bavière :* Maximilien-Emmanuel, comte-palatin du Rhin, 1662-1726. — In-fol. H. 0,442. L. 0,330.

A mi-corps, dans une bordure ovale, équarrie, supportée par un socle. Vu de 3/4, tourné à gauche, regardant de face. Longue perruque frisée, retombant par derrière. Cravate de dentelle. En armure, avec écharpe. Collier de la Toison d'or en sautoir. L'épaule droite couverte d'une draperie. Le bras gauche allongé, indiquant quelque chose de l'index qui est coupé par la bordure. — Autour de l'ovale : *Maximilianus Emanvel. V. B.* ♂. *S. P. D. C. Pal. Rheni. S. R. I. Archidap. & Elector.* — Au-dessous du portrait, couvrant la bordure et le milieu du socle, un cartouche avec les armoiries : *Écartelé : aux 1 et 4, de* Bavière ; *aux 2 et 3, de* Palatinat du Rhin ; *sur le tout : de gueules à un monde d'or* (non indiqué), *cerclé d'argent* ; l'écu timbré d'une couronne princière et entouré du collier de la Toison d'or. — Sur la face du socle : *Serenissimo ac Reueros. principi et domino d : Josepho Clementi* || *Archiepiscopo Coloniensi, s : Rom. Imp : per Italiam Archicancellario et Electori fc. sedis Apostolicæ legato* || *Nato. Episcopo leodiensi, trisingensi et Ratisbonensi præposito Bercheldadensi et Coadiutori hildesiensi* || *Vi-*

riusque Bauarię, palatinatus superioris, Westphalię et Angrię duci, C : palatino Rheni, lantgrauio luchtenbergensi etc : ‖ Offerebat, Josephus Vivien. pictor. Accademiæ. Regis. Christianissimi.

Belle épreuve.

2374. **Bertin** (P.-V.), trésorier général du sceau, puis des parties casuelles. — In-fol. H. du cadre, 0,344. L. 0,281. *

A mi-corps. Debout derrière une balustrade en pierre contre laquelle il a le coude gauche et les reins appuyés. Vu de 3/4, tourné à gauche, regardant de face. Longue perruque bouclée, retombant derrière. Col de dentelle. Drapé dans un manteau doublé d'une étoffe à ramages. — Le fond représente la campagne avec des arbres. — Le tout est entouré d'un cadre rectangulaire, sous lequel on lit, à g. : *N. de Largilliere pinxit;* — à dr.: *C. Vermeulen Sculpsit* 1694. — Au milieu dans la marge, sur toute la largeur: *Petrus Vincentius Bertin.*

Belle épreuve.

2375. **Borcht d'Elverdinghe** (Nic. van der). — Gr. in-fol. H. de la planche, 0,519. L. 0,360.

En pied. Debout sur la plate-forme d'un escalier en pierre, dont on ne voit que le haut de la rampe, et adossé à un mur en retour au haut duquel flotte un pavillon frangé avec armoiries : *D'argent au chevron d'azur, chargé de trois macles d'or* (les émaux ne sont pas indiqués). Vu de 3/4, tourné à droite, regardant de face. Tête nue ; cheveux courts. Il porte moustaches eu crocs et barbiche. Collerette. Pourpoint orné de bouffettes à la ceinture. Culotte courte. L'épaule droite couverte d'un manteau, la main appuyée sur la hanche. Il indique l'escalier de la main gauche. — A dr., dans le lointain, on voit une ville au bord de la mer, et des navires dont l'un tire le canon. — Sous le tr. c., à g. : *Antonius. Van. Dyck. pinxit.;* — à dr.: *C. Vermeulen sculp.* 1703. — Au milieu : *Dominus NicoLaus* (sic) *Vander Borcht.*

1er état, — Très-belle épreuve.

2e état. — Sous le nom du personnage, au milieu, on lit : *A Paris chez J.-Ph. Le Bas* 1er. *Graveur du Cabinet du Roy rue de la Harpe.*— A droite sous le millésime, au-dessus du tr. de la pl., on voit le chiffre 7. — Belle épreuve.

2376. **Broglie** (Ch.-A. DE), comte de Revel, gouverneur de Condé, mort en 1707. — In-fol. H. de la planche, 0,472. L. 0,342. *

En pied. Jusqu'aux genoux, debout sur un champ de bataille qu'on aperçoit dans le lointain, à gauche. Vu de 3/4, la tête tournée vers la gauche, le corps à droite. Longue perruque bouclée. En armure ; épée au côté. Il tient le bâton de commandement dans la main droite ; la gauche, appuyée sur la hanche, est recouverte, ainsi que l'épaule, par un manteau fourré. — Sous le tr. c., au milieu, un écusson avec les armoiries décrites au n° 189 du présent catalogue; l'écu timbré d'une couronne ducale ; elles sont accompagnées de l'inscription suivante : *Charles, Amedee, Broglie, Comte de Revel,*|| *Lieutenant General des Armées du Roy.* — Au-dessous, à g.: *Hyacinthus Rigaud pinxit;* — à dr.: *C. Vermeulen sculp. et ex. C. P. R.*

Belle épreuve.

Gravé en 1691, d'après un tableau peint en 1690.

2377. **Brunenc** (Jean DE), banquier de Lyon.— In-fol. H, de la planche, 0,370. L. 0,264. *

Jusqu'aux genoux. Debout, vu de 3/4, tourné à gauche, le corps de face. Longue perruque bouclée. Vêtement brodé, entr'ouvert dans le haut et laissant voir le col dégrafé de sa chemise. Les épaules couvertes d'un manteau. De la main droite, appuyée sur la hanche, il tient un pan du manteau. Le bras gauche étendu et couvert par l'autre pan du manteau, il désigne de la main un objet qu'on ne voit pas. — De l'angle gauche supérieur, retombe une draperie à ramages. — Le tout est entouré d'un cadre sous lequel on lit, à g.: *Peint par Hyacinte* (sic) *Rigaud;* — à dr. : *Graué par C. Vermeulen.* — Au milieu : *Joannes de Brunenc Lugdunensis.* — Plus bas, au-dessus du tr. de la pl., au milieu : *A Paris Chez Audran rue S*t*. Iacques aux* 2. *Pilliers d'or. Auec Priuil.*

1er état. — Belle épreuve.

2e état. — Sur la poitrine, l'ordre de l'Éperon d'or. — L'inscription du milieu, sous le tr. c., a été modifiée comme suit : *Joannes de Bru nenc Lugdunens̄:* || *Eques Romanus.* || *Francicoȓ Thesauroȓ : Comes &c.;* l'adresse d'Audran qui était au-dessous a été effacée et transcrite à dr., en trois lignes, sous le nom du graveur, moins les mots : *Auec Priuil.*

Belle épreuve.

Le premier état a été gravé en 1689, d'après un tableau peint en 1687.

2378. **Brunet** (Franç.), seigneur de Monferrand, président en la chambre des comptes de Paris, mort en 1696. — In-fol. H. 0,426. L. 0,333. *

A mi-corps, dans une bordure ovale, équarrie, supportée par un socle. Vu presque de face, la tête légèrement tournée vers la gauche. Longue perruque frisée, couvrant les épaules. En robe avec rabat. — Autour de l'ovale : *Franc. Brunet Regi Ab Omnib. Cons. Gall. Senator*

In. Supr. Rationum Curia Præses. Unici Regis Fratris Cons. Præposit?
&c. — Sur le listel inférieur de l'ovale teinté de tailles horizontales :
Offerebat Humilimus seruus Petrus le Mcunnié. — Au milieu du socle,
couvrant le bas de l'ovale, un cartouche avec les armoiries : *Écartclé :*
aux 1 et 4, d'or au lévrier rampant de gueules, colleté du champ; à la
bordure crénelée de sable; aux 2 et 3, d'argent à une tête de More, tor-
tillée d'argent; l'écu timbré d'une couronne de marquis; supports :
deux lévriers. — Sur le dessus du piédestal, à g. : *Fr. de Troy Pinxit* ;
— à dr. : *C. Vermeulen Sculpsit.*

Belle épreuve.

Le P. Lelong indique la date de 1692, comme étant celle de la
gravure.

2379. Catinat (Nicolas DE), maréchal de France, 1637-1712. — In-fol. 0,445. L. 0,331. *

A mi-corps, dans une bordure ovale, équarrie, ornée d'un cartouche
dans le haut et supportée par un piédestal. Vu presque de face, le
corps tourné à gauche. Longue perruque bouclée, retombant derrière
et terminée par un nœud avec frisure. Cravate de dentelle accompagnée
d'un nœud de ruban. En armure. Il tient dans la main droite le bâton
de commandement. — Sous l'ovale, au milieu du piédestal, un cartouche renferme les armoiries décrites au n° 776 du présent catalogue,
avec les mêmes attributs, sauf les supports.

1er état, avant toute lettre. Très-rare. — Superbe épreuve.

2e état. — L'ovale est entouré d'un cadre rectangulaire. — Autour
de la bordure, on lit : *Nicolas de Catinat Marechal de France.* — Sur
le dessus du piédestal, à dr. : *C. Vermeulen sculpsit et ex.* — Belle
épreuve.

Le P. Lelong mentionne ce portrait avec la date de 1694.

2380. Clermont de Chaste de Roussillon (Louis-Annet DE), évêque-duc de Laon, mort en 1724. — In-fol. H. de la planche, 0,464. L. 0,390. *

A mi-corps, dans une bordure ovale, équarrie, autour de laquelle on
lit : *Ludovicus de Clermont Episcopus Dux Laudunensis Par Franciæ.*
Vu de 3/4, tourné à droite, regardant vers la gauche. Cheveux bouclés.
Les épaules couvertes d'une pèlerine à capuchon, avec la croix pectorale retenue à un ruban passé sous le rabat. — Sur le listel blanc inférieur de la bordure, au-dessous du portrait : *Offerebat Humilimus*
Servus Nicolaus Beffroy Acolytus Laudunæus. — Dans les angles inférieurs de la planche, à g. : *Hyacinth. Rigaud pinx.;* — à dr. : *C. Ver-*
meulen Sculp.

Trés-belle épreuve, avec marges.

Le P. Lelong mentionne ce portrait avec la date de 1696, mais il n'a été gravé qu'en 1698, d'après un tableau peint en 1695.

2381. Constantini (Angelo), acteur italien, 1655-1730. — Gr. in-fol. H. de la planche gravée, 0,514. L. 0,385.

En pied, debout. Représenté dans le rôle de *Mezetin*. Vu de 3/4, tourné vers la gauche, le corps étant à droite. Coiffé d'un large bonnet retombant derrière sur le dos. Collerette. Casaque et culotte courte à ramages et à raies verticales. Manchettes de mousseline. Souliers à boucles. L'épaule gauche couverte d'un manteau court, la main appuyée sur un rocher, qu'il désigne de la main droite, et dans la cavité duquel on voit un vieillard couché sur des Dauphins, une corde enroulée autour du corps, corde dont l'extrémité est tenue par un jeune homme; le pied gauche posé sur le corps du vieillard.

1er état, avant toute lettre. — Très-belle épreuve.

2e état. — Sous le tr. c., les vers suivants en deux colonnes :

> *Icy de Mezetin rare et nouveau Protée*
> *La figure est représentée*
> *La nature l'ayant pourveu*
> *Des dons de la Metamorphose,*
> *Qui ne le voit pas n'a rien veu;*
> *Qui le void a veu toute Chose.*

> *De la Fontaine.*

— A g., un peu au-dessous de ces vers : *F. de Troy pinxit;* — à droite : *C. Vermeulen. sculp.* 1694.

Belle épreuve.

Ce portrait fait pendant au *Crispin* d'Édelinck,

2382. Cramoisy (Séb.-Mabre), imprimeur français, 1642-1687. — In-4°. H. de la planche, 0,226. L. 0,167. *

A mi-corps, dans une bordure ovale, équarrie, supportée par un appui. Vu de 3/4, tourné à gauche, regardant vers la droite. Longue perruque bouclée, retombant sur les épaules. Il est drapé dans un manteau.

1er état, avant toute lettre. — Très-belle épreuve.

2e état. — Sur le dessus de l'appui, à dr., on lit : *C. Vermeulen Sculp.* — Sur la tablette, cette inscription : *Sebastianus Mabre Cramoisy Regis || Architypographus, Regiæ Typographiæ luparcæ Director, || vixit annos 45. Obijt anno 1687. die 9. Junij.* — Belle épreuve, avec marges.

2383. *Espagne :* Philippe V, 1683-1746. — In-fol. H. de la planche, 0,455. L. 0,338. *

A mi-corps, dans une bordure ovale, équarrie, supportée par un

socle. Vu de 3/4, tourné à droite, regardant de face. Longue perruque bouclée, retombant par derrière. Cravate de dentelle. En armure, avec le collier de la Toison d'or autour du cou. L'épaule gauche couverte d'un manteau, il tient dans la main, appuyée sur un casque, le bâton de commandement. — Autour de l'ovale, sur la partie supérieure : *Philippus. V. D. G. Rex. Hispaniæ &c.* — Au-dessous du personnage, couvrant la bordure et le milieu du socle, un cartouche avec les armoiries d'*Espagne*, accompagné de palmes qui entourent le bas de l'ovale ; l'écu timbré de la couronne royale et environné des colliers du Saint-Esprit et de la Toison d'or. — Sur la face du socle : *Serenissimo Principi Maximiliano Emanueli*‖*D. G. Vir : Bauariæ ac Palat : Sup : Duci Com : Palat : Rhe : S : R : I : Ar : Dap. Electori* ‖ *Philippi V. Hisp : et Ind : Regis Auunculo Hanc Potentissimi Nepotis Effigiem D. C.* — Sur la plinthe, à dr. : *Humillimus Seruus J. Viuien.* — Sous le tr. c., à g. : *Ad Viuum pinxit J. Viuien ;* — à dr. : *C. Vermeulen sculp :*

Très-belle épreuve, avec marges.

Le P. Lelong mentionne ce portrait avec la date de 1701.

2384. *France :* **Louis XIV,** 1638-1715. — In-fol. H. de la planche, 0,473. L. 0,362. *

Jusqu'aux genoux. Debout, vu de 3/4, tourné vers la droite, le corps étant de face. Longue perruque frisée, retombant sur les épaules. Cravate de dentelle avec nœud de ruban. En armure ; en sautoir, le grand cordon auquel pend la croix du Saint-Esprit. Épée au côté, dont on ne voit que la poignée. Il tient le bâton fleurdelisé dans la main droite ; la gauche appuyée sur la hanche, le haut du bras étant recouvert d'une draperie. — Le fond est formé par une tapisserie à grands ramages relevée dans l'angle droit et laissant voir dans le lointain une ville incendiée. — Le tout est entouré d'un cadre rectangulaire, sous lequel on lit, à g. : *Peint par Geuslin* ‖ *d'apres sa Majesté*‖*C. P. R. ;* — à dr. : *Gravé par Vermeulen* ‖ *d'après le tableau original.* — Au milieu : *Ludovicus Magnus.* — Au-dessous, à g. : *se Vend Chez l'Autheur sur le Quay,* etc.

Belle épreuve, avec marges.

2385. *France :* **Louis de France,** surnommé le *Grand Dauphin,* 1661-1711. — In-fol. H. de la planche, 0,473. L. 0,362.

Ce portrait a été fait au moyen de la planche précédente, après ces modifications : la tête a été rendue plus jeune ; il est vu de 3/4, tourné à gauche, regardant vers la droite ; le nœud de ruban qui accompagne la cravate de dentelle a été enlevé. — Le cadre qui entoure l'estampe a été élargi et toutes les inscriptions au-dessous ont été enlevées.

Belle épreuve.

2386. *France :* **Anne-Marie-Louise d'Orléans,** duchesse de **Montpensier,** appelée la *Grande Mademoiselle,* 1627-1693. — In-fol. H. de la planche, 0,402. L. 0,286. *

A mi-corps, dans une bordure ovale, équarrie, supportée par un piédestal et recouverte dans le haut, ainsi que sur le côté gauche, par une draperie frangée. Vue de 3/4, tournée vers la gauche, le corps étant de face. Cheveux bouclés et étagés, terminés en une longue tresse retombant sur l'épaule droite. En chemisette garnie de dentelle et très-décolletée. Enveloppée d'une draperie retenue par une agrafe et un ruban passé en sautoir. — Sous l'ovale, couvrant le milieu de la corniche du piédestal, un cartouche avec les armoiries des d'*Orléans ;* l'écu timbré d'une couronne fleurdelisée et entouré de deux palmes. — Sur la tablette du piédestal : *Anne Marie Louise d'Orléans, fille aynée de ‖ feu Monseigneur Gaston fils de France, frere du‖Roy Loüis* 13. *par la grace de Dieu Souveraine de‖Dombes.Princesse Dauphine d'Auvergne, Duchesse de Mon =‖pensier, et de Chasteleraut, Comtesse d'Eu,* 1ere. *Pair de France &c.* ‖ 1691. — Sous le tr. c., à dr.: *Hyacintus Rigaud pinx.* — *C. Vermeulen Sculp. et ex. C. P. R.*

Belle épreuve.

Gravé en 1692, d'après un tableau peint en 1689.

2387. Fuerstenberg (Guillaume Egon de), cardinal, évêque-prince de Strasbourg, surnommé le *prince Guillaume,* 1629-1704. — In-fol. H. de la planche, 0,467. L. 0,404. *

A mi-corps, dans une bordure ovale, équarrie, autour de laquelle on lit : *Guilhelmus Egon de Furstenberg Sacræ Romanæ Ecclesiæ Cardinalis Episcopus et Princeps Argentinensis &c.* Vu de 3/4, tourné à gauche, regardant vers la droite. Cheveux bouclés. Les épaules couvertes d'une pèlerine à capuchon, avec rabat sous lequel on voit les glands qui l'attachent. — Sur le listel blanc inférieur de l'ovale : *Offerebat Lambertus Guilhelmus Jaspart Leodus Juris Utriusque Baccalaureus.* — Dans les angles inférieurs de la pl., à g.: *N. Colombel pinxit Romæ;* — à dr. : *C. Vermeulen sculpsit.* ⌃ 1692. ‖ ⌃ *et excu.*

Très-belle épreuve.

2388. Jaillot (Alexis [et non Charles]-Hubert), géographe français, v. 1632-1712. — In-fol. H. de la planche, 0,400. L. 0,310. *

Jusqu'aux genoux, debout, appuyé du bras gauche sur un piédestal. Vu de 3/4, tourné vers la gauche, regardant de face. Longue perruque frisée, retombant sur les épaules. Habit entr'ouvert dans le haut laissant voir le col de sa chemise dégrafé, avec jabot de dentelle. Le bas du corps, à partir de la ceinture, est enveloppé dans une draperie dont les pans couvrent les bras. Il tient un compas dans la main gauche, la droite étant posée sur un livre debout. Derrière le personnage, dans le haut, une draperie frangée recouvre en partie des rayons de volumes, ainsi qu'une sphère placée sur le dessus du piédestal. A gauche, par une ouverture, la vue s'étend sur la campagne dont l'horizon est borné par une montagne.

1er état, avant la lettre. — Superbe épreuve.

2e état. — Le livre qu'il tient de la main droite porte au dos : *Atlas Gallicus.* — Sous le tr. c., à g.: *Culin Pinxit*; — à dr.: *Vermeulen Sculpsit.* — Dans la marge, sur toute la largeur : *Alexius Hubertus Iaillot, Regis Christianissimi Geographus Ordinarius*, 1698. — Belle épreuve.

2389. La Marche (l'abbé Henri DE), général de l'ordre de Grandmont. — In-fol. H. de la planche, 0,442. L. 0,321. *

A mi-corps, dans une bordure ovale, équarrie, supportée par un piédestal. Vu de 3/4, tourné à droite, regardant de face. Une calotte sur le sommet de la tête ; cheveux bouclés. Les épaules couvertes d'une pèlerine à capuchon, avec la croix pectorale retenue à un ruban passé autour du cou. — Autour de l'ovale : *Henricus de La Marche de Parnac Abbas Grandimontes et Totius ordinis Præpositus Generalis.* 1694. — Au milieu du piédestal, couvrant le bas de la bordure, un cartouche armorié : *D'argent au chef de gueules;* l'écu accompagné de la mitre et de la crosse abbatiales. — Sur le dessus du piédestal, à g. : *Sparrewer pinxit;* — à dr.: *C. Vermeulen Sculpsit.*

Très-belle épreuve.

2390. La Quintinie (Jean DE), célèbre agronome français, 1626-1688. — Pet. in-fol. H. de la planche, 0,232. L. 0,168. *

A mi-corps, dans une bordure ovale, équarrie, supportée par un piédestal. Vu de 3/4, tourné à droite, regardant de face. Longue perruque bouclée. Cravate de dentelle. Il est drapé dans un manteau. Autour de l'ovale : *Ioannes de La Quintinye Regiorum Hortorum Culturæ Præfectus.* — Sur le dessus du piédestal, à g.: *F. de la Mare Richart pinx acad.;* — à dr.: *C. Vermeulen sculp.* — Sur la face, ces vers:

Hanc decorate Deæ, quot quot regnatis in hortis,
Floribus e vestris supráque infráque tabellam :
Hic dedit arboribus florere, & edilibus herbis,
Et se mirata est tanto Pomona colono.

                                        Santolius Victorinus.

Belle épreuve.

2391. Léonard (Frédéric Ier), de Bruxelles, premier imprimeur du Roi, 1623-1712. — In-4°. H. de la planche, 0,202.
L. 0,145. *

A mi-corps, dans un ovale équarri, simulé en pierre. Vu de 3/4,
tourné vers la gauche, regardant de face, le corps étant à droite.
Perruque bouclée. Les épaules couvertes d'un vêtement ouvert dans le
haut, laissant voir le gilet déboutonné et le col de sa chemise dégrafé.
— Autour de l'ovale : *Fredericus Leonard B. Regis et Serenissimi Delphini Architypographus. Æt. LXIX. M. DC. LXXXXIII.* — Sous le portrait, couvrant l'ovale, un petit cartouche avec les armoiries : *De sinople à la tête de bouc d'or, accompagnée de trois besants d'argent;* l'écu
timbré d'un casque taré de front, orné de cimier et lambrequins. Une
banderole avec cette devise : *Fortior Invidia Virtus,* surmonte les armoiries. — Sous les pierres simulées du fond, en dehors de l'ovale,
sur une bande couverte de tailles horizontales, à g. : *Hiacinth. Rigoud
pinxit;* — à dr. : *C. Vermeulen Sculpsit.*

Belle épreuve.

La tête de ce portrait gravé en 1698 a été prise dans un tableau
peint en 1688 et qui a été reproduit au burin par Édelinck (voir le
n° 630 du présent catalogue); le reste a été composé exprès par Rigaud en 1697.

2392. Le Tellier (Louis-François-Marie), marquis de Barbezieux, secrétaire d'État, mort en 1701. — In-fol.
H. 0,455. L. 0,370. *

A mi-corps, dans une bordure ovale, équarrie, avec cette inscription
autour : *Ludovicus Franciscus Le Tellier Marchio de Barbezieux Regi a
Sanctioribus Consiliis Secretis et Mandatis.* Vu de 3/4, tourné vers la
gauche, regardant de face. Longue perruque bouclée, retombant par
derrière. Cravate de dentelle, avec nœud de ruban. Habit entr'ouvert,
laissant voir un gilet à ramages ; manches à revers garnis de boutons.
— Sur le listel blanc inférieur de l'ovale : *Offerebat Petrus de Tour-
mont.* — Dans les angles inférieurs de la planche, à g. : *P, Mignard
Eques pinx.;* — à dr. : *C. Vermeulen sculp.*

Très-belle épreuve.

Le P. Lelong cite la date de 1691, comme étant celle de la gravure.

2393. Magalotti (Bardo-Bardi), gouverneur de Valenciennes,
mort en 1705, âgé de 75 ans. — In-fol. H. de la planche,
0,470. L. 0,343. *

A mi-corps, dans une bordure ovale, équarrie, supportée par un

socle. Une draperie, retenue par des cordons à glands dans les angles supérieurs, retombe de chaque côté de l'ovale. Vu de 3/4, tourné à droite, regardant de face. Cheveux longs et blancs, retombant sur les épaules. Cravate de dentelle. En armure, un manteau sur l'épaule gauche. — Sous le portrait, couvrant la bordure et le milieu du socle, un médaillon à fond blanc renferme les armoiries : *Écartelé : aux 1 et 4, d'or à la bande losangée de gueules, accompagnée à senestre d'une couronne d'épines ; aux 2 et 3, fascé d'or* (au lieu d'argent) *et de sable ; au chef de gueules, chargé du mot* Libertas *en lettres d'or ;* l'écu timbré d'une couronne de marquis ; supports : deux lions. Deux palmes entourent l'écusson.

1er état, avant toute lettre. — Superbe épreuve.

2e état. — Autour de l'ovale : *Bardo Bardi Magalotti Gentilhome Florentin.* — Sur la face du socle : *Lieutenant general des armées du Roy* || *tres Chr. Colonel Lieutent du Regiment Royal* || *Italien Gouverneur des Ville et Citadelle de Valecienes.* — Le fond du médaillon armorié est teinté, sauf les interstices laissées par le support, à g. — Sur la plinthe du socle, à g. : *De Largillierre pinxit ;* — à dr. : *C. Vermeulen sculpsit et ex* 1693. — Au-dessous du tr. c., à g. : *se vend à Paris chez ledit Vermeulen rue,* etc. — Très-belle épreuve.

2394. Mesmes (Jean-Antoine DE), comte **d'Avaux**, diplomate français, frère du président au parlement, 1640-1709. — In-fol. H. 0,478. L. 0,412. *

A mi-corps, dans une bordure ovale, équarrie, ornée dans les angles de médaillons avec devises emblématiques. Ceux du haut renferment, à g., un croissant avec la devise : *Solis ad Aspectum ;* à dr., une étoile, surmontée de : *Certum Monstrat Iter ;* ceux du bas, à g., un lion, la patte dextre levée ; devise : *Regia Iura Tuetur ;* à dr., les rives d'un fleuve bornées à l'horizon par des montagnes ; devise : *Distantes Fœdere Iungit.* Vu de 3/4, tourné à gauche, regardant vers la droite. Longue perruque bouclée, couvrant les épaules. Magnifique rabat de dentelle. Il est drapé dans un manteau avec les insignes de l'ordre du Saint-Esprit. — Autour de l'ovale : *Ioannes Antonius de Mesmes Comes d'Avaux Regi a Sanctioribus Consiliis Regiorum Ordinum Commendator.* — Sur le listel blanc inférieur de l'ovale : *Offerebat Frater Franciscus Maria Assermet Minor Ambianensis.* — Entre la bordure et le médaillon, au-dessous de l'ovale, à g. : *N. de Largillierre pinx. ;* — à dr. : *C Vermeulen sculp.*.

Très-belle épreuve.

2395. Meyercroon (H.), diplomate danois. — In-fol. H. de la planche, 0,472, y compris une marge de 0,037. L. 0,356.

Jusqu'aux genoux. Debout, adossé à un mur au milieu duquel sont deux socles de colonnes. Vu de 3/4, tourné vers la droite, le corps étant de face. Longue perruque frisée. Cravate de dentelle. Habit brodé. Grand cordon en sautoir retenant la croix de l'ordre de Danne-brog. Épée au côté. L'épaule droite couverte d'un manteau sur lequel est brodée une couronne de palmes entourant ces mots : *Pietatis Ivstitia.* La main droite appuyée sur la hanche. Le bras gauche écarté et posé sur une draperie retombant de l'angle supérieur droit. Le tout est entouré d'un cadre rectangulaire. — Dans la marge, sur toute la largeur : *Perillustris Dominus H. Meyercron Eques Auratus Ordinis Dannebrogici, Sacrœ Regiœ || Majestatis Daniœ, Norvegiœ &c. Consiliarius status, Prœfectus Aalburgensis et Ejusdem Majestatis || apud Regem Christianissimum Ablegatus Extraordinarius, Hœreditarius in Wernergaard.* — Au-dessous, au milieu : *Offerebat Humillimus Servus Cornelius Vermeulen.* Ces inscriptions sont coupées au milieu par un petit cartouche avec les armoiries : *Écartelé : aux 1 et 4, de pourpre à la tête de licorne d'argent ; aux 2 et 3, d'azur à la couronne de marquis d'or, accompagnée en chef et en pointe d'une fleur de lis d'argent ;* l'écu timbré d'un casque couronné, taré de front, avec cimier ; orné de lambrequins et environné d'un grand cordon avec la croix de l'ordre de Dannebrog. — Au-dessus du tr. de la pl., à g. : *Hyacint. Rigaud pinx. ;* — à dr. : *C. Vermeulen sculp. et excud. C. P. R.*

Belle épreuve.

Gravé en 1694, d'après un tableau peint en 1691.

2396. **Mignard** (P.), dit *le Romain*, célèbre peintre français, 1610-1695. — In-fol. H. 0,421. L. 0,334. *

A mi-corps, dans une bordure ovale, équarrie, supportée par un piédestal. Vu de 3/4, tourné à droite, regardant de face. Perruque frisée. Jabot de dentelle. Robe de chambre à grands ramages ; manchettes de dentelle ornées d'un velours. Il tient devant lui un carton sur lequel il dessine. — Autour de l'ovale : *Pierre Mignard de Troyes Ecuyer Premier Peintre du Roy Directeur et Chancelier de l'Academie. Aagé de 78 Ans.* — 1690. — Au milieu du piédestal, couvrant le bas de la bordure, un cartouche avec les armoiries : *D'azur au lion d'or ; au chef cousu de gueules, chargé de trois trèfles d'argent ;* l'écu timbré d'un casque taré de profil, orné de lambrequins. — Sur le dessus du piédestal, à g. : *P. Mignard pinxit ;* — à dr. : *C. Vermeulen sculpsit* 1690.

Belle épreuve.

2397. **Montmorency** (François DE), duc **de Luxembourg-Piney**, maréchal de France, 1628-1695. — In-fol. H. du cadre, 0,404. L. 0,337. *

Jusqu'aux genoux. Debout, adossé à un rocher. Vu de 3/4, tourné vers la droite, regardant de face, le corps étant à gauche. Longue perruque bouclée. Cravate de dentelle. En armure, avec le grand cordon en sautoir. La taille ceinte d'une écharpe. Épée au côté, la main gauche appuyée sur la garde. Il tient le bâton fleurdelisé dans la main droite, le bras écarté dans l'attitude du commandement. — A gauche, on voit un champ de bataille limité par un fleuve avec pont. — Le tout est entouré par un encadrement sur lequel on lit, à g. : *Hyacinthus Rigaud pin.; —* à dr. : *C. Vermeulen Sculp : et ex.* 1694. — Au milieu, dans la marge, un écusson armorié : *D'or à la croix de gueules, cantonnée de seize alérions d'azur ; sur le tout : d'argent au lion de gueules, couronné d'or;* l'écu timbré d'une couronne ducale, avec cimier, entouré des colliers de Saint-Michel et du Saint-Esprit et environné du manteau d'hermine. Deux bâtons fleurdelisés en sautoir derrière l'écu. Ces armoiries sont accompagnées de l'inscription suivante, sur toute la largeur de la marge : *François de Montmorency Duc de Luxembourg et de Piney,* || *Pair, Maréchal, premier Baron et premier Chrétien de France, Souverain de Luxe et d'Aigremōt, Chevalier* || *des Ordres du Roy, Capitaine de la premiere et plus anciene* (sic) *Compagnie françoise des Gardes de son Corps,* || *Gouverneur et Lieutenant gñal pour Sa Majesté en la Province de Normandie, commandant l'Armée en Flandre.*

Belle épreuve.

Le tableau a été peint en 1693. D'après Van Hulst le portrait serait déjà devenu rare au siècle dernier, la planche en ayant été égarée.

2398. Noailles (Louis-Ant. duc DE), cardinal-archevêque de Paris, 1651-1729. — In-fol. H. 0,449. L. 0,380. *

A mi-corps, dans une bordure ovale, équarrie, autour de laquelle on lit : *Ludovicus Antonius de Noailles Archiepiscopus Parisiensis Dux et Par Franciæ.* — Vu de 3/4, tourné à droite, regardant de face. Calotte sur la tête; cheveux longs. Les épaules couvertes d'une pèlerine à capuchon, avec la croix pectorale, retenue à un large ruban passé sous le rabat. — Sur le listel blanc inférieur de l'ovale : *Offerebát F. Romanus de La Roche Can. Reg. Ord. Præmonstratensis.* — Dans les angles inférieurs de la pl., à g. : *N. de Largillierre pinxit;* — à dr. : *C. Vermeulen sculp. Cù priuil. Regis.*

Belle épreuve.

2399. Roettiers (Joseph ROEST, *dit*), graveur général des monnaies de France, mort en 1703, âgé de 68 ans. — In-fol. H. de la planche, 0,475. L. 0,336.

A mi-corps, dans une bordure ovale, simulée en pierre, équarrie et supportée par un cartouche oblong ayant la forme d'un vase. Vu presque de face, le corps tourné vers la droite. Longue perruque frisée. Col de chemise dégrafé, laissant voir le haut de la poitrine. Jabot et manchettes de dentelle. Drapé dans un manteau, dont de la main gauche il tient le pan contre sa poitrine. — Sur le rebord supérieur du cartouche formant vase, on lit : *Joseph Roettiers.*— Sur le corps, servant de tablette : *Natif d'Anvers, Graveur général* || *des monoyes de France, et* || *particulier de Paris; Graveur des* || *médailles de l'Histoire de sa Majesté* || *tres chrétiene Louis XIIII. et de son* || *Academie de Peinture et Sculpture* || *cy devant Graveur des monoyes et medailles* || *de sa Majté. Britanique Charles 2d.* || *Avec ses 2.\frères Comme & || aussy po: la fabrique* || *des médailles et* || *Jettons.* — Au bas des oreilles du cartouche figurant les anses, à g.: *N. de Largillière pinxit.*; — à dr. : *C. Vermeulen sculpsit* 1700.

Très-belle épreuve.

2400. Sirmond (Jacques), érudit français, 1559-1651. — In-fol. H. de la planche, 0,345. L. 0,218. *

A mi-corps, dans une bordure ovale, équarrie, supportée par un piédestal à tablette blanche. Vu de 3/4, la tête tournée à droite, le corps etant de face. Il est chauve et porte toute sa barbe. En houppelande; il tient un livre dans la main droite, le bras étant plié. — Autour de l'ovale : *Iacobus Sirmondus E Societate Iesu.* — Sur le dessus du piédestal, à g. : *C. Vermeulen Sculp.*

Très-belle épreuve, à toutes marges.

Le P. Lelong indique la date de 1692. comme étant celle de la gravure.

2401. Tassis (Marie-Louise DE). — In-fol. H. de la planche, 0,457. L. 0,339.

En pied, debout. Vue de 3/4, tournée à droite, regardant vers la gauche. Tête nue, cheveux courts et bouclés. Collier de perles avec une croix. Corsage en pointe et décolleté, orné d'une collerette. Elle tient un écran en plumes dans la main gauche, le bras étant plié.

1er état, avant toute lettre. — Superbe épreuve.

2e état.— Sous le tr. c., à g. : *A. Van dijck pinx:*;— à dr.: *C. Vermeulen. sc.* — Au milieu, dans la marge : *Maria Luissa de Tassis.* — Très-belle épreuve.

VESTIER (ANTOINE),

peintre et graveur au pointillé, né à Avallon le 28 avril 1740, mort après 1810. Élève pour la peinture de J.-B.-M. Pierre. Voir sur lui : Jal, et Renouvier, *Histoire de l'art pendant la Révolution.*

2402. Latude (H. MASERS DE), prisonnier d'État français, 1725-1805. — In-fol. H. de la planche, 0,353. L. 0,246.

Jusqu'aux genoux. Debout, adossé à un pilier, la main gauche posée sur une échelle de corde pliée sur l'appui d'une ouverture. Vu de face, le corps tourné vers la droite. Tête nue, cheveux relevés et bouclés sur les côtés. Col de chemise dégrafé. Habit à revers; l'épaule gauche couverte d'un manteau. Il montre de la main droite les tours de la Bastille que des ouvriers sont en train de démolir. A droite, près de l'échelle de corde, divers ustensiles accompagnés d'une feuille de papier, retenue par des cachets de cire, sur laquelle on lit, tracé à la pointe : *Paraphé par le s^r Cheva... || major de la Bastille au desi... || de notre proces verbal de l'ordre || du Roi de ce jourd'hui vingt huit || fevrier* 1756. *Chevalier || Derochebrune.* (Les deux premières lignes sont coupées par le tr. de la pl.) — Sous le tr. c., à g. : *Peint et Gravé par Vestier peintre de l'Academie.* — Au milieu, dans la marge : *Henri Masers de Latude || Dé tenu* (sic) *pendant* 35. *Ans dans diverses prisons d'Etat.* — Suivent quatre vers sur deux lignes :

> *Instruit par Ses Malheurs, et sa Captivité,*
> *à vaincre des Tirans les efforts et la Rage*
> *il apprit eux francais comment le vrai Courage*
> *peut Conquérir la Liberté.*

— Au-dessous, au milieu : *A Paris chez l'Auteur faubourg,* etc. Belle épreuve.
Gravé au pointillé en 1791.

VISPRÉ,

peintre et graveur à la pointe, au burin et à la manière noire,
né à Paris vers 1730.

2403. *France :* **Louis-Philippe d'Orléans,** appelé le *duc de Chartres,* 1725-1785. — Pet. in-fol. H. 0,203. L. 0,166.

En buste, dans un ovale équarri. Vu de 3/4, tourné à gauche, regardant de face. Tête nue, cheveux relevés, bouclés sur les côtés et ornés d'un nœud de ruban par derrière. Habit galonné, avec la croix du Saint-Esprit. Grand cordon en sautoir. — Sous le tr. c., à g. : *Peint par Liotard.;* — à dr. : *Gravé par Vispré.* — Au milieu : *Louis Philippe Duc de Chartres.*
Belle épreuve.
Gravé à la manière noire.

VOUILLEMONT (Sébastien),

dessinateur et graveur au burin et à l'eau-forte, né à Bar-sur-Aube vers 1622.
Élève de Daniel Rabel. Son œuvre est décrit dans Robert-Dumesnil, t. IX,
pp. 187-236, et t. XI, p. 319.

2404. *France :* **Gaston-Jean-Baptiste de France,** duc

II. 31

d'Orléans, 1608-1660. — In-fol. H. 0,333. L. 0,267.

Voir Rob.-Dum., 58.
Fort rare. — Très-belle épreuve,

2405. *Toscane :* **Victoire** (et non Julie-Victoire) **de la Ro-vere**, fille unique de Frédéric-Ubald, et épouse du grand-duc FERDINAND II, morte en 1694. — In-fol. H. 0,347. L. 0,235.

Voir Rob.-Dum., 62.
Très-belle épreuve.

2406. *Toscane :* **Victoire de la Rovere** (la même que la précédente). — In-4°. H. totale, 0,156. L. 0,103.

A mi-corps, dans un ovale orné de coquilles et de volutes. Vue de 3/4, tournée à droite. Cheveux courts et relevés. Collier de perles. Pendants d'oreilles. Large col de dentelle couvrant les épaules. Corsage avec manches à crevés. — Derrière le personnage, formant fond, une draperie relevée découvre à droite le socle d'une colonne. — Sous le portrait, sur le milieu d'une volute, le monogramme de l'artiste.
NON DÉCRIT. — Fort rare. — Belle épreuve.

VOYEZ (NICOLAS-JOSEPH), l'Aîné,

graveur au burin, né à Abbeville en 1742. Élève de Beauvarlet.

2407. *France :* **Louis XVI**, 1754-1793. — Gr. in-fol. H. de la planche, 0,495. L. 0,350.

En pied. Debout près d'une table sur laquelle est posé le manteau royal fleurdelisé, avec le sceptre et un casque empanaché. Vu de 3/4, la tête tournée à droite, le corps à gauche. Cheveux relevés, bouclés sur les côtés et ornés d'un nœud de ruban derrière. En habit brodé et en cuirasse. Grand cordon en sautoir: écharpe nouée autour de la taille et épée au côté. Bottes à l'écuyère. Il tient dans la main droite le bâton fleurdelisé, appuyé sur la table; la main gauche est posée sur la hanche.— Le tout entouré d'un cadre sous lequel, à dr., on lit : *N. J. Voyez Major Sculp.* — Au milieu, un cartouche, retenu au cadre par ses volutes, renferme les armes de *France* surmontées de la couronne royale et entourées de branches de laurier. Ces armoiries séparent en deux l'inscription suivante : *Louis Seize Roy de France et de Navarre.* || *Née* (sic) *à Versailles le 25. Aoust* 1754. — Au-dessous : *à Paris chez Crepy rue,* etc.
Belle épreuve, avec marges.

2408. *France* : **Marie - Adélaïde - Clotilde - Xavier** de **France**, appelée *Madame*, sœur du précédent, 1759-1802. — In-4°. H. 0,165. L. 0,117.

A mi-corps, dans un médaillon ovale, retenu par un nœud de ruban à un cadre rectangulaire dont les angles supérieurs sont ornés d'une fleur de lis rayonnante; le tout repose sur un support dont la partie centrale est en retraite. Vue de profil, tournée à droite; cheveux relevés et frisés, avec fleurs et rubans. Corsage décolleté, laissant voir la naissance des seins. — Sous le portrait, entre le médaillon et la tablette du support, un écusson aux armes de *France*, accompagné de guirlandes de fleurs et de branches de feuillages. — Sur la tablette du support : *Marie, Adelaïde, Clotilde, Xaviere* || *de France (Madame)* || *Sœur de Monseigneur le Dauphin :* || *Née à Versailles le 23. 7bre. 1759.* — Sous le tr. c., à g. : *Fontaine del.* ; — à dr. : *Voyez Sculp.* — Plus bas, dans la marge : *AParis chés Boré rue,* etc., || *Et chés Megret Vitrier,* etc.
Très-belle épreuve.

VOYEZ (François), le Jeune,

frère du précédent, graveur au burin, né à Abbeville en 1746.
Élève de Beauvarlet.

2409. **Pompadour** (Jeanne-Antoinette Poisson, marquise de), maîtresse de Louis XV, 1721-1764. — In-fol. H. de la planche, 0,358. L. 0,293.

Jusqu'aux genoux, dans un cadre rectangulaire. Assise sur un tertre près d'un tronc d'arbre. Représentée jeune, vue de face, la tête inclinée vers l'épaule droite. Tête nue, cheveux relevés et bouclés. En robe décolletée, laissant à nu l'épaule droite et la naissance des seins. Elle tient dans ses mains une guirlande de fleurs. — Sous le cadre, à g. : *Nattier Pinxit.* ; — à dr. : *Voyez le Jeune Sculp.* — Au milieu : *Madame De * * * En Flore.* — Au-dessous : *Se vend à Paris, chez Basan.*
Très-belle épreuve, avec marges.

VOYSARD (Étienne-Claude),

graveur à la pointe et au burin, né à Paris en 1746. Élève de B. Baron.

2410. **Mirabeau** (Honoré-Gabriel Riquetti, comte de), célèbre orateur français, 1749 - 1791. — In - 8°. H. 0,128. L. 0,075.

A mi-corps, dans un médaillon équarri, entouré de guirlandes de fleurs, surmonté d'une couronne de feuillage et reposant sur un appui avec tablette ornée d'une vignette. Vu de 3/4, tourné à gauche, regardant de face. Cheveux rejetés en arrière et bouclés. L'épaule droite couverte d'un manteau. — Sous le portrait, sur l'appui, divers objets parmi lesquels une torche enflammée. — Sous le tr. c., à g. : *A Borel. inv. del.* 1795.; — à dr. : *E. Voysard. Scul.*

Belle épreuve.

WATELET (CLAUDE-HENRY),

receveur général des finances, littérateur, dessinateur et graveur à l'eau-forte et au burin, né le 28 août 1718, à Paris, où il mourut le 12 janvier 1786. Reçu à l'Académie royale de peinture le 30 septembre 1747, et à l'Académie française en 1761.

2411. **Alembert** (Jean LE ROND D'), 1717-1783. — In-4°. H. de la planche, 0,185. L. 0,141. *

En buste, dans un médaillon équarri, retenu par un nœud de ruban. Vu de profil, tourné à gauche. Tête nue, cheveux relevés, bouclés sur les côtés et ornés d'un nœud de ruban par derrière. — Sous le médaillon, dans la gravure : *J. D'Alembert.* — Sous le tr. c., à g., tracé à la pointe : *c. H. Watelet sc.* 1754.; — à dr. : *cochin filius delineauit.* Très-belle épreuve, avec marges.

2412. **Chevert** (François DE), général français, 1695-1769. — In-4°. H. de la planche, 0, 190. L. 0,137. *

A mi-corps, dans un médaillon ovale, équarri, retenu par un nœud de ruban; les angles de la planche sont marbrés. Vu de profil, tourné à gauche. Tête nue; cheveux longs et bouclés, terminés derrière par une houppe. Décoré de la grand'croix de Saint-Louis. — Sous le médaillon, dans la gravure : *F. De. Chevert.* || *Lt. Gal. Des. Armees. Du. Roy.* — Sous le tr. c., tracé à la pointe, à g. : *cochin fil. deli.;* — à dr. : *C. H. Watelet. sc.* 1763.

Très-belle épreuve, avec marges.

2413. **Crébillon** (Prosper JOLYOT DE), poëte tragique français, 1674-1762. — In-4°. H. 0,172. L. 0,121. *

En buste, dans un médaillon équarri, retenu par un nœud de ruban; les angles de la planche sont marbrés. Vu de profil, tourné à droite. Tête nue; cheveux longs, relevés et bouclés. — Sous le médaillon,

dans la gravure : *P. Joliot De Crebillon.* — Sous le tr. c., à g., tracé à la pointe : *cochin delin* (les deux premières lettres du nom ne sont pas marquées).; — à dr. : *C. H. Watelet Sc.* 1762.
Belle épreuve.

2414. Rousseau (Jean-Jacques), 1712-1778. — In-4°. H. de la planche, 0,236. L. 0,160. *

En buste, dans un médaillon retenu à un cadre rectangulaire par un anneau, et accompagné dans le bas d'une tablette blanche, échancrée. Vu de profil, tourné à droite. Coiffé d'une calotte en fourrure, ornée de glands. Habit fourré. — Dans le bas de la tablette, à g. de l'échancrure, tracé à la pointe : *taraval del;* — à dr. : *C. H. Watelet sc* 1766 (les chiffres 6 sont retournés).
1er état, avant la lettre. — Très-belle épreuve.
Gravé à la manière noire.

WEYSS (B.),

de Nancy, graveur à l'eau-forte, du dix-huitième siècle.

2415. Corday (Charlotte), 1768-1793. — In-fol. H. de la planche, 0,235. L. 0,201.

A mi-corps. Elle semble être assise. Vue de profil, tournée à gauche. Coiffée d'un bonnet. Boucle d'oreille. Les épaules couvertes d'un fichu entr'ouvert, laissant voir la naissance des seins. Elle est accoudée du bras gauche sur une table, la main posée sur un livre. Le bras droit écarté. — Sous les traits de l'encadrement, à g., tracé à la pointe : *Pascarbon Pinxit;* — à dr.: *B. Weiṛss: Pictor Nanceii ‖ Sculpsit.*
Gravé à l'eau-forte.
Très-rare. — Belle épreuve.

WILLE (Jean-Georges),

graveur au burin, né à Giessen (Hesse-Darmstadt) en 1714 (et non 1717), mort à Paris le 4 avril 1808 (et non 1807). Reçu à l'Académie royale de peinture le 24 juillet 1761. Son œuvre a été décrit par Ch. Le Blanc (*Catalogue de l'œuvre de Jean-Georges Wille, graveur, avec une notice biographique;* Leipsic, Rud. Weigel, 1847, in-8°).

2416. *Angleterre :* **Henri-Benoît,** duc **d'York,** second fils de Jacques Stuart ; mort en 1725. — Pet. in-fol. H. de la planche, 0,238. L. 0,172.

Voir Le Blanc, 150.
Belle épreuve.

2417. Aumale (Charles, comte D'), lieutenant général, directeur des fortifications des places d'Artois. — Pet. in-fol. H. 0,231. L. 0,170. *

Voir Le Blanc, 123. — D'après Jean Chevalier.

Les armoiries placées dans un médaillon, au bas du socle, et non décrites, sont : *D'argent à la bande de gueules, chargée de trois besants d'or* (non indiqué) ; l'écu timbré d'une couronne de comte.

1er état, avant la lettre. Très-rare. — Superbe épreuve.

2418. *Bavière :* **Marie - Élisabeth - Augusta,** première épouse de CHARLES-THÉODORE de Sulzbach, électeur-palatin, née en 1721. — In-fol. H. de la planche, 0,335. L. 0,208.

Voir Le Blanc, 155. — D'après Jean-Georges Ziesenis.

2e état. — Belle épreuve.

2419. Berregard (F.), gentilhomme danois. — In-12. H. de l'ovale, 0,065. L. 0,055.

Voir Le Blanc, 164. — D'après L. Tocqué.

1er état, avant les accessoires et l'année 1745 ; l'ovale seul. Fort rare. — Superbe épreuve.

2420. Berryer (Nicolas-René), magistrat français, 1703-1762. — Gr. in-fol. H. de la planche, 0,467. L. 0,330.

Voir Le Blanc, 127. — D'après Jacques de Lyen.

Les armes non décrites, gravées au bas du portrait, dans la marge au milieu, sont : *D'argent au chevron de gueules, accompagné en chef de deux quintefeuilles d'azur* (non indiqué) *et en pointe d'une aigle du même ;* l'écu timbré d'une couronne et entouré de palmes.

2e état, avant la lettre. Fort rare. — Superbe épreuve, avec marges. Collection Camberlyn.

3e état, avant les adresres de *Bertin* et *Basan.* — Très-belle épreuve.

2421. Boullongne (Jean DE), contrôleur général des finances, né en 1690, fils du peintre Louis II de Boullongne. — In-fol. H. 0,438. L. 0,331. *

Voir Le Blanc, 126. — D'après H. Rigaud.

Les armoiries renfermées dans un médaillon au milieu de la tablette, sous l'appui de la fenêtre, sont : *D'argent à la bande de sable, accompagnée de trois lionceaux de sinople, lampassés de gueules et couron-*

nés d'or ; l'écu timbré d'une couronne ducale et environné des colliers de Saint-Michel et du Saint-Esprit.

1er état, avant toute lettre. Fort rare. — Superbe épreuve.

3e état, avec l'inscription en trois lignes. — Belle épreuve, mais coupée au trait carré.

2422. Briseux (Charles-Étienne), architecte français, v. 1680-1754. — In-fol. H. de la planche gravée, 0,305. L. 0,212. *

Voir Le Blanc, 135.
2º état. — Belle épreuve.

2423. Chicoyneau (François), médecin français, 1672-1752. — Pet. in-fol. H. de la planche, 0,227. L. 0,153. *

Voir Le Blanc, 140. — D'après Pierre Le Sueur.
1er état, avant toute lettre. Rare. — Très-belle épreuve.
2e état, avec la lettre en deux lignes. — Très-belle épreuve.

2424. Corsini (Nérée-Marie), cardinal. — In-fol. H. de la planche, 0,296. L. 0,222.

Voir Le Blanc, 159.
1er état, avant toute lettre ; le médaillon destiné à recevoir les armes est blanc. Fort rare. — Très-belle épreuve.

2425. Erlach (Jérôme D'), général et chambellan de l'empereur Charles VI, 1667-1748. — In-fol. H. de la planche, 0,474. L. 0,325.

Voir Le Blanc, 167. — D'après le chevalier Ruscat.
Les armoiries dans la marge, non décrites, sont : *De gueules au pal d'argent, chargé d'un chevron de sable ;* l'écu timbré d'une couronne de comte et entouré du collier de l'ordre de l'Aigle Rouge ; deux bâtons de commandement passés en sautoir derrière l'écusson.
Très-belle épreuve, avec l'inscription allemande sur une planche de rapport.

2426. Fouquet (Charles-Louis-Auguste), duc **de Belle-Isle**, maréchal de France, 1684-1761. — Gr. in-fol. H. de la planche, 0,485. L. 0,341. *

Voir Le Blanc, 120. — D'après H. Rigaud.
Les armoiries, au milieu de la marge, sous le tr. c., non décrites

sont : *Écartelé : aux 1 et 4, d'argent à l'écureuil rampant de gueules, qui est* Fouquet; *aux 2 et 3, d'or à trois chevrons de sable, qui est* Levis; l'écu timbré d'une couronne ducale est posé sur la poitrine d'une aigle éployée de sable, couronnée d'or et surmontée d'une couronne fermée de prince; les colliers de Saint-Michel et du Saint-Esprit entourent les armoiries qu'environne le manteau d'hermine accompagné de guidons et de deux bâtons fleurdelisés, passés en sautoir derrière l'écusson.

3e état, avec les armes et la lettre. — Très-belle épreuve.

Gravé en 1743, d'après un tableau peint en 1713.

2427. *France :* **Louis XV**, 1710-1774. — Iu-4°. H. de la planche, 0,181. L. 0,135.

A mi-corps, dans un ovale. Représenté jeune. Vu de 3/4, tourné vers la gauche. Cheveux bouclés et ornés d'un nœud de ruban par derrière. En cuirasse, avec le grand cordon en sautoir.

État INCONNU à Le Blanc, sans aucune inscription. L'ovale est enfermé dans un cadre rectangulaire tracé à la pointe. — Très-belle épreuve.

2428. *France :* **Louis XV**. — In-fol. H. de la gravure, y compris la petite marge encadrée, 0,455. L. 0,323. *

Voir Le Blanc, 105. — D'après J.-B. Le Moyne.

2e état, avant le nom du peintre : *Jo. Gasp. Heilmann.*— Très-belle épreuve.

2429. *France :* **Louis XV**. — Gr. in-fol. H. de la planche, 0,536. L. 0,393.

Voir Le Blanc, 104. — D'après Ch. Parrocel et J. Chevalier.

4e état. — Belle épreuve.

2430. *France :* **Louis de France**, Dauphin, 1729-1765. — In-fol. H. de la planche, 0,242. L. 0,179.

Voir Le Blanc, 106. — D'après Daniel Klein.

2e état. — Belle épreuve, avec marges.

2431. *France :* **Marie-Thérèse-Antoinette-Raphaëlle**, infante **d'Espagne**, première épouse du précédent, 1726-1746. — In-fol. H. de la planche, 0,242. L. 0,178.

Voir Le Blanc, 107. — D'après Daniel Klein.

2e état, avant la lettre. — Très-belle épreuve, à toutes marges.

2432. **Hofman** (Tycho), secrétaire de la chancellerie du roi de Danemark, né en 1714. — In-4°. H. de la planche, 0,177. L. 0,125.

> Voir Le Blanc, 163. — D'après L. Tocqué.
> 4e état, avant la lettre en latin. — Très-belle épreuve.

2433. **Largillière** (Nicolas DE), peintre français, surnommé le *Van Dyck français*, 1656 - 1746. — In-8°. H. 0,144. L. 0,100.

> Voir Le Blanc, 129. — D'après Largillière lui-même.
> 1er état, avant toute lettre; le monogramme W ne se voit point dans la marge supérieure. — Très-belle épreuve.

2434. **Largillière** (Marguerite-Élisabeth DE), fille du précédent. — In-fol. H. de la planche, 0,339. L. 0,249. *

> Voir Le Blanc, 146. — D'après Nic. de Largillière.
> 2e état. — Belle épreuve.

2435. **L'Escalopier** (Gaspard-César-Charles), conseiller au parlement, maître des requêtes et intendant de Montauban en 1740. — In-4°. H. de la planche, 0,153. L. 0,125. *

> Voir Le Blanc, 143.
> Rare. — Très-belle épreuve.

2436. **Liébaux** (Henri), géographe, mort vers 1760. — In-fol. H. de la planche, 0,245. L. 0,183. *

> Voir Le Blanc, 131. — D'après Jean Chevalier.
> 1er état, avant toute lettre. Fort rare. — Superbe épreuve, avec marges.

2437. **Löwendal** (Ulric-Frédéric-Woldemar, comte DE), maréchal de France, 1700-1755. — In-fol. H. de l'ovale sans la bordure, 0,195. L. 0,161.

> Voir Le Blanc, 122. — D'après M.-Q. de La Tour et les ornements d'après Gravelot.
> Le nom du personnage dans l'inscription est écrit *Loewendal* (l'o surmonté d'un *e* au lieu de deux points).
> Les armoiries, non décrites, sont : *Écartelé : aux 1 et 4, de gueules au léopard lionné d'argent, couronné d'or, tenant un guidon d'argent à la*

croix de gueules (non indiqué); *aux 2 et 3, coupé : au 1, d'azur au châ-teau sommé d'une tourelle d'or ; au 2, d'or à trois cœurs de gueules ; en abîme, un écusson timbré d'une couronne de comte et posé sur une grand'-croix, est écartelé : au 1, de sinople à deux croissants contournés* (sans émaux); *au 2, de gueules à l'aigle.....; au 3, de gueules plein; au 4, d'azur plein; à une hache... posée en bande et brochante sur le gueules et l'azur.*

1er état. La bordure est simplement tracée à la pointe. Fort rare. — Très-belle épreuve.

3e état, avec la lettre, et les armoiries non terminées. — Très-belle épreuve.

2438. Massé (Jean-Baptiste), peintre graveur français, 1687-1769. — Gr. in-fol. H. de la planche, 0,493. L. 0,353. *

Voir Le Blanc, 130. — D'après J.-L. Tocqué.
1er état, avant toute lettre. — Superbe épreuve.
3e état, avec l'adresse du graveur. — Belle épreuve.

2439. Neufville (François-Louis-Anne DE), duc de Villeroy, maréchal de France, 1695-1766. — In-fol. H. de la planche, 0,381. L. 0,261. *

Voir Le Blanc, 119. — D'après J. Chevalier.
Les armoiries, non décrites, renfermées dans un médaillon couvrant le bas de la bordure ovale, sont : *D'azur au chevron d'or, accompagné de trois croix ancrées du même;* l'écu timbré d'une couronne ducale, entouré des colliers de Saint-Michel et du Saint-Esprit et environné du manteau d'hermine.

2e état, avec la faute *encne Compe*, mais avant la dédicace, sous le tr. c., à gauche. — Très-belle épreuve.

2440. Parrocel (Joseph), peintre français, 1648-1704. — In-fol. H. de la planche, 0,376. L. 0,261. *

Voir Le Blanc, 128. — D'après H. Rigaud.
Les armoiries, non décrites, couvrant la bordure et le milieu du couronnement du socle, sont : *D'argent à trois flèches de pourpre, posées en bande;* l'écu timbré d'un casque taré de profil, orné de lambrequins.

2e état, avant la lettre. — Belle épreuve.

La tête de ce portrait a été gravée d'après un tableau peint en 1691; le reste d'après une esquisse faite exprès par Rigaud.

2441. Phelypeaux (Louis), comte de Saint-Florentin, se-

crétaire d'État, mort en 1681, âgé de 83 ans. — In-fol. H. de la planche gravée, 0,437. L. 0,339. *

Voir Le Blanc, 124. — D'après J.-L. Tocqué.

Les armoiries, non décrites, sont : *Écartelé : aux 1 et 4, d'azur semé de quartefeuilles d'argent* (au lieu d'or)*; au canton d'hermines; aux 2 et 3, d'or à trois maillets de sinople, emmanchés d'argent;* l'écu entouré des colliers de Saint-Michel et du Saint-Esprit et surmonté d'une couronne ducale.

1er état, non décrit, avant toute lettre, avant la bordure, mais avec un essai de paysage à l'eau-forte, à g. au bas de l'estampe. Extrêmement rare. — Magnifique épreuve, avec marges. Collection Verstolk de Soelen.

4e état, avec la qualité de *Ministre*. La seconde ligne de l'inscription modifiée. — Belle épreuve.

2442. Poisson (Abel-François), marquis **de Vandières**, puis **de Marigny,** directeur des bâtiments, frère cadet de Mme de Pompadour, 1727-1781. — Gr. in-fol. H. de la planche, 0,494. L. 0,345. *

Voir Le Blanc, 125. — D'après J.-L. Tocqué.

Les armoiries au milieu de la marge, non décrites, sont : *De gueules à deux bars adossés d'or;* l'écu timbré de la couronne de marquis et entouré des colliers de Saint-Michel et du Saint-Esprit.

3e état, avant la lettre. — Superbe épreuve.

4e état, avant l'indication de la réception à l'Académie. — Très-belle épreuve.

2443. Pope (Alexandre), célèbre poëte anglais, 1688-1744. — In-12 en travers. L. de la planche, 0,125. H. 0,073.

Voir Le Blanc, 166. — D'après Godefroy Kneller.
Très-belle épreuve.

2444. *Prusse :* **Frédéric II**, 1712-1786. — In-fol. H. de la planche gravée, 0,378. L. 0,272.

Voir Le Blanc, 151. — D'après A. Pesne.

2e état, avec le millésime 1757 tracé à la pointe dans la marge supérieure, à gauche de l'angle droit. — Belle épreuve.

2445. *Prusse :* **Frédéric II.** — Pet. in-fol. H. de la planche, 0,243. L. 0,178.

Voir Le Blanc, 152. — D'après A. Pesne.

2e état. Rare. — Belle épreuve.

2446. Rigaud (Élisabeth DE GOUY, Mme), épouse du célèbre peintre. — Gr. in-fol. H. de la planche, 0,470. L. 0,353. *

Voir Le Blanc, 145. — D'après H. Rigaud.
1er état, avant toute lettre. Rare. — Superbe épreuve.
2e état. — Très-belle épreuve, avec marges.
Bien que ce portrait porte la date de 1743, il n'a paru pour la première fois qu'en juillet 1744. Il a été gravé d'après un tableau dont la tête a été peinte en 1707 ou 1708, et le reste du corps seulement en 1742.

2447. Saxe (Hermann-Maurice DE), maréchal de France, 1696-1750. — In-fol. H. de la planche gr., 0,447. L. 0,325. *

Voir Le Blanc, 121. — D'après H. Rigaud.
Les armoiries, non décrites, renfermées dans un médaillon au milieu du soubassement de la fenêtre, sont : *Burelé de sable et d'or de onze pièces* (au lieu de *dix*); *au crancelin de sinople, brochant sur le tout;* l'écu timbré d'une couronne fermée, entouré du collier d'un ordre, environné du manteau d'hermine. Deux bâtons fleurdelisés en sautoir derrière l'écusson.
1er état, avant toute lettre. — Très-rare. Superbe épreuve.
2e état. — Belle épreuve, mais coupée au-dessus de l'adresse.

2448. Singlin (Antoine DE), théologien français, mort en 1664. — In-fol. H. 0,265. L. 0,195. *

Voir Le Blanc, 113 *bis.* — D'après Ph. de Champagne.
1er état, avant toute lettre. — Très-belle épreuve.
2e état. — Belle épreuve.

2449. Scudéry (Madeleine DE), femme auteur, 1607-1701. — In-8°. H. de la planche, 0,240. L. 0,186. *

Voir Le Blanc, 144. — D'après Élisab. Chéron.
État avec l'encadrement de Rabel et avec l'adresse d'Odieuvre. — Belle épreuve.

2450. Tencin (Pierre DE GUÉRIN, cardinal DE), homme d'État français, 1680 1758. — In-fol. H. de la planche, 0,464. L. 0,338. *

Voir Le Blanc, 109. — D'après Ét. Parrocel.
Les armoiries renfermées dans un petit médaillon, non décrites, sont : *D'or au laurier arraché de sinople; au chef cousu de gueules,*

chargé de trois besants d'argent; l'écu placé sur les insignes de commandeur du Saint-Esprit est timbré d'une couronne surmontée de la croix archiépiscopale à deux branches, couvertes de points, soutenant le chapeau de cardinal.

1er état, avant toute lettre et avant les armes. Très-rare. — Superbe épreuve.

3e état. La grand'croix de commandeur passée derrière les armoiries est blanche et la croix archiépiscopale est couverte de points. — Très-belle épreuve.

2451. Tencin (P. DE GUÉRIN, cardinal DE), le même que le précédent. — Pet. in-fol. H. de la planche, 0,242. L. 0,177.

Voir Le Blanc, 110. — D'après Jean-Gaspard Heilmann.
2e état, avec la lettre et l'adresse. — Très-belle épreuve.

WOEIRIOT DE BOUZEY (PIERRE),

sculpteur, ciseleur et graveur au burin, né à Neufchâteau (Vosges) en 1532, mort après 1589. Son œuvre est décrit dans Robert-Dumesnil, t. VII, pp. 53-140, et t. XI, pp. 324-352. Voir aussi une notice sur cet artiste à la suite de mon *Étude sur Jean Cousin;* Paris, 1872, in-8.

2452. Aneau (Barthélemy), dit *Annulus,* poëte, historien et jurisconsulte français, tué en 1561. — Pet. in-8°. H. de la planche gravée, 0,108. L. 0,075.

Voir Rob.-Dum., 273.
Très-belle épreuve.

2453. Bonifacius (Jean-Bernard). — In-8°. H. de la gravure, 0,141. L. 0,098.

Voir Rob.-Dum., t. XI, p. 349, n° 6.
Belle épreuve, mais coupée suivant l'ovale.

2454. Bornonius (Jacques), jurisconsulte.— In-8°. H. totale, 0,121. L. 0,085. *

Voir Rob.-Dum., 276.
1er état. — Très-belle épreuve.

2455. Calvin (Jean), 1509-1564. — In-8°. H. de l'ovale, 0,120. L. 0,094. *

Voir Rob.-Dum., 277.
Très-rare. — Belle épreuve.

2456. **Chastelet** (Pierre DU), évêque de Toul, mort en 1580. — In-8°. H. de la planche, 0,163. L. 0,114. *

Voir Rob.-Dum., 283.

Les armes, non décrites, placées vers le haut, à droite, sont : *D'argent à la bande d'or, chargée de trois fleurs de lis du premier ;* l'écu timbré d'une crosse et d'une mitre, et entouré de palmes.

Très-belle épreuve.

SUPPLÉMENT

ANONYMES.

2457. Portrait d'une Dame **(? Diane de Poitiers).** — In-12, H. de l'ovale, 0,098. L. 0,076.

A mi-corps, dans une bordure ovale, autour de laquelle on lit : *Tv Decvs Omne Tvis.* Vue de 3/4, tournée à droite. La tête couverte d'une coiffe, avec voile retombant derrière le personnage. Collier de perles. Collerette montante. — Au bas du portrait, sur la bordure, un monogramme composé des lettres GBD entrelacées, entouré d'arabesques.

Extrêmement rare. — Superbe épreuve.

Gravé dans le genre d'Et. Delaune.

Sur le tombeau de Diane de Poitiers qu'on voit au château d'Anet, on lit, paraît-il, la même devise : *Tu decus omne tuis,* d'où l'on pourrait conclure que ce portrait représente la célèbre duchesse de Valentinois. S'il en était ainsi, cette découverte offrirait un grand intérét, car on ne connaît jusqu'à ce moment aucun portrait contemporain de Diane exécuté par la gravure.

2458. *France :* **Henri IV,** 1553-1610. — In-12, H. 0,079. L. 0,062.

En buste, dans une bordure ovale, autour de laquelle on lit : *Henricvs Magnvs Dei Gratia Galliæ et Navarræ Rex Christianissimvs.* Vu de 3/4, tourné à droite. Tête nue, cheveux relevés. Fraise. En pourpoint, avec houppelande garnie de fourrure. Les colliers de Saint-Michel et du Saint-Esprit autour du cou.

Fort rare. — Très-belle épreuve.

2459. *France :* **Louis XIV,** 1638-1715. — **Marie-Thérèse d'Autriche,** son épouse, 1638-1683. — **Louis de France,** surnommé le *Grand Dauphin,* 1661-1711. —

Marie-Anne-Christine-Victoire de Bavière, appelée la *Dauphine de Bavière*, épouse du précédent, 1660-1690. — Suite de quatre estampes, pet. in-fol. H. 0,330. L. 0,223. *

Tous les quatre en pied. Louis XIV est assis sur un fauteuil, sous un baldaquin frangé, orné de fleurs de lis. Vu de 3/4, tourné vers la gauche, le corps étant légèrement à droite. Coiffé d'un tricorne bordé de peluche. Longue perruque frisée. Nœud de cravate de dentelle. Habit à grands ramages, avec le grand cordon en sautoir. Épée au côté. Culotte courte; souliers à boucles. De la main droite, il tient le bras du fauteuil. La main gauche gantée, appuyée sur sa jambe. — Sous le tr. c., à g.: *J. D. De S^t. Jean Pinxit;* — à dr. : *Avec Privil. du Roy.* — Au milieu : *Le Roy.* — Au-dessous : *Se vend à Paris*, etc.

Marie-Thérèse, placée sous un baldaquin, est également assise. Vue de 3/4, tournée vers la droite, le corps étant à gauche. Cheveux frisés, parsemés de perles ; deux longues frisures retombent sur les épaules. Pendants d'oreilles. Collier de perles. Robe à ramages et à longue traîne ; corsage garni d'une guimpe en dentelle. Les bras croisés et les mains couvertes par des mitaines. — Sous le tr. c., même inscription qu'au précédent. — Au milieu : *La Reine.* — Au-dessous : *Se vend à Paris*, etc.

Le Grand Dauphin est debout sur une terrasse. Vu de 3/4, tourné vers la droite, le corps étant de face. Coiffé d'un chapeau garni de plumes. Longue perruque frisée, retombant sur les épaules. Nœud de cravate de dentelle. Habit à ramages garni de bouffettes. Croix du Saint-Esprit et épée au côté. Culotte courte : souliers ornés de bouflettes. A gauche, se voit une pyramide surmontée d'une boule. — Sous le tr. c., même inscription qu'aux précédents. — Au milieu : *Monseigneur le Dauphin.* — Au-dessous : *Se vend à Paris,* etc.

La Dauphine de Bavière est debout sous un vestibule avec une large fenêtre entre pilastres. Vue de 3/4, tournée vers la gauche, le corps étant à droite. Cheveux frisés, parsemés de perles et terminés par de longues frisures retombant sur les épaules. Pendants d'oreilles. Collier de perles. Robe d'hermine à longue traîne ; corsage garni d'une guimpe en dentelle. Mains gantées. Elle tient dans la main droite un éventail fermé. — Sous le tr. c., même inscription qu'aux précédents. — Au milieu : *Madame.* — Au-dessous : *Se vend à Paris*, etc.

Très-belles épreuves.

2460. *France :* **Marie Leszczynska**, épouse de LOUIS XV, 1703-1768. — Pet. in-8°. H. 0,127. L. 0,074.

A mi-corps, dans un ovale équarri, orné de coins et supporté par un socle. Vue presque de face, la tête inclinée vers l'épaule gauche. Cheveux bouclés. Corsage à ramages, décolleté, orné d'une broche en brillants. Les épaules couvertes du manteau d'hermine fleurdelisé. — Sur la tablette du socle : *Marie, Princesse de Pologne,*||*Reine de France et de Navarre.*

Belle épreuve.

2461. *France :* **Marie-Antoinette d'Autriche**, épouse de Louis XVI, 1755-1793. — In-8°. H. 0,097. L. 0,059.

En buste, dans un ovale équarri, entouré d'un encadrement rectangulaire. Vue de 3/4, tournée vers la gauche, regardant de face. Cheveux relevés et terminés en frisures retombant sur les épaules, ornés sur le sommet de plumes accompagnées d'un voile retombant par derrière. Corsage de robe décolleté, laissant voir les seins en partie. — Fond noir. — Sous le tr. c., au milieu : *Marie Antoinette* || *Reine de France.*

Gravé à la manière noire.

Rare. — Très-belle épreuve, à toutes marges.

2462. *France :* **Charles de Bourbon**-Vendôme, archevêque de Rouen, fils légitimé d'Antoine de Bourbon et de Louise Rouet de La Béraudière, 1554-1610. — In-8° H. 0,134. L. 0,109.

A mi-corps, dans un ovale formé de feuilles de laurier entourées d'un large ruban, et enfermé dans un cadre rectangulaire. — Sur le côté supérieur horizontal du cadre, lequel forme tablette, on lit : *Charles Cardin. De Bovrbon. Archeves. De Roven.* — Vu de 3/4, tourné à droite, regardant de face. Cheveux courts et relevés; bonnet carré sur la tête. Il porte toute sa barbe. En aube, les épaules couvertes d'une pèlerine à capuchon.

Belle épreuve, coupée au trait carré.

2463. *France :* **Henri II de Bourbon**, prince **de Condé**, appelé *Monsieur le Prince*, père du Grand Condé, 1588-1646. — In 4°. H. 0,144. L. 0,113.

A mi-corps, dans une bordure ovale, équarrie, dont les angles sont ornés de coins marbrés. Personnage placé derrière une tablette. Vu de 3/4, tourné à droite, regardant de face. Tête nue, cheveux rejetés en arrière. Il porte barbe et moustaches. Collerette festonnée. Vêtu d'un pourpoint boutonné à ramages, à manches à crevés garnis de boutons. Cordon en sautoir. — Autour de l'ovale : *Henry de Bovrbon*

Prince de Condé. — Sous le tr. c., dans la marge, le quatrain suivant :

> *Par ce Prince vaillant et prudent on remarque*
> *Que l'auguste Maison, et race des Bourbons,*
> *Nous a touiours produit ou Princes ou Monarque,*
> *Braues comme Cæsar et à leurs subiectz bons.*

Au-dessous, à dr. : *N. de Mathonier ex.*
Belle épreuve.

2464. La Vallière (Marie DE LA BAUME LE BLANC DE), tante de la maîtresse de Louis XIV. Née le 25 mars 1623, mariée en premières noces à Charles BRUNEAU, vicomte de La Rabastelière ; morte le 27 décembre 1712, veuve d'Érard DU CHASTELET qu'elle avait épousé en secondes noces. — In-4°. H. 0,187. L. 0,135.

A mi-corps, dans un ovale. Vue de 3/4, tournée vers la gauche ; elle est en cheveux ; une grande collerette lui couvre les épaules. — Autour de l'ovale : *Madamoiselle* (sic) *Marie de la Valiere* (sic). — A g., au-dessus du socle, dans le cadre : *Daman exc.* — Sur le socle, une large banderole avec ce quatrain :

> *Le ciel a pris plaisir de la rendre parfaite*
> *Affin qu'elle seruit aus autres de leçon*
> *On n'en voit plus de la facon*
> *La Nature a rompu le moule qui la faite.* — *P. De la Serre.*

Belle épreuve.

2465. Lorraine (Charles DE), cardinal, évêque de Strasbourg, 1567-1607. — In-12. H. de l'ovale, 0,071. L. 0,055.

En buste, dans une bordure ovale, autour de laquelle on lit : *Carolvs Lotharingiæ Cardinalis. Caroli. III. Dvcis Loth : Filivs.* — Vu de 3/4, tourné à droite, regardant de face. Cheveux relevés ; coiffé du bonnet carré. Il porte toute sa barbe. Les épaules couvertes d'une pèlerine à capuchon.
Fort rare. — Très-belle épreuve.

2466. Montbazon (Marie D'AVAUGOUR DE BRETAGNE, duchesse DE), seconde épouse d'Hercule DE ROHAN, duc de Montbazon, pair de France ; morte à Paris le 28 avril 1657, âgée de 45 ans. — In-8°. H. 0,129. L. 0,088.

A mi-corps, dans une bordure ovale, encadrée dans un cartouche. Vue de 3/4, tournée à droite. Tête nue, cheveux ondulés et crépés ; de petites méches retombent sur le front. Rang de perles sur le sommet de la tête. Pendant d'oreille. Collier de perles. Collerette festonnée. Vétue d'une robe à corsage décolleté, à manches courtes, relevées au milieu par un brillant avec perle. — Autour de l'ovale : *Marie de Bretagne de Vertvs Dvchesse de Montbason*. — Sur une tablette placée sous le cartouche, le quatrain suivant :

Si ce trait de burin de si pres ne resemble (sic)
A son diuin sujet ne t'en étonne plus ;
Q'vne si docte main nous peindroit tout ensemble
Le temple des bautez (sic), *et le Ciel des Vertus!*

Rare. — Belle épreuve.

2467. Montluc (Blaise DE), maréchal de France, 1501-1577. — In-4°. H. de la planche, 0,161. L. 0,125. *

En buste, dans un ovale. Vu de 3/4, tourné à droite, regardant de face. Coiffé d'un chapeau à côtes, orné d'une cordelière. Il porte barbe et moustaches. Vétu d'un pourpoint boutonné, à manches à petits crevés. — Sous l'ovale : *Blaise de Monlvc, Mareschal de France, apres auoir* || *fidellement serui quatre Roys, est decedé lan* 1577, *aagé de* 77 *ans.* — Au-dessous, à dr. : *Mariette excud.*
Belle épreuve.

2468. Necker (Jacques), homme d'État français, 1732-1804. — In-4°. H. 0,175. L. 0,121.

En buste, dans un médaillon équarri, entouré de deux branches *de* chéne reposant sur un socle au milieu duquel est inscrit: *Post Tenebras Lux*. Vu de profil, tourné à droite ; tête nue, cheveux relevés par devant, bouclés sur les côtés et noués derrière par un nœud de ruban. Cravate de dentelle. Vétu d'un habit ouvert.— Autour de la bordure du médaillon, dans le haut, on lit : *Necker Directeur Général des Finances de France.* — A gauche, appuyé contre le socle, un in-folio ouvert, au haut duquel est figuré un soleil ; sur le recto du feuillet, est écrit : *Compte* || *Rendu* || *Au Roy* || 1781. — Au-dessus de cet in-folio et surmonté d'une couronne de chéne, un serpent se mordant la queue. Devant cet in-folio, un hibou couvre de sa patte droite un plat rempli de monnaie. Derrière cet oiseau, vers le milieu du socle, une balance et un compas ouvert. Au-dessous de ces divers objets, sur la plinthe du socle, sont éparses cinq sangsues. A droite, entourée de nuages, l'hydre de Lerne, n'ayant plus que trois tétes, les gueules ouvertes et éclairées par les rayons du soleil placé sur l'in-folio. — Sous le tr. c., au milieu : *Le Brun ad vivum delineavit.*
Belle épreuve.

2469. **Tersan** (l'abbé Charles-Philippe CAMPION DE), archéologue et graveur amateur, 1736-1819. — In-4°. H. 0,165.
L. 0,111. *

En buste, dans un médaillon retenu dans le haut par son anneau à
une pointe. Vu de profil, tourné à droite. En costume ecclésiastique,
la calotte sur le sommet de la tête. — Sur la bordure du médaillon,
au bas du portrait : *Romæ aq. forti.* 1766. — Au-dessous, dans la gra-
vure, sur deux fragments de pierre : EAΥΤω THN || ΠΡΟΤΟΜΗΝ ||
MNHMHC XAPIN || EΠOIECEN || EΠI TωAΥΓON || *E Marmore Mas-
siliensi.*
Belle épreuve.

ALIX (PIERRE-MICHEL).

(Voir au t. Ier, p. 8.)

470. **Sévigné** (Marie DE RABUTIN-CHANTAL, marquise DE),
1626-1696. — In-fol. H. 0,250. L. 0,210. (Le B., 95.)

A mi-corps, dans un ovale. Vue de 3/4, tournée vers la gauche. Cheveux retombant de chaque côté de la figure en longues boucles. Collier
de perles. Corsage décolleté, laissant voir la naissance des seins. —
Fond noir. — Sous l'ovale : *Nanteuil delt.* — *P. M. Alix Sculpt.* — Plus
bas, parallèlement à l'ovale : *Madame de sévigné.* — Au-dessus de la
marge : *A Paris, chez M. F. Drouhin, Éditeur,* etc.
A l'aqua-tinta, imprimé en couleurs. — Belle épreuve, avec marges.

ARNOULT (NICOLAS),

dessinateur et graveur au burin du dix-septième siècle.

2471. *France :* **Marie-Anne-Christine-Victoire de Ba-
vière,** appelée *la Dauphine de Bavière,* épouse de LOUIS
DE FRANCE, le Grand Dauphin, 1660-1690. — In-fol.
H. 0,266. L. 0,183.

En pied, debout sur une terrasse. Vue presque de face, le corps
ourné vers la gauche, tête nue, cheveux bouclés, retombant sur les
épaules. Elle porte au cou un collier de perles. Vêtue d'une robe à
longue traîne, avec corsage décolleté. Les coudes appuyés sur les han-
ches, elle tient dans ses mains un éventail ouvert. — A gauche, entre
la terrasse et des chevaux attelés à un carrosse, on lit : *Entre* (sic)
du Trianon de || *Versailles.* — Au fond, un jardin. — Sous l'encadre-

ment, à g.: *Dieu Pinxit.*; — à dr.: *N. Arnoult fecit;* — Au milieu : *Marie Anne Chrestieñe Victoire de Bauiere* || *Madame La Dauphine.* Belle épreuve.

AUDRAN (Jean).

(Voir au t. Ier, p. 16.)

2472. Clément d'Affincourt (Pierre), ingénieur français, 1652-1704. — In-fol. H. 0,298. L. 0,215. (Le B., 354.) *

A mi-corps. Debout, adossé au socle d'une colonne. Vu presque de face, le corps tourné à droite, la tête couverte d'une perruque retombant sur les épaules. Vêtu d'un habit entr'ouvert dans le haut; manches à parements. Il tient dans la main droite une feuille de papier déroulée, portant un plan de fortifications, avec cette inscription : *Plan de* || *Dunkerque.* — Le pan de son manteau, posé sur l'épaule gauche, recouvre en partie le socle, sur la gauche duquel on lit : *Pierre Clement Daffincourt* || *Ingenieur ordinaire du Roy,*||*Directeur des fortifications des* || *places maritimes de Flandre.*|| *Né à Toul l'an* 1652. *decedé a Dunkerque* || *le 21 mars* 1704. — A droite, sous le manteau, un écusson timbré d'un casque orné de ses lambrequins : ..... *à un chevron......* *accompagné de 3 huchets..... deux en chef et l'autre en pointe.* — Sous le tr. c., à g. : *Hyac. Rigault pinxit* 1693.; — à dr.: *I. Audran Sculpsit* 1706.

3e état. — Superbe épreuve.

2473. Coypel (Noël), peintre français, surnommé *Coypel le Poussin,* 1628-1707. — In-fol. H. 0,359. L. 0,260. *

A mi-corps, dans un ovale équarri, supporté par un socle. Vu de 3/4, tourné vers la gauche, regardant de face, le corps à droite. En longue perruque bouclée. Cravate de dentelle. Drapé dans son manteau, la main gauche sur la poitrine retenant un des pans. — Fond noir. — Sur la tablette du socle : *Noel Coypel* || *Peintre ordinaire du Roy, ancien Directeur des Academies* || *de Paris et de Rome* || *mort le 24. Decembre* 1707. *agé de* 79 *ans.* — Sur la plinthe du socle, à dr.: *Gravé d'après le dessin de N. Coypel* || *par J. Audran pour sa Reception a*|| *l'Academie en* 1708.

Belle épreuve.

BOULANGER (Jean).

(Voir au t. Ier, p. 53.)

2474. Cosnac (Daniel DE), archevêque d'Aix, 1627-1708. — In-fol. H. 0,347. L. 0,272. (Le B., 78, *s. n.*) *

En buste, dans un ovale supporté par un socle. Vu de 3/4, tourné vers la droite, regardant de face. Une calotte sur la tête, longs cheveux bouclés. Les épaules couvertes de la pèlerine à capuchon. La croix pectorale retenue à un large ruban passé sous le rabat.— Autour de l'ovale : *Daniel De Cosnac Episcop°. Et Comes Valentinensis, Et Diensis Soyonensium Princeps.* — Sur le dessus du socle, à g.: *Cl. le Febure Pinx.;* — à dr. : *I Boulanger sculp.* — Sur la bordure de l'ovale et le milieu du socle, un médaillon ovale, dont le fond est blanc, renferme ses armoiries : *D'argent semé d'étoiles de sable; au lion de même, armé, lampassé et couronné de gueules, brochant sur le tout.* — Sous le tr. c., à dr. : le millésime 1666.

Très-belle épreuve.

CALLOT (JACQUES),

peintre et graveur à l'eau-forte et au burin, né en 1592, à Nancy, où il mourut le 23 mars 1635. Élève de Philippe Thomassin. Son œuvre a été décrit par M. E. Meaume (*Recherches sur la vie et les ouvrages de Jacques Callot;* Paris, 1860, 2 vol. in-8).

2475. Callot (Catherine PUTTINGER, épouse de Jacques), et sa fille. — In-4°. H. 0,154. L. 0,103.

Voir Meaume, 1219.
3ᵉ état. — Belle épreuve.

2476. Deruet (Claude), peintre et graveur français, 1588-1660. — In-4°. H. 0,295. L. 0,171. (Le B., 1248.) *

Voir Meaume, 505.
1ᵉʳ état. Fort rare. — Très-belle épreuve.

CARS (LAURENT).

(Voir au t. Iᵉʳ, p. 62.)

2477. Anguier (Michel), sculpteur français, 1612-1686. — In-fol. H. 0,342. L. 0,236. (Le B., 20.) *

En buste, dans un ovale supporté par un socle. Vu de 3/4, regardant de face, le corps tourné à gauche; tête nue, longs cheveux bouclés, retombant sur les épaules. Il est enveloppé dans son manteau. — Autour de l'ovale : *Michel Anguier de la ville d'Eu scul pr. ordre. du Roy Recteur en son académie de peintre. et de sculpre.* — Sur le dessus du socle, à g.: *Gab. Revel pinx.* — Au milieu de la tablette du socle : *Gravé par Laurent Cars pour sa réception à ||l'Academie en 1733.*
Belle épreuve.

2478. Camargo (Marie-Anne Cuppi ou de Cupis, *dite* Mademoiselle), célèbre danseuse de l'Opéra, 1710-1770. — Gr. in-fol. en travers. L. 0,556. H. 0,414. *

Voir Emm. Bocher, *Lancret*, nº 17. — D'après N. Lancret. Belle épreuve.

CATHELIN (Louis-Jacques).

(Voir au t. Ier, p. 66.)

2479. Portrait d'un homme d'État. — In-fol. H. de la planche, 0,384. L. 0,268.

A mi-corps, dans un cadre rectangulaire. Vu de 3/4, tourné vers la droite, où il regarde. Tête nue, cheveux rejetés en arrière et bouclés sur les côtés. Une verrue au milieu de la joue droite. Cravate blanche et jabot de dentelle. Habit entièrement ouvert, laissant voir un second vêtement également ouvert; manchettes de dentelle. Il est assis devant une table-bureau chargée de papiers, accoudé du bras droit et tenant une plume d'oie; la main gauche semble être appuyée sur le genoux. — Sur la partie formant l'épaisseur du côté inférieur du cadre, à g., on lit, entre deux tailles horizontales : *Peint par J.-B. Greuze.* — A dr.: *Gravé par L.-J. Cathelin.* Ces deux inscriptions sont tracées à la pointe. — Au milieu d'une tablette couvrant en partie le côté inférieur du cadre, un écusson armorié : *D'azur au chevron accompagné de trois grenades, le tout d'argent;* l'écu timbré d'une couronne de comte; supports : deux lévriers contournés et colletés de patenôtres.

Belle épreuve, avec marges.

COLIN (Jean),

graveur au burin, originaire de Reims, de la seconde moitié du dix-septième siècle.

2480. Barberin (Antoine), cardinal-archevêque duc de Reims et grand aumônier de France, 1608-1671. — In-fol. H. 0,321. L. 0,247. *

En buste, dans une bordure ovale, posée sur un socle. Vu de 3/4, tourné vers la droite, regardant de face. Vêtu du petit costume de cardinal, avec la croix du Saint-Esprit retenue à un large ruban passant sous le rabat. La tête couverte de la calotte. — Autour de l'ovale : *Antonivs Barberinvs S. R. E. Card. Camer. Archiepis. Dvx Remensis.* — Sur le dessus du socle, à dr.: *J. Colin. Sculp. Remis.* 1667. — Au milieu du socle et au bas de la bordure, un médaillon ovale renfermant les armoiries : *D'azur à trois abeilles d'or.* L'écu environné du manteau d'hermine et surmonté du chapeau de cardinal.

Belle épreuve.

DELVAUX (REMI-HENRI-JOSEPH).

(Voir au t. Ier, p. 116.)

2481. Montfleury (Antoine JACOB, *dit*), auteur dramatique français, 1640-1685. — Petit in-12. H. 0,087. L. 0,055. (Le B., 13.)

A mi-corps, dans un cadre rectangulaire. Vu de 3/4, tourné vers la gauche. Tête nue, longs cheveux bouclés. Large rabat. — Sur une tablette, au-dessous du portrait : *Antoine. Jacob Montfleuri ‖ né à Paris en 1640, ‖ mort à Aix en 1685.* - Sous le tr. c., sur toute la largeur : *pt. en pastel par Nanteuil. — dessiné et gravé par DElvaux,* 1787. — Plus bas, au milieu de la marge : *Ce Port. n'avoit pas été gravé.*

Belle épreuve.

DESROCHERS (ÉTIENNE).

(Voir au t. Ier, p 120.)

2482. Ménage (Gilles), célèbre érudit et critique français, 1613-1692.— Pet. in-fol. H. de la planche, 0,241. L. 0,193. H. de la pl. dans le passe-partout, 0,150. L. 0,104. (Le B., 75, *s. n.*)

A mi-corps, dans un ovale appuyé sur un piédestal placé dans un passe-partout formant un cadre rectangulaire, orné sur les montants des attributs de la musique et de la comédie. Vu de 3/4, tourné à droite, regardant de face. La tête couverte d'une calotte. Houppelande entièrement boutonnée. — Au bas du portrait, sur un large cartouche oblong: *Gilles Menage‖Poëte et grammer. françois de l'academie de‖ Crusca etablie a Florence né a Angers l'an* 1613 ‖ *mort a Paris l'an* 1692. *agé de* 79 *ans.* — Sur le dessus du socle du piédestal, au bas du cartouche : *E. Desrochers fecit et exc. rue,* etc.—Sur une tablette blanche, placée sur la face du piédestal, le sixain suivant :

> *Soit injustice soit envie*
> *Menage dans l'academie*
> *Ne pût jamais etre reçû*
> *Mais ses ouvrages font coñoitre*
> *Que jamais homme n'a mieux* (sic) *seû*
> *Ce qu'il faut savoir pour en être*

Belle épreuve.

2483. **Verdier** (François), peintre français, 1651-1730. — In-fol. H. 0,349. L. 0,247. (Le B., 121.) *

A mi-corps, dans un ovale équarri, supporté par un socle ; le tout figuré en pierre. Vu presque de face, regardant vers la droite, le corps tourné à gauche, il est coiffé d'un bonnet en forme de turban. Le col de sa chemise est dégrafé et laisse la poitrine à découvert. Enveloppé dans un manteau, dont son épaule droite est entièrement couverte. Les pans du manteau ramenés sur le devant cachent en partie le bas de l'ovale et forment draperie sur le socle. — A gauche, sur le dessus de la corniche du socle, un porte-crayon muni de sanguine, et une palette posée sur un linge, dans le doigté de laquelle sont passés des pinceaux.

1er état, avant la lettre. — Belle épreuve.

Gravé, selon le P. Lelong, en 1723, d'après J. Ranc.

HABERT (Nicolas).

(Voir au t. Ier, p. 319.)

2484. **Lemaistre de Sacy** (Isaac-Louis), théologien français, 1613-1684. — In-4°. H. de la planche, 0,252, y compris une marge de 0,048. L. 0,186. (Le B., 25.) *

A mi-corps, dans une bordure ovale, équarrie, autour de laquelle on lit : *Dedit se ad Diligentiam Lectionis Legis et Prophetarum et Addidit Laborem Interpretandi.* Vu de 3/4, tourné à gauche, regardant de face. En costume ecclésiastique, les épaules couvertes d'un manteau.— Sous le tr. c., dans la marge : *Mre. Isaac Louis Le Maistre de Sacy Prestre‖ Decedé le IV Ianvier M.DC.LXXXIV. Agé dé* (sic) *LXXI Ans.* — Au-dessous, les vers suivants :

Vne humilité grave, une douce Sagesse.
Vn grand soin de prier même des la jeunesse,
Vn cœur jndifferent pour les biens et les maux,
Vn esprit affermi dans la saine doctrine,
Acquise et soutenüe à force de travaux,
Le talent d'expliquer la parole divine,
Tous ces traits peuvent faire un portrait sans defauts.

— Plus bas, à g.: *R. Nanteuil Pinxit ;* — à dr.: *N. Habert Sculpsit.* — Plus bas, au-dessus du tr. de la pl., à g.: *AParis chez Gautrot,* etc.

Belle épreuve, avec petites marges.

LA ROUSSIÈRE (DE),

dessinateur et graveur au burin du dix-septième siècle.

2485. **Castelnau** (Michel DE), célèbre diplomate français, v. 1520-1592. — In-fol. H. 0,275. L. 0,177. *

En buste, dans une bordure ovale, équarrie, supportée par un pié-destal. Vu de 3/4, tourné à gauche, regardant de face. Tête nue, che-veux rejetés en arrière. Il porte toute sa barbe. Anneaux aux oreilles. Col de dentelle. Pourpoint avec manches à petits crevés. — Autour de l'ovale : *Messire Michel De Castelnav Seignevr De Mavvissiere Chevalier De L'Ordre Dv Roy Et Ambassadevr Povr Sa Maité. En Angleterc.*— Au bas du portrait, sur le couronnement du piédestal, un médaillon ren-ferme les armoiries : *Écartelé : aux 1 et 4, d'azur au château d'argent, ouvert et maçonné de sable, sommé de trois tours couvertes et girouettées de même ; aux 2 et 3, d'or à deux loups passants de sable, l'un sur l'autre ; sur le tout : d'or à trois chevrons d'azur ;* l'écu timbré d'une couronne de marquis.

Belle épreuve.

Portrait anonyme, attribué à de La Roussière par le P. Lelong.

2486. **Lionne** (Hugues DE), homme d'État français, 1611-1671. — In-fol. H. 0,353. L. 0,284. *

A mi-corps, dans une bordure octogone, équarrie, formée de feuilles de chêne et supportée par un piédestal. Les angles sont ornés du chif-fre couronné du personnage. Vu de 3/4, tourné à droite, regardant de face. Tête nue, cheveux longs et bouclés. Col de dentelle avec cordons à glands. Pourpoint à manches à crevés. Grand cordon en sautoir. — Sur le dessus du piédestal, a g.: *de la. Roussière. del. Sculpebat.* — Au milieu du piédestal, un médaillon à fond blanc renferme les ar-moiries décrites au n° 1793. ci-dessus.

Belle épreuve.

LOMBART (PIERRE).

(Voir ci-dessus, p. 152.)

2487. *Angleterre :* **York** (Anne HYDE, duchesse d'), première. épouse de JACQUES, duc D'YORK), qui fut plus tard roi, sous le nom de Jacques II, 1637-1671. — In-8°. H. de la gravure, 0,139. L. 0,082. (Le B., 49.)

En buste, dans une bordure ovale, équarrie, tronquée à gauche et à droite et supportée par un socle. Vue de 3/4, tournée vers la droite, le corps de face. Elle regarde vers la gauche. Tête nue, cheveux ornés de perles, terminés en chignon avec de longues boucles retombant sur les épaules ; de petites frisures ombragent le front. Pendant d'oreille de forme allongée. Collier de perles. Corsage décolleté, laissant les seins à demi-nus. — Sur la tablette du socle, ce quatrain :

> *Telle est la Charmante Duchesse*
> *Dont la gloire obscurcit tous les siécles passez*
> *Et que tous les suivans admireront sans cesse*
> *Sans iamais l'admirer assez.*

— Au dessus du tr. c. de la pl., à g.: *P. Lilly* (sic, pour *Lely*) *Pinxit ;* — à dr.: *P. Lombart Sculpsit Parisijs* 1669.

Belle épreuve.

On sait que Lely a été le surnom du peintre hollandais Pierre van der Faes.

2488. **Walton** (Bryan), orientaliste anglais, 1600-1661. — In-fol. H. de la planche, 0,380. L. 0,233. (Le B., 48, *s. n.*)

A mi-jambes. Assis dans un fauteuil devant une table recouverte d'un tapis. Vu de 3/4, tourné à droite. La tête couverte d'une calotte. Longs cheveux. En robe à larges manches. Il tient de la main gauche un in-folio ouvert, placé sur la table, et sur lequel il écrit. Au haut des pages recto et verso, on lit : *Biblia-Polyglotta.* — Près de ce volume, on voit un encrier et une montre munie de sa clé retenue par un ruban. — Sur le côté retombant du tapis, au-dessus du tr. c.: *PLombart sculpsit.* — Derrière le personnage, formant le fond, à g., une draperie relevée laisse voir à dr. des volumes rangés sur des rayons ; ceux placés dans le haut portent sur les tranches les titres suivants : *Bibl. Complutens.* — *Bibl : Munster* — *Bibl : Stephan :* — *Bibl: Paris* — *Origen Opera ;* ceux dans le bas, sont : *S. Hieron. Opera.* — *Hexapla* — *Bibl: Regia:* — *Bibl: Veneta :* — *Bibl : Basil :* (ce dernier volume est muni d'un signet). — Sous le tr. c., l'inscription suivante : *Brianvs Waltonvs. S. T. D. Cantab. Coll. S. Petr.* || *E. Clevelandia in Comitat. E. Borac* || *Biblia Polyglotta Inchoavit. A°. Dom. M.DC.* || *LIII. Absolvit A°. M.DCLVII. A°. Ætatis svæ. LVII.* Cette inscription est séparée au milieu par les armoiries : *D'argent à trois oies de....., posées 2 et 1 ;* l'écu timbré d'un casque taré de profil, avec cimier et orné de lambrequins ; autour de l'écu, la devise : *Labore et Constantia.*

Belle épreuve.

FIN.

TABLE DES PERSONNAGES [a].

(a) Les portraits des personnages appartenant aux maisons souveraines ont été classés dans l'ordre historique et chronologique, aux noms de leurs pays respectifs. Les portraits des femmes figurent aux noms des pays ou aux noms de famille de leurs époux. Ainsi Louis XIV figure au mot : France, de même que son épouse, Marie-Thérèse d'Autriche.

II.

33

Mesmes (Claude de), comte d'Avaux, frère du préc., 50.

Mesmes (J.-Ant. Ier de), frère des préc., 1825.

Mesmes (J.-Ant. II de), comte d'A- vaux, fils du préc., 2394.

Mesmes (J.-J.), comte d'Avaux, frère du préc., 1459.

Mesmes (Jean-Ant. III de), comte d'Avaux, fils du préc., 466.

Mesnil (J.-Bapt. du), 800 [78].

Metezeau (Jean), 852.

Metezeau (Clément), 1111.

Metz (Gédéon Berbier du), 644.

Metz (Pierre-Cl. Berbier du), frère du préc., 643.

Meulen (Adam-Franç. van der), 2244.

Meyercroon (H.), 2395.

Michel (Fr), 2044.

Michu (Louis), 298.

Middlesex (Rachel, comtesse de), 1387.

Mignard (Pierre), 645, 732, 2158, 2396.

Mignard. Voy. Feuquières.

Milon (Alex.), 514.

Mirabeau. Voy. Riquetti.

Miramion (Marie Bonneau, dame de), 646, 647, 784.

Mitantier (Jean-Martin), 467.

Moldavie : Scarlati (Constantin), 2159.

Molé (Édouard), 1826.

Molé (Mathieu), fils du préc., 1535, 1827.

Molé (l'abbé Fr.), fils du préc., 1828.

Molé (Fr.-René), 2089.

Molière (Fr. de), 1922.

Molière. Voy. Poquelin.

Monchy d'Hocquincourt (Arm. de), 1021.

Monet (Jean), 2090.

Monnerot (Pierre), 1587, 1588.

Montague (Ch.), comte d'Halifax, 468.

Montaigne (Mich. de), 261, 734, 1314, 2091.

Montalembert (Marc-René, marquis de), 2092.

Montarsis (Pierre de), amateur des beaux-arts, 648.

Montausier. Voy. Sainte-Maure.

Montbazon. Voy. Rohan.

Montbrun (Alex. du Puy-), 1496.

Montespan (Françoise-Athénaïs de Rochechouart, marquise de), 918, 1047, 1913.

Montesquieu. Voy. Secondat.

Montfaucon (Dom B. de), 70, 2314.

Montfleury (Ant. Jacob, *dit*), 2481.

Montgolfier (Jos.-Mich. et J.-Ét.), 1139.

Montholon (Fr. de), 800 [65].

Montholon (Fr. II de), 800 [76].

Montholon (N. de), 1875.

Montluc (Blaise de), 800 [34], 2467.

Montmorency (Guill. de), 1905.

Montmorency (Anne de), fils du préc., 800 [28].

Montmorency (Henri Ier, duc de), fils du préc., 1315.

Montmorency (Henri II, duc de), fils du préc., 1336.

Montmorency (Fr. de), duc de Luxembourg, 21, 2397.

Montmorency. Voy. Lévis.

Montpensier. Voy. France.

Montpezat de Carbon (J.), 899, 1829.

Morant (Th.-Alex.), 649.

Moreau. Voy. Harlay.

Moreri (Louis), 650.

Morgues (Mathieu de), 1937.

Mornay (Ph. de), 853.

Morsztyn (J.-A., comte de), 698.

Mortemart. Voy. Rochechouart.

Morvilliers (J. de), 800 [56].

Motteville (Hélène Lambert, Mme de), 469.

FIN DE LA TABLE DES PERSONNAGES.

TABLE

DES PEINTRES, DESSINATEURS,

SCULPTEURS ET ARCHITECTES

D'APRÈS LESQUELS LES PORTRAITS ONT ÉTÉ GRAVÉS [a].

(a) Cette table pourra rendre de grands services aux historiens de l'art français. Elle fera connaître plus d'un artiste ou plus d'une œuvre ignorée des biographes. Nous avons cherché à bien délimiter, par tous les moyens de contrôle, ce qui appartient à chacun des artistes homonymes, et ce travail offrait souvent de sérieuses difficultés.

Les chiffres entre parenthèses indiquent les dates de naissance et de mort des artistes. Un grand nombre de ces dates ont été puisées aux documents récemment mis à jour, et on aurait beau les chercher dans les ouvrages de biographie. — L'abréviation : v., signifie vers, et la date de mort seule est précédée d'une croix.

Battoni (Pompeo) (1708-1787), 772.

Beaubrun (Henri de), et Charles, son cousin (1604-1692), 595, 1041. 1931, 1973, 2023, 2194, 2256.

Beaubrun (Henri de) (? 1603-1677), 1770, 1853.

Beauvarlet (Françoise Deschamps, Mme) (1737-1769), 102.

Belle (Nic.-Simon-Alexis) (xviie s.), 1647.

Belle (Alexis-Simon) (1674-1734), 240, 259, 335, 337, 2298, 2308.

Benouville (Franç.-Léon) (1821-1859), 949.

Berthélemy (Jean-Simon) (1743-1811), 2033.

Bertholet (xviie s.), 2198.

Blackey (xviiie s.), 114.

Blanchard (Jacques) (1600-1638), 567.

Blanchet (Th.) (? 1617-1689), 1465.

Blanvin (xviie s.), 899.

Blasmez (Jean) (xvie-xviie s.), 1273, 1275.

Boichot (Guill.) (1738-1814), 2095.

Boilly (Louis-Léop.) (1761-18..), 396.

Boizot (Louis-Simon) (1743-1809), 134 à 142, 1554.

Bonet (xviie s.), 669.

Boonen (A.) (1669-1729), 628.

Borel (Ant.) (1743-18..), 1136, 2410.

Boucheron (J.-B.) (xviiie s.), 2105.

Boudan (Alex.) († 1671), 1086.

Bouillon (Pierre) (1775-1831), 48.

Bouïys ou Bouys (André) (1656-1740), 304, 686, 2261.

Boullongne (Bon de) (1649-1717), 57, 783.

Bounieu (Nic.) (1744-....), 268.

Bourdon (Séb.) (1615-1671), 109, 1863, 2299.

Buisson (Alex. du) (xviie s.), 2259.

Bunel (Jacob) (? 1558-1614), 1265.

Buttura (Eug.-Ferd.) (1812-1852), 1882.

Cabouret (F.) (xviie s.), 1742.

Caffieri (J.-J.) (1725-1792), 2082, 2100, 2102.

Cagliostro (Alex. comte de) (1743-1795), 237.

Callet (Ant.) (1741-1823), 124, 798.

Cany (J.-B. de) (xviie s.), 93.

Caravage (Michel-Ange Americhi ou Morigi, dit le) (1569-1609), 1070.

Carelle (C.) (xviie s.), 2024.

Carmontelle (Louis Carrogis, dit de) (1717-1806), 11, 716, 956, 991 à 996, 1872, 2087.

Cars (L.) (1699-1771), 2172.

Castillo (Jos. del) (xviiie s.), 193.

Cazes (P.-Jacques) (1676-1754), 508.

Champagne ou Champaigne (Philippe de) (1602-1674), 167, 560, 576, 909, 971, 1069, 1160, 1196, 1443, 1450, 1582, 1591, 1593 à 1598, 1600, 1601, 1605, 1607 à 1609, 1613, 1616, 1618, 1619, 1622 à 1629, 1631, 1634 à 1638, 1663, 1665, 1667, 1685, 1694, 1700, 1751, 1773, 1798, 1832, 1849, 1860, 1868, 1870, 1924, 1928, 1934, 1957, 1964, 2028, 2050, 2119, 2133, 2182, 2184, 2195, 2252, 2297, 2448.

Champagne (Claude), fils du précédent (1634-après 1670), 1083.

Champagne (Jean-Baptiste de), neveu de Philippe (v. 1635-1681), 401, 558, 559, 1589.

Chardin (Jean-Bapt.-Sim.) (1699-1779), 267.

Charpentier (xviie s.), 484.

Chauveau (Fr.) (1621-1676), 1778, 1819, 1916, 2027, 2029, 2244.

Cheradame (Mme), née Bertrand († v. 1824), 1351.

Chéron (Mlle Elisab.-Sophie) (1648-1711), 243, 2120, 2143, 2199, 2449.

Chevalier ou Chevallier (Jean) (xviiie s.), 764, 767, 2417, 2429, 2436, 2439.

56, 62, 321, 448, 494, 563, 566, 606, 612, 640, 704, 726, 1025, 2121, 2372, 2373, 2383.

Voet (Ferd.) (XVIIᵉ s.), 632, 633, 925, 1415, 2183, 2274.

Voirot (Guill.) (1713-1799), 331.

Vouët (Simon) (1590-1649), 1124.

Vries (Adrien de) (XVIIᵉ s.), 963.

Watelé (Henri) († 1677), 577, 640.

Watelet (Claude-Henri) (1718-1786), 1186.

Watteau (Ant.) (1684-1721), 161, 1220, 1362.

Werff (Adrien van der) (1659-1722), 60.

Wille (Pierre-Alex.), le fils (1748-18..), 975.

Ziarnko (S.), francisé en Le Grain (XVIIᵉ s.), 1522.

Ziesenis (Jean-Georges) (XVIIIᵉ s.), 2418.

TABLE

DES ADRESSES DES ÉDITEURS [a].

———

———

(a) Ces adresses in-extenso, relevées textuellement sur les portraits même, complètent celles que nous avons données en abrégé dans nos descriptions.

BASSET. — Se vend présentement A Paris chés Basset Rue S^t. Jacques. Il tient Magasin de Papiers en rouleaux — 135, 137. — *Voy. aussi le n° 1.*

BAUDEMONT (J.). — *Voy. le n° 1045.*

BAZIN (Nicolas). — Se vend a Paris chez Bazin rüe Gallande devant S^t. Blaise — 91.

BEAUVARLET (Jacques-Firmin). — Se Vend A Paris chez l'Auteur graveur du Roy, rue S^t. Jacques vis à vis celle des Mathurins. Et chez Drouais le fils Peintre du Roy rue S^t. Honoré près S^t. Roch — 100.

— A Paris chez Beauvarlet rue S^t. Jacques vis à vis celle des Mathurins — 103.

BELJAMBE (Pierre-Guill^e.-Alex.). — A Paris chez Beljambe, Rue des Petits Augustins F. S. G. N° 3 — 112.

BELLE (Alexis-Simon). — A Paris chez le S^r. Belle rüe du Four Faubourg S^t. Germain attenant la porte de la Foire — 240.

BÉNARD. — A Paris, chez Bénard Boulevard des Italiens N° 11, et tous les Marchands d'Estampes — 1132.

BENOIST (Antoine). — A Paris chez Benoist Rue & Porte S^t. Jacques a la Couronne ‖ et chez la Veuve de F. Chereau Rue S^t. Jacques aux deux Pilliers d'or — 114.

BEREY. — Se vend a Paris chez Berey Graveur rue S^t. Jacques devant la rüe de la Parcheminerie a la Princesse de Savoye — 143, 144, 152, 153 *bis*, 154, 157 ; — 1379.

BERTRAND (Pierre). — A Paris chez P Bertrand Rue S^t. Iacques, a la pòme d'Or, proche S^t. Seuerin — 1034, 1035, 1047.

BERTRAND (Veuve de P.). — A Paris Chez la Veuue Bertrand Rue S^t. Iacques, a la pòme d'Or, proche S^t. Seuerin — 1036.

BERVIC (Charles-Clément). — Se Vend à Paris chez Bervic aux Galleries du Louvre — 2, 124.

BESANÇON. — *Voy.* Tramblin.

BLAISE (J.-J.). — A Paris, chez J. J. Blaise Libraire, rue Ferou, N° 24 — 395, 396.

BLIGNY. — A Paris chez Bligny, Cour du Manège aux Thuilleries — 212.

— A Paris chez Bligny, M^d. d'Estampes Cour du Manége aux Tuileries — 499.

— A Paris chez Bligny Lancier du Roi Cour du Manege aux Thuilleries — 216, 218, 219, 519, 791. — *Voy. aussi le n° 309.*

— A Paris chez Bligny, Peintre, Doreur, Vitrier et M^d. d'Estampes, cour du Manege aux Thuilleries — 470, 1224.

— A Paris chez Bligny Cour du Manege aux Thuilleries et Rue S^t. Antoine pres la Vielle (*sic*) Rue du Temple au Roy de France — 1363.

BLOT (Maurice). — A Paris chez l'Auteur Rue & près l'ancienne Comedie francaise N° 59 — 130.

BONNART (Henri). — Chez H Bonnart rue S^t. Jacques au Coq — 153.

BONNART (Nicolas). — Se vendent à Paris, rue Saint-Jacques, chez N. Bonnart à l'Aigle — 150.

BONNET (Louis-Marin). — A Paris, chez Bonnet rue Gallande, Place Maubert, la Porte Cochere entre un Chandellier et un Layetier, vis à vis la rue Fouarre — 158.

BORÉ. — A Paris chés Boré rue St. Jacques maison de M. Vallade Libraire au Griffon d'Or. || Et chés Megret Vitrier même rue vis à vis celle du Plâtre — 2408.

BOUDAN (A.). — Voy. les nos 1074, 1115.

BOUDOT (J.). — Voy. Thomassin (Simon).

BOURSIER. — Voy. Gaudrau.

BRADEL (P.-J.-B.). — A Paris, chez l'Auteur, rue St. Jacques, Maison de Mr. Desprez Imprimeur du Roi — 183.

BRIOT (Isaac). — Et se vendent chez le d Briot faulxbourgs St. Germain rue des boucheries, aux trois pigeons — 1127.

BULDET. — Chez M. Buldet rue de Gesvres — 1357, 2108 ; — ou : rue de Gèvres, au grand Cœur — 1411.

CARS (J.). — A Paris chez I. Cars rue St. Jacques vis à vis le Collége du Plessis — 200.

CARS (Jean-François), — A Paris Chez I. F. Cars rue St. Iacques au Nom de Iesus — 1053.

CARS (Laurent). — Voy. le no 1516.

CATHELIN (Louis-Jacques). — A Paris chés l'Auteur rue du Roule Maison du Ferblantier — 221.

— A Paris chés l'Auteur, rüe St. André des Arts, la première Porte cochère à droite, en entrant par le Pont St. Michel — 231.

CHAISE jeune. — Voy. le no 2060.

CHARDON (Alfred). — Imprimé par Alfred Chardon jeune rue Racine. 3. Paris — 871.

CHEREAU (François). — A Paris chez F. Chereau rue St. Jacques aux deux Pilliers d'or — 241, 259.

CHEREAU (Veuve de Fr.). — Se vend a Paris chez la veuve Chereau, rüe St. Jacques aux deux Pilliers d'or — 46, 47, 1068, 1360, 1894, 1895.

CHEREAU (Jacques), le jeune. — A Paris chez Chereau Le Jeune graveur, rue St. Iacques au Grand St. Henry — 247 ; — ou : au grand St. Remy — 262, 263.

CHEVALLIER (J.). — A Paris chés Chevallier, Peintre rue du Four Faubourg St. Germain à l'Hôtel d'Allemagne — 764.

CHEVILLET (Juste). — A Paris chez l'Auteur rue des Maçons, Maison de Mr. Levasseur — 269.

CLEMENT. — A Paris, chez Clement ainé Md. d'Estampe, Quai Voltaire. No. 1 — 1998.

COCHIN (Charles-Nicolas). — Se vend à Paris chés C. N. Cochin aux Galleries du Louvre — 2074, 2081.

CREPY. — A Paris chez Crepy rue St. Jacques à St. Pierre pres la rue de la parcheminerie — 1057, 2407.

CREPY ou CRESPY (Louis). — A Paris chez Crepy le fils Rue St. Jacques près St. Ives — 305, 306.

CROISEY (P.). — A Paris, chez Croisey Graveur Quay des Augustin (sic) à la Minerve — 308.

DARET (P.). — Voy. le no 311.

DAUMONT. — A Paris chez Daumont rue St. Martin près St. Julien — 547. — Voy. aussi le no 387.

DAVID (François-Anne). — A Paris, chés l'Auteur rue des Noyers au coin de celle des Anglois — 367.

DESPREZ, imprimeur. — Voy. Bradel.

DESROCHERS (Etienne). — Rue St. Jacque au Mecenas a Paris — 385. — Voy. aussi le no 388.

— A Paris rue du Foin près la rue St. Jacques — 390 à 392, 2482.

DREVET (Pierre). — A Paris chez Drevet Graveur du Roy rüe St Jacques à l'Annonciation — 399.

DROUAIS, le fils. — Voy. Beauvarlet.

DROUHIN. — A Paris chez Drouhin, Editeur & propriétaire des Antiquités Nationales Rue Christine No 2 — 41.

DROUHIN (Marie-François). — A Paris, chez Marie François Drouhin, Editeur & Imprimeur Libraire Rue de Vaugirard, No. 1348; ‖ En face du Jardin des Carmes — 37.

— A Paris, chez M. F. Drouhin, Editeur, rue de Condé, No. 6. F. S. G., — 40, 2470.

DUCHANGE (Gaspard). — Se vend à Paris chez G. Duchange rüe Frementeau vis à vis la place du Louvre — 520.

— Et chez le Sr. Duchange Graveur du Roy Rüe St. Jacques — 2336.

DUMARAIS. — A Paris, chez Dumarais Rue du Bon Puits No. 6 Quartier St. Victor — 9.

DUQUENNE. — A Paris chez Duquenne rue St. Louis ‖ aux Marais aux (sic) coin de la rue ‖ Neuve St. François — 2036.

EGMONT (Juste d'). — Voy. le no 300.

EGRON. — A Paris chez le Cn. Egron Imprimeur Libraire, successeur de la Cne. Valade Maison de l'Auteur Rue des Noyers No. 24. ‖ et chez le Cn. Valade fils Imprimeur. Rue J. J. Rousseau No. 351 — 1418.

ESNAUTS et RAPILLY. — A Paris chés Esnauts et Rapilly, Rue St. Jacques à la Ville de Coutances — 370, 371, 532, 533, 534, 536 à 539, 541, 542, 957, 960, 1143, 1147 à 1150, 1152, 1153, 1158, 1224.

— A Paris chez Hénaut et Rapilly Rüe St. Jaques (sic) à la croix de Lorraine — 531, 1145.

FESSARD (Etienne). — A Paris chéz Fessard graveur du Roi et de sa‖ Bibliotheque ruë S^t. Thomas du Louvre — 717.

FIESINGER (J.-Gabriel). — A Paris, chez l'Auteur, quay des Augustins N°. 44 au 4me — 743.

— A Paris chez l'Auteur Quay des Augustins N°. 71. au 3e — 744.

FLIPART (Jean-Jacques). — Se vend à Paris, chez J. J. Flipart Graveur du Roy, Rue d'Enfer près la Place S^t. Michel chez le limonadier — 134-142.

— A Paris chés Flipart Graveur du Roy, rue Galande, a gauche entrant par la rue S. Jacq.‖a l'Encre (sic) — 753.

GAUCHER (Charles-Etienne). — A Paris, chés l'Auteur rue S^t. Jacques Maison des Dames de la Visitation — 789.

— A Paris chés l'Auteur, de l'Academ. des Arts d'Angleterre, rue St Jacques vis-à-vis St Yves — 792, 793.

GAUDRAU. — A Paris chez M^r. Gaudrau, rue d'Ecosse vis à vis la Petite Porte de S^t. Hilaire‖au 1er. et chez M^r. Boursier M^d. de Tableaux, rue des Carmes Billettes — 959.

GAUTROT et JOULLAIN. — A Paris chez Gautrot, et Joullain, Quay de la Megisserie, à la ville de Rome — 921, 989, 2298, 2484.

GIFFART (Pierre). — A Paris Chez P. Giffart Graueur du Roy rue S^t. Iacque a l'image S^{te}. Therese — 864, 865.

GIRARD. — A Paris, chez Girard, M^d. d'Estampes, rue de la Bareillerie, 29, Paris — 2.

GOBERT. — Chez Gobert peintre du roi place du pal. royal du coté de la rue S^t. Thomas — 66.

GOURDELLE (P.). — Voy. les n°s 856, 874, 879.

GOURDELLE (Veuve). — Voy. le n° 854.

HABERT (Nicolas). — A Paris chez Habert rüe S^t. Jacques proche S^t. Seuerin a la maison Royale — 1509. — Voy. aussi les n°s 910 à 913, 917, 918.

— Chez Habert Rüe de la Vieille Boucherie — 1508. — Voy. aussi le n° 909.

HÉNAUT. — Voy. Esnauts et Rapilly.

HENRIQUEZ (Benoit-Louis). — A Paris chez Henriquez rue Vielle (sic) Bouclerie la porte Côchère au coin de celle Mâcon N° 18 — 952, 953.

HERAULT. — Se vend a Paris Chez le sieur Herault au quay de Geure au Milan Noir — 902.

HORTHEMELS (Marie-Anne). — A Paris chez Marie Horthemels rue S^t. jacques au Mecenas — 955.

HUQUIER. — A Paris chez Huquier rue S^t. Jacques aux Armes d'Angleterre au coin de la rue des Mathurins — 161.

— A Paris chez Huquier vis a vis le grand Chatelet — 552.

INGOUF (Pierre-Charles). — A Paris chéz l'Auteur, rue des Fossés
St. Victor, Maison de M. Giroux Sculpteur Marbrier — 974.

INGOUF (Robert-François). — A Paris chez l'Auteur, rue de la Parcheminerie, vis-à-vis le Passage St. Severin Maison de M. Loran-
deau — 977.

ISABEY. — ... Et chés Isabey Md. rue de Gèvres, Maison de Mr. Buldet
— 2033. — *Voy. aussi les nos* 813 *et* 844.

JACQUET (Veuve). — Pour la veufue Jacquet au pallais A Paris — 828.

JARDINIER (Veuve). — A Paris chez la Veuve Jardinier Maison de feu
Mr. Cars, rue St. Jacques vis à vis du Collège du Plessis — 931.

JAUFRET. — A Paris chez Jaufret, Palais Egalité, No. 61. à côté du
Café de Foy — 1027, 2320.

JEAN. — A Paris chez le Citoyen Jean Rue St. Jean de Beauvais. 4 —
17.

— A Paris, chez Jean, Md. d'Estampes, rue St. Jean de Beauvais, près
celle des Noyers — 2371.

JEAURAT. — A Paris chez Jeaurat rue St. Jacques au Livre d'Or — 987,
988.

JOULLAIN. — A Paris chez Joullain Quay de la Megiserie *(sic)* a la ville
de Rome — 83. — *Voy. aussi* Gautrot *et* Tardieu, *et le no.* 2102.

LA CHEVARDIÈRE (de). — *Voy. le no* 10.

LANCRET (N.). — Se vend a Paris chez l'auteur à l'entré *(sic)* du Quai
de la Feraille *(sic)* a la Croix de Perles — 1068.

LANGLOIS (N.). — *Voy. les nos* 1981, 1988.

LARMESSIN (Nicolas de), *père*. — A Paris Chez N de LArmessin Rüe
St. Jacq. a la Pôme d'Or — 1042, 1043.

LARMESSIN (Nicolas iv de), *le jeune*. — Se Vend a Paris chez N. de Larmessin graveur du Roy, rüe des Noyers a la 7e porte cochere a
main droite entrant par la rüe St. Jacques — 1055 à 1057.

— A Paris chez De Larmessin graveur du Roy rüe des Noyers a la
deuxieme porte cochere a gauche Entrant par la rüe St. Jacques —
1059, 1060.

— A Paris chez N. de Larmessin graveur du Roy, rüe des Noyers
a la 4 porte cochere a gauche. entrant par la rüe St. Jacques —
1065.

— Et chez le Sr De Larmessin rüe du Platre a la 4e porte cochere
a droite || par la rüe St. Jacques — 1068.

LAUNAY (Robert de). — A Paris chez l'Auteur Rue et Porte St. Jacques, No. 112 — 1139.

LE BAS (Jacques-Philippe). — A Paris chés le Bas Graveur du Cabinet
du Roi, Pensionnaire de sa Majesté Conseiller en son Academie
Rle. de Peinture Sculpture et Gravure, rue de la Harpe — 366 à
368. — *Voy. aussi le no* 2375.

LE BEAU (Pierre-Adrien). — A Paris Chez le Beau, rue St. Jacques,

Maison‖de Madame Duchesne; Libraire, au Temple du Goût — 1142, 1144, 1154, 1159.

LE GOUX. — *Voy. le n° 10.*

LEMPEREUR (Louis-Simon). — A Paris, chez Lempereur, Graveur du Roy, rue et Porte St. Jacques, audessus du Petit Marché — 1184.

LETELLIER (Charles-François). — A Paris, chez Letellier, rüe des Vieilles-Etuves St. Honoré, maison d'un Boutonnier — 1226.

LIMOSIN. — A Paris chez Limosin rue de Gèvre — 546.

LIOTARD (Jean-Étienne). — A Londres chez L'Auteur dans Golden Squarre et chez Major Graveur de S. A. R. le Prince de Galles à la Tète d'or dans Chandois Street — 347.

LORRAINE (Jean-Baptiste de). — Se Vend chés de Lorraine, rue du Fouard chés un Papetier — 1411.

— A Paris chez l'Auteur Rue des Francs Bourgeois Place St. Michel Maison de Mr. Gouin — 1410.

MAILLOT. — A Paris Chez Maillot au bas de la rue St. Jacques au coin de la fontaine St. Séverin — 1024.

MAILLY (de). — A Paris chez le Sr. De Mailly, Quay de l'Ecole près le Louvre — 109.

MAJOR. — *Voy.* Liotard.

MARCENAY DE GHUY (Antoine de). — A Paris chés l'Auteur rue d'Anjou Dauphine ‖ et chés M. Wille Graveur du Roi Quay des Augustins — 1427, 1432.

— A Paris chez l'Auteur, rue d'Anjou Dauphine, le derniere Porte Cochere, a gauche ‖ et chez Wile (*sic*) Graveur, Quay des Augustins — 1434, 1440.

— A Paris chés l'Auteur, rue du Four St. Germain, la porte cochere en face de la rue des Ciseaux — 1437, 1438.

— A Paris chez l'Auteur Quay de Conti la 2e Porte Cochere apres la rue Guenegaud — 1441.

MARIETTE (P.). — A Paris chez P. Mariette rue St. Jacques à l'Esperance — 1662.

MARIETTE (J.). — A Paris chez J. Mariette rue St. Jacques aux Colonnes d'Hercules — 147, 149, 151.

MASSARD (J.-B.), *le fils.* — A Paris chés l'Auteur rue des Francs Bourgeois Porte Saint ‖ Michel Maison de M. Gouin ‖ et chés Ponce Graveur même Maison — 1451, 1452, 1454.

MASSON (Antoine). — A Paris chez Masson rüe du Petit Pont vis a vis la rose rouge a l'entre (*sic*) de la rüe St. Jacques — 917.

MECOU (André-Joseph). — A Paris chez { l'Auteur. Rue du Pot de Fer, N°. 12. / Remoissenet, Md. d'Estampes, Quai Voltaire — 1513.

MEGRET. — A Paris chés Megret Vitrier rue St. Jacques vis à vis celle

du Plâtre ‖ et chés Vaulez M^d. d'Estampes Quai des Théatins —
1453. — *Voy. aussi* Boré.

MIGER (Simon-Charles). — A Paris chez Miger graveur du Roi, Ruë
des ‖ 4 Vents, N⁰. 5. en face de la rue de Tournon — 1554.

— A Paris chés Miger, Graveur, rue Montmartre, au coin de celle des
Vieux Augustins — 1558.

— A Paris chez Miger, la grande Maison neuve ‖ Place de l'Estrapade
— 1555.

MOITTE (Pierre-Étienne). — A Paris chez Moitte Graveur du Roy Rue
S^t. Victor la 3e Porte cochere a gauche en entrant par la Place
Maubert — 1564.

MONDHARD et JEAN. — A Paris chez Mondhard et Jean rue S^t. Jean
de Beauvais — 297, 298. — *Voy. aussi les.n^{os}* 1151, 1449.

NIQUET. — A Paris chez Niquet Place Maubert pres la rue des Lavan-
dieres — 1161.

ODIEUVRE. — A Paris chez Odieuvre M^d. d'Estampes quay de l'Ecole
vis a vis le côté de la Samarit^e. a la belle Image — 1220.

— A Paris chez Odieuvre M^d. d'Estampes rue d'Anjou la dernière
P. Cochere a gauche entrant par la rue Dauphine — 2308.

PATAS (Jean-Baptiste). — Se vend a Paris chez Patas Graveur, Rue
du Plâtre au coin de celle S^t. Jacques, Maison de la M^{de}. de
Modes — 1883.

PETIT. — A Paris chez Petit rue du petit Pont a lImage N. Dame —
1550 à 1553.

— A Paris chez Petit qui le vend ruë S^t. Jacques a S^t. Bernard, 1894.

— A Paris chez Petit rue S^t. Jacques pres les Mathurins a la Couronne
d'Epine — 1895.

PITAU (Nicolas). — A Paris Chez N. Pitau rue S^t. Jacques au Coin des
Maturins (*sic*) a lEnseigne du S^t. Esprit — 1932. ·

— Se vend a Paris chez N. Pitau rue S^t. Jacques proche les Maturins
(*sic*) — 1930.

POIGNANT. — *Voy.* Basan.

POILLY (Nic. de). — *Voy. le n$_0$* 1979.

POILLY (N.-B. de). — A Paris chez N. B. de Poilly, rue S^t. Jacques à
l'Esperance — 86.

PONCE. — *Voy.* Massard (Jean-Baptiste), le fils.

POTRELLE. — Se vend à Paris chez Potrelle Successeur de Dulac
M^d. d'Estampes, Rue Honoré N⁰. 54, vis à vis l'Oratoire — 31,
284, 285.

PRÉVOST (Benoît-Louis). — A Paris chés Prevost Graveur, rue
S^t. Thomas près la Porte S^t. Jacques a coté du Jeu de Paume —
1997.

PUJOS. — Se vend à Paris chez Mr Pujos Peintre Quay Peletier chez Lequin Orfévre près la Gréve — 1175, 2367, 2368.

QUILLAU. — A Paris chez Quillau Libraire ruë Christine au Magazin Littéraire — 1366.

RAPILLY. — *Voy.* Esnauts.

REMOISSENET. — *Voy.* Mecou (Joseph).

ROCHEFORT. — Se vend a Paris chez Rochefort Graveur rue S^t. Jacques au Palmier — 2349.

ROLLIN (J.). — V *oy. le n°* 1892.

ROMANET (Antoine). — A Paris chés l'Auteur, Place du Pont St Michel, vis à vis le Quai des Augustins, Maison de Mme. Petit-Jean M^{dc}. Chapeliere — 2031.

— A Paris, chés l'Auteur, Place de Cambray, Maison de Mme. Veuve Tibout Imprimeur du Roi — 2033.

SAINT-AUBIN (Augustin de). — Se vend à Paris chez l'Auteur Rue des Mathurins au petit Hotel de Clugny — 2065, 2068, 2074, 2076.

— Se trouve a Paris chez l'Auteur rue Therese Butte S^t. Roch, et a la Bibliotheque du Roi — 2061, 2081.

— Se vend à Paris chez l'Auteur, rue des Prouvaires, N° 54 — 2089.

SAINT-JEAN (de). — Se vend à Paris, sur le Quay Pelletier, à la pomme d'Or, au troisiéme apartement (*sic*) — 2459.

SCHUPPEN (P. van.). — *Voy. le n°* 2244.

SURUGUE (Louis). — ..... et chez L. Surugue Graveur du Roy rue des Noyers — 86. — *Voy. aussi le n°* 990.

— A Paris chez L. Surugue graveur du Roy rue des Noyers entre les deux premiere (*sic*) cocherres (*sic*) vis à vis le mur de S^t. Yves — 1215.

— A Paris chez L. Surugue Graveur du Roy. rue des Noyers attenant le Magazin de papier vis à vis S^t. Yves — 75, 2302, 2305.

TARDIEU (Jacques-Nicolas). — A Paris chés Tardieu Graveur du Roy Rue des Noyers a côté du Commissaire. Et chés Jouïlain Quay de la Megisserie a la ville de Rome — 2322.

TARDIEU (Pierre-Alexandre). — A Paris chez l'Auteur Rue S^t. Hyacinthe n° 51 — 2320.

THOMAS (N.). — A Paris chez l'Auteur Rue des Boulangers, la 2e Porte à gauche par la Rue des Fossés S^t. Victor — 2322.

THOMASSIN (Simon). — Se vend a Paris chez [S.] Thomassin Graveur rüe S^t. Jacques vis a vis la rüe du Plastre a l'Annonciation — 2328, 2334.

— Sans les mots : *a l'Annonciation* — 2325, 2326, 2329, 2330.

— Se vend a Paris chez S. Thomassin rue des Noyers au Buste de Louis le Grand. Et chez J. Boudot Libraire rue S. Jacques au Soleil, etc. — 2327.

THOMASSIN (Simon-Henry). — A Paris chez l'Auteur Place des Vic-
toires — 2336.

TRAMBLIN. — Se ;vend à Paris chez Tramblin peintre sur le quay de
Gesvres au Cocq (sic), et chez Besançon peintre a la Toison d'or
vis-a-vis la Comedie — 382.

TROUVAIN (Antoine). — Se vend à Paris chez A Trouuain rüe St. Jacques au grand Monarque — 145, 146, 148, 155, 2340.

VALADE (fils). — Voy. Egron.

VALLADE, libraire. — Voy. Boré.

VALLÉE (Simon). — A Paris chez Valléé rue Bordet proche la Porte
St. Marceau à l'Enseigne de St. Christophle (sic) — 2354.

VALLET (Guillaume). — A Paris rue St. Iaques (sic) au Buste de
Louis XIIII — 2359.

— A Paris rue St. Jacques deuant la rue du platre a limage St. Louis
— 2361.

VANHECK. — .... Et chés Vanheck, Peintre rue d'Enfer Port St. Landry
— 764.

VAULEZ. — Voy. Megret.

VERMEULEN (Cornelis-Martin). — Se vend a Paris chez ledit Vermeulen rue des Noyers vis a vis St. Yves — 2393.

— Se Vend Chez l'Autheur sur le Quay des Augustins à une porte
Cochere au coin de la rüe passée — 2384.

VESTIER (Antoine). — A Paris chez l'Auteur faubourg Montmartre
Nº 7 en fasse (sic) de la rue Bergére — 2402.

VILLETTE (J.). — A Paris chés J. Villette rüe St. Jacques à la Croix
d'or — 2199.

WILLE (Jean-Georges). — .... Et chez Mr Wille, Quay des Augustins, à
côté de l'Hotel d'Auvergne — 1441.

ADDITIONS ET RECTIFICATIONS

36

Nᵒˢ

202. — *Ajoutez, comme dates de naissance et de mort :* 1685-1768.

209. — *Lisez :* 1519-1559.

223. — *Lisez :* vers 1646-1696.

235. — *Lisez :* vers 1495-1553.

236. — *Lisez :* 1575-1642.

255. — *Lisez :* 1661-1742.

299. — *Ajoutez :* Ce portrait est classé à l'œuvre de Charles Le Brun dans l'exemplaire du Cabinet des estampes.

324. — *Lisez :* 1725-1807.

329. — *Lisez :* 1715-1790.

331. — *Rectifiez ainsi :* **Coignard** (Jean-Baptiste III), imprimeur libraire français, puis secrétaire du roi, mort le 31 octobre 1768.

339. — *Au lieu de :* France : **Marie-Josèphe de Saxe**, etc., *lisez :* Pologne : **Marie-Josèphe d'Autriche**, épouse du roi Auguste III, 1699-1757.

342. — *Supprimez :* 4ᵉ état, non décrit, etc, — *La lettre y a été écrite à la plume, et ce prétendu 4ᵉ état est en réalité le* 2ᵉ *état, avant la lettre, mais avec les noms des artistes.*

344. — *Au lieu de :* premier président. etc., *lisez :* chancelier de **France,** 1683-1772.

352. — *Ajoutez :* D'après S. Latinville.

372. — *Lisez :* 1519-1559.

387. — *Supprimez :* Au pointillé.

390. — *Lisez :* 1631-1698.

400-518. — **Drevet** (les). — L'ouvrage spécial consacré à ces artistes par M. A. Firmin-Didot ayant été terminé après le tirage de la partie qui les concerne dans le présent catalogue, il y a lieu d'y introduire les rectifications suivantes, afin d'être d'accord avec la monographie des Drevet.

406. — *Ligne 2 de la note, au lieu de :* exergues, *lisez :* devises.

411 et 413. — *Au lieu de :* Seul état connu, *lisez :* 1ᵉʳ état.

417. — *Ajoutez :* 1ᵉʳ état, avant la dédicace. — Superbe épreuve.

420. — *Lisez :* Merinville.

421. — *A l'avant-dernière ligne, rectifiez ainsi :* dont les premiers états ne portent pas le nom du personnage.

427. — *Au lieu de :* Seul état connu, *lisez :* 1ᵉʳ état.

429. — *Au lieu de :* 3ᵉ état, *lisez :* 4ᵉ état ; — *et plus bas, au lieu de :* dans le 2ᵉ état, *lisez :* dans le 3ᵉ état ; — *et au lieu de :* lemnitate, *il faut :* lemitate.

431. — *Après les mots :* prévôt des marchands, *ajoutez :* 1626-1708.

433. — *Au lieu de :* 3ᵉ état, *lisez :* 4ᵉ état.

445. — *Au lieu de :* Seul état connu, *lisez :* 2ᵉ état, avec l'adresse.

448. — *Au lieu de :* 2ᵉ état, *lisez :* 3ᵉ état.

Nᵒˢ

449. — *Au lieu de :* 1ᵉʳ état, *lisez :* 2ᵉ étaτ; — *et au lieu de :* 2ᵉ état, *lisez :* 3ᵉ état.

453. — *A la fin, au lieu de :* dans la même année, *lisez :* sèlon van Hulst, en 1697 (et non en 1693).

455. — *Lisez :* vers 1646-1696.

464. — *Au lieu de :* Seul état connu, *lisez :* 2ᵉ état.

470. — *Rectifiez ainsi l'inscription :* Dux et Par Franciæ Reg. Ord. Commend.

475. — *Lisez :* L'estampe ci-dessus gravée en 1700.

476. — *Rectifiez ainsi :* 2ᵉ état, après la suppression du nom de Rigaud sur le piédestal.

478. — *Ajoutez :* 1ᵉʳ état, avant toute lettre. Fort rare. — Superbe épreuve.

482. — *Au lieu de :* Seul état connu, *lisez :* 2ᵉ état.

485. — *Au lieu de :* 1ᵉʳ état, *lisez :* 2ᵉ état; — *Supprimez aussi l'indication du 2ᵉ état, en deux lignes.*

489. — *Rectifiez ainsi :* graué‖par P.‖Dreuet. f. s. — Sur le dos d'un autre volume, posé verticalement, on lit, en lettres à fond blanc : *Peint ‖ par H. ‖ Rigaud.*

490. — *Ce portrait doit être reporté à l'œuvre de* Pierre Drevet.

495. — *Au lieu de :* 1ᵉʳ état, *lisez :* 2ᵉ état, avec les noms des artistes; — *au lieu de :* Hortemels, *lisez :* Horthemels.

498. — *Au lieu de :* Seul état connu, *lisez :* 2ᵉ état, avec la lettre.

501. — *Au lieu de :* Seul état connu, *lisez :* 2ᵉ etat, avec la lettre.

502. — *Lisez :* 1692-1730.

511. — *Lisez :* 1669-1725.

515. — *Rectifiez ainsi l'intitulé :* **La Tour d'Auvergne** (Henri-Oswald), prélat français, 1671-1747.

517. — *Lisez :* 1655-1746.

527. — *Lisez :* 1637-1689. — *Évidemment il y a une faute dans l'inscription gravée où il faut lire :* ætat. suæ 52, *et non* 32, car Coignard fut reçu libraire en 1658, ce qui ne permet pas d'admettre l'année 1657 comme celle de sa naissance.

530 et 531. — *Au lieu de :* Joséphine, *lisez :* Josèphe.

572. — *Ajoutez :* 1ᵉʳ état, avant toute lettre. — Très-belle épreuve.

574. — *Au lieu de :* Le Febure, *lisez :* Le Febvre.

604. — *Lisez :* 1620-1688.

663. — *Lisez :* D'après Théod. Netscher.

707. — *Lisez :* 1653-1725.

710. — *Lisez :* RABUTIN-CHANTAL (sans trait-d'union); — *et plus bas, complétez ainsi :* 2ᵉ état, avant le trait d'union.

712. — *Dans le titre qui précède ce numéro, lisez :* (LOUIS Iᵉʳ ELLE, *dit*).

725. — *Lisez :* 1720-1778.

731. — *Lisez :* Tocqué.

Nᵒˢ

736. — *Supprimez* : **Charles.**

751. — *Supprimez* : Edme ; — *et plus loin, lisez* : vers 1700-1781.

753. — *Au lieu de* : 1726, *lisez* : 1725.

763. — *Lisez* : 1620-1674.

768. — *Au lieu de* : 4ᵉ fille, *lisez* : 5ᵉ fille.

783. — *Au lieu de* : Paul-Louis, *lisez* : Paul-Jules.

800 [15]. — *Lisez* : 1517 (1518 n. style) — 1536.

800 [36]. — *Lisez* : 1531-1585.

822. — *A la seconde ligne, lisez* : vers 1571-1599.

838. — *Lisez* : 1601-1666.

859. — *Ajoutez à la description* : Autour de l'ovale : *Henry IIII Roy de France et de Navarre.* — Dans l'angle gauche, au bas, le monogramme de Léonard Gaultier.

      Il en résulte que ce portrait, par suite de cette omission, figure à tort parmi les pièces douteuses, et qu'il aurait dû. être placé après le nᵒ 821.

886. — *Ajoutez* : D'après Ch. Coypel.

895. — *Lisez* : 1402-1468.

896. — *Lisez* : 1594-1665.

905. — *Lisez* : 1743-1795.

921. — *Lisez* : 1626-1700.

995. — *Ajoutez* : D'après L.-C. de Carmontelle.

1028. — *Supprimez* : A la manière noire.

1029. — *Lisez* : 1694-1778 ; — *et plus. bas, supprimez* : A la manière noire.

1036. — *Lisez* : 1575-1642.

1059. — *Ajoutez l'astérisque* (*) *à la fin de la seconde ligne.*

1076. — *Lisez* : 1592-1635.

1088. — *Lisez* : **Henri II de Bourbon-Condé.**

1091. — *Cet article doit être placé après le nᵒ 1088.*

1110. — *Au lieu de* : magistrat, etc., *lisez* : président à mortier au parlement de Paris, mort en 1650.

1130. — *Rectifiez ainsi* : **Créquy de Canaples** (Charles Iᵉʳ DE BLANCHEFORT, marquis de), prince de Poix, duc de Lesdiguières, maréchal, *etc.*

1160. — *Lisez* : 1613-1650.

1230. — *Ajoutez* : D'après J. Quesnel.

1231. — *Ajoutez* : D'après P. Dumonstier.

1249. — *Lisez* : 1519-1559.

1256. — *Lisez* : 1553-1601.

1270. — *Lisez* : 1575-1642.

1272. — *Au lieu de* : D'après F. Quesnel, *lisez* : D'après Isaïe Fournier,

1302. — *Au lieu de* : fille du précédent, etc., *lisez* : issue d'un troisième mariage de Nicolas de Lorraine, duc de Mercœur, née en 1575, morte sans avoir été mariée.

Nᵒˢ

1308. — *Lisez :* 1564-1591.

1413. — *Lisez :* 1592-1635.

1433. — *Au lieu de* : D'après F. Janet, *lisez :* D'après P. Janet (Jehannet ?)

1492. — *Lisez :* 1615-1688.

1585. — *Lisez :* 1575-1642.

1597. — *Lisez :* 1582-1652.

1610. — *Lisez :* D'après Juste d'Egmont.

1651. — *Dans la notice sur* Nanteuil, *lisez :* mort à Paris le 9, etc.

1825. — *Lisez :* (Jean-Antoine Iᵉʳ de), frère du précédent.

1879. — *Lisez :* 1622-1673.

1883. — *Lisez :* 1754-1837; — *et plus bas, vers la fin, supprimez :* (sic).

1893. — *Lisez :* (Jean-Baptiste II).

1989. — *Au lieu de :* Étienne-Laurent, *lisez :* Émile-Laurent.

2007. — *Lisez :* 1553-1601.

2010. — *Lisez :* 1523-1574.

2027. — *Supprimez le prénom :* Anne.

2057. — *Lisez :* 1606-1663.

2064. — *Lisez :* 1725-1792.

2117. — *Lisez :* 1627-1704.

2127. — *Lisez :* vers 1646-1696.

2163. — *Au lieu de* : **de Saxe,** *lisez :* **d'Autriche.**

2193. — *Lisez :* **Le Bouthillier.**

2215. — *Dans l'inscription, lisez :* mourut en 1656, *et non en* 1676.

2232. — *Lisez :* 1616-1655.

2274. — *L'avant-dernière ligne, au lieu de :* Vouet, *lisez :* Voët.

2282. — *Lisez :* 1627-1693.

2337. — *Au lieu de :* le Grand Dauphin, *etc., lisez :* Dauphin, fils de Louis XV, 1729-1765.

2351. — *Ajoutez à la fin :* Le P. Lelong et Paignon Dijonval citent ce portrait sous le nom de Mˡˡᵉ Loison.

2394. — *Lisez :* (Jean-Antoine II de) ; — *et plus loin, au lieu de : frère du, lisez :* frère de Jean-Jacques III.

2416. — *Au lieu de :* mort en 1725, *lisez :* 1725-1807.

2441. — *Au lieu de :* mort en 1681, âgé de 83 ans, *lisez :* 1705-1777.

2452. — *Lisez :* tué en 1565.

PARIS

TYPOGRAPHIE DE FIRMIN-DIDOT ET Cⁱᵉ

56, RUE JACOB, 56

www.ingramcontent.com/pod-product-compliance
Lightning Source LLC
Chambersburg PA
CBHW070345030726
47504CB00001B/77